발간에 즈음하여

우리대한민국은 바느질 양궁 골프를 잘하는민족이다
그래서 이해부족으로 진즉 국민소득이 100만불이어야 하고
코스피 지수도 100만포인트를 넘길 수밖에 없다
미국을 우리나라 한부분으로 보고 세계를 호령해야하는 민족이 되어가고 있다
일본을 한국소속 섬나라 정도이고 중국도마찬가지 한국의 한부족정도이다
요즘뜨는 케대헌터스를 보자
삼성전자가 20년사이 300배성장했다 그것은 우리민족의 특징
바느질과 양궁 골프를 왜 잘하는가를 생각해보자
저희 어머님이 바느질로 날지세우며 자녀를 양육했기에 직접눈으로
보고 느꼈다
기술이 한국손으로 들어오면 신적인 영혼이 움직인다
하늘에 날고 바다를 지나며 오대양육대주를 한국이 움직이는 시대가온다
코스피주가지수 100만포인트를 향해가고 있다
아주 저평가이다
필자는 과학적고찰에서 발견되었고 이번기회에 주식투자해야하며
선물옵션으로 대박을 터트려야한다

케이팝데몬헌터스 와 같이 코스피200 100만포인트 데몬헌터스의
전달내용을 전하고져한다
노력없는 대박은 없다 앞으로 20년내 우리코스피200지수가 100만포인트
갈수밖에없는 과학적근거를 갖고 데몬헌터스의 부탁으로 대한민국 투자자에게
희망의 메시지를 전한다

2025년 9월28일

저자 김정수배상

목차

발간에즈음하여

제1장 국내선물이해하기

코스피200지수는 1990년 코스피200종목 시가총액분에
현재 시가총액 곱하기
100
현재470은 4.7배 상승햇다는뜻
1당 25만원 1계약은 470곱하기 25만 1억1천7백5십만

선물　　　1당 25만　　　옵션　　1당 25만
미니선물 1당 5만　　　미니옵션 1당 5만

옵션호가당 0.1 당 2만5천원　　0.01당 2500원
미니옵션호가당 0.1당 5000원 0.01당 500원

1-1 선물특징

1 기초자산을 표시하며 2005년지수기준분의 현재지수 곱하기 100으로
현재 470은 1990년에비해 4.7배 상승을 나타낸다

첫상장은 1996년 5월3일에개장되엇음

2 현물을 방어목적으로 만들었다
현물을 사고 코스피200현물 470곱하기
25만원어치 골고루사고 그에상응한
선물을매도한다면 현물배당은가능하고
투자수익은 0원이다

3 2025년12월물 2026년3월6월9월12월물 2027년6월물12월물
이 상장되어있다 다음월물포함 7개상장됨

4주가지수선물도 이것을근거로 만들어져있다

5 미니선물은 2025 10월11월12월 2026년 1월2월3월
물이 상장되어 10월물포함6개이다

1-2 옵션특징

변화된 p =   행사가 p $(1+cd)^{d/365}$

p 는프리미엄 d 는 기간일수

d=0 이 됨에따라 행사가p 가 변화되p가된다

어떻케 조화를 이루느냐가 수익의관건

1 단타형 인가 장타형인가 에따라 전략이다르다
2 호가위험 체결위험 청산위험 수수료위험이 존재한다
3 선물보조기능이 있다
4 한국은 두 번째목요일이다
5 옵션만기일은 코스피200현물지수로 정산된다
6 트리풀만기일 즉 현물과선물옵션이 정산되는날이다
7 옵션은 등가기준 시간가치로 나오면 행사가로 로그정규분포로
   나온다

I was a ghost, I was alone, hah
어두워진, hah, 앞길속에 (Ah)
Given the throne, I didn't know how to believe
I was the queen that I'm meant to be
I lived two lives, triedtoplayboth sides
But Icouldn't find myown place
Called a problem child 'cause I got too wild
But now that's how I'm getting paid, 끝없이 on stage
I'm done hidin', now I'm shinin' like I'm born to be
We dreamin' hard, we came so far, now I believe
We're goin' up, up, up, it's our moment

You know together we're glowing
Gonna be, gonna be golden
Oh, up, up, up with our voices

영원히 깨질 수 없는
Gonna be, gonna be golden
Oh, I'm done hidin' now I'm shinin' like I'm born to be
Oh, our time, no fears, no lies
That's who we're born to be
Waited so long to break these walls down
To wake up and feel like me
Put these patterns all in the past now
And finally live like the girl they all see
No more hiding, I'll be shining like I'm born to be

'Cause we are hunters, voices strong, and I know I believe
We're goin' up, up, up, it's our moment
You know together we're glowing
Gonna be, gonna be golden

Oh, up, up, up, with our voices
영원히 깨질 수 없는
Gonna be, gonna be golden
Oh, I'm done hidin', now I'm shining like I'm born to be
Oh, our time, no fears, no lies
That's who we're born to be
You know we're gonna be, gonna be golden
We're gonna be, gonna be
Born to be, born to be glowin'
밝게 빛나는 우린
You know that it's our time, no fears, no lies
That's who we're born to be

1-4 코스피200 선물옵션데몬헌터스 메시지

코스피200 선물옵션 데몬헌터스를 만난계기는 코스피200선물옵션
무료교육이 1996년 시작되었다
처음 시장이 개방되어 상장될무렵이다
많은 고수들이 배출되었는데 아마 코스피지수가 800 선이었다
그분에 따라 많은 것을 학습받았는데 실패가 여러번있었고
주위에 돈있는분 모두 깡통이 되었다
30년세월 이 지나 IMF 등 수많은 사건을 격였는데 무지의상태에서는
깡통이라는점이다
사자의 메시지를 여러분에게 전하려한다
한마디로 UP UP UP 이다
UP 관리를 어떻게 잘하는냐가 중요하다
잦은매매하지말라 무작정단타하지말고 중립형이면서 우상향포지션을
가져라 심리적 위축을피하라
매매를 알고해야한다
선물매수 선물매도 콜옵션매수 콜옵션매도 풋옵션매수 풋옵션매도
어떻게 조화를 이루면서 장기적으로 수익전략을 구사하라
6개월단위 12개월단위 로 수익을 극대화하라
코덱스현물과 겸하라

1-5선물옵션데몬헌터스전략

C+X=P+F
풋콜페러티

프리미엄은 내재가치+시간가치

포지션을짤 때 시간과기간을 고려하라

많은직장인 월급날 보너스날을 기준으로 변화가
일어난다

현재 가장수익이 적게 설계하라

1-5주식선물

국내 주식선물 종목수는 2025년 9월 28일 기준 258개입니다. 이는 2024년 11월 4일 코리아 밸류업 지수 36개 종목이 추가 상장되면서 기존 222개에서 크게 늘어난 수치입니다.

1

최근 주식선물 종목수 변화

- 2024년 11월 4일 기준: 258개 종목 상장
- 2024년 5월 기준: 222개 종목 상장

제2장 해외선물이해하기

골드　　　최소변동폭　0.1　　(10$)　　　　1당100$
오일　　　최소변동폭　0.01　　(10$)　　　1당 1000$
s&p wheat　최소변동폭 0.25 (12.5$)　　1당 50$
euro　　　최소변동폭 0.00005(6.25$)　　0.0001당12.5$
나스닥　최소변동폭 0.25(5$)　　　　1당 20$
다우　　　최소변동폭 1 (5$)　　　　　1당 5$
생돈육　최소변동폭 0.025(10$)　　　1당 40$
미곡　　　최소변동폭 0.5(10$)　　　　1당 20$
금리　　　최소변동폭 1/32 (31.25$)　　1당 1000$

거래하는품목 개념정리하고 거래
유동성있는 것 거래
호가위험품목배재

지수 상하한가 7%
크루드 상하한가 10%
골드 상하한가 10%
유로 상하한가 4%
금리 상하한가 4.5%

제3장 주요용어

3-1 델타
3-2 감마
3-3 세타
3-4 베가
3-5 롤오버

3-1 델타

델타(Delta)란 무엇인가?

선물 가격으 변동으로 인해 옵션 가격 또는 프리미엄에
생기는 변화를 말하며, 일정부분의 기초자산의
움직임을 보여 줍니다

등가의 양 델타의 합은 1.0000이 됩니다
항상 등가의 중심델타는 0.5(50델타라 말함)이며 1.00-0.00이며 콜은 양수
풋은 음수로 표시 됩니다
0.5라는 의미는 변동폭이 50%만큼 움직인다는 것입니다.
참고로 선물 계약의 델타는 1.00이 됩니다

3-2 감마

감마와 세타옵션 민감도 두번째 지표로 감마(Gamma)를 들 수 있다. 델타가 주가지수의 변화에 대하여 옵션프리미엄이 연동하는 정도를 나타내는 비율이라면 감마는 주가지수의 변화가 옵션델타에 미치는 영향을 나타낸 것이다.
즉 주가지수가 한 단위 상승(하락)했을 때 델타의 변화 정도가 바로 감마이다.

따라서 감마의 절대치가 크다는 것은 주가지수의 작은 변화에도 델타가 크게 움직인다는 의미이므로 프리미엄이 크게 상승(하락)할 수 있다는 의미로 받아들이면 된다. 반대로 절대치가 적은 감마는 델타가 안정되어 있다는 것이므로 프리미엄이 크게 움직이지 않는다는 것을 말한다.
일반적으로 만기일이 가까워지면 ITM옵션과 OTM옵션의 감마는 적은 값을 나타낸다. 이는 시간가치 잠식효과(Time Decay)에 따라 델타가 안정되기 때문이다. 그러나 ATM옵션의 감마는 만기일 직전 델타의 불안정성 때문에 높은 값을 가지게 된다. 간혹 옵션시장에서 대박이 터졌을 때는 만기일을 앞두고 프리미엄이 급등락한 결과이다. 이 때 감마값이 크게 나타난다.
결국 감마가 크다는 것은 적은 투자 원금으로 많은 수익을 낼 수 있는 레버리지 효과가 크다는 의미이고 옵션매도자 입장에서는 투자위험이 증대됨을 뜻한다.

델타방향과 감마방향 일치한다

3-3 세타

시간의경과는 시간가치의감소로이어져
프리미엄하락을초래한다
이러한 시간경과에대한 옵션프리미엄의 변화의 정도를 나타난다

-세타란
시간가치로 손실 이라는뜻 매수면
세타가 -

+세타란
시간가치로 수익이라는뜻 매도면
세타가+

등가에 가까울 때 세타가 가장큰값을갖는다
옵션은 열역학방정식과 유사함
등가에서 시간가치프리미엄이 가장높다
등가가까운옵션이 변동성이높다
30일 60일 90 일은 멀면멀수로 프리미엄이 높다

3-4 베가

베가는 내재변동성에 대한 옵션의 민감도를 측정하는 그릭문자입니다.

이것은 내재변동성 1포인트 변화에 대한 옵션가격의 변화입니다. 트레이더들은 변동성을 언급할 때 대개 소수점을 사용하지 않습니다. 예를 들어 변동성 14%는 통상 "변동성 14(vol at 14)"라고 말합니다.

변동성과 베가를 혼동하지 않아야 합니다. 변동성은 기초 선물의 역사적 혹은 기대 탄력성입니다. 역사적 변동성은 과거의 변동성이기 때문에 이미 알려져 있습니다. 기대 변동성은 선물계약의 알려지지 않은 변동성인데 내재변동성으로 옵션가격에 반영됩니다.

반면 베가는 특정 옵션의 내재변동성 변화에 대한 민감도입니다.

변화분에대한변화 민감도를 나타냄

3-5 롤오버

롤오버는 금융, 선물, 옵션, 물류 등 다양한 분야에서 만기 연장 또는 계약 이월을 의미하는 용어로, 주로 투자자가 기존 포지션을 청산하고 새로운 계약으로 교체해 만기를 연장하는 전략을 뜻합니다.

주요 개념과 용례

1. 금융·선물시장

- 롤오버는 만기가 도래하는 선물계약이나 파생상품을 청산하고, 동일한 또는 유사한 조건의 새로운 계약으로 교체하는 과정입니다. 이를 통해 투자자는 포지션을 계속 유지할 수 있으며, 실물 인수나 현금 정산을 피할 수 있습니다.

- 롤오버 시 기존 계약과 새 계약의 가격 차이로 인해 롤오버 비용(또는 이익)이 발생할 수 있습니다.

3-5 주요전략

1. 자본시장과 금융투자업에 관한 법률 시행령(약칭: 자본시장법 시행령) 부록

판 판례 연 연혁 행 위임행정규칙 규 규제 생 생활법령 한 한눈보기

약칭: 자본시장법 시행령)[시행 2025. 6. 2.]
대통령령 제35587호, 2025. 6. 2., 일부개정

금융위원회(자본시장과-투자매매중개업, 증권발행), 02-2100-2652
금융위원회(공정시장과-사업보고서, 상장회사특례, 불공정거래), 02-2100-2688
금융위원회(자산운용과-집합투자, 신탁, 투자일임, 투자자문), 02-2100-2661
금융위원회(자본시장과-파생상품), 02-2100-2654

1. 자본시장과 금융투자업에 관한 법률 시행령(약칭: 자본시장법 시행령)

1-1 제1편 총칙

판 제1조 (목적)

이 영은 「자본시장과 금융투자업에 관한 법률」에서 위임된 사항과 그 시행에 관하여 필요한 사항을 규정함을 목적으로 한다.

판 연 행 제2조 (용어의 정의)

이 영에서 사용하는 용어의 뜻은 다음과 같다. 〈개정 2015. 10. 23., 2016. 7. 28., 2019. 4. 23., 2021. 2. 9., 2025. 6. 2.〉

1. "해외 증권시장"이란 증권시장과 유사한 시장으로서 해외에 있는 시장을 말한다.

2. "청약의 권유"란 권유받는 자에게 증권을 취득하도록 하기 위하여 신문·방송·잡지 등을 통한 광고, 안내문·홍보전단 등 인쇄물의 배포, 투자설명회의 개최, 전자통신 등의 방법(법 제249조의5에 따른 투자광고의 방법을 포함한다)으로 증권 취득청약의 권유 또는 증권 매도청약이나 매수청약의 권유 등 증권을 발행 또는 매도한다는 사실을 알리거나 취득의 절차를 안내하는 활동을 말한다. 다만, 인수인의 명칭과 증권의 발행금액을 포함하지 아니하는 등 금융위원회가 정하여 고시하는 기준에 따라 다음 각 목의 사항 중 전부나 일부에 대하여 광고 등의 방법으로 단순히 그 사실을 알리거나 안내하는 경우는 제외한다.

  가. 발행인의 명칭

  나. 발행 또는 매도하려는 증권의 종류와 발행 또는 매도 예정금액

  다. 증권의 발행이나 매도의 일반적인 조건

  라. 증권의 발행이나 매출의 예상 일정

  마. 그 밖에 투자자 보호를 해칠 염려가 없는 사항으로서 금융위원회가 정하여 고시하는 사항

3. "외화자산"이란 외국에서 발행 또는 창설되거나 유통되는 자산 및 이와 비슷한 자산을 말한다.

4. "특수관계인"이란「금융회사의 지배구조에 관한 법률 시행령」제3조제1항 각 호의 어느 하나에 해당하는 자를 말한다.

5. "주요주주"란「금융회사의 지배구조에 관한 법률」제2조제6호나목에 해당하는 자를 말한다.

6. "전자적 투자조언장치"란 다음 각 목의 요건을 모두 갖춘 자동화된 전산정보처리장치를 말한다.

　　가. 활용하는 업무의 종류에 따라 다음의 요건을 갖출 것

　　　　1) 집합투자재산을 운용하는 경우: 집합투자기구의 투자목적·투자방침과 투자전략에 맞게 운용할 것

　　　　2) 투자자문업 또는 투자일임업을 수행하는 경우: 투자자의 투자목적·재산상황·투자경험 등을 고려하여 투자자의 투자성향을 분석할 것

　　나.「정보통신망 이용촉진 및 정보보호 등에 관한 법률」제2조제1항제7호에 따른 침해사고(이하 "침해사고"라 한다) 및 재해 등을 예방하기 위한 체계 및 침해사고 또는 재해가 발생했을 때 피해 확산·재발 방지와 신속한 복구를 위한 체계를 갖출 것

　　다. 그 밖에 투자자 보호와 건전한 거래질서 유지를 위해 금융위원회가 정하여 고시하는 요건을 갖출 것

7. "고난도금융투자상품"이란 다음 각 목의 어느 하나에 해당하는 금융투자상품 중 금융위원회가 정하여 고시하는 방법으로 산정한 최대 원금손실 가능금액이 원금의 100분의 20을 초과하는 것을 말한다. 다만, 거래소시장, 해외 증권시장, 해외 파생상품시장(법 제5조제2항제2호에 따른 해외 파생상품시장을 말한다. 이하 같다)에 상장되어 거래(투자자가 해당 시장 또는 다자간매매체결회사에서 직접 매매하는 경우로 한정한다)되는 상품 또는 전문투자자[법 제9조제5항제1호부터 제3호까지의 어느 하나에 해당하는 자, 이 영 제10조제3항제1호부터 제6호까지, 제6호의2, 제7호부터 제14호까지의 어느 하나에 해당하는 자(이에 준하는 외국인을 포함한다) 또는 같은 항 제18호가목부터 다목까지의 어느 하나에 해당하는 자로 한정한다]만을 대상으로 하는 상품은 제외한다.

　　가. 파생결합증권(제7조제2항제1호에 따른 파생결합증권은 제외한다)

　　나. 파생상품

　　다. 집합투자증권 중에서 운용자산의 가격결정의 방식, 손익의 구조 및 그에 따른 위험을 투자자가 이해하기 어렵다고 인정되는 것으로서 금융위원회가 정하여 고시

하는 집합투자증권

라. 그 밖에 기초자산의 특성, 가격결정의 방식, 손익의 구조 및 그에 따른 위험을 투자자가 이해하기 어렵다고 인정되는 것으로서 금융위원회가 정하여 고시하는 금융투자상품

8. "고난도투자일임계약"이란 금융위원회가 정하여 고시하는 방법으로 산정한 최대 원금손실 가능금액이 원금의 100분의 20을 초과하는 투자일임계약 중 그 운용방법 및 그에 따른 위험을 투자자가 이해하기 어렵다고 인정되는 것으로서 금융위원회가 정하여 고시하는 기준에 해당하는 투자일임계약을 말한다.

9. "고난도금전신탁계약"이란 금융위원회가 정하여 고시하는 방법으로 산정한 최대 원금손실 가능금액이 원금의 100분의 20을 초과하는 금전신탁계약 중 그 운용방법 및 그에 따른 위험을 투자자가 이해하기 어렵다고 인정되는 것으로서 금융위원회가 정하여 고시하는 기준에 해당하는 금전신탁계약을 말한다.

판 연 행 규 **제3조 (금융투자상품의 범위)**

① 「자본시장과 금융투자업에 관한 법률」(이하 "법"이라 한다) 제3조제1항 각 호 외의 부분 본문에서 "판매수수료 등 대통령령으로 정하는 금액"이란 다음 각 호의 금액을 말한다.

1. 법 제58조제1항에 따른 수수료, 법 제76조제4항에 따른 판매수수료(이하 "판매수수료"라 한다), 그 밖에 용역의 대가로서 투자자, 그 밖의 고객이 지급하는 수수료

2. 보험계약에 따른 사업비와 위험보험료

3. 그 밖에 금융위원회가 정하여 고시하는 금액

② 법 제3조제1항 각 호 외의 부분 본문에서 "해지수수료 등 대통령령으로 정하는 금액"이란 다음 각 호의 금액을 말한다.

1. 법 제236조제2항에 따른 환매수수료(이하 "환매수수료"라 한다), 그 밖에 중도해지로 인하여 투자자, 그 밖의 고객이 지급하는 해지수수료(이에 준하는 것을 포함한다)

2. 각종 세금

3. 발행인 또는 거래상대방이 파산 또는 채무조정, 그 밖에 이에 준하는 사유로 인하여 당초 지급하기로 약정한 금전등을 지급할 수 없게 됨에 따라 투자자, 그 밖의 고객이 되돌려 받을 수 없는 금액

4. 그 밖에 금융위원회가 정하여 고시하는 금액

③ 법 제3조제1항제3호에서 "대통령령으로 정하는 금융투자상품"이란 「상법」 제340조의 2 또는 제542조의3에 따른 주식매수선택권을 말한다. 〈신설 2013. 8. 27.〉

제3조의2(증권신고서 제출 등의 규제만 적용되는 증권) 법 제4조제1항제2호에서 "대통령령으로 정하는 증권"이란 「상법」에 따른 합자회사·유한책임회사·합자조합·익명조합의 출자지분이 표시된 것을 말한다. 다만, 집합투자증권은 제외한다.

[본조신설 2013. 8. 27.]

법 제4조제3항에서 "대통령령으로 정하는 요건"이란 기업의 위탁에 따라 그 지급대행을 하는 다음 각 호의 어느 하나에 해당하는 자가 내어준 것으로서 "기업어음증권"이라는 문자가 인쇄된 어음용지를 사용하는 것을 말한다. 〈개정 2015. 3. 3., 2019. 8. 20.〉

1. 다음 각 목의 어느 하나에 해당하는 자(이하 "은행"이라 한다)
   가. 「은행법」에 따라 인가를 받아 설립된 은행(같은 법 제59조에 따라 은행으로 보는 자를 포함한다)
   나. 「수산업협동조합법」에 따른 수협은행
   다. 「농업협동조합법」에 따른 농협은행
2. 「한국산업은행법」에 따른 한국산업은행
3. 「중소기업은행법」에 따른 중소기업은행

법 제4조제7항제5호에서 "대통령령으로 정하는 금융투자상품"이란 「상법」 제420조의2에 따른 신주인수권증서 및 같은 법 제516조의5에 따른 신주인수권증권을 말한다.

[본조신설 2013. 8. 27.]

법 제5조제1항 각 호 외의 부분 단서에서 "대통령령으로 정하는 금융투자상품"이란 다음 각 호의 어느 하나에 해당하는 금융투자상품을 말한다.

1. 증권 및 장외파생상품에 대한 투자매매업의 인가를 받은 금융투자업자가 발행하는 증권 또는 증서로서 기초자산(증권시장이나 해외 증권시장에서 매매거래되는 주권 등 금융위원회가 정하여 고시하는 기초자산을 말한다. 이하 이 호에서 같다)의 가격·이자율·지표·단위 또는 이를 기초로 하는 지수 등의 변동과 연계하여 미리 정하여진 방법에 따라 그 기초자산의 매매나 금전을 수수하는 거래를 성립시킬 수 있는 권리가 표시된 증권 또는 증서

6

2.「상법」제420조의2에 따른 신주인수권증서 및 같은 법 제516조의5에 따른 신주인수권증권

[본조신설 2013. 8. 27.]

판 연 행 생 **제5조 (해외 파생상품거래)**

법 제5조제2항제2호에서 "대통령령으로 정하는 해외 파생상품거래"란 다음 각 호의 어느 하나에 해당하는 거래를 말한다. 〈개정 2013. 8. 27.〉

1. 런던금속거래소의 규정에 따라 장외(파생상품시장과 비슷한 시장으로서 해외에 있는 시장 밖을 말한다. 이하 이 조에서 같다)에서 이루어지는 금속거래

2. 런던귀금속시장협회의 규정에 따라 이루어지는 귀금속거래

3. 미국선물협회의 규정에 따라 장외에서 이루어지는 외국환거래

4. 삭제 〈2017. 5. 8.〉

5. 선박운임선도거래업자협회의 규정에 따라 이루어지는 선박운임거래

6. 그 밖에 국제적으로 표준화된 조건이나 절차에 따라 이루어지는 거래로서 금융위원회가 정하여 고시하는 거래

판 연 행 생 **제6조 (집합투자의 적용배제)**

제6조(집합투자의 적용·배제) ① 법 제6조제5항제1호에서 "대통령령으로 정하는 법률"이란 다음 각 호의 법률을 말한다. 〈개정 2010. 6. 11., 2015. 4. 20., 2020. 3. 31., 2020. 8. 11., 2023. 12. 5.〉

1.「부동산투자회사법」

2.「선박투자회사법」

3.「문화산업진흥 기본법」

4.「산업발전법」

5.「벤처투자 촉진에 관한 법률」

6.「여신전문금융업법」

7. 삭제 〈2020. 8. 11.〉

8.「소재·부품·장비산업 경쟁력 강화 및 공급망 안정화를 위한 특별조치법」

9.「농림수산식품투자조합 결성 및 운용에 관한 법률」

② 법 제6조제5항제1호에서 "대통령령으로 정하는 투자자"란 다음 각 호에 해당하지 아니하는 투자자를 말한다.

1. 제10조제1항 각 호의 어느 하나에 해당하는 자

2. 제10조제3항제12호ㆍ제13호에 해당하는 자 중 금융위원회가 정하여 고시하는 자

③ 법 제6조제5항제1호에서 "대통령령으로 정하는 수"란 49인을 말한다. 이 경우 49인을 계산할 때 다른 집합투자기구(제80조제1항제5호의2에 따른 사모투자재간접집합투자기구, 같은 항 제5호의3에 따른 부동산ㆍ특별자산투자재간접집합투자기구 또는 같은 호 각 목의 어느 하나에 해당하는 집합투자기구 등에 대한 투자금액을 합산한 금액이 자산총액의 100분의 80을 초과하는「부동산투자회사법」제49조의3제1항에 따른 공모부동산투자회사는 제외한다)가 해당 집합투자기구의 집합투자증권 발행총수의 100분의 10 이상을 취득하는 경우에는 그 다른 집합투자기구의 투자자(제2항에 따른 투자자를 말한다)의 수를 더해야 한다. 〈개정 2017. 5. 8., 2020. 3. 10., 2021. 3. 16.〉

④ 법 제6조제5항제3호에서 "대통령령으로 정하는 경우"란 다음 각 호의 어느 하나에 해당하는 경우를 말한다. 〈개정 2009. 12. 21., 2010. 12. 7., 2013. 8. 27., 2015. 10. 23., 2016. 7. 28., 2017. 5. 8., 2021. 2. 17., 2024. 11. 12.〉

1. 법 제74조제3항에 따른 예치기관(이하 "예치기관"이라 한다)이 같은 항에 따라 같은 조 제1항에 따른 투자자예탁금(이하 "투자자예탁금"이라 한다)을 예치 또는 신탁받아 운용ㆍ배분하는 경우

1의2. 법 제77조의2에 따라 지정받은 종합금융투자사업자(이하 "종합금융투자사업자"라 한다)가 제77조의6제1항제3호에 따른 종합투자계좌업무를 하는 경우

2. 다음 각 목의 어느 하나에 해당하는 경우로서 신탁업자가 신탁재산을 효율적으로 운용하기 위하여 수탁한 금전을 공동으로 운용하는 경우

가. 법 제103조제2항에 따른 종합재산신탁(이하 "종합재산신탁"이라 한다)으로서 금전의 수탁비율이 100분의 40 이하인 경우

나. 신탁재산의 운용에 의하여 발생한 수익금의 운용 또는 신탁의 해지나 환매에 따라 나머지 신탁재산을 운용하기 위하여 불가피한 경우

3. 법 제249조의13에 따른 투자목적회사(이하 "투자목적회사"라 한다)가 그 업무를 하는 경우

4. 법 제336조에 따른 종합금융회사(이하 "종합금융회사"라 한다)가 제329조에 따른 어음관리계좌 업무를 하는 경우

5.「조세특례제한법」제104조의31제1항에 따른 요건을 갖춘 법인이 법 제3조제1항 각 호 외의 부분 본문에 따른 금전등(이하 "금전등"이라 한다)을 모아 운용ㆍ배분하는 경우

6. 지분증권의 소유를 통하여 다른 회사의 사업내용을 지배하는 것을 주된 사업으로 하는 국내회사가 그 사업을 하는 경우

7.「가맹사업거래의 공정화에 관한 법률」제2조제1호에 따른 가맹사업을 하는 경우

8.「방문판매 등에 관한 법률」제2조제5호에 따른 다단계판매 사업을 하는 경우

9.「통계법」에 따라 통계청장이 고시하는 한국표준산업분류에 따른 제조업 등의 사업을 하는 자가 직접 임직원, 영업소, 그 밖에 그 사업을 하기 위하여 통상적으로 필요한 인적·물적 설비를 갖추고 투자자로부터 모은 금전등으로 해당 사업을 하여 그 결과를 투자자에게 배분하는 경우. 다만, 사업자가 해당 사업을 특정하고 그 특정된 사업의 결과를 배분하는 경우는 제외한다.

10. 학술·종교·자선·기예·사교, 그 밖의 영리 아닌 사업을 목적으로 하는 계(契)인 경우

11. 종중, 그 밖의 혈연관계로 맺어진 집단과 그 구성원을 위하여 하는 영리 아닌 사업인 경우

12.「민법」에 따른 비영리법인, 「공익법인의 설립·운영에 관한 법률」에 따른 공익법인, 「사회복지사업법」에 따른 사회복지법인, 「근로복지기본법」에 따른 우리사주조합, 그 밖에 관련 법령에 따라 허가·인가·등록 등을 받아 설립된 비영리법인 등이 해당 정관 등에서 정한 사업목적에 속하는 행위를 하는 경우

13. 투자자로부터 모은 금전등을 투자자 전원의 합의에 따라 운용·배분하는 경우

14. 다른 법인과 합병하는 것을 유일한 사업목적으로 하고 모집을 통하여 주권을 발행하는 법인(이하 "기업인수목적회사"라 한다)이 다음 각 목의 요건을 모두 갖추어 그 사업목적에 속하는 행위를 하는 경우

  가. 주권(최초 모집 이전에 발행된 주권은 제외한다)의 발행을 통하여 모은 금전의 100분의 90 이상으로서 금융위원회가 정하여 고시하는 금액 이상을 주금 납입일의 다음 영업일까지 법 제324조제1항에 따라 인가를 받은 자(이하 "증권금융회사"라 한다) 등 금융위원회가 정하여 고시하는 기관에 예치 또는 신탁할 것

  나. 가목에 따라 예치 또는 신탁한 금전을 다른 법인과의 합병등기가 완료되기 전에 인출하거나 담보로 제공하지 않을 것. 다만, 기업인수목적회사의 운영을 위하여 불가피한 경우로서 법 제165조의5에 따른 주식매수청구권의 행사로 주식을 매수하기 위한 경우 등 금융위원회가 정하여 고시하는 경우에는 인출할 수 있다.

  다. 발기인 중 1인 이상은 금융위원회가 정하여 고시하는 규모 이상의 지분증권(집합투자증권은 제외한다) 투자매매업자일 것

  라. 임원이「금융회사의 지배구조에 관한 법률」제5조제1항 각 호의 어느 하나에 해당하지 아니할 것

마. 최초로 모집한 주권의 주금납입일부터 90일 이내에 그 주권을 증권시장에 상장할 것

바. 최초로 모집한 주권의 주금납입일부터 36개월 이내에 다른 법인과의 합병등기를 완료할 것

사. 그 밖에 투자자 보호를 위한 것으로서 금융위원회가 정하여 고시하는 기준을 갖출 것

15. 그 밖에 다음 각 목의 사항을 종합적으로 고려하여 금융위원회가 집합투자에 해당하지 아니한다고 인정하는 경우

가. 운용에 따른 보수를 받는 전문적 운용자의 존재 여부

나. 투자자의 투자동기가 전문적 운용자의 지식·경험·능력에 있는지, 투자자와 전문적 운용자 간의 인적 관계에 있는지 여부

다. 운용 결과가 합리적 기간 이내에 투자금액에 따라 비례적으로 배분되도록 예정되어 있는지 여부

라. 투자자로부터 모은 재산을 전문적 운용자의 고유재산과 분리할 필요성이 있는지 여부

마. 집합투자로 보지 아니할 경우에는 투자자 보호가 뚜렷하게 곤란하게 될 가능성이 있는지 여부

⑤ 법 제6조제6항제1호에서 "대통령령으로 정하는 자"란 제13조제2항 각 호의 어느 하나에 해당하는 자를 말한다. 〈신설 2018. 9. 28.〉

⑥ 법 제6조제6항제10호에서 "대통령령으로 정하는 자"란 다음 각 호의 어느 하나에 해당하는 자를 말한다. 〈신설 2018. 9. 28., 2024. 11. 12.〉

1. 다음 각 목의 어느 하나에 해당하는 공제회 또는 공제조합

가. 「경찰공제회법」에 따른 경찰공제회

나. 「과학기술인공제회법」에 따른 과학기술인공제회

다. 「교정공제회법」에 따른 교정공제회

라. 「군인공제회법」에 따른 군인공제회

마. 「대한소방공제회법」에 따른 대한소방공제회

바. 「대한지방행정공제회법」에 따른 대한지방행정공제회

사. 「한국교직원공제회법」에 따른 한국교직원공제회

아. 「한국지방재정공제회법」에 따른 한국지방재정공제회

자. 「전기공사공제조합법」에 따른 전기공사공제조합

2. 최근 사업연도말 현재 운용자산이 2조원 이상이거나 가입자가 10만명 이상인 공제회

또는 공제조합

3. 「산림조합법」에 따른 산림조합중앙회

4. 「중소기업 인력지원 특별법」 제35조의2에 따른 성과보상기금을 같은 법 제35조의4에 따라 관리·운용하는 자

⑦ 법 제6조제6항제11호에서 "효율적이고 투명한 투자구조, 관리주체 등 대통령령으로 정하는 요건을 갖춘 자"란 다음 각 호의 요건을 모두 충족하는 자로서 금융위원회가 정하여 고시하는 자를 말한다. 〈신설 2024. 11. 12.〉

1. 법령에 따라 설립되거나 설치되는 자일 것

2. 법령에 따라 운용자산을 전문적이고 독립적으로 운용하는 관리주체가 있을 것

3. 고유재산과 운용자산을 명확하게 구분하여 회계처리할 것

4. 투자결과를 투자자 또는 수익자에게 실질적으로 귀속시킬 것

판 연 생 **제6조의2 (투자자문업의 투자대상자산)**

법 제6조제7항에서 "대통령령으로 정하는 투자대상자산"이란 다음 각 호의 자산을 말한다. 〈개정 2015. 10. 23., 2018. 9. 28., 2020. 3. 10.〉

1. 부동산

2. 지상권·지역권·전세권·임차권·분양권 등 부동산 관련 권리

3. 제106조제2항 각 호의 금융기관에의 예치금

4. 다음 각 목의 어느 하나에 해당하는 출자지분 또는 권리(이하 "사업수익권"이라 한다)

　　가. 「상법」에 따른 합자회사·유한책임회사·합자조합·익명조합의 출자지분

　　나. 「민법」에 따른 조합의 출자지분

　　다. 그 밖에 특정사업으로부터 발생하는 수익을 분배받을 수 있는 계약상의 출자지분 또는 권리

5. 다음 각 목의 어느 하나에 해당하는 금지금[「조세특례제한법」 제106조의3제1항 각 호 외의 부분에 따른 금지금(金地金)을 말한다. 이하 이 호에서 같다]

　　가. 거래소(법 제8조의2제2항에 따른 거래소를 말한다. 이하 같다)가 법 제377조제1항제12호에 따른 승인을 받아 그 매매를 위하여 개설한 시장에서 거래되는 금지금

　　나. 은행이 「은행법 시행령」 제18조제1항제4호에 따라 그 판매를 대행하거나 매매·대여하는 금지금

6. 법 제336조제1항제1호 또는 법 제360조제1항에 따라 발행된 어음

[본조신설 2013. 8. 27.]

판 연 제6조의3(전담중개업무의 범위 등)

① 법 제6조제10항 각 호 외의 부분에서 "대통령령으로 정하는 투자자"란 다음 각 호의 투자자를 말한다. 〈개정 2015. 10. 23., 2018. 9. 28., 2021. 10. 21.〉

1. 제10조제2항 각 호의 자

2. 제10조제3항제12호·제13호의 자(이에 준하는 외국인을 포함한다)

3. 법 제9조제19항제1호에 따른 기관전용 사모집합투자기구

4. 법 제279조제1항에 따른 외국 집합투자기구(법 제9조제19항에 따른 사모집합투자기구에 상당하는 집합투자기구로 한정한다)

② 법 제6조제10항 각 호 외의 부분에서 "대통령령으로 정하는 방법"이란 법 제6조제10항제1호부터 제3호까지의 업무 및 이 조 제3항 각 호의 업무를 서로 연계하여 제공하는 것을 말한다. 이 경우 법 제6조제10항제2호 및 제3호의 업무가 포함되어야 한다. 〈개정 2018. 9. 28.〉

③ 법 제6조제10항제4호에서 "대통령령으로 정하는 업무"란 다음 각 호의 업무를 말한다. 〈개정 2015. 10. 23., 2018. 9. 28., 2021. 10. 21.〉

1. 법 제6조제10항에 따른 일반 사모집합투자기구등(이하 "일반사모집합투자기구등"이라 한다)의 투자자재산(일반사모집합투자기구등의 재산으로서 전담중개업무의 대상이 되는 투자자재산을 말한다. 이하 같다)의 매매에 관한 청약 또는 주문의 집행업무

2. 일반사모집합투자기구등의 투자자재산의 매매 등의 거래에 따른 취득·처분 등의 업무

3. 파생상품의 매매 또는 그 중개·주선·대리업무

4. 환매조건부매매 또는 그 중개·주선·대리업무

5. 집합투자증권의 판매업무

6. 일반사모집합투자기구등의 투자자재산의 운용과 관련한 금융 및 재무 등에 대한 자문업무

7. 다른 투자자의 투자를 유치하거나 촉진하기 위하여 법 제9조제19항제2호에 따른 일반 사모집합투자기구에 출자(투자신탁의 경우에는 그 수익증권의 매수를 포함한다. 이하 제271조의11제3항제2호 단서에서 같다)를 하는 업무

[본조신설 2013. 8. 27.]

① 법 제7조제1항제2호에서 "대통령령으로 정하는 파생결합증권"이란 다음 각 호의 요건을 모두 충족하는 파생결합증권을 제외한 파생결합증권을 말한다. 〈개정 2013. 8. 27.〉

1. 기초자산이 통화 또는 외국통화로서 지급하거나 회수하는 금전등이 그 기초자산과 다른 통화 또는 외국통화로 표시될 것

2. 증권의 발행과 동시에 금융위원회가 정하여 고시하는 위험회피 목적의 거래가 이루어질 것

3. 사업에 필요한 자금을 조달하기 위하여 발행될 것

4. 그 밖에 총리령으로 정하는 발행요건 등을 충족할 것

② 법 제7조제1항제3호에서 "대통령령으로 정하는 계약에 따른 증권"이란 다음 각 호의 어느 하나에 해당하는 것(이하 "금적립계좌등"이라 한다)을 말한다. 〈신설 2013. 8. 27., 2015. 3. 3.〉

1. 제4조 각 호의 어느 하나에 해당하는 자(이하 이 호에서 "은행등"이라 한다)가 투자자와 체결하는 계약에 따라 발행하는 금적립계좌 또는 은적립계좌[투자자가 은행등에 금전을 지급하면 기초자산인 금(金) 또는 은(銀)의 가격 등에 따라 현재 또는 장래에 회수하는 금전등이 결정되는 권리가 표시된 것으로서 금융위원회가 정하여 고시하는 기준에 따른 파생결합증권을 말한다]

2. 그 밖에 증권 및 장외파생상품에 대한 투자매매업의 인가를 받은 자가 투자자와 체결하는 계약에 따라 발행하는 파생결합증권으로서 금융위원회가 투자에 따른 위험과 손익의 구조 등을 고려하여 고시하는 파생결합증권

③ 법 제7조제4항에서 "대통령령으로 정하는 경우"란 투자중개업자가 따로 대가 없이 금융투자상품에 대한 투자판단(법 제6조제7항에 따른 투자판단을 말한다. 이하 같다)의 전부나 일부를 일임받는 경우로서 다음 각 호의 어느 하나에 해당하는 경우를 말한다. 〈개정 2013. 8. 27., 2018. 9. 28.〉

1. 투자자가 금융투자상품의 매매거래일(하루에 한정한다)과 그 매매거래일의 총매수량이나 총매매금액을 지정한 경우로서 투자자로부터 그 지정 범위에서 금융투자상품의 수량ㆍ가격 및 시기에 대한 투자판단을 일임받은 경우

2. 투자자가 여행ㆍ질병 등으로 일시적으로 부재하는 중에 금융투자상품의 가격 폭락 등 불가피한 사유가 있는 경우로서 투자자로부터 약관 등에 따라 미리 금융투자상품의 매도 권한을 일임받은 경우

3. 투자자가 금융투자상품의 매매, 그 밖의 거래에 따른 결제나 증거금의 추가 예탁 또는 법 제72조에 따른 신용공여와 관련한 담보비율 유지의무나 상환의무를 이행하지 아니한 경우로서 투자자로부터 약관 등에 따라 금융투자상품의 매도권한(파생상품인 경우에는 이미 매도한 파생상품의 매수권한을 포함한다)을 일임받은 경우

4. 투자자가 투자중개업자가 개설한 계좌에 금전을 입금하거나 해당 계좌에서 금전을 출금하는 경우에는 따로 의사표시가 없어도 자동으로 법 제229조제5호에 따른 단기금융집합투자기구(이하 "단기금융집합투자기구"라 한다)의 집합투자증권 등을 매수 또는 매도하거나 증권을 환매를 조건으로 매수 또는 매도하기로 하는 약정을 미리 해당 투자중개업자와 체결한 경우로서 투자자로부터 그 약정에 따라 해당 집합투자증권 등을 매수 또는 매도하는 권한을 일임받거나 증권을 환매를 조건으로 매수 또는 매도하는 권한을 일임받은 경우

5. 그 밖에 투자자 보호 및 건전한 금융거래질서를 해칠 염려가 없는 경우로서 금융위원회가 정하여 고시하는 경우

④ 법 제7조제6항제4호에서 "대통령령으로 정하는 경우"란 다음 각 호인 경우를 말한다. 〈개정 2009. 5. 29., 2010. 6. 11., 2012. 6. 29., 2013. 8. 27., 2015. 3. 3., 2015. 10. 23., 2018. 9. 28., 2019. 8. 20., 2021. 3. 23., 2024. 3. 5.〉

1. 국가 또는 지방자치단체가 공익을 위하여 관련 법령에 따라 금융투자상품을 매매하는 경우

2. 한국은행이 「한국은행법」 제68조에 따라 공개시장 조작을 하는 경우

3. 다음 각 목의 어느 하나에 해당하는 자 간 제81조제1항제1호에 따른 환매조건부매도 또는 제85조제3호나목에 따른 환매조건부매수(이하 "환매조건부매매"라 한다)를 하는 경우

　　가. 제10조제2항 각 호의 자

　　나. 제10조제3항제1호부터 제4호까지, 제4호의2 및 제9호부터 제13호까지의 자(이에 준하는 외국인을 포함한다)

　　다. 그 밖에 금융위원회가 정하여 고시하는 자

4. 법 제283조에 따라 설립된 한국금융투자협회(이하 "협회"라 한다)가 법 제286조제1항제5호 및 이 영 제307조제2항제5호의2에 따른 업무를 하는 경우

5. 내국인이 국외에서 증권을 모집·사모·매출하는 경우로서 외국 투자매매업자(외국 법령에 따라 외국에서 투자매매업에 상당하는 영업을 하는 자를 말한다. 이하 같다)나 외국 투자중개업자(외국 법령에 따라 외국에서 투자중개업에 상당하는 영업을 하는 자를 말한다. 이하 같다)가 다음 각 목의 어느 하나에 해당하는 행위를 하는 경우

　　가. 금융위원회가 정하여 고시하는 기준에 따라 그 내국인과 국내에서 인수계약(그 내국인을 위하여 해당 증권의 모집·사모·매출을 하거나 그 밖에 직접 또는 간접으로 증

권의 모집·사모·매출을 분담하기로 하는 내용의 계약을 포함한다. 이하 이 호에서 같다)을 체결하는 행위로서 금융위원회의 인정을 받은 경우

나. 금융위원회가 정하여 고시하는 기준에 따라 그 내국인과 인수계약의 내용을 확정하기 위한 협의만을 국내에서 하는 행위로서 금융위원회에 관련 자료를 미리 제출한 경우

5의2. 외국 투자매매업자가 국외에서 제1항에 따른 파생결합증권을 다음 각 목의 기준을 모두 갖추어 발행하는 경우

가. 외국 투자매매업자가 법 제437조제1항에 따른 외국금융투자감독기관(이하 "외국금융투자감독기관"이라 한다)으로부터 해당 파생결합증권의 발행과 관련하여 경영건전성, 불공정거래 방지, 그 밖에 투자자 보호 등에 관한 감독을 받을 것

나. 경영능력, 재무상태 및 사회적 신용에 관하여 금융위원회가 정하여 고시하는 기준에 적합할 것

다. 금융위원회가 법 또는 법에 상응하는 외국의 법령을 위반한 외국 투자매매업자의 행위에 대하여 법 또는 법에 상응하는 외국의 법령에서 정하는 방법에 따라 행하여진 조사 또는 검사자료를 상호주의의 원칙에 따라 가목의 외국금융투자감독기관으로부터 제공받을 수 있는 국가의 외국 투자매매업자일 것

라. 해당 파생결합증권을 국내에서 매매하는 경우 투자매매업자가 그 파생결합증권을 인수하여 전문투자자(제103조제1호에 따른 특정금전신탁을 운용하는 신탁업자는 제외한다. 이하 이 목에서 같다)에게 이를 취득하도록 하거나 투자중개업자를 통하여 전문투자자에게 그 파생결합증권을 매도할 것. 이 경우 투자매매업자나 투자중개업자는 증권에 관한 투자매매업이나 투자중개업 인가를 받은 자로서 장외파생상품(해당 파생결합증권의 기초자산이나 그 가격·이자율·지표 등과 동일한 것을 기초자산이나 그 가격·이자율·지표 등으로 하는 장외파생상품을 말한다)에 관한 금융투자업 인가를 받은 자로 한정한다.

5의3. 「외국환거래법」 제8조제5항에 따른 외국환업무취급기관인 외국 금융기관 간에 같은 법 제9조제2항에 따른 외국환중개회사를 통하여 외국통화를 기초자산으로 하는 장외파생상품을 매매하는 경우

6. 외국 투자매매업자나 외국 투자중개업자가 국외에서 다음 각 목의 어느 하나에 해당하는 행위를 하는 경우

가. 투자매매업자를 상대방으로 하여 금융투자상품을 매매하거나 투자중개업자를 통하여 금융투자상품의 매매를 중개·주선 또는 대리하는 행위

나. 국내 거주자(투자매매업자 및 투자중개업자는 제외한다. 이하 이 목에서 같다)를 상대로 투자권유 또는 「금융소비자 보호에 관한 법률」 제22조에 따른 광고(투자성 상품

을 취급하는 금융상품판매업자나 금융상품자문업자의 업무에 관한 광고 또는 투자성 상품에 관한 광고로 한정한다. 이하 "투자광고"라 한다)(이하 "투자광고"라 한다)를 하지 아니하고 국내 거주자의 매매에 관한 청약을 받아 그 자를 상대방으로 하여 금융투자상품을 매매하거나 그 자의 매매주문을 받아 금융투자상품의 매매를 중개·주선 또는 대리하는 행위

6의2. 외국 투자신탁(법 제279조제1항에 따른 외국 투자신탁을 말한다. 이하 같다)이나 외국 투자익명조합(법 제279조제1항에 따른 외국 투자익명조합을 말한다. 이하 같다)의 외국 집합투자업자(법 제279조제1항에 따른 외국 집합투자업자를 말한다. 이하 같다) 또는 외국 투자회사등(법 제279조제1항에 따른 외국 투자회사등을 말한다. 이하 같다)이 다음 각 목의 기준을 모두 갖추어 외국 집합투자증권(법 제279조제1항에 따른 외국 집합투자증권을 말한다. 이하 같다)을 국내에서 판매하는 경우

　　가. 해당 외국 집합투자증권에 그 집합투자기구 자산총액의 100분의 100까지 투자하는 집합투자기구(투자신탁 또는 투자익명조합의 경우 그 집합투자재산을 보관·관리하는 신탁업자를 포함한다)에 대하여 판매할 것

　　나. 해당 외국 집합투자증권을 발행한 외국 집합투자기구(법 제279조제1항에 따른 외국 집합투자기구를 말한다. 이하 같다)는 제80조제1항제6호가목에 따라 그 집합투자재산을 외화자산에 100분의 70 이상 운용하는 것으로서 법 제279조제1항에 따라 등록한 외국 집합투자기구일 것

7. 법 제18조제2항제1호 각 목 외의 부분 단서에 따른 외국 투자자문업자(이하 "외국 투자자문업자"라 한다) 또는 같은 호 각 목 외의 부분 단서에 따른 외국 투자일임업자(이하 "외국 투자일임업자"라 한다)가 국외에서 다음 각 목의 어느 하나에 해당하는 자를 상대로 투자권유 또는 투자광고를 하지 아니하고 그 자를 상대방으로 투자자문업이나 투자일임업을 하는 경우

　　가. 국가

　　나. 한국은행

　　다. 제10조제3항제4호·제12호의 자

　　라. 그 밖에 금융위원회가 정하여 고시하는 자

8. 따로 대가 없이 다른 영업에 부수하여 법 제6조제7항에 따른 금융투자상품등의 가치나 그 금융투자상품등에 대한 투자판단에 관한 자문에 응하는 경우

9. 법 제258조에 따른 집합투자기구평가회사(이하 "집합투자기구평가회사"라 한다), 법 제263조에 따른 채권평가회사(이하 "채권평가회사"라 한다), 공인회계사, 감정인, 신용평가를 전문으로 하는 자, 변호사, 변리사 또는 세무사, 그 밖에 이에 준하

는 자로서 해당 법령에 따라 자문용역을 제공하고 있는 자(그 소속단체를 포함한다)가 해당 업무와 관련된 분석정보 등을 제공하는 경우

10. 다른 법령에 따라 건축물 및 주택의 임대관리 등 부동산의 관리대행, 부동산의 이용·개발 및 거래에 대한 상담, 그 밖에 부동산의 투자·운용에 관한 자문 등의 업무를 영위하는 경우

⑤ 법 제7조제6항에 따라 다음 각 호의 어느 하나에 해당하는 경우에는 해당 호의 금융투자업으로 보지 아니한다. 〈개정 2012. 6. 29., 2013. 8. 27., 2015. 10. 23., 2024. 3. 5.〉

1. 법 제7조제6항제1호의 경우: 투자중개업
2. 법 제7조제6항제2호의 경우: 투자매매업
3. 법 제7조제6항제3호의 경우: 투자매매업 또는 투자중개업
4. 법 제7조제6항제4호의 경우: 다음 각 목의 금융투자업

가. 제4항제1호부터 제3호까지, 제5호의2 및 제5호의3: 투자매매업
나. 제4항제4호: 투자중개업
다. 제4항제5호, 제6호 및 제6호의2: 투자매매업 또는 투자중개업
라. 제4항제7호: 투자자문업 또는 투자일임업
마. 제4항제8호 및 제9호: 투자자문업
바. 제4항제10호: 투자자문업 또는 투자일임업

판 연 행 규 생 제7조의2 (적용범위)

법 제8조제9항제3호에서 "대통령령으로 정하는 금융기관 등"이란 다음 각 호의 어느 하나에 해당하는 금융기관 등을 말한다. 〈개정 2016. 7. 28.〉

1. 「한국산업은행법」에 따른 한국산업은행
2. 「중소기업은행법」에 따른 중소기업은행
3. 「한국수출입은행법」에 따른 한국수출입은행
4. 증권금융회사
5. 종합금융회사
6. 자금중개회사
7. 「외국환거래법」에 따른 외국환중개회사
8. 「한국주택금융공사법」에 따른 한국주택금융공사
9. 그 밖에 금융위원회가 정하여 고시하는 금융기관 등

[제24조에서 이동, 종전 제7조의2는 제7조의3으로 이동 〈2016. 7. 28.〉]

판 연 행 제7조의3(금융투자상품시장 등)

① 법 제8조의2제5항 각 호 외의 부분에서 "대통령령으로 정하는 증권"이란 다음 각 호의 어느 하나에 해당하는 것을 말한다. 〈개정 2025. 6. 2.〉

1. 주권과 관련된 증권예탁증권으로서 증권시장에 상장된 것

2. 법 제234조에 따른 상장지수집합투자기구(이하 "상장지수집합투자기구"라 한다)의 집합투자증권

3. 증권시장에 상장된 파생결합증권(금융위원회가 정하여 고시하는 파생결합증권은 제외한다)

4. 그 밖에 공정한 가격 형성 및 거래의 효율성 등을 고려하여 총리령으로 정하는 증권

② 법 제8조의2제5항제1호에서 "대통령령으로 정하는 기준을 넘지 아니하는 경우"란 다음 각 호의 요건을 모두 충족하는 경우를 말한다. 〈개정 2016. 6. 28., 2016. 7. 28.〉

1. 매월의 말일을 기준으로 법 제4조제2항에 따른 증권의 구분별로 과거 6개월간 해당 다자간매매체결회사의 경쟁매매의 방법을 통한 매매체결대상상품(법 제8조의2제5항 각 호 외의 부분에 따른 매매체결대상상품을 말한다. 이하 같다)의 평균거래량(매매가 체결된 매매체결대상상품의 총수량을 매매가 이루어진 일수로 나눈 것을 말한다. 이하 이 항 및 제78조에서 같다)이 같은 기간 중 증권시장에서의 매매체결대상상품의 평균거래량의 100분의 15 이하일 것

2. 매월의 말일을 기준으로 과거 6개월간 해당 다자간매매체결회사의 경쟁매매의 방법을 통한 종목별 매매체결대상상품의 평균거래량이 같은 기간 중 증권시장에서의 그 종목별 매매체결대상상품의 평균거래량의 100분의 30 이하일 것

③ 법 제8조의2제5항제3호에서 "대통령령으로 정하는 방법"이란 매매체결대상상품의 종목별로 매도자와 매수자 간의 호가가 일치하는 경우 그 가격으로 매매거래를 체결하는 방법을 말한다.

[본조신설 2013. 8. 27.]

[제7조의2에서 이동 〈2016. 7. 28.〉]

판 연 생 제8조

제8조 삭제 〈2016. 7. 28.〉

제9조 삭제 〈2016. 7. 28.〉

제10조(전문투자자의 범위 등)

제10조(전문투자자의 범위 등) ① 법 제9조제5항 각 호 외의 부분 단서에서 "대통령령으로 정하는 자"란 다음 각 호의 어느 하나에 해당하지 아니하는 전문투자자를 말한다.

1. 국가

2. 한국은행

3. 제2항제1호부터 제17호까지의 어느 하나에 해당하는 자

4. 제3항제1호부터 제11호까지의 어느 하나에 해당하는 자

5. 제3항제18호가목부터 다목까지의 어느 하나에 해당하는 자

6. 제3호 및 제4호에 준하는 외국인

② 법 제9조제5항제3호에서 "대통령령으로 정하는 금융기관"이란 다음 각 호의 금융기관을 말한다. 〈개정 2009. 12. 21., 2010. 11. 15., 2012. 1. 6., 2015. 3. 3., 2016. 7. 28., 2016. 10. 25.〉

1. 은행

2. 「한국산업은행법」에 따른 한국산업은행

3. 「중소기업은행법」에 따른 중소기업은행

4. 「한국수출입은행법」에 따른 한국수출입은행

5. 「농업협동조합법」에 따른 농업협동조합중앙회

6. 「수산업협동조합법」에 따른 수산업협동조합중앙회

7. 「보험업법」에 따른 보험회사(이하 "보험회사"라 한다)

8. 금융투자업자[법 제8조제9항에 따른 겸영금융투자업자(이하 "겸영금융투자업자"라 한다)는 제외한다]

9. 증권금융회사

10. 종합금융회사

11. 법 제355조제1항에 따라 인가를 받은 자금중개회사(이하 "자금중개회사"라 한다)

12. 「금융지주회사법」에 따른 금융지주회사

13. 「여신전문금융업법」에 따른 여신전문금융회사

14. 「상호저축은행법」에 따른 상호저축은행 및 그 중앙회

15. 「산림조합법」에 따른 산림조합중앙회

16. 「새마을금고법」에 따른 새마을금고연합회

17. 「신용협동조합법」에 따른 신용협동조합중앙회

18. 제1호부터 제17호까지의 기관에 준하는 외국 금융기관

③ 법 제9조제5항제5호에서 "대통령령으로 정하는 자"란 다음 각 호의 자를 말한다. 다만, 제12호부터 제17호까지의 어느 하나에 해당하는 자가 금융투자업자와 장외파생상품 거래를 하는 경우에는 전문투자자와 같은 대우를 받겠다는 의사를 금융투자업자에게 서면으로 통지하는 경우만 해당한다. 〈개정 2009. 5. 29., 2009. 7. 1., 2013. 8. 27., 2014. 3. 24., 2016. 2. 5., 2016. 3. 11., 2016. 5. 31., 2016. 6. 28., 2018. 10. 30., 2019. 6. 25., 2019. 8. 20., 2021. 2. 9., 2022. 2. 17.〉

1. 「예금자보호법」에 따른 예금보험공사 및 정리금융회사

2. 「한국자산관리공사 설립 등에 관한 법률」에 따른 한국자산관리공사

3. 「한국주택금융공사법」에 따른 한국주택금융공사

4. 「한국투자공사법」에 따른 한국투자공사

4의2. 삭제 〈2014. 12. 30.〉

5. 협회

6. 법 제294조에 따라 설립된 한국예탁결제원(이하 "예탁결제원"이라 한다)

6의2.「주식·사채 등의 전자등록에 관한 법률」 제2조제6호에 따른 전자등록기관(이하 "전자등록기관"이라 한다)

7. 거래소

8. 「금융위원회의 설치 등에 관한 법률」에 따른 금융감독원(이하 "금융감독원"이라 한다)

9. 집합투자기구

10. 「신용보증기금법」에 따른 신용보증기금

11. 「기술보증기금법」에 따른 기술보증기금

12. 법률에 따라 설립된 기금(제10호 및 제11호는 제외한다) 및 그 기금을 관리·운용하는 법인

13. 법률에 따라 공제사업을 경영하는 법인

14. 지방자치단체

15. 해외 증권시장에 상장된 주권을 발행한 국내법인

16. 다음 각 목의 요건을 모두 충족하는 법인 또는 단체(외국 법인 또는 외국 단체

는 제외한다)

　　가. 금융위원회에 나목의 요건을 충족하고 있음을 증명할 수 있는 관련 자료를 제출할 것

　　나. 관련 자료를 제출한 날 전날의 금융투자상품 잔고가 100억원(「주식회사 등의 외부감사에 관한 법률」에 따라 외부감사를 받는 주식회사는 50억원) 이상일 것

　　다. 관련 자료를 제출한 날부터 2년이 지나지 아니할 것

　17. 다음 각 목의 요건을 모두 충족하는 개인. 다만, 외국인인 개인, 「조세특례제한법」 제91조의18제1항에 따른 개인종합자산관리계좌에 가입한 거주자인 개인(같은 조 제3항제2호에 따라 신탁업자와 특정금전신탁계약을 체결하는 경우 및 이 영 제98조제1항제4호의2 및 같은 조 제2항에 따라 투자일임업자와 투자일임계약을 체결하는 경우로 한정한다) 및 전문투자자와 같은 대우를 받지 않겠다는 의사를 금융투자업자에게 표시한 개인은 제외한다.

　　가. 금융위원회가 정하여 고시하는 금융투자업자에게 나목 및 다목의 요건을 모두 충족하고 있음을 증명할 수 있는 관련 자료를 제출할 것

　　나. 관련 자료를 제출한 날의 전날을 기준으로 최근 5년 중 1년 이상의 기간 동안 금융위원회가 정하여 고시하는 금융투자상품을 월말 평균잔고 기준으로 5천만원 이상 보유한 경험이 있을 것

　　다. 금융위원회가 정하여 고시하는 소득액·자산 기준이나 금융 관련 전문성 요건을 충족할 것

　　라. 삭제 〈2019. 8. 20.〉

　　마. 삭제 〈2019. 8. 20.〉

　18. 다음 각 목의 어느 하나에 해당하는 외국인

　　가. 외국 정부

　　나. 조약에 따라 설립된 국제기구

　　다. 외국 중앙은행

　　라. 제1호부터 제17호까지의 자에 준하는 외국인. 다만, 「조세특례제한법」 제91조의18제1항에 따른 개인종합자산관리계좌에 가입한 거주자인 외국인(같은 조 제3항제2호에 따라 신탁업자와 특정금전신탁계약을 체결하는 경우 및 이 영 제98조제1항제4호의2 및 같은 조 제2항에 따라 투자일임업자와 투자일임계약을 체결하는 경우로 한정한다)은 제외한다.

제11조(증권의 모집 · 매출) ① 법 제9조제7항 및 제9항에 따라 50인을 산출하는 경우에는 청약의 권유를 하는 날 이전 6개월 이내에 해당 증권과 같은 종류의 증권에 대하여 모집이나 매출에 의하지 아니하고 청약의 권유를 받은 자를 합산한다. 다만, 다음 각 호의 어느 하나에 해당하는 자는 합산 대상자에서 제외한다. 〈개정 2009. 10. 1., 2010. 12. 7., 2013. 6. 21., 2013. 8. 27., 2016. 6. 28., 2016. 7. 28.〉

1. 다음 각 목의 어느 하나에 해당하는 전문가

　가. 전문투자자

　나. 삭제 〈2016. 6. 28.〉

　다. 「공인회계사법」에 따른 회계법인

　라. 신용평가회사(법 제335조의3에 따라 신용평가업인가를 받은 자를 말한다. 이하 같다)

　마. 발행인에게 회계, 자문 등의 용역을 제공하고 있는 공인회계사 · 감정인 · 변호사 · 변리사 · 세무사 등 공인된 자격증을 가지고 있는 자

　바. 그 밖에 발행인의 재무상황이나 사업내용 등을 잘 알 수 있는 전문가로서 금융위원회가 정하여 고시하는 자

2. 다음 각 목의 어느 하나에 해당하는 연고자

　가. 발행인의 최대주주[「금융회사의 지배구조에 관한 법률」 제2조제6호가목에 따른 최대주주를 말한다. 이 경우 "금융회사"는 "법인"으로 보고, "발행주식(출자지분을 포함한다. 이하 같다)"은 "발행주식"으로 본다. 이하 같다]와 발행주식 총수의 100분의 5 이상을 소유한 주주

　나. 발행인의 임원(「상법」 제401조의2제1항 각 호의 자를 포함한다. 이하 이 호에서 같다) 및 「근로복지기본법」에 따른 우리사주조합원

　다. 발행인의 계열회사와 그 임원

　라. 발행인이 주권비상장법인(주권을 모집하거나 매출한 실적이 있는 법인은 제외한다)인 경우에는 그 주주

　마. 외국 법령에 따라 설립된 외국 기업인 발행인이 종업원의 복지증진을 위한 주식매수제도 등에 따라 국내 계열회사의 임직원에게 해당 외국 기업의 주식을 매각하는 경우에는 그 국내 계열회사의 임직원

　바. 발행인이 설립 중인 회사인 경우에는 그 발기인

　사. 그 밖에 발행인의 재무상황이나 사업내용 등을 잘 알 수 있는 연고자로서 금융위

원회가 정하여 고시하는 자

② 제1항 각 호 외의 부분 단서에도 불구하고 법률 제11845호 자본시장과 금융투자업에 관한 법률 일부개정법률 부칙 제15조제1항에 따라 거래소허가를 받은 것으로 보는 한국거래소(이하 "한국거래소"라 한다)가 「중소기업기본법」 제2조에 따른 중소기업이 발행한 주권 등을 매매하기 위하여 개설한 증권시장으로서 금융위원회가 정하여 고시하는 증권시장(이하 "코넥스시장"이라 한다)에 주권을 상장한 법인(해당 시장에 주권을 상장하려는 법인을 포함한다)이 발행한 주권 등 또는 제178조제1항제2호에 따른 장외매매거래가 이루어지는 지분증권의 경우에는 다음 각 호의 어느 하나에 해당하는 자를 합산 대상자에서 제외한다. 〈신설 2013. 6. 21., 2013. 8. 27., 2019. 8. 20.〉

1. 전문투자자
2. 제1항제1호다목부터 바목까지의 어느 하나에 해당하는 자
3. 제1항제2호 각 목의 어느 하나에 해당하는 자
4. 제6조제1항 각 호의 어느 하나에 해당하는 법률에 따라 설립되거나 설정된 집합투자기구
5. 그 밖에 중소기업 또는 벤처기업 등에 대한 투자의 전문성 등을 고려하여 금융위원회가 정하여 고시하는 자

③ 제1항 및 제2항에 따라 산출한 결과 청약의 권유를 받는 자의 수가 50인 미만으로서 증권의 모집에 해당되지 아니할 경우에도 해당 증권이 발행일부터 1년 이내에 50인 이상의 자에게 양도될 수 있는 경우로서 증권의 종류 및 취득자의 성격 등을 고려하여 금융위원회가 정하여 고시하는 전매기준에 해당하는 경우에는 모집으로 본다. 다만, 해당 증권이 법 제165조의10제2항에 따라 사모의 방법으로 발행할 수 없는 사채인 경우에는 그러하지 아니하다. 〈개정 2013. 6. 21., 2016. 6. 28.〉

④ 제1항 및 제2항을 적용할 때 매출에 대하여는 증권시장 및 다자간매매체결회사 밖에서 청약의 권유를 받는 자를 기준으로 그 수를 산출한다. 〈개정 2009. 2. 3., 2013. 6. 21., 2013. 8. 27.〉

판 제12조

제12조 삭제 〈2013. 8. 27.〉

판 제13조 (외국법인등의 범위)

① 법 제9조제16항제5호에서 "대통령령으로 정하는 국제기구"란 조약에 따라 설립

된 국제기구를 말한다.

② 법 제9조제16항제6호에서 "대통령령으로 정하는 자"란 다음 각 호의 어느 하나에 해당하는 자를 말한다.

1. 외국 법령에 따라 설정·감독하거나 관리되고 있는 기금이나 조합

2. 외국 정부, 외국 지방자치단체 또는 외국 공공단체에 의하여 설정·감독하거나 관리되고 있는 기금이나 조합

3. 조약에 따라 설립된 국제기구에 의하여 설정·감독하거나 관리되고 있는 기금이나 조합

판 연 행 규 제14조(사모집합투자기구의 기준)

① 법 제9조제19항에서 "대통령령으로 정하는 투자자"란 다음 각 호에 해당하지 아니하는 투자자를 말한다.

1. 제10조제1항 각 호의 어느 하나에 해당하는 자

2. 제10조제3항제12호·제13호에 해당하는 자 중 금융위원회가 정하여 고시하는 자

② 법 제9조제19항 각 호 외의 부분에 따른 사모집합투자기구의 투자자 총수는 다음 각 호의 구분에 따른 투자자의 수를 합산한 수로 한다. 이 경우 투자자의 총수를 계산할 때 다른 집합투자기구(제80조제1항제5호의2에 따른 사모투자재간접집합투자기구, 같은 항 제5호의3에 따른 부동산·특별자산투자재간접집합투자기구 또는 같은 호 각 목의 어느 하나에 해당하는 집합투자기구 등에 대한 투자금액을 합산한 금액이 자산총액의 100분의 80을 초과하는 「부동산투자회사법」 제49조의3제1항에 따른 공모부동산투자회사는 제외한다)가 그 집합투자기구의 집합투자증권 발행총수의 100분의 10 이상을 취득하는 경우에는 그 다른 집합투자기구의 투자자(제1항에 따른 투자자를 말한다. 이하 제3항에서 같다)의 수를 더해야 한다. 〈개정 2017. 5. 8., 2020. 3. 10., 2021. 3. 16., 2021. 10. 21.〉

1. 법 제9조제19항제1호에 따른 기관전용 사모집합투자기구(이하 "기관전용사모집합투자기구"라 한다): 법 제249조의11제1항에 따른 무한책임사원 및 같은 조 제6항 각 호에 따른 유한책임사원

2. 법 제9조제19항제2호에 따른 일반 사모집합투자기구(이하 "일반사모집합투자기구"라 한다): 법 제249조의2 각 호에 따른 투자자

③ 제2항 각 호 외의 부분 후단에도 불구하고 그 집합투자기구를 운용하는 집합투자업자가 둘 이상의 다른 집합투자기구를 함께 운용하는 경우로서 해당 둘 이상의 다른 집합투자기구가 그 집합투자기구의 집합투자증권 발행총수의 100분의

30 이상을 취득(여유자금의 효율적 운용을 위한 취득으로서 금융위원회가 정하여 고시하는 경우의 취득은 제외한다)하는 경우에는 그 증권 발행총수의 100분의 10 미만을 취득한 다른 집합투자기구의 투자자의 수도 더해야 한다. 〈신설 2021. 3. 16., 2021. 10. 21.〉

판 연 **제14조의2 (청산대상업자 및 청산대상거래)**

① 법 제9조제25항에서 "대통령령으로 정하는 자"란 다음 각 호의 자를 말한다. 〈개정 2021. 12. 9.〉

1. 국가
2. 한국은행
3. 제10조제2항제1호부터 제7호까지 및 제9호의 어느 하나에 해당하는 자
4. 제10조제3항제1호・제2호, 제10호부터 제12호까지 및 제18호가목부터 다목까지의 어느 하나에 해당하는 자
5. 법 제12조제2항제1호나목에 따른 외국 금융투자업자
6. 그 밖에 금융투자상품 거래에 따른 결제위험 및 시장상황 등을 고려하여 총리령으로 정하는 자

② 법 제9조제25항에서 "대통령령으로 정하는 금융투자상품의 거래"란 다음 각 호의 어느 하나에 해당하는 거래를 말한다. 〈개정 2023. 6. 13.〉

1. 장외파생상품의 거래
2. 법 제166조에 따른 증권의 장외거래로서 다음 각 목의 어느 하나에 해당하는 거래
   가. 환매조건부매매
   나. 증권의 대차거래
   다. 채무증권의 거래(가목 및 나목에 따른 거래는 제외한다)
3. 수탁자인 투자중개업자와 위탁자인 금융투자업자 또는 제1항 각 호의 어느 하나에 해당하는 자(이하 "청산대상업자"라 한다) 간의 증권시장에 상장된 증권(이하 "상장증권"이라 한다) 중 채무증권을 제외한 증권의 위탁매매거래

[본조신설 2013. 7. 5.]

판 **제14조의3 (신용평가의 대상)**

법 제9조제26항제2호에서 "대통령령으로 정하는 자"란 다음 각 호의 어느 하나에 해당하는 자를 말한다.

1. 국가

2. 지방자치단체

3. 법률에 따라 직접 설립된 법인

4. 「민법」, 그 밖의 관련 법령에 따라 허가·인가·등록 등을 받아 설립된 비영리 법인

[본조신설 2013. 8. 27.]

판 규 제14조의4(온라인소액투자중개를 통한 증권 발행의 방법 등)

① 법 제9조제27항 각 호 외의 부분에서 "대통령령으로 정하는 방법"이란 온라인소액투자중개업자의 인터넷 홈페이지[이동통신단말장치에서 사용되는 애플리케이션(Application), 그 밖에 이와 비슷한 응용프로그램을 통하여 온라인소액투자중개업자가 가상의 공간에 개설하는 장소를 포함한다. 이하 제2편제5장(제118조의13제2항은 제외한다)에서 같다]에 법 제117조의10제2항에 따라 게재한 사항에 관하여 법 제117조의7제3항에 따른 온라인소액증권발행인(이하 "온라인소액증권발행인"이라 한다)과 투자자 간, 투자자 상호 간에 해당 인터넷 홈페이지에서 의견의 교환이 이루어질 수 있도록 한 후에 채무증권, 지분증권 또는 투자계약증권을 발행하는 방법을 말한다.

② 법 제9조제27항 각 호 외의 부분에 따른 모집 또는 사모에 관한 중개는 새로 발행되는 증권에 대하여 온라인소액증권발행인을 위하여 다음 각 호의 어느 하나에 해당하는 행위를 하는 것으로 한다.

1. 투자자에게 그 증권의 취득에 관한 청약을 권유하는 행위

2. 제1호의 행위 외에 직접 또는 간접으로 온라인소액증권발행인과 그 증권의 모집 또는 사모를 분담하는 행위

3. 투자자로부터 그 증권의 취득에 관한 청약을 받아 온라인소액증권발행인에게 전달하는 행위

[본조신설 2016. 1. 12.]

판 규 행 제14조의5(온라인소액증권발행인의 범위)

① 법 제9조제27항제1호에서 "대통령령으로 정하는 자"란 다음 각 호의 어느 하나에 해당하지 아니하는 자를 말한다. 〈개정 2019. 1. 15., 2020. 3. 10., 2022. 6. 28.〉

1. 주권상장법인(법 제9조제15항제3호에 따른 주권상장법인을 말한다. 이하 이 호에서 같다). 다만, 다음 각 목에 모두 해당하는 주권상장법인은 제외한다.

가. 코넥스시장에 주권을 신규로 상장한 법인으로서 그 상장일부터 3년이 경과하지 않은 법인

나. 법 제119조 또는 법 제130조에 따른 방식으로 증권의 모집 또는 매출을 한 실적이 없는 법인

2. 다음 각 목의 어느 하나에 해당하는 업종(업종의 분류는 「통계법」에 따라 통계청장이 고시하는 한국표준산업분류를 기준으로 한다. 이하 이 조에서 같다)을 하는 자. 다만, 창업기업(「중소기업창업 지원법」에 따른 창업기업을 말한다. 이하 같다)의 원활한 자금조달의 필요성이 인정되는 업종으로서 금융위원회가 정하여 고시하는 업종을 하는 자는 제외한다.

가. 금융 및 보험업

나. 부동산업

다. 일반 유흥주점업, 무도 유흥주점업 및 기타 주점업

라. 무도장 운영업

마. 그 밖에 다수의 일반투자자로부터 자금을 조달하는 것이 바람직하지 않은 업종으로서 금융위원회가 정하여 고시하는 업종

② 법 제9조제27항제2호에서 "그 밖에 대통령령으로 정하는 요건에 부합하는 자"란 다음 각 호의 어느 하나에 해당하는 자를 말한다. 다만, 제1항제1호에 해당하는 주권상장법인은 제외한다. 〈개정 2016. 6. 28., 2018. 4. 10., 2020. 3. 10., 2020. 8. 11., 2024. 7. 2.〉

1. 「벤처기업육성에 관한 특별법」에 따른 벤처기업(이하 "벤처기업"이라 한다) 또는 「중소기업 기술혁신 촉진법」에 따른 기술혁신형 중소기업이나 경영혁신형 중소기업으로서 제1항제2호에 해당하지 아니하는 자

2. 「중소기업기본법」 제2조에 따른 중소기업으로서 다음 각 목의 요건을 모두 충족하는 자

가. 「벤처투자 촉진에 관한 법률」 제37조제1항제6호에 따른 투자의 대상이 되는 사업으로서 금융위원회가 정하여 고시하는 분야와 관련된 사업을 할 것

나. 중소기업이 1개 이상의 다른 기업(중소기업이 아닌 기업을 포함한다)과 공동으로 가목에 따른 사업을 하는 경우에는 금융위원회가 정하여 고시하는 기준을 갖출 것

3. 「중소기업기본법」 제2조에 따른 중소기업으로서 「사회적기업 육성법」 제2조제1호에 따른 사회적기업에 해당하는 자

[본조신설 2016. 1. 12.]

1-2 금융투자업

1. 금융투자업의 인가 및 등록

제1절 인가요건 및 절차

판 규 생 **제15조(인가업무 단위 등)**

① 법 제12조제1항 각 호 외의 부분에서 "대통령령으로 정하는 업무 단위"란 별표 1과 같다.

② 법 제12조제1항제2호에서 금융투자상품의 범위에 포함되는 증권 중 "대통령령으로 정하는 것"이란 다음 각 호의 것을 말한다.

1. 채무증권

2. 지방채증권

3. 법 제4조제3항에 따른 특수채증권(이하 "특수채증권"이라 한다)

4. 지분증권(집합투자증권은 제외한다)

5. 상장주권

6. 집합투자증권

7. 제181조제1항제1호에 따른 증권

③ 법 제12조제1항제2호에서 금융투자상품의 범위에 포함되는 파생상품 중 "대통령령으로 정하는 것"이란 다음 각 호의 것을 말한다.

1. 주권 외의 것을 기초자산으로 하는 파생상품

2. 통화·이자율을 기초자산으로 하는 파생상품

판 연 행 규 생 **제16조(인가요건 등)**

① 법 제12조제2항제1호가목에서 "대통령령으로 정하는 금융기관"이란 다음 각 호의 어느 하나에 해당하는 금융기관을 말한다. 〈개정 2010. 11. 15., 2012. 1. 6., 2016. 10. 25.〉

1. 「한국산업은행법」에 따른 한국산업은행

2. 「중소기업은행법」에 따른 중소기업은행

3. 「한국수출입은행법」에 따른 한국수출입은행

4. 「농업협동조합법」에 따른 농업협동조합중앙회 및 농협은행

5. 「수산업협동조합법」에 따른 수산업협동조합중앙회 및 수협은행

6. 「은행법」에 따른 외국은행의 국내지점

7. 「보험업법」에 따른 외국보험회사의 국내지점

8. 그 밖에 금융위원회가 정하여 고시하는 금융기관

② 법 제12조제2항제1호나목에 따른 외국 금융투자업자(이하 "외국 금융투자업자"
라 한다)는 다음 각 호의 요건에 적합하여야 한다.

1. 별표 2 제4호나목부터 마목까지의 요건을 갖출 것

2. 외국 금융투자업자에 대한 본국의 감독기관의 감독내용이 국제적으로 인정되는
감독기준에 맞을 것

③ 법 제12조제2항제2호에서 "대통령령으로 정하는 금액"이란 별표 1과 같다.

④ 법 제12조제2항제3호에 따른 사업계획은 다음 각 호의 요건에 적합하여야 한다.
〈개정 2013. 8. 27.〉

1. 수지전망이 타당하고 실현가능성이 있을 것

2. 삭제 〈2010. 6. 11.〉

3. 위험관리와 금융사고 예방 등을 위한 적절한 내부통제장치가 마련되어 있을 것

4. 투자자 보호에 적절한 업무방법을 갖출 것(집합투자증권에 대한 투자매매업·투
자중개업 인가의 경우에는 해당 신청인의 자기자본 적정성 등을 고려하여 집합투자증
권의 매매·중개와 관련된 손해의 배상을 보장하기 위한 보험에의 가입을 포함한다)

5. 법령을 위반하지 아니하고 건전한 금융거래질서를 해칠 염려가 없을 것

⑤ 법 제12조제2항제4호에 따른 인력과 전산설비, 그 밖의 물적 설비는 다음 각 호
의 요건에 적합하여야 한다.

1. 경영하려는 금융투자업에 관한 전문성과 건전성을 갖춘 주요직무 종사자(법 제
286조제1항제3호에 따른 주요직무 종사자를 말한다. 이하 같다)와 업무를 수행하기
위한 전산요원 등 필요한 인력을 적절하게 갖출 것

2. 다음 각 목의 전산설비 등의 물적 설비를 갖출 것

　가. 경영하려는 금융투자업을 수행하기에 필요한 전산설비와 통신수단

　나. 사무실 등 충분한 업무공간과 사무장비

　다. 전산설비 등의 물적 설비를 안전하게 보호할 수 있는 보안설비

　라. 정전·화재 등의 사고가 발생할 경우에 업무의 연속성을 유지하기 위하여 필요한
　　　보완설비

⑥ 대주주(법 제12조제2항제6호가목에 따른 대주주를 말한다. 이하 이 장에서 같다)는 별표 2의 요건에 적합하여야 한다. 다만, 다음 각 호의 어느 하나에 해당하는 경우에는 금융위원회가 그 요건을 완화하여 고시할 수 있다. 〈개정 2016. 7. 28.〉

1. 법 제8조제9항 각 호의 어느 하나에 해당하는 자가 금융투자업인가를 받으려는 경우

2. 금융투자업자가 다른 회사와 합병·분할하거나 분할합병을 하는 경우

⑦ 법 제12조제2항제6호가목에서 "대통령령으로 정하는 자"란 다음 각 호의 어느 하나에 해당하는 자를 말한다. 다만, 법인의 성격 등을 고려하여 금융위원회가 정하여 고시하는 경우에는 제1호에 해당하는 자는 제외한다.

1. 최대주주인 법인의 최대주주(최대주주인 법인을 사실상 지배하는 자가 그 법인의 최대주주와 명백히 다른 경우에는 그 사실상 지배하는 자를 포함한다)

2. 최대주주인 법인의 대표자

⑧ 법 제12조제2항제6호의2에서 "대통령령으로 정하는 건전한 재무상태와 사회적 신용"이란 다음 각 호의 구분에 따른 사항을 말한다. 〈신설 2010. 6. 11., 2013. 7. 5., 2013. 8. 27., 2016. 7. 28.〉

1. 건전한 재무상태: 법 제31조에 따른 경영건전성기준(겸영금융투자업자인 경우에는 해당 법령에서 정하는 경영건전성기준을 말한다)을 충족할 수 있는 상태

2. 사회적 신용: 다음 각 목의 모든 요건에 적합한 것. 다만, 그 위반 등의 정도가 경미하다고 인정되는 경우는 제외한다.

　　가. 최근 3년간 「금융회사의 지배구조에 관한 법률 시행령」 제5조에 따른 법령(이하 "금융관련법령"이라 한다), 「독점규제 및 공정거래에 관한 법률」 및 「조세범 처벌법」을 위반하여 벌금형 이상에 상당하는 형사처벌을 받은 사실이 없을 것. 다만, 법 제448조, 그 밖에 해당 법률의 양벌 규정에 따라 처벌을 받은 경우는 제외한다.

　　나. 최근 3년간 채무불이행 등으로 건전한 신용질서를 해친 사실이 없을 것

　　다. 최근 5년간 「금융산업의 구조개선에 관한 법률」에 따라 부실금융기관으로 지정되었거나 금융관련법령에 따라 영업의 허가·인가·등록 등이 취소된 자가 아닐 것

　　라. 금융관련법령이나 외국 금융관련법령(금융관련법령에 상당하는 외국 금융관련 법령을 말한다)에 따라 금융위원회, 외국 금융감독기관 등으로부터 지점, 그 밖의 영업소의 폐쇄 또는 그 업무의 전부나 일부의 정지 이상의 조치(이에 상당하는 행정처분을 포함한다. 이하 이 목에서 같다)를 받은 후 다음 구분에 따른 기간이 지났을 것

1) 업무의 전부정지: 업무정지가 끝난 날부터 3년

2) 업무의 일부정지: 업무정지가 끝난 날부터 2년

3) 지점, 그 밖의 영업소의 폐쇄 또는 그 업무의 전부나 일부의 정지: 해당 조치를 받은 날부터 1년

⑨ 법 제12조제2항제7호에 따른 이해상충을 방지하기 위한 체계(이하 이 절에서 "이해상충방지체계"라 한다)는 다음 각 호의 기준에 적합해야 한다. 〈개정 2010. 6. 11., 2016. 7. 28., 2021. 5. 18.〉

1. 법 제44조에 따라 이해상충이 발생할 가능성을 파악·평가·관리할 수 있는 적절한 내부통제기준(「금융회사의 지배구조에 관한 법률」제24조제1항에 따른 내부통제기준을 말한다. 이하 같다)을 갖출 것

2. 법 제45조제1항 및 제2항에 따라 정보의 교류를 차단할 수 있는 적절한 체계를 갖출 것

⑩ 법 제12조제3항에 따라 외국 금융투자업자, 「은행법」에 따른 외국은행 또는 「보험업법」에 따른 외국보험회사(이하 이 항에서 "외국 금융투자업자등"이라 한다)가 금융투자업을 경영하기 위하여 국내에 지점, 그 밖의 영업소(이하 이 항에서 "지점등"이라 한다)를 두는 경우에는 해당 지점등 전부를 하나의 금융투자업자로 본다. 이 경우 외국 금융투자업자등은 금융투자업을 경영하기 위하여 국내에 지점등을 추가로 두려는 때에는 금융위원회가 정하여 고시하는 방법에 따라 금융위원회에 관련 자료를 제출하여야 한다. 〈개정 2010. 6. 11., 2010. 11. 15.〉

⑪ 제2항, 제4항부터 제6항까지, 제8항부터 제10항까지의 규정에 따른 인가요건에 관하여 필요한 구체적인 기준은 금융위원회가 정하여 고시한다. 〈개정 2010. 6. 11.〉

판 행 규 제17조(인가의 방법 및 절차 등)

① 법 제13조제1항에 따라 금융위원회에 제출하는 인가신청서에는 다음 각 호의 사항을 기재하여야 한다.

1. 상호

2. 본점과 지점, 그 밖의 영업소의 소재지

3. 임원에 관한 사항

4. 경영하려는 인가업무 단위(법 제12조제1항에 따른 인가업무 단위를 말한다. 이하 같다)에 관한 사항

5. 자기자본 등 재무에 관한 사항

6. 사업계획에 관한 사항

7. 인력과 전산설비 등의 물적 설비에 관한 사항

8. 대주주나 외국 금융투자업자에 관한 사항

9. 이해상충방지체계에 관한 사항

10. 그 밖에 인가요건의 심사에 필요한 사항으로서 금융위원회가 정하여 고시하는 사항

② 제1항에 따른 인가신청서에는 다음 각 호의 서류를 첨부하여야 한다.

1. 정관(이에 준하는 것을 포함한다)

2. 발기인총회, 창립주주총회 또는 이사회의 의사록 등 설립이나 인가신청의 의사결정을 증명하는 서류

3. 본점과 지점, 그 밖의 영업소의 위치와 명칭을 기재한 서류

4. 임원의 이력서와 경력증명서

5. 인가업무 단위의 종류와 업무방법을 기재한 서류

6. 최근 3개 사업연도의 재무제표와 그 부속명세서(설립 중인 법인은 제외하며, 설립일부터 3개 사업연도가 지나지 아니한 법인의 경우에는 설립일부터 최근 사업연도까지의 재무제표와 그 부속명세서를 말한다)

7. 업무개시 후 3개 사업연도의 사업계획서(추정재무제표를 포함한다) 및 예상수지계산서

8. 인력, 물적 설비 등의 현황을 확인할 수 있는 서류

9. 인가신청일(인가업무 단위를 추가하기 위한 인가신청 또는 겸영금융투자업자의 인가신청인 경우에는 최근 사업연도말) 현재 발행주식총수의 100분의 1 이상을 소유한 주주의 성명 또는 명칭과 그 소유주식수를 기재한 서류

10. 대주주나 외국 금융투자업자가 법 제12조제2항제6호 각 목의 요건을 갖추었음을 확인할 수 있는 서류

11. 이해상충방지체계를 갖추었는지를 확인할 수 있는 서류

12. 그 밖에 인가요건의 심사에 필요한 서류로서 금융위원회가 정하여 고시하는 서류

③ 금융투자업인가를 받으려는 자는 법 제14조에 따른 예비인가를 신청한 경우로서 예비인가 신청 시에 제출한 예비인가신청서 및 첨부서류의 내용이 변경되지 아니한 경우에는 그 부분을 적시하여 이를 참조하라는 뜻을 기재하는 방법으로 제1항의 인가신청서의 기재사항 중 일부를 기재하지 아니하거나 제2항의 첨부서류 중 그 첨부서류의 제출을 생략할 수 있다.

④ 제1항에 따른 인가신청서를 제출받은 금융위원회는「전자정부법」제36조제1항에 따른 행정정보의 공동이용을 통하여 법인 등기사항증명서를 확인하여야 한다. 〈개정 2010. 5. 4., 2010. 11. 2.〉

⑤ 제1항에 따른 인가신청서를 제출받은 금융위원회는 금융투자업인가의 신청내용에 관한 사실 여부를 확인하고, 이해관계자 등으로부터 수렴된 의견을 고려하여 신청내용이 법 제12조제2항에 따른 인가요건을 충족하는지를 심사하여야 한다.

⑥ 금융위원회는 제5항에 따라 금융투자업인가의 신청내용을 확인하기 위하여 필요한 경우에는 이해관계자, 발기인 또는 임원과의 면담 등의 방법으로 실지조사를 할 수 있다.

⑦ 금융위원회는 제5항에 따라 금융투자업인가의 신청내용에 관한 이해관계자 등의 의견을 수렴하기 위하여 신청인, 신청일자, 신청내용, 의견제시의 방법 및 기간 등을 인터넷 홈페이지 등에 공고하여야 한다.

⑧ 금융위원회는 제7항에 따라 접수된 의견 중 금융투자업인가의 신청인에게 불리하다고 인정되는 의견을 금융투자업인가의 신청인에게 통보하고, 기한을 정하여 소명하도록 할 수 있다.

⑨ 금융위원회는 금융투자업인가가 금융시장에 중대한 영향을 미칠 염려가 있는 경우 등 필요하다고 인정되는 경우에는 공청회를 개최할 수 있다.

⑩ 법 제13조제2항에 따라 금융투자업인가를 받은 자는 그 인가를 받은 날부터 6개월 이내에 영업을 시작하여야 한다. 다만, 금융위원회가 그 기한을 따로 정하거나 금융투자업인가를 받은 자의 신청을 받아 그 기간을 연장한 경우에는 그 기한 이내에 그 인가받은 영업을 시작할 수 있다.

⑪ 금융위원회는 금융투자업인가에 조건을 붙인 경우에는 그 이행 여부를 확인하여야 한다.

⑫ 제1항부터 제11항까지에서 규정한 사항 외에 금융투자업인가의 신청과 심사, 인가신청서의 서식과 작성방법 등에 관하여 필요한 사항은 금융위원회가 정하여 고시한다.

판 연 **제18조(예비인가**

① 법 제14조제1항에 따라 예비인가를 신청하려는 자는 제17조제1항 각 호의 사항을 기재한 예비인가신청서를 금융위원회에 제출하여야 한다.

② 제1항에 따른 예비인가신청서에는 다음 각 호의 서류를 첨부하여야 한다. 〈개정 2009. 2. 3.〉

1. 정관이나 정관안(이에 준하는 것을 포함한다)

2. 발기인총회, 창립주주총회 또는 이사회의 의사록 등 설립이나 인가신청의 의사결정을 증명하는 서류

3. 임원(임원으로 선임이 예정된 자를 포함한다)의 이력서와 경력증명서

4. 인가업무 단위의 종류와 업무방법을 기재한 서류

5. 최근 3개 사업연도의 재무제표와 그 부속명세서(설립 중인 법인은 제외하며, 설립일부터 3개 사업연도가 지나지 아니한 법인의 경우에는 설립일부터 최근 사업연도까지의 재무제표와 그 부속명세서를 말한다)

6. 업무개시 후 3개 사업연도의 사업계획서(추정재무제표를 포함한다) 및 예상수지계산서

7. 인력, 물적 설비 등(채용, 구매 등이 예정된 인력, 물적 설비 등을 포함한다)의 현황을 확인할 수 있는 서류

8. 예비인가신청일(인가업무 단위를 추가하기 위한 예비인가신청 또는 겸영금융투자업자의 예비인가신청인 경우에는 최근 사업연도말) 현재 발행주식총수의 100분의 1 이상을 소유한 주주의 성명이나 명칭과 그 소유주식수를 기재한 서류

9. 대주주나 외국 금융투자업자가 법 제12조제2항제6호 각 목의 요건을 갖추었음을 확인할 수 있는 서류

10. 이해상충방지체계를 갖추었거나 갖출 수 있는지를 확인할 수 있는 서류

11. 그 밖에 예비인가요건의 심사에 필요한 서류로서 금융위원회가 정하여 고시하는 서류

③ 법 제14조제1항에 따라 신청된 예비인가의 심사 방법 및 절차에 관하여서는 제17조제4항부터 제9항까지의 규정을 준용한다. 이 경우 "금융투자업인가"는 "예비인가"로 본다.

④ 법 제14조제2항에 따라 예비인가를 받은 자는 예비인가를 받은 날부터 6개월 이내에 예비인가의 내용 및 조건을 이행한 후 법 제12조에 따른 금융투자업인가(이하 이 항에서 "본인가"라 한다)를 신청하여야 한다. 다만, 금융위원회가 예비인가 당시 본인가 신청기한을 따로 정하였거나, 예비인가 후 예비인가를 받은 자의 신청을 받아 본인가 신청기한을 연장한 경우에는 그 기한 이내에 본인가를 신청할 수 있다.

⑤ 제1항부터 제4항까지에서 규정한 사항 외에 예비인가의 신청과 심사, 예비인가 신청서의 서식과 작성방법 등에 관하여 필요한 사항은 금융위원회가 정하여 고시한다.

제19조(인가유지요건의 완화)

① 법 제15조제1항에서 "대통령령으로 정하는 완화된 요건"이란 다음 각 호의 요건을 말한다. 〈개정 2009. 7. 1., 2010. 6. 11., 2017. 5. 8., 2021. 12. 9.〉

1. 법 제12조제2항제2호의 경우: 별표 1에 따른 해당 인가업무 단위별 최저자기자본의 100분의 70 이상을 유지할 것. 이 경우 유지요건은 매 회계연도말을 기준으로 적용하며, 특정 회계연도말을 기준으로 유지요건에 미달한 금융투자업자는 다음 회계연도말까지는 그 유지요건에 적합한 것으로 본다.

2. 법 제12조제2항제6호의 경우: 다음 각 목의 구분에 따른 요건을 유지할 것

　가. 대주주가 별표 2 제1호부터 제3호까지의 어느 하나에 해당하는 자인 경우 같은 표 제1호마목1)·3)에 한하여 그 요건을 유지할 것. 이 경우 같은 표 제1호마목1) 중 "최근 5년간"은 "최대주주가 최근 5년간"으로, "벌금형"은 "5억원의 벌금형"으로 본다.

　나. 대주주가 별표 2 제4호 또는 제5호라목에 해당하는 자인 경우에는 같은 표 제1호마목1)·3) 및 제4호라목에 한하여 그 요건을 유지할 것. 이 경우 같은 표 제1호마목1) 중 "최근 5년간"은 "최대주주가 최근 5년간"으로, "벌금형"은 "5억원의 벌금형"으로 하고, 같은 표 제4호라목 중 "최근 3년간"은 "최대주주가 최근 3년간"으로, "벌금형 이상에 상당하는 형사처벌을 받은 사실"은 "5억원의 벌금형에 상당하는 형사처벌을 받은 사실"로 본다.

　다. 대주주가 별표 2 제5호(라목은 제외한다)에 해당하는 자인 경우에는 같은 표 제1호마목1)·3)에 한하여 그 요건을 유지할 것. 이 경우 같은 표 제1호마목1) 중 "최근 5년간"은 "최대주주가 최근 5년간"으로, "벌금형"은 "5억원의 벌금형"으로 본다.

　라. 법 제12조제2항제6호나목에 따른 외국 금융투자업자인 경우에는 이 호 나목의 요건에 한하여 그 요건을 유지할 것. 이 경우 "최대주주"는 각각 "외국 금융투자업자"로 본다.

② 금융위원회는 제16조제6항 각 호의 어느 하나에 해당하는 경우에는 제1항제2호 각 목의 요건을 완화하여 고시할 수 있다.

③ 법 제15조제2항에서 "대통령령으로 정하는 완화된 요건"이란 제1항제1호의 요건을 말한다. 〈신설 2021. 12. 9.〉

제19조의2(변경인가요건의 완화)

제16조제2항에서 "대통령령으로 정하는 완화된 요건"이란 다음 각 호의 구분에 따른 요건을 말한다. 〈개정 2017. 5. 8.〉

1. 대주주가 별표 2 제1호부터 제3호까지의 어느 하나에 해당하는 자인 경우: 같은 표 제1호라목 및 마목1)·3)에 한정하여 그 요건을 충족할 것. 이 경우 같은 표 제1호 마목1) 중 "최근 5년간"은 "최대주주가 최근 5년간"으로, "벌금형"은 "5억원의 벌금 형"으로 본다.

2. 대주주가 별표 2 제4호 또는 제5호라목에 해당하는 자인 경우: 같은 표 제1호마 목1)·3) 및 제4호라목에 한정하여 그 요건을 충족할 것. 이 경우 같은 표 제1호마목 1) 중 "최근 5년간"은 "최대주주가 최근 5년간"으로, "벌금형"은 "5억원의 벌금형"으 로 하고, 같은 표 제4호라목 중 "최근 3년간"은 "최대주주가 최근 3년간"으로, "벌금 형 이상에 상당하는 형사처벌을 받은 사실"은 "5억원의 벌금형 이상에 상당하는 형사 처벌을 받은 사실"로 본다.

3. 대주주가 별표 2 제5호(라목은 제외한다)에 해당하는 자인 경우: 같은 표 제1호 마목1)·3)에 한정하여 그 요건을 충족할 것. 이 경우 같은 표 제1호마목1) 중 "최근 5 년간"은 "최대주주가 최근 5년간"으로, "벌금형"은 "5억원의 벌금형"으로 본다.

4. 법 제12조제2항제6호나목에 따른 외국 금융투자업자인 경우: 제2호의 요건에 한 정하여 그 요건을 충족할 것. 이 경우 "최대주주"는 각각 "외국 금융투자업자"로 본다.
[본조신설 2010. 6. 11.]

판 연 제19조의3(투자매매업 등의 업무 단위 추가등록)

① 법 제16조의2제1항에서 "대통령령으로 정하는 업무 단위"란 별표 1에 따른 인가 업무 단위로서 다음 각 호의 구분에 따른 업무 단위(같은 표에 따른 인가업무 단 위 중 1a-1-2, 1a-4-2, 2a-1-2 및 2a-4-2는 제외한다)를 말한다. 〈개정 2025. 6. 2.〉

1. 별표 1에 따른 금융투자업의 종류 중 다음 각 목의 금융투자업의 경우: 해당 금 융투자업에 속하는 금융투자상품 중 증권, 장내파생상품, 장외파생상품 각각을 기준 으로 하여 인가받지 않은 다른 업무 단위

가. 투자매매업

나. 투자매매업(인수업은 제외한다)

다. 투자매매업(인수업만 해당한다)

2. 별표 1에 따른 금융투자업의 종류 중 투자중개업(같은 표에 따라 인가업무 단위 가 2ℓ-1-1, 2ℓ-1-2, 2-14-1 및 2-14-2인 투자중개업은 제외한다)의 경우: 투자 중개업에 속하는 인가업무 단위 중 인가받지 않은 다른 업무 단위

② 법 제16조의2제1항에 따른 업무 단위 추가등록의 방법 및 절차에 관하여는 제17

조제1항(제6호 및 제8호는 제외한다), 제2항(제7호, 제9호 및 제10호는 제외한다), 제4항부터 제6항까지 및 제10항부터 제12항까지를 준용한다.

[본조신설 2021. 12. 9.]

판 제19조의4 (외국 금융투자업자의 조직형태 변경에 따른 인가에 관한 특례)

① 법 제16조의3에서 "대통령령으로 정하는 외국 금융투자업자의 국내법인"이란 외국 금융투자업자가 그 발행주식 총수의 전부를 소유하고 있는 국내법인으로서 법 제12조제2항제1호가목에 따른 법인을 말한다.

② 법 제16조의3에서 "대통령령으로 정하는 조직형태 변경"이란 다음 각 호의 구분에 따른 변경을 말한다.

1. 법 제12조제2항제1호 각 목에 따라 금융투자업인가를 받은 외국 금융투자업자: 다음 각 목의 경우에 해당하는 변경

　가. 외국 금융투자업자의 지점, 그 밖의 영업소가 제1항에 따른 같은 외국 금융투자업자의 국내법인으로 변경되는 경우

　나. 외국 금융투자업자의 지점, 그 밖의 영업소가 「국제조세조정에 관한 법률 시행령」 제35조제1항제1호에 따른 최종모회사가 같은 외국 금융투자업자의 지점, 그 밖의 영업소로 변경되는 경우

2. 제1항에 따른 외국 금융투자업자의 국내법인: 외국 금융투자업자의 국내법인이 같은 외국 금융투자업자의 지점, 그 밖의 영업소로 변경되는 경우

③ 법 제16조의3에 따라 금융투자업 전부를 양수한 자가 법 제12조에 따른 금융투자업인가를 받으려는 경우에는 다음 각 호의 인가요건을 갖춘 것으로 본다.

1. 법 제12조제2항제3호

2. 법 제12조제2항제4호

3. 법 제12조제2항제6호. 다만, 제2항제1호나목에 해당하는 경우에는 별표 2 제4호나목 및 다목의 요건은 제외한다.

[본조신설 2021. 12. 9.]

제2절 등록요건 및 절차

판 연 규 제20조 (등록업무 단위)

①법 제18조제1항 각 호 외의 부분에서 "대통령령으로 정하는 업무 단위"란 별표 3

38

과 같다. 〈개정 2013. 8. 27.〉

② 법 제18조제1항제2호에서 "대통령령으로 정하는 투자대상자산"이란 제6조의2 각 호의 자산을 말한다. 〈신설 2013. 8. 27.〉

판 연 행 규 생 **제21조(등록의 요건 등)**

① 법 제18조제2항제1호가목에서 "대통령령으로 정하는 금융기관"이란 다음 각 호의 금융기관을 말한다. 〈신설 2011. 11. 4., 2015. 10. 23., 2021. 10. 21.〉

1. 「한국산업은행법」에 따른 한국산업은행

2. 「중소기업은행법」에 따른 중소기업은행

3. 「한국수출입은행법」에 따른 한국수출입은행

4. 「농업협동조합법」에 따른 농협은행

5. 「수산업협동조합법」에 따른 수협은행

6. 그 밖에 투자자 보호 및 건전한 금융거래질서를 해칠 염려가 없는 경우로서 금융위원회가 정하여 고시하는 금융기관

② 법 제18조제2항제2호에서 "대통령령으로 정하는 금액"이란 별표 3과 같다. 〈개정 2011. 11. 4.〉

③ 법 제18조제2항제3호가목에서 "대통령령으로 정하는 수"란 상근 임직원 1인을 말한다. 다만, 종합금융회사(「금융산업의 구조개선에 관한 법률」 제4조에 따른 인가를 받아 합병으로 신설되거나 존속하는 종합금융회사만 해당한다)인 경우에는 상근 임직원 4인을 말한다. 〈개정 2011. 11. 4.〉

④ 법 제18조제2항제3호나목에서 "대통령령으로 정하는 수"란 상근 임직원 2인을 말한다. 〈개정 2011. 11. 4.〉

⑤ 법 제18조제2항제5호가목에서 "대통령령으로 정하는 사회적 신용"이란 다음 각 호의 요건을 말한다. 〈개정 2011. 11. 4., 2021. 10. 21.〉

1. 대주주가 별표 2 제1호부터 제3호까지 또는 제5호(라목은 제외한다)에 해당하는 자인 경우에는 같은 표 제1호마목의 요건을 갖출 것. 다만, 법 제12조에 따른 금융투자업인가를 받은 자가 금융투자업등록을 하려는 경우에 관하여는 금융위원회가 그 요건을 달리 정하여 고시할 수 있다.

2. 대주주가 별표 2 제4호 또는 제5호라목에 해당하는 자인 경우에는 같은 표 제4호가목·라목 및 마목의 요건을 갖출 것. 이 경우에 같은 표 같은 호 가목 중 "인가"는 "등록"으로, "인가 받으려는"은 "등록하려는"으로 본다.

3. 대주주가 다음 각 목의 어느 하나에 해당하는 자가 아닐 것

가. 최근 5년간 법 제20조의2에 따른 투자자문업(투자자문업의 등록을 신청한 경우로 한정한다) 또는 투자일임업(투자일임업의 등록을 신청한 경우로 한정한다) 등록이 직권말소된 자

나. 가목에 해당하는 자의 임원 또는 대주주

⑥ 법 제18조제2항제5호나목에서 "대통령령으로 정하는 사회적 신용"이란 다음 각 호의 요건을 말한다. 〈개정 2011. 11. 4., 2021. 10. 21.〉

1. 별표 2 제4호가목·라목 및 마목에 따른 요건. 이 경우 같은 호 가목 중 "인가"는 "등록"으로, "인가 받으려는"은 "등록하려는"으로 보며, 같은 호 라목 중 "3년"은 "2년"으로 본다.

2. 최근 5년간 법 제20조의2에 따른 투자자문업(투자자문업의 등록을 신청한 경우로 한정한다) 또는 투자일임업(투자일임업의 등록을 신청한 경우로 한정한다) 등록이 직권말소된 사실이 없을 것

3. 제2호에 해당하는 자의 임원 또는 대주주가 아닐 것

⑦ 법 제18조제2항제5호의2에서 "대통령령으로 정하는 건전한 재무상태와 사회적 신용"이란 다음 각 호의 구분에 따른 요건을 말한다. 〈신설 2010. 6. 11., 2011. 11. 4., 2021. 10. 21.〉

1. 건전한 재무상태: 제16조제8항제1호에 따른 요건

2. 사회적 신용: 제6항제2호·제3호 및 제16조제8항제2호에 따른 요건

⑧ 법 제18조제2항제6호에 따른 이해상충을 방지하기 위한 체계(이하 이 절에서 "이해상충방지체계"라 한다)는 다음 각 호의 기준에 적합해야 한다. 〈개정 2010. 6. 11., 2011. 11. 4., 2021. 5. 18.〉

1. 법 제44조에 따라 이해상충이 발생할 가능성을 파악·평가·관리할 수 있는 적절한 내부통제기준을 갖출 것

2. 법 제45조제1항 및 제2항에 따라 정보의 교류를 차단할 수 있는 적절한 체계를 갖출 것

⑨ 제5항부터 제8항까지의 규정에 따른 등록요건에 관하여 필요한 구체적인 기준은 금융위원회가 정하여 고시한다. 〈개정 2010. 6. 11., 2011. 11. 4.〉

판 규 제22조(등록의 방법 및 절차 등)

① 법 제19조제1항에 따라 금융위원회에 제출하는 등록신청서에는 다음 각 호의 사항을 기재하여야 한다.

1. 상호

2. 본점의 소재지

3. 임원에 관한 사항

4. 경영하려는 등록업무 단위(법 제18조제1항에 따른 등록업무 단위를 말한다. 이하 같다)에 관한 사항

5. 자기자본 등 재무에 관한 사항

6. 법 제286조제1항제3호가목에 따른 투자권유자문인력(이하 "투자권유자문인력"이라 한다) 또는 법 제286조제1항제3호다목에 따른 투자운용인력(이하 "투자운용인력"이라 한다)에 관한 사항

7. 대주주나 외국 투자자문업자 또는 외국 투자일임업자에 관한 사항

8. 이해상충방지체계에 관한 사항

9. 그 밖에 등록의 검토에 필요한 사항으로서 금융위원회가 정하여 고시하는 사항

② 제1항에 따른 등록신청서에는 다음 각 호의 서류를 첨부하여야 한다.

1. 정관(이에 준하는 것을 포함한다)

2. 본점의 위치와 명칭을 기재한 서류

3. 임원의 이력서와 경력증명서

4. 등록업무 단위의 종류와 업무방법을 기재한 서류

5. 최근 3개 사업연도의 재무제표와 그 부속명세서(설립 중인 법인은 제외하며, 설립일부터 3개 사업연도가 지나지 아니한 법인의 경우에는 설립일부터 최근 사업연도까지의 재무제표와 그 부속명세서를 말한다)

6. 투자권유자문인력 또는 투자운용인력의 현황을 확인할 수 있는 서류

7. 등록신청일(등록업무 단위를 추가하기 위한 등록신청이나 겸영금융투자업자의 등록신청인 경우에는 최근 사업연도말) 현재 대주주의 성명이나 명칭과 그 소유주식수를 기재한 서류

8. 대주주나 외국 투자자문업자 또는 외국 투자일임업자가 법 제18조제2항제5호 각 목의 요건을 갖추었음을 확인할 수 있는 서류

9. 이해상충방지체계를 갖추었는지를 확인할 수 있는 서류

10. 그 밖에 등록의 검토에 필요한 서류로서 금융위원회가 정하여 고시하는 서류

③ 제1항에 따른 등록신청서를 제출받은 금융위원회는 「전자정부법」 제36조제1항에 따른 행정정보의 공동이용을 통하여 법인 등기사항증명서를 확인하여야 한다. 〈개정 2010. 5. 4., 2010. 11. 2.〉

④ 제1항에 따른 등록신청서를 제출받은 금융위원회는 금융투자업등록의 신청내용에 관한 사실 여부를 확인하고, 그 신청내용이 법 제18조제2항에 따른 등록요건

을 충족하는지를 검토하여야 한다.

⑤ 제1항부터 제4항까지에서 규정한 사항 외에 금융투자업등록의 신청과 검토, 등록신청서의 서식과 작성방법 등에 관하여 필요한 사항은 금융위원회가 정하여 고시한다.

판 연 규 제23조 (등록유지요건의 완화)

법 제20조에서 "대통령령으로 정하는 완화된 요건"이란 다음 각 호와 같다. 〈개정 2017. 5. 8., 2019. 1. 15.〉

1. 법 제18조제2항제2호의 경우: 별표 3의 해당 등록업무 단위별 최저자기자본의 100분의 70 이상을 유지할 것. 이 경우 유지요건은 매 월말을 기준으로 적용하며, 특정 월말을 기준으로 유지요건에 미달한 금융투자업자는 해당 월말부터 6개월이 경과한 날까지는 그 유지요건에 적합한 것으로 본다.

2. 법 제18조제2항제5호의 경우: 다음 각 목의 구분에 따른 요건을 유지할 것

   가. 대주주가 별표 2 제1호부터 제3호까지 또는 제5호(라목은 제외한다)에 해당하는 자인 경우에는 같은 표 제1호마목1) 및 3)에 한하여 그 요건을 유지할 것. 이 경우 같은 표 제1호마목1) 중 "최근 5년간"은 "최대주주가 최근 5년간"으로, "벌금형"은 "5억원의 벌금형"으로 본다.

   나. 대주주가 별표 2 제4호 또는 제5호라목에 해당하는 자인 경우에는 같은 표 제1호마목1)·3) 및 제4호라목에 한하여 그 요건을 유지할 것. 이 경우 같은 표 제1호마목1) 중 "최근 5년간"은 "최대주주가 최근 5년간"으로, "벌금형"은 "5억원의 벌금형"으로 하고, 제4호라목 중 "최근 3년간"은 "최대주주가 최근 3년간"으로, "벌금형 이상에 상당하는 형사처벌을 받은 사실"은 "5억원의 벌금형을 받은 사실"로 본다.

   다. 법 제18조제2항제5호나목에 따른 외국 투자자문업자 또는 외국 투자일임업자인 경우에는 이 호 나목의 요건에 한하여 그 요건을 유지할 것. 이 경우 별표 2 제4호라목 중 "3년"은 "2년"으로 한다. 이 경우에 "최대주주"는 각각 "외국 투자자문업자 또는 외국 투자일임업자"로, 별표 2 제4호라목 중 "3년"은 "2년"으로 본다.

판 제23조의2 (변경등록요건의 완화)

법 제21조제2항에서 "대통령령으로 정하는 완화된 요건"이란 제23조제2호 각 목의 구분에 따른 요건을 말한다.

[본조신설 2010. 6. 11.]

1-3 금융투자업자의 지배구조

판 연 **제24조**

[종전 제24조는 제7조의2로 이동 〈2016. 7. 28.〉]

판 연 **제25조**

제25조 삭제 〈2016. 7. 28.〉

판 연 **제26조**

제26조 삭제 〈2016. 7. 28.〉

판 연 **제27조**

제27조 삭제 〈2016. 7. 28.〉

판 연 **제28조**

제28조 삭제 〈2016. 7. 28.〉

판 연 **제29조**

제29조 삭제 〈2016. 7. 28.〉

판 연 **제30조**

제30조 삭제 〈2016. 7. 28.〉

판 연 **제31조**

제31조 삭제 〈2016. 7. 28.〉

판 연 **제32조**

제32조 삭제 〈2016. 7. 28.〉

제32조의2(파생상품업무책임자)

제32조의2(파생상품업무책임자) ① 법 제28조의2제1항에서 "대통령령으로 정하는 금융투자업자"란 다음 각 호의 어느 하나에 해당하는 자를 말한다.

1. 장내파생상품에 대한 투자매매업 또는 투자중개업을 경영하는 자로서 최근 사업연도말일을 기준으로 자산총액이 1천억원 이상인 자

2. 장외파생상품에 대한 투자매매업 또는 투자중개업을 경영하는 자

② 법 제28조의2제1항에서 "대통령령으로 정하는 파생상품업무책임자"란 금융투자업자의 파생상품업무를 총괄하는 자로서「금융회사의 지배구조에 관한 법률」제5조제1항 각 호에 해당하지 않는 자를 말한다. 〈개정 2013. 8. 27., 2016. 7. 28.〉

[본조신설 2009. 7. 1.]

제33조

제33조 삭제 〈2016. 7. 28.〉

1-4 건전경영 유지

제1절 경영건전성 감독

판 연 규 생 **제34조(재무건전성 유지 등)**

① 법 제30조제1항 각 호 외의 부분에서 "대통령령으로 정하는 금융투자업자"란 다음 각 호의 어느 하나에 해당하는 금융투자업자를 말한다. 〈개정 2014. 12. 9., 2025. 6. 2.〉

1. 투자자문업자 또는 투자일임업자(다른 금융투자업을 경영하지 아니하는 경우만 해당한다)

2. 집합투자업자(집합투자증권 외의 금융투자상품에 대한 투자매매업 또는 투자중개업을 경영하는 자는 제외한다)

3. 투자중개업자인 다자간매매체결회사

② 법 제30조제3항에서 "대통령령으로 정하는 기간"이란 45일을 말한다. 〈개정 2013. 8. 27.〉

판 연 행 규 생 **제35조(경영건전성기준)**

① 법 제31조제1항제4호에서 "대통령령으로 정하는 사항"이란 다음 각 호의 사항을 말한다. 〈개정 2009. 7. 1.〉

1. 위험관리에 관한 사항

2. 외환건전성에 관한 사항

3. 그 밖에 경영의 건전성 확보를 위하여 필요한 사항으로서 금융위원회가 정하여 고시하는 사항

② 법 제31조제3항 단서에서 "대통령령으로 정하는 금융투자업자"란 다음 각 호에 해당하는 자를 말한다. 〈신설 2009. 7. 1., 2013. 8. 27., 2014. 12. 9., 2021. 10. 21.〉

1. 경영실태에 대한 평가의 경우에는 다음 각 목의 어느 하나에 해당하지 아니하는 금융투자업자

가. 다자간매매체결회사

나. 제179조에 따른 채권중개전문회사(다른 금융투자업을 경영하지 아니하는 경우만 해당한다)

다. 투자자문업자 또는 투자일임업자(다른 금융투자업을 경영하지 아니하는 경우만 해당한다)

라. 외국 금융투자업자의 지점, 그 밖의 영업소

마. 집합투자업자(집합투자증권 외의 금융투자상품에 대한 투자매매업 또는 투자중개업을 경영하는 자는 제외한다)

2. 위험에 대한 평가의 경우에는 다음 각 목의 기준을 모두 충족하는 금융투자업자

가. 최근 사업연도말일을 기준으로 자산총액(재무상태표상의 자산총액에서 투자자예탁금을 뺀 금액을 말한다)이 1천억원 이상일 것

나. 장외파생상품에 대한 투자매매업 또는 증권에 대한 투자매매업(인수업을 경영하는 자만 해당한다)을 경영할 것

판 연 행 규 생 제36조(업무보고서 제출 기한 등)

① 법 제33조제1항에서 "대통령령으로 정하는 기간"이란 45일을 말한다. 〈개정 2009. 2. 3.〉

② 법 제33조제3항에서 "대통령령으로 정하는 사항이 발생한 경우"란 다음 각 호와 같다. 〈개정 2009. 2. 3., 2013. 8. 27., 2015. 10. 23.〉

1. 투자매매업이나 투자중개업인 경우

가. 거액의 금융사고 또는 부실채권 등이 발생한 경우

나. 「금융산업의 구조개선에 관한 법률」 제10조에 따른 적기시정조치를 받은 경우

다. 법 제161조제1항 각 호의 어느 하나에 해당하는 경우(법 제159조제1항에 따른 사업보고서 제출대상법인이 아닌 금융투자업자만 해당한다)

라. 투자매매업이나 투자중개업의 경영과 관련하여 해당 법인이나 그 임직원이 형사처벌을 받은 경우

마. 증권시장(다자간매매체결회사에서의 거래를 포함한다), 파생상품시장 등의 결제를 하지 아니한 경우

바. 그 밖에 금융위원회가 정하여 고시하는 경우

2. 집합투자업인 경우

가. 제1호가목부터 다목까지의 어느 하나에 해당하는 경우. 다만, 투자자 보호와 건전한 거래질서를 해할 우려가 크지 아니한 사항으로서 금융위원회가 정하

여 고시하는 사항은 제외한다.

　나. 집합투자업의 경영과 관련하여 해당 법인이나 그 임직원이 형사처벌을 받은 경우

　다. 그 밖에 금융위원회가 정하여 고시하는 경우

3. 투자자문업이나 투자일임업인 경우

　가. 제1호가목부터 다목까지의 어느 하나에 해당하는 경우

　나. 투자자문업이나 투자일임업의 경영과 관련하여 해당 법인 또는 그 임직원이 형사처벌을 받은 경우

　다. 그 밖에 금융위원회가 정하여 고시하는 경우

4. 신탁업인 경우

　가. 제1호가목부터 다목까지의 어느 하나에 해당하는 경우

　나. 신탁업의 경영과 관련하여 해당 법인이나 그 임직원이 형사처벌을 받은 경우

　다. 시공사 또는 위탁자가 발행하는 어음이나 수표가 부도로 되거나 은행과의 거래가 정지되거나 금지된 경우

　라. 그 밖에 금융위원회가 정하여 고시하는 경우

③ 법 제33조제1항에 따른 업무보고서(이하 "분기별 업무보고서"라 한다) 및 같은 조 제4항에 따른 매월의 업무 내용을 적은 보고서(이하 "월별 업무보고서"라 한다)의 기재사항은 다음 각 호와 같다. 〈개정 2009. 2. 3.〉

1. 금융투자업자의 개요

2. 금융투자업자가 경영하고 있는 업무의 내용에 관한 사항

3. 재무에 관한 현황

4. 영업에 관한 사항

5. 최대주주(그의 특수관계인을 포함한다)와 주요주주에 관한 사항

6. 특수관계인과의 거래에 관한 사항

7. 지점, 그 밖의 영업소와 인력의 관리에 관한 사항

8. 투자자재산의 현황과 그 보호에 관한 사항

9. 장외파생상품 매매, 그 밖의 거래의 업무내용, 거래현황과 평가손익현황(장외파생상품의 위험을 회피하기 위한 관련 거래의 평가손익을 포함한다) 등에 관한 사항

10. 금융투자업자나 그 임직원이 최근 5년간 금융위원회, 금융감독원장 등으로부터 조치를 받은 경우 그 내용

11. 그 밖에 금융투자업자의 영업이나 경영에 관련된 사항으로서 금융위원회가 정

하여 고시하는 사항

④ 법 제33조제2항에 따른 공시서류의 기재사항은 다음 각 호와 같다.

1. 제3항제1호부터 제7호까지의 사항

2. 그 밖에 투자자에게 알릴 필요가 있다고 금융위원회가 정하여 고시하는 사항

⑤ 금융투자업자는 제2항 각 호의 어느 하나에 해당하는 사항이 발생한 경우에는 그 사실이 발생한 날의 다음 날까지 그 내용을 금융위원회에 보고하고, 인터넷 홈페이지 등을 이용하여 공시하여야 한다.

⑥ 금융위원회는 금융투자업자가 법 제33조제2항 또는 제3항에 따라 공시하는 사항 중 법 제47조제3항에 따른 중요사항(이하 "중요사항"이라 한다)에 관하여 거짓의 사실을 공시하거나 중요사항을 빠뜨리는 등 불성실하게 공시하는 경우에는 금융투자업자에 대하여 정정공시나 재공시 등을 요구할 수 있다.

⑦ 제1항부터 제6항까지에서 규정한 사항 외에 분기별 업무보고서, 월별 업무보고서, 공시서류 및 경영상황 공시와 관련하여 그 서식과 작성방법, 기재사항 등에 관한 구체적인 기준은 금융위원회가 정하여 고시한다. 〈개정 2009. 2. 3.〉

제2절 대주주와의 거래제한 등

판 연 행 규 **제37조(대주주와의 거래 등의 제한 등)**

① 법 제34조제1항 각 호 외의 부분 단서에서 "대통령령으로 정하는 경우"란 다음 각 호의 어느 하나에 해당하는 경우를 말한다. 〈개정 2009. 2. 3., 2009. 7. 1., 2015. 10. 23.〉

1. 법 제34조제1항제1호를 적용할 때 다음 각 목의 어느 하나에 해당하는 경우
   가. 대주주가 변경됨에 따라 이미 소유하고 있는 증권이 대주주가 발행한 증권으로 되는 경우
   나. 인수와 관련하여 해당 증권을 취득하는 경우
   다. 관련 법령에 따라 사채보증 업무를 할 수 있는 금융기관 등이 원리금의 지급을 보증하는 사채권을 취득하는 경우
   라. 특수채증권을 취득하는 경우
   마. 그 밖에 금융투자업자의 경영건전성을 해치지 아니하는 경우로서 금융위원회가 정하여 고시하는 경우

2. 법 제34조제1항제2호를 적용할 때 다음 각 목의 어느 하나에 해당하는 경우
   가. 특수관계인이 변경됨에 따라 이미 소유하고 있는 주식, 채권 및 법 제34조제

1항제2호에 따른 약속어음(이하 이 호에서 "약속어음"이라 한다)이 특수관계인이 발행한 주식, 채권 및 약속어음으로 되는 경우

나. 제1호나목부터 마목까지의 어느 하나에 해당하는 경우

다. 경영권 참여를 목적으로 지분을 취득하는 경우 등 금융위원회가 정하여 고시하는 출자로 주식을 취득하는 경우

라. 차익거래나 투자위험을 회피하기 위한 거래로서 금융위원회가 정하여 고시하는 거래를 목적으로 주식, 채권 및 약속어음을 소유하는 경우

마. 제3항에 따른 자기자본의 변동이나 특수관계인이 발행한 주식, 채권 및 약속어음의 가격변동으로 인하여 제3항에서 정하는 비율을 초과하는 경우

바. 해외 집합투자기구를 설립하기 위하여 자기자본의 100분의 100의 범위에서 금융위원회의 확인을 받아 주식을 취득하는 경우

사. 그 밖에 금융투자업자의 경영건전성을 해치지 아니하는 경우로서 금융위원회가 정하여 고시하는 경우

② 법 제34조제1항제2호 본문에서 "대통령령으로 정하는 자"란 계열회사를 말한다.

③ 법 제34조제1항제2호 단서에서 "대통령령으로 정하는 비율"이란 금융위원회가 정하여 고시하는 자기자본의 100분의 8을 말한다.

④ 법 제34조제1항제3호에서 "대통령령으로 정하는 행위"란 다음 각 호의 어느 하나에 해당하는 행위를 말한다.

1. 대주주나 특수관계인과 거래를 할 때 그 외의 자를 상대방으로 하여 거래하는 경우와 비교하여 해당 금융투자업자에게 불리한 조건으로 거래를 하는 행위

2. 법 제34조제1항제1호·제2호 또는 이 항 제1호에 따른 제한을 회피할 목적으로 하는 행위로서 다음 각 목의 어느 하나에 해당하는 행위

가. 제3자와의 계약이나 담합 등에 의하여 서로 교차하는 방법으로 하는 거래행위

나. 장외파생상품거래, 신탁계약, 연계거래 등을 이용하는 행위

판 연 행 규 **제38조(신용공여의 범위 등)**

① 법 제34조제2항 각 호 외의 부분 본문에서 "대통령령으로 정하는 거래"란 다음 각 호의 어느 하나에 해당하는 거래를 말한다. 〈개정 2017. 10. 17., 2021. 6. 18.〉

1. 대주주(그의 특수관계인을 포함한다. 이하 이 항에서 같다)를 위하여 담보를 제공하는 거래

2. 대주주를 위하여 어음을 배서(「어음법」 제15조제1항에 따른 담보적 효력이 없는

배서는 제외한다)하는 거래

　3. 대주주를 위하여 출자의 이행을 약정하는 거래

　4. 대주주에 대한 금전·증권 등 경제적 가치가 있는 재산의 대여, 채무이행의 보증, 자금 지원적 성격의 증권의 매입, 제1호부터 제3호까지의 어느 하나에 해당하는 거래의 제한을 회피할 목적으로 하는 거래로서 다음 각 목의 어느 하나에 해당하는 거래

　　가. 제3자와의 계약 또는 담합 등에 의하여 서로 교차하는 방법으로 하는 거래

　　나. 장외파생상품거래, 신탁계약, 연계거래 등을 이용하는 거래

　5. 그 밖에 채무인수 등 신용위험을 수반하는 거래로서 금융위원회가 정하여 고시하는 거래

　② 법 제34조제2항제1호에서 "대통령령으로 정하는 금액"이란 1억원을 말한다. 〈개정 2021. 6. 18.〉

　③ 법 제34조제2항제2호에서 "대통령령으로 정하는 기준에 의하여 사실상 경영을 지배하는 해외현지법인"이란 금융투자업자가 발행주식총수 또는 출자총액의 100분의 50 이상을 소유 또는 출자한 해외현지법인이 그 발행주식총수 또는 출자총액의 100분의 50 이상을 소유 또는 출자한 다른 해외현지법인(금융투자업을 영위하고 있는 법인으로 한정한다)을 말한다. 〈신설 2021. 6. 18.〉

　④ 법 제34조제2항제3호에서 "대통령령으로 정하는 신용공여"란 다음 각 호의 행위가 법 제34조제2항 각 호 외의 부분 본문에 따른 신용공여에 해당하는 경우 그 신용공여를 말한다. 〈신설 2021. 6. 18.〉

　1. 담보권의 실행 등 권리행사를 위한 법 제34조제1항 각 호의 행위

　2. 법 제176조제3항제1호에 따른 안정조작이나 같은 항 제2호에 따른 시장조성을 하기 위한 법 제34조제1항 각 호의 행위

　3. 제37조제1항 각 호에 해당하는 사유로 인한 신용공여

　4. 제37조제3항에 따른 비율의 범위에서 주식, 채권 및 약속어음(법 제34조제1항제2호 본문에 따른 약속어음을 말한다. 이하 제39조에서 같다)을 소유하는 행위. 다만, 금융투자업자의 대주주가 발행한 증권을 소유하는 행위는 제외한다.

판 연 행 **제39조(이사회의 결의 등을 요하지 아니하는 거래 등)**

　① 법 제34조제3항 전단 및 제4항에서 "대통령령으로 정하는 행위"란 각각 금융위원회가 정하여 고시하는 단일거래 금액이 자기자본(제37조제3항에 따른 자기자본을 말한다)의 1만분의 10에 해당하는 금액과 10억원 중 적은 금액의 범위에서 소유하거나 신용공여하려는 행위를 말한다. 다만, 해당 금융투자업자의 일상적

인 거래분야의 거래로서 「약관의 규제에 관한 법률」 제2조제1항에 따른 약관에 따른 거래 금액은 단일거래 금액에서 제외한다.

② 법 제34조제5항에서 "대통령령으로 정하는 사항"이란 다음 각 호와 같다. 〈개정 2021. 6. 18.〉

1. 법 제34조제1항제2호 단서에 따라 주식, 채권 및 약속어음을 소유하는 경우

    가. 분기 말 현재 주식, 채권 및 약속어음의 소유 규모

    나. 분기 중 주식, 채권 및 약속어음의 증감 내역

    다. 취득가격이나 처분가격

    라. 그 밖에 금융위원회가 정하여 고시하는 사항

2. 법 제34조제2항 각 호 외의 부분 단서에 따라 신용공여를 하는 경우

    가. 분기 말 현재 신용공여의 규모

    나. 분기 중 신용공여의 증감 금액

    다. 신용공여의 거래조건

    라. 그 밖에 금융위원회가 정하여 고시하는 사항

판 연 제40조(대주주와의 거래 등의 제한 사유)

법 제34조제7항에서 "대통령령으로 정하는 경우"란 다음 각 호의 어느 하나에 해당하는 경우를 말한다. 〈개정 2009. 10. 1.〉

1. 대주주(회사만 해당하며, 회사인 특수관계인을 포함한다. 이하 이 조에서 같다)의 부채가 자산을 초과하는 경우

2. 대주주가 둘 이상의 신용평가회사에 의하여 투자부적격 등급으로 평가받은 경우

판 규 제41조(부당한 영향력 행사의 범위)

법 제35조제3호에서 "대통령령으로 정하는 행위"란 다음 각 호의 어느 하나에 해당하는 행위를 말한다.

1. 금융투자업자로 하여금 위법행위를 하도록 요구하는 행위

2. 금리, 수수료, 담보 등에 있어서 통상적인 거래조건과 다른 조건으로 대주주 자신이나 제3자와의 거래를 요구하는 행위

3. 법 제71조제2호에 따른 조사분석자료(이하 "조사분석자료"라 한다)의 작성과정에서 영향력을 행사하는 행위

1-5 영업행위 규칙

제1절 공통 영업행위 규칙

제1관 신의성실의무 등

[판] [연] [규] [생] **제42조(상호의 제한)**

제41조제42조(상호의 제한) ① 법 제38조제1항에서 "대통령령으로 정하는 문자"란 financial investment(그 한글표기문자를 포함한다)나 그와 비슷한 의미를 가지는 다른 외국어문자(그 한글표기문자를 포함한다)를 말한다. 〈신설 2009. 2. 3.〉

② 법 제38조제2항 본문 및 단서에서 "대통령령으로 정하는 문자"란 각각 securities(그 한글표기문자를 포함한다)나 그와 비슷한 의미를 가지는 다른 외국어문자(그 한글표기문자를 포함한다)를 말한다. 〈개정 2009. 2. 3.〉

③ 법 제38조제3항에서 "대통령령으로 정하는 문자"란 derivatives 또는 futures(그 한글표기문자를 포함한다)나 그와 비슷한 의미를 가지는 다른 외국어문자(그 한글표기문자를 포함한다)를 말한다. 〈개정 2009. 2. 3.〉

④ 법 제38조제4항 본문에서 "대통령령으로 정하는 문자"란 collective investment, pooled investment, investment trust, unit trust 또는 asset management(그 한글표기문자를 포함한다)나 그와 비슷한 의미를 가지는 다른 외국어문자(그 한글표기문자를 포함한다)를 말하며, 같은 항 단서에서 "대통령령으로 정하는 문자"란 investment trust(그 한글표기문자를 포함한다)나 그와 비슷한 의미를 가지는 다른 외국어문자(그 한글표기문자를 포함한다)를 말한다. 〈개정 2009. 2. 3.〉

⑤ 법 제38조제5항 본문 및 단서에서 "대통령령으로 정하는 문자"란 각각 investment advisory(그 한글표기문자를 포함한다)나 그와 비슷한 의미를 가지는 다른 외국어문자(그 한글표기문자를 포함한다)를 말한다. 〈개정 2009. 2. 3.〉

⑥ 법 제38조제6항에서 "대통령령으로 정하는 문자"란 discretionary investment(

그 한글표기문자를 포함한다)나 그와 비슷한 의미를 가지는 다른 외국어문자(그 한글표기문자를 포함한다)를 말한다. 〈개정 2009. 2. 3.〉

⑦ 법 제38조제7항 본문 및 단서에서 "대통령령으로 정하는 문자"란 각각 trust(그 한글표기문자를 포함한다)나 그와 비슷한 의미를 가지는 다른 외국어문자(그 한글표기문자를 포함한다)를 말한다. 〈개정 2009. 2. 3.〉

판 연 행 규 생 제43조(금융투자업자의 업무범위)

제43조(금융투자업자의 업무범위) ① 법 제40조제1항 각 호 외의 부분 전단에서 "대통령령으로 정하는 금융투자업자"란 다음 각 호의 어느 하나에 해당하는 금융투자업자를 말한다. 〈개정 2021. 5. 18.〉

1. 법 제40조제1항제3호 및 제4호를 적용할 때 투자매매업 또는 투자중개업을 경영하지 아니하는 금융투자업자

2. 법 제40조제1항제5호를 적용할 때 다음 각 목의 어느 하나에 해당하는 금융투자업만을 경영하는 금융투자업자

　가. 투자자문업

　나. 투자일임업

　다. 투자자문업 및 투자일임업

3. 그 밖에 금융위원회가 정하여 고시하는 금융투자업자

② 법 제40조제1항제1호에서 "대통령령으로 정하는 금융관련 법령"이란 금융관련법령을 말한다. 〈개정 2016. 7. 28., 2021. 5. 18.〉

③ 법 제40조제1항제1호에서 "대통령령으로 정하는 금융업무"란 다음 각 호의 어느 하나에 해당하는 금융업무를 말한다. 〈개정 2009. 5. 6., 2009. 7. 1., 2020. 8. 4., 2020. 8. 11., 2021. 5. 18., 2023. 12. 19.〉

1. 법 제254조제8항에 따른 일반사무관리회사(이하 "일반사무관리회사"라 한다)의 업무

2. 「외국환거래법」에 따른 외국환업무 및 외국환중개업무

3. 「신용정보의 이용 및 보호에 관한 법률」에 따른 본인신용정보관리업

4. 「근로자퇴직급여 보장법」에 따른 퇴직연금사업자의 업무

5. 「담보부사채신탁법」에 따른 담보부사채에 관한 신탁업무

6. 「부동산투자회사법」에 따른 자산관리회사의 업무

7. 「산업발전법」(법률 제9584호 산업발전법 전부개정법률로 개정되기 전의 것을 말한다) 제14조에 따라 등록된 기업구조조정전문회사의 업무

8.「벤처투자 촉진에 관한 법률」제2조제10호에 따른 벤처투자회사의 업무

9.「여신전문금융업법」에 따른 신기술사업금융업

10. 그 밖에 투자자 보호 및 건전한 거래질서를 해칠 염려가 없는 금융업무로서 금융위원회가 정하여 고시하는 금융업무

④ 법 제40조제1항제2호에서 "대통령령으로 정하는 금융관련 법령"이란 금융관련 법령을 말한다. 〈개정 2016. 7. 28., 2021. 5. 18.〉

⑤ 법 제40조제1항제5호에서 "대통령령으로 정하는 금융업무"란 다음 각 호의 업무를 말한다. 다만, 제4호의 업무는 증권에 대한 투자매매업을 경영하는 경우만 해당하고, 제5호의 업무는 해당 증권에 대한 투자매매업 또는 투자중개업을 경영하는 경우만 해당하며, 제6호의 업무는 증권 및 장외파생상품에 대한 투자매매업을 경영하는 경우만 해당하고, 제7호 및 제8호의 업무는 채무증권에 대한 투자매매업 또는 투자중개업을 경영하는 경우만 해당한다. 〈개정 2021. 5. 18.〉

1.「자산유동화에 관한 법률」에 따른 자산관리자의 업무와 유동화전문회사업무의 수탁업무

2. 투자자계좌에 속한 증권·금전 등에 대한 제3자 담보권의 관리업무

3.「상법」제484조제1항에 따른 사채모집의 수탁업무

4. 법 제71조제3호에 따른 기업금융업무(이하 "기업금융업무"라 한다), 그 밖에 금융위원회가 정하여 고시하는 업무와 관련한 대출업무

5. 증권의 대차거래와 그 중개·주선 또는 대리업무

6. 지급보증업무

7. 원화로 표시된 양도성 예금증서의 매매와 그 중개·주선 또는 대리업무

8. 대출채권, 그 밖의 채권의 매매와 그 중개·주선 또는 대리업무

9. 대출의 중개·주선 또는 대리업무

10. 그 밖에 투자자 보호 및 건전한 거래질서를 해칠 염려가 없는 금융업무로서 금융위원회가 정하여 고시하는 금융업무

⑥ 제5항제4호 및 제6호에 따른 업무의 구체적인 범위에 관하여 필요한 사항은 금융위원회가 정하여 고시한다. 〈신설 2015. 3. 3.〉

⑦ 법 제40조제4항에 따른 겸영업무 등의 공고 방법 및 절차에 관하여는 제44조를 준용한다. 〈신설 2021. 5. 18.〉

판 연 행 규 **제44조 (부수업무 등의 공고)**

① 금융위원회는 금융투자업자가 법 제41조제1항에 따라 부수업무를 보고한 경우

같은 조 제4항에 따라 그 보고일부터 7일 이내에 다음 각 호의 사항을 금융위원회의 인터넷 홈페이지 등에 공고해야 한다. 〈개정 2021. 5. 18.〉

1. 금융투자업자의 명칭
2. 부수업무의 보고일자
3. 부수업무의 개시일자
4. 부수업무의 내용
5. 그 밖에 금융위원회가 정하여 고시하는 사항

② 금융위원회는 법 제41조제2항에 따른 제한명령이나 시정명령을 한 경우에는 같은 조 제4항에 따라 지체 없이 다음 각 호의 사항을 금융위원회의 인터넷 홈페이지 등에 공고해야 한다. 〈개정 2021. 5. 18.〉

1. 금융투자업자의 명칭
2. 제한명령이나 시정명령을 한 부수업무의 내용
3. 제한명령이나 시정명령의 내용 및 사유

판 연 행 생 **제45조(위탁이 금지되는 업무범위)**

법 제42조제1항 단서에서 "대통령령으로 정하는 내부통제업무"란 다음 각 호의 업무를 말한다. 다만, 투자자 보호 및 건전한 거래질서를 해칠 우려가 없는 경우로서 금융위원회가 정하여 고시하는 업무는 제외한다. 〈개정 2009. 7. 1., 2011. 9. 30., 2013. 8. 27., 2015. 10. 23., 2016. 1. 12., 2016. 7. 28., 2017. 5. 8., 2019. 6. 25., 2021. 5. 18.〉

1. 「금융회사의 지배구조에 관한 법률」 제25조제1항에 따른 준법감시인(이하 "준법감시인"이라 한다)의 업무
2. 「금융회사의 지배구조에 관한 법률」 제28조제1항에 따른 위험관리책임자의 업무
3. 내부감사업무

판 연 행 생 **제46조(업무위탁의 보고 등)**

① 금융투자업자는 법 제42조제1항에 따라 본질적 업무(법 제42조제4항 전단에 따른 본질적 업무를 말한다. 이하 같다)를 위탁한 경우 업무를 위탁받은 자가 해당 업무를 실제로 수행하려는 날의 7일 전까지, 그 밖의 업무를 위탁한 경우에는 업무를 위탁받은 자가 해당 업무를 실제로 수행한 날부터 14일 이내에 각각 다음 각 호의 서류를 첨부하여 금융위원회에 보고해야 한다. 다만, 이미 보고한 내용을 일부 변경하는 경우로서 변경되는 내용이 경미한 경우 등 금융위원회가 정하여 고시하는 경우에는 금융위

원회가 보고시기 및 첨부서류 등을 다르게 정하여 고시한 바에 따라 보고할 수 있다. 〈개정 2009. 7. 1., 2021. 5. 18.〉

　　1. 업무위탁계약서 사본

　　2. 법 제42조제7항에 따른 업무위탁 운영기준(이하 이 항에서 "업무위탁 운영기준"이라 한다)

　　3. 업무위탁계약이 법 제42조제3항 각 호의 어느 하나에 해당하지 아니하고 업무위탁 운영기준에 위배되지 아니한다는 준법감시인(준법감시인이 없는 경우에는 감사 등 이에 준하는 자를 말한다)의 검토의견 및 관련 자료

　　3. 법 제42조제4항 후단에 따라 외국 금융투자업자에게 본질적 업무를 위탁하는 경우에는 그 외국 금융투자업자가 제47조제2항에 따른 요건을 갖춘 자임을 증명하는 서류

　　5. 그 밖에 투자자 보호나 건전한 거래질서를 위하여 필요한 서류로서 금융위원회가 정하여 고시하는 서류

　　② 법 제42조제2항제4호에서 "대통령령으로 정하는 사항"이란 다음 각 호의 어느 하나에 해당하는 사항을 말한다.

　　1. 업무위탁계약의 해지에 관한 사항

　　2. 위탁보수 등에 관한 사항

　　3. 그 밖에 업무위탁에 따른 이해상충방지체계 등 금융위원회가 정하여 고시하는 사항

　　③ 금융위원회는 법 제42조제3항에 따라 제한명령 또는 시정명령을 하는 경우에는 그 내용과 사유가 구체적으로 기재된 문서로 하여야 한다.

판 연 행 규 생 **제47조(본질적 업무의 범위 등)**

　　① 법 제42조제4항 전단에서 "대통령령으로 정하는 업무"란 금융투자업의 종류별로 다음 각 호에서 정한 업무를 말한다. 다만, 제3호나목 및 제5호나목의 업무 중 부동산의 개발, 임대, 관리 및 개량 업무와 그에 부수하는 업무, 제6호나목 및 다목의 업무 중 채권추심업무 및 그 밖에 투자자 보호 및 건전한 거래질서를 해칠 우려가 없는 경우로서 금융위원회가 정하여 고시하는 업무는 제외한다. 〈개정 2009. 7. 1., 2012. 6. 29., 2013. 8. 27., 2015. 10. 23., 2016. 1. 12.〉

　　1. 투자매매업인 경우에는 다음 각 목의 업무

　　　가. 투자매매업 관련 계약의 체결과 해지업무

　　　나. 금융투자상품의 매매를 위한 호가 제시업무

다. 매매에 관한 청약의 접수, 전달, 집행 및 확인업무

라. 증권의 인수업무

마. 인수대상 증권의 가치분석업무

바. 인수증권의 가격결정, 청약사무수행 및 배정업무

2. 투자중개업인 경우에는 다음 각 목의 업무. 다만, 온라인소액투자중개업인 경우에는 온라인소액투자중개업 관련 계약의 체결·해지 업무, 법 제117조의11에 따른 게재 내용의 사실확인 업무 및 청약의 접수·전달·집행·확인 업무에 한정한다.

가. 투자중개업 관련 계약의 체결 및 해지업무

나. 일일정산업무

다. 증거금 관리와 거래종결업무

라. 매매주문의 접수, 전달, 집행 및 확인업무

3. 집합투자업인 경우에는 다음 각 목의 업무

가. 법 제9조제18항제1호에 따른 투자신탁(이하 "투자신탁"이라 한다)의 설정을 위한 신탁계약의 체결·해지업무와 같은 항 제3호에 따른 투자유한회사(이하 "투자유한회사"라 한다), 같은 항 제4호에 따른 투자합자회사(이하 "투자합자회사"라 한다), 같은 항 제4호의2에 따른 투자유한책임회사(이하 "투자유한책임회사"라 한다), 같은 항 제5호에 따른 투자합자조합(이하 "투자합자조합"이라 한다) 또는 같은 항 제6호에 따른 투자익명조합(이하 "투자익명조합"이라 한다)의 설립업무

나. 집합투자재산의 운용·운용지시업무[집합투자재산에 속하는 지분증권(지분증권과 관련된 증권예탁증권을 포함한다)의 의결권행사를 포함한다]

다. 집합투자재산의 평가업무

4. 투자자문업인 경우에는 다음 각 목의 업무

가. 투자자문계약의 체결과 해지업무

나. 투자자문의 요청에 응하여 투자판단을 제공하는 업무

5. 투자일임업인 경우에는 다음 각 목의 업무

가. 투자일임계약의 체결과 해지업무

나. 투자일임재산의 운용업무

6. 신탁업인 경우에는 다음 각 목의 업무

가. 신탁계약(투자신탁의 설정을 위한 신탁계약을 포함한다)과 집합투자재산(투자신탁재산은 제외한다)의 보관·관리계약의 체결과 해지업무

나. 신탁재산(투자신탁재산은 제외한다. 이하 이 호에서 같다)의 보관·관리업무

다. 집합투자재산의 보관·관리업무(운용과 운용지시의 이행 업무를 포함한다)

라. 신탁재산의 운용업무[신탁재산에 속하는 지분증권(지분증권과 관련된 증권예탁증권을 포함한다)의 의결권행사를 포함한다]

② 법 제42조제4항 후단에서 "대통령령으로 정하는 요건"이란 외국 금융투자업자가 소재한 국가에서 외국 금융감독기관의 허가·인가·등록 등을 받아 위탁받으려는 금융투자업 또는 법 제40조제1항제1호에 따른 금융업무에 상당하는 영업을 하는 것을 말한다. 〈개정 2021. 5. 18.〉

판 연 생 제48조

제48조 삭제 〈2021. 5. 18.〉

판 연 행 생 제49조(업무위탁 관련 정보제공기준 등)

제49조(업무위탁 관련 정보제공기준 등) ① 법 제42조제6항에서 "대통령령으로 정하는 기준"이란 다음 각 호의 것을 말한다.

1. 제공하는 정보는 위탁한 업무와 관련한 정보일 것

2. 정보제공과 관련된 기록을 유지할 것

3. 제공하는 정보에 대한 수탁자의 정보이용에 관하여 관리·감독이 가능할 것

② 금융투자업자는 법 제42조제7항에 따른 업무위탁 운영기준에 다음 각 호의 사항을 포함하여야 한다.

1. 업무위탁에 따른 위험관리·평가에 관한 사항

2. 업무위탁의 결정·해지절차에 관한 사항

3. 수탁자에 대한 관리·감독에 관한 사항

4. 투자자정보 보호에 관한 사항

5. 수탁자의 부도 등 우발상황에 대한 대책에 관한 사항

6. 위탁업무와 관련하여 자료를 요구할 수 있는 수단 확보에 관한 사항

7. 그 밖에 금융위원회가 정하여 고시하는 사항

③ 위탁계약의 내용을 변경하는 경우에는 법 제42조제2항 및 제3항을 준용한다.

④ 재위탁의 경우에는 법 제42조(제1항·제5항 및 제9항은 제외한다), 법 제43조 및 이 조 제2항·제3항·제6항을 각각 준용한다. 이 경우 법 제42조제2항·제7항 및 제8항을 준용할 때에는 재위탁 계약의 내용을 금융위원회에 보고해야 하는 자, 업무재위탁 운영기준을 정해야 하는 자와 업무위탁 내용을 계약서류 등에 기재하고 투자자에게 통보해야 하는 자는 최초로 업무를 위탁한 금융투자업자로

한다. 〈개정 2020. 3. 10., 2021. 5. 18.〉

⑤ 투자자 보호 및 건전한 거래질서를 해할 우려가 없는 재위탁으로서 금융위원회가 정하여 고시하는 요건을 충족하는 경우에는 제4항을 적용하지 않는다. 〈신설 2020. 3. 10.〉

⑥ 제1항부터 제5항까지에서 규정한 사항 외에 업무위탁의 보고 등의 서식과 작성방법, 첨부서류 등에 관하여 필요한 사항은 금융위원회가 정하여 고시한다. 〈개정 2020. 3. 10.〉

⑦ 법 제43조제2항제4호에 따른 법 별표 1 제312호에서 "대통령령으로 정하는 경우"란 이 영 별표 5 각 호의 어느 하나에 해당하는 경우를 말한다. 〈개정 2020. 3. 10.〉

판 연 행 규 생 **제50조(금융투자업자의 정보교류의 차단)**

제50조(금융투자업자의 정보교류의 차단) ① 법 제45조제1항 및 제2항에서 "제174조제1항 각 호 외의 부분에 따른 미공개중요정보 등 대통령령으로 정하는 정보"란 각각 다음 각 호의 정보(이하 "교류차단대상정보"라 한다)를 말한다. 다만, 투자자 보호 및 건전한 거래질서를 해칠 우려가 없고 이해상충이 발생할 가능성이 크지 않은 정보로서 금융위원회가 정하여 고시하는 정보는 제외한다. 〈개정 2024. 1. 9.〉

1. 법 제174조제1항 각 호 외의 부분에 따른 미공개중요정보(이하 "미공개중요정보"라 한다)

2. 투자자의 금융투자상품 매매 또는 소유 현황에 관한 정보로서 불특정 다수인이 알 수 있도록 공개되기 전의 정보

3. 집합투자재산, 투자일임재산 및 신탁재산의 구성내역과 운용에 관한 정보로서 불특정 다수인이 알 수 있도록 공개되기 전의 정보

4. 그 밖에 제1호부터 제3호까지의 정보에 준하는 것으로서 금융위원회가 정하여 고시하는 정보

② 법 제45조제3항제3호에서 "대통령령으로 정하는 사항"이란 다음 각 호의 사항을 말한다.

1. 이해상충 발생을 방지하기 위한 조직 및 인력의 운영

2. 이해상충 발생 우려가 있는 거래의 유형화

3. 교류차단대상정보의 활용에 관련된 책임소재

4. 그 밖에 제1호부터 제3호까지의 사항에 준하는 것으로서 금융위원회가 정하여 고시하는 사항

③ 법 제45조제4항제3호에서 "대통령령으로 정하는 사항"이란 다음 각 호의 사항을 말한다.

1. 정보교류 차단 업무를 독립적으로 총괄하는 임원(「상법」 제401조의2제1항 각 호의 자를 포함한다) 또는 금융위원회가 정하여 고시하는 총괄·집행책임자의 지정·운영

2. 정보교류 차단을 위한 상시적 감시체계의 운영

3. 내부통제기준 중 정보교류 차단과 관련된 주요 내용의 공개

4. 그 밖에 제1호부터 제3호까지의 사항에 준하는 것으로서 금융위원회가 정하여 고시하는 사항

④ 협회는 법 제45조에 따른 정보교류의 효율적 차단을 위해 필요한 경우 내부통제기준에 대한 표준안을 제정하여 금융투자업자로 하여금 이용하도록 권장할 수 있다.
[전문개정 2021. 5. 18.]

[판] [연] [생] **제51조**

〈2021. 5. 18.〉

제2관 투자권유 등 〈개정 2009. 2. 3.〉

[판] [연] [생] **제52조**

〈2021. 3. 23.〉

[판] [연] [생] **제52조의2**

삭제 〈2021. 3. 23.〉

[판] [연] [생] **제53조**

삭제 〈2021. 3. 23.〉

[판] [연] [생] **제54조**

삭제 〈2021. 3. 23.〉

[판] [연] [생] **제55조**

삭제 〈2021. 3. 23.〉

`판` `연` `생` **제56조(투자권유대행인의 자격)**

법 제51조제1항제2호에서 "대통령령으로 정하는 자격"이란 다음 각 호의 요건을 모두 충족하는 것을 말한다.

　1. 다음 각 목의 어느 하나에 해당하는 자일 것

　　가. 법 제286조제1항제3호가목에 따라 협회에서 시행하는 투자권유자문인력의 능력을 검증할 수 있는 시험에 합격한 자

　　나. 법 제286조제1항제3호다목에 따라 협회에서 시행하는 투자운용인력의 능력을 검증할 수 있는 시험에 합격한 자

　　다. 「보험업법 시행령」 별표 3에 따른 보험설계사·보험대리점 또는 보험중개사의 등록요건을 갖춘 개인으로서 보험모집에 종사하고 있는 자(집합투자증권의 투자권유를 대행하는 경우만 해당한다)

　2. 협회가 정하여 금융위원회의 인정을 받은 교육을 마칠 것

`판` `생` **제57조(등록업무의 위탁)**

금융위원회는 법 제51조제3항 후단에 따라 등록업무를 협회에 위탁하는 경우에는 협회와 미리 다음 각 호의 내용이 포함된 위탁계약을 체결하여야 한다.

　1. 협회는 위탁받은 등록업무를 수행하는 경우에 법 제51조제5항부터 제8항까지 및 이 영 제58조제3항 및 제4항을 준수하여야 한다는 내용. 이 경우 "금융위원회"는 "협회"로 본다.

　2. 협회는 매 분기별로 금융위원회에 등록현황을 보고하여야 한다는 내용

`판` `행` `규` **제58조(등록의 방법 및 절차 등)**

　① 법 제51조제4항에 따른 등록신청서에는 다음 각 호의 사항을 기재하여야 한다.

　1. 금융투자업자의 상호

　2. 법 제51조제9항에 따른 투자권유대행인(이하 "투자권유대행인"이라 한다)으로 등록하려는 자의 인적 사항

　3. 투자권유를 위탁할 금융투자상품과 계약의 범위

　4. 그 밖에 등록의 검토에 필요한 사항으로서 금융위원회가 정하여 고시하는 사항

　② 제1항에 따른 등록신청서에는 다음 각 호의 서류를 첨부하여야 한다.

　1. 투자권유대행인으로 등록하려는 자의 주민등록증 사본(이에 준하는 것을 포함한다)

　2. 계약서 사본

3. 법 제51조제1항제2호에 따른 자격을 확인할 수 있는 서류

4. 그 밖에 등록의 검토에 필요한 서류로서 금융위원회가 정하여 고시하는 서류

③ 금융위원회는 법 제51조에 따른 등록의 신청내용이 사실인지를 확인하고, 그 신청내용이 법 제51조제1항에 따른 등록요건을 충족하는지를 검토하여야 한다.

④ 금융위원회는 등록신청서를 접수한 후 등록요건에 적합하다고 확인할 경우에는 금융위원회가 정하여 고시하는 사항을 기재한 투자권유대행인 등록증을 신청인에게 내주어야 한다.

⑤ 제1항부터 제4항까지에서 규정한 사항 외에 등록의 신청과 검토, 등록신청서의 서식과 작성방법 등에 관하여 필요한 사항은 금융위원회가 정하여 고시한다.

판 연 규 생 제59조 삭제 〈2021. 3. 23.

제59조 삭제 〈2021. 3. 23.〉

제3관 직무관련 정보의 이용 금지 등

판 연 생 제59조의2 (약관

제59조의2(약관) ① 법 제56조제1항 단서에서 "대통령령으로 정하는 경우"란 다음 각 호의 어느 하나에 해당하는 경우를 말한다.

1. 약관의 제정으로서 기존 금융서비스의 제공 내용·방식·형태 등과 차별성이 있는 내용을 포함하는 경우

2. 투자자의 권리를 축소하거나 의무를 확대하기 위한 약관의 변경으로서 다음 각 목의 어느 하나에 해당하는 경우

가. 변경 전 약관을 적용받는 기존 투자자에게 변경된 약관을 적용하는 경우

나. 기존 금융서비스의 제공 내용·방식·형태 등과 차별성이 있는 내용을 포함하는 경우

3. 그 밖에 투자자 보호 등을 위하여 금융위원회가 정하여 고시하는 경우

② 제1항에도 불구하고 다음 각 호의 어느 하나에 해당하는 경우는 법 제56조제1항 단서에 따라 사전신고하는 경우에 해당하지 않는다.

1. 법 제56조제1항에 따라 보고 또는 신고된 약관과 동일하거나 유사한 내용으로 약관을 제정하거나 변경하는 경우

2. 법 제56조제3항에 따른 표준약관의 제정 또는 변경에 따라 약관을 제정하거나

변경하는 경우

3. 법 제56조제7항에 따른 변경명령에 따라 약관을 제정하거나 변경하는 경우

4. 법령의 제정 또는 개정에 따라 약관을 제정하거나 변경하는 경우

5. 그 밖에 투자자의 권리나 의무에 중대한 영향을 미칠 우려가 없다고 인정하는 경우로서 금융위원회가 정하여 고시하는 경우

[본조신설 2019. 12. 31.]

`판` `연` `생` **제60조 삭제 〈2021. 3. 23.〉**

제60조 삭제 〈2021. 3. 23.〉

`판` `연` `생` **제61조 삭제 〈2021. 3. 23.〉**

제61조 삭제 〈2021. 3. 23.〉

`판` `연` `행` `규` `생` **제62조(자료의 기록·유지)**

① 금융투자업자는 법 제60조제1항에 따라 다음 각 호의 자료를 다음 각 호의 기간 동안 기록·유지하여야 한다. 다만, 금융위원회는 투자자 보호를 해칠 염려가 없는 경우에는 그 기간을 단축하여 고시할 수 있다. 〈개정 2013. 8. 27.〉

1. 영업에 관한 자료

　　가. 투자권유 관련 자료: 10년

　　나. 주문기록, 매매명세 등 투자자의 금융투자상품의 매매, 그 밖의 거래 관련 자료 및 다자간매매체결회사의 다자간매매체결업무(법 제8조의2제5항 각 호 외의 부분에 따른 다자간매매체결업무를 말한다. 이하 같다) 관련 자료: 10년

　　다. 집합투자재산, 투자일임재산, 신탁재산 등 투자자재산의 운용 관련 자료: 10년

　　라. 매매계좌 설정·약정 등 투자자와 체결한 계약 관련 자료: 10년

　　마. 업무위탁 관련 자료: 5년

　　바. 부수업무 관련 자료: 5년

　　사. 그 밖의 영업 관련 자료: 5년

2. 재무에 관한 자료: 10년

3. 업무에 관한 자료

　　가. 주주총회 또는 이사회 결의 관련 자료: 10년

　　나. 법 제161조에 따른 주요사항보고서(이하 "주요사항보고서"라 한다)에 기재하여야 하는 사항에 관한 자료: 5년

다. 고유재산 운용 관련 자료: 3년

라. 자산구입·처분 등, 그 밖의 업무에 관한 자료: 3년

4. 내부통제에 관한 자료

가. 내부통제기준, 위험관리 등 준법감시 관련 자료: 5년

나. 임원·대주주·전문인력의 자격, 이해관계자 등과의 거래내역 관련 자료: 5년

다. 그 밖의 내부통제 관련 자료: 3년

5. 그 밖에 법령에서 작성·비치하도록 되어 있는 장부·서류: 해당 법령에서 정하는 기간(해당 법령에서 정한 기간이 없는 경우에는 제1호부터 제4호까지의 보존기간을 고려하여 금융위원회가 정하여 고시하는 기간을 말한다)

② 제1항에 따른 자료의 종류·구분 등에 관한 구체적인 기준은 금융위원회가 정하여 고시한다.

판 연 행 규 생 **제63조(소유증권의 예탁)**

① 법 제61조제1항 본문에서 "대통령령으로 정하는 것"이란 다음 각 호의 것을 말한다. 〈개정 2013. 8. 27.〉

1. 삭제 〈2019. 6. 25.〉

2. 그 밖에 금융위원회가 정하여 고시하는 것

② 법 제61조제1항 단서에서 "대통령령으로 정하는 경우"란 다음 각 호의 어느 하나에 해당하는 경우를 말한다. 〈개정 2013. 8. 27.〉

1. 법 및 이 영, 그 밖에 다른 법령에 따라 해당 증권을 예탁결제원에 예탁할 수 있는 증권 또는 증서로 발행할 수 없는 경우

2. 발행인이 투자자와 해당 증권을 예탁결제원에 예탁할 수 있는 증권 또는 증서로 발행하지 아니할 것을 발행조건 등에 따라 약정하는 경우

3. 「외국환거래법」 제3조제1항제8호에 따른 외화증권(이하 "외화증권"이라 한다)을 제3항에 따른 방법으로 예탁결제원에 예탁할 수 없는 경우로서 금융위원회가 정하여 고시하는 외국 보관기관에 예탁하는 경우

4. 그 밖에 해당 증권의 성격이나 권리의 내용 등을 고려할 때 예탁이 부적합한 경우로서 총리령으로 정하는 경우

③ 법 제61조제2항에서 "대통령령으로 정하는 방법"이란 금융위원회가 정하여 고시하는 외국 보관기관에 개설된 예탁결제원 계좌로 계좌대체 등을 통하여 예탁하는 방법을 말한다. 〈개정 2013. 8. 27.〉

제64조(임직원의 금융투자상품 매매)

① 법 제63조제1항 각 호 외의 부분에서 "대통령령으로 정하는 금융투자업자"란 다음 각 호의 어느 하나에 해당하는 금융투자업자를 말한다. 〈개정 2016. 7. 28.〉

1. 법 제8조제9항제1호 및 제2호의 자

2. 제7조의2제1호부터 제3호까지 및 제5호부터 제9호까지의 자

② 법 제63조제1항에 따라 다음 각 호의 어느 하나에 해당하는 금융투자상품을 매매하는 경우에는 법 제63조제1항 각 호의 방법에 따라야 한다. 다만, 다음 각 호의 금융투자상품이 법 제9조제4항에 따른 투자일임계약에 따라 매매되는 경우에는 법 제63조제1항제3호를 적용하지 아니한다. 〈개정 2009. 2. 3., 2012. 6. 29., 2013. 8. 27., 2015. 10. 23., 2016. 6. 28., 2019. 8. 20.〉

1. 증권시장에 상장된 지분증권(제178조제1항제1호에 따른 장외거래 방법에 의하여 매매가 이루어지는 주권을 포함한다). 다만, 다음 각 목의 어느 하나에 해당하는 것은 제외한다.

　　가. 법 제9조제18항제2호에 따른 투자회사(이하 "투자회사"라 한다)의 주권과 투자유한회사·투자합자회사·투자유한책임회사·투자합자조합·투자익명조합의 지분증권

　　나. 「근로복지기본법」 제33조에 따라 설립된 우리사주조합 명의로 취득하는 우리사주조합이 설립된 회사의 주식

2. 증권시장에 상장된 증권예탁증권(제1호에 따른 지분증권과 관련된 증권예탁증권만 해당한다. 이하 이 항에서 같다)

3. 주권 관련 사채권(제68조제4항에 따른 주권 관련 사채권을 말한다. 이하 같다)으로서 제1호에 따른 지분증권이나 제2호에 따른 증권예탁증권과 관련된 것

4. 제1호에 따른 지분증권, 제2호에 따른 증권예탁증권이나 이들을 기초로 하는 지수의 변동과 연계된 파생결합증권. 다만, 불공정행위 또는 투자자와의 이해상충 가능성이 크지 아니한 경우로서 금융위원회가 정하여 고시하는 파생결합증권은 제외한다.

5. 장내파생상품

6. 제1호에 따른 지분증권, 제2호에 따른 증권예탁증권이나 이들을 기초로 하는 지수의 변동과 연계된 장외파생상품

③ 법 제63조제1항제2호 단서에서 "대통령령으로 정하는 경우"란 다음 각 호의 어느 하나에 해당하는 경우를 말한다.

1. 둘 이상의 회사를 통하여 매매할 수 있는 경우: 다음 각 목의 어느 하나에 해당하는 경우

가. 금융투자업자의 임직원이 거래하고 있는 투자중개업자가 그 금융투자업자의 임직원이 매매하려는 금융투자상품을 취급하지 아니하는 경우

나. 모집·매출의 방법으로 발행되거나 매매되는 증권을 청약하는 경우

다. 그 밖에 금융위원회가 정하여 고시하는 경우

2. 둘 이상의 계좌를 통하여 매매할 수 있는 경우: 다음 각 목의 어느 하나에 해당하는 경우

가. 투자중개업자가 금융투자상품별로 계좌를 구분·설정하도록 함에 따라 둘 이상의 계좌를 개설하는 경우

나. 「조세특례제한법」에 따라 조세특례를 받기 위하여 따로 계좌를 개설하는 경우

다. 그 밖에 금융위원회가 정하여 고시하는 경우

④ 금융투자업자의 임직원은 자기의 계산으로 제2항 각 호의 어느 하나에 해당하는 금융투자상품을 매매하는 경우에는 법 제63조제1항제4호에 따라 다음 각 호의 방법과 절차를 준수하여야 한다.

1. 금융투자상품을 매매하기 위한 계좌를 개설하는 경우에는 소속 금융투자업자의 준법감시인(준법감시인이 없는 경우에는 감사 등 이에 준하는 자를 말한다. 이하 이 항에서 같다)에게 신고할 것

2. 소속 금융투자업자의 준법감시인이 매매, 그 밖의 거래에 관한 소명을 요구하는 경우에는 이에 따를 것

3. 소속 금융투자업자의 내부통제기준으로 정하는 사항을 준수할 것

4. 그 밖에 금융위원회가 정하여 고시하는 방법과 절차를 준수할 것

판 규 제64조의2 (고객응대직원의 보호를 위한 조치)

법 제63조의2제1항제4호에서 "법적 조치 등 대통령령으로 정하는 조치"란 다음 각 호의 조치를 말한다.

1. 고객의 폭언이나 성희롱, 폭행 등(이하 "폭언등"이라 한다)이 관계 법률의 형사처벌규정에 위반된다고 판단되고 그 행위로 피해를 입은 직원이 요청하는 경우: 관할 수사기관 등에 고발

2. 고객의 폭언등이 관계 법률의 형사처벌규정에 위반되지는 아니하나 그 행위로 피해를 입은 직원의 피해정도 및 그 직원과 다른 직원에 대한 장래 피해발생 가능성 등을 고려하여 필요하다고 판단되는 경우: 관할 수사기관 등에 필요한 조치 요구

3. 직원이 직접 폭언등의 행위를 한 고객에 대한 관할 수사기관 등에 고소, 고발, 손해배상 청구 등의 조치를 하는 데 필요한 행정적, 절차적 지원

4. 고객의 폭언등을 예방하거나 이에 대응하기 위한 직원의 행동요령 등에 대한 교육 실시

5. 그 밖에 고객의 폭언등으로부터 직원을 보호하기 위하여 필요한 사항으로서 금융위원회가 정하여 고시하는 조치

[본조신설 2016. 6. 28.]

판 연 행 규 제65조(외국 금융투자업자의 영업기금 등)

① 법 제65조제1항에서 "대통령령으로 정하는 영업기금"이란 다음 각 호의 것을 말한다. 〈개정 2009. 2. 3.〉

1. 외국 금융투자업자가 지점, 그 밖의 영업소를 설치하거나 영업을 하기 위하여 그 지점, 그 밖의 영업소에 공급한 원화자금

2. 외국 금융투자업자의 지점, 그 밖의 영업소(이하 이 조에서 "국내지점등"이라 한다)의 적립금으로부터 전입한 자금

3. 외국 금융투자업자가 지점, 그 밖의 영업소를 추가로 설치하기 위하여 이미 국내에 설치된 지점, 그 밖의 영업소의 이월이익잉여금에서 전입한 자금

② 법 제65조제2항에 따라 국내지점등이 국내에 자산을 두어야 하는 방법은 다음 각 호와 같다. 〈개정 2009. 2. 3.〉

1. 현금이나 국내 금융기관에 대한 예금·적금·부금

2. 국내에 예탁하거나 보관된 증권

3. 국내에 있는 자에 대한 대여금, 그 밖의 채권

4. 국내에 있는 고정자산

5. 그 밖에 국내법에 따라 강제집행이 가능한 자산 중 금융위원회가 정하여 고시하는 자산

③ 국내지점등은 다음 각 호의 사항을 준수하여야 한다. 〈개정 2009. 2. 3.〉

1. 본점과 독립하여 결산할 것

2. 결산 결과 해당 국내지점등이 제2항 각 호의 방법으로 국내에 두고 있는 자산의 합계액이 법 제65조제1항에 따른 영업기금과 부채의 합계액에 미달하는 경우에는 결산이 확정된 날부터 60일 이내에 보전할 것

제2절 금융투자업자별 영업행위 규칙

제1관 투자매매업자 및 투자중개업자의 영업행위 규칙

판 연 행 제66조(자기계약의 금지의 예외)

제67조제2호에서 "대통령령으로 정하는 경우"란 다음 각 호의 어느 하나에 해당하는 경우를 말한다. 〈개정 2016. 6. 28., 2017. 5. 8.〉

1. 투자매매업자 또는 투자중개업자가 자기가 판매하는 집합투자증권을 매수하는 경우

2. 투자매매업자 또는 투자중개업자가 다자간매매체결회사를 통하여 매매가 이루어지도록 한 경우

3. 종합금융투자사업자가 제77조의6제1항제1호에 따라 금융투자상품의 장외매매가 이루어지도록 한 경우

4. 그 밖에 공정한 가격 형성과 매매, 거래의 안정성과 효율성 도모 및 투자자의 보호에 우려가 없는 경우로서 금융위원회가 정하여 고시하는 경우

[본조신설 2013. 8. 27.]

판 행 규 제66조의2(최선집행의무)

① 법 제68조제1항에서 "대통령령으로 정하는 거래"란 다음 각 호의 어느 하나에 해당하는 매매를 말한다.

1. 증권시장에 상장되지 아니한 증권의 매매

2. 장외파생상품의 매매

3. 다음 각 목의 어느 하나에 해당하는 금융투자상품 중 복수의 금융투자상품시장에서의 거래 가능성 및 투자자 보호의 필요성 등을 고려하여 총리령으로 정하는 금융투자상품의 매매

　　가. 증권시장에 상장된 증권

　　나. 장내파생상품

② 법 제68조제1항에 따른 최선집행기준(이하 "최선집행기준"이라 한다)에는 다음 각 호의 사항을 고려하여 최선의 거래조건으로 집행하기 위한 방법 및 그 이유 등이 포함되어야 한다. 다만, 투자자가 청약 또는 주문의 처리에 관하여 별도의 지시를 하였을 때에는 그에 따라 최선집행기준과 달리 처리할 수 있다.

1. 금융투자상품의 가격

2. 투자자가 매매체결과 관련하여 부담하는 수수료 및 그 밖의 비용

3. 그 밖에 청약 또는 주문의 규모 및 매매체결의 가능성 등

③ 법 제68조제1항 또는 제3항 후단에 따른 최선집행기준의 공표 또는 그 변경 사실의 공표는 다음 각 호의 모든 방법을 포함하는 방법으로 하여야 한다. 이 경우 최선집행기준의 변경 사실을 공표할 때에는 그 이유를 포함하여야 한다.

1. 투자매매업자 또는 투자중개업자의 본점과 지점, 그 밖의 영업소에 게시하거나 비치하여 열람에 제공하는 방법

2. 투자매매업자 또는 투자중개업자의 인터넷 홈페이지를 이용하여 공시하는 방법

④ 투자매매업자 또는 투자중개업자가 법 제68조제2항에 따라 투자자의 청약 또는 주문을 집행한 후 해당 투자자가 그 청약 또는 주문이 최선집행기준에 따라 처리되었음을 증명하는 서면 등을 요구하는 경우에는 금융위원회가 정하여 고시하는 기준과 방법에 따라 해당 투자자에게 제공하여야 한다.

⑤ 법 제68조제3항 전단에서 "대통령령으로 정하는 기간"이란 3개월을 말한다.

⑥ 법 제68조제4항 본문에서 "대통령령으로 정하는 방법"이란 팩스를 말한다.

⑦ 제1항부터 제6항까지에서 규정한 사항 외에 최선집행기준의 세부내용 및 관련 자료의 보관 등에 필요한 사항은 금융위원회가 정하여 고시한다.

[본조신설 2013. 8. 27.]

판 제67조(자기주식의 처분 기간)

법 제69조 후단에서 "대통령령으로 정하는 기간"이란 취득일부터 3개월을 말한다.

판 연 행 규 생 제68조(불건전 영업행위의 금지)

① 법 제71조 각 호 외의 부분 단서에서 "대통령령으로 정하는 경우"란 다음 각 호의 어느 하나에 해당하는 경우를 말한다. 〈개정 2012. 6. 29., 2013. 8. 27.〉

1. 법 제71조제1호를 적용할 때 다음 각 목의 어느 하나에 해당하는 경우

가. 투자자의 매매에 관한 청약이나 주문에 관한 정보를 이용하지 아니하였음을 증명하는 경우

나. 증권시장(다자간매매체결회사에서의 거래를 포함한다)과 파생상품시장 간의 가격 차이를 이용한 차익거래, 그 밖에 이에 준하는 거래로서 투자자의 정보를 의도적으로 이용하지 아니하였다는 사실이 객관적으로 명백한 경우

2. 법 제71조제2호를 적용할 때 다음 각 목의 어느 하나에 해당하는 경우

가. 조사분석자료의 내용이 직접 또는 간접으로 특정 금융투자상품의 매매를 유도하는 것이 아닌 경우

나. 조사분석자료의 공표로 인한 매매유발이나 가격변동을 의도적으로 이용하였다고 볼 수 없는 경우

다. 공표된 조사분석자료의 내용을 이용하여 매매하지 아니하였음을 증명하는 경우

라. 해당 조사분석자료가 이미 공표한 조사분석자료와 비교하여 새로운 내용을 담고 있지 아니한 경우

3. 법 제71조제3호를 적용할 때 해당 조사분석자료가 투자자에게 공표되거나 제공되지 아니하고 금융투자업자 내부에서 업무를 수행할 목적으로 작성된 경우

4. 법 제71조제5호를 적용할 때 투자권유대행인 및 투자권유자문인력이 아닌 자에게 금적립계좌등에 대한 투자권유를 하게 하는 경우

② 법 제71조제3호에서 "대통령령으로 정하는 기업금융업무"란 다음 각 호의 어느 하나에 해당하는 업무를 말한다. 〈개정 2012. 6. 29., 2015. 10. 23., 2021. 10. 21.〉

1. 인수업무

2. 모집ㆍ사모ㆍ매출의 주선업무

3. 기업의 인수 및 합병의 중개ㆍ주선 또는 대리업무

4. 기업의 인수ㆍ합병에 관한 조언업무

4의2. 설비투자, 사회간접자본 시설투자, 자원개발, 그 밖에 상당한 기간과 자금이 소요되는 프로젝트를 수주(受注)한 기업을 위하여 사업화 단계부터 특수목적기구(특정 프로젝트를 사업으로 운영하고 그 수익을 주주 등에게 배분하는 목적으로 설립된 회사, 그 밖의 기구를 말한다)에 대하여 신용공여, 출자, 그 밖의 자금지원(이하 이 항에서 "프로젝트금융"이라 한다)을 하는 자금조달구조를 수립하는 등 해당 사업을 지원하는 프로젝트금융에 관한 자문업무

4의3. 프로젝트금융을 제공하려는 금융기관 등을 모아 일시적인 단체를 구성하고 자금지원조건을 협의하는 등 해당 금융기관 등을 위한 프로젝트금융의 주선업무

4의4. 제4호의2에 따른 자문업무 또는 제4호의3에 따른 주선업무에 수반하여 이루어지는 프로젝트금융

5. 사모집합투자기구의 집합투자재산 운용업무(법 제249조의7제5항 각 호의 방법으로 운용하는 경우로 한정한다)

③ 법 제71조제4호 각 목 외의 부분에서 "대통령령으로 정하는 기간"이란 40일을

말한다. 〈개정 2009. 2. 3.〉

④ 법 제71조제4호나목에서 "대통령령으로 정하는 주권 관련 사채권"이란 전환사채
권, 신주인수권부사채권, 교환사채권(주권, 전환사채권 또는 신주인수권부사채권
과 교환을 청구할 수 있는 교환사채권만 해당한다) 및 제176조의12에 따른 전환
형 조건부자본증권을 말한다. 〈개정 2009. 2. 3., 2013. 8. 27.〉

⑤ 법 제71조제7호에서 "대통령령으로 정하는 행위"란 다음 각 호의 어느 하나에 해
당하는 행위를 말한다. 〈개정 2010. 6. 11., 2017. 5. 8., 2017. 10. 17., 2019.
1. 15., 2019. 8. 20., 2021. 2. 9., 2021. 6. 18., 2021. 10. 21.〉

1. 법 제9조제5항 단서에 따라 일반투자자와 같은 대우를 받겠다는 전문투자자(제
10조제1항 각 호의 자는 제외한다)의 요구에 정당한 사유 없이 동의하지 아니하는 행위

1의2. 제10조제3항제17호가목에 따른 서류를 제출한 이후에는 전문투자자와 같은
대우를 받지 않겠다는 의사를 표시하기 전까지는 전문투자자로 대우받는다는 사실을
일반투자자에게 설명하지 않고 서류를 제출받는 행위

1의3. 제10조제3항제17호에 따른 요건을 갖추지 못했음을 알고도 전문투자자로 대
우하는 행위

2. 삭제 〈2021. 3. 23.〉

2의2. 개인인 일반투자자 중「금융소비자 보호에 관한 법률」제17조제2항 또는 제
18조제1항에 따라 투자목적·재산상황 및 투자경험 등의 정보를 파악한 결과 판매 상
품이 적합하지 않거나 적정하지 않다고 판단되는 사람 또는 65세 이상인 사람을 대상
으로 금융투자상품(투자자 보호 및 건전한 거래질서를 해칠 우려가 없는 것으로서 금
융위원회가 정하여 고시하는 금융투자상품은 제외한다)을 판매하는 경우 다음 각 목
의 어느 하나에 해당하는 행위

　　가. 판매과정을 녹취하지 않거나 투자자의 요청에도 불구하고 녹취된 파일을 제
　　　　공하지 않는 행위

　　나. 투자자에게 권유한 금융투자상품의 판매과정에서 금융투자상품의 매매에 관
　　　　한 청약 또는 주문(이하 "청약등"이라 한다)을 철회할 수 있는 기간(이하 이
　　　　호에서 "숙려기간"이라 한다)에 대해 안내하지 않는 행위

　　다. 투자권유를 받고 금융투자상품의 청약등을 한 투자자에게 2영업일 이상의 숙
　　　　려기간을 부여하지 않는 행위

　　라. 숙려기간 동안 투자자에게 투자에 따르는 위험, 투자원금의 손실가능성, 최대
　　　　원금손실 가능금액 및 그 밖에 금융위원회가 정하여 고시하는 사항을 고지하
　　　　지 않거나 청약등을 집행하는 행위

마. 숙려기간이 지난 후 서명, 기명날인, 녹취 또는 그 밖에 금융위원회가 정하여 고시하는 방법으로 금융투자상품의 매매에 관한 청약등의 의사가 확정적임을 확인하지 않고 청약등을 집행하는 행위

바. 청약등을 집행할 목적으로 투자자에게 그 청약등의 의사가 확정적임을 표시해 줄 것을 권유하거나 강요하는 행위

2의3. 고난도금융투자상품(투자자 보호 및 건전한 거래질서를 해칠 우려가 없는 것으로서 금융위원회가 정하여 고시하는 고난도금융투자상품은 제외한다)을 판매하는 경우 다음 각 목의 어느 하나에 해당하는 행위

가. 개인인 일반투자자를 대상으로 하는 제2호의2 각 목의 어느 하나에 해당하는 행위

나. 개인인 투자자에게 고난도금융투자상품의 내용, 투자에 따르는 위험 및 그 밖에 금융위원회가 정하여 고시하는 사항을 해당 투자자가 쉽게 이해할 수 있도록 요약한 설명서를 내어 주지 않는 행위. 다만, 다음의 어느 하나에 해당하는 경우는 제외한다.

1) 투자자가 해당 설명서를 받지 않겠다는 의사를 서면, 전신, 전화, 팩스, 전자우편 또는 그 밖에 금융위원회가 정하여 고시하는 방법으로 표시한 경우

2) 집합투자증권의 판매 시 법 제124조제2항제3호에 따른 간이투자설명서 또는 법 제249조의4제2항 전단에 따른 핵심상품설명서를 교부한 경우

3. 투자자(투자자가 법인, 그 밖의 단체인 경우에는 그 임직원을 포함한다) 또는 거래상대방(거래상대방이 법인, 그 밖의 단체인 경우에는 그 임직원을 포함한다) 등에게 업무와 관련하여 금융위원회가 정하여 고시하는 기준을 위반하여 직접 또는 간접으로 재산상의 이익을 제공하거나 이들로부터 재산상의 이익을 제공받는 행위

4. 증권의 인수업무 또는 모집·사모·매출의 주선업무와 관련하여 다음 각 목의 어느 하나에 해당하는 행위

가. 발행인이 법 제119조제3항에 따른 증권신고서(법 제122조제1항에 따른 정정신고서와 첨부서류를 포함한다)와 법 제123조제1항에 따른 투자설명서(법 제124조제2항제2호에 따른 예비투자설명서 및 법 제124조제2항제3호에 따른 간이투자설명서를 포함한다) 중 중요사항에 관하여 거짓의 기재 또는 표시를 하거나 중요사항을 기재 또는 표시하지 않는 것을 방지하는 데 필요한 적절한 주의를 기울이지 않는 행위

나. 증권의 발행인·매출인 또는 그 특수관계인에게 증권의 인수를 대가로 모집·사모·매출 후 그 증권을 매수할 것을 사전에 요구하거나 약속하는 행위

다. 인수(모집·사모·매출의 주선을 포함한다. 이하 이 호에서 같다)하는 증권의 배정을 대가로 그 증권을 배정받은 자로부터 그 증권의 투자로 인하여 발생하는 재산상의 이익을 직접 또는 간접으로 분배받거나 그 자에게 그 증권의 추가적인 매수를 요구하는 행위

　라. 인수하는 증권의 청약자에게 증권을 정당한 사유 없이 차별하여 배정하는 행위

　마. 그 밖에 투자자의 보호나 건전한 거래질서를 해칠 염려가 있는 행위로서 금융위원회가 정하여 고시하는 행위

4의2. 주권을 상장하지 않은 증권시장에 주권을 상장하기 위한 모집·매출과 관련하여 이루어지는 다음 각 목의 행위

　가. 증권금융회사를 통해 청약자의 중복청약(투자매매업자 또는 투자중개업자에게 청약한 이후에 다른 투자매매업자 또는 투자중개업자에게 추가로 청약하는 행위를 말하며, 법 제165조의6제4항제4호에 따른 청약은 제외한다. 이하 같다) 여부를 확인하지 않는 행위

　나. 청약자의 중복청약 사실을 확인했음에도 불구하고 해당 청약자에게 주식을 배정(최초로 청약을 받은 투자매매업자 또는 투자중개업자가 배정하는 경우는 제외한다)하는 행위

5. 금융투자상품의 가치에 중대한 영향을 미치는 사항을 미리 알고 있으면서 이를 투자자에게 알리지 아니하고 해당 금융투자상품의 매수나 매도를 권유하여 해당 금융투자상품을 매도하거나 매수하는 행위

6. 투자자가 법 제174조·제176조 및 제178조를 위반하여 매매, 그 밖의 거래를 하려는 것을 알고 그 매매, 그 밖의 거래를 위탁받는 행위

7. 금융투자상품의 매매, 그 밖의 거래와 관련하여 투자자의 위법한 거래를 감추어 주기 위하여 부정한 방법을 사용하는 행위

8. 금융투자상품의 매매, 그 밖의 거래와 관련하여 결제가 이행되지 아니할 것이 명백하다고 판단되는 경우임에도 정당한 사유 없이 그 매매, 그 밖의 거래를 위탁받는 행위

9. 투자자에게 해당 투자매매업자·투자중개업자가 발행한 자기주식의 매매를 권유하는 행위

10. 투자자로부터 집합투자증권(증권시장에 상장된 집합투자증권은 제외한다)을 매수하거나 그 중개·주선 또는 대리하는 행위. 다만, 법 제235조제6항 단서에 따라 매수하는 경우는 제외한다.

11. 법 제55조 및 제71조에 따른 금지 또는 제한을 회피할 목적으로 하는 행위로서 장외파생상품거래, 신탁계약, 연계거래 등을 이용하는 행위

12. 채권자로서 그 권리를 담보하기 위하여 백지수표나 백지어음을 받는 행위

12의2. 집합투자업자와의 이면계약 등에 따라 집합투자업자에게 집합투자재산의 운용에 관한 명령·지시·요청 등을 하는 행위

13. 집합투자증권의 판매업무와 집합투자증권의 판매업무 외의 업무를 연계하여 정당한 사유 없이 고객을 차별하는 행위

13의2. 종합금융투자사업자가 제77조의6제2항을 위반하여 같은 조 제1항제2호에 따른 단기금융업무를 하는 행위

13의3. 종합금융투자사업자가 제77조의6제3항을 위반하여 같은 조 제1항제3호에 따른 종합투자계좌업무를 하는 행위

13의4. 법 제117조의10제4항 단서에 따라 온라인소액증권발행인이 정정 게재를 하는 경우 온라인소액투자중개업자가 정정 게재 전 해당 증권의 청약의 의사를 표시한 투자자에게 다음 각 목의 행위를 하지 않는 행위

　　가. 정정 게재 사실의 통지

　　나. 제118조의9제1항 각 호의 어느 하나에 해당하는 방법을 통한 투자자 청약 의사의 재확인(제130조제1항제1호가목에 따른 모집가액 또는 매출가액이 증액되거나 같은 호 나목에 따른 사항이 변경됨에 따라 정정 게재를 하는 경우는 제외한다)

13의5. 법 제117조의10제6항제2호에 따른 투자자가 온라인소액투자중개의 방법을 통하여 증권을 청약하려는 경우 온라인소액투자중개업자가 해당 투자자에게 투자에 따르는 위험 등에 대하여 이해했는지 여부를 질문을 통하여 확인하지 않거나, 확인한 결과 투자자에게 온라인소액투자중개의 방법을 통한 투자가 적합하지 않음에도 청약의 의사표시를 받는 행위

13의6. 청약금액이 모집예정금액에 제118조의16제5항에 따른 비율을 곱한 금액을 초과하여 증권의 발행이 가능한 요건이 충족되었음에도 온라인소액투자중개업자가 해당 사실을 청약자에게 통지하지 않는 행위

14. 그 밖에 투자자의 보호나 건전한 거래질서를 해칠 염려가 있는 행위로서 금융위원회가 정하여 고시하는 행위

판 연 행 규 **제69조(신용공여)**

제69조(신용공여) ① 투자매매업자 또는 투자중개업자는 법 제72조제1항에 따라 다

음 각 호의 어느 하나에 해당하는 방법으로 투자자에게 신용을 공여할 수 있다. 〈개정 2019. 6. 25., 2021. 5. 18.〉

1. 해당 투자매매업자 또는 투자중개업자에게 증권 매매거래계좌를 개설하고 있는 자에 대하여 증권의 매매를 위한 매수대금을 융자하거나 매도하려는 증권을 대여하는 방법

2. 해당 투자매매업자 또는 투자중개업자에게 계좌를 개설하여 「주식·사채 등의 전자등록에 관한 법률」 제2조제4호에 따른 전자등록주식등을 보유하고 있거나 증권을 예탁하고 있는 자에 대하여 그 전자등록주식등 또는 증권을 담보로 금전을 융자하는 방법

② 제1항에도 불구하고 투자매매업자 또는 투자중개업자가 전담중개업무를 제공하는 경우에는 다음 각 호의 방법으로 그 전담중개업무를 제공받는 일반사모집합투자기구등에 대하여 신용을 공여할 수 있다. 〈신설 2011. 9. 30., 2013. 8. 27., 2015. 10. 23., 2021. 10. 21.〉

1. 증권의 매매를 위한 매수대금을 융자하거나 매도하려는 증권을 대여하는 방법

2. 전담중개업무로서 보관·관리하는 일반사모집합투자기구등의 투자자재산인 증권을 담보로 금전을 융자하는 방법

③ 제1항 및 제2항에 따른 신용공여의 구체적인 기준과 담보의 비율 및 징수방법 등은 금융위원회가 정하여 고시한다. 〈개정 2011. 9. 30.〉

판 연 행 규 **제70조 (매매명세의 통지 방법)**

① 투자매매업자 또는 투자중개업자는 법 제73조에 따라 통지를 하는 경우에는 다음 각 호에서 정하는 방법에 따라야 한다. 〈개정 2019. 1. 15., 2021. 1. 5., 2021. 10. 21., 2025. 6. 2.〉

1. 다음 각 목에 따른 기한 내에 통지할 것

가. 매매의 유형, 종목·품목, 수량, 가격, 수수료 등 모든 비용, 그 밖의 거래내용: 매매가 체결된 후 지체 없이

나. 집합투자증권 외의 금융투자상품의 매매가 체결된 경우, 월간 매매내역·손익내역, 월말 현재 잔액현황·미결제약정현황 등의 내용: 매매가 체결된 날의 다음 달 20일까지

다. 집합투자증권의 매매가 체결된 경우, 집합투자기구에서 발생한 모든 비용을 반영한 실질 투자 수익률, 투자원금 및 환매예상 금액, 그 밖에 금융위원회가 정하여 고시하는 사항: 매월 마지막 날까지

2. 다음 각 목의 방법 중 투자매매업자 또는 투자중개업자와 투자자 간에 미리 합의

된 방법(계좌부 등에 따라 관리·기록되지 않는 매매거래는 가목만 해당한다)으로 통지할 것. 다만, 투자자가 보유한 집합투자증권이 상장지수집합투자기구, 단기금융집합투자기구, 사모집합투자기구의 집합투자증권이거나 평가기준일의 평가금액이 10만원 이하인 경우(집합투자증권의 매매가 체결된 경우에 한정한다) 또는 투자자가 통지를 받기를 원하지 않는 경우에는 지점, 그 밖의 영업소에 비치하거나 인터넷 홈페이지에 접속하여 수시로 조회가 가능하게 함으로써 통지를 갈음할 수 있다.

　　가. 서면 교부
　　나. 전화, 전신 또는 팩스
　　다. 전자우편, 그 밖에 이와 비슷한 전자통신
　　라. 그 밖에 금융위원회가 정하여 고시하는 방법
　② 제1항에 따른 통지와 관련하여 필요한 세부사항은 금융위원회가 정하여 고시한다.

판 규 **제71조(증권금융회사 예치 등의 예외)**

법 제74조제2항 전단에서 "대통령령으로 정하는 투자매매업자 또는 투자중개업자"란 다음 각 호의 자를 말한다.
　1. 은행
　2. 「한국산업은행법」에 따른 한국산업은행
　3. 「중소기업은행법」에 따른 중소기업은행
　4. 보험회사

판 연 규 **제72조(투자자예탁금의 예외적 양도 등)**

법 제74조제4항에서 "대통령령으로 정하는 경우"란 다음 각 호의 어느 하나에 해당하는 경우를 말한다. 〈개정 2021. 5. 18.〉
　1. 법 제74조제4항에 따른 예치금융투자업자(이하 "예치금융투자업자"라 한다)가 다른 회사에 흡수합병되거나 다른 회사와 신설합병함에 따라 그 합병에 의하여 존속되거나 신설되는 회사에 예치기관에 예치 또는 신탁한 투자자예탁금을 양도하는 경우
　2. 예치금융투자업자가 금융투자업의 전부나 일부를 양도하는 경우로서 양도내용에 따라 양수회사에 예치기관에 예치 또는 신탁한 투자자예탁금을 양도하는 경우
　3. 법 제40조제1항제4호에 따른 자금이체업무와 관련하여 금융위원회가 정하여 고시하는 한도 이내에서 금융위원회가 정하여 고시하는 방법에 따라 예치금융투자업자가 은행에 예치기관에 예치 또는 신탁한 투자자예탁금을 담보로 제공하는 경우

4. 그 밖에 투자자의 보호를 해칠 염려가 없는 경우로서 금융위원회가 정하여 고시하는 경우

판 연 행 제73조(투자자예탁금의 지급 방법 및 절차)

① 예치기관이 법 제74조제5항에 따라 투자자예탁금을 지급하는 경우에는 다음 각 호의 기준에 따라야 한다.

1. 투자자 및 예치금융투자업자로부터 투자자예탁금에 관한 자료 또는 정보를 제출받아 확인한 후 지급할 것

2. 법 제74조제6항에 따른 금융위원회의 통지를 받은 날을 기준으로 예치기관에 예치 또는 신탁되어 있는 투자자예탁금의 총액의 범위에서 지급할 것

3. 예치기관에 예치 또는 신탁되어 있는 투자자예탁금 총액을 투자자가 예치금융투자업자에게 예탁한 투자자예탁금 총액으로 나눈 비율에 투자자별 투자자예탁금을 곱한 금액을 기준으로 지급할 것. 다만, 예치기관의 투자자예탁금 총액이 투자자가 예치금융투자업자에게 예탁한 투자자예탁금 총액보다 크거나 같은 경우에는 투자자별 투자자예탁금 전액을 모두 지급한다.

② 예치기관은 법 제74조제5항에 따른 투자자예탁금의 지급이나 같은 조 제7항 본문에 따른 공고를 위해 필요한 경우에는 「예금자보호법」에 따른 예금보험공사나 예치금융투자업자에게 관계 자료, 정보 또는 의견의 제출을 요청하거나 필요한 협의를 할 수 있다.

③ 제1항 및 제2항에서 규정한 사항 외에 투자자예탁금의 지급 방법 및 절차 등에 관하여 필요한 세부사항은 금융위원회가 정하여 고시한다.

[전문개정 2021. 12. 9.]

판 행 제73조의2(투자자예탁금의 지급보류)

① 법 제74조제8항에서 "대통령령으로 정하는 특수관계"란 「금융회사의 지배구조에 관한 법률 시행령」 제3조제1항 각 호의 어느 하나에 해당하는 관계를 말한다.

② 예치기관이 법 제74조제8항에 따라 투자자예탁금의 지급을 보류하는 경우에는 다음 각 호의 사항을 투자자에게 서면으로 알려야 한다.

1. 지급보류 금액

2. 지급보류 사유

3. 지급보류 기간

4. 지급보류 사유의 소멸이나 지급보류 기간의 경과에 따른 투자자예탁금의 지급

청구에 관한 사항

③ 예치기관은 법 제74조제8항에 따라 투자자가 투자자예탁금의 지급보류 대상자에 해당하는지를 확인하기 위해 필요한 경우 관계 행정기관, 공공기관, 법인·단체 등에 필요한 협조를 요청할 수 있다.

④ 제1항부터 제3항까지에서 규정한 사항 외에 투자자예탁금의 지급보류의 방법 및 절차 등에 관하여 필요한 세부사항은 금융위원회가 정하여 고시한다.

[본조신설 2021. 12. 9.]

[판] [연] [행] **제74조(투자자예탁금의 운용)**

① 법 제74조제12항제2호에서 "대통령령으로 정하는 금융기관"이란 다음 각 호의 금융기관을 말한다. 〈개정 2016. 5. 31., 2021. 12. 9.〉

1. 은행
2. 「한국산업은행법」에 따른 한국산업은행
3. 「중소기업은행법」에 따른 중소기업은행
4. 보험회사
5. 투자매매업자 또는 투자중개업자
6. 증권금융회사
7. 종합금융회사
8. 「신용보증기금법」에 따른 신용보증기금
9. 「기술보증기금법」에 따른 기술보증기금

② 법 제74조제12항제3호에서 "대통령령으로 정하는 방법"이란 다음 각 호의 방법을 말한다. 〈개정 2021. 12. 9.〉

1. 증권 또는 원화로 표시된 양도성 예금증서를 담보로 한 대출
2. 한국은행 또는 「우체국 예금·보험에 관한 법률」에 따른 체신관서에의 예치
3. 특수채증권의 매수
4. 그 밖에 투자자예탁금의 안전한 운용이 가능하다고 인정되는 것으로서 금융위원회가 정하여 고시하는 방법

[판] [연] [행] [규] **제75조(투자자예탁금의 범위 등)**

① 법 제74조제1항 및 제2항에 따라 투자매매업자 또는 투자중개업자가 예치기관에 예치 또는 신탁해야 하는 투자자예탁금의 범위는 제1호의 금액에서 제2호의 금액을 뺀 것으로 한다. 〈개정 2009. 2. 3., 2013. 8. 27., 2021. 2. 9.〉

1. 다음 각 목의 금액의 합계액

  가. 투자자가 금융투자상품의 매매, 그 밖의 거래를 위하여 예탁한 금액

  나. 투자자예탁금의 이용료 등 투자매매업자 또는 투자중개업자가 투자자에게 지급한 금액

  다. 투자자가 보유하는 장내파생상품의 일일정산에 따라 발생한 이익금액

2. 다음 각 목의 금액의 합계액

  가. 투자자가 증권시장(다자간매매체결회사에서의 거래를 포함한다) 또는 파생상품시장에서 행하는 금융투자상품의 매매, 그 밖의 거래를 위하여 투자매매업자 또는 투자중개업자가 거래소(금융위원회가 정하여 고시하는 자를 포함한다)와 다른 투자매매업자 또는 투자중개업자에게 예탁 중인 금액

  나. 투자자가 해외에서 행하는 금융투자상품의 매매, 그 밖의 거래를 위하여 투자매매업자 또는 투자중개업자가 해외 증권시장(그 결제기관을 포함한다), 외국 다자간매매체결회사(외국 법령에 따라 외국에서 다자간매매체결회사에 상당하는 업무를 하는 자를 말하며, 그 결제기관을 포함한다) 또는 해외 파생상품시장(그 결제기관을 포함한다)과 외국 투자매매업자 또는 외국 투자중개업자에게 예탁 중인 금액

  다. 위탁수수료 등 투자자가 행한 금융투자상품의 매매, 그 밖의 거래와 관련된 모든 비용액

  라. 「예금자보호법 시행령」 제3조제3항제1호·제2호·제3호(법 제76조제1항에 따라 투자자가 집합투자증권의 취득을 위하여 투자매매업자 또는 투자중개업자에게 납입한 금전은 제외한다) 및 제4호의 금전

  마. 투자자가 보유하는 장내파생상품의 일일정산에 따라 발생한 손실금액

② 투자매매업자 또는 투자중개업자는 제1항에 따라 산출된 금액의 100분의 100 이상을 예치기관에 예치 또는 신탁하여야 한다.

③ 예치금융투자업자는 다음 각 호의 기준에 따라 예치기관에 예치 또는 신탁한 투자자예탁금을 인출할 수 있다.

1. 이미 예치 또는 신탁한 투자자예탁금이 예치 또는 신탁하여야 할 투자자예탁금보다 많은 경우: 예치 또는 신탁한 투자자예탁금과 예치 또는 신탁하여야 할 투자자예탁금의 차액

2. 삭제 〈2021. 12. 9.〉

3. 투자자로부터 일시에 대량으로 투자자예탁금의 지급청구가 있는 등 금융위원회가 투자자예탁금의 인출이 필요하다고 인정하는 경우: 인정받은 금액

④ 예치기관은 예치 또는 신탁받은 투자자예탁금을 자기재산과 구분하여 신의에 따라 성실하게 관리하여야 한다.

⑤ 제1항에 따른 투자자예탁금의 범위, 예치 또는 신탁의 시기·주기·비율·방법, 인출 및 관리 등을 위하여 필요한 세부사항은 금융위원회가 정하여 고시한다.

판 연 행 제76조(투자자 예탁증권의 예탁)

법 제75조제1항 본문에서 "대통령령으로 정하는 것"이란 다음 각 호의 것을 말한다. 〈개정 2013. 8. 27.〉

1. 삭제 〈2019. 6. 25.〉
2. 그 밖에 금융위원회가 정하여 고시하는 것

② 법 제75조제1항 단서에서 "대통령령으로 정하는 경우"란 제63조제2항 각 호의 어느 하나에 해당하는 경우를 말한다. 〈개정 2013. 8. 27.〉

③ 법 제75조제2항에서 "대통령령으로 정하는 방법"이란 금융위원회가 정하여 고시하는 외국 보관기관에 개설된 예탁결제원 계좌로 계좌대체 등을 통하여 예탁하는 방법을 말한다. 〈개정 2013. 8. 27.〉

판 연 행 규 생 제77조(집합투자증권 판매 등에 관한 특례)

① 법 제76조제1항 단서에서 "대통령령으로 정하는 경우"란 다음 각 호의 경우를 말한다. 〈개정 2009. 2. 3., 2009. 12. 21., 2016. 6. 28., 2022. 8. 30.〉

1. 투자자가 집합투자규약으로 정한 집합투자증권의 매수청구일을 구분하기 위한 기준시점을 지나서 투자매매업자 또는 투자중개업자에게 금전등을 납입하는 경우

2. 투자매매업자 또는 투자중개업자가 단기금융집합투자기구의 집합투자증권을 판매하는 경우로서 다음 각 목의 어느 하나에 해당하는 경우

　가. 투자자가 금융투자상품 등의 매도나 환매에 따라 수취한 결제대금으로 결제일에 단기금융집합투자기구의 집합투자증권을 매수하기로 집합투자증권을 판매하는 투자매매업자 또는 투자중개업자와 미리 약정한 경우

　나. 투자자가 급여 등 정기적으로 받는 금전으로 수취일에 단기금융집합투자기구의 집합투자증권을 매수하기로 집합투자증권을 판매하는 투자매매업자 또는 투자중개업자와 미리 약정한 경우

　다. 「국가재정법」제81조에 따라 여유자금을 통합하여 운용하는 경우로서 환매청구일에 공고되는 기준가격으로 환매청구일에 환매한다는 내용이 집합투자규약에 반영된 단기금융집합투자기구의 집합투자증권을 판매하는 경우

3. 다음 각 목의 어느 하나에 해당하는 자에게 단기금융집합투자기구의 집합투자증권을 판매하는 경우

　가.「외국환거래법」제13조에 따른 외국환평형기금

　나.「국가재정법」제81조에 따라 여유자금을 통합하여 운용하는 단기금융집합투자기구 및 증권집합투자기구

4. 법 제76조제1항 본문에 따른 기준가격을 적용할 경우 해당 집합투자기구의 투자자 이익 등을 침해할 우려가 있다고 제261조에 따른 집합투자재산평가위원회가 인정하는 경우

5. 투자자가 집합투자기구를 변경하지 아니하고 그 집합투자기구의 집합투자증권을 판매한 투자매매업자 또는 투자중개업자를 변경할 목적으로 집합투자증권을 환매한 후 다른 투자매매업자 또는 투자중개업자를 통하여 해당 집합투자증권을 매수하는 경우

6. 다음 각 목의 요건을 모두 갖춘 집합투자기구의 집합투자증권을 판매하는 경우

　가.「국가재정법」제81조에 따라 여유자금을 통합하여 운용하는 집합투자기구일 것

　나. 집합투자재산을 다음의 금융상품에 대해서만 운용하고 있을 것. 이 경우 제2호다목에 따른 단기금융집합투자기구의 집합투자증권에 대하여 운용하고 있어야 한다.

　　1) 다른 집합투자기구의 집합투자증권

　　2) 예금

② 법 제76조제1항 단서에서 "대통령령으로 정하는 기준가격"이란 다음 각 호의 구분에 따른 기준가격을 말한다. 〈개정 2009. 2. 3., 2009. 12. 21., 2021. 10. 21., 2022. 8. 30.〉

1. 제1항제1호의 경우: 금전등의 납입일부터 기산하여 3영업일에 산정(사모집합투자기구의 집합투자증권만 해당한다)되거나 공고되는 기준가격

2. 제1항제2호, 제3호 및 제6호의 경우: 금전등의 납입일에 공고되는 기준가격

3. 제1항제4호의 경우: 금전등의 납입일부터 기산하여 3영업일 또는 그 이후에 산정(사모집합투자기구의 집합투자증권만 해당한다)되거나 공고되는 기준가격

4. 제1항제5호의 경우: 집합투자증권을 환매한 후 15일 이내에 집합투자규약에서 정하는 투자매매업자 또는 투자중개업자 변경의 효력이 발생하는 날에 산정(사모집합투자기구의 집합투자증권만 해당한다)되거나 공고되는 기준가격

③ 법 제76조제3항 단서에서 "대통령령으로 정하는 경우"란 관련 법령의 개정에 따

라 새로운 형태의 집합투자증권의 판매가 예정되어 있어, 그 집합투자기구의 개괄적인 내용을 광고하여도 투자자의 이익을 해칠 염려가 없는 경우를 말한다. 이 경우 관련 법령의 개정이 확정되지 아니한 경우에는 광고의 내용에 관련 법령의 개정이 확정됨에 따라 그 내용이 달라질 수 있음을 표시하여야 한다.

④ 법 제76조제5항에 따라 투자매매업자 또는 투자중개업자가 취득하는 판매수수료와 판매보수(법 제76조제4항에 따른 판매보수를 말한다. 이하 "판매보수"라 한다)는 다음 각 호의 한도를 초과하여서는 아니 된다. 〈개정 2009. 12. 21., 2010. 6. 11.〉

1. 판매수수료: 납입금액 또는 환매금액의 100분의 2

2. 판매보수: 집합투자재산의 연평균가액의 100분의 1. 다만, 투자자의 투자기간에 따라 판매보수율이 감소하는 경우로서 금융위원회가 정하여 고시하는 기간을 넘는 시점에 적용되는 판매보수율이 100분의 1 미만인 경우 그 시점까지는 100분의 1에서부터 1천분의 15까지의 범위에서 정할 수 있다.

⑤ 투자매매업자 또는 투자중개업자는 집합투자규약으로 정하는 바에 따라 다음 각 호의 방법으로 판매수수료나 판매보수를 받을 수 있다.

1. 판매수수료: 판매 또는 환매시 일시에 투자자로부터 받거나 투자기간 동안 분할하여 투자자로부터 받는 방법

2. 판매보수: 매일의 집합투자재산의 규모에 비례하여 집합투자기구로부터 받는 방법

⑥ 판매수수료는 집합투자규약으로 정하는 바에 따라 판매방법, 투자매매업자·투자중개업자, 판매금액, 투자기간 등을 기준으로 차등하여 받을 수 있다.

⑦ 제1항제1호에 따른 기준시점 및 같은 항 제5호에 따른 투자매매업자 또는 투자중개업자의 변경에 관한 사항, 제4항 및 제5항에 따른 판매수수료와 판매보수의 구체적인 한도 산정기준, 그 밖에 필요한 세부적인 사항은 금융위원회가 정하여 고시한다. 〈개정 2009. 12. 21.〉

판 제77조의2 (투자성 있는 예금계약에 준하는 계약)

법 제77조제1항 전단에서 "대통령령으로 정하는 계약"이란 금적립계좌등의 발행을 위한 계약을 말한다.

[본조신설 2013. 8. 27.]

판 연 행 규 제77조의3 (종합금융투자사업자의 지정 등)

① 법 제77조의2제1항제3호에서 "대통령령으로 정하는 금액"이란 다음 각 호의 구분에 따른 금액을 말한다. 〈개정 2017. 5. 8.〉

1. 전담중개업무, 기업에 대한 신용공여 업무 및 제77조의6제1항제1호에 따른 업무를 하려는 종합금융투자사업자: 3조원

2. 제1호에 따른 업무 및 제77조의6제1항제2호에 따른 업무를 하려는 종합금융투자사업자: 4조원

3. 제2호에 따른 업무 및 제77조의6제1항제3호에 따른 업무를 하려는 종합금융투자사업자: 8조원

② 법 제77조의2제1항제4호에서 "대통령령으로 정하는 기준"이란 다음 각 호의 기준을 말한다. 〈개정 2021. 5. 18.〉

1. 종합금융투자사업자의 업무와 관련한 위험관리 및 내부통제 등을 위한 적절한 인력, 전산시스템 및 내부통제장치를 갖출 것

2. 다음 각 목의 요건을 모두 갖출 것

　가. 법 제44조에 따라 이해상충이 발생할 가능성을 파악·평가·관리할 수 있는 적절한 내부통제기준을 갖출 것

　나. 법 제45조제1항 및 제2항에 따라 정보의 교류를 차단할 수 있는 적절한 체계를 갖출 것

③ 법 제77조의2제2항에 따라 종합금융투자사업자로 지정받으려는 자는 같은 조 제1항 각 호의 요건을 갖추었음을 확인할 수 있는 서류를 첨부하여 금융위원회에 지정신청서를 제출하여야 한다.

④ 금융위원회는 제3항의 지정신청서를 접수한 경우에는 그 내용을 검토하여 2개월 이내에 종합금융투자사업자 지정 여부를 결정하고, 그 결과와 이유를 지체 없이 신청인에게 문서로 통지하여야 한다. 이 경우 지정신청서에 흠결이 있는 때에는 보완을 요구할 수 있다.

⑤ 제4항의 검토기간을 산정할 때 지정신청서 흠결의 보완기간 등 총리령으로 정하는 기간은 검토기간에 산입하지 아니한다.

⑥ 금융위원회는 제4항의 종합금융투자사업자 지정 여부를 결정할 때 다음 각 호의 어느 하나에 해당하는 사유가 없는 한 지정을 하여야 한다.

1. 법 제77조의2제1항의 종합금융투자사업자 지정요건을 갖추지 아니한 경우

2. 제3항의 지정신청서를 거짓으로 작성한 경우

3. 제4항 후단의 보완요구를 이행하지 아니한 경우

⑦ 금융위원회는 제4항에 따라 종합금융투자사업자 지정을 결정한 경우 종합금융투

자사업자 지정부에 필요한 사항을 적어야 하며, 지정결정한 내용을 관보 및 인터넷 홈페이지 등에 공고하여야 한다.

⑧ 금융위원회는 법 제77조의2제4항에 따라 종합금융투자사업자 지정을 취소한 경우에는 그 내용을 기록하고, 이를 유지·관리하여야 하며, 그 사실을 관보 및 인터넷 홈페이지 등에 공고하여야 한다.

⑨ 제1항부터 제8항까지에서 규정한 사항 외에 종합금융투자사업자 지정요건의 세부기준, 지정신청과 검토, 지정신청서의 서식 및 지정취소의 절차 등에 관하여 필요한 사항은 금융위원회가 정하여 고시한다.

[본조신설 2013. 8. 27.]

판 연 규 제77조의4 (전담중개업무에 관한 계약 등)

① 법 제77조의3제2항 각 호 외의 부분에서 "투자대상, 차입 여부 등을 감안하여 대통령령으로 정하는 자"란 일반사모집합투자기구등을 말한다. 〈신설 2015. 10. 23., 2021. 10. 21.〉

② 법 제77조의3제2항 각 호 외의 부분에서 "그 밖에 대통령령으로 정하는 자"란 종합금융투자사업자로부터 법 제6조제10항제3호의 업무를 위탁받은 자 및 일반사모집합투자기구등으로부터 법 제184조제6항제2호의 업무를 위탁받은 일반사무관리회사를 말한다. 〈개정 2015. 10. 23., 2018. 9. 28., 2021. 10. 21.〉

③ 법 제77조의3제2항제2호에서 "대통령령으로 정하는 방법"이란 환매조건부매매, 그 밖에 전담중개업무의 효율적인 수행 등을 고려하여 총리령으로 정하는 방법을 말한다. 〈개정 2015. 10. 23.〉

④ 법 제77조의3제2항제4호에서 "대통령령으로 정하는 사항"이란 다음 각 호의 사항을 말한다. 〈개정 2015. 10. 23.〉

1. 전담중개업무의 범위와 기준 및 절차 등에 관한 사항
2. 전담중개업무 제공에 따른 수수료 또는 그 밖의 비용 등에 관한 사항
3. 계약 종료의 사유 및 절차, 계약당사자의 채무불이행에 따른 손해배상 등에 관한 사항

[본조신설 2013. 8. 27.]

판 연 행 제77조의5 (신용공여의 범위 등)

① 법 제77조의3제3항제1호에 따른 신용공여의 범위는 다음 각 호와 같다.

1. 대출

2. 삭제 〈2016. 6. 28.〉

3. 기업어음증권에 해당하지 아니하는 어음의 할인·매입

② 법 제77조의3제5항 단서에서 "대통령령으로 정하는 경우"란 다음 각 호의 어느 하나에 해당하는 경우를 말한다. 〈개정 2015. 10. 23., 2016. 6. 28., 2018. 9. 28., 2021. 10. 21.〉

1. 금융위원회가 정하여 고시하는 방법에 따라 일반사모집합투자기구등으로부터 받은 담보를 활용하여 제삼자로부터 조달한 자금으로 신용공여를 하는 경우

2. 제68조제2항 각 호의 업무와 관련하여 총리령으로 정하는 기간 이내의 신용공여를 하는 경우

3. 국가, 지방자치단체, 외국 정부, 제362조제8항 각 호의 금융기관 또는 이에 준하는 외국 금융기관이 원리금의 상환에 관하여 보증한 신용공여(원리금의 상환이 보증된 부분에 한정한다)를 하는 경우

③ 법 제77조의3제7항에서 "대통령령으로 정하는 신용위험을 공유하는 자"란 같은 기업집단(「독점규제 및 공정거래에 관한 법률」 제2조제11호에 따른 기업집단을 말한다. 이하 이 조에서 같다)에 속하는 회사를 말한다. 〈개정 2018. 9. 28., 2021. 12. 28.〉

④ 법 제77조의3제7항에서 "대통령령으로 정하는 비율"이란 100분의 25를 말한다. 〈개정 2018. 9. 28.〉

⑤ 법 제77조의3제9항 본문에서 "대통령령으로 정하는 해외법인"이란 종합금융투자사업자가 기업집단에 속하는 경우로서 그 동일인과 「독점규제 및 공정거래에 관한 법률 시행령」 제4조제1항1호나목부터 라목까지의 어느 하나에 해당하는 관계에 있는 외국법인을 말한다. 〈개정 2018. 9. 28., 2021. 6. 18., 2021. 12. 28., 2022. 12. 27.〉

⑥ 법 제77조의3제9항 단서에서 "대통령령으로 정하는 기준에 의하여 사실상 경영을 지배하는 해외현지법인"이란 종합금융투자사업자가 발행주식총수 또는 출자총액의 100분의 50 이상을 소유 또는 출자한 해외현지법인이 그 발행주식총수 또는 출자총액의 100분의 50 이상을 소유 또는 출자한 다른 해외현지법인(금융투자업을 영위하고 있는 법인으로 한정한다)을 말한다. 〈신설 2021. 6. 18.〉

⑦ 법 제77조의3제9항 단서에 따라 종합금융투자사업자가 해외현지법인에 대해 신용공여를 하는 경우에는 다음 각 호의 구분에 따른 신용공여액에 모두 적합해야 한다. 〈신설 2021. 6. 18.〉

1. 개별 해외현지법인에 대한 신용공여액: 종합금융투자사업자의 자기자본의 100

분의 10 이하의 금액

2. 전체 해외현지법인에 대한 신용공여액: 종합금융투자사업자의 자기자본의 100
분의 40 이하의 금액

⑧ 제2항부터 제7항까지에서 규정한 사항 외에 신용공여의 기준 및 신용공여의 현
황에 대한 보고 등에 필요한 세부사항은 금융위원회가 정하여 고시한다. 〈개정 2021.
6. 18.〉

[본조신설 2013. 8. 27.]

판 연 행 규 **제77조의6(종합금융투자사업자의 업무)**

① 법 제77조의3제3항제2호에서 "종합금융투자사업자에만 허용하는 것이 적합한
업무로서 대통령령으로 정하는 것"이란 다음 각 호의 어느 하나에 해당하는 업무
를 말한다. 〈개정 2017. 5. 8.〉

1. 증권시장에 상장된 주권, 증권시장에 상장되지 아니한 주권, 그 밖에 금융위원회
가 정하여 고시하는 금융투자상품에 관하여 동시에 다수의 자를 거래상대방 또는 각
당사자로 하는 장외매매 또는 그 중개·주선이나 대리업무로서 다음 각 목의 기준에
적합한 업무

가. 해당 금융투자상품의 매매주문이 금융위원회가 정하여 고시하는 매매금액 또
는 매매수량 기준을 초과할 것

나. 증권시장에 상장된 주권인 경우 그 주권이 상장된 거래소에서 형성된 매매가
격에 근거하여 매매가격을 결정할 것

2. 법 제360조에 따른 단기금융업무

3. 종합투자계좌[고객으로부터 예탁받은 자금을 통합하여 기업신용공여 등 금융위
원회가 정하여 고시하는 기업금융 관련 자산(이하 이 조에서 "기업금융관련자산"이라
한다) 등에 운용하고, 그 결과 발생한 수익을 고객에게 지급하는 것을 목적으로 종합
금융투자사업자가 개설한 계좌를 말한다]업무

② 종합금융투자사업자는 제1항제2호에 따른 단기금융업무를 하는 경우 다음 각 호
의 기준을 준수하여야 한다. 〈신설 2017. 5. 8.〉

1. 고객으로부터 단기금융업무를 통하여 조달한 자금의 합계가 자기자본의 100분의
200 이내일 것. 이 경우 구체적인 비율 산정방식 및 비율 충족 여부에 대한 기준 등
필요한 사항은 금융위원회가 정하여 고시한다.

2. 제1호에 따른 자금으로 운용한 자산을 고유재산과 금융위원회가 정하여 고시하
는 방법으로 구분하여 관리할 것

3. 제1호에 따른 자금의 100분의 50 이상을 기업금융관련자산에 운용할 것. 이 경우 구체적인 비율 산정방식 및 비율 충족 여부에 대한 기준 등 필요한 사항은 금융위원회가 정하여 고시한다.

4. 제3호의 방법으로 운용하고 남은 자금을 다음 각 목의 어느 하나에 해당하는 방법으로 운용하지 아니할 것

가. 개인에 대한 신용공여

나. 기업금융업무와 관련이 없는 파생상품에 대한 투자

다. 그 밖에 기업금융업무와 관련성이 없거나 종합금융투자사업자의 경영건전성을 해할 우려가 있는 것으로서 금융위원회가 정하여 고시하는 운용방법

5. 제1호에 따른 자금의 100분의 30 이내에서 금융위원회가 정하여 고시하는 비율을 초과하여 부동산, 부동산 관련 증권 등 금융위원회가 정하여 고시하는 부동산 관련 자산(이하 이 조에서 "부동산관련자산"이라 한다)에 운용하지 아니할 것. 다만, 종합금융투자사업자의 해외 대규모 프로젝트 지원을 위한 경우로서 금융위원회가 정하여 고시하는 경우에는 금융위원회가 별도로 정하여 고시하는 비율까지 운용할 수 있다.

6. 제326조부터 제328조까지의 규정을 준수할 것. 이 경우 "종합금융회사"는 "종합금융투자사업자"로 본다.

7. 그 밖에 기업금융업무와의 관련성 및 종합금융투자사업자의 경영건전성 유지 등을 고려하여 금융위원회가 정하여 고시하는 기준을 준수할 것

③ 종합금융투자사업자는 제1항제3호에 따른 종합투자계좌업무를 하는 경우 다음 각 호의 기준을 준수하여야 한다. 〈신설 2017. 5. 8.〉

1. 종합투자계좌 수탁금의 운용자산을 고유재산과 금융위원회가 정하여 고시하는 방법으로 구분하여 관리할 것

2. 종합투자계좌 수탁금의 운용자산을 종합금융투자사업자의 고유재산 또는 종합금융투자사업자가 운용하는 집합투자재산, 투자일임재산 또는 신탁재산과 거래하는 경우에는 공정한 가격으로 거래할 것. 이 경우 공정한 가격으로 거래하기 위한 구체적인 방법은 금융위원회가 정하여 고시한다.

3. 종합투자계좌 수탁금의 100분의 70 이상을 기업금융관련자산에 운용할 것. 이 경우 구체적인 비율 산정방식 및 비율 충족 여부에 대한 기준 등 필요한 사항은 금융위원회가 정하여 고시한다.

4. 제3호의 방법으로 운용하고 남은 금전을 다음 각 목의 어느 하나에 해당하는 방법으로 운용하지 아니할 것

가. 개인에 대한 신용공여

나. 기업금융업무와 관련이 없는 파생상품에 대한 투자

다. 그 밖에 기업금융업무와 관련성이 없거나 종합투자계좌 고객의 이익을 해할 우려가 있는 것으로서 금융위원회가 정하여 고시하는 운용방법

5. 분기별로 1회 이상 종합투자계좌 수탁금의 운용자산을 금융위원회가 정하여 고시하는 방법에 따라 시가로 평가하되, 평가일 현재 신뢰할 만한 시가가 없는 경우에는 금융위원회가 정하여 고시하는 공정가액으로 평가할 것. 다만, 고객이 수시로 변경되는 등 고객 보호를 저해할 우려가 적은 경우로서 금융위원회가 정하여 고시하는 경우에는 금융위원회가 정하여 고시하는 기준에 따라 장부가격으로 평가할 수 있다.

6. 같은 기업 및 그 기업과 금융위원회가 정하여 고시하는 신용위험을 공유하는 자에 대하여 종합투자계좌 수탁금의 100분의 25에 해당하는 금액을 초과하여 신용공여(대출, 어음의 할인, 지급보증, 자금지원적 성격의 증권의 매입, 그 밖에 금융거래상의 신용위험을 수반하는 직접·간접적 거래를 포함한다. 이하 이 조에서 같다)를 하지 아니할 것

7. 삭제 〈2021. 3. 23.〉

8. 종합투자계좌 수탁금의 100분의 30 이내에서 금융위원회가 정하여 고시하는 비율을 초과하여 부동산관련자산에 운용하지 아니할 것. 다만, 종합금융투자사업자의 해외 대규모 프로젝트 지원을 위한 경우로서 금융위원회가 정하여 고시하는 경우에는 금융위원회가 별도로 정하여 고시하는 비율까지 운용할 수 있다.

9. 그 밖에 기업금융업무와의 관련성 및 고객 보호를 고려하여 금융위원회가 정하여 고시하는 기준을 준수할 것

[본조신설 2016. 6. 28.]

판 연 행 규 생 **제78조(다자간매매체결회사의 업무기준 등)**

① 법 제78조제1항 각 호 외의 부분에서 "대통령령으로 정하는 업무기준"이란 다음 각 호의 기준을 말한다. 〈개정 2016. 7. 28., 2019. 6. 25., 2025. 6. 2.〉

1. 다음 각 목의 어느 하나에 해당하는 매매체결대상상품에 대해서는 다자간매매체결업무를 영위하지 아니할 것

가. 거래소가 법 제390조에 따른 증권상장규정에 따라 관리종목 또는 이에 준하는 종목으로 지정한 매매체결대상상품

나. 의결권이 없는 상장주권

다. 그 밖에 매매거래계약의 체결실적이 낮은 매매체결대상상품 등 투자자 보호와 거래의 특성 등을 고려하여 금융위원회가 정하여 고시하는 매매체결대상상품

2. 거래참가자(법 제78조제1항제1호에 따른 다자간매매체결회사에서의 거래에 참가하는 자를 말한다)는 매매체결대상상품에 관한 투자매매업자 또는 투자중개업자로 할 것

3. 거래소가 매매체결대상상품의 거래를 정지하거나 그 정지를 해제하였을 때에는 해당 매매체결대상상품의 거래를 정지하거나 그 정지를 해제할 것

4. 매수하거나 매도하려는 호가·수량의 공개기준 및 매매체결의 원칙과 방법 등을 정할 것. 이 경우 매매체결대상상품의 가격의 변동에 관한 제한의 범위는 그 매매체결대상상품을 상장한 거래소의 기준에 따라야 한다.

5. 법 제378조제1항에 따라 청산기관으로 지정된 거래소의 증권시장업무규정(법 제393조제1항에 따른 증권시장업무규정을 말한다. 이하 이 조에서 같다)에서 정하는 바에 따라 매매확인, 채무인수, 차감 및 결제불이행에 따른 처리 등 청산에 관한 사항을 정할 것. 이 경우 매매거래에 따른 청산업무를 위하여 관련 내역을 거래소에 제공하는 절차 및 방법을 포함하여야 한다.

6. 전자등록기관의 결제업무규정(법 제303조제1항에 따른 결제업무규정을 말한다)에서 정하는 바에 따라 증권의 인도와 대금의 지급 등 결제에 관한 사항을 정할 것

7. 법 제78조제3항에 따른 지정거래소(이하 "지정거래소"라 한다)의 증권시장업무규정에 따라 수탁을 거부하여야 하는 사항 등 수탁에 관한 사항을 정할 것

8. 종목별 매일의 가격과 거래량을 공표할 것

9. 다자간매매체결업무를 정지하는 기간과 그 사유 및 중단하는 날을 정할 것

10. 지정거래소의 시장감시규정(법 제403조에 따른 시장감시규정을 말한다)에서 정하는 바에 따라 법 제78조제3항 각 호의 사항을 지정거래소에 제공하는 절차 및 방법 등을 정할 것

11. 지정거래소의 분쟁조정규정(법 제405조제1항에 따른 분쟁조정규정을 말한다)에서 정하는 바에 따라 지정거래소에 자료 등을 제공하는 절차 및 방법 등을 정할 것

12. 법 제8조의2제5항제1호에 따른 경쟁매매의 방법을 사용할 경우 매매체결대상상품의 평균거래량이 제7조의3제2항 각 호의 요건에 적합하도록 다자간매매체결업무를 영위하는 기준과 방법을 정할 것

13. 그 밖에 투자자 보호 및 다자간매매체결업무의 공정성 확보 등을 위하여 금융위원회가 정하여 고시하는 사항을 준수할 것

② 다자간매매체결회사는 제1항 각 호의 사항이 포함된 업무규정을 정하여야 한다.

③ 다자간매매체결회사는 제2항에 따라 업무규정을 정하거나 이를 변경하였을 때에는 금융위원회에 지체 없이 보고하고, 인터넷 홈페이지 등을 이용하여 공시하

여야 한다.

④ 금융위원회는 시장의 공정한 가격형성 및 투자자 보호 등을 위하여 필요한 경우 해당 다자간매매체결회사에 대하여 업무규정의 변경을 요구할 수 있다.

⑤ 법 제78조제3항제4호에서 "대통령령으로 정하는 것"이란 매매가격·거래량 및 매매체결의 시간 등 매매체결대상상품의 매매체결에 관한 정보를 말한다.

⑥ 법 제78조제5항제3호에 따라 다음 각 호의 어느 하나에 해당하는 경우에는 금융위원회의 승인을 받아 다자간매매체결회사의 의결권 있는 발행주식총수의 100분의 15를 초과하여 다자간매매체결회사가 발행한 주식을 소유할 수 있다.

1. 외국 다자간매매체결회사(외국 법령에 따라 외국에서 다자간매매체결회사에 상당하는 업무를 하는 자를 말한다. 이하 같다)가 다자간매매체결회사와의 제휴를 위하여 소유하는 경우

2. 다자간매매체결회사의 공정한 운영을 해칠 우려가 없는 경우로서 총리령으로 정하는 금융기관, 금융투자업관계기관 또는 외국 다자간매매체결회사가 다자간매매체결회사의 의결권 있는 발행주식총수의 100분의 30까지 주식을 소유하는 경우

3. 제2호에 따른 금융기관이 공동으로 주식을 소유하는 경우로서 다음 각 목의 어느 하나에 해당하는 자의 다자간매매체결회사에 대한 주식보유비율을 초과하여 주식을 소유하는 경우

　　가. 「외국인투자 촉진법」 제2조제1항제1호에 따른 외국인

　　나. 비금융회사(금융위원회가 정하여 고시하는 금융업이 아닌 업종을 영위하는 회사를 말한다)

⑦ 법 제78조제7항에서 "대통령령으로 정하는 기준을 넘는 경우"란 매매체결대상상품의 거래량이 다음 각 호의 어느 하나에 해당하는 경우를 말한다.

1. 매월의 말일을 기준으로 법 제4조제2항에 따른 증권의 구분별로 과거 6개월간 해당 다자간매매체결회사의 매매체결대상상품의 평균거래량이 같은 기간 중 증권시장에서의 매매체결대상상품의 평균거래량의 100분의 5를 초과하는 경우

2. 매월의 말일을 기준으로 과거 6개월간 해당 다자간매매체결회사의 종목별 매매체결대상상품의 평균거래량이 같은 기간 중 증권시장에서의 그 종목별 매매체결대상상품의 평균거래량의 100분의 10을 초과하는 경우

⑧ 법 제78조제7항에서 "대통령령으로 정하는 조치"란 다음 각 호의 조치를 말한다.

1. 다자간매매체결회사의 사업계획 및 이해상충방지체계 등이 투자자 보호와 거래의 공정성 확보에 적합하도록 하는 조치

2. 다자간매매체결업무를 안정적으로 영위하기 위하여 필요한 인력과 전산설비 등

물적 설비를 갖추도록 하는 조치

⑨ 제1항부터 제8항까지에서 규정한 사항 외에 다자간매매체결업무의 보고, 업무 방법 및 절차 등에 관하여 필요한 세부사항은 금융위원회가 정하여 고시한다.

[전문개정 2013. 8. 27.]

제2관 집합투자업자의 영업행위 규칙

판 연 행 규 생 **제79조(자산운용의 지시방법 등)**

① 법 제80조제1항 본문 및 같은 조 제5항 전단에서 "대통령령으로 정하는 방법"이 란 그 지시내용을 전산시스템에 의하여 객관적이고 정확하게 관리할 수 있는 방 법을 말한다. 〈개정 2009. 2. 3.〉

② 법 제80조제1항 단서에서 "대통령령으로 정하는 경우"란 신탁계약서에 다음 각 호의 어느 하나에 해당하는 방법을 정하여 투자대상자산을 운용하는 경우를 말 한다. 〈개정 2015. 10. 23., 2019. 6. 25.〉

1. 다음 각 목의 어느 하나에 해당하는 증권의 매매
   가. 증권시장이나 해외 증권시장에 상장된 지분증권, 지분증권과 관련된 증권예 탁증권, 수익증권 및 파생결합증권
   나. 법 제390조에 따른 증권상장규정에 따라 상장예비심사를 청구하여 거래소로 부터 그 증권이 상장기준에 적합하다는 확인을 받은 법인이 발행한 지분증권, 지분증권과 관련된 증권예탁증권, 수익증권 및 파생결합증권
   1의2. 다음 각 목의 어느 하나에 해당하는 채무증권(이와 유사한 것으로서 외 국에서 발행된 채무증권을 포함한다)의 매매
   가. 국채증권
   나. 지방채증권
   다. 특수채증권
   라. 사채권(신용평가회사로부터 신용평가를 받은 것으로 한정한다. 이 경우 신용 평가 등에 필요한 사항은 금융위원회가 정하여 고시한다)
   마. 제183조제1항 각 호의 기준을 충족하는 기업어음증권 또는 단기사채(「주 식·사채 등의 전자등록에 관한 법률」 제59조에 따른 단기사채등 중 같은 법 제2조제1호나목에 해당하는 것에 한정한다)

2. 장내파생상품의 매매

3. 법 제83조제4항에 따른 단기대출

4. 법 제251조제4항에 따른 대출

5. 다음 각 목의 어느 하나에 해당하는 금융기관이 발행·할인·매매·중개·인수 또는 보증하는 어음의 매매

    가. 은행

    나. 「한국산업은행법」에 따른 한국산업은행

    다. 「중소기업은행법」에 따른 중소기업은행

    라. 「한국수출입은행법」에 따른 한국수출입은행

    마. 투자매매업자 또는 투자중개업자

    바. 증권금융회사

    사. 종합금융회사

  아. 「상호저축은행법」에 따른 상호저축은행

6. 양도성 예금증서의 매매

7. 「외국환거래법」에 따른 대외지급수단의 매매거래

8. 투자위험을 회피하기 위한 장외파생상품의 매매 또는 금융위원회가 정하여 고시하는 기준에 따른 법 제5조제1항제3호에 따른 계약의 체결

8의2. 환매조건부매매

9. 그 밖에 투자신탁재산을 효율적으로 운용하기 위하여 불가피한 경우로서 금융위원회가 정하여 고시하는 경우

③ 투자신탁을 제외한 집합투자기구의 집합투자업자가 그 집합투자재산을 운용하는 경우 집합투자재산별로 투자대상자산의 취득·처분 등을 하는 방법 및 그 집합투자기구의 신탁업자에게 취득·처분 등을 한 자산의 보관·관리에 필요한 지시를 하는 방법에 대해서는 제1항 및 법 제80조제3항·제4항을 준용한다. 〈개정 2015. 10. 23.〉

판 연 행 규 생 **제80조 (자산운용한도 제한의 예외 등)**

① 법 제81조제1항 각 호 외의 부분 단서에서 "대통령령으로 정하는 경우"란 다음 각 호의 행위를 하는 경우를 말한다. 〈개정 2009. 2. 3., 2009. 7. 1., 2010. 6. 11., 2012. 6. 29., 2013. 8. 27., 2015. 4. 7., 2015. 10. 23., 2016. 6. 28., 2017. 5. 8., 2018. 10. 30., 2019. 1. 15., 2019. 10. 8., 2020. 3. 10., 2021. 5. 18., 2021. 10. 21., 2022. 8. 30., 2025. 3. 18.〉

1. 법 제81조제1항제1호가목을 적용할 때 다음 각 목의 어느 하나에 해당하는 투자

대상자산에 각 집합투자기구[라목부터 사목까지의 경우에는 법 제229조제2호에 따른 부동산집합투자기구(이하 "부동산집합투자기구"라 한다), 아목부터 타목까지의 경우에는 법 제229조제3호에 따른 특별자산집합투자기구(이하 "특별자산집합투자기구"라 한다)로서 그 집합투자규약에 해당 내용을 정한 경우만 해당한다] 자산총액의 100분의 100까지 투자하는 행위

가. 국채증권

나. 「한국은행법」 제69조에 따른 한국은행통화안정증권

다. 국가나 지방자치단체가 원리금의 지급을 보증한 채권

라. 특정한 부동산을 개발하기 위하여 존속기간을 정하여 설립된 회사(이하 "부동산개발회사"라 한다)가 발행한 증권

마. 부동산, 그 밖에 금융위원회가 정하여 고시하는 부동산 관련 자산을 기초로 하여 「자산유동화에 관한 법률」 제2조제4호에 따라 발행된 유동화증권(이하 "유동화증권"이라 한다)으로서 그 기초자산의 합계액이 「자산유동화에 관한 법률」 제2조제3호에 따른 유동화자산(이하 "유동화자산"이라 한다) 가액의 100분의 70 이상인 유동화증권

바. 「한국주택금융공사법」에 따른 주택저당채권담보부채권 또는 주택저당증권(「한국주택금융공사법」에 따른 한국주택금융공사 또는 제79조제2항제5호가목부터 사목까지의 금융기관이 지급을 보증한 주택저당증권을 말한다)

사. 다음의 요건을 모두 갖춘 회사(이하 "부동산투자목적회사"라 한다)가 발행한 지분증권

  1) 부동산(법 제229조제2호에 따른 부동산을 말한다. 이하 이 목에서 같다) 또는 다른 부동산투자목적회사의 증권, 그 밖에 금융위원회가 정하여 고시하는 투자대상자산에 투자하는 것을 목적으로 설립될 것

  2) 해당 회사와 그 종속회사(「주식회사 등의 외부감사에 관한 법률 시행령」 제3조제1항에 따른 종속회사를 말한다. 이하 이 호에서 같다)가 소유하고 있는 자산을 합한 금액 중 부동산을 합한 금액이 100분의 90 이상일 것

아. 「사회기반시설에 대한 민간투자법」에 따른 사회기반시설사업의 시행을 목적으로 하는 법인이 발행한 주식 및 채권

자. 「사회기반시설에 대한 민간투자법」에 따른 사회기반시설사업의 시행을 목적으로 하는 법인에 대한 대출채권

차. 「사회기반시설에 대한 민간투자법」에 따라 하나의 사회기반시설사업의 시행을 목적으로 하는 법인이 발행한 주식 및 채권을 취득하거나 그 법인에 대한

대출채권을 취득하는 방식으로 투자하는 것을 목적으로 하는 법인(같은 법에 따른 사회기반시설투융자회사는 제외한다)의 지분증권

카. 사업수익권

타. 다음의 요건을 모두 갖춘 회사(이하 "특별자산투자목적회사"라 한다)가 발행한 지분증권

　1) 법 제229조제3호에 따른 특별자산(이하 "특별자산"이라 한다) 또는 다른 특별자산투자목적회사의 증권, 그 밖에 금융위원회가 정하여 고시하는 투자대상자산에 투자하는 것을 목적으로 설립될 것

　2) 해당 회사와 그 종속회사가 소유하고 있는 자산을 합한 금액 중 특별자산 관련 금액이 100분의 90 이상일 것

1의2. 법 제81조제1항제1호가목을 적용할 때 외화[제301조제1항제2호가목에 따른 국가(홍콩을 포함한다)의 통화로 한정한다]로 표시된 단기금융상품에만 투자하는 단기금융집합투자기구가 다음 각 목의 증권에 집합투자기구 자산총액의 100분의 100까지 투자하는 행위

가. 외국정부가 자국의 통화로 표시하여 발행한 국채증권

나. 외국정부가 원리금의 지급을 보증한 채무증권 중 자국의 통화로 표시하여 발행된 채무증권

다. 외국 중앙은행이 자국의 통화로 표시하여 발행한 채무증권

2. 법 제81조제1항제1호가목을 적용할 때 다음 각 목의 어느 하나에 해당하는 투자대상자산에 각 집합투자기구 자산총액의 100분의 30까지 투자하는 행위

가. 지방채증권

나. 특수채증권(제1호나목 및 다목은 제외한다) 및 직접 법률에 따라 설립된 법인이 발행한 어음(기업어음증권 및 제79조제2항제5호 각 목의 금융기관이 할인·매매·중개 또는 인수한 어음만 해당한다)

다. 파생결합증권

라. 제79조제2항제5호가목부터 사목까지의 금융기관이 발행한 어음 또는 양도성 예금증서와 같은 호 가목, 마목부터 사목까지의 금융기관이 발행한 채권

마. 제79조제2항제5호가목부터 사목까지의 금융기관이 지급을 보증한 채권(모집의 방법으로 발행한 채권만 해당한다) 또는 어음

바. 경제협력개발기구에 가입되어 있는 국가나 투자자 보호 등을 고려하여 총리령으로 정하는 국가가 발행한 채권

사. 「자산유동화에 관한 법률」 제31조에 따른 사채 중 후순위 사채권 또는 같은 법

제32조에 따른 수익증권 중 후순위 수익증권(집합투자규약에서 후순위 사채권 또는 후순위 수익증권에 금융위원회가 정하여 고시하는 비율 이상 투자하는 것을 정한 집합투자기구만 해당한다)

　아. 「한국주택금융공사법」에 따른 주택저당채권담보부채권 또는 주택저당증권(「한국주택금융공사법」에 따른 한국주택금융공사 또는 제79조제2항제5호가목부터 사목까지의 금융기관이 지급을 보증한 주택저당증권을 말한다)

　자. 제79조제2항제5호가목부터 사목까지의 규정에 따른 금융기관에 금전을 대여하거나 예치·예탁하여 취득한 채권

　2의2. 법 제81조제1항제1호가목을 적용할 때 이 항 제5호의3에 따른 부동산·특별자산투자재간접집합투자기구가 동일한 부동산투자회사(「부동산투자회사법」 제14조의8제3항에 따른 부동산투자회사를 말한다)가 발행한 지분증권에 부동산·특별자산투자재간접집합투자기구 자산총액의 100분의 50까지 투자하는 행위

　3. 법 제81조제1항제1호가목을 적용할 때 동일법인 등이 발행한 지분증권(그 법인 등이 발행한 지분증권과 관련된 증권예탁증권을 포함한다. 이하 이 항에서 같다)의 시가총액비중이 100분의 10을 초과하는 경우에 그 시가총액비중까지 투자하는 행위. 이 경우 시가총액비중은 거래소가 개설하는 증권시장 또는 해외 증권시장별로 산정하며 그 산정방법, 산정기준일 및 적용기간 등에 관하여 필요한 사항은 금융위원회가 정하여 고시한다.

　3의2. 법 제81조제1항제1호가목을 적용할 때 동일법인 등이 발행한 증권(그 법인 등이 발행한 증권과 관련된 증권예탁증권을 포함한다. 이하 이 호에서 같다)에 각 집합투자기구 자산총액의 100분의 25까지 투자하는 행위로서 다음 각 목의 요건을 모두 충족하는 행위

　　가. 투자자 보호 및 집합투자재산의 안정적 운용의 필요성을 고려하여 금융위원회가 정하여 고시하는 법인 등이 발행한 증권에 투자하지 아니할 것

　　나. 해당 집합투자기구 자산총액의 100분의 50 이상을 다른 동일법인 등이 발행한 증권에 그 집합투자기구 자산총액의 100분의 5 이하씩 각각 나누어 투자할 것. 다만, 제1호가목부터 다목까지의 어느 하나에 해당하는 증권의 경우에는 각각 100분의 30까지 투자할 수 있고, 제2호 각 목의 어느 하나에 해당하는 증권의 경우에는 각각 100분의 10까지 투자할 수 있다.

　　3의3. 법 제81조제1항제1호가목을 적용할 때 동일종목의 증권에 법 제234조제1항제1호의 요건을 갖춘 각 집합투자기구 자산총액의 100분의 30까지 투

자하는 행위. 다만, 금융위원회가 정하여 고시하는 지수에 연동하여 운용하는 집합투자기구의 경우 동일종목이 차지하는 비중이 100분의 30을 초과하는 경우에는 해당 종목이 지수에서 차지하는 비중까지 동일종목의 증권에 투자할 수 있다.

4. 법 제81조제1항제1호나목 또는 다목을 적용할 때 각 집합투자업자가 운용하는 전체 부동산집합투자기구의 자산총액 또는 각 부동산집합투자기구의 자산총액으로 다음 각 목의 어느 하나에 해당하는 지분증권에 그 지분증권 총수의 100분의 100까지 투자하는 행위

　　가. 부동산개발회사가 발행한 지분증권

　　나. 부동산투자목적회사가 발행한 지분증권

4의2. 법 제81조제1항제1호다목을 적용할 때 이 항 제5호의3에 따른 부동산·특별자산투자재간접집합투자기구의 자산총액으로「부동산투자회사법」제14조의8제3항에 따른 동일한 부동산투자회사가 발행한 지분증권의 100분의 50까지 투자하는 행위

5. 법 제81조제1항제1호나목 또는 다목을 적용할 때 각 집합투자업자가 운용하는 전체 특별자산집합투자기구의 자산총액 또는 각 특별자산집합투자기구의 자산총액으로 다음 각 목의 어느 하나에 해당하는 지분증권에 그 지분증권 총수의 100분의 100까지 투자하는 행위

　　가.「사회기반시설에 대한 민간투자법」에 따른 사회기반시설사업의 시행을 목적으로 하는 법인이 발행한 주식

　　나.「사회기반시설에 대한 민간투자법」에 따른 하나의 사회기반시설사업의 시행을 목적으로 하는 법인이 발행한 주식 또는 채권을 취득하거나 그 법인에 대한 대출채권을 취득하는 방식으로 투자하는 것을 목적으로 하는 법인(같은 법에 따른 사회기반시설투융자회사는 제외한다)의 지분증권

　　다. 다음의 어느 하나와 관련된 특별자산에 투자하는 특별자산투자목적회사가 발행한 지분증권

　　　1)「사회기반시설에 대한 민간투자법」에 따른 사회기반시설사업

　　　2) 선박, 항공기, 그 밖에 이와 유사한 자산으로서 금융위원회가 정하여 고시하는 특별자산

　　　5의2. 법 제81조제1항제3호가목을 적용할 때 일반사모집합투자기구(법 제249조의7제5항 각 호의 방법으로 집합투자재산을 운용하지 않는 일반사모집합투자기구로 한정한다) 또는 이와 유사한 집합투자기구로서 법 제279조제1항에 따라 등록한 외국 집합투자기구가 발행하는 집합투자증권에 자산총액의

100분의 50을 초과하여 투자한 집합투자기구(이하 "사모투자재간접집합투자기구"라 한다)가 같은 집합투자업자(외국 집합투자업자를 포함한다)가 운용하는 집합투자기구(이와 유사한 집합투자기구로서 법 제279조제1항에 따라 등록한 외국 집합투자기구를 포함한다)의 집합투자증권에 각 집합투자기구 자산총액의 100분의 100까지 투자하는 행위

　가. 삭제 〈2019. 10. 8.〉

　나. 삭제 〈2019. 10. 8.〉

5의3. 법 제81조제1항제3호가목을 적용할 때 다음 각 목의 집합투자기구 등의 집합투자증권(라목의 경우에는 「부동산투자회사법」 제14조의8제3항에 따른 부동산투자회사가 발행한 지분증권을 포함한다. 이하 이 호 및 제8호의3나목에서 같다)에 대한 투자금액을 합산한 금액이 자산총액의 100분의 80을 초과하는 집합투자기구(이하 "부동산·특별자산투자재간접집합투자기구"라 한다)가 같은 집합투자업자가 운용하는 집합투자기구 등의 집합투자증권에 각 집합투자기구 등의 자산총액의 100분의 100까지 투자하는 행위

　가. 부동산집합투자기구

　나. 제5호다목1) 및 2)에 해당하는 특별자산에 투자하는 특별자산집합투자기구

　다. 다음의 자산에 자산총액의 100분의 50을 초과하여 투자하는 일반사모집합투자기구(법 제249조의7제5항 각 호의 방법으로 집합투자재산을 운용하지 않는 일반사모집합투자기구로 한정한다)

　　1) 법 제229조제2호에 따른 부동산

　　2) 나목에 따른 특별자산

　　3) 제5호다목에 따른 특별자산투자목적회사가 발행한 지분증권

　라. 「부동산투자회사법」 제2조제1호에 따른 부동산투자회사

　마. 제5호다목에 따른 특별자산투자목적회사에 투자하는 특별자산집합투자기구

　　5의4. 법 제81조제1항제3호가목을 적용할 때 다음 각 목의 요건을 모두 충족한 집합투자기구가 같은 집합투자업자(외국 집합투자업자를 포함한다)가 운용하는 집합투자기구(외국 집합투자기구를 포함한다)의 집합투자증권에 각 집합투자기구 자산총액의 100분의 100까지 투자하는 행위

　가. 집합투자재산을 주된 투자대상자산·투자방침과 투자전략이 상이한 복수의 집합투자기구(외국 집합투자기구를 포함한다)에 투자할 것

　나. 집합투자기구가 투자한 집합투자증권의 비율을 탄력적으로 조절하는 투자전략을 활용할 것

다. 집합투자업자가 본인이 운용하는 집합투자기구의 집합투자증권에 각 집합투
자기구의 집합투자재산의 100분의 50을 초과하여 투자하는 경우에는 일반적
인 거래조건에 비추어 투자자에게 유리한 운용보수 체계를 갖출 것

6. 법 제81조제1항제3호가목 또는 나목을 적용할 때 다음 각 목의 어느 하나에 해
당하는 집합투자증권에 각 집합투자기구(자산총액의 100분의 40을 초과하여 투자할
수 있는 집합투자기구만 해당하되, 나목은 자산총액의 100분의 60 이상 채무증권에
투자할 수 있는 증권집합투자기구도 포함한다) 자산총액의 100분의 100까지 투자하
는 행위

가. 집합투자업자(외국 집합투자업자를 포함한다. 이하 이 호, 제6호의2 및 제7
호에서 같다)가 운용하는 집합투자기구(외국 집합투자기구의 경우에는 법 제
279조제1항에 따라 등록한 것만 해당한다. 이하 이 목 및 다목에서 같다)의
집합투자재산을 외화자산으로 100분의 70 이상 운용하는 경우에 그 집합투
자기구의 집합투자증권

나. 금융위원회가 정하여 고시하는 상장지수집합투자기구(상장지수집합투자기구
와 비슷한 것으로서 외국 상장지수집합투자기구를 포함한다. 이하 이 목, 제
7호 및 제9호의2에서 같다)의 집합투자증권(외국 집합투자증권의 경우에는
법 제279조제1항에 따라 등록한 집합투자기구의 집합투자증권만 해당한다)

다. 같은 집합투자업자가 운용하는 집합투자기구의 집합투자재산을 둘 이상의 다
른 집합투자업자에게 위탁하여 운용하는 경우에 그 집합투자기구의 집합투자
증권(같은 집합투자업자가 운용하는 집합투자기구의 자산총액의 100분의 90
이상을 외화자산에 운용하는 경우에 한한다)

6의2. 법 제81조제1항제3호가목을 적용할 때 같은 집합투자업자가 운용하
는 집합투자기구(법 제279조제1항의 외국 집합투자기구를 포함한다. 이하
이 호에서 같다)의 집합투자재산을 둘 이상의 다른 집합투자업자에게 위탁하
여 운용하는 경우에 그 집합투자기구의 집합투자증권(같은 집합투자업자가
운용하는 집합투자기구의 자산총액의 100분의 90 이상을 외화자산에 운용
하는 경우만 해당한다)에 각 집합투자기구 자산총액의 100분의 100까지 투
자하는 행위

7. 법 제81조제1항제3호나목을 적용할 때 상장지수집합투자기구(투자자 보호 등을
고려하여 금융위원회가 정하여 고시하는 상장지수집합투자기구에 한정한다)의 집합투
자증권이나 같은 집합투자업자가 운용하는 집합투자기구(외국 집합투자기구를 포함한
다. 이하 이 호에서 같다)의 집합투자재산을 둘 이상의 다른 집합투자업자에게 위탁하

여 운용하는 경우에 그 집합투자기구의 집합투자증권(같은 집합투자업자가 운용하는 집합투자기구의 자산총액의 100분의 90 이상을 외화자산에 운용하는 경우만 해당한다)에 각 집합투자기구 자산총액의 100분의 30까지 투자하는 행위

7의2. 법 제81조제1항제3호나목을 적용할 때 부동산·특별자산투자재간접집합투자기구가 같은 집합투자기구의 집합투자증권에 각 집합투자기구 자산총액의 100분의 50까지 투자하는 행위

8. 법 제81조제1항제3호가목 또는 나목을 적용할 때 같은 집합투자기구(외국 집합투자기구를 포함한다)에 법 제251조제1항에 따라 보험회사가 설정한 각 투자신탁 자산총액의 100분의 100까지 투자하는 행위. 다만, 보험회사가 설정한 전체 투자신탁 자산총액의 100분의 50을 초과하여 그의 계열회사가 운용하는 집합투자기구에 투자하여서는 아니 된다.

8의2. 법 제81조제1항제3호다목을 적용할 때 제5호의4 각 목의 요건을 모두 충족하는 집합투자기구의 재산을 다음 각 목의 어느 하나에 해당하는 집합투자기구의 집합투자증권에 투자하는 행위

　　가. 부동산집합투자기구(이와 유사한 집합투자기구로서 법 제279조제1항에 따라 등록한 외국 집합투자기구를 포함한다)의 집합투자증권에 집합투자재산의 100분의 40을 초과하여 투자하는 집합투자기구(법 제279조제1항에 따라 등록한 외국 집합투자기구를 포함한다)

　　나. 특별자산집합투자기구(이와 유사한 집합투자기구로서 법 제279조제1항에 따라 등록한 외국 집합투자기구를 포함한다)의 집합투자증권에 집합투자재산의 100분의 40을 초과하여 투자하는 집합투자기구(법 제279조제1항에 따라 등록한 외국 집합투자기구를 포함한다)

　　다. 「부동산투자회사법」에 따른 부동산투자회사가 발행한 주식(이와 유사한 것으로서 외국 증권시장에 상장된 주식을 포함한다)에 집합투자재산의 100분의 40을 초과하여 투자하는 집합투자기구(법 제279조제1항에 따라 등록한 외국 집합투자기구를 포함한다)

　　8의3. 법 제81조제1항제3호다목을 적용할 때 상장지수집합투자기구의 재산을 다음 각 목의 어느 하나에 해당하는 집합투자기구 등의 집합투자증권에 투자하는 행위. 이 경우 상장지수집합투자기구의 집합투자업자가 본인이 운용하는 가목에 따른 상장지수집합투자기구의 집합투자증권에 투자할 때 또는 나목에 따른 공모부동산투자회사로부터 자산의 투자·운용을 위탁받은 「부동산투자회사법」에 따른 자산관리회사로서 해당 공모부동산투자회사가 발

행한 주식에 투자할 때 해당 상장지수집합투자기구는 일반적인 거래조건에 비추어 투자자에게 유리하고, 같은 명목의 운용보수를 중복하여 받지 않도록 하는 운용보수 체계를 갖추어야 한다.

가. 부동산집합투자기구(이와 유사한 집합투자기구로서 법 제279조제1항에 따라 등록한 외국 집합투자기구를 포함한다)의 집합투자증권 또는 「부동산투자회사법」 제49조의3제1항에 따른 공모부동산투자회사가 발행한 주식에 대한 투자금액을 합산한 금액이 자산총액의 100분의 40을 초과하는 상장지수집합투자기구(나목에 따른 공모부동산투자회사가 발행한 주식으로서 증권시장에 상장된 주식에 투자하는 상장지수집합투자기구는 제외한다)의 집합투자증권

나. 제5호의3 각 목의 어느 하나에 해당하는 집합투자기구 등의 집합투자증권에 대한 투자금액을 합산한 금액이 자산총액의 100분의 40을 초과하는 「부동산투자회사법」 제49조의3제1항에 따른 공모부동산투자회사가 발행한 주식으로서 증권시장에 상장된 주식

8의4. 법 제81조제1항제3호라목을 적용할 때 사모투자재간접집합투자기구가 일반사모집합투자기구(법 제249조의7제5항 각 호의 방법으로 집합투자재산을 운용하지 않는 일반사모집합투자기구로 한정한다) 또는 이와 유사한 집합투자기구로서 법 제279조제1항에 따라 등록한 외국 집합투자기구의 집합투자증권에 각 집합투자기구 자산총액의 100분의 100까지 투자하는 행위

8의5. 법 제81조제1항제3호라목을 적용할 때 부동산·특별자산투자재간접집합투자기구가 일반사모집합투자기구(법 제249조의7제5항 각 호의 방법으로 집합투자재산을 운용하지 않는 일반사모집합투자기구로 한정한다)의 집합투자증권에 각 집합투자기구 자산총액의 100분의 100까지 투자하는 행위

9. 법 제81조제1항제3호마목을 적용할 때 법 제251조제1항에 따라 보험회사가 설정한 투자신탁재산으로 같은 집합투자기구(외국 집합투자기구를 포함한다)의 집합투자증권 총수의 100분의 100까지 투자하는 행위

9의2. 법 제81조제1항제3호마목을 적용할 때 각 집합투자기구의 집합투자재산으로 상장지수집합투자기구의 집합투자증권 총수의 100분의 50까지 투자하는 행위

9의3. 법 제81조제1항제3호마목을 적용할 때 각 사모투자재간접집합투자기구의 집합투자재산으로 같은 집합투자기구(법 제279조제1항에 따라 등록한 외국 집합투자기구를 포함한다)의 집합투자증권 총수의 100분의 50까지 투자하는 행위

9의4. 법 제81조제1항제3호마목을 적용할 때 각 부동산·특별자산투자재간접집합투자기구의 집합투자재산으로 같은 집합투자기구의 집합투자증권 총수의 100분의 50

까지 투자하는 행위

10. 법 제81조제1항제3호바목을 적용할 때 법 제251조제1항에 따라 보험회사가 설정한 투자신탁재산으로 법 제81조제1항제3호바목에 따른 기준을 초과하여 투자하는 행위

11. 「국가재정법」 제81조에 따른 여유자금을 통합하여 운용하는 경우 법 제81조제1항제3호를 적용할 때 같은 호에 따른 기준을 초과하여 투자하는 행위

12. 그 밖에 투자자의 보호 및 집합투자재산의 안정적 운용을 해칠 염려가 없는 행위로서 금융위원회가 정하여 고시하는 행위

② 법 제81조제1항제1호 각 목 외의 부분에서 "대통령령으로 정하는 증권"이란 법 제279조제1항에 따른 외국 집합투자증권을 말한다.

③ 법 제81조제1항제1호 각 목 외의 부분에서 "대통령령으로 정하는 투자대상자산"이란 다음 각 호의 어느 하나에 해당하는 투자대상자산을 말한다. 〈개정 2013. 8. 27.〉

1. 원화로 표시된 양도성 예금증서

2. 기업어음증권 외의 어음

3. 제1호 및 제2호 외에 대출채권, 예금, 그 밖의 금융위원회가 정하여 고시하는 채권(債權)

4. 사업수익권

④ 법 제81조제1항제1호가목 전단에서 "대통령령으로 정하는 비율"이란 100분의 10을 말한다.

⑤ 법 제81조제1항제1호라목에서 "대통령령으로 정하는 적격 요건"이란 제10조제1항 각 호의 어느 하나에 해당하는 자가 다음 각 호의 어느 하나에 해당하는 요건을 충족하는 것을 말한다. 〈개정 2010. 6. 11.〉

1. 신용평가회사(외국 법령에 따라 외국에서 신용평가업무에 상당하는 업무를 수행하는 자를 포함한다. 이하 제2호에서 같다)에 의하여 투자적격 등급 이상으로 평가받은 경우

2. 신용평가회사에 의하여 투자적격 등급 이상으로 평가받은 보증인을 둔 경우

3. 담보물을 제공한 경우

⑥ 법 제81조제1항제1호마목에서 "대통령령으로 정하는 기준"이란 각 집합투자기구의 자산총액에서 부채총액을 뺀 가액의 100분의 100을 말한다. 다만, 가격변동의 위험이 크지 아니한 경우로서 금융위원회가 정하여 고시하는 기준을 충족하는 상장지수집합투자기구 또는 법 제234조제1항제1호의 요건을 갖춘 집합투자

기구의 경우에는 100분의 200으로 한다. 〈개정 2011. 9. 30., 2013. 8. 27., 2015. 10. 23., 2016. 6. 28., 2020. 3. 10.〉

⑦ 법 제81조제1항제2호가목 본문에서 "대통령령으로 정하는 기간"이란 다음 각 호의 기간을 말한다. 〈개정 2009. 7. 1., 2012. 6. 29., 2014. 12. 9., 2016. 8. 11.〉

1. 국내에 있는 부동산 중 「주택법」 제2조제1호에 따른 주택: 1년. 다만, 집합투자기구가 미분양주택(「주택법」 제54조에 따른 사업주체가 같은 조에 따라 공급하는 주택으로서 입주자모집공고에 따른 입주자의 계약일이 지난 주택단지에서 분양계약이 체결되지 아니하여 선착순의 방법으로 공급하는 주택을 말한다)을 취득하는 경우에는 집합투자규약에서 정하는 기간으로 한다.

1의2. 국내에 있는 부동산 중 「주택법」 제2조제1호에 따른 주택에 해당하지 아니하는 부동산: 1년

2. 국외에 있는 부동산: 집합투자규약으로 정하는 기간

⑧ 법 제81조제1항제2호가목 단서에서 "대통령령으로 정하는 경우"란 집합투자기구가 합병·해지 또는 해산되는 경우를 말한다.

⑨ 법 제81조제1항제2호나목 단서에서 "대통령령으로 정하는 경우"란 부동산개발사업을 하기 위하여 토지를 취득한 후 관련 법령의 제정·개정 또는 폐지 등으로 인하여 사업성이 뚜렷하게 떨어져서 부동산개발사업을 수행하는 것이 곤란하다고 객관적으로 증명되어 그 토지의 처분이 불가피한 경우를 말한다.

⑩ 법 제81조제1항제3호라목에서 "대통령령으로 정하는 비율"이란 100분의 5를 말한다. 〈신설 2015. 10. 23.〉

⑪ 법 제81조제1항제3호바목에서 "대통령령으로 정하는 기준"이란 제77조제4항에서 정한 한도를 말한다. 〈개정 2015. 10. 23.〉

판 연 행 생 **제81조 (자산운용의 제한의 예외적 한도 초과사유 등)**

① 법 제81조제1항제4호에서 "대통령령으로 정하는 행위"란 다음 각 호의 어느 하나에 해당하는 행위를 말한다.

1. 각 집합투자기구에 속하는 증권 총액의 범위에서 금융위원회가 정하여 고시하는 비율을 초과하여 환매조건부매도(증권을 일정기간 후에 환매수할 것을 조건으로 매도하는 경우를 말한다. 이하 같다)를 하는 행위

2. 각 집합투자기구에 속하는 증권의 범위에서 금융위원회가 정하여 고시하는 비율을 초과하여 증권을 대여하는 행위

3. 각 집합투자기구의 자산총액 범위에서 금융위원회가 정하여 고시하는 비율을 초과하여 증권을 차입하는 행위

② 법 제81조제3항에서 "대통령령으로 정하는 사유"란 다음 각 호의 어느 하나에 해당하는 사유를 말한다. 〈개정 2013. 8. 27.〉

1. 집합투자재산에 속하는 투자대상자산의 가격 변동

2. 투자신탁의 일부해지 또는 투자회사·투자유한회사·투자합자회사·투자유한책임회사·투자합자조합 및 투자익명조합의 집합투자증권의 일부소각

3. 담보권의 실행 등 권리행사

4. 집합투자재산에 속하는 증권을 발행한 법인의 합병 또는 분할합병

5. 그 밖에 투자대상자산의 추가 취득 없이 법 제81조제1항에 따른 투자한도를 초과하게 된 경우

③ 법 제81조제3항에서 "대통령령으로 정하는 기간"이란 3개월을 말한다. 다만, 다음 각 호의 경우에는 해당 호에 따른 기간을 말한다. 〈개정 2022. 8. 30.〉

1. 집합투자업자의 운용 책임이 강화된 집합투자기구로서 금융위원회가 정하여 고시하는 집합투자기구의 집합투자재산의 경우: 6개월

2. 부도 등으로 처분이 불가능하거나 집합투자재산에 현저한 손실을 초래하지 않으면 처분이 불가능한 투자대상자산의 경우: 그 처분이 가능한 시기

3. 제1호 및 제2호에도 불구하고 제1호에 따른 집합투자기구의 집합투자재산에 속하는 투자대상자산이 제2호에 따른 투자대상자산에 해당하는 경우: 그 처분이 가능한 시기(처분이 가능한 시기가 6개월 미만인 경우에는 6개월)

④ 법 제81조제4항에서 "대통령령으로 정하는 기간"이란 다음 각 호의 구분에 따른 기간을 말한다. 〈개정 2010. 6. 11., 2016. 6. 28.〉

1. 부동산집합투자기구: 1년

2. 특별자산집합투자기구: 6개월

3. 그 밖의 집합투자기구: 1개월

판 규 생 제82조 (자기집합투자증권의 처분)

투자신탁이나 투자익명조합의 집합투자업자는 법 제82조제1호 전단에 따라 취득한 집합투자증권을 취득일부터 1개월 이내에 다음 각 호의 어느 하나에 해당하는 방법으로 처분하여야 한다.

1. 소각

2. 투자매매업자 또는 투자중개업자를 통한 매도

판 연 행 규 제83조(금전차입 등의 제한)

① 집합투자업자는 법 제83조제1항 단서에 따라 집합투자기구의 계산으로 금전을 차입하는 경우에는 다음 각 호의 어느 하나에 해당하는 금융기관으로부터 금전을 차입할 수 있다.

1. 제79조제2항제5호 각 목의 어느 하나에 해당하는 금융기관

2. 보험회사

3. 제1호 또는 제2호에 준하는 외국 금융기관

② 법 제83조제1항제3호에서 "대통령령으로 정하는 때"란 다음 각 호의 어느 하나에 해당하여 환매대금의 지급이 일시적으로 곤란한 때를 말한다. 〈신설 2018. 9. 28.〉

1. 증권시장이나 해외 증권시장의 폐쇄·휴장 또는 거래정지, 그 밖에 이에 준하는 사유로 집합투자재산을 처분할 수 없는 경우

2. 거래 상대방의 결제 지연 등이 발생한 경우

3. 환율의 급격한 변동이 발생한 경우

③ 집합투자업자는 제1항에 따라 금전을 차입한 경우에는 그 차입금 전액을 모두 갚기 전까지 투자대상자산을 추가로 매수(파생상품의 전매와 환매는 제외한다)하여서는 아니 된다. 〈개정 2018. 9. 28.〉

④ 법 제83조제4항에서 "대통령령으로 정하는 금융기관"이란 제345조제1항 각 호의 어느 하나에 해당하는 금융기관을 말한다. 〈개정 2018. 9. 28.〉

판 연 행 규 제84조(이해관계인의 범위)

법 제84조제1항 각 호 외의 부분 본문에서 "대통령령으로 정하는 이해관계인"이란 다음 각 호의 어느 하나에 해당하는 자를 말한다. 〈개정 2009. 7. 1., 2020. 3. 10.〉

1. 집합투자업자의 임직원과 그 배우자

2. 집합투자업자의 대주주와 그 배우자

3. 집합투자업자의 계열회사, 계열회사의 임직원과 그 배우자

4. 집합투자업자가 운용하는 전체 집합투자기구의 집합투자증권(「국가재정법」 제81조에 따라 여유자금을 통합하여 운용하는 집합투자기구가 취득하는 집합투자증권은 제외한다)을 100분의 30 이상 판매·위탁판매한 투자매매업자 또는 투자중개업자(이하 이 관에서 "관계 투자매매업자·투자중개업자"라 한다)

5. 집합투자업자가 운용하는 전체 집합투자기구의 집합투자재산의 100분의 30 이상을 보관·관리하고 있는 신탁업자. 이 경우 집합투자재산의 비율을 계산할 때 다음

각 목의 어느 하나에 해당하는 집합투자기구의 집합투자재산은 제외한다.

　　가. 「국가재정법」 제81조에 따라 여유자금을 통합하여 운용하는 집합투자기구

　　나. 「주택도시기금법」 제3조 및 제10조에 따라 기금을 위탁받아 운용하는 집합투자기구

　　다. 「산업재해보상보험법」 제95조 및 제97조에 따라 기금을 위탁받아 운용하는 집합투자기구

　6. 집합투자업자가 법인이사인 투자회사의 감독이사

[판] [연] [행] [규] [생] **제85조 (이해관계인과의 거래제한의 예외)**

법 제84조제1항제4호에서 "대통령령으로 정하는 거래"란 다음 각 호의 어느 하나에 해당하는 거래를 말한다. 〈개정 2009. 7. 1., 2011. 9. 30., 2012. 6. 29., 2013. 8. 27., 2015. 10. 23., 2018. 9. 28., 2024. 11. 12.〉

　1. 이해관계인의 중개·주선 또는 대리를 통하여 금융위원회가 정하여 고시하는 방법에 따라 이해관계인이 아닌 자와 행하는 투자대상자산의 매매

　2. 이해관계인의 매매중개(금융위원회가 정하여 고시하는 매매형식의 중개를 말한다)를 통하여 그 이해관계인과 행하는 다음 각 목의 어느 하나에 해당하는 투자대상자산의 매매

　　가. 채무증권

　　나. 원화로 표시된 양도성 예금증서

　　다. 어음(기업어음증권은 제외한다)

　3. 각 집합투자기구 자산총액의 100분의 10 이내에서 이해관계인(집합투자업자의 대주주나 계열회사는 제외한다)과 집합투자재산을 다음 각 목의 어느 하나에 해당하는 방법으로 운용하는 거래

　　가. 법 제83조제4항에 따른 단기대출

　　나. 환매조건부매수(증권을 일정기간 후에 환매도할 것을 조건으로 매수하는 경우를 말한다. 이하 같다)

　4. 이해관계인인 금융기관(제83조제1항제1호에 따른 금융기관과 이에 준하는 외국금융기관만 해당한다. 이하 이 호에서 같다)에의 예치. 이 경우 집합투자업자가 운용하는 전체 집합투자재산 중 이해관계인인 금융기관에 예치한 금액은 전체 금융기관에 예치한 금액의 100분의 10을 초과하여서는 아니 된다.

　5. 이해관계인인 신탁업자와의 거래로서 다음 각 목의 어느 하나에 해당하는 거래

　　가. 「외국환거래법」에 따른 외국통화의 매매(환위험을 회피하기 위한 선물환거래

를 포함한다)

　　나. 환위험을 회피하기 위한 장외파생상품의 매매로서 법 제5조제1항제3호에 따
　　　른 계약의 체결(그 기초자산이 외국통화인 경우로 한정한다)

　　다. 법 제83조제1항 단서에 따른 금전차입의 거래. 이 경우 신탁업자의 고유재산
　　　과의 거래로 한정한다.

　5의2. 이해관계인(전담중개업무를 제공하는 제84조제4호 및 제5호에 따른 이해관
계인인 경우만 해당한다)과 전담중개업무로서 하는 거래

　5의3. 환매기간을 금융위원회가 정하여 고시하는 기간으로 하여 이해관계인(제7조
제4항제3호 각 목의 어느 하나에 해당하는 자를 거래상대방 또는 각 당사자로 하는
환매조건부매매의 수요·공급을 조성하는 자로 한정한다. 이하 이 호에서 같다)과 환
매조건부매매를 하거나 그 이해관계인이 환매조건부매매를 중개·주선 또는 대리하
는 거래

　5의4. 집합투자기구의 운용목적을 달성하기 위한 거래로서 다음 각 목의 어느 하나
에 해당하는 계열회사와의 거래(법 제249조의7제5항 각 호의 방법으로 운용하는 거
래로 한정한다)

　　가. 해당 집합투자업자가 그 집합투자재산을 운용하는 일반사모집합투자기구가
　　　투자한 투자대상기업 또는 투자목적회사

　　나. 가목의 투자대상기업이나 투자목적회사에 제271조의10제16항 각 호의 방법
　　　으로 공동 운용함으로써 그 투자대상기업이나 투자목적회사에 투자한 다른 일
　　　반사모집합투자기구와 그 집합투자업자

　　다. 그 밖에 금융시장의 안정 또는 건전한 거래질서를 해칠 우려가 없는 회사로서
　　　금융위원회가 정하여 고시하는 회사

　6. 그 밖에 거래의 형태, 조건, 방법 등을 고려하여 집합투자기구와 이해가 상충될
염려가 없다고 금융위원회의 확인을 받은 거래

판 행 규 생 **제86조(계열회사 증권의 취득제한 등)**

　① 법 제84조제4항에서 "대통령령으로 정하는 한도"란 다음 각 호의 한도를 말한
　　다. 〈개정 2015. 10. 23.〉

　1. 집합투자업자가 운용하는 전체 집합투자기구의 집합투자재산으로 계열회사가 발
행한 지분증권(그 지분증권과 관련된 증권예탁증권을 포함한다. 이하 이 조에서 같다)
을 취득하는 경우에 계열회사가 발행한 전체 지분증권에 대한 취득금액은 집합투자업
자가 운용하는 전체 집합투자기구 자산총액 중 지분증권에 투자 가능한 금액의 100분

의 5와 집합투자업자가 운용하는 각 집합투자기구 자산총액의 100분의 25. 다만, 다음 각 목의 어느 하나에 해당하는 경우는 제외한다.

　　가. 계열회사가 발행한 전체 지분증권의 시가총액비중(제80조제1항제3호 후단에 따라 산정한 시가총액비중을 말한다. 이하 이 호에서 같다)의 합이 집합투자업자가 운용하는 전체 집합투자기구 자산총액 중 지분증권에 투자 가능한 금액의 100분의 5를 초과하는 경우로서 그 계열회사가 발행한 전체 지분증권을 그 시가총액비중까지 취득하는 경우

　　나. 계열회사가 발행한 전체 지분증권의 시가총액비중의 합이 100분의 25를 초과하는 경우로서 집합투자업자가 운용하는 각 집합투자기구에서 그 계열회사가 발행한 전체 지분증권을 그 시가총액비중까지 취득하는 경우

　　다. 다수 종목의 가격수준을 종합적으로 표시하는 지수 중 금융위원회가 정하여 고시하는 지수의 변화에 연동하여 운용하는 것을 목표로 하는 집합투자기구의 집합투자재산으로 그 계열회사가 발행한 전체 지분증권을 해당 지수에서 차지하는 비중까지 취득하는 경우

　2. 각 집합투자업자가 운용하는 전체 집합투자기구의 집합투자재산으로 계열회사(법률에 따라 직접 설립된 법인은 제외한다. 이하 이 호에서 같다)가 발행한 증권(법 제84조제4항에 따른 증권 중 지분증권을 제외한 증권을 말한다)에 투자하는 경우에는 계열회사 전체가 그 집합투자업자에 대하여 출자한 비율에 해당하는 금액. 이 경우 계열회사 전체가 그 집합투자업자에 대하여 출자한 비율에 해당하는 금액은 계열회사 전체가 소유하는 그 집합투자업자의 의결권 있는 주식수를 그 집합투자업자의 의결권 있는 발행주식 총수로 나눈 비율에 그 집합투자업자의 자기자본(자기자본이 자본금 이하인 경우에는 자본금을 말한다)을 곱한 금액으로 한다.

　② 법 제84조제4항에서 "대통령령으로 정하는 증권"이란 다음 각 호의 어느 하나에 해당하는 증권을 말한다.

　1. 집합투자증권(투자신탁의 수익증권은 제외한다) 및 법 제279조제1항에 따른 외국 집합투자증권

　2. 파생결합증권

　3. 법 제110조에 따른 수익증권

　③ 법 제84조제4항에서 "대통령령으로 정하는 투자대상자산"이란 다음 각 호의 어느 하나에 해당하는 투자대상자산을 말한다.

　1. 원화로 표시된 양도성 예금증서

　2. 기업어음증권 외의 어음

3. 제1호 및 제2호 외에 대출채권, 예금, 그 밖에 금융위원회가 정하여 고시하는 채권(債權)

④ 집합투자업자는 제1항제1호 각 목에 따라 계열회사의 전체 주식을 각 집합투자기구 자산총액의 100분의 5를 초과하여 취득하는 경우에는 집합투자기구 자산총액의 100분의 5를 기준으로 집합투자재산에 속하는 각 계열회사별 주식의 비중을 초과하는 계열회사의 주식에 대하여는 법 제87조제2항에 따라 의결권을 행사하여야 한다. 〈개정 2013. 8. 27., 2015. 10. 23.〉

⑤ 집합투자업자는 법 제84조제4항에 따른 증권을 추가적으로 취득하지 아니하였음에도 불구하고 금융위원회가 정하여 고시하는 사유로 인하여 제1항 각 호에 따른 한도를 초과하게 된 때에는 그 사유가 발생한 날부터 3개월 이내에 제1항 각 호에 따른 한도에 적합하도록 운용하여야 한다.

판 연 행 규 생 제87조(불건전 영업행위의 금지)

① 법 제85조 각 호 외의 부분 단서에서 "대통령령으로 정하는 경우"란 다음 각 호의 어느 하나에 해당하는 경우를 말한다. 〈개정 2009. 12. 21., 2012. 6. 29., 2013. 8. 27., 2013. 11. 13., 2015. 10. 23., 2019. 4. 23., 2020. 3. 10., 2025. 6. 2.〉

1. 법 제85조제1호를 적용할 때 다음 각 목의 어느 하나에 해당하는 경우
   가. 집합투자재산의 운용과 관련한 정보를 이용하지 아니하였음을 증명하는 경우
   나. 증권시장(다자간매매체결회사에서의 거래를 포함한다)과 파생상품시장 간의 가격 차이를 이용한 차익거래, 그 밖에 이에 준하는 거래로서 집합투자재산의 운용과 관련한 정보를 의도적으로 이용하지 아니하였다는 사실이 객관적으로 명백한 경우

2. 법 제85조제2호를 적용할 때 인수일부터 3개월이 지난 후 매수하는 경우

2의2. 법 제85조제2호를 적용할 때 인수한 증권이 국채증권, 지방채증권, 「한국은행법」 제69조에 따른 한국은행통화안정증권, 특수채증권 또는 법 제4조제3항에 따른 사채권(주권 관련 사채권 및 제176조의13제1항에 따른 상각형 조건부자본증권은 제외한다. 이하 이 호에서 같다) 중 어느 하나에 해당하는 경우. 다만, 사채권의 경우에는 투자자 보호 및 건전한 거래질서를 위하여 금융위원회가 정하여 고시하는 발행조건, 거래절차 등의 기준을 충족하는 채권으로 한정한다.

2의3. 법 제85조제2호를 적용할 때 인수한 증권이 증권시장에 상장된 주권인 경우로서 그 주권을 증권시장 또는 다자간매매체결회사에서 매수하는 경우

2의4. 법 제85조제2호를 적용할 때 일반적인 거래조건에 비추어 집합투자기구에 유리한 거래

3. 법 제85조제5호를 적용할 때 집합투자업자가 운용하는 집합투자기구 상호 간에 자산(제224조제4항에 따른 미지급금 채무를 포함한다)을 동시에 한쪽이 매도하고 다른 한쪽이 매수하는 거래로서 다음 각 목의 어느 하나에 해당하는 경우. 이 경우 집합투자업자는 매매가격, 매매거래절차 및 방법, 그 밖에 투자자 보호를 위하여 금융위원회가 정하여 고시하는 기준을 준수하여야 한다.

가. 법, 이 영 및 집합투자기구의 집합투자규약상의 투자한도를 준수하기 위한 경우

나. 집합투자증권의 환매에 응하기 위한 경우

다. 집합투자기구의 해지 또는 해산에 따른 해지금액 등을 지급하기 위한 경우

라. 그 밖에 금융위원회가 투자자의 이익을 해칠 염려가 없다고 인정한 경우

4. 법 제85조제5호를 적용할 때 특정 집합투자재산을 그 집합투자업자의 고유재산과 제85조제2호에 따른 매매중개를 통하여 같은 호 각 목의 투자대상자산을 매매하는 경우

5. 법 제85조제7호를 적용할 때 전자적 투자조언장치를 활용하여 집합투자재산을 운용하는 경우

② 법 제85조제2호에서 "대통령령으로 정하는 관계인수인"이란 다음 각 호의 어느 하나에 해당하는 인수인을 말한다. 〈개정 2020. 3. 10., 2021. 12. 28., 2022. 12. 27.〉

1. 집합투자업자와 같은 기업집단(「독점규제 및 공정거래에 관한 법률」제2조제11호에 따른 기업집단을 말한다. 이하 같다)에 속하는 인수인

2. 집합투자업자가 운용하는 전체 집합투자기구의 집합투자증권(「국가재정법」제81조에 따라 여유자금을 통합하여 운용하는 집합투자기구가 취득하는 집합투자증권은 제외한다)을 금융위원회가 정하여 고시하는 비율 이상 판매한 인수인

③ 법 제85조제3호에서 "대통령령으로 정하는 인수업무"란 발행인 또는 매출인으로부터 직접 증권의 인수를 의뢰받아 인수조건 등을 정하는 업무를 말한다.

④ 법 제85조제8호에서 "대통령령으로 정하는 행위"란 다음 각 호의 어느 하나에 해당하는 행위를 말한다. 〈개정 2020. 3. 10., 2021. 3. 16., 2021. 10. 21.〉

1. 집합투자규약이나 투자설명서 또는 법 제249조의4제2항 전단에 따른 핵심상품설명서를 위반하여 집합투자재산을 운용하는 행위

2. 집합투자기구의 운용방침이나 운용전략 등을 고려하지 아니하고 집합투자재산으

로 금융투자상품을 지나치게 자주 매매하는 행위

3. 집합투자업자가 운용하는 집합투자기구의 집합투자증권을 판매하는 투자매매업자 또는 투자중개업자(그 임직원과 투자권유대행인을 포함한다)에게 업무와 관련하여 금융위원회가 정하여 고시하는 기준을 위반하여 직접 또는 간접으로 재산상의 이익을 제공하는 행위

4. 투자매매업자 또는 투자중개업자(그 임직원을 포함한다) 등으로부터 업무와 관련하여 금융위원회가 정하여 고시하는 기준을 위반하여 직접 또는 간접으로 재산상의 이익을 제공받는 행위

5. 투자자와의 이면계약 등에 따라 그 투자자로부터 일상적으로 명령·지시·요청 등을 받아 집합투자재산을 운용하는 행위

6. 집합투자업자가 운용하는 집합투자기구의 집합투자증권을 판매하는 투자매매업자 또는 투자중개업자와의 이면계약 등에 따라 그 투자매매업자 또는 투자중개업자로부터 명령·지시·요청 등을 받아 집합투자재산을 운용하는 행위

7. 법 제55조, 제81조, 제84조 및 제85조에 따른 금지 또는 제한을 회피할 목적으로 하는 행위로서 장외파생상품거래, 신탁계약, 연계거래 등을 이용하는 행위

8. 채권자로서 그 권리를 담보하기 위하여 백지수표나 백지어음을 받는 행위

8의2. 단기금융집합투자기구의 집합투자재산을 제241조제1항 각 호 외의 자산에 투자하거나 같은 조 제2항에서 정하는 방법 외의 방법으로 운용하는 행위

8의3. 자신이 운용하는 둘 이상의 집합투자기구(교차하거나 순환하여 투자하기 위해 다른 집합투자업자가 운용하는 집합투자기구를 이용하는 경우에는 그 집합투자기구를 포함한다)가 교차하거나 순환하여 투자하는 행위

8의4. 집합투자기구를 운용하는 과정에서 증권을 취득하거나 금전을 대여할 때 그 증권을 발행하거나 금전을 대여받은 자에게 취득 또는 대여의 대가로 자신이 운용하는 집합투자기구에서 발행하거나 발행할 예정인 집합투자증권의 취득을 강요하거나 권유하는 행위

8의5. 법 제192조제2항제5호·제202조제1항제7호(법 제211조제2항, 제216조제3항 및 제217조의6제2항에서 준용하는 경우를 포함한다) 또는 제221조제1항제4호(법 제227조제3항에서 준용하는 경우를 포함한다)에 따른 해지나 해산을 회피할 목적으로 자신이 운용하는 다른 집합투자기구 또는 다른 집합투자업자가 운용하는 집합투자기구를 이용하는 행위

8의6. 집합투자재산을 금전대여로 운용하는 경우 그 금전대여의 대가로 금전이나 이에 준하는 재산적 가치를 지급받는 행위

9. 그 밖에 투자자의 보호와 건전한 거래질서를 해칠 염려가 있는 행위로서 금융위원회가 정하여 고시하는 행위

판 연 행 규 생 **제88조(성과보수의 제한)**

① 법 제86조제1항제2호에서 "대통령령으로 정하는 경우"란 다음 각 호의 요건을 모두 갖춘 경우를 말한다. 이 경우 성과보수의 산정방식, 지급시기 등에 대하여 필요한 사항은 금융위원회가 정하여 고시한다. 〈개정 2017. 5. 8., 2022. 8. 30.〉

1. 집합투자업자가 임의로 변경할 수 없는 객관적 지표 또는 수치(이하 이 조에서 "기준지표등"이라 한다)를 기준으로 성과보수를 산정할 것

2. 집합투자기구의 운용성과가 기준지표등의 성과보다 낮은 경우에는 성과보수를 적용하지 아니하는 경우보다 적은 운용보수를 받게 되는 보수체계를 갖출 것

3. 삭제 〈2022. 8. 30.〉

4. 삭제 〈2017. 5. 8.〉

5. 집합투자기구의 형태별로 다음 각 목의 구분에 따른 요건을 갖출 것

　가. 다음의 집합투자기구인 경우: 존속기한을 1년 이상으로 설정·설립할 것

　　1) 법 제230조에 따른 환매금지형집합투자기구

　　2) 법 제230조에 따른 환매금지형집합투자기구가 아닌 집합투자기구로서 설정·설립 이후에 집합투자증권을 추가로 발행할 수 없는 집합투자기구

　나. 가목에 해당하지 아니하는 집합투자기구인 경우: 존속기한 없이 설정·설립할 것

6. 성과보수의 상한을 정할 것

② 법 제86조제2항에서 "대통령령으로 정하는 사항"이란 다음 각 호의 사항을 말한다. 〈개정 2009. 12. 21., 2017. 5. 8.〉

1. 성과보수가 지급된다는 뜻과 그 한도

2. 성과보수를 지급하지 아니하는 집합투자기구보다 높은 투자위험에 노출될 수 있다는 사실

3. 성과보수를 포함한 보수 전체에 관한 사항

4. 기준지표등 및 성과보수의 상한(법 제86조제1항제2호의 경우로 한정한다)

5. 성과보수의 지급시기

6. 성과보수가 지급되지 아니하는 경우에 관한 사항

7. 그 밖에 투자자를 보호하기 위하여 필요한 사항으로서 금융위원회가 정하여 고시하는 사항

판 규 생 **제89조(의결권행사의 제한 등)**

① 법 제87조제2항제1호가목에서 "대통령령으로 정하는 이해관계가 있는 자"란 특수관계인 및 제141조제2항에 따른 공동보유자를 말한다. 〈개정 2013. 8. 27.〉

② 법 제87조제2항제1호나목에서 "대통령령으로 정하는 자"란 다음 각 호의 어느 하나에 해당하는 자를 말한다. 〈개정 2013. 8. 27.〉

1. 관계 투자매매업자·투자중개업자와 및 그 계열회사

2. 집합투자업자(법 제87조제1항에 따른 집합투자업자를 말한다)의 대주주(최대주주의 특수관계인인 주주를 포함한다)

③ 법 제87조제2항제2호나목에서 "대통령령으로 정하는 관계"란 제2항 각 호의 어느 하나에 해당하는 자가 되는 관계를 말한다. 〈개정 2013. 8. 27.〉

판 규 생 **제90조(의결권행사내용 등의 기록유지)**

① 법 제87조제7항에서 "대통령령으로 정하는 비율 또는 금액"이란 각 집합투자기구 자산총액의 100분의 5 또는 100억원을 말한다.

② 법 제87조제7항에서 "대통령령으로 정하는 방법"이란 법 제87조제7항에 따른 의결권공시대상법인에 대한 의결권의 행사 여부 및 그 내용(의결권을 행사하지 아니하는 경우에는 그 사유)을 법 제90조에 따른 영업보고서에 기재하는 것을 말한다. 〈개정 2009. 12. 21.〉

판 연 규 생 **제91조(의결권행사의 공시 등)**

① 법 제87조제8항 각 호 외의 부분 전단에서 "대통령령으로 정하는 주식"이란 법 제9조제15항제3호가목에 따른 주권상장법인으로서 법 제87조제7항에 따른 의결권공시대상법인이 발행한 주식을 말한다. 〈신설 2009. 2. 3., 2015. 10. 23.〉

② 법 제87조제8항 각 호 외의 부분 후단에 따라 집합투자업자는 매년 4월 30일까지 직전 연도 4월 1일부터 1년간 행사한 의결권 행사 내용 등을 증권시장을 통하여 공시하여야 한다. 〈개정 2009. 2. 3., 2012. 6. 29., 2015. 10. 23.〉

③ 삭제 〈2012. 6. 29.〉

④ 법 제87조제9항에서 "대통령령으로 정하는 자료"란 다음 각 호의 자료를 말한다. 〈개정 2009. 2. 3.〉

1. 의결권 행사와 관련된 집합투자업자의 내부지침

2. 집합투자업자가 의결권 행사와 관련하여 집합투자기구별로 소유하고 있는 주식 수 및 증권예탁증권 수

3. 집합투자업자와 의결권 행사 대상 법인의 관계가 제89조제1항 또는 같은 조 제2항에서 정하고 있는 관계에 해당하는지 여부

판 연 행 규 생 **제92조(자산운용보고서)**

① 법 제88조제1항 단서에서 "대통령령으로 정하는 경우"란 다음 각 호의 경우를 말한다. 〈개정 2009. 2. 3., 2009. 12. 21., 2013. 8. 27., 2022. 8. 30.〉

　1. 투자자가 법 제88조에 따른 자산운용보고서(이하 "자산운용보고서"라 한다)의 수령을 거부한다는 의사를 서면, 전화·전신·팩스, 전자우편 또는 이와 비슷한 전자통신의 방법으로 표시한 경우

　2. 집합투자업자가 단기금융집합투자기구를 설정 또는 설립하여 운용하는 경우로서 매월 1회 이상 금융위원회가 정하여 고시하는 방법으로 자산운용보고서를 공시하는 경우

　3. 집합투자업자가 법 제230조에 따른 환매금지형집합투자기구를 설정 또는 설립하여 운용하는 경우(같은 조 제3항에 따라 그 집합투자증권이 상장된 경우만 해당한다)로서 3개월마다 1회 이상 금융위원회가 정하여 고시하는 방법으로 자산운용보고서를 공시하는 경우

　4. 투자자가 소유하고 있는 집합투자증권의 평가금액이 10만원 이하인 경우로서 집합투자규약에 자산운용보고서를 교부하지 아니한다고 정하고 있는 경우

② 법 제88조제2항제4호에서 "대통령령으로 정하는 매매회전율"이란 해당 운용기간(법 제88조제2항제2호에 따른 해당 운용기간을 말한다) 중 매도한 주식가액의 총액을 그 해당 운용기간 중 보유한 주식의 평균가액으로 나눈 비율을 말한다.

③ 법 제88조제2항제5호에서 "대통령령으로 정하는 사항"이란 다음 각 호의 사항을 말한다. 다만, 회계기간 개시일로부터 3개월, 6개월, 9개월이 종료되는 날을 기준일(법 제88조제2항제1호에 따른 기준일을 말한다. 이하 이 조에서 같다)로 하여 작성하는 자산운용보고서에는 제2호 및 제7호의 사항을 기재하지 않을 수 있다. 〈개정 2009. 12. 21., 2021. 10. 21.〉

1. 기준일 현재 집합투자재산에 속하는 투자대상자산의 내용

2. 집합투자기구의 투자운용인력에 관한 사항

3. 집합투자기구의 투자환경 및 운용계획

4. 집합투자기구의 업종별·국가별 투자내역

5. 집합투자기구의 투자전략

6. 집합투자기구의 투자대상 범위 상위 10개 종목

7. 집합투자기구의 구조

8. 집합투자기구의 유동성 위험

8의2. 집합투자기구의 운용위험에 대한 관리방안

9. 그 밖에 투자자를 보호하기 위하여 필요한 사항으로서 금융위원회가 정하여 고시하는 사항

④ 집합투자업자는 투자자에게 자산운용보고서를 교부하는 경우에는 집합투자증권을 판매한 투자매매업자·투자중개업자 또는 전자등록기관을 통하여 기준일부터 2개월 이내에 직접, 전자우편 또는 이와 비슷한 전자통신의 방법으로 교부하여야 한다. 다만, 투자자가 해당 집합투자기구에 투자한 금액이 100만원 이하이거나 투자자에게 전자우편 주소가 없는 등의 경우에는 법 제89조제2항제1호의 방법에 따라 공시하는 것으로 갈음할 수 있으며, 투자자가 우편발송을 원하는 경우에는 그에 따라야 한다. 〈개정 2009. 12. 21., 2012. 6. 29., 2015. 10. 23., 2019. 1. 15., 2019. 6. 25.〉

⑤ 자산운용보고서를 작성·교부하는 데에 드는 비용은 집합투자업자가 부담한다. 〈개정 2009. 2. 3.〉

⑥ 자산운용보고서의 서식과 작성방법, 그 밖에 필요한 사항은 금융위원회가 정하여 고시한다.

판 연 행 규 생 제93조 (수시공시의 방법 등)

① 법 제89조제1항제1호에 따라 투자신탁이나 투자익명조합의 집합투자업자가 공시하여야 하는 투자운용인력의 운용경력은 투자운용인력을 변경한 날부터 최근 3년 이내의 운용경력으로 한다. 〈신설 2011. 11. 4.〉

② 법 제89조제1항제3호에서 "대통령령으로 정하는 부실자산"이란 발행인의 부도, 「채무자 회생 및 파산에 관한 법률」에 따른 회생절차개시의 신청 등의 사유로 인하여 금융위원회가 부실자산으로 정하여 고시하는 자산을 말한다. 〈개정 2009. 2. 3.〉

③ 법 제89조제1항제5호에서 "대통령령으로 정하는 사항"이란 다음 각 호의 어느 하나에 해당하는 사항을 말한다. 〈개정 2009. 2. 3., 2010. 6. 11., 2015. 10. 23., 2017. 5. 8., 2022. 8. 30.〉

1. 투자설명서의 변경. 다만, 다음 각 목의 어느 하나에 해당하는 경우는 제외한다.
  가. 법 및 이 영의 개정 또는 금융위원회의 명령에 따라 투자설명서를 변경하는 경우
  나. 집합투자규약의 변경에 따라 투자설명서를 변경하는 경우
  다. 투자설명서의 단순한 자구수정 등 경미한 사항을 변경하는 경우

라. 투자운용인력의 변경이 있는 경우로서 법 제123조제3항제2호에 따라 투자설명서를 변경하는 경우

2. 집합투자업자의 합병, 분할, 분할합병 또는 영업의 양도·양수

3. 집합투자업자 또는 일반사무관리회사가 기준가격을 잘못 산정하여 이를 변경하는 경우에는 그 내용(제262조제1항 후단에 따라 공고·게시하는 경우에 한한다)

4. 사모집합투자기구가 아닌 집합투자기구(존속하는 동안 투자금을 추가로 모집할 수 있는 집합투자기구로 한정한다. 이하 이 항에서 같다)로서 설정 및 설립 이후 1년(제81조제3항제1호의 집합투자기구의 경우에는 설정 및 설립 이후 2년)이 되는 날에 원본액이 50억원 미만인 경우 그 사실과 해당 집합투자기구가 법 제192조제1항 단서에 따라 해지될 수 있다는 사실

5. 사모집합투자기구가 아닌 집합투자기구가 설정 및 설립되고 1년(제81조제3항제1호의 집합투자기구의 경우에는 설정 및 설립 이후 2년)이 지난 후 1개월간 계속하여 원본액이 50억원 미만인 경우 그 사실과 해당 집합투자기구가 법 제192조제1항 단서에 따라 해지될 수 있다는 사실

6. 부동산집합투자기구 또는 특별자산집합투자기구(부동산·특별자산투자재간접집합투자기구를 포함한다)인 경우 다음 각 목의 어느 하나에 해당하는 사항

가. 제242조제2항 각 호 외의 부분 단서에 따른 시장성 없는 자산의 취득 또는 처분

나. 부동산집합투자기구 또는 특별자산집합투자기구의 집합투자증권의 취득 또는 처분. 다만, 이미 취득한 것과 같은 집합투자증권을 추가로 취득하거나 일부를 처분하는 경우는 제외한다.

다. 지상권·지역권 등 부동산 관련 권리 및 사업수익권·시설관리운영권 등 특별자산 관련 중요한 권리의 발생·변경

라. 금전의 차입 또는 금전의 대여

7. 그 밖에 투자자의 투자판단에 중대한 영향을 미치는 사항으로서 금융위원회가 정하여 고시하는 사항

④ 제1항부터 제3항까지의 규정에 따른 공시와 관련하여 그 서식과 작성방법, 기재사항 등에 관한 구체적인 기준은 금융위원회가 정하여 고시한다. 〈신설 2011. 11. 4.〉

판 행 규 생 **제94조(집합투자재산에 관한 보고 및 공시)**

① 집합투자업자(법 제90조제1항에 따른 집합투자업자를 말한다. 이하 이 조에서 같다)는 법 제90조제1항에 따라 집합투자재산(투자신탁재산 및 투자익명조합재

산만 해당한다. 이하 이 조에서 같다)에 관한 영업보고서를 금융위원회가 정하여 고시하는 기준에 따라 다음 각 호의 서류로 구분하여 작성하여야 한다. 〈개정 2013. 8. 27.〉

1. 투자신탁의 설정 현황 또는 투자익명조합의 출자금 변동 상황

2. 집합투자재산의 운용 현황과 집합투자증권(투자신탁 수익증권과 투자익명조합 지분증권만 해당한다)의 기준가격표

3. 법 제87조제8항제1호·제2호에 따른 의결권의 구체적인 행사내용 및 그 사유를 적은 서류

4. 집합투자재산에 속하는 자산 중 주식의 매매회전율(법 제88조제2항제4호에 따른 매매회전율을 말한다)과 자산의 위탁매매에 따른 투자중개업자별 거래금액·수수료와 그 비중

② 협회는 법 제90조제4항에 따라 각 집합투자재산의 운용실적을 비교·공시하는 경우에는 다음 각 호의 항목별로 구분하여 금융위원회가 정하여 고시하는 기준에 따라 비교·공시하여야 한다. 〈개정 2010. 6. 11.〉

1. 집합투자업자

2. 투자매매업자·투자중개업자

3. 집합투자기구의 종류

4. 금융위원회가 정하여 고시하는 주된 투자대상자산(이하 "주된 투자대상자산"이라 한다)

5. 운용보수

6. 판매수수료·판매보수

7. 수익률. 이 경우 사모집합투자기구가 아닌 집합투자기구(존속하는 동안 투자금을 추가로 모집할 수 있는 집합투자기구로 한정한다. 이하 이 호에서 같다)로서 원본액 50억원 미만과 50억원 이상의 집합투자기구의 수익률은 별도로 비교·공시하여야 한다.

8. 그 밖에 금융위원회가 정하여 고시하는 것

③ 협회는 집합투자기구의 운용실적을 비교·공시하기 위하여 필요한 범위에서 각 집합투자기구의 집합투자규약, 투자설명서 및 기준가격 등에 관한 자료의 제출을 투자신탁이나 투자익명조합의 집합투자업자 또는 법 제182조제1항에 따른 투자회사등(이하 "투자회사등"이라 한다)에 요청할 수 있다.

판 규 생 **제95조(장부·서류의 열람 및 공시 등)**

① 법 제91조제1항 후단에서 "대통령령으로 정하는 정당한 사유"란 다음 각 호의 어느 하나에 해당하는 경우를 말한다. 이 경우 집합투자업자(법 제91조제1항에 따른 집합투자업자를 말한다)는 열람이나 교부가 불가능하다는 뜻과 그 사유가 기재된 서면을 투자자에게 내주어야 한다.

1. 집합투자재산의 매매주문내역 등이 포함된 장부·서류를 제공함으로써 제공받은 자가 그 정보를 거래 또는 업무에 이용하거나 타인에게 제공할 것이 뚜렷하게 염려되는 경우

2. 집합투자재산의 매매주문내역 등이 포함된 장부·서류를 제공함으로써 다른 투자자에게 손해를 입힐 것이 명백히 인정되는 경우

3. 해지 또는 해산된 집합투자기구에 관한 장부·서류로서 제62조제1항에 따른 보존기한이 지나는 등의 사유로 인하여 투자자의 열람제공 요청에 응하는 것이 불가능한 경우

② 법 제91조제1항에 따라 투자자가 열람이나 등본 또는 초본의 교부를 청구할 수 있는 장부·서류는 다음 각 호와 같다.

1. 집합투자재산 명세서

2. 집합투자증권 기준가격대장

3. 재무제표 및 그 부속명세서

4. 집합투자재산 운용내역서

판 행 규 생 **제96조 (파생상품의 운용 특례)**

① 법 제93조제1항 전단에서 "대통령령으로 정하는 기준"이란 집합투자기구 자산총액의 100분의 10을 말한다.

② 법 제93조제1항 전단에서 "대통령령으로 정하는 위험에 관한 지표"란 다음 각 호의 지표를 말한다. 다만, 위험에 관한 지표 산출을 위한 자료가 부족하여 지표의 산출이 불가능한 경우 등 금융위원회가 정하여 고시하는 파생상품인 경우에는 제2호를 적용하지 아니한다.

1. 파생상품 매매에 따른 만기시점의 손익구조

2. 시장상황의 변동에 따른 집합투자재산의 손익구조의 변동 또는 일정한 보유기간에 일정한 신뢰구간 범위에서 시장가격이 집합투자기구에 대하여 불리하게 변동될 경우에 파생상품 거래에서 발생할 수 있는 최대손실예상금액

3. 그 밖에 투자자의 투자판단에 중요한 기준이 되는 지표로서 금융위원회가 정하여 고시하는 위험에 관한 지표

③ 제2항에 따른 위험에 관한 지표의 구체적인 산정방식, 그 밖에 필요한 사항은 금융위원회가 정하여 고시한다.

④ 법 제93조제2항에서 "대통령령으로 정하는 기준"이란 집합투자기구 자산총액의 100분의 10을 말한다.

판 행 규 생 제97조(부동산의 운용 특례)

① 법 제94조제1항에서 "대통령령으로 정하는 방법"이란 집합투자업자가 다음 각 호의 어느 하나에 해당하는 금융기관 등에게 부동산을 담보로 제공하거나 금융위원회가 정하여 고시하는 방법으로 금전을 차입하는 것을 말한다. 다만, 집합투자자총회에서 달리 의결한 경우에는 그 의결에 따라 금전을 차입할 수 있다.

1. 제79조제2항제5호 각 목의 금융기관
2. 보험회사
3. 「국가재정법」에 따른 기금
4. 다른 부동산집합투자기구
5. 제1호부터 제4호까지의 규정에 준하는 외국 금융기관 등

② 법 제94조제2항에서 "대통령령으로 정하는 자"란 「부동산투자회사법」에 따른 부동산투자회사 또는 다른 집합투자기구를 말한다.

③ 법 제94조제2항에서 "대통령령으로 정하는 방법"이란 다음 각 호의 요건을 모두 충족하는 방법을 말한다.

1. 집합투자규약에서 금전의 대여에 관한 사항을 정하고 있을 것
2. 집합투자업자가 부동산에 대하여 담보권을 설정하거나 시공사 등으로부터 지급보증을 받는 등 대여금을 회수하기 위한 적절한 수단을 확보할 것

④ 집합투자업자가 법 제94조제2항에 따라 금전을 대여하는 경우 그 대여금 한도는 해당 집합투자기구의 자산총액에서 부채총액을 뺀 가액의 100분의 100으로 한다.

⑤ 법 제94조제3항에서 "대통령령으로 정하는 사항"이란 다음 각 호의 사항을 말한다.

1. 부동산의 거래비용
2. 부동산과 관련된 재무자료
3. 부동산의 수익에 영향을 미치는 요소
4. 그 밖에 부동산의 거래 여부를 결정함에 있어 필요한 사항으로서 금융위원회가 정하여 고시하는 사항

⑥ 법 제94조제4항에서 "대통령령으로 정하는 사항"이란 다음 각 호의 사항을 말한다.

1. 건축계획 등이 포함된 사업계획에 관한 사항

2. 자금의 조달·투자 및 회수에 관한 사항

3. 추정손익에 관한 사항

4. 사업의 위험에 관한 사항

5. 공사시공 등 외부용역에 관한 사항

6. 그 밖에 투자자를 보호하기 위하여 필요한 사항으로서 금융위원회가 정하여 고시하는 사항

⑦ 집합투자업자가 법 제94조제1항에 따라 금전을 차입하는 경우에 그 차입금 한도는 다음 각 호와 같다.

1. 부동산집합투자기구의 계산으로 차입하는 경우: 그 부동산집합투자기구의 자산총액에서 부채총액을 뺀 가액의 100분의 200. 다만, 집합투자자총회에서 달리 의결한 경우에는 그 의결한 한도

2. 부동산집합투자기구가 아닌 집합투자기구의 계산으로 차입하는 경우: 그 집합투자기구에 속하는 부동산 가액의 100분의 100의 범위에서 금융위원회가 정하여 고시하는 비율. 이 경우 부동산 가액의 평가는 법 제238조제2항에 따른 평가위원회(이하 "집합투자재산평가위원회"라 한다)가 같은 조 제3항에 따른 집합투자재산평가기준에 따라 정한 가액으로 한다.

⑧ 집합투자업자는 법 제94조제1항에 따라 차입한 금전을 부동산에 운용하는 방법 외의 방법으로 운용하여서는 아니 된다. 다만, 집합투자기구의 종류 등을 고려하여 금융위원회가 정하여 고시하는 경우에는 부동산에 운용하는 방법 외의 방법으로 운용할 수 있다.

⑨ 삭제 〈2015. 10. 23.〉

제3관 투자자문업자 및 투자일임업자의 영업행위 규칙

판 연 행 규 **제98조(용어의 정의)**

① 법 제97조제1항제8호에서 "대통령령으로 정하는 사항"이란 다음 각 호의 사항을 말한다. 〈개정 2016. 2. 5.〉

1. 임원 및 대주주에 관한 사항

2. 투자일임계약인 경우에는 투자자가 계약개시 시점에서 소유할 투자일임재산의 형태와 계약종료 시점에서 소유하게 되는 투자일임재산의 형태

3. 투자일임재산을 운용할 때 적용하는 투자방법에 관한 사항

4. 법 제99조제1항에 따른 투자일임보고서(이하 "투자일임보고서"라 한다)의 작성대상 기간

4의2. 자산구성형 개인종합자산관리계약의 경우에는 제2항제2호 전단에 따라 투자자에게 제시되는 운용방법의 내용 및 같은 호 후단에 따라 둘 이상으로 마련되는 운용방법 간 내용상의 차이에 관한 사항

5. 그 밖에 투자자가 계약체결 여부를 결정하는 데에 중요한 판단기준이 되는 사항으로서 금융위원회가 정하여 고시하는 사항

② 제1항에 따른 자산구성형 개인종합자산관리계약은 「조세특례제한법」 제91조의18 제1항에 따른 개인종합자산관리계좌(같은 조 제3항제2호에 따라 신탁업자와 특정금전신탁계약을 체결하여 개인종합자산관리계좌의 명칭으로 개설한 계좌는 제외한다)에 관한 투자일임계약으로서 다음 각 호의 요건을 모두 갖춘 투자일임계약으로 한다. 〈신설 2016. 2. 5., 2019. 3. 12.〉

1. 삭제 〈2019. 3. 12.〉

2. 투자일임업자는 투자일임계약을 체결하기 전에 투자대상자산의 종류·비중·위험도 등의 내용이 포함된 운용방법을 투자자에게 제시할 것. 이 경우 투자자의 투자목적·재산상황·투자경험·위험감수능력 등을 고려하여 둘 이상의 운용방법을 마련하여 제시하여야 한다.

3. 투자일임업자는 다음 각 목의 내용이 포함된 투자일임계약을 투자자와 체결할 것

　가. 투자자로부터 투자대상자산에 대한 투자판단의 전부를 일임받지 아니한다는 내용

　나. 제2호 전단에 따라 투자자에게 제시하여 투자자가 선택한 운용방법의 내용

　다. 투자일임업자는 나목에 따른 운용방법으로 투자일임재산을 운용한다는 내용

라. 제4호부터 제7호까지의 규정에 따른 내용

4. 해당 투자자가 제3호나목에 따라 투자일임계약의 내용으로 정한 운용방법의 변경을 요구하는 경우 투자일임업자는 그 요구에 따를 것

5. 투자일임업자가 제3호나목에 따라 투자일임계약의 내용으로 정한 운용방법에 따라 투자일임재산을 운용할 때 취득·처분하려는 투자대상자산의 종목·수량 및 취득·처분의 방법 등을 취득·처분하기 전에 해당 투자자에게 통지할 것

6. 해당 투자자가 제5호에 따른 통지를 받은 후 그 취득·처분을 하지 아니할 것을 요구하거나 취득·처분한 투자대상자산의 종목·수량 및 취득·처분의 방법 등의 변경을 요구하는 경우 투자일임업자는 그 요구에 따를 것

7. 투자일임업자는 제4호에 따른 투자자의 요구가 없더라도 매 분기별로 1회 이상 다음 각 목의 사항을 평가하여 제3호나목에 따라 투자일임계약의 내용으로 정한 운용방법을 변경할지 여부를 검토한 후 그 변경이 필요하다고 인정되는 경우 그 운용방법을 변경할 것

가. 제3호나목에 따라 투자일임계약의 내용으로 정한 운용방법으로 투자대상자산을 취득·처분한 결과에 따른 투자일임재산의 안전성 및 수익성

나. 해당 투자자의 투자목적·재산상황·투자경험·위험감수능력 등을 고려하여 그 투자일임재산으로 운용한 투자대상자산의 종목·수량 등이 적합한지 여부

다. 투자자 보호 및 건전한 거래질서의 유지를 위하여 필요한 사항으로서 금융위원회가 정하여 고시하는 사항

판 연 행 규 **제99조(불건전 영업행위의 금지)**

① 법 제98조제1항 각 호 외의 부분 단서에서 "대통령령으로 정하는 경우"란 다음 각 호의 경우를 말한다. 〈개정 2013. 8. 27., 2017. 5. 8., 2019. 4. 23.〉

1. 법 제98조제1항제1호 및 제2호를 적용할 때 투자자문업자 또는 투자일임업자가 다른 금융투자업, 그 밖의 금융업을 겸영하는 경우로서 그 겸영과 관련된 해당 법령에서 법 제98조제1항제1호 및 제2호에 따른 행위를 금지하지 아니하는 경우

1의2. 법 제98조제1항제3호를 적용할 때 전자적 투자조언장치를 활용하여 일반투자자를 대상으로 투자자문업 또는 투자일임업을 수행하는 경우

2. 법 제98조제1항제5호를 적용할 때 다음 각 목의 어느 하나에 해당하는 경우

가. 투자자문 또는 투자일임재산의 운용과 관련한 정보를 이용하지 아니하였음을 증명하는 경우

나. 차익거래 등 투자자문 또는 투자일임재산의 운용과 관련한 정보를 의도적으

로 이용하지 아니하였다는 사실이 객관적으로 명백한 경우

② 법 제98조제2항 각 호 외의 부분 단서에서 "대통령령으로 정하는 경우"란 다음 각 호의 경우를 말한다. 〈개정 2009. 12. 21., 2012. 6. 29., 2013. 11. 13., 2015. 10. 23., 2019. 1. 15., 2020. 3. 10., 2025. 6. 2.〉

1. 삭제 〈2013. 8. 27.〉

2. 법 제98조제2항제2호를 적용할 때 인수일부터 3개월이 지난 후 매수하는 경우

2의2. 법 제98조제2항제2호를 적용할 때 인수한 증권이 국채증권, 지방채증권, 「한국은행법」 제69조에 따른 한국은행통화안정증권, 특수채증권 또는 법 제4조제3항에 따른 사채권(주권 관련 사채권 및 제176조의13제1항에 따른 상각형 조건부자본증권은 제외한다. 이하 이 호에서 같다) 중 어느 하나에 해당하는 경우. 다만, 사채권의 경우에는 투자자 보호 및 건전한 거래질서를 위하여 금융위원회가 정하여 고시하는 발행조건, 거래절차 등의 기준을 충족하는 채권으로 한정한다.

2의3. 법 제98조제2항제2호를 적용할 때 인수한 증권이 증권시장에 상장된 주권인 경우로서 그 주권을 증권시장 또는 다자간매매체결회사에서 매수하는 경우

2의4. 법 제98조제2항제2호를 적용할 때 일반적인 거래조건에 비추어 투자일임재산에 유리한 거래인 경우

2의5. 법 제98조제2항제5호를 적용할 때 투자자의 요구에 따라 동일한 투자자의 투자일임재산 간에 거래하는 경우

3. 법 제98조제2항제6호를 적용할 때 다음 각 목의 어느 하나에 해당하는 경우

　가. 이해관계인이 되기 6개월 이전에 체결한 계약에 따른 거래인 경우

　나. 증권시장 등 불특정 다수인이 참여하는 공개시장을 통한 거래인 경우

　다. 일반적인 거래조건에 비추어 투자일임재산에 유리한 거래인 경우

　라. 환매조건부매매

　마. 투자일임업자 또는 이해관계인의 중개·주선 또는 대리를 통하여 금융위원회가 정하여 고시하는 방법에 따라 투자일임업자 또는 이해관계인이 아닌 자와 행하는 투자일임재산의 매매

　바. 이해관계인이 매매중개(금융위원회가 정하여 고시하는 매매형식의 중개를 말한다)를 통하여 채무증권, 원화로 표시된 양도성 예금증서 또는 어음(기업어음증권은 제외한다)을 그 이해관계인과 매매하는 경우

　사. 투자에 따르는 위험을 회피하기 위하여 투자일임재산으로 상장지수집합투자기구의 집합투자증권을 차입하여 매도하는 거래인 경우

　아. 그 밖에 금융위원회가 투자자의 이익을 해칠 염려가 없다고 인정하는 경우

3의2. 법 제98조제2항제6호 및 같은 항 제9호나목을 적용할 때 증권에 관한 투자 매매업자 또는 투자중개업자인 투자일임업자가 제182조제2항에 따라 증권의 대차거 래 또는 그 중개·주선이나 대리 업무를 하기 위하여 투자자로부터 동의를 받아 투자 일임재산(증권인 투자일임재산으로 한정한다. 이하 이 호에서 같다)으로 해당 투자일 임업자의 고유재산과 거래하거나 투자자로부터 투자일임재산의 인출을 위임받는 경 우. 이 경우 해당 업무를 하기 전에 다음 각 목의 사항에 관하여 준법감시인의 확인을 받아야 한다.

　　가. 해당 투자일임재산이 제182조제2항에 따른 대차거래의 중개의 목적으로만 활 용되는지 여부

　　나. 그 대차거래의 중개로 해당 투자일임재산과 고유재산이 혼화(混和)됨에 따라 투자자 보호와 건전한 거래질서를 저해할 우려가 없는지 여부

　　다. 그 밖에 금융위원회가 정하여 고시하는 사항

4. 법 제98조제2항제8호를 적용할 때 개별 투자일임재산을 효율적으로 운용하기 위 하여 투자대상자산의 매매주문을 집합하여 처리하고, 그 처리 결과를 투자일임재산별 로 미리 정하여진 자산배분명세에 따라 공정하게 배분하는 경우

5. 법 제98조제2항제9호다목을 적용할 때 다음 각 목의 어느 하나에 해당하는 경우

　　가. 주식매수청구권의 행사

　　나. 공개매수에 대한 응모

　　다. 유상증자의 청약

　　라. 전환사채권의 전환권의 행사

　　마. 신주인수권부사채권의 신주인수권의 행사

　　바. 교환사채권의 교환청구

　　사. 파생결합증권의 권리의 행사

　　아. 법 제5조제1항제2호에 따른 권리의 행사

　　자. 투자자의 이익을 보호하기 위하여 금융위원회가 정하여 고시하는 요건을 갖 춘 투자일임업자가 제10조제3항제12호에 따른 기금(이에 준하는 외국인을 포 함한다), 같은 항 제13호에 따른법인(이에 준하는 외국인을 포함한다) 또는「 우정사업 운영에 관한 특례법」제2조제2호에 따른 우정사업총괄기관으로부터 위임받은 의결권의 행사. 이 경우 의결권 행사의 제한에 관하여는 법 제112 조제2항부터 제4항까지의 규정을 준용하며, "신탁업자"는 "투자일임업자"로, "신탁재산"은 "투자일임재산"으로, "신탁계약"은 "투자일임계약"으로 본다.

③ 법 제98조제2항제3호에서 "대통령령으로 정하는 인수업무"란 발행인이나 매출

인으로부터 직접 증권의 인수를 의뢰받아 인수조건 등을 정하는 업무를 말한다.
④ 법 제98조제2항제10호에서 "대통령령으로 정하는 행위"란 다음 각 호의 어느 하나에 해당하는 행위를 말한다. 〈개정 2016. 2. 5., 2021. 2. 9.〉

1. 법 제9조제5항 단서에 따라 일반투자자와 같은 대우를 받겠다는 전문투자자(제10조제1항 각 호의 자는 제외한다)의 요구에 정당한 사유 없이 동의하지 아니하는 행위

1의2. 제68조제5항제2호의2 각 목 외의 부분에 따른 일반투자자와 투자일임계약(투자자 보호 및 건전한 거래질서를 해칠 우려가 없는 것으로서 금융위원회가 정하여 고시하는 투자일임계약은 제외한다)을 체결하는 경우 다음 각 목의 어느 하나에 해당하는 행위

　가. 계약 체결과정을 녹취하지 않거나 투자자의 요청에도 불구하고 녹취된 파일을 제공하지 않는 행위

　나. 투자권유를 받은 투자자와의 계약 체결과정에서 투자일임계약을 해지할 수 있는 기간(이하 이 호에서 "숙려기간"이라 한다)에 대해 안내하지 않는 행위

　다. 투자권유를 받고 계약을 체결한 투자자에게 2영업일 이상의 숙려기간을 부여하지 않는 행위

　라. 숙려기간 동안 투자자에게 투자에 따르는 위험, 투자원금의 손실가능성, 최대 원금손실 가능금액 및 그 밖에 금융위원회가 정하여 고시하는 사항을 고지하지 않거나 투자일임재산을 운용하는 행위

　마. 숙려기간이 지난 후 서명, 기명날인, 녹취 또는 그 밖에 금융위원회가 정하여 고시하는 방법으로 그 계약 체결 의사가 확정적임을 확인하지 않고 투자일임재산을 운용하는 행위

　바. 투자일임재산을 운용할 목적으로 투자자에게 그 계약 체결 의사가 확정적임을 표시해 줄 것을 권유하거나 강요하는 행위

1의3. 고난도투자일임계약을 체결하는 경우 다음 각 목의 어느 하나에 해당하는 행위

　가. 개인인 일반투자자를 대상으로 한 제1호의2 각 목의 어느 하나에 해당하는 행위

　나. 개인인 투자자에게 고난도투자일임계약의 내용, 투자에 따르는 위험 및 그 밖에 금융위원회가 정하여 고시하는 사항을 해당 투자자가 쉽게 이해할 수 있도록 요약한 설명서를 내어 주지 않는 행위. 다만, 투자자가 해당 설명서를 받지 않겠다는 의사를 서면, 전신, 전화, 팩스, 전자우편 또는 그 밖에 금융위원회가 정하여 고시하는 방법으로 표시한 경우는 제외한다.

2. 투자일임계약을 위반하여 투자일임재산을 운용하는 행위

2의2. 제98조제2항에 따른 자산구성형 개인종합자산관리계약을 체결한 투자일임업자의 경우 같은 항 각 호의 요건에 따르지 아니하는 행위

3. 투자일임의 범위, 투자목적 등을 고려하지 아니하고 투자일임재산으로 금융투자상품을 지나치게 자주 매매하는 행위

4. 투자자(투자자가 법인, 그 밖의 단체인 경우에는 그 임직원을 포함한다) 또는 거래상대방(거래상대방이 법인, 그 밖의 단체인 경우에는 그 임직원을 포함한다) 등에게 업무와 관련하여 금융위원회가 정하여 고시하는 기준을 위반하여 직접 또는 간접으로 재산상의 이익을 제공하거나 이들로부터 제공받는 행위

5. 법 제55조 및 제98조에 따른 금지 또는 제한을 회피할 목적으로 하는 행위로서 장외파생상품거래, 신탁계약, 연계거래 등을 이용하는 행위

6. 채권자로서 그 권리를 담보하기 위하여 백지수표나 백지어음을 받은 행위

7. 그 밖에 투자자 보호 또는 건전한 거래질서를 해칠 염려가 있는 행위로서 금융위원회가 정하여 고시하는 행위

판 행 제99조의2 (성과보수의 제한 등)

① 법 제98조의2제1항 단서에서 "대통령령으로 정하는 경우"란 다음 각 호의 어느 하나에 해당하는 경우를 말한다.

1. 투자자가 전문투자자인 경우

2. 투자자가 일반투자자인 경우에는 다음 각 목의 요건을 모두 충족하는 경우

가. 성과보수가 금융위원회가 정하여 고시하는 요건을 갖춘 기준지표 또는 투자자와 합의에 의하여 정한 기준수익률(이하 이 조에서 "기준지표등"이라 한다)에 연동하여 산정될 것

나. 운용성과(투자자문과 관련한 투자결과 또는 투자일임재산의 운용실적을 말한다. 이하 이 항에서 같다)가 기준지표등의 성과보다 낮은 경우에는 성과보수를 적용하지 아니하는 경우보다 적은 운용보수를 받게 되는 보수체계를 갖출 것

다. 운용성과가 기준지표등의 성과를 초과하더라도 그 운용성과가 부(負)의 수익률을 나타내거나 또는 금융위원회가 정하여 고시하는 기준에 미달하는 경우에는 성과보수를 받지 아니하도록 할 것

라. 그 밖에 성과보수의 산정방식, 지급시기 등에 관하여 금융위원회가 정하여 고시하는 요건을 충족할 것

② 법 제98조의2제2항에서 "대통령령으로 정하는 사항"이란 다음 각 호를 말한다.

1. 성과보수가 지급된다는 뜻과 그 한도

2. 성과보수를 지급하지 아니하는 경우보다 높은 투자위험에 노출될 수 있다는 사실

3. 성과보수를 포함한 보수 전체에 관한 사항

4. 기준지표등

5. 성과보수의 지급시기

6. 성과보수가 지급되지 아니하는 경우에 관한 사항

7. 그 밖에 투자자를 보호하기 위하여 필요한 사항으로서 금융위원회가 정하여 고시하는 사항

[본조신설 2013. 8. 27.]

판 연 행 규 **제100조(투자일임보고서의 교부 등)**

① 법 제99조제1항에 따른 투자일임보고서에는 해당 투자일임보고서 작성대상 기간에 대하여 다음 각 호의 사항을 기재하여야 한다.

1. 운용경과의 개요 및 손익 현황

2. 투자일임재산의 매매일자, 매매가격, 위탁수수료 및 각종 세금 등 운용현황

3. 투자일임재산에 속하는 자산의 종류별 잔액현황, 취득가액, 시가 및 평가손익

4. 투자일임수수료를 부과하는 경우에는 그 시기 및 금액

5. 그 밖에 투자자를 보호하기 위하여 필요한 사항으로서 금융위원회가 정하여 고시하는 사항

② 투자일임업자는 투자자에게 투자일임보고서를 내주는 경우에는 투자일임보고서 작성대상 기간이 지난 후 2개월 이내에 직접 또는 우편발송 등의 방법으로 내주어야 한다. 다만, 일반투자자가 전자우편 또는 이와 비슷한 전자통신의 방법을 통하여 투자일임보고서를 받는다는 의사표시를 한 경우 또는 제99조제1항제1호의2에 따른 전자적 투자조언장치를 활용하여 투자일임업을 수행하는 경우에는 전자우편 또는 이와 비슷한 전자통신의 방법을 통하여 보낼 수 있다. 〈개정 2017. 5. 8., 2019. 1. 15.〉

③ 투자일임업자는 제2항 본문에 따라 우편발송 등의 방법으로 내준 투자일임보고서가 3회 이상 반송된 경우 투자자가 요구할 때 즉시 내줄 수 있도록 지점이나 그 밖의 영업소에 투자일임보고서를 비치하는 것으로 그에 갈음할 수 있다. 〈신설 2019. 1. 15.〉

④ 투자일임보고서의 서식과 작성방법, 교부방법, 그 밖에 필요한 사항은 금융위원회가 정하여 고시한다. 〈개정 2019. 1. 15.〉

101조(역외투자자문업자 등의 특례)

① 법 제100조제1항에 따른 역외투자자문업자(이하 이 조에서 "역외투자자문업자"라 한다) 또는 같은 항에 따른 역외투자일임업자(이하 이 조에서 "역외투자일임업자"라 한다)는 같은 조 제5항에 따라 매 사업연도 개시일부터 3개월간·6개월간·9개월간 및 12개월간의 업무보고서를 금융위원회가 정하여 고시하는 기준에 따라 작성하여 그 기간이 지난 후 1개월 이내에 금융위원회에 제출하여야 한다.

② 법 제100조제6항에서 "대통령령으로 정하는 자"란 다음 각 호의 어느 하나에 해당하는 자를 말한다.

1. 국가

2. 한국은행

3. 제10조제2항제1호부터 제17호까지의 어느 하나에 해당하는 자

4. 제10조제3항제1호부터 제14호까지의 어느 하나에 해당하는 자

③ 법 제100조제7항에서 "대통령령으로 정하는 외국 보관기관"이란 제63조제3항에 따른 외국 보관기관을 말한다. 〈개정 2013. 8. 27.〉

④ 역외투자일임업자는 금융위원회가 정하여 고시하는 기준에 따라 작성한 투자일임보고서를 월 1회 이상 투자자에게 직접 또는 우편발송 등의 방법으로 내주어야 한다. 다만, 투자자가 전자우편을 통하여 해당 투자일임보고서를 받는다는 의사표시를 한 경우에는 전자우편을 통하여 보낼 수 있다.

⑤ 제1항부터 제4항까지에서 규정한 사항 외에 역외투자자문업자 또는 역외투자일임업자의 업무방법 및 절차 등에 관하여 필요한 사항은 금융위원회가 정하여 고시한다.

제102조(유사투자자문업의 신고)

① 법 제101조제5항제1호에서 "이 법, 「유사수신행위의 규제에 관한 법률」 또는 「방문판매 등에 관한 법률」 등 대통령령으로 정하는 금융 또는 소비자 보호 관련 법령"이란 다음 각 호의 법령을 말한다.

1. 금융관련법령

2. 「방문판매 등에 관한 법률」

3. 「전자상거래 등에서의 소비자보호에 관한 법률」

② 유사투자자문업자는 법 제101조제6항에 따른 유효기간이 끝난 후에도 계속하여 유사투자자문업을 영위하려는 경우에는 유효기간 만료일 3개월 전부터 1개월 전까지 금융위원회에 그 유효기간의 갱신을 신청할 수 있다.

[전문개정 2024. 8. 13.]

판 연 **제102조의2(불건전 영업행위 금지 등)**

법 제101조의2제2항제5호에서 "대통령령으로 정하는 표시 또는 광고"란 다음 각 호의 표시 또는 광고를 말한다.

1. 금융투자상품의 수익률이나 운용실적을 표시 또는 광고하는 경우 수익률이나 운용실적이 좋은 기간의 수익률이나 운용실적만을 제시하는 표시 또는 광고

2. 불확실한 사항에 대해 단정적 판단을 제공하거나 확실하다고 오인하게 할 소지가 있는 내용을 알리는 표시 또는 광고

3. 계약 체결 여부나 투자자의 권리·의무에 중대한 영향을 미치는 사항을 사실과 다르게 알리거나 분명하지 않게 표현하는 표시 또는 광고

4. 그 밖에 투자자 보호 또는 건전한 거래질서를 해칠 우려가 있는 표시 또는 광고로서 금융위원회가 정하여 고시하는 표시 또는 광고

[본조신설 2024. 8. 13.]

제4관 신탁업자의 영업행위 규칙

판 **생** **제103조(신탁의 종류)**

법 제103조제3항에 따라 금전신탁은 다음 각 호와 같이 구분한다.

1. 위탁자가 신탁재산인 금전의 운용방법을 지정하는 금전신탁(이하 "특정금전신탁"이라 한다)

2. 위탁자가 신탁재산인 금전의 운용방법을 지정하지 아니하는 금전신탁(이하 "불특정금전신탁"이라 한다)

판 **연** **행** **규** **생** **제104조(신탁업무의 방법 등)**

① 신탁업자는 수탁한 재산에 대하여 손실의 보전이나 이익의 보장을 하여서는 아니 된다. 다만, 연금이나 퇴직금의 지급을 목적으로 하는 신탁으로서 금융위원회가 정하여 고시하는 경우에는 손실의 보전이나 이익의 보장을 할 수 있다.

② 신탁업자는 제1항 단서에 따라 손실의 보전이나 이익의 보장을 한 신탁재산의 운용실적이 신탁계약으로 정한 것에 미달하는 경우에는 특별유보금(손실의 보전이나 이익의 보장 계약이 있는 신탁의 보전 또는 보장을 위하여 적립하는 금액을 말한다), 신탁보수, 고유재산의 순으로 충당하여야 한다.

③ 신탁업자는 신탁계약기간이 끝난 경우에는 제1항 단서에 따라 손실의 보전이나 이익의 보장을 한 경우를 제외하고는 신탁재산의 운용실적에 따라 반환하여야 한다.

④ 신탁업자는 위탁자가 신탁계약기간이 종료되기 전에 신탁계약을 해지하는 경우에는 제3항에 따른 신탁재산의 운용실적에서 신탁계약에서 정하고 있는 중도해지수수료를 빼고 반환하여야 한다. 다만, 금융위원회가 정하여 고시하는 사유에 해당하는 경우에는 이를 빼지 아니한다.

⑤ 신탁업자는 신탁계약이 정하는 바에 따라 신탁보수를 받을 수 있다.

⑥ 신탁업자는 특정금전신탁(신탁재산에 금전이 포함된 종합재산신탁을 포함한다. 이하 이 항에서 같다) 계약을 체결(갱신을 포함한다. 이하 이 항에서 같다)하거나 제1호에서 정한 금전의 운용방법을 변경할 때에는 다음 각 호의 구분에 따른 사항을 준수해야 한다. 다만, 수익자 보호 및 건전한 거래질서를 해칠 우려가 없는 경우로서 계약의 특성 등을 고려하여 금융위원회가 정하여 고시하는 특정금전신탁의 경우는 제외한다. 〈신설 2014. 8. 12., 2021. 2. 9., 2024. 11. 12.〉

1. 계약을 체결할 때: 위탁자로 하여금 신탁재산인 금전의 운용방법으로서 운용대상의 종류·비중·위험도, 그 밖에 위탁자가 지정하는 내용을 계약서에 자필로 적도록 할 것

2. 제1호에서 정한 금전의 운용방법을 변경할 때: 다음 각 목의 사항

　가. 변경되는 운용방법에 따라 취득하는 금융투자상품에 관하여 투자자가 이해할 수 있도록 설명하는 등 금융위원회가 정하여 고시하는 사항을 준수할 것

　나. 위탁자로 하여금 변경내용을 계약서에 자필로 적도록 하거나 서명(「전자서명법」 제2조제2호에 따른 전자서명을 포함한다), 기명날인 또는 녹취를 통해 변경내용을 확인받을 것. 다만, 다음의 어느 하나에 해당하는 경우에는 그 변경내용을 계약서에 자필로 적도록 해야 한다.

　　1) 운용대상을 고난도금융투자상품이 아닌 금융투자상품에서 고난도금융투자상품으로 변경하는 경우

　　2) 운용대상을 고난도금융투자상품에서 다른 고난도금융투자상품으로 변경하는 경우(종전과 동일한 수익구조의 고난도금융투자상품으로 변경하는 등 위험도가 동일한 고난도금융투자상품으로 변경하는 경우는 제외한다)

　　3) 1) 및 2)에 해당하지 않는 경우로서 운용대상의 위험도를 변경하는 경우

⑦ 법 제103조제4항에서 "대통령령으로 정하는 사업비"란 공사비, 광고비, 분양비 등 부동산개발사업에 드는 모든 비용에서 부동산 자체의 취득가액과 등기비용, 그 밖에 부동산 취득에 관련된 부대비용을 제외한 금액을 말한다. 〈개정 2014. 8. 12.〉

판 규 제105조 (고유재산에 의한 신탁재산의 취득)

법 제104조제2항제2호에서 "대통령령으로 정하는 경우"란 다음 각 호의 요건을 모두 충족하는 경우로서 금융위원회가 인정하는 경우를 말한다.

1. 신탁계약기간이 종료되기까지의 남은 기간이 3개월 이내일 것
2. 신탁재산을 고유재산으로 취득하는 방법 외에 신탁재산의 처분이 곤란할 경우일 것
3. 취득가액이 공정할 것

판 연 행 규 생 제106조 (신탁재산의 운용방법 등)

① 법 제105조제1항제1호에서 "대통령령으로 정하는 증권"이란 다음 각 호의 어느 하나에 해당하는 증권을 말한다.

1. 채무증권

2. 지분증권

3. 수익증권

4. 삭제 〈2013. 8. 27.〉

5. 파생결합증권

6. 증권예탁증권

② 법 제105조제1항제3호에서 "대통령령으로 정하는 금융기관"이란 다음 각 호의 어느 하나에 해당하는 금융기관을 말한다. 〈개정 2016. 6. 28., 2020. 3. 10.〉

1. 은행

2. 「한국산업은행법」에 따른 한국산업은행

3. 「중소기업은행법」에 따른 중소기업은행

4. 증권금융회사

5. 종합금융회사

6. 「상호저축은행법」에 따른 상호저축은행

7. 「농업협동조합법」에 따른 농업협동조합

8. 「수산업협동조합법」에 따른 수산업협동조합

9. 「신용협동조합법」에 따른 신용협동조합

9의2.「산림조합법」에 따른 산림조합

10.「우체국 예금·보험에 관한 법률」에 따른 체신관서

10의2.「새마을금고법」에 따른 새마을금고

11. 제1호부터 제10호까지 및 제10호의2의 기관에 준하는 외국 금융기관

③ 법 제105조제1항제10호에서 "대통령령으로 정하는 방법"이란 다음 각 호의 어느 하나에 해당하는 방법을 말한다. 〈개정 2012. 6. 29., 2019. 1. 15.〉

1. 원화로 표시된 양도성 예금증서의 매수

2. 지상권, 전세권, 부동산임차권, 부동산소유권 이전등기청구권, 그 밖의 부동산 관련 권리에의 운용

3. 환매조건부매수

4. 증권의 대여 또는 차입

5. 「근로자퇴직급여 보장법」 제29조제2항에 따른 신탁계약으로 퇴직연금 적립금을 운용하는 경우에는 같은 법 시행령 제26조제1항제1호나목에 따른 보험계약의 보험금 지급청구권에의 운용

6. 그 밖에 신탁재산의 안정성·수익성 등을 고려하여 금융위원회가 정하여 고시하

는 방법

④ 법 제105조제2항에서 "대통령령으로 정하는 경우"란 다음 각 호의 어느 하나에 해당하는 경우를 말한다. 〈개정 2014. 8. 12.〉

1. 법 제103조제4항에 따라 부동산개발사업을 목적으로 하는 신탁계약을 체결한 경우로서 그 신탁계약에 의한 부동산개발사업별로 사업비(제104조제7항에 따른 사업비를 말한다)의 100분의 15 이내에서 금전을 신탁받는 경우

2. 다음 각 목의 요건을 모두 충족하는 경우로서 금융위원회의 인정을 받은 경우

　가. 신탁계약의 일부해지 청구가 있는 경우에 신탁재산을 분할하여 처분하는 것이 곤란할 것

　나. 차입금리가 공정할 것

⑤ 신탁업자가 신탁재산에 속하는 금전을 운용하는 경우에는 다음 각 호의 기준을 지켜야 한다. 〈개정 2009. 2. 3., 2012. 6. 29., 2013. 7. 5., 2020. 3. 10.〉

1. 특정금전신탁인 경우[그 신탁재산으로 법 제165조의3제3항에 따라 주권상장법인(법 제9조제15항제3호에 따른 주권상장법인을 말한다. 이하 같다)이 발행하는 자기주식을 취득·처분하는 경우만 해당한다]

　가. 법 제165조의3제1항제1호의 방법으로 취득할 것

　나. 자기주식을 취득한 후 1개월 이내에 처분하거나 처분한 후 1개월 이내에 취득하지 아니할 것

　다. 자기주식을 취득하고 남은 여유자금을 금융위원회가 정하여 고시하는 방법 외의 방법으로 운용하지 아니할 것

　라. 제176조의2제2항제1호부터 제5호까지의 어느 하나에 해당하는 기간 동안에 자기주식을 취득하거나 처분하지 아니할 것

2. 불특정금전신탁인 경우

　가. 사모사채(금융위원회가 정하여 고시하는 자가 원리금의 지급을 보증한 사모사채와 담보부사채는 제외한다)에 운용하는 경우에는 각 신탁재산의 100분의 3을 초과하지 아니할 것

　나. 지분증권(그 지분증권과 관련된 증권예탁증권을 포함한다) 및 장내파생상품에 운용하는 경우에는 각 신탁재산의 100분의 50을 초과하지 아니할 것. 이 경우 장내파생상품에 운용하는 때에는 그 매매에 따른 위험평가액(법 제81조제2항에 따른 위험평가액을 말한다. 이하 이 조에서 같다)을 기준으로 산정한다.

　다. 장외파생상품에 운용하는 경우에는 그 매매에 따른 위험평가액이 각 신탁재

산의 100분의 10을 초과하지 아니할 것

　라. 동일 법인 등이 발행한 지분증권(그 지분증권과 관련된 증권예탁증권을 포함
　　　한다)에 운용하는 경우에는 그 지분증권 발행총수의 100분의 15를 초과하지
　　　아니할 것

　마. 그 밖에 금융위원회가 정하여 고시하는 신탁재산의 운용방법에 따를 것

　3. 제1호 및 제2호 외의 신탁인 경우 수익자 보호 또는 건전거래질서를 유지하기 위
하여 금융위원회가 정하여 고시하는 기준을 따를 것

판 행 규 제107조 (여유자금의 운용)

① 법 제106조제1호 및 제3호에서 "대통령령으로 정하는 금융기관"이란 각각 제106
조제2항 각 호의 금융기관을 말한다.

② 법 제106조제4호에서 "대통령령으로 정하는 방법"이란 다음 각 호의 어느 하나
에 해당하는 방법을 말한다.

1. 법 제83조제4항에 따른 단기대출

2. 제106조제2항 각 호의 금융기관이 발행한 채권(특수채증권은 제외한다)의 매수

3. 그 밖에 신탁재산의 안정성·수익성 등을 해치지 아니하는 방법으로서 금융위원
회가 정하여 고시하는 방법

판 연 제108조

제108조 삭제 〈2009. 2. 3.〉

판 연 행 규 제109조 (불건전 영업행위의 금지)

① 법 제108조 각 호 외의 부분 단서에서 "대통령령으로 정하는 경우"란 다음 각 호
의 어느 하나에 해당하는 경우를 말한다. 〈개정 2009. 7. 1., 2009. 12. 21.,
2012. 6. 29., 2013. 8. 27., 2013. 11. 13., 2014. 12. 9., 2015. 10. 23.,
2020. 3. 10., 2025. 6. 2.〉

1. 법 제108조제1호를 적용할 때 다음 각 목의 어느 하나에 해당하는 경우

　가. 신탁재산의 운용과 관련한 정보를 이용하지 아니하였음을 증명하는 경우

　나. 증권시장(다자간매매체결회사에서의 거래를 포함한다)과 파생상품시장 간의 가격
　　　차이를 이용한 차익거래, 그 밖에 이에 준하는 거래로서 신탁재산의 운용과 관련한
　　　정보를 의도적으로 이용하지 아니하였다는 사실이 객관적으로 명백한 경우

2. 법 제108조제2호를 적용할 때 인수일부터 3개월이 지난 후 매수하는 경우

2의2. 법 제108조제2호를 적용할 때 인수한 증권이 국채증권, 지방채증권, 「한국은행법」 제69조에 따른 한국은행통화안정증권, 특수채증권 또는 법 제4조제3항에 따른 사채권(주권 관련 사채권 및 제176조의13제1항에 따른 상각형 조건부자본증권은 제외한다. 이하 이 호에서 같다) 중 어느 하나에 해당하는 경우. 다만, 사채권의 경우에는 투자자 보호 및 건전한 거래질서를 위하여 금융위원회가 정하여 고시하는 발행조건, 거래절차 등의 기준을 충족하는 채권으로 한정한다.

2의3. 법 제108조제2호를 적용할 때 인수한 증권이 증권시장에 상장된 주권인 경우로서 그 주권을 증권시장 또는 다자간매매체결회사에서 매수하는 경우

2의4. 법 제108조제2호를 적용할 때 일반적인 거래조건에 비추어 신탁재산에 유리한 거래인 경우

3. 법 제108조제5호를 적용할 때 같은 신탁업자가 운용하는 신탁재산 상호 간에 자산을 동시에 한쪽이 매도하고 다른 한쪽이 매수하는 거래로서 다음 각 목의 어느 하나에 해당하는 경우. 이 경우 매매가격, 매매거래 절차 및 방법, 그 밖에 필요한 사항은 금융위원회가 정하여 고시한다.

　　가. 신탁계약의 해지(일부해지를 포함한다)에 따른 해지금액 등을 지급하기 위하여 불가피한 경우

　　나. 그 밖에 금융위원회가 수익자의 이익을 해칠 염려가 없다고 인정하는 경우

4. 법 제108조제6호를 적용할 때 다음 각 목의 어느 하나에 해당하는 경우. 다만, 「근로자퇴직급여 보장법」에 따른 특정금전신탁의 경우에는 다음 각 목(라목은 제외한다)의 어느 하나에 해당하는 경우 중 신탁재산으로 신탁업자의 원리금 지급을 보장하는 고유재산과 거래하는 경우는 제외한다.

　　가. 이해관계인이 되기 6개월 이전에 체결한 계약에 따른 거래

　　나. 증권시장 등 불특정다수인이 참여하는 공개시장을 통한 거래

　　다. 일반적인 거래조건에 비추어 신탁재산에 유리한 거래

　　라. 환매조건부매매

　　마. 신탁업자 또는 이해관계인의 중개·주선 또는 대리를 통하여 금융위원회가 정하여 고시하는 방법에 따라 신탁업자 및 이해관계인이 아닌 자와 행하는 투자대상자산의 매매

　　바. 신탁업자나 이해관계인의 매매중개(금융위원회가 정하여 고시하는 매매형식의 중개를 말한다)를 통하여 그 신탁업자 또는 이해관계인과 행하는 채무증권, 원화로 표시된 양도성 예금증서 또는 어음(기업어음증권은 제외한다)의 매매

　　사. 법 제104조제2항 또는 법 제105조제2항에 따른 거래

아. 예금거래(수탁액이 3억원 이상인 특정금전신탁 또는 「자산유동화에 관한 법률」 제3조에 따른 자산유동화계획에 의한 여유자금운용을 말한다)

자. 금액의 규모 또는 시간의 제약으로 인하여 다른 방법으로 운용할 수 없는 경우로서 일시적인 자금의 대여(그 신탁재산을 운용하는 신탁업자에게 대여하는 경우만 해당한다)

차. 그 밖에 거래의 형태, 조건, 방법 등을 고려하여 신탁재산과 이해가 상충될 염려가 없는 경우로서 금융위원회가 정하여 고시하는 거래

5. 제3항제5호를 적용할 때 개별 신탁재산을 효율적으로 운용하기 위하여 투자대상 자산의 매매주문을 집합하여 처리하고, 그 처리 결과를 신탁재산별로 미리 정하여진 자산배분명세에 따라 공정하게 배분하는 경우

② 법 제108조제3호에서 "대통령령으로 정하는 인수업무"란 발행인 또는 매출인으로부터 직접 증권의 인수를 의뢰받아 인수조건 등을 정하는 업무를 말한다.

③ 법 제108조제9호에서 "대통령령으로 정하는 행위"란 다음 각 호의 어느 하나에 해당하는 행위를 말한다. 〈개정 2015. 3. 3., 2017. 10. 17., 2021. 2. 9., 2024. 11. 12.〉

1. 법 제9조제5항 단서에 따라 일반투자자와 같은 대우를 받겠다는 전문투자자(제10조제1항 각 호의 자는 제외한다)의 요구에 정당한 사유 없이 동의하지 아니하는 행위

1의2. 제68조제5항제2호의2 각 목 외의 부분에 따른 일반투자자와 금전신탁계약(투자자 보호 및 건전한 거래질서를 해칠 우려가 없는 것으로서 금융위원회가 정하여 고시하는 금전신탁계약은 제외한다)을 체결하는 경우 다음 각 목의 어느 하나에 해당하는 행위

가. 계약 체결과정을 녹취하지 않거나 투자자의 요청에도 불구하고 녹취된 파일을 제공하지 않는 행위

나. 투자권유를 받은 투자자와의 계약 체결과정에서 금전신탁계약을 해지할 수 있는 기간(이하 이 호에서 "숙려기간"이라 한다)에 대해 안내하지 않는 행위

다. 투자권유를 받고 금전신탁계약을 체결한 투자자에게 계약을 해지할 수 있는 2영업일 이상의 숙려기간을 부여하지 않는 행위

라. 숙려기간 동안 투자자에게 투자에 따르는 위험, 투자원금의 손실가능성, 최대 원금손실 가능금액 및 그 밖에 금융위원회가 정하여 고시하는 사항을 고지하지 않거나 신탁재산을 운용하는 행위

마. 숙려기간이 지난 후 서명, 기명날인, 녹취 또는 그 밖에 금융위원회가 정하여 고시하는 방법으로 그 계약 체결 의사가 확정적임을 확인하지 않고 신탁재산

을 운용하는 행위

　바. 신탁재산을 운용할 목적으로 투자자에게 그 계약 체결 의사가 확정적임을 표
　　시해 줄 것을 권유하거나 강요하는 행위

1의3. 고난도금전신탁계약을 체결하는 경우 다음 각 목의 어느 하나에 해당하는 행위

　가. 개인인 일반투자자를 대상으로 한 제1호의2 각 목의 어느 하나에 해당하는
　　행위

　나. 개인인 투자자에게 고난도금전신탁계약의 내용, 투자에 따르는 위험 및 그 밖
　　에 금융위원회가 정하여 고시하는 사항을 해당 투자자가 쉽게 이해할 수 있도
　　록 요약한 설명서를 내어 주지 않는 행위. 다만, 투자자가 해당 설명서를 받
　　지 않겠다는 의사를 서면, 전신, 전화, 팩스, 전자우편 또는 그 밖에 금융위원
　　회가 정하여 고시하는 방법으로 표시한 경우는 제외한다.

2. 신탁계약을 위반하여 신탁재산을 운용하는 행위

3. 신탁계약의 운용방침이나 운용전략 등을 고려하지 아니하고 신탁재산으로 금융
투자상품을 지나치게 자주 매매하는 행위

4. 수익자(수익자가 법인, 그 밖의 단체인 경우에는 그 임직원을 포함한다) 또는 거
래상대방(거래상대방이 법인, 그 밖의 단체인 경우에는 그 임직원을 포함한다) 등에게
업무와 관련하여 금융위원회가 정하여 고시하는 기준을 위반하여 직접 또는 간접으로
재산상의 이익을 제공하거나 이들로부터 재산상의 이익을 제공받는 행위

5. 신탁재산을 각각의 신탁계약에 따른 신탁재산별로 운용하지 아니하고 여러 신탁
계약의 신탁재산을 집합하여 운용하는 행위. 다만, 다음 각 목의 어느 하나에 해당하
는 경우에는 이를 할 수 있다.

　가. 제6조제4항제2호에 해당하는 경우

　나. 다른 투자매매업자 또는 투자중개업자와 합병하는 등 금융위원회가 정하여 고
　　시하는 요건을 갖춘 신탁업자가 제104조제1항 단서에 따라 손실의 보전이나
　　이익의 보장을 한 신탁재산(그 요건을 갖춘 날부터 3년 이내에 설정한 신탁의
　　신탁재산으로 한정한다)을 운용하는 경우

6. 여러 신탁재산을 집합하여 운용한다는 내용을 밝히고 신탁계약의 체결에 대한 투
자권유를 하거나 투자광고를 하는 행위

7. 제3자와의 계약 또는 담합 등에 의하여 신탁재산으로 특정 자산에 교차하여 투
자하는 행위

8. 법 제55조 · 제105조 · 제106조 · 제108조 및 이 영 제104조제1항에 따른 금지
또는 제한을 회피할 목적으로 하는 행위로서 장외파생상품거래, 신탁계약, 연계거래

등을 이용하는 행위

9. 채권자로서 그 권리를 담보하기 위하여 백지수표나 백지어음을 받는 행위

10. 보험계약에 따른 보험금청구권을 수탁하는 경우 다음 각 목의 어느 하나에 해당하는 행위

　　가. 다음의 요건을 모두 충족하는 보험계약 외의 보험계약에 따른 보험금청구권을 수탁하는 행위

　　　1) 피보험자의 사망을 보험사고로 하는 보험계약으로서 피보험자의 사망으로 인한 보험금이 금융위원회가 정하여 고시하는 금액 이상일 것

　　　2) 보험계약자, 피보험자 및 위탁자가 동일인일 것

　　　3) 신탁계약 체결 당시 보험수익자로 지정된 자는 다음의 어느 하나에 해당하는 자일 것

　　　가) 보험계약자 본인

　　　나) 보험계약자의 배우자, 직계비속 또는 직계존속

　　　4) 보험약관에 따른 대출(이하 이 호에서 "보험계약대출"이라 한다)이 없을 것

　　　5) 그 밖에 수익자 보호 및 건전한 거래질서 유지를 위하여 필요한 사항으로서 금융위원회가 정하여 고시하는 요건을 갖출 것

　　나. 다음의 요건을 모두 충족하는 신탁계약 외의 신탁계약을 체결하는 행위

　　　1) 피보험자의 사망을 보험사고로 하는 보험계약에 다른 종류의 보험사고로 인한 보험금에 관한 사항이 부가된 경우 수탁재산은 피보험자의 사망으로 인한 보험금청구권으로 한정할 것

　　　2) 신탁계약의 수익자로 지정된 자는 보험계약자의 배우자, 직계비속 또는 직계존속 중 어느 하나에 해당하는 자일 것

　　　3)「상법」제733조에 따른 보험수익자의 지정 또는 변경의 권리를 제한하지 않을 것

　　　4) 보험계약대출을 하는 경우 신탁계약이 무효가 됨을 계약내용에 명시할 것

　　　5) 그 밖에 수익자 보호 및 건전한 거래질서 유지를 위하여 필요한 사항으로서 금융위원회가 정하여 고시하는 요건을 갖출 것

11. 그 밖에 수익자의 보호 또는 건전한 거래질서를 해칠 염려가 있는 행위로서 금융위원회가 정하여 고시하는 행위

　판　연　행　규　**제110조 (신탁계약)**

법 제109조제10호에서 "대통령령으로 정하는 사항"이란 다음 각 호의 사항을 말한

다. 〈개정 2019. 1. 15.〉

1. 수익자가 확정되지 아니한 경우에는 수익자가 될 자의 범위·자격, 그 밖에 수익자를 확정하기 위하여 필요한 사항

2. 수익자가 신탁의 이익을 받을 의사를 표시할 것을 요건으로 하는 경우에는 그 내용

3. 「신탁법」 제4조제1항에 따른 등기·등록 또는 같은 조 제2항에 따른 신탁재산의 표시와 기재에 관한 사항

4. 수익자에게 교부할 신탁재산의 종류 및 교부방법·시기

5. 신탁재산의 관리에 필요한 공과금·수선비, 그 밖의 비용에 관한 사항

6. 신탁계약 종료 시의 최종계산에 관한 사항

7. 그 밖에 건전한 거래질서를 유지하기 위하여 필요한 사항으로서 금융위원회가 정하여 고시하는 사항

판 규 제111조(수익증권 발행 신고 등)

① 법 제110조제2항에서 "대통령령으로 정하는 서류"란 다음 각 호의 서류를 말한다.

1. 수익증권 발행계획서

2. 자금운용계획서

3. 신탁약관이나 신탁계약서

② 법 제110조제5항제9호에서 "대통령령으로 정하는 사항"이란 다음 각 호의 사항을 말한다.

1. 수익증권의 발행일

2. 수익증권의 기호 및 번호

판 연 제112조(수익증권의 매수)

신탁업자는 법 제111조에 따라 수익증권을 그 고유재산으로 매수하는 경우에는 제104조제4항에 따라 산정한 가액으로 매수하여야 한다. 〈개정 2019. 1. 15.〉

판 규 제113조(의결권행사의 제한 등)

① 법 제112조제2항제1호가목에서 "대통령령으로 정하는 특수관계가 있는 자"란 특수관계인 및 제141조제2항에 따른 공동보유자를 말한다.

② 법 제112조제2항제1호나목에서 "대통령령으로 정하는 자"란 신탁업자의 대주주(최대주주의 특수관계인인 주주를 포함한다. 이하 이 조에서 같다)를 말한다.

③ 법 제112조제2항제2호나목에서 "대통령령으로 정하는 관계"란 신탁업자의 대주주가 되는 관계를 말한다.

판 연 규 **제114조 (의결권행사의 공시)**

법 제112조제7항에 따른 의결권 행사의 공시는 다음 각 호의 구분에 따른 방법으로 하여야 한다.

1. 의결권을 행사하려는 주식을 발행한 법인이 주권상장법인인 경우: 주주총회일부터 5일 이내에 증권시장을 통하여 의결권 행사 내용 등을 공시할 것

2. 의결권을 행사하려는 주식을 발행한 법인이 주권상장법인이 아닌 경우: 법 제89조제2항제1호의 방법에 따라 공시하여 일반인이 열람할 수 있도록 할 것

[전문개정 2012. 6. 29.]

판 규 **제115조 (장부·서류의 열람 및 공시 등)**

① 법 제113조제1항 후단에서 "대통령령으로 정하는 정당한 사유"란 다음 각 호의 어느 하나에 해당하는 경우를 말한다. 이 경우 신탁업자는 열람이나 교부가 불가능하다는 뜻과 그 사유가 기재된 서면을 수익자에게 내주어야 한다.

1. 신탁재산의 운용내역 등이 포함된 장부·서류를 제공함으로써 제공받은 자가 그 정보를 거래 또는 업무에 이용하거나 타인에게 제공할 것이 뚜렷하게 염려되는 경우

2. 신탁재산의 운용내역 등이 포함된 장부·서류를 제공함으로써 다른 수익자에게 손해를 입힐 것이 명백히 인정되는 경우

3. 신탁계약이 해지된 신탁재산에 관한 장부·서류로서 제62조제1항에 따른 보존기한이 지나는 등의 사유로 인하여 수익자의 열람제공 요청에 응하는 것이 불가능한 경우

② 수익자가 법 제113조제1항에 따라 열람이나 등본 또는 초본의 교부를 청구할 수 있는 장부·서류는 다음 각 호와 같다.

1. 신탁재산 명세서
2. 재무제표 및 그 부속명세서
3. 신탁재산 운용내역서

판 연 규 **제116조 (회계처리기준 제정의 위탁)**

법 제114조제2항 전단에서 "대통령령으로 정하는 자"란 「주식회사 등의 외부감사에 관한 법률 시행령」 제7조제1항에 따른 사단법인 한국회계기준원(이하 "한국회계기준원"이라 한다)을 말한다. 〈개정 2018. 10. 30.〉

판 규 제117조(회계감사 적용면제)

법 제114조제3항 단서에서 "대통령령으로 정하는 경우"란 다음 각 호의 어느 하나에 해당하는 경우를 말한다.

1. 다음 각 목의 어느 하나에 해당하는 금전신탁인 경우

    가. 특정금전신탁

    나. 이익의 보장을 하는 금전신탁(손실만을 보전하는 금전신탁은 제외한다)

    다. 회계감사 기준일 현재 수탁원본이 300억원 미만인 금전신탁

2. 법 제103조제1항제2호부터 제7호까지의 재산의 신탁인 경우

판 연 행 규 제118조(회계감사인의 선임 등

① 신탁업자는 회계감사인을 선임하거나 교체하려는 경우에는 감사의 동의(감사위원회가 설치된 경우에는 감사위원회의 의결을 말한다)를 받아야 한다.

② 신탁재산에 관한 회계감사기준은 금융위원회가 증권선물위원회의 심의를 거쳐 정하여 고시한다.

③ 신탁재산에 대한 회계감사와 관련하여 회계감사인의 권한은 법 및 「주식회사 등의 외부감사에 관한 법률」에서 정하는 바에 따른다. 〈개정 2018. 10. 30.〉

④ 회계감사인은 신탁재산에 대한 회계감사를 마친 때에는 다음 각 호의 사항이 기재된 회계감사보고서를 작성하여 신탁업자에게 지체 없이 제출해야 한다. 〈개정 2021. 10. 21.〉

1. 신탁재산의 재무상태표

2. 신탁재산의 손익계산서

3. 신탁재산의 수익률계산서

4. 신탁업자와 그 특수관계인과의 거래내역

⑤ 신탁업자는 회계감사인으로부터 회계감사보고서를 제출받은 경우에는 이를 지체 없이 금융위원회에 제출하여야 한다.

⑥ 신탁업자는 금융위원회가 정하여 고시하는 방법에 따라 해당 수익자가 회계감사보고서를 열람할 수 있도록 하여야 한다.

⑦ 회계감사에 따른 비용은 그 회계감사의 대상인 신탁재산에서 부담한다.

제118조의2 (회계감사인 등의 손해배상책임)

법 제115조제3항에 따라 회계감사인과 신탁업자의 이사·감사가 연대하여 손해를 배상할 책임이 있는 경우는 손해배상을 청구하는 자의 그 손해배상 청구일이 속하는 달의 직전 12개월간의 소득인정액 합산금액이 1억5천만원 이하인 경우로 한다.

[본조신설 2015. 3. 3.]

[종전 제118조의2는 제118조의3으로 이동 〈2015. 3. 3.〉]

제118조의3 (관리형신탁에 관한 특례)

① 신탁업자가 법 제117조의2제1항에 따라 금전채권을 수탁한 경우 그 금전채권에서 발생한 과실인 금전은 다음 각 호의 어느 하나에 해당하는 방법으로 운용하여야 한다.

1. 제106조제2항 각 호의 금융기관에의 예치

2. 국채증권, 지방채증권 또는 특수채증권의 매수

3. 국가 또는 제106조제2항 각 호의 금융기관이 지급을 보증한 증권의 매수

4. 그 밖에 신탁재산의 안정성 및 수익성 등을 고려하여 총리령으로 정하는 방법

② 제1항에 따른 운용방법의 세부사항, 그 밖에 신탁재산의 제한에 필요한 사항은 금융위원회가 정하여 고시한다.

[본조신설 2013. 8. 27.]

[제118조의2에서 이동 〈2015. 3. 3.〉]

1-6 온라인소액투자중개업자 등에 대한 특례〈신설 2016. 1. 12.〉

판 연 행 규 제118조의4 (등록요건)

① 법 제117조의4제2항제2호에서 "대통령령으로 정하는 금액"이란 5억원을 말한다.

② 법 제117조의4제2항제3호에 따른 사업계획은 다음 각 호의 요건에 적합하여야 한다.

1. 위험관리와 금융사고 예방 등을 위한 적절한 내부통제장치가 마련되어 있을 것

2. 투자자 보호에 적절한 업무방법을 갖출 것

3. 법령을 위반하지 아니하고 건전한 금융거래질서를 해칠 염려가 없을 것

③ 법 제117조의4제2항제4호에 따른 인력과 전산설비, 그 밖의 물적 설비는 다음 각 호의 요건에 적합하여야 한다.

1. 온라인소액투자중개업에 관한 전문성과 건전성을 갖춘 인력과 업무를 수행하기 위한 전산요원 등 필요한 인력을 적절하게 갖출 것

2. 다음 각 목의 전산설비 등의 물적 설비를 갖출 것

　　가. 온라인소액투자중개업을 하기에 필요한 전산설비와 통신수단

　　나. 사무실 등 충분한 업무공간과 사무장비

　　다. 전산설비 등의 물적 설비를 안전하게 보호할 수 있는 보안설비

　　라. 정전·화재 등의 사고가 발생할 경우에 업무의 연속성을 유지하기 위하여 필요한 보완설비

④ 대주주[법 제12조제2항제6호가목에 따른 대주주를 말한다. 이하 이 장(제118조의16제1항제2호라목 및 제118조의18제3항제1호·제2호는 제외한다)에서 같다]는 별표 2의 요건에 적합하여야 한다. 이 경우 같은 표 제4호가목 중 "인가신청일"은 "등록신청일"로, "인가 받으려는"은 "등록하려는"으로 본다. 다만, 다음 각 호의 어느 하나에 해당하는 경우에는 금융위원회가 그 요건을 완화하여 고시할 수 있다. 〈개정 2016. 7. 28.〉

1. 법 제12조에 따른 금융투자업인가를 받은 자가 온라인소액투자중개업자 등록을

하려는 경우

2. 법 제8조제9항 각 호의 어느 하나에 해당하는 자가 온라인소액투자중개업자 등 록을 하려는 경우

3. 온라인소액투자중개업자가 다른 회사와 합병·분할하거나 분할합병을 하는 경우

⑤ 법 제117조의4제2항제7호에서 "경영건전성기준 등 대통령령으로 정하는 건전한 재무상태와 법령 위반사실이 없는 등 대통령령으로 정하는 건전한 사회적 신용" 이란 제16조제8항에 따른 사항을 말한다.

⑥ 법 제117조의4제2항제8호에 따른 이해상충을 방지하기 위한 체계(이하 이 장 에서 "이해상충방지체계"라 한다)는 다음 각 호의 기준에 적합해야 한다. 〈개정 2021. 5. 18.〉

1. 법 제44조에 따라 이해상충이 발생할 가능성을 파악·평가·관리할 수 있는 적 절한 내부통제기준을 갖출 것

2. 법 제45조제1항 및 제2항에 따라 정보의 교류를 차단할 수 있는 적절한 체계를 갖출 것

⑦ 제2항부터 제6항까지의 규정에 따른 등록요건에 관하여 필요한 구체적인 기준은 금융위원회가 정하여 고시한다.

[본조신설 2016. 1. 12.]

판 행 규 제118조의5 (등록의 방법 및 절차 등)

① 법 제117조의4제3항에 따라 금융위원회에 제출하는 등록신청서에는 다음 각 호 의 사항을 기재하여야 한다.

1. 상호
2. 본점의 소재지
3. 임원에 관한 사항
4. 사업계획서
5. 자기자본 등 재무에 관한 사항
6. 인력과 전산설비 등의 물적 설비에 관한 사항
7. 대주주나 외국 온라인소액투자중개업자에 관한 사항
8. 이해상충방지체계에 관한 사항
9. 그 밖에 등록의 검토에 필요한 사항으로서 금융위원회가 정하여 고시하는 사항

② 법 제117조의4제1항에 따라 등록을 하려는 자는 제1항에 따른 등록신청서에 다 음 각 호의 서류를 첨부하여 제출하여야 한다.

1. 정관(이에 준하는 것을 포함한다)

2. 본점의 위치와 명칭을 기재한 서류

3. 임원의 이력서와 경력증명서

4. 업무방법을 기재한 서류

5. 최근 3개 사업연도의 재무제표와 그 부속명세서(설립 중인 법인은 제외하며, 설립일부터 3개 사업연도가 지나지 아니한 법인의 경우에는 설립일부터 최근 사업연도까지의 재무제표와 그 부속명세서를 말한다)

6. 인력, 물적 설비 등의 현황을 확인할 수 있는 서류

7. 등록신청일(금융투자업자 및 겸영금융투자업자의 등록신청인 경우에는 최근 사업연도말을 말한다) 현재 대주주의 성명이나 명칭과 그 소유주식수를 기재한 서류

8. 대주주나 외국 온라인소액투자중개업자가 법 제117조의4제2항제6호의 요건을 갖추었음을 확인할 수 있는 서류

9. 이해상충방지체계를 갖추었는지를 확인할 수 있는 서류

10. 그 밖에 등록의 검토에 필요한 서류로서 금융위원회가 정하여 고시하는 서류

③ 제2항에 따라 등록신청서를 제출받은 금융위원회는 「전자정부법」 제36조제1항에 따른 행정정보의 공동이용을 통하여 법인 등기사항증명서를 확인하여야 한다.

④ 제2항에 따라 등록신청서를 제출받은 금융위원회는 온라인소액투자중개업자 등록의 신청내용에 관한 사실 여부를 확인하고, 그 신청내용이 법 제117조의4제2항에 따른 등록요건을 충족하는지를 검토하여야 한다.

⑤ 제1항부터 제4항까지에서 규정한 사항 외에 온라인소액투자중개업자 등록의 신청과 검토, 등록신청서의 서식과 작성방법 등에 관하여 필요한 사항은 금융위원회가 정하여 고시한다.

[본조신설 2016. 1. 12.]

판 연 규 제118조의6 (등록유지요건의 완화)

법 제117조의4제8항에서 "대통령령으로 정하는 완화된 요건"이란 다음 각 호의 구분에 따른 요건을 말한다. 〈개정 2017. 5. 8., 2021. 6. 18.〉

1. 법 제117조의4제2항제2호의 경우: 제118조의4제1항에 따른 최저자기자본의 100분의 70 이상을 유지할 것. 이 경우 유지요건은 매 월말을 기준으로 적용하며, 특정 월말을 기준으로 유지요건에 미달한 온라인소액투자중개업자는 해당 월말부터 6개월이 경과한 날까지는 그 유지요건에 적합한 것으로 본다.

2. 법 제117조의4제2항제6호의 경우: 다음 각 목의 구분에 따른 요건을 유지할 것

가. 대주주가 별표 2 제1호부터 제3호까지 또는 제5호(라목은 제외한다)에 해당
하는 자인 경우에는 같은 표 제1호마목1) 및 3)에 한정하여 그 요건을 유지할
것. 이 경우 같은 표 제1호마목1) 중 "최근 5년간"은 "최대주주가 최근 5년간"
으로, "벌금형"은 "5억원의 벌금형"으로 본다.

나. 대주주가 별표 2 제4호 또는 제5호라목에 해당하는 자인 경우에는 같은 표 제
1호마목1)·3) 및 제4호라목에 한정하여 그 요건을 유지할 것. 이 경우 같은
표 제1호마목1) 중 "최근 5년간"은 "최대주주가 최근 5년간"으로, "벌금형"은
"5억원의 벌금형"으로 보고, 제4호라목 중 "최근 3년간"은 "최대주주가 최근
3년간"으로, "벌금형 이상에 상당하는 형사처벌을 받은 사실"은 "5억원의 벌
금형 이상에 상당하는 형사처벌을 받은 사실"로 본다.

다. 법 제117조의4제2항제6호에 따른 외국 온라인소액투자중개업자인 경우에는
이 호 나목의 요건에 한정하여 그 요건을 유지할 것. 이 경우에 "최대주주"는
각각 "외국 온라인소액투자중개업자"로 본다.

[본조신설 2016. 1. 12.]

판 제118조의7(명칭의 제한)

법 제117조의5제1항에서 "대통령령으로 정하는 문자"란 financial investment(그
한글표기문자를 포함한다)나 그와 비슷한 의미를 가지는 다른 외국어문자(그 한글표
기문자를 포함한다)를 말한다.

[본조신설 2016. 1. 12.]

판 연 행 규 제118조의8(내부통제기준)

① 법 제117조의6제2항에 따른 내부통제기준에는 다음 각 호의 사항이 포함되어야
한다. 〈개정 2021. 5. 18.〉

1. 업무의 분장과 조직구조에 관한 사항

2. 고유재산운용업무(외관상의 명의에 관계없이 자기의 계산으로 금융투자상품을
매매하거나 소유하는 업무로서 투자매매업이나 기업금융업무가 아닌 업무를 말한다)
를 하는 과정에서 발생하는 위험의 관리지침에 관한 사항

3. 임직원이 업무를 할 때 준수하여야 하는 절차에 관한 사항

4. 경영의사결정에 필요한 정보가 효율적으로 전달될 수 있는 체제의 구축에 관한
사항

5. 임직원의 내부통제기준 준수 여부를 확인하는 절차·방법과 내부통제기준을 위

반한 임직원의 처리에 관한 사항

6. 임직원의 금융투자상품 매매에 관련한 보고 등 법에 따른 불공정행위를 방지하기 위한 절차나 기준에 관한 사항

7. 내부통제기준의 제정이나 변경 절차에 관한 사항

8. 이해상충의 파악·평가와 관리에 관한 사항

9. 그 밖에 내부통제기준에 관하여 필요한 사항으로서 금융위원회가 정하여 고시하는 사항

② 온라인소액투자중개업자(외국 온라인소액투자중개업자의 지점, 그 밖의 영업소는 제외한다)는 내부통제기준을 제정하거나 변경하려는 경우에는 이사회의 결의를 거쳐야 한다.

③ 금융위원회는 금융감독원장의 검사 결과 법령을 위반한 사실이 드러난 외국 온라인소액투자중개업자에 대하여 법령 위반행위의 재발 방지를 위하여 내부통제기준의 변경을 권고할 수 있다.

④ 내부통제기준에 관한 구체적인 기준은 금융위원회가 정하여 고시한다.

[본조신설 2016. 1. 12.]

판 행 제118조의9 (증권의 청약)

① 법 제117조의7제4항에서 "투자자의 서명 등 대통령령으로 정하는 방법"이란 다음 각 호의 어느 하나에 해당하는 방법을 말한다.

1. 투자자로부터 서명(「전자서명법」제2조제2호에 따른 전자서명을 포함한다)을 받는 방법

2. 전자우편, 그 밖에 이와 비슷한 전자통신 방법

3. 그 밖에 금융위원회가 정하여 고시하는 방법

② 법 제117조의7제6항에 따른 증권의 청약은 새로 발행되는 증권의 취득에 관한 청약으로 한다.

[본조신설 2016. 1. 12.]

판 제118조의10 (그 밖의 영업행위의 규제 등에 관한 사항)

① 법 제117조의7제7항 단서에서 "투자자가 청약의 의사를 먼저 표시하는 등 대통령령으로 정하는 정당한 사유가 있는 경우"란 다음 각 호의 어느 하나에 해당하는 경우를 말한다.

1. 투자자가 증권의 취득에 관한 청약의 권유를 받지 아니하고 그 청약의 의사를 표

시하는 경우

2. 법 제117조의7제5항에 따른 온라인소액증권발행인의 요청이 있는 경우

3. 그 밖에 건전한 거래질서 및 투자자 보호를 저해할 우려가 크지 아니한 경우로서 금융위원회가 정하여 고시하는 경우

② 법 제117조의7제8항에 따른 증권의 청약 및 발행에 관한 내역은 다음 각 호의 사항으로 한다.

1. 증권의 취득의 청약에 관한 다음 각 목의 사항

    가. 전체 투자자의 청약금액 및 수량

    나. 전체 투자자로부터 받은 청약증거금(제118조의11제1항에 따른 청약증거금을 말하며, 이하 "청약증거금"이라 한다) 총액

    다. 그 밖에 증권의 취득에 관한 청약의 세부사항

2. 증권의 발행에 관한 다음 각 목의 사항

    가. 전체 투자자의 청약금액이 모집예정금액에 법 제117조의10제3항에 따른 비율을 곱한 금액 이상인지 여부

    나. 전체 투자자로부터 온라인소액증권발행인에게 실제 납입될 증권 대금

    다. 그 밖에 증권의 발행에 관한 세부사항

3. 증권의 배정 및 그 대금 납입에 관한 다음 각 목의 사항

    가. 증권의 취득에 관한 청약을 한 해당 투자자에게 배정된 증권의 가액 및 수량

    나. 증권 대금의 납입기일

    다. 그 밖에 증권의 배정 및 그 대금 납입에 관한 사항

4. 온라인소액투자중개업자가 투자자에게 청약증거금을 반환하여야 할 경우 그 금액 및 반환 일정 등에 관한 사항

[본조신설 2016. 1. 12.]

판 규 제118조의11 (청약증거금 관리기관 등)

① 법 제117조의8제2항에 따른 청약증거금은 투자자로부터 새로 발행되는 증권의 취득에 관한 청약을 받을 당시에 그 청약과 관련하여 받은 금전으로 한다.

② 법 제117조의8제2항에서 "대통령령으로 정하는 은행"이란 제4조 각 호의 어느 하나에 해당하는 자를 말한다.

[본조신설 2016. 1. 12.]

제118조의12 (청약증거금의 예외적인 양도 등의 사유)

　법 제117조의8제4항에서 "대통령령으로 정하는 경우"란 다음 각 호의 어느 하나에 해당하는 경우를 말한다.

　1. 온라인소액투자중개업자가 다른 회사에 흡수합병되거나 다른 회사와 신설합병함에 따라 그 합병에 의하여 존속되거나 신설되는 회사에 청약증거금 관리기관(법 제117조의8제2항에 따른 은행 또는 증권금융회사를 말한다. 이하 같다)에 예치 또는 신탁한 청약증거금을 양도하는 경우

　2. 온라인소액투자중개업자가 온라인소액투자중개업의 전부나 일부를 양도하는 경우로서 양도내용에 따라 양수회사에 청약증거금 관리기관에 예치 또는 신탁한 청약증거금을 양도하는 경우

　3. 그 밖에 투자자의 보호를 해칠 염려가 없는 경우로서 금융위원회가 정하여 고시하는 경우

[본조신설 2016. 1. 12.]

제118조의13 (청약증거금의 우선 지급)

　① 법 제117조의8제5항에서 "등록취소, 해산결의 등 대통령령으로 정하는 사유"란 다음 각 호의 어느 하나에 해당하는 경우를 말한다.

　1. 온라인소액투자중개업자 등록이 취소된 경우

　2. 온라인소액투자중개업자가 해산의 결의를 한 경우

　3. 온라인소액투자중개업자가 법원으로부터 파산선고를 받은 경우

　4. 온라인소액투자중개업의 폐지가 승인된 경우

　5. 온라인소액투자중개업의 정지명령을 받은 경우

　6. 그 밖에 제1호부터 제5호까지의 규정에 따른 사유에 준하는 사유가 발생한 경우

　② 온라인소액투자중개업자는 제1항 각 호의 어느 하나에 해당하는 경우에는 지체 없이 청약증거금의 우선 지급사유, 지급 시기 및 방법, 그 밖에 청약증거금의 우선 지급과 관련된 사항을 온라인소액투자중개업자, 중앙기록관리기관(법 제117조의13의 중앙기록관리기관을 말한다. 이하 같다) 및 청약증거금 관리기관의 인터넷 홈페이지 등을 이용하여 공시하여야 한다.

[본조신설 2016. 1. 12.]

제118조의14(예치·신탁된 청약증거금의 관리 등)

① 법 제117조의8제6항에 따라 청약증거금 관리기관은 예치 또는 신탁된 투자자의 청약증거금을 자기재산과 구분하여 신의에 따라 성실하게 관리하여야 한다.

② 온라인소액투자중개업자는 증권의 청약기간이 끝난 후 법 제117조의10제3항에 따라 발행이 취소되지 아니한 경우에는 제1항의 청약증거금 중 제118조의10제2항제2호나목에 따른 온라인소액증권발행인에게 실제 납입될 증권 대금을 청약증거금 관리기관에 통보하여야 한다. 이 경우 청약증거금 관리기관은 지체 없이 그 증권 대금을 온라인소액증권발행인에게 지급하여야 한다.

③ 온라인소액투자중개업자는 다음 각 호의 어느 하나에 해당하는 경우 제1항의 청약증거금 중 투자자에게 반환하여야 할 금액을 청약증거금 관리기관에 통보하여야 한다. 이 경우 청약증거금 관리기관은 지체 없이 그 금액을 투자자에게 반환하여야 한다.

1. 법 제117조의10제3항에 따라 발행이 취소된 경우

2. 법 제117조의10제8항 전단에 따라 투자자가 청약의 의사를 철회한 경우

3. 증권의 청약기간이 끝난 후 제1항의 청약증거금이 제118조의10제2항제2호나목에 따른 온라인소액증권발행인에게 실제 납입될 증권 대금을 초과한 경우

4. 그 밖에 투자자 보호 및 건전한 거래질서의 유지를 위하여 금융위원회가 정하여 고시하는 경우

④ 청약증거금 관리기관은 다음 각 호의 어느 하나에 해당하는 경우로서 청약증거금의 지급·반환 업무를 위하여 필요한 경우에는 중앙기록관리기관에 관련 자료의 제공을 요청할 수 있다.

1. 제2항 후단에 따라 온라인소액증권발행인에게 증권 대금을 지급하는 경우

2. 제3항 후단에 따라 투자자에게 같은 항에 따른 금액을 반환하는 경우

3. 법 제117조의8제5항에 따라 투자자에게 청약증거금을 우선 지급하는 경우

⑤ 제1항부터 제4항까지에서 규정한 사항 외에 예치 또는 신탁된 청약증거금의 관리, 지급 및 반환 등에 필요한 세부 사항은 금융위원회가 정하여 고시한다.

[본조신설 2016. 1. 12.]

제118조의15(온라인소액투자중개를 통한 모집 시 증권의 발행한도)

① 법 제117조의10제1항에서 "대통령령으로 정하는 금액 이하의 증권을 모집하는 경우"란 다음 각 호에 모두 해당하는 경우를 말한다. 〈개정 2019. 1. 15., 2021. 6. 18.〉

1. 온라인소액투자중개를 통하여 모집하려는 증권의 모집가액과 해당 모집일부터 과거 1년 동안 이루어진 증권의 모집가액(해당 모집가액 중 채무증권의 상환액은 제외한다) 각각의 합계액이 30억원 이하인 경우. 이 경우 채무증권의 합계액은 15억원을 그 한도로 한다.

2. 제11조제1항에 따라 합산을 하는 경우에는 그 합산의 대상이 되는 모든 청약의 권유(해당 권유액 중 채무증권의 상환액은 제외한다) 각각의 합계액이 30억원 이하인 경우. 이 경우 채무증권의 합계액은 15억원을 그 한도로 한다.

② 제1항 각 호에 따른 금액을 산정할 때 제118조의17제2항 각 호의 어느 하나에 해당하는 자가 온라인소액증권발행인으로부터 증권을 취득하면서 예탁결제원과 다음 각 호의 사항을 내용으로 하는 계약을 체결한 경우 그 자가 증권 대금으로 납입하는 금액은 제외한다.

1. 그 증권을 취득한 후 지체 없이 예탁결제원에 예탁하거나 보호예수할 것

2. 제1호에 따른 예탁 또는 보호예수한 날부터 1년 동안 그 증권을 인출하거나 다른 자에게 매도하지 아니할 것

[본조신설 2016. 1. 12.]

판 연 행 규 제118조의16 (온라인소액증권발행인의 조치사항 등)

① 온라인소액증권발행인은 법 제117조의10제2항에 따라 온라인소액투자중개의 방법으로 증권을 모집하는 경우에는 그 모집 개시 전까지 다음 각 호에 해당하는 사항을 온라인소액투자중개업자의 인터넷 홈페이지에 게재하여야 한다. 〈개정 2019. 1. 15.〉

1. 증권의 발행조건에 관한 사항으로서 다음 각 목의 사항

가. 모집에 관한 일반사항

나. 모집되는 증권의 권리내용

다. 모집되는 증권의 취득에 따른 투자위험요소

라. 자금의 사용 목적

마. 증권 발행가액의 산정 방법 및 근거

2. 온라인소액증권발행인의 재무상태, 사업계획서 등에 관한 사항으로서 다음 각 목의 사항. 다만, 온라인소액증권발행인이 설립 중인 법인인 경우에는 금융위원회가 정하여 고시하는 사항을 말한다.

가. 회사의 개요

나. 사업의 내용, 그 밖의 사업계획에 관한 사항

다. 온라인소액증권발행인의 재무상태를 기재한 서류. 이 경우 법 제117조의10제1항에 따른 금액의 범위에서 금융위원회가 정하여 고시하는 금액별로 그 서류의 중요사항이 적정하게 기재되었다는 사실에 관하여 다음의 확인 또는 의견을 받은 것이어야 한다.

    1) 온라인소액증권발행인의 대표이사의 확인

    2) 공인회계사의 확인과 의견표시

    3) 회계감사인의 감사의견

라. 회사의 기관, 대주주(법 제23조제1항의 대주주를 말한다. 이하 제118조의18제3항 제1호 및 제2호에서 같다) 및 임원 등에 관한 사항

마. 회계감사인의 감사보고서(제118조의15제1항 각 호의 어느 하나에 따른 합계액이 10억원 이상인 경우에 한정한다)

바. 온라인소액투자중개업자와의 채무관계 등 이해관계에 관한 사항

3. 그 밖에 투자자를 보호하기 위하여 필요한 사항으로서 금융위원회가 정하여 고시하는 사항

② 제1항에 따라 게재를 하여야 하는 경우 해당 온라인소액투자중개업자의 인터넷 홈페이지에 이미 게재된 것과 같은 부분이 있는 때에는 그 부분을 적시하여 이를 참고하라는 뜻을 게재함으로써 제1항의 게재를 갈음할 수 있다.

③ 법 제117조의10제2항에서 "대통령령으로 정하는 조치"란 다음 각 호의 조치를 말한다. 〈개정 2019. 1. 15., 2022. 8. 30.〉

1. 증권의 모집이 끝난 후 지체 없이 그 모집 실적에 관한 결과를 온라인소액투자중개업자의 인터넷 홈페이지에 게재할 것

1의2. 증권의 청약기간은 10일 이상으로 할 것

2. 매 사업연도 경과 후 90일 이내에 제137조제1항제5호 각 목의 서류를 온라인소액투자중개업자의 인터넷 홈페이지(온라인소액증권발행인이 둘 이상의 온라인소액투자중개업자를 통하여 모집의 방법으로 증권을 발행한 경우에는 그 둘 이상의 온라인소액투자중개업자의 인터넷 홈페이지를 포함한다)에 게재할 것. 다만, 다음 각 목의 법인인 경우에는 게재하지 않을 수 있다.

가. 법 제159조제1항에 따른 사업보고서 제출대상법인

나. 제178조제1항제1호에 따른 장외매매거래를 통해 주권이 거래되는 법인

다. 모집한 증권의 상환 또는 소각을 완료한 법인

3. 그 밖에 투자자를 보호하기 위하여 필요한 조치로서 금융위원회가 정하여 고시하는 조치

④ 제1항부터 제3항까지의 규정에 따라 온라인소액투자중개업자의 인터넷 홈페이지에 게재할 사항에 관한 서식과 그 작성방법 등에 관하여 필요한 사항은 금융위원회가 정하여 고시한다.

⑤ 법 제117조의10제3항에서 "대통령령으로 정하는 비율"이란 100분의 80을 말한다.

⑥ 온라인소액증권발행인은 법 제117조의10제4항 단서에 따라 다음 각 호의 어느 하나에 해당하는 경우에는 온라인소액투자중개업자의 인터넷 홈페이지에 게재된 내용을 정정하고, 그 인터넷 홈페이지를 통하여 해당 정정 사실을 게재하여야 한다.

1. 제130조제1항제1호가목부터 다목까지의 규정에 따른 사항 중 어느 하나에 해당하는 사항이 변경된 경우

2. 최근 사업연도의 재무제표가 확정된 경우

3. 제130조제2항제3호나목부터 아목까지의 규정 중 어느 하나에 해당하는 사실이 발생한 경우

4. 그 밖에 투자자의 투자판단에 영향을 미칠 수 있는 사항으로서 금융위원회가 정하여 고시하는 경우

[본조신설 2016. 1. 12.]

판 연 행 규 제118조의17 (투자자의 투자한도 등 투자자 보호 및 행위 제한 등)

① 법 제117조의10제5항에서 "대통령령으로 정하는 기간"이란 1년을 말한다.

② 법 제117조의10제6항 각 호 외의 부분에서 "전문투자자 등 대통령령으로 정하는 자"란 다음 각 호의 어느 하나에 해당하는 자(이에 준하는 외국인을 포함한다)를 말한다. 〈개정 2022. 6. 28.〉

1. 제11조제2항제1호부터 제4호까지의 규정에 해당하는 자

2. 창업기업이나 벤처기업에 투자한 실적을 보유하고 있는 자로서 금융위원회가 정하여 고시하는 금액 이상을 투자한 자

3. 그 밖에 창업기업·벤처기업 등에 대한 투자의 전문성 등을 고려하여 금융위원회가 정하여 고시하는 자

③ 법 제117조의10제6항제1호 각 목 외의 부분에서 "소득 등 대통령령으로 정하는 요건을 갖춘 자"란 다음 각 호의 구분에 따른 자를 말한다. 〈개정 2017. 2. 13., 2019. 1. 15., 2022. 6. 28.〉

1. 개인인 경우: 다음 각 목의 어느 하나에 해당하는 사람

가. 「소득세법」 제4조제1호가목 및 나목에 따른 이자소득 및 배당소득의 합계액이 같은 법 제14조제3항제6호에 따른 이자소득등의 종합과세기준금액을 초과하는 사람

나. 직전 과세기간의 사업소득금액(「소득세법」 제19조제2항에 따른 사업소득금액을 말한다)과 근로소득금액(같은 법 제20조제2항에 따른 근로소득금액을 말한다)의 합계액이 1억원을 초과하는 사람

다. 최근 2년간 온라인소액투자중개(증권의 사모에 관한 중개는 제외한다)를 통하여 5회 이상 투자한 사람으로서 그 누적 투자금액이 1천5백만원 이상인 사람

라. 그 밖에 창업기업·벤처기업 등에 대한 투자의 전문성 등을 고려하여 금융위원회가 정하여 고시하는 사람

2. 법인인 경우: 최근 사업연도말 현재 자기자본이 10억원을 초과하는 법인

④ 법 제117조의10제6항제1호 각 목 및 제2호 각 목에서 "대통령령으로 정하는 금액"이란 각각 다음 각 호의 구분에 따른 금액을 말한다. 〈개정 2018. 4. 10.〉

1. 법 제117조의10제6항제1호가목의 경우: 1천만원

2. 법 제117조의10제6항제1호나목의 경우: 2천만원

3. 법 제117조의10제6항제2호가목의 경우: 5백만원

4. 법 제117조의10제6항제2호나목의 경우: 1천만원

⑤ 법 제117조의10제7항제2호에서 "대통령령으로 정하는 자"란 다음 각 호의 어느 하나에 해당하는 자를 말한다.

1. 제2항 각 호의 어느 하나에 해당하는 자. 다만, 전문투자자는 제외한다.

2. 해당 증권의 온라인소액증권발행인의 대주주. 다만, 제2항 각 호의 어느 하나에 해당하는 자는 제외한다.

3. 해당 증권의 온라인소액증권발행인(해당 증권이 주권인 경우로 한정한다)

4. 해당 증권이 다음 각 호의 어느 하나에 해당하는 시장에서 거래되는 증권인 경우 그 증권을 매수하려는 자

가. 증권시장

나. 협회가 법 제286조제1항제5호에 따른 업무로서 증권시장에 상장되지 아니한 주권의 장외매매거래를 위하여 개설·운영하는 시장

5. 그 밖에 해당 증권의 유통 가능성이 높지 아니하고 투자에 따른 손실 가능성이 있다는 등의 사실을 알고 그 증권을 매수하는 투자자로서 금융위원회가 정하여 고시하는 자

⑥ 법 제117조의10제7항 단서에 따라 다른 투자자로부터 증권을 매수한 자(제5항제4호에 해당하는 자는 제외한다)는 같은 항 본문에 따라 그 증권이 예탁결제원에

예탁 또는 보호예수된 날부터 6개월 동안 그 증권(증권에 부여된 권리의 행사로 취득하는 증권을 포함한다. 이하 이 항에서 같다)을 매도, 그 밖의 방법으로 양도할 수 없다. 다만, 법 제117조의10제7항 각 호의 어느 하나에 해당하는 자에 대해서는 그 증권을 매도할 수 있다. 〈개정 2018. 4. 10.〉

⑦ 온라인소액투자중개를 통하여 발행되는 증권의 취득에 관한 청약을 한 투자자가 법 제117조의10제8항에 따라 증권의 청약기간 종료일까지 그 청약의 의사를 철회하는 경우에는 온라인소액투자중개업자의 인터넷 홈페이지를 통하여 전자문서(「전자문서 및 전자거래 기본법」에 따른 전자문서를 말한다)의 방법으로 온라인소액투자중개업자에게 그 철회의 의사를 표시하여야 한다. 이 경우 온라인소액투자중개업자는 그 인터넷 홈페이지에 해당 투자자가 청약의 의사를 철회할 수 있는 조치를 마련하여야 한다.
[본조신설 2016. 1. 12.]

판 연 행 규 **제118조의18 (게재 내용의 사실 확인)**

① 법 제117조의11제1항제2호에서 "대통령령으로 정하는 항목"이란 다음 각 호의 항목을 말한다.
1. 온라인소액증권발행인이 하는 사업의 목적 및 내용
2. 그 밖에 금융위원회가 정하여 고시하는 사항
② 법 제117조의11제1항제4호에서 "대통령령으로 정하는 항목"이란 다음 각 호의 항목을 말한다.
1. 모집예정금액의 구체적인 사용 목적 및 그 사용 목적이 제118조의16제1항제2호 나목의 사업계획에 적합한지 여부
2. 청약금액이 법 제117조의10제3항에 따른 모집예정금액에 미달하는 경우 그 부족분을 조달하기 위한 세부계획이 수립되었는지 여부
3. 그 밖에 금융위원회가 정하여 고시하는 사항
③ 법 제117조의11제1항제5호에서 "대통령령으로 정하는 사항"이란 다음 각 호의 사항을 말한다. 〈개정 2016. 5. 31., 2020. 8. 4.〉
1. 온라인소액증권발행인과 그 대주주 및 임원의 범죄경력에 관한 사항으로서 금융위원회가 정하여 고시하는 사항
2. 증권을 모집하기 전까지 온라인소액증권발행인과 그 대주주 및 임원이 그 업무와 관련된 소송의 당사자가 된 경우 그에 관한 사항
3. 법 제117조의10제2항에 따라 온라인소액투자중개업자의 인터넷 홈페이지에 게

재하는 사항에 관련된 서류로서 다음 각 목의 서류에 기재된 사항

가. 정관 또는 이에 준하는 것으로서 조직운영 및 투자자의 권리의무를 정한 것

나. 증권의 발행을 결의한 주주총회(설립 중인 법인인 경우에는 발기인 총회를 말한다) 또는 이사회 등의 의사록의 사본, 그 밖에 증권의 발행 결의를 증명할 수 있는 서류

다. 법인 등기사항증명서(법인 등기사항증명서로 확인할 수 없는 경우에는 그에 준하는 것으로서 법인 설립을 증명할 수 있는 서류)

라. 증권의 발행에 관하여 행정관청의 허가·인가 또는 승인 등을 필요로 하는 경우에는 그 허가·인가 또는 승인 등이 있었음을 증명하는 서류

마. 그 밖에 투자자를 보호하기 위하여 필요한 서류로서 금융위원회가 정하여 고시하는 서류

4. 온라인소액증권발행인이 온라인소액투자중개업자의 인터넷 홈페이지에 그 발행인에 관한 사항으로 다음 각 호의 사항 등을 게재한 경우 그에 관한 사항

가. 수상(受賞) 또는 특허 출원

나. 「기술보증기금법」 제28조제1항제6호에 따른 기술평가

다. 「신용정보의 이용 및 보호에 관한 법률」 제2조제1호의6사목에 따른 정보

5. 온라인소액증권발행인이 온라인소액투자중개업자의 인터넷 홈페이지에 언론매체의 보도내용 등을 게재한 경우 그 진위 여부에 관한 사항

6. 그 밖에 온라인소액증권발행인의 신뢰성을 확인할 수 있는 사항으로서 금융위원회가 정하여 고시하는 사항

[본조신설 2016. 1. 12.]

판 제118조의19(배상책임을 지는 자)

법 제117조의12제1항제4호에서 "공인회계사·감정인 또는 신용평가를 전문으로 하는 자 등(그 소속 단체를 포함한다) 대통령령으로 정하는 자"란 공인회계사, 감정인, 신용평가를 전문으로 하는 자, 변호사, 변리사 또는 세무사, 그 밖에 공인된 자격을 가진 자(그 소속 단체를 포함한다)를 말한다.

[본조신설 2016. 1. 12.]

판 연 행 제118조의20(배상책임을 지는 자)

① 법 제117조의13제1항에서 "의뢰 또는 주문의 내용, 온라인소액증권발행인과 투자자에 대한 정보 등 대통령령으로 정하는 자료"란 다음 각 호의 정보(이하 "온라인소액투자중개정보"라 한다)에 관한 자료를 말한다. 〈개정 2020. 8. 4.〉

1. 온라인소액증권발행인에 관한 정보로서 다음 각 목의 자료

　가. 상호 및 명칭

　나. 법인등록번호·사업자등록번호 및 고유번호

　다. 업종, 사업을 개시한 날, 그 밖에 온라인소액증권발행인에 관한 자료

2. 온라인소액증권발행인의 온라인소액투자중개 의뢰에 관한 정보로서 증권의 모집가액·청약기간, 그 대금의 납입기일, 그 밖에 온라인소액투자중개 의뢰에 관한 자료

3. 투자자의 청약에 관한 정보로서 증권의 청약금액 및 수량, 청약일, 그 밖에 청약에 관한 자료

4. 투자자에 관한 정보로서 다음 각 목의 자료

　가. 투자자의 성명(법인인 경우 상호 및 명칭을 말한다)

　나. 「신용정보의 이용 및 보호에 관한 법률」 제2조제1호의2가목2)의 정보(법인인 경우 법인등록번호·사업자등록번호 및 고유번호를 말한다)

　다. 해당 투자자가 제118조의17제2항 각 호의 어느 하나에 해당하는 자인지 여부 및 같은 조 제3항 각 호의 구분에 따른 자인지 여부

　라. 그 밖에 투자자에 관한 자료

5. 법 제117조의7제8항에 따라 증권의 청약기간이 만료된 경우 제118조의10제2항 각 호의 사항에 관한 자료

6. 온라인소액투자중개업자의 인터넷 홈페이지에 게재된 정보로서 다음 각 목의 사항에 관한 자료

　가. 법 제117조의10제2항에 따라 온라인소액증권발행인이 게재한 사항

　나. 가목의 사항에 관하여 온라인소액증권발행인과 투자자 간, 투자자 상호 간에 교환된 의견

　다. 제118조의16제3항에 따라 온라인소액증권발행인이 게재한 사항

7. 제1호부터 제6호까지의 규정에 따른 자료에 부수하는 자료

8. 제1호부터 제7호까지의 규정에 따른 자료에 변경이 있을 경우 그에 관한 자료

9. 그 밖에 금융위원회가 정하여 고시하는 자료

② 중앙기록관리기관은 법 제117조의13제1항에 따라 다음 각 호의 업무를 한다.

1. 온라인소액투자중개정보의 집중관리

2. 온라인소액투자중개를 통한 증권의 발행한도와 투자자의 투자한도의 관리

3. 온라인소액투자중개업자 또는 온라인소액증권발행인 등에 대한 온라인소액투자중개정보의 제공

4. 제1호부터 제3호까지의 규정에 따른 업무에 부수하는 업무

③ 중앙기록관리기관은 제2항 각 호의 업무를 하기 위하여 다음 각 호의 기준을 지켜야 한다.

1. 그 업무를 하기에 충분한 인력과 전산설비, 그 밖의 물적 설비를 갖출 것

2. 정관 및 업무규정이 법령에 적합하고 그 업무를 하기에 충분할 것

3. 정확하고 안정적으로 그 업무를 할 수 있도록 적절한 내부통제기준과 업무방법을 마련할 것

④ 제2항 및 제3항에서 규정한 사항 외에 중앙기록관리기관의 업무 절차, 방법 등에 관한 세부사항은 금융위원회가 정하여 고시한다.

[본조신설 2016. 1. 12.]

판 행 제118조의21 (중앙기록관리기관의 발행한도 등의 관리 업무 등)

① 중앙기록관리기관은 법 제117조의13제2항에 따라 온라인소액투자중개를 통한 증권의 발행한도 및 투자자의 투자한도의 원활한 관리를 위하여 다음 각 호의 업무를 할 수 있다. 이 경우 협회 등에 대하여 그 업무에 필요한 자료의 제공을 요청할 수 있다.

1. 온라인소액증권발행인별 증권의 발행한도 및 투자자별 투자한도의 확인을 위하여 필요한 정보의 요청·수집 및 분석

2. 온라인소액증권발행인 또는 투자자로부터 증권의 발행한도 또는 투자한도와 관련하여 자신의 증권 발행 또는 투자 현황에 대한 질의가 있는 경우 그 회신

3. 제1호 및 제2호에 따른 업무를 하는 과정에서 생성된 정보 또는 자료의 보관·관리

② 중앙기록관리기관은 법 제117조의13제3항에 따라 온라인소액투자중개정보를 다음 각 호의 기준에 따라 보관·관리하여야 한다.

1. 제공받은 온라인소액투자중개정보가 「전자문서 및 전자거래기본법」 제5조제1항 각 호의 요건을 모두 충족하도록 할 것

2. 온라인소액투자중개정보를 제공받은 날부터 10년간 디스크, 자기테이프, 그 밖의 전산정보처리조직을 이용하여 보관할 것

③ 법 제117조의13제4항 단서에서 "그 밖에 대통령령으로 정하는 경우"란 다음 각 호의 경우를 말한다.

1. 제118조의14제4항에 따라 청약증거금 관리기관의 요청을 받아 관련 자료를 제공하는 경우

2. 「금융실명거래 및 비밀보장에 관한 법률」 제4조제1항 단서에 따라 제공하는 경우

3. 그 밖에 투자자 보호 또는 개인정보 주체의 권익을 저해할 우려가 없는 경우로서

금융위원회가 정하여 고시하는 경우

[본조신설 2016. 1. 12.] 각 호의 경우를 말한다.

판 제118조의22(정보제공 금지의 예외)

법 제117조의14제3항 단서에서 "그 밖에 대통령령으로 정하는 경우"란 「금융실명거래 및 비밀보장에 관한 법률」제4조제1항 단서에 따라 제공하는 경우를 말한다.

[본조신설 2016. 1. 12.]

판 제118조의23(전자게시판서비스 제공자의 조치사항)

법 제117조의15제1항제3호에서 "그 밖에 대통령령으로 정하는 사항"이란 다음 각 호의 사항을 말한다.

1. 법 제117조의15제1항에 따라 이행하여야 하는 사항(같은 조 제2항에 따라 금융위원회의 요구에 응하여 방송통신위원회가 한 시정명령·과태료 부과 내용을 포함한다)을 해당 전자게시판서비스 제공자의 약관에서 정하는 절차 및 방법에 따라 정보통신서비스 이용자에게 공개할 것

2. 법 제117조의15제1항제2호나목에 따라 금융위원회에 신고를 한 경우 법 제426조제1항에 따른 온라인소액투자중개업자 또는 온라인소액증권발행인에 대한 조사 절차에 협력할 것

3. 그 밖에 투자자 보호 및 건전한 거래질서 유지를 위하여 금융위원회가 정하여 고시하는 사항

[본조신설 2016. 1. 12.]

제3편 증권의 발행 및 유통

제1장 증권신고서

[판] [연] **제119조(법 제3편제1장 적용제외 증권)**

　제119조(법 제3편제1장 적용제외 증권) ① 법 제118조에서 "대통령령으로 정하는 법률"이란 다음 각 호의 법률을 말한다. 〈개정 2009. 2. 3., 2009. 5. 29., 2009. 6. 26., 2009. 7. 1., 2009. 9. 21., 2009. 11. 20., 2009. 12. 21., 2009. 12. 24., 2010. 6. 11., 2012. 1. 6., 2014. 3. 24., 2016. 10. 25., 2020. 1. 29., 2020. 9. 10., 2021. 8. 31., 2022. 2. 17.〉

　1.「한국은행법」
　2.「한국산업은행법」
　3.「중소기업은행법」
　4.「한국수출입은행법」
　5.「농업협동조합법」(농업협동조합중앙회 및 농협은행만 해당한다)
　6.「수산업협동조합법」(수산업협동조합중앙회 및 수협은행만 해당한다)
　7.「예금자보호법」
　8.「한국자산관리공사 설립 등에 관한 법률」
　9.「한국토지주택공사법
　10.「한국도로공사법」
　11.「한국주택금융공사법」
　12. 삭제 〈2009. 9. 21.〉
　13.「한국전력공사법」
　14.「한국석유공사법
　15.「한국가스공사법」
　16.「대한석탄공사법」
　17.「한국수자원공사법」
　18.「한국농어촌공사 및 농지관리기금법」
　19.「한국농수산식품유통공사법」
　20.「한국공항공사법」
　21.「인천국제공항공사법」

22. 「항만공사법」

23. 삭제 〈2011. 8. 11.〉

24. 「한국관광공사법」

25. 「한국철도공사법」

26. 「국가철도공단법」

27. 「한국환경공단법」

28. 삭제 〈2009. 12. 24.〉

29. 「수도권매립지관리공사의 설립 및 운영 등에 관한 법률」

30. 「중소기업진흥에 관한 법률」

31. 「제주특별자치도 설치 및 국제자유도시 조성을 위한 특별법」

32. 삭제 〈2014. 12. 30.〉

33. 「산업집적활성화 및 공장설립에 관한 법률」

34. 「한국장학재단 설립 등에 관한 법률」

35. 「한국광해광업공단법」

36. 「무역보험법」

37. 「한국해양진흥공사법」

38. 「새만금사업 추진 및 지원에 관한 특별법」

② 법 제118조에서 "대통령령으로 정하는 증권"이란 다음 각 호의 증권을 말한다. 〈개정 2009. 2. 3., 2009. 7. 1., 2013. 4. 5., 2019. 6. 25.〉

1. 국가 또는 지방자치단체가 원리금의 지급을 보증한 채무증권

2. 국가 또는 지방자치단체가 소유하는 증권을 미리 금융위원회와 협의하여 매출의 방법으로 매각하는 경우의 그 증권

3. 「지방공기업법」 제68조제1항부터 제6항까지의 규정에 따라 발행되는 채권 중 도시철도의 건설 및 운영과 주택건설사업을 목적으로 설립된 지방공사가 발행하는 채권

4. 「국제금융기구에의 가입조치에 관한 법률」 제2조제1항에 따른 국제금융기구가 금융위원회와의 협의를 거쳐 기획재정부장관의 동의를 받아 발행하는 증권

5. 「한국주택금융공사법」에 따라 설립된 한국주택금융공사가 채권유동화계획에 의하여 발행하고 원리금 지급을 보증하는 주택저당증권 및 학자금대출증권

6. 「주식·사채 등의 전자등록에 관한 법률」 제59조에 따른 단기사채등(이하 "단기사채등"이라 한다)으로서 만기가 3개월 이내인 증권

제120조(모집 또는 매출의 신고대상)

① 법 제119조제1항에 따라 증권의 모집 또는 매출을 하기 위하여 신고서를 제출하여야 하는 경우는 다음 각 호와 같다. 〈개정 2012. 6. 29., 2019. 8. 20., 2023. 6. 13.〉

1. 모집 또는 매출하려는 증권(제3호 각 목의 증권은 제외한다)의 모집가액 또는 매출가액과 해당 모집일 또는 매출일부터 과거 1년 동안 이루어진 증권의 모집 또는 매출로서 그 신고서를 제출하지 아니한 모집가액 또는 매출가액[소액출자자(그 증권의 발행인과 인수인은 제외한다)가 제178조제1항제1호에 따른 장외거래 방법에 따라 증권을 매출하는 경우에는 해당 매출가액은 제외한다] 각각의 합계액이 10억원 이상인 경우

2. 제11조제1항에 따라 합산을 하는 경우에는 그 합산의 대상이 되는 모든 청약의 권유 각각의 합계액이 10억원 이상인 경우

3. 다음 각 목의 증권을 모집 또는 매출하려는 경우

가. 투자계약증권

나. 「금융소비자 보호에 관한 법률」 제18조제1항에 따라 적정성원칙이 적용되는 증권

② 제1항제1호에서 "소액출자자"란 해당 법인이 발행한 지분증권총수의 100분의 1에 해당하는 금액과 3억원 중 적은 금액 미만의 지분증권을 소유하는 자(법 제159조제1항 본문에 따른 사업보고서 제출대상 법인의 경우에는 지분증권총수의 100분의 10 미만의 지분증권을 소유하는 자를 말한다)를 말한다. 다만, 그 법인의 최대주주 및 그 특수관계인은 소액출자자로 보지 아니한다. 〈개정 2017. 5. 8.〉

제121조(일괄신고서)

① 법 제119조제2항에 따른 일괄신고서(이하 "일괄신고서"라 한다)를 제출할 수 있는 증권은 다음 각 호의 증권으로 한다. 다만, 법 제165조의11에 따른 조건부자본증권은 제외한다. 〈개정 2009. 7. 1., 2015. 10. 23., 2016. 6. 28., 2021. 2. 9., 2022. 8. 30.〉

1. 주권

2. 주권 관련 사채권 및 이익참가부사채권

3. 제2호의 사채권을 제외한 사채권

4. 다음 각 목의 어느 하나에 해당하는 파생결합증권

가. 고난도금융투자상품이 아닌 파생결합증권

　나. 고난도금융투자상품 중 오랫동안 반복적으로 발행된 것으로서 기초자산의 구성 및 수익구조가 금융위원회가 정하여 고시하는 기준에 부합하는 파생결합증권

5. 다음 각 목의 어느 하나에 해당하는 집합투자증권(이하 이 장에서 "개방형 집합투자증권"이라 한다)

　가. 법 제230조에 따른 환매금지형집합투자기구가 아닌 집합투자기구의 집합투자증권

　나. 가목에 준하는 것으로서 법 제279조제1항에 따른 외국 집합투자증권

② 일괄신고서의 발행예정기간은 일괄신고서의 효력발생일부터 2개월 이상 1년 이내의 기간으로 한다. 다만, 개방형 집합투자증권 또는 금적립계좌등인 경우에는 해당 집합투자규약 또는 발행계약에서 정한 존속기간 또는 계약기간(집합투자규약 또는 발행계약에서 존속기간 또는 계약기간을 정하지 아니한 경우에는 무기한으로 한다)을 발행예정기간으로 한다. 〈개정 2013. 8. 27.〉

③ 일괄신고서를 제출한 자는 발행예정기간 중 3회 이상 그 증권을 발행하여야 한다.

④ 제1항제3호 및 제4호(금적립계좌등은 제외한다)의 증권에 대한 일괄신고서를 제출할 수 있는 자는 다음 각 호의 요건을 모두 갖춘 자로 한다. 〈개정 2009. 2. 3., 2009. 7. 1., 2013. 8. 27., 2025. 4. 22.〉

1. 다음 각 목의 어느 하나에 해당하는 자로서 제1항제3호 또는 제4호에 따른 증권 중 같은 종류에 속하는 증권을 최근 1년간 모집 또는 매출한 실적이 있을 것

　가. 최근 1년간 사업보고서와 법 제160조제1항에 따른 반기보고서(이하 "반기보고서"라 한다)를 제출한 자

　나. 최근 1년간 분기별 업무보고서 및 월별 업무보고서를 제출한 금융투자업자

2. 최근 사업연도의 재무제표에 대한 회계감사인의 감사의견이 적정일 것

3. 최근 1년 이내에 금융위원회로부터 증권의 발행을 제한하는 조치를 받은 사실이 없을 것

⑤ 분할 또는 분할합병으로 인하여 설립 또는 존속하는 법인은 다음 각 호의 요건을 모두 충족하는 경우에는 제4항에도 불구하고 일괄신고서를 제출할 수 있다. 〈개정 2009. 7. 1.〉

1. 분할 전 또는 분할합병 전의 법인이 제4항에 따른 요건을 충족할 것

2. 분할 또는 분할합병으로 인하여 설립된 법인의 최근 사업연도 재무제표에 대한 회계감사인의 감사의견이 적정일 것

⑥ 다음 각 호의 요건을 모두 갖춘 자는 제1항제1호부터 제3호까지의 증권에 대한

일괄신고서를 제출할 수 있다. 이 경우 제2항에도 불구하고 발행예정기간은 2년 이내로 하며 제3항을 적용하지 아니한다. 〈신설 2009. 7. 1., 2018. 10. 30.〉

1. 주권상장법인으로서 주권이 상장된 지 5년이 경과하였을 것

2. 최근 사업연도의 최종 매매거래일 현재 시가총액이 5천억원 이상일 것. 이 경우 시가총액은 해당 주권상장법인의 주권의 가격(증권시장에서 성립된 최종가격을 말한다)에 발행주식총수를 곱하여 산출한 금액을 말한다.

3. 최근 3년간 사업보고서·반기보고서 및 분기보고서를 기한 내에 제출하였을 것

4. 최근 3년간 공시위반으로 금융위원회 또는 거래소로부터 금융위원회가 정하여 고시하는 제재를 받은 사실이 없을 것

5. 최근 사업연도의 재무제표에 대한 회계감사인의 감사의견이 적정일 것

6. 최근 3년간 법에 따라 벌금형 이상의 형을 선고받거나 「주식회사 등의 외부감사에 관한 법률」 제5조에 따른 회계처리기준의 위반과 관련하여 같은 법에 따라 벌금형 이상의 형을 선고받은 사실이 없을 것

⑦ 제6항에 따라 일괄신고서를 제출한 법인이 일괄신고서에 기재된 발행예정기간 중 합병 등에 따라 새로운 법인으로 설립되는 경우로서 합병 등의 당사자가 되는 모든 법인이 제6항에 따른 모든 요건을 충족하는 경우에는 이미 제출한 일괄신고서를 이용할 수 있다. 다만, 합병 등의 당사자가 되는 법인이 제6항 각 호의 요건 중 일부를 갖추지 못하는 경우에도 금융위원회가 정하여 고시하는 조건에 해당하는 경우에는 이미 제출한 일괄신고서를 이용할 수 있다. 〈신설 2010. 6. 11.〉

⑧ 제6항 및 제7항의 일괄신고서에 따라 증권을 모집하거나 매출하려면 일괄신고서에 기재된 발행예정기간 동안 같은 항 각 호의 요건을 모두 충족하여야 한다. 〈신설 2009. 7. 1., 2010. 6. 11.〉

판 연 행 규 생 제122조 (일괄신고추가서류 등)

① 법 제119조제2항 후단에서 "대통령령으로 정하는 것"이란 개방형 집합투자증권 및 금적립계좌등을 말한다. 〈개정 2013. 8. 27.〉

② 법 제119조제2항 후단에 따른 일괄신고추가서류(이하 "일괄신고추가서류"라 한다)에는 다음 각 호의 사항을 기재하여야 한다.

1. 법 제119조제5항에 따른 대표이사 및 신고업무를 담당하는 이사의 제124조 각 호의 사항에 대한 서명. 다만, 투자자 보호를 해칠 염려가 없는 경우로서 금융위원회가 정하여 고시하는 경우에는 생략할 수 있다.

2. 모집 또는 매출의 개요

3. 일괄신고서상의 발행예정기간 및 발행예정금액

4. 발행예정기간 중에 이미 모집 또는 매출한 실적

5. 모집 또는 매출되는 증권에 대한 인수인의 의견(인수인이 있는 경우만 해당한다)

6. 그 밖에 투자자를 보호하기 위하여 필요한 사항으로서 금융위원회가 정하여 고시하는 사항

③ 일괄신고추가서류의 기재내용은 일괄신고서(법 제122조제1항에 따른 정정신고서를 포함한다)의 기재내용을 변경하는 내용이어서는 아니 된다.

④ 제1항부터 제3항까지에서 규정한 사항 외에 일괄신고추가서류의 서식과 작성방법, 첨부서류 등에 관하여 필요한 사항은 금융위원회가 정하여 고시한다. 〈개정 2009. 2. 3.〉

판 규 제123조 (예측정보의 범위)

법 제119조제3항제4호에서 "대통령령으로 정하는 사항"이란 법 제119조제3항제1호부터 제3호까지의 규정에 따른 예측정보에 관하여 평가요청을 받은 경우에 그 요청을 받은 자가 그 예측정보의 적정성에 관하여 평가한 사항을 말한다.

판 연 규 생 제124조 (증권신고서에 대한 대표이사 등의 확인·검토)

제124조(증권신고서에 대한 대표이사 등의 확인·검토) 법 제119조제5항에서 "대통령령으로 정하는 사항"이란 다음 각 호에 해당하는 사항을 말한다. 〈개정 2018. 10. 30.〉

1. 법 제119조제3항에 따른 증권신고서(이하 "증권신고서"라 한다)의 기재사항 중 중요사항에 관하여 거짓의 기재 또는 표시가 없고, 중요사항의 기재 또는 표시가 빠져있지 아니하다는 사실

2. 증권신고서의 기재 또는 표시 사항을 이용하는 자로 하여금 중대한 오해를 일으키는 내용이 기재 또는 표시되어 있지 아니하다는 사실

3. 증권신고서의 기재사항에 대하여 상당한 주의를 다하여 직접 확인·검토하였다는 사실

4. 「주식회사 등의 외부감사에 관한 법률」 제4조에 따른 외부감사대상 법인인 경우에는 같은 법 제8조에 따라 내부회계관리제도가 운영되고 있다는 사실

판 연 행 규 제124조의2 (매출에 관한 신고서 제출의 특례)

①법 제119조제6항에서 "발행인 및 같은 종류의 증권에 대하여 충분한 공시가 이루

어지고 있는 등 대통령령으로 정한 사유에 해당하는 때"란 다음 각 호의 요건을 모두 충족하였을 때를 말한다. 〈개정 2016. 6. 28.〉

1. 발행인이 사업보고서 제출대상법인으로서 최근 1년간 사업보고서·반기보고서 및 분기보고서를 기한 내에 제출하였을 것

2. 발행인이 최근 1년간 공시위반으로 법 제429조에 따른 과징금을 부과받거나 이 영 제138조·제175조에 따른 조치를 받은 사실이 없을 것

3. 최근 2년 이내에 매출하려는 증권과 같은 종류의 증권에 대한 증권신고서가 제출되어 효력이 발생한 사실이 있을 것

4. 증권시장에 상장하기 위한 목적의 매출이 아닐 것

5. 투자매매업자 또는 투자중개업자를 통하여 매출이 이루어질 것

6. 그 밖에 금융위원회가 정하여 고시하는 요건을 충족할 것

② 제1항에도 불구하고 외국정부가 발행한 국채증권, 법 제9조제16항제5호에 해당하는 자가 발행한 채무증권 또는 국내 회사가 발행하는 사채권 중 금융위원회가 정하여 고시하는 사채권으로서 다음 각 호의 요건을 모두 충족한 경우에는 법 제119조제6항에 따라 매출에 관한 증권신고서를 제출하지 아니할 수 있다. 〈신설 2016. 6. 28., 2019. 12. 31., 2025. 6. 2.〉

1. 발행인의 신용등급 등이 금융위원회가 정하여 고시하는 기준을 충족할 것

2. 투자매매업자 또는 투자중개업자를 통하여 매출이 이루어질 것

3. 제2호에 따른 투자매매업자 또는 투자중개업자가 해당 증권 및 증권의 발행인에 관한 정보를 금융위원회가 정하여 고시하는 방법에 따라 인터넷 홈페이지 등에 게재할 것

4. 그 밖에 금융위원회가 정하여 고시하는 요건을 충족할 것

[본조신설 2013. 8. 27.]

판 연 행 규 생 **제125조(신고서의 기재사항 및 첨부서류)**

① 법 제119조제1항에 따른 신고서(집합투자증권 및 유동화증권은 제외한다)에는 다음 각 호의 사항을 기재하여야 한다. 〈개정 2013. 8. 27.〉

1. 법 제119조제5항에 따른 대표이사 및 신고업무를 담당하는 이사의 제124조 각 호의 사항에 대한 서명

2. 모집 또는 매출에 관한 다음 각 목의 사항

　가. 모집 또는 매출에 관한 일반사항

　나. 모집 또는 매출되는 증권의 권리내용

다. 모집 또는 매출되는 증권의 취득에 따른 투자위험요소

라. 모집 또는 매출되는 증권의 기초자산에 관한 사항(파생결합증권 및 금융위원회가 정하여 고시하는 채무증권의 경우만 해당한다)

마. 모집 또는 매출되는 증권에 대한 인수인의 의견(인수인이 있는 경우만 해당한다)

바. 주권비상장법인(설립 중인 법인을 포함한다)이 인수인의 인수 없이 지분증권(지분증권과 관련된 증권예탁증권을 포함한다)의 모집 또는 매출(이하 "직접공모"라 한다)에 관한 신고서를 제출하는 경우에는 금융위원회가 정하여 고시하는 요건을 갖춘 분석기관(이하 이 조에서 "증권분석기관"이라 한다)의 평가의견. 다만, 금융위원회가 정하여 고시하는 경우에는 이를 생략할 수 있다.

사. 자금의 사용목적

아. 그 밖에 투자자를 보호하기 위하여 필요한 사항으로서 금융위원회가 정하여 고시하는 사항

3. 발행인에 관한 다음 각 목의 사항(설립 중인 법인의 경우에는 금융위원회가 정하여 고시하는 사항을 말한다)

가. 회사의 개요

나. 사업의 내용

다. 재무에 관한 사항

라. 회계감사인의 감사의견

마. 이사회 등 회사의 기관 및 계열회사에 관한 사항

바. 주주에 관한 사항

사. 임원 및 직원에 관한 사항

아. 이해관계자와의 거래내용

자. 그 밖에 투자자를 보호하기 위하여 필요한 사항으로서 금융위원회가 정하여 고시하는 사항

② 제1항에 따른 신고서에는 다음 각 호의 서류를 첨부해야 한다. 이 경우 금융위원회는 「전자정부법」 제36조제1항에 따른 행정정보의 공동이용을 통하여 법인 등기사항증명서를 확인해야 한다. 〈개정 2010. 5. 4., 2010. 11. 2., 2012. 6. 29., 2013. 6. 21., 2013. 8. 27., 2021. 2. 9., 2021. 10. 21.〉

1. 정관 또는 이에 준하는 것으로서 조직운영 및 투자자의 권리의무를 정한 것

2. 증권의 발행을 결의한 주주총회(설립 중인 법인인 경우에는 발기인 총회를 말한다) 또는 이사회의사록(그 증권의 발행이 「상법」 제418조제2항에 따른 발행인 경우에는 그 증권의 발행의 구체적인 경영상 목적, 그 주주 외의 자와 발행인과의 관계 및

그 주주 외의 자의 선정경위를 포함한다)의 사본, 그 밖에 증권의 발행결의를 증명할 수 있는 서류

3. 법인 등기사항증명서에 준하는 것으로서 법인 설립을 증명할 수 있는 서류(법인 등기사항증명서로 확인할 수 없는 경우로 한정한다)

4. 증권의 발행에 관하여 행정관청의 허가·인가 또는 승인 등을 필요로 하는 경우에는 그 허가·인가 또는 승인 등이 있었음을 증명하는 서류

5. 증권의 인수계약을 체결한 경우에는 그 계약서의 사본

6. 다음 각 목의 증권을 증권시장에 상장하려는 경우에는 거래소로부터 그 증권이 상장기준에 적합하다는 확인을 받은 상장예비심사결과서류(코넥스시장에 상장하려는 경우에는 상장심사결과서류를 말한다)

　가. 지분증권(집합투자증권은 제외한다)

　나. 증권예탁증권(지분증권과 관련된 것만 해당한다)

　다. 파생결합증권(증권시장이나 해외 증권시장에서 매매거래되는 가목 또는 나목의 증권의 가격이나 이를 기초로 하는 지수의 변동과 연계하여 미리 정하여진 방법에 따라 가목 또는 나목의 증권의 매매나 금전을 수수하는 거래를 성립시킬 수 있는 권리가 표시된 것만 해당한다)

7. 법 제124조제2항제2호에 따른 예비투자설명서(이하 "예비투자설명서"라 한다)를 사용하려는 경우에는 예비투자설명서

8. 법 제124조제2항제3호에 따른 간이투자설명서를 사용하려는 경우에는 간이투자설명서

9. 직접공모의 경우에는 다음 각 목의 서류

　가. 증권분석기관의 평가의견서

　나. 가목의 평가와 관련하여 기밀이 새지 아니하도록 하겠다는 증권분석기관 대표자의 각서

　다. 제137조제1항제3호의2에 따른 청약증거금관리계약에 관한 계약서 사본 및 같은 계약에 따라 청약증거금을 예치하기 위하여 개설한 계좌의 통장 사본

10. 그 밖에 투자자를 보호하기 위하여 필요한 서류로서 금융위원회가 정하여 고시하는 서류

③ 제1항에 따른 신고서를 제출하여야 하는 법인 중「주식회사 등의 외부감사에 관한 법률 시행령」제3조제1항에 따른 종속회사가 있는 법인(이하 "연결재무제표 작성대상법인"이라 한다)의 경우에는 제1항제3호다목에 따른 재무에 관한 사항, 그 밖에 금융위원회가 정하여 고시하는 사항은「주식회사 등의 외부감사에 관한

법률」제2조제3호에 따른 연결재무제표(이하 "연결재무제표"라 한다)를 기준으로 기재하되 그 법인의 재무제표를 포함하여야 하며, 제1항제3호라목에 따른 회계감사인의 감사의견은 연결재무제표와 그 법인의 재무제표에 대한 감사의견을 기재하여야 한다. 〈신설 2010. 6. 11., 2018. 10. 30.〉

④ 제1항부터 제3항까지에서 규정한 사항 외에 신고서의 서식과 작성방법 등에 관하여 필요한 사항은 금융위원회가 정하여 고시한다. 〈개정 2010. 6. 11.〉

판 행 규 제126조 (일괄신고서의 기재사항 및 첨부서류)

① 일괄신고서(집합투자증권은 제외한다)에는 다음 각 호의 사항을 기재하여야 한다.

1. 법 제119조제5항에 따른 대표이사 및 신고업무를 담당하는 이사의 제124조 각 호의 사항에 대한 서명

2. 발행예정기간

3. 발행예정금액

4. 제125조제1항제3호에 따른 발행인에 관한 사항

5. 그 밖에 투자자를 보호하기 위하여 필요한 사항으로서 금융위원회가 정하여 고시하는 사항

② 일괄신고서에는 다음 각 호의 서류를 첨부하여야 한다. 이 경우 금융위원회는 「전자정부법」제36조제1항에 따른 행정정보의 공동이용을 통하여 법인 등기사항증명서를 확인하여야 한다. 〈개정 2010. 5. 4., 2010. 6. 11., 2010. 11. 2.〉

1. 정관 또는 이에 준하는 것으로서 조직운영과 투자자의 권리의무를 정한 것

2. 일괄하여 신고할 것을 결의한 이사회의사록이나 그 결의를 증명할 수 있는 서류의 사본

3. 법인 등기사항증명서에 준하는 것으로서 법인 설립을 증명할 수 있는 서류(법인 등기사항증명서로 확인할 수 없는 경우로 한정한다)

4. 회계감사인의 감사보고서

5. 연결재무제표의 작성의무가 있는 경우에는 회계감사인이 작성한 연결재무제표에 대한 감사보고서

6. 그 밖에 투자자를 보호하기 위하여 필요한 서류로서 금융위원회가 정하여 고시하는 서류

③ 제1항 및 제2항에서 규정한 사항 외에 일괄신고서의 서식과 작성방법 등에 관하여 필요한 사항은 금융위원회가 정하여 고시한다.

제127조(집합투자증권의 증권신고서의 기재사항 등)

① 법 제119조제7항에 따라 집합투자증권의 증권신고서에는 다음 각 호의 사항을 기재하여야 한다. 〈개정 2009. 12. 21., 2013. 8. 27.〉

1. 법 제119조제5항에 따른 대표이사 및 신고업무를 담당하는 이사의 제124조 각 호의 사항에 대한 서명

2. 모집 또는 매출에 관한 다음 각 목의 사항

　가. 모집 또는 매출에 관한 일반사항

　나. 모집 또는 매출되는 집합투자증권의 권리내용

　다. 모집 또는 매출되는 집합투자증권의 취득에 따른 투자위험요소

　라. 모집 또는 매출되는 집합투자증권에 대한 인수인의 의견(인수인이 있는 경우만 해당한다)

　마. 그 밖에 투자자를 보호하기 위하여 필요한 사항으로서 금융위원회가 정하여 고시하는 사항

3. 집합투자기구에 관한 다음 각 목의 사항

　가. 집합투자기구의 명칭

　나. 투자목적·투자방침과 투자전략에 관한 사항

　다. 운용보수, 판매수수료·판매보수, 그 밖의 비용에 관한 사항

　라. 출자금에 관한 사항(투자신탁인 경우는 제외한다)

　마. 재무에 관한 사항. 다만, 최초로 증권신고서를 제출하는 경우는 제외한다.

　바. 집합투자업자(투자회사인 경우 발기인과 감독이사를 포함한다)에 관한 사항

　사. 투자운용인력에 관한 사항

　아. 집합투자재산의 운용에 관한 사항

　자. 집합투자증권의 판매와 환매에 관한 사항

　차. 집합투자재산의 평가와 공시에 관한 사항

　카. 손익분배와 과세에 관한 사항

　타. 신탁업자와 일반사무관리회사(일반사무관리회사가 있는 경우만 해당한다)에 관한 사항

　파. 법 제42조에 따른 업무위탁에 관한 사항(그 업무위탁이 있는 경우만 해당한다)

　하. 그 밖에 투자자를 보호하기 위하여 필요한 사항으로서 금융위원회가 정하여 고시하는 사항

② 제1항에 따른 집합투자증권의 증권신고서에는 다음 각 호의 서류를 첨부하여야 한다. 이 경우 금융위원회는 「전자정부법」 제36조제1항에 따른 행정정보의 공

동이용을 통하여 법인 등기사항증명서를 확인하여야 한다. 〈개정 2010. 5. 4., 2010. 11. 2., 2013. 8. 27., 2015. 10. 23.〉

1. 집합투자규약(부속서류를 포함한다)

2. 법인 등기사항증명서에 준하는 것으로서 법인 설립을 증명할 수 있는 서류(법인 등기사항증명서로 확인할 수 없는 경우로 한정하며, 투자신탁, 투자합자조합 및 투자익명조합인 경우는 제외한다)

3. 출자금의 납부를 증명할 수 있는 서류(투자신탁인 경우는 제외한다)

4. 다음 각 목의 자와 체결한 업무위탁계약서(그 부속서류를 포함한다. 이하 이 호에서 같다)의 사본. 다만, 나목 또는 다목의 자와 체결한 업무위탁계약서 사본의 경우에는 해당 사업연도에 같은 내용의 업무위탁계약서 사본을 이미 첨부하여 제출하였으면 그 업무위탁계약서 사본으로 갈음할 수 있다.

가. 집합투자업자(투자신탁 및 투자익명조합인 경우는 제외한다)

나. 신탁업자

다. 일반사무관리회사(그 일반사무관리회사와 업무위탁계약을 체결한 경우만 해당한다)

라. 법 제42조에 따른 업무수탁자(그 업무수탁자와 업무위탁계약을 체결한 경우만 해당한다)

5. 삭제 〈2009. 7. 1.〉

6. 집합투자증권의 인수계약을 체결한 경우에는 그 계약서의 사본

7. 그 밖에 투자자를 보호하기 위하여 필요한 서류로서 금융위원회가 정하여 고시하는 서류

③ 제1항 및 제2항에서 규정한 사항 외에 집합투자증권의 증권신고서의 서식과 작성방법 등에 관하여 필요한 사항은 금융위원회가 정하여 고시한다.

판 행 규 **제128조(유동화증권의 증권신고서의 기재사항 및 첨부서류)**

① 법 제119조제7항에 따라 유동화증권의 증권신고서에는 다음 각 호의 사항을 기재하여야 한다. 〈개정 2013. 8. 27.〉

1. 법 제119조제5항에 따른 대표이사 및 신고업무를 담당하는 이사의 제124조 각 호의 사항에 대한 서명

2. 모집 또는 매출에 관한 다음 각 목의 사항

가. 모집 또는 매출에 관한 일반사항

나. 모집 또는 매출되는 유동화증권의 권리내용

다. 모집 또는 매출되는 유동화증권의 취득에 따른 투자위험요소

라. 모집 또는 매출되는 유동화증권에 대한 인수인의 의견(인수인이 있는 경우만 해당한다)

마. 자금의 사용목적

3. 발행인에 관한 다음 각 목의 사항

가. 회사의 개요

나. 임원에 관한 사항

다. 업무의 위탁에 관한 사항

4. 「자산유동화에 관한 법률」 제2조제2호에 따른 자산보유자(이하 "자산보유자"라 한다)에 관한 다음 각 목의 사항

가. 자산보유자의 개요

나. 사업의 내용

다. 재무에 관한 사항

라. 임원에 관한 사항

5. 유동화자산에 관한 다음 각 목의 사항

가. 유동화자산의 종류별 세부명세

나. 유동화자산의 평가내용

다. 유동화자산의 양도 등의 방식 및 세부계획

6. 「자산유동화에 관한 법률」 제3조에 따른 자산유동화계획(이하 "자산유동화계획"이라 한다) 등에 관한 다음 각 목의 사항

가. 자산유동화계획의 세부구조

나. 유동화증권의 발행과 상환계획 등

다. 「자산유동화에 관한 법률」 제10조에 따른 자산관리자(이하 "자산관리자"라 한다)와 자산의 관리방법

라. 자금의 차입과 운용계획

7. 그 밖에 투자자를 보호하기 위하여 필요한 사항으로서 금융위원회가 정하여 고시하는 사항

② 제1항에 따른 유동화증권의 증권신고서에는 다음 각 호의 서류를 첨부하여야 한다. 이 경우 금융위원회는 「전자정부법」 제36조제1항에 따른 행정정보의 공동이용을 통하여 법인 등기사항증명서를 확인하여야 한다. 〈개정 2010. 5. 4., 2010. 11. 2.〉

1. 제125조제2항제1호부터 제5호까지의 서류

2. 자산관리위탁계약서 사본

3. 업무위탁계약서 사본

4. 그 밖에 투자자를 보호하기 위하여 필요한 서류로서 금융위원회가 정하여 고시하는 서류

③ 제1항 및 제2항에서 규정한 사항 외에 유동화증권의 증권신고서의 서식과 작성방법 등에 관하여 필요한 사항은 금융위원회가 정하여 고시한다.

판 행 규 제129조의 (증권신고서의 기재사항 및 첨부서류의 특칙)

제129조(증권신고서의 기재사항 및 첨부서류의 특칙) 금융위원회는 투자자 보호 등을 위하여 필요하다고 인정되는 경우에는 제125조부터 제128조까지의 규정에도 불구하고 외국 기업 등 발행인의 성격, 법 제4조제2항 각 호에 따른 증권의 구분 및 종류 등을 고려하여 증권신고서의 기재사항 및 첨부서류를 달리 정하여 고시할 수 있다.

판 연 제129조의2 (증권의 발행 또는 매도의 동일성 인정 기준)

제129조의2(증권의 발행 또는 매도의 동일성 인정 기준) 법 제119조제8항에서 "대통령령으로 정하는 사항"이란 다음 각 호의 사항을 말한다. 〈개정 2021. 2. 9.〉

1. 증권의 발행 또는 매도가 사실상 동일한 자금조달 계획에 따른 것인지 여부. 이 경우 증권의 기초자산 또는 운용대상자산이 별도로 있는 경우에는 해당 증권의 기초자산 또는 운용대상자산, 투자위험 및 손익의 구조 등의 유사성 여부를 기준으로 판단한다.

2. 증권의 발행 또는 매도의 시기가 6개월 이내로 서로 근접한지 여부

3. 발행 또는 매도하는 증권이 같은 종류인지 여부

4. 증권의 발행 또는 매도로 인하여 발행인 또는 매도인이 수취하는 대가가 같은 종류인지 여부

5. 둘 이상의 증권의 발행인이 다르더라도 모집 또는 매출하는 자가 동일한지 여부
[본조신설 2018. 4. 10.]

판 연 행 규 생 제130조 (증권신고서 기재사항의 정정 등)

① 법 제122조제3항 후단에서 "대통령령으로 정하는 중요한 사항"이란 다음 각 호의 어느 하나에 해당하는 사항을 말한다.

1. 집합투자증권을 제외한 증권인 경우에는 다음 각 목의 어느 하나에 해당하는 사항
   가. 모집가액 또는 매출가액·발행이율 등 발행조건

나. 배정기준일·청약기간 또는 납입기일

다. 자금의 사용목적

라. 인수인·보증기관 또는 수탁회사

마. 그 밖에 투자자의 합리적인 투자판단이나 해당 증권의 가치에 중대한 영향을 미칠 수 있는 사항으로서 금융위원회가 정하여 고시하는 사항

2. 집합투자증권인 경우에는 다음 각 목의 어느 하나에 해당하는 사항

가. 모집가액 또는 매출가액, 발행예정기간, 발행예정금액 등 발행조건

나. 인수인(인수인이 있는 경우만 해당한다)

다. 법 제182조제1항에 따라 등록한 사항을 변경하는 경우

라. 그 밖에 투자자의 합리적인 투자판단이나 해당 집합투자증권의 가치에 중대한 영향을 미칠 수 있는 사항으로서 금융위원회가 정하여 고시하는 사항

② 법 제122조제3항 후단에서 "대통령령으로 정하는 경우"란 다음 각 호의 어느 하나에 해당하는 경우를 말한다. 〈개정 2025. 4. 22.〉

1. 증권신고서의 기재나 표시내용이 불분명하여 그 증권신고서를 이용하는 자로 하여금 중대한 오해를 일으킬 수 있는 내용이 있는 경우

2. 발행인(투자신탁의 수익증권이나 투자익명조합의 지분증권인 경우에는 그 투자신탁이나 투자익명조합을 말한다)에게 불리한 정보를 생략하거나 유리한 정보만을 강조하는 등 과장되게 표현된 경우

3. 집합투자증권을 제외한 증권인 경우에는 다음 각 목의 어느 하나에 해당하는 사실이 발생한 때

가. 최근 사업연도의 재무제표 또는 반기보고서, 법 제160조제1항에 따른 분기보고서(이하 "분기보고서"라 한다)가 확정된 때

나. 발행인의 사업목적이 변경된 때

다. 영업의 양도·양수 또는 합병계약이 체결된 때

라. 발행인의 경영이나 재산 등에 중대한 영향을 미치는 소송의 당사자가 된 때

마. 발행한 어음이나 수표가 부도로 되거나 은행과의 당좌거래가 정지되거나 금지된 때

바. 영업활동의 전부나 중요한 일부가 정지된 때

사. 「채무자 회생 및 파산에 관한 법률」에 따른 회생절차개시의 신청이 있은 때

아. 법, 「상법」, 그 밖의 법률에 따른 해산사유가 발생한 때

4. 집합투자증권인 경우에는 다음 각 목의 어느 하나에 해당하는 사실이 발생한 때

가. 최근 결산기의 재무제표가 확정된 때

나. 집합투자기구 간의 합병계약이 체결된 때

다. 집합투자재산 등에 중대한 영향을 미치는 소송이 제기된 때

③ 법 제122조제4항 후단에서 "집합투자증권 중 대통령령으로 정하는 것"이란 개방형 집합투자증권을 말한다.

④ 법 제122조제4항 단서에서 "대통령령으로 정하는 한도"란 발행예정금액의 100분의 20을 말한다. 다만, 투자자 보호 등을 위하여 필요하다고 인정되는 경우에는 금융위원회가 그 한도를 발행예정금액의 100분의 20 이하로 정하여 고시할 수 있다. 〈신설 2009. 2. 3.〉

⑤ 법 제122조제6항에서 "대통령령으로 정하는 기한"이란 3개월을 말한다. 〈신설 2013. 8. 27.〉

판 행 규 생 제131조(투자설명서의 작성 · 공시)

① 법 제123조제1항에 따른 투자설명서(이하 "투자설명서"라 한다)는 표제부와 본문으로 구분하여 작성한다.

② 투자설명서의 표제부에는 다음 각 호의 사항을 기재하여야 한다. 〈개정 2013. 8. 27.〉

1. 법 제119조제1항 및 제2항에 따른 증권의 신고(이하 "증권신고"라 한다)의 효력발생일

2. 해당 증권의 모집가액 또는 매출가액

3. 청약기간

4. 납부기간

5. 해당 증권신고서의 사본과 투자설명서의 열람 장소

6. 법 제176조제3항제1호에 따른 안정조작(이하 "안정조작"이라 한다)이나 법 제176조제3항제2호에 따른 시장조성(이하 "시장조성"이라 한다)을 하려는 경우에는 증권시장에서 안정조작이나 시장조성이 행하여질 수 있다는 뜻

7. 청약일 전날(개방형 집합투자증권 및 금적립계좌등인 경우에는 청약일 이후에도 해당한다)까지는 해당 증권신고서의 기재사항 중 일부가 변경될 수 있다는 뜻

8. 정부가 증권신고서의 기재사항이 진실 또는 정확하다는 것을 인정하거나 해당 증권의 가치를 보증 또는 승인하는 것이 아니라는 뜻

9. 그 밖에 투자자를 보호하기 위하여 필요한 사항으로서 금융위원회가 정하여 고시하는 사항

③ 투자설명서의 본문에는 다음 각 호의 사항을 기재하여야 한다.

1. 제125조제1항에 따라 신고서를 제출하는 경우: 제125조제1항 각 호의 사항

2. 법 제119조제2항 후단에 따라 일괄신고추가서류를 제출하는 경우: 제122조제2항 각 호 및 제126조제1항제4호의 사항

3. 제127조제1항에 따라 신고서를 제출하는 경우: 제127조제1항 각 호의 사항

4. 제128조제1항에 따라 신고서를 제출하는 경우: 제128조제1항 각 호의 사항

5. 제129조에 따라 신고서를 제출하는 경우: 금융위원회가 정하여 고시하는 사항

④ 제125조제2항제7호에 따라 예비투자설명서를 제출한 경우로서 증권신고의 효력이 발생할 때까지 증권신고서의 기재사항에 변경이 없는 경우에는 그 증권신고의 효력이 발생한 후에 예비투자설명서를 투자설명서로 사용할 수 있다. 이 경우 예비투자설명서의 표제부는 제2항 각 호의 사항이 기재된 투자설명서의 표제부로 바꿔야 한다.

⑤ 법 제123조제2항 단서에서 "대통령령으로 정하는 사항"이란 다음 각 호의 어느 하나에 해당하는 사항을 말한다.

1. 「군사기밀보호법」 제2조에 따른 군사기밀에 해당하는 사항

2. 발행인의 업무나 영업에 관한 것으로서 금융위원회의 확인을 받은 사항

⑥ 법 제123조제3항 각 호 외의 부분 본문에서 "대통령령으로 정하는 집합투자증권 및 파생결합증권"이란 개방형 집합투자증권 및 금적립계좌등을 말한다. 〈개정 2013. 8. 27.〉

⑦ 제1항부터 제6항까지에서 규정한 사항 외에 투자설명서의 서식과 작성방법 등에 관하여 필요한 사항은 금융위원회가 정하여 고시한다.

판 연 규 생 제132조(투자설명서의 교부가 면제되는 자)

법 제124조제1항 각 호 외의 부분 전단에서 "대통령령으로 정하는 자"란 다음 각 호의 어느 하나에 해당하는 자를 말한다. 〈개정 2009. 7. 1., 2013. 6. 21., 2021. 1. 5.〉

1. 제11조제1항제1호다목부터 바목까지 및 같은 항 제2호 각 목의 어느 하나에 해당하는 자

1의2. 제11조제2항제2호 및 제3호에 해당하는 자

2. 투자설명서를 받기를 거부한다는 의사를 서면, 전화·전신·팩스, 전자우편 및 이와 비슷한 전자통신, 그 밖에 금융위원회가 정하여 고시하는 방법으로 표시한 자

3. 이미 취득한 것과 같은 집합투자증권을 계속하여 추가로 취득하려는 자. 다만, 해당 집합투자증권의 투자설명서의 내용이 직전에 교부한 투자설명서의 내용과 같은 경우만 해당한다.

① 법 제124조제2항제2호에 따라 예비투자설명서의 표제부에는 다음 각 호의 사항을 기재하여야 한다.

1. 제131조제2항제2호부터 제6호까지의 사항

2. 해당 증권신고서가 금융위원회에 제출되었으나 아직 증권신고의 효력이 발생하지 아니하고 있다는 뜻과 효력발생일까지는 그 기재사항 중 일부가 변경될 수 있다는 뜻

3. 그 밖에 투자자를 보호하기 위하여 필요한 사항으로서 금융위원회가 정하여 고시하는 사항

② 예비투자설명서의 작성에 관하여는 법 제123조제2항 및 이 영 제131조제1항·제3항을 준용한다. 이 경우 "투자설명서"는 "예비투자설명서"로 본다.

③ 제1항 및 제2항에서 규정한 사항 외에 예비투자설명서의 서식과 작성방법 등에 관하여 필요한 사항은 금융위원회가 정하여 고시한다.

판 연 **제134조 (간이투자설명서의 작성방법)**

① 법 제124조제2항제3호에 따른 간이투자설명서(이하 "간이투자설명서"라 한다)에는 다음 각 호의 구분에 따른 사항을 기재하거나 표시해야 한다. 〈개정 2013. 6. 21., 2013. 8. 27., 2021. 10. 21.〉

1. 해당 증권신고의 효력이 발생하기 전인 경우에는 다음 각 목의 사항

  가. 제131조제2항제2호부터 제6호까지의 사항

  나. 해당 증권신고서가 금융위원회에 제출되었으나 아직 증권신고의 효력이 발생하지 아니하고 있다는 뜻과 효력발생일까지는 그 기재사항 중 일부가 변경될 수 있다는 뜻

  다. 제125조제2항제6호 각 목의 증권을 증권시장에 상장하려는 경우에는 거래소로부터 그 증권이 상장기준에 적합하다는 확인을 받은 상장예비심사결과(코넥스시장에 상장하려는 경우에는 상장심사결과를 말한다)

  라. 제131조제3항에 따라 투자설명서의 본문에 기재하여야 할 사항으로서 투자자를 보호하기 위하여 기재하거나 표시하는 것이 필요하다고 금융위원회가 정하여 고시하는 사항

  마. 그 증권의 모집 또는 매출과 발행인(투자신탁의 수익증권이나 투자익명조합의 지분증권인 경우에는 그 투자신탁이나 투자익명조합을 말한다)에 관한 구체적인 내용은 예비투자설명서 또는 투자설명서를 참조하라는 뜻

2. 해당 증권신고의 효력이 발생한 후인 경우에는 다음 각 목의 사항

　　가. 제131조제2항제1호부터 제8호까지의 사항

　　나. 제1호다목부터 마목까지의 사항

② 간이투자설명서에 제1항 각 호의 사항을 기재 또는 표시하는 경우에는 발행인(투자신탁의 수익증권과 투자익명조합의 지분증권인 경우에는 그 투자신탁과 투자익명조합을 말한다)에게 불리한 정보를 생략하거나 유리한 정보만을 가려뽑아 기재 또는 표시하여서는 아니 된다.

③ 제1항 및 제2항에서 규정한 사항 외에 간이투자설명서의 서식과 작성방법 등에 관하여 필요한 사항은 금융위원회가 정하여 고시한다.

판 행 규 제135조(거짓의 기재 등으로 인한 배상책임을 지는 자)

① 법 제125조제1항제3호에서 "대통령령으로 정하는 자"란 공인회계사, 감정인, 신용평가를 전문으로 하는 자, 변호사, 변리사 또는 세무사 등 공인된 자격을 가진 자(그 소속단체를 포함한다)를 말한다.

② 법 제125조제1항제5호에서 "대통령령으로 정하는 자"란 다음 각 호의 어느 하나에 해당하는 자를 말한다. 〈개정 2013. 8. 27., 2017. 5. 8.〉

1. 인수인

2. 발행인 또는 매출인으로부터 인수 외의 방법으로 그 발행인 또는 매출인을 위하여 해당 증권의 모집·사모·매출을 할 것을 의뢰받거나 그 밖에 직접 또는 간접으로 증권의 모집·사모·매출을 분담할 것을 의뢰받아 그 조건 등을 정하는 주선인

판 연 규 제136조(공시 제외사항)

법 제129조 각 호 외의 부분 후단에서 "대통령령으로 정하는 사항"이란 다음 각 호의 어느 하나에 해당하는 사항을 말한다. 〈개정 2010. 6. 11., 2018. 10. 30.〉

1. 「군사기밀보호법」 제2조에 따른 군사기밀에 해당하는 사항

2. 발행인 또는 그 종속회사(「주식회사 등의 외부감사에 관한 법률 시행령」 제3조제1항에 따른 종속회사를 말한다)의 업무나 영업에 관한 것으로서 금융위원회의 확인을 받은 사항

판 연 행 규 생 제137조(신고서를 제출하지 아니하는 모집·매출)

① 법 제130조제1항에서 "대통령령으로 정하는 조치"란 다음 각 호의 조치를 말한다. 〈개정 2009. 7. 1., 2012. 6. 29., 2018. 4. 10., 2021. 10. 21., 2021.

12. 9., 2025. 6. 2.〉

1. 증권의 모집 또는 매출 전에 발행인(투자신탁의 수익증권이나 투자익명조합의 지분증권인 경우에는 그 투자신탁이나 투자익명조합을 말하며, 법 제159조제1항에 따른 사업보고서 제출대상법인 및 제176조제1항 각 호에 따른 외국법인등은 제외한다. 이하 이 조에서 같다)의 재무상태와 영업실적을 기재한 서류를 금융위원회에 제출할 것. 이 경우 해당 서류(집합투자증권인 경우는 제외한다)는 금융위원회가 정하여 고시하는 바에 따라 회계감사인의 회계감사를 받거나 공인회계사의 확인과 의견표시를 받은 것이어야 한다.

2. 청약의 권유를 하는 경우에는 다음 각 목의 사항을 인쇄물 등에 기재하거나 표시할 것. 이 경우 재무상태와 영업실적에 관하여 제1호에 따라 제출된 서류의 내용과 다른 내용이나 거짓의 사실을 기재하거나 표시하여서는 아니 된다.
    가. 제125조제1항제2호 및 제3호의 사항(집합투자증권인 경우에는 제127조제1항제2호 및 제3호의 사항을, 유동화증권인 경우에는 제128조제1항제2호부터 제7호까지의 사항을 말한다)
    나. 제131조제2항제2호부터 제4호까지의 사항

3. 증권의 모집 또는 매출의 개시일 3일 전까지 청약의 권유방법과 제2호에 따라 인쇄물 등에 기재하거나 표시한 내용을 금융위원회에 제출할 것. 증권의 모집 또는 매출을 시작한 후 청약의 권유방법이나 인쇄물 등에 기재하거나 표시한 내용을 변경한 경우에도 또한 같다.

3의2. 직접공모(제178조제1항제1호에 따른 장외매매거래의 방법으로 증권을 매출하는 직접공모는 제외한다)의 경우에는 다음 각 목의 어느 하나에 해당하는 자와 청약증거금의 예치, 보관 및 투자자에 대한 반환 등에 관한 사항을 포함하는 청약증거금관리계약을 체결하고 계좌를 개설할 것
    가. 증권에 관한 투자매매업자 또는 투자중개업자
    나. 제4조 각 호의 자
    다. 증권금융회사

4. 증권의 모집 또는 매출이 끝난 경우에는 지체 없이 그 모집 또는 매출 실적에 관한 결과를 금융위원회에 보고할 것

5. 다음 각 목의 결산에 관한 서류를 매 사업연도 경과 후 90일 이내에 금융위원회에 제출할 것. 다만, 법 제159조제1항에 따른 사업보고서 제출대상법인, 제176조제1항 각 호에 따른 외국법인등, 매 사업연도말 모집 또는 매출한 증권의 소유자 수가 25명 미만인 법인, 모집 또는 매출한 증권의 상환 또는 소각을 완료한 법인과 제362조제

8항에 따른 보증사채권만을 발행한 법인의 경우에는 그렇지 않다.

　　가. 재무상태표와 그 부속 명세서

　　나. 손익계산서와 그 부속 명세서

　　다. 이익잉여금처분계산서 또는 결손금처리계산서

　　라. 회계감사인의 감사보고서(회계감사인의 회계감사를 받은 법인만 해당한다)

② 발행인이 제1항제1호에 따라 금융위원회에 발행인의 재무상태와 영업실적에 관한 서류를 제출하여야 하는 경우로서 해당 증권의 모집 또는 매출 전에 행하여진 모집 또는 매출시에 제출한 서류가 있고 그 제출한 서류의 내용이 변경되지 아니한 경우에는 그 서류를 참조하라는 뜻을 기재한 서면으로 그 발행인의 재무상태와 영업실적에 관한 서류의 제출을 갈음할 수 있다. 〈개정 2009. 7. 1.〉

③ 증권의 매출이 다음 각 호의 요건을 모두 충족하는 경우에는 해당 증권의 발행인은 제1항에 따른 조치를 이행한 것으로 본다. 〈개정 2019. 8. 20.〉

1. 해당 증권의 매출이 제178조제1항제1호에 따른 장외거래 방법에 의할 것

2. 제120조제2항에 따른 소액출자자(해당 증권의 발행인과 인수인은 제외한다)가 매출하는 것일 것

3. 해당 증권의 발행인이 다음 각 목의 내용을 금융위원회가 정하여 고시하는 방법에 따라 공시할 것

　　가. 발행인에 관한 사항

　　나. 발행인의 재무상태와 영업실적에 관한 사항을 기재한 서류

④ 금융위원회는 투자자 보호 등을 위하여 필요하다고 인정되는 경우에는 제1항에도 불구하고 외국 기업 등 발행인의 성격, 법 제4조제2항 각 호에 따른 증권의 구분 및 종류 등을 고려하여 제1항제1호의 서류와 같은 항 제2호에 따른 인쇄물 등의 기재사항을 다르게 정하여 고시할 수 있다. 〈신설 2009. 7. 1.〉

⑤ 금융위원회는 제1항에 따른 조치사항에 관하여 세부적인 기준을 정하여 고시할 수 있다. 〈개정 2009. 7. 1.〉

⑥ 법 제130조제2항에서 "대통령령으로 정하는 사항"이란 제129조의2 각 호의 사항을 말한다. 〈신설 2018. 4. 10.〉

판 규 제138조(금융위원회의 조치)

법 제132조 각 호 외의 부분 전단에서 "대통령령으로 정하는 조치"란 다음 각 호의 어느 하나에 해당하는 조치를 말한다.

1. 1년의 범위에서 증권의 발행 제한

2. 임원에 대한 해임권고

3. 법을 위반한 경우에는 고발 또는 수사기관에의 통보

4. 다른 법률을 위반한 경우에는 관련 기관이나 수사기관에의 통보

5. 경고 또는 주의

제2장 기업의 인수 · 합병 관련제도

제1절 공개매수

판 규 제139조 (공개매수의 적용대상 증권)

제133조제1항에서 "의결권 있는 주식, 그 밖에 대통령령으로 정하는 증권"이란 의결권 있는 주식에 관계되는 다음 각 호의 어느 하나에 해당하는 증권(이하 "주식등"이라 한다)을 말한다.

1. 주권상장법인이 발행한 증권으로서 다음 각 목의 어느 하나에 해당하는 증권

가. 주권

　나. 신주인수권이 표시된 것

　다. 전환사채권

　라. 신주인수권부사채권

　마. 가목부터 라목까지의 증권과 교환을 청구할 수 있는 교환사채권

　바. 가목부터 마목까지의 증권을 기초자산으로 하는 파생결합증권(권리의 행사로 그 기초자산을 취득할 수 있는 것만 해당한다)

2. 제1호에 따른 주권상장법인 외의 자가 발행한 증권으로서 다음 각 목의 어느 하나에 해당하는 증권

　가. 제1호에 따른 증권과 관련된 증권예탁증권

　나. 제1호에 따른 증권이나 가목의 증권과 교환을 청구할 수 있는 교환사채권

　다. 제1호에 따른 증권이나 가목·나목의 증권을 기초자산으로 하는 파생결합증권(권리의 행사로 그 기초자산을 취득할 수 있는 것만 해당한다)

판 규 제140조 (공개매수 상대방의 수의 산정기준)

① 법 제133조제3항 본문에서 "대통령령으로 정하는 기간"이란 해당 주식등의 매수
등(법 제133조제2항에 따른 매수등을 말한다. 이하 이 절에서 같다)을 하는 날
부터 과거 6개월간을 말한다.

② 법 제133조제3항 본문에서 "대통령령으로 정하는 수 이상의 자"란 해당 주식등
의 매수등을 하는 상대방의 수와 제1항에 따른 기간 동안 그 주식등의 매수등을 한 상
대방의 수의 합계가 10인 이상인 자를 말한다.

판 규 생 제141조 (특별관계자의 범위)

① 법 제133조제3항 본문에서 "대통령령으로 정하는 특별한 관계가 있는 자"란 특
수관계인과 공동보유자를 말한다.

② 제1항에서 "공동보유자"란 본인과 합의나 계약 등에 따라 다음 각 호의 어느 하
나에 해당하는 행위를 할 것을 합의한 자를 말한다.

1. 주식등을 공동으로 취득하거나 처분하는 행위

2. 주식등을 공동 또는 단독으로 취득한 후 그 취득한 주식을 상호양도하거나 양수
하는 행위

3. 의결권(의결권의 행사를 지시할 수 있는 권한을 포함한다)을 공동으로 행사하는
행위

③ 제1항에서 특수관계인이 소유하는 주식등의 수가 1,000주 미만이거나 제2항에
해당하지 아니함을 증명하는 경우에는 이 절 및 제3편제2장제2절을 적용할 때
특수관계인으로 보지 아니한다.

판 연 생 제142조 (소유에 준하는 보유)

법 제133조제3항 본문에서 "소유, 그 밖에 이에 준하는 경우로서 대통령령으로 정
하는 경우"란 다음 각 호의 어느 하나에 해당하는 경우를 말한다.

1. 누구의 명의로든지 자기의 계산으로 주식등을 소유하는 경우

2. 법률의 규정이나 매매, 그 밖의 계약에 따라 주식등의 인도청구권을 가지는 경우

3. 법률의 규정이나 금전의 신탁계약·담보계약, 그 밖의 계약에 따라 해당 주식등
의 의결권(의결권의 행사를 지시할 수 있는 권한을 포함한다)을 가지는 경우

4. 법률의 규정이나 금전의 신탁계약·담보계약·투자일임계약, 그 밖의 계약에 따
라 해당 주식등의 취득이나 처분의 권한을 가지는 경우

5. 주식등의 매매의 일방예약을 하고 해당 매매를 완결할 권리를 취득하는 경우로
서 그 권리행사에 의하여 매수인으로서의 지위를 가지는 경우

6. 주식등을 기초자산으로 하는 법 제5조제1항제2호에 따른 계약상의 권리를 가지는 경우로서 그 권리의 행사에 의하여 매수인으로서의 지위를 가지는 경우

7. 주식매수선택권을 부여받은 경우로서 그 권리의 행사에 의하여 매수인으로서의 지위를 가지는 경우

판 연 행 규 제143조 (공개매수를 요하지 아니하는 매수등)

법 제133조제3항 단서에서 "대통령령으로 정하는 매수등"이란 다음 각 호의 어느 하나에 해당하는 것을 말한다.

1. 소각을 목적으로 하는 주식등의 매수등

2. 주식매수청구에 응한 주식의 매수

3. 신주인수권이 표시된 것, 전환사채권, 신주인수권부사채권 또는 교환사채권의 권리행사에 따른 주식등의 매수등

4. 파생결합증권의 권리행사에 따른 주식등의 매수등

5. 특수관계인으로부터의 주식등의 매수등

6. 삭제 〈2013. 8. 27.〉

7. 그 밖에 다른 투자자의 이익을 해칠 염려가 없는 경우로서 금융위원회가 정하여 고시하는 주식등의 매수등

판 연 제144조 (증권시장에서의 매수로 보지 아니하는 매수)

법 제133조제4항에서 "대통령령으로 정하는 매수"란 매도와 매수 쌍방당사자 간의 계약, 그 밖의 합의에 따라 종목, 가격과 수량 등을 결정하고, 그 매매의 체결과 결제를 증권시장을 통하는 방법으로 하는 주식등의 매수를 말한다.

판 연 행 규 제145조 (공개매수의 공고 등)

① 법 제134조제1항에 따른 공개매수공고(이하 "공개매수공고"라 한다)를 하려는 자는 금융위원회가 정하여 고시하는 방법에 따라 「신문 등의 진흥에 관한 법률」에 따른 일반일간신문 또는 경제분야의 특수일간신문 중 전국을 보급지역으로 하는 둘 이상의 신문에 공고하여야 한다. 〈개정 2010. 1. 27.〉

② 법 제134조제1항제2호에서 "대통령령으로 정하는 주식등"이란 교환사채권과 파생결합증권을 말한다.

③ 법 제134조제1항제2호에서 "대통령령으로 정하는 자"란 다음 각 호의 자를 말한다.

1. 증권예탁증권의 경우에는 그 기초가 되는 주식등의 발행인

2. 교환사채권의 경우에는 교환의 대상이 되는 주식등의 발행인

3. 파생결합증권의 경우에는 그 기초자산이 되는 주식등의 발행인

④ 법 제134조제1항제6호에서 "대통령령으로 정하는 사항"이란 다음 각 호의 사항을 말한다.

1. 법 제134조제2항에 따른 공개매수자(이하 "공개매수자"라 한다)와 그 특별관계자(법 제133조제3항에 따른 특별관계자를 말한다. 이하 같다)의 현황

2. 법 제133조제2항에 따른 공개매수사무취급자(이하 "공개매수사무취급자"라 한다)에 관한 사항

3. 공개매수의 방법

4. 공개매수할 주식등의 발행인(법 제134조제1항제2호에 따른 공개매수할 주식등의 발행인을 말한다. 이하 "공개매수대상회사"라 한다)의 임원이나 최대주주와 사전협의가 있었는지와 사전협의가 있는 경우에는 그 협의내용

5. 공개매수가 끝난 후 공개매수대상회사에 관한 장래 계획

6. 공개매수공고 전에 해당 주식등의 매수등의 계약을 체결하고 있는 경우에는 그 계약사실 및 내용

7. 법 제134조제2항에 따른 공개매수신고서(이하 "공개매수신고서"라 한다)와 법 제137조제1항에 따른 공개매수설명서(이하 "공개매수설명서"라 한다)의 열람장소

판 연 행 규 제146조 (공개매수신고서 등)

① 공개매수신고서에는 공개매수공고에 기재된 내용과 다른 내용을 표시하거나 그 기재사항을 빠뜨려서는 아니 된다.

② 법 제134조제2항제7호에서 "대통령령으로 정하는 사항"이란 다음 각 호의 사항을 말한다.

1. 공개매수사무취급자에 관한 사항

2. 공개매수대상회사의 현황

3. 공개매수의 방법

4. 공개매수에 필요한 자금이나 교환대상 증권의 조성내역(차입인 경우에는 차입처를 포함한다)

5. 공개매수자와 그 특별관계자의 최근 1년간 공개매수대상회사의 주식등의 보유상황과 거래상황

6. 공개매수대상회사의 임원이나 최대주주와 사전협의가 있었는지와 사전협의가 있는 경우에는 그 협의내용

7. 공개매수가 끝난 후 공개매수대상회사에 관한 장래계획

8. 공개매수의 중개인이나 주선인이 있는 경우에는 그에 관한 사항

9. 공개매수신고서와 공개매수설명서의 열람장소

③ 법 제134조제3항에서 "대통령령으로 정하는 기간"이란 20일 이상 60일 이내의 기간을 말한다.

④ 공개매수신고서에는 다음 각 호의 서류를 첨부하여야 한다. 이 경우 금융위원회는「전자정부법」제36조제1항에 따른 행정정보의 공동이용을 통하여 공개매수자의 주민등록번호를 포함한 주민등록표 초본(개인인 경우로 한정한다) 또는 법인 등기사항증명서(법인인 경우로 한정한다)를 확인하여야 하며, 공개매수자가 주민등록번호를 포함한 주민등록표 초본의 확인에 동의하지 아니하는 경우에는 주민등록번호를 포함한 주민등록표 초본을 첨부하도록 하여야 한다. 〈개정 2010. 5. 4., 2010. 11. 2., 2017. 12. 29., 2021. 12. 28.〉

1. 공개매수자가 외국인인 경우에는 주민등록번호를 포함한 주민등록표 초본에 준하는 서류

2. 공개매수자가 법인, 그 밖의 단체인 경우에는 정관과 법인 등기사항증명서에 준하는 서류(법인 등기사항증명서로 확인할 수 없는 경우로 한정한다)

3. 공개매수 관련 사무에 관한 계약서 사본

4. 공개매수에 필요한 금액 이상의 금융기관 예금잔액, 그 밖에 자금의 확보를 증명하는 서류

5. 다른 증권과의 교환에 의한 공개매수인 경우에는 공개매수자가 교환의 대가로 인도할 증권의 확보를 증명하는 서류. 다만,「독점규제 및 공정거래에 관한 법률」제18조제2항제2호에 따른 기준에 해당하지 아니할 목적으로 현물출자를 받기 위하여 공개매수를 하려는 경우에는 신주의 발행을 증명하는 서류

6. 다른 증권과의 교환에 의한 공개매수에 관하여 법 제119조제1항 또는 제2항에 따른 신고를 하여야 하는 경우에는 그 신고서에 기재할 사항의 내용과 같은 내용을 기재한 서류

7. 주식등의 매수등에 행정관청의 허가·인가 또는 승인이 필요한 경우에는 그 허가·인가 또는 승인이 있었음을 증명하는 서류

8. 공개매수공고 내용

9. 공개매수공고 전에 해당 주식등의 매수등의 계약을 체결하고 있는 경우에는 그 계약서의 사본

10. 그 밖에 공개매수신고서의 기재사항을 확인하는 데에 필요한 서류로서 금융위원회가 정하여 고시하는 서류

⑤ 제1항부터 제4항까지에서 규정한 사항 외에 공개매수신고서의 서식과 작성방법 등에 관하여 필요한 사항은 금융위원회가 정하여 고시한다.

판 규 제147조(공개매수조건의 변경금지)

법 제136조제3항 단서에서 "대통령령으로 정하는 공개매수조건 등"이란 다음 각 호의 어느 하나에 해당하는 것을 말한다.

1. 공개매수기간의 단축

2. 법 제139조제4항에 따른 응모주주(이하 이 호에서 "응모주주"라 한다)에게 줄 대가의 종류의 변경. 다만, 응모주주가 선택할 수 있는 대가의 종류를 추가하는 경우는 제외한다.

3. 공개매수 대금지급기간의 연장을 초래하는 공개매수조건의 변경. 다만, 다음 각 목의 어느 하나에 해당하는 경우는 제외한다.

　가. 법 제136조제1항에 따른 정정신고서 제출일 전 3일의 기간 중 해당 주식등의 증권 시장에서 성립한 가격(최종가격을 기준으로 한다)의 산술평균가격이 공개매수가격의 100분의 90 이상인 경우 또는 법 제139조제1항에 따른 대항공개매수(이하 "대항공개매수"라 한다)가 있는 경우의 매수가격 인상

　나. 공개매수공고 후 해당 주식등의 총수에 변경이 있는 경우 또는 대항공개매수가 있는 경우의 매수예정 주식등의 수의 증가

　다. 대항공개매수가 있는 경우의 공개매수기간의 연장(그 대항공개매수기간의 종료일까지로 한정한다)

판 행 규 제148조(공개매수설명서의 작성 등)

법 제137조제1항에 따라 공개매수설명서에는 법 제134조제2항 각 호의 사항을 기재하여야 한다. 다만, 공개매수자가 주권상장법인인 경우에는 금융위원회가 정하여 고시하는 사항의 기재를 생략할 수 있다.

판 제149조(공개매수에 관한 의견표명)

① 공개매수신고서가 제출된 주식등의 발행인이 법 제138조제1항에 따라 공개매수에 관한 의견을 표명하는 경우에는 광고·서신(전자우편을 포함한다), 그 밖의 문서에 의하여야 한다.

② 제1항에 따른 의견표명에는 공개매수에 대한 발행인의 찬성·반대 또는 중립의 의견에 관한 입장과 그 이유가 포함되어야 하며, 의견표명 이후에 그 의견에 중대한 변경이 있는 경우에는 지체 없이 제1항에서 정한 방법에 따라 그 사실을 알려야 한다.

판 규 제150조(공개매수의 예외적 철회)

법 제139조제1항 단서에서 "대통령령으로 정하는 경우"란 다음 각 호의 어느 하나에 해당하는 경우를 말한다. 〈개정 2013. 8. 27.〉

1. 공개매수자가 발행한 어음 또는 수표가 부도로 되거나 은행과의 당좌거래가 정지 또는 금지된 경우

2. 공개매수대상회사에 다음 각 목의 어느 하나의 사유가 발생한 경우에 공개매수를 철회할 수 있다는 조건을 공개매수공고시 게재하고 이를 공개매수신고서에 기재한 경우로서 그 기재한 사유가 발생한 경우

가. 합병, 분할, 분할합병, 주식의 포괄적 이전 또는 포괄적 교환

나. 제171조제2항 각 호의 어느 하나에 해당하는 중요한 영업이나 자산의 양도·양수

다. 해산

라. 파산

마. 발행한 어음이나 수표의 부도

바. 은행과의 당좌거래의 정지 또는 금지

사. 주식등의 상장폐지

아. 천재지변·전시·사변·화재, 그 밖의 재해 등으로 인하여 최근 사업연도 자산총액의 100분의 10 이상의 손해가 발생한 경우

판 규 제151조(공개매수 외의 방법에 의한 주식등의 취득)

법 제140조 단서에서 "대통령령으로 정하는 경우"란 다음 각 호의 어느 하나에 해당하는 경우를 말한다.

1. 해당 주식등의 매수등의 계약을 공개매수공고 전에 체결하고 있는 경우로서 그 계약체결 당시 법 제133조제1항에 따른 공개매수의 적용대상에 해당하지 아니하고 공개매수공고와 공개매수신고서에 그 계약사실과 내용이 기재되어 있는 경우

2. 공개매수사무취급자가 공개매수자와 그 특별관계자 외의 자로부터 해당 주식등의 매수등의 위탁을 받는 경우

제152조(금융위원회의 조치)

법 제146조제2항 각 호 외의 부분 전단에서 "대통령령으로 정하는 조치"란 다음 각 호의 어느 하나에 해당하는 조치를 말한다.

1. 1년의 범위에서 공개매수의 제한(공개매수자와 공개매수자의 특별관계자만 해당한다)
2. 1년의 범위에서 공개매수사무 취급업무의 제한(공개매수사무취급자만 해당한다)
3. 임원에 대한 해임권고
4. 법을 위반한 경우에는 고발 또는 수사기관에의 통보
5. 다른 법률을 위반한 경우에는 관련기관이나 수사기관에의 통보
6. 경고 또는 주의

제2절 주식등의 대량보유상황의 보고

제153조(주식등의 대량보유 등의 보고)

① 법 제147조제1항 전단에서 "대통령령으로 정하는 날"이란 다음 각 호의 날을 말한다.
1. 공휴일
2. 「근로자의 날 제정에 관한 법률」에 따른 근로자의 날
3. 토요일
② 법 제147조제1항 전단에서 "대통령령으로 정하는 사항"이란 다음 각 호의 사항을 말한다.
1. 주식등을 대량보유(법 제147조제1항에 따른 대량보유를 말한다)하게 된 자(이하 "대량보유자"라 한다)와 그 특별관계자에 관한 사항
2. 보유 주식등의 발행인(법 제148조에 따른 발행인을 말한다)에 관한 사항
3. 변동 사유
4. 취득 또는 처분 일자·가격 및 방법
5. 보유 형태
6. 취득에 필요한 자금이나 교환대상물건의 조성내역(차입인 경우에는 차입처를 포함한다)

7. 제1호부터 제6호까지의 사항과 관련된 세부사항으로서 금융위원회가 정하여 고시하는 사항

③ 주식등의 대량보유자가 주식등의 보유상황이나 변동내용을 보고하여야 하는 경우에 그 보고기준일은 다음 각 호의 어느 하나에 해당하는 날로 한다. 〈개정 2013. 8. 27.〉

1. 주권비상장법인이 발행한 주권이 증권시장에 상장된 경우에는 그 상장일

2. 흡수합병인 경우에는 합병을 한 날, 신설합병인 경우에는 그 상장일

3. 증권시장(다자간매매체결회사에서의 거래를 포함한다. 이하 이 항에서 같다)에서 주식등을 매매한 경우에는 그 계약체결일

4. 증권시장 외에서 주식등을 취득하는 경우에는 그 계약체결일

5. 증권시장 외에서 주식등을 처분하는 경우에는 대금을 받는 날과 주식등을 인도하는 날 중 먼저 도래하는 날

6. 유상증자로 배정되는 신주를 취득하는 경우에는 주금납입일의 다음날

7. 주식등을 차입하는 경우에는 그 차입계약을 체결하는 날, 상환하는 경우에는 해당 주식등을 인도하는 날

8. 주식등을 증여받는 경우에는 「민법」에 따른 효력발생일, 증여하는 경우에는 해당 주식등을 인도하는 날

9. 상속으로 주식등을 취득하는 경우로서 상속인이 1인인 경우에는 단순승인이나 한정승인에 따라 상속이 확정되는 날, 상속인이 2인 이상인 경우에는 그 주식등과 관계되는 재산분할이 종료되는 날

10. 제1호부터 제9호까지 외의 사유로 인하여 보고하여야 하는 경우에는 「민법」·「상법」 등 관련 법률에 따라 해당 법률행위 등의 효력이 발생하는 날

④ 법 제147조제1항에 따른 보고를 하는 경우로서 본인과 그 특별관계자가 함께 보고하는 경우에는 보유 주식등의 수가 가장 많은 자를 대표자로 선정하여 연명으로 보고할 수 있다.

⑤ 법 제147조제1항 전단에서 "대통령령으로 정하는 경우"란 다음 각 호의 어느 하나에 해당하는 경우를 말한다.

1. 주주가 가진 주식수에 따라 배정하는 방법으로 신주를 발행하는 경우로서 그 배정된 주식만을 취득하는 경우

2. 주주가 가진 주식수에 따라 배정받는 신주인수권에 의하여 발행된 신주인수권증서를 취득하는 것만으로 보유 주식등의 수가 증가하는 경우

3. 삭제 〈2016. 12. 30.〉

4. 자본감소로 보유 주식등의 비율이 변동된 경우

5. 신주인수권이 표시된 것(신주인수권증서는 제외한다), 신주인수권부사채권·전환사채권 또는 교환사채권에 주어신 권리행사로 발행 또는 교환되는 주식등의 발행가격 또는 교환가격 조정만으로 보유 주식등의 수가 증가하는 경우

⑥ 법 제147조제1항 및 제4항에 따른 보고서의 서식과 작성방법 등에 관하여 필요한 사항은 금융위원회가 정하여 고시한다.

판 연 행 규 제154조(대량보유 등의 보고에 대한 특례)

① 법 제147조제1항 후단에서 "대통령령으로 정하는 것"이란 다음 각 호의 어느 하나에 해당하는 것을 위하여 회사나 그 임원에 대하여 사실상 영향력을 행사(「상법」, 그 밖의 다른 법률에 따라 「상법」 제363조의2·제366조에 따른 권리를 행사하거나 이를 제3자가 행사하도록 하는 것과 법 제152조에 따라 의결권 대리행사를 권유하는 것을 포함하며, 단순히 의견을 전달하거나 대외적으로 의사를 표시하는 것은 제외한다)하는 것을 말한다. 〈개정 2014. 12. 9., 2020. 1. 29.〉

1. 임원의 선임·해임 또는 직무의 정지. 다만, 「상법」 제385조제2항(같은 법 제415조에서 준용하는 경우를 포함한다) 또는 제402조에 따른 권리를 행사하는 경우에는 적용하지 않는다.

2. 이사회 등 「상법」에 따른 회사의 기관과 관련된 정관의 변경. 다만, 제2항 각 호의 어느 하나에 해당하는 자 또는 그 밖에 금융위원회가 정하여 고시하는 자가 투자대상기업 전체의 지배구조 개선을 위해 사전에 공개한 원칙에 따르는 경우에는 적용하지 않는다.

3. 회사의 자본금의 변경. 다만, 「상법」 제424조에 따른 권리를 행사하는 경우에는 적용하지 않는다.

4. 삭제 〈2020. 1. 29.〉

5. 회사의 합병, 분할과 분할합병

6. 주식의 포괄적 교환과 이전

7. 영업전부의 양수·양도 또는 금융위원회가 정하여 고시하는 중요한 일부의 양수·양도

8. 자산 전부의 처분 또는 금융위원회가 정하여 고시하는 중요한 일부의 처분

9. 영업전부의 임대 또는 경영위임, 타인과 영업의 손익 전부를 같이하는 계약, 그 밖에 이에 준하는 계약의 체결, 변경 또는 해약

10. 회사의 해산

② 법 제147조제1항 후단에서 "대통령령으로 정하는 자"란 다음 각 호의 어느 하나에 해당하는 자를 말한다.

1. 국가

2. 지방자치단체

3. 한국은행

4. 그 밖에 그 보고내용과 보고시기 등을 달리 정할 필요가 있는 자로서 금융위원회가 정하여 고시하는 자

③ 법 제147조제1항 후단에 따라 제2항에 따른 전문투자자가 아닌 자의 보유목적이 법 제148조에 따른 발행인의 경영권에 영향을 주기 위한 것이 아닌 경우에는 다음 각 호의 구분에 따라 보고할 수 있다. 〈개정 2009. 7. 1., 2020. 1. 29.〉

1. 「상법」 제369조, 제418조제1항 또는 제462조에 따른 권리 등 보유하는 주식등의 수와 관계없이 법률에 따라 보장되는 권리만을 행사하기 위한 것(이하 "단순투자목적"이라 한다)인 경우: 다음 각 목의 사항을 모두 기재한 보고서로 보고하되, 그 보유 상황에 변동이 있는 경우에는 그 변동이 있었던 달의 다음 달 10일까지 보고할 것

　　가. 보유 상황

　　나. 보유 목적

　　다. 제153조제2항제1호 · 제2호와 제4호의 사항

　　라. 주식등의 보유기간 동안 주식등의 수와 관계없이 보장되는 권리의 행사 외의 행위를 하지 않겠다는 확인

2. 단순투자 목적이 아닌 경우: 다음 각 목의 사항을 모두 기재한 보고서로 보고하되, 그 보유 상황에 변동이 있는 경우에는 그 변동이 있었던 날부터 10일 이내에 보고할 것

　　가. 제1호가목부터 다목까지의 사항

　　나. 제153조제2항제6호의 사항

　　다. 보유 주식등에 관한 주요계약내용

3. 삭제 〈2020. 1. 29.〉

④ 법 제147조제1항 후단에 따라 전문투자자 중 제2항제1호부터 제3호까지의 규정에 해당하는 자는 다음 각 호의 사항을 모두 기재한 보고서로 주식등의 보유 또는 변동이 있었던 분기의 다음 달 10일까지 보고할 수 있다. 〈개정 2009. 7. 1., 2020. 1. 29.〉

1. 보고하여야 할 사유가 발생한 날의 보유 상황 및 변동 내용

2. 제153조제2항제1호 및 제2호의 사항

⑤ 법 제147조제1항 후단에 따라 전문투자자 중 제2항제4호에 해당하는 자는 다음 각 호의 구분에 따라 보고할 수 있다. 〈신설 2020. 1. 29.〉

1. 보유 목적이 법 제148조에 따른 발행인의 경영권에 영향을 주기 위한 것인 경우: 제3항제1호가목부터 다목까지의 사항을 모두 기재한 보고서로 보고하되, 주식등의 보유 또는 변동이 있었던 날부터 5일 이내에 보고할 것

2. 보유 목적이 법 제148조에 따른 발행인의 경영권에 영향을 주기 위한 것이 아닌 경우로서 단순투자 목적인 경우: 다음 각 목의 사항을 모두 기재한 보고서로 보고하되, 주식등의 보유 또는 변동이 있었던 분기의 마지막 달의 다음 달 10일까지 보고할 것
　가. 제4항 각 호의 사항
　나. 보유 목적
　다. 주식등의 보유기간 동안 주식등의 수와 관계없이 보장되는 권리의 행사 외의 행위를 하지 않겠다는 확인

3. 보유 목적이 법 제148조에 따른 발행인의 경영권에 영향을 주기 위한 것이 아닌 경우로서 단순투자 목적이 아닌 경우: 다음 각 목의 사항을 모두 기재한 보고서로 보고하되, 주식등의 보유 또는 변동이 있었던 달의 다음 달 10일까지 보고할 것
　가. 제4항 각 호의 사항
　나. 보유 목적

판 연 규 제155조(중요한 사항의 범위)

법 제147조제4항에서 "주요계약내용 등 대통령령으로 정하는 중요한 사항"이란 다음 각 호의 어느 하나에 해당하는 사항을 말한다. 〈개정 2009. 7. 1., 2020. 1. 29.〉

1. 보유 목적(발행인의 경영권에 영향을 주기 위한 보유 목적인지 여부를 말한다)

1의2. 단순투자 목적 여부(발행인의 경영권에 영향을 주기 위한 것이 아닌 경우에 한정한다)

2. 보유 주식등에 대한 신탁·담보계약, 그 밖의 주요계약 내용(해당 계약의 대상인 주식등의 수가 그 주식등의 총수의 100분의 1 이상인 경우만 해당한다)

3. 보유 형태(소유와 소유 외의 보유 간에 변경이 있는 경우로서 그 보유 형태가 변경되는 주식등의 수가 그 주식등의 총수의 100분의 1 이상인 경우만 해당한다)

판 제156조(대량보유보고서 등의 발행인에 대한 송부)

법 제148조에서 "대통령령으로 정하는 주식등의 경우에는 대통령령으로 정하는 자"란 다음 각 호의 자를 말한다.

1. 교환사채권의 경우에는 교환의 대상이 되는 주식등의 발행인

2. 파생결합증권의 경우에는 그 기초자산이 되는 주식등의 발행인

3. 증권예탁증권의 경우에는 그 기초가 되는 주식등의 발행인

판 규 제157조(중요한 사항의 범위)

법 제150조제1항에서 "대통령령으로 정하는 중요한 사항"이란 각각 다음 각 호의 어느 하나에 해당하는 것을 말한다.

1. 대량보유자와 그 특별관계자에 관한 사항

2. 보유 목적

3. 보유 또는 변동 주식등의 종류와 수

4. 취득 또는 처분 일자

5. 보유 주식등에 관한 신탁·담보계약, 그 밖의 주요계약 내용

판 규 제158조(의결권행사 제한기간)

법 제150조제1항에서 "대통령령으로 정하는 기간"이란 다음 각 호의 어느 하나에 해당하는 기간을 말한다.

1. 고의나 중과실로 법 제147조제1항·제3항 또는 제4항에 따른 보고를 하지 아니한 경우 또는 제157조 각 호의 사항을 거짓으로 보고하거나 그 기재를 빠뜨린 경우에는 해당 주식등의 매수등을 한 날부터 그 보고(그 정정보고를 포함한다. 이하 이 항에서 같다)를 한 후 6개월이 되는 날까지의 기간

2. 법 및 이 영, 그 밖의 다른 법령에 따라 주식등의 대량보유상황이나 그 변동·변경내용이 금융위원회와 거래소에 이미 신고되었거나, 정부의 승인·지도·권고 등에 따라 주식등을 취득하거나 처분하였다는 사실로 인한 착오가 발생하여 법 제147조제1항·제3항 또는 제4항에 따른 보고가 늦어진 경우에는 해당 주식등의 매수등을 한 날부터 그 보고를 한 날까지의 기간

판 규 제159조(금융위원회의 조치)

법 제151조제2항에서 "대통령령으로 정하는 조치"란 다음 각 호의 어느 하나에 해당하는 조치를 말한다.

1. 임원에 대한 해임권고

2. 법을 위반한 경우에는 고발 또는 수사기관에의 통보

3. 다른 법률을 위반한 경우에는 관련기관이나 수사기관에의 통보

4. 경고 또는 주의

제3절 의결권 대리행사의 권유 제한

[판] [연] [규] **제160조(위임장 용지 등의 교부방법)**

법 제152조제1항에 따른 의결권권유자(이하 "의결권권유자"라 한다)는 같은 항에 따라 위임장 용지 및 참고서류를 다음 각 호의 어느 하나에 해당하는 방법으로 의결권 대리행사의 권유 이전이나 그 권유와 동시에 같은 항에 따른 의결권피권유자(이하 "의결권피권유자"라 한다)에게 내주어야 한다. 〈개정 2014. 12. 9., 2021. 1. 5.〉

1. 의결권권유자가 의결권피권유자에게 직접 내어주는 방법
2. 우편 또는 팩스에 의한 방법
3. 전자우편을 통한 방법(의결권피권유자가 전자우편을 통하여 위임장 용지 및 참고서류를 받는다는 의사표시를 한 경우만 해당한다)
4. 주주총회 소집 통지와 함께 보내는 방법[의결권권유자가 해당 상장주권(그 상장주권과 관련된 증권예탁증권을 포함한다. 이하 이 절에서 같다)의 발행인인 경우만 해당한다]
5. 인터넷 홈페이지를 이용하는 방법

[판] **제161조(의결권 대리행사의 권유로 보지 아니하는 경우)**

법 제152조제2항 각 호 외의 부분 단서에서 "대통령령으로 정하는 경우"란 다음 각 호의 어느 하나에 해당하는 경우를 말한다.

1. 해당 상장주권의 발행인(그 특별관계자를 포함한다)과 그 임원(그 특별관계자를 포함한다) 외의 자가 10인 미만의 의결권피권유자에게 그 주식의 의결권 대리행사의 권유를 하는 경우
2. 신탁, 그 밖의 법률관계에 의하여 타인의 명의로 주식을 소유하는 자가 그 타인에게 해당 주식의 의결권 대리행사의 권유를 하는 경우
3. 신문·방송·잡지 등 불특정 다수인에 대한 광고를 통하여 법 제152조제2항 각 호의 어느 하나에 해당하는 행위를 하는 경우로서 그 광고내용에 해당 상장주권의 발행인의 명칭, 광고의 이유, 주주총회의 목적사항과 위임장 용지, 참고서류를 제공하는 장소만을 표시하는 경우

[판] [규] **제162조(공공적 법인의 범위)**

법 제152조제3항에 따른 공공적 법인(이하 "공공적 법인"이라 한다)은 다음 각 호의 요건을 모두 충족하는 법인 중에서 금융위원회가 관계 부처장관과의 협의와 국무회의

에의 보고를 거쳐 지정하는 법인으로 한다.

   1. 경영기반이 정착되고 계속적인 발전가능성이 있는 법인일 것

   2. 재무구조가 건실하고 높은 수익이 예상되는 법인일 것

   3. 해당 법인의 주식을 국민이 광범위하게 분산 보유할 수 있을 정도로 자본금 규모가 큰 법인일 것

판 행 제163조(위임장 용지 및 참고서류의 기재사항)

① 법 제152조제6항에 따라 위임장 용지는 의결권피권유자가 다음 각 호의 사항에 대하여 명확히 기재할 수 있도록 작성되어야 한다. 〈개정 2014. 12. 9.〉

  1. 의결권을 대리행사하도록 위임한다는 내용

  2. 의결권권유자 등 의결권을 위임받는 자

  3. 의결권피권유자가 소유하고 있는 의결권 있는 주식 수

  4. 위임할 주식 수

  5. 주주총회의 각 목적사항과 목적사항별 찬반(贊反) 여부

  6. 주주총회 회의시 새로 상정된 안건이나 변경 또는 수정 안건에 대한 의결권 행사 위임 여부와 위임 내용

  7. 위임일자와 위임시간(주주총회의 목적사항 중 일부에 대하여 우선 의결권을 대리행사하도록 위임하는 경우에는 그 위임일자와 위임시간을 말한다)

  8. 위임인의 성명과 주민등록번호(법인인 경우에는 명칭과 사업자등록번호를 말한다)

② 법 제152조제1항에 따른 참고서류에는 다음 각 호의 사항이 기재되어야 한다.

  1. 의결권 대리행사의 권유에 관한 다음 각 목의 사항

    가. 의결권권유자의 성명이나 명칭, 의결권권유자가 소유하고 있는 주식의 종류 및 수와 그 특별관계자가 소유하고 있는 주식의 종류 및 수

    나. 의결권권유자의 대리인의 성명, 그 대리인이 소유하고 있는 주식의 종류 및 수(대리인이 있는 경우만 해당한다)

    다. 의결권권유자 및 그 대리인과 해당 주권상장법인과의 관계

    2. 주주총회의 목적사항

  3. 의결권 대리행사의 권유를 하는 취지

③ 제1항에 따른 위임장 용지 및 제2항에 따른 참고서류의 구체적인 기재내용, 서식과 작성방법 등에 관하여 필요한 사항은 금융위원회가 정하여 고시한다.

제163조의2(의결권 대리행사의 권유 관련 기간의 계산)

법 제152조의2제2항에서 "대통령령으로 정하는 날"이란 제153조제1항 각 호의 날을 말한다.

[본조신설 2013. 8. 27.]

제164조(위임장 용지 및 참고서류 제출일)

제164조(위임장 용지 및 참고서류 제출일) 법 제153조에서 "대통령령으로 정하는 날"이란 제153조제1항 각 호의 날을 말한다.

 제165조(정정요구 등)

① 법 제156조제3항 전단에서 "대통령령으로 정하는 날"이란 제153조제1항 각 호의 날을 말한다.

② 법 제156조제3항 후단에서 "대통령령으로 정하는 중요한 사항"이란 다음 각 호의 어느 하나에 해당하는 사항을 말한다.

1. 제163조제1항제2호의 사항

2. 제163조제2항제1호(가목 중 의결권권유자의 성명이나 명칭은 제외한다) 또는 제2호의 사항

③ 법 제156조제3항 후단에서 "대통령령으로 정하는 경우"란 제163조제2항제3호에 따른 기재사항이 다음 각 호의 어느 하나에 해당하는 경우를 말한다.

1. 기재나 표시사항이 불분명하여 의결권피권유자로 하여금 중대한 오해를 일으킬 수 있는 경우

2. 의결권권유자에게 불리한 정보를 생략하거나 유리한 정보만을 강조하는 등 과장되게 표현된 경우

제166조(금융위원회의 조치)

법 제158조제2항 각 호 외의 부분 전단에서 "대통령령으로 정하는 조치"란 다음 각 호의 어느 하나에 해당하는 조치를 말한다.

1. 1년의 범위에서 의결권 대리행사의 권유의 제한

2. 임원에 대한 해임권고

3. 법을 위반한 경우에는 고발 또는 수사기관에의 통보

4. 다른 법률을 위반한 경우에는 관련 기관이나 수사기관에의 통보

5. 경고 또는 주의

제3장 상장법인의 사업보고서 등

판 연 행 규 생 **제167조(사업보고서 제출대상법인 등)**

① 법 제159조제1항 본문에서 "대통령령으로 정하는 법인"이란 다음 각 호의 법인을 말한다. 〈개정 2013. 8. 27., 2016. 1. 12., 2018. 4. 10., 2018. 10. 30., 2021. 12. 9.〉

1. 다음 각 목의 어느 하나에 해당하는 증권을 증권시장에 상장한 발행인

    가. 주권 외의 지분증권[집합투자증권과 자산유동화계획에 따른 유동화전문회사등(「자산유동화에 관한 법률」 제3조에 따른 유동화전문회사등을 말한다)이 발행하는 출자지분은 제외한다]

    나. 무보증사채권(담보부사채권과 제362조제8항에 따른 보증사채권을 제외한 사채권을 말한다)

    다. 전환사채권·신주인수권부사채권·이익참가부사채권 또는 교환사채권

    라. 신주인수권이 표시된 것

    마. 증권예탁증권(주권 또는 가목부터 라목까지의 증권과 관련된 증권예탁증권만 해당한다)

    바. 파생결합증권

2. 제1호 외에 다음 각 목의 어느 하나에 해당하는 증권을 모집 또는 매출(법 제117조의10제1항에 따른 모집과 법 제130조제1항 본문에 따른 모집 또는 매출은 제외한다)한 발행인(주권상장법인 또는 제1호에 따른 발행인으로서 해당 증권의 상장이 폐지된 발행인을 포함한다)

    가. 주권

    나. 제1호 각 목의 어느 하나에 해당하는 증권

3. 제1호 및 제2호 외에 「주식회사 등의 외부감사에 관한 법률」 제4조에 따른 외부감사대상 법인(해당 사업연도에 처음 외부감사대상이 된 법인은 제외한다)으로서 제2호 각 목의 증권별로 그 증권의 소유자 수(금융위원회가 정하여 고시하는 방법에 따라 계산한 수를 말한다. 이하 이 조에서 같다)가 500인 이상인 발행인(증권의 소유자 수가 500인 이상이었다가 500인 미만으로 된 경우로서 제2항제5호에 해당하지 않는 발행인을 포함한다)

    ②법 제159조제1항 단서에서 "대통령령으로 정하는 경우"란 다음 각 호의 어느 하

나에 해당하는 경우를 말한다. 〈개정 2014. 12. 9.〉

1. 파산한 경우

2. 「상법」제517조, 그 밖의 법률에 따라 해산사유가 발생한 경우

3. 주권상장법인 또는 제1항제1호에 따른 발행인의 경우에는 상장의 폐지요건에 해당하는 발행인으로서 해당 법인에게 책임이 없는 사유로 사업보고서의 제출이 불가능하다고 금융위원회의 확인을 받은 경우

4. 제1항제2호에 따른 발행인의 경우에는 같은 호 각 목의 어느 하나에 해당하는 증권으로서 각각의 증권마다 소유자 수가 모두 25인 미만인 경우로서 금융위원회가 인정한 경우. 다만, 그 소유자의 수가 25인 미만으로 감소된 날이 속하는 사업연도의 사업보고서는 제출하여야 한다.

5. 제1항제3호에 따른 발행인의 경우에는 같은 항 제2호 각 목의 어느 하나에 해당하는 증권으로서 각각의 증권마다 소유자의 수가 모두 300인 미만인 경우. 다만, 그 소유자의 수가 300인 미만으로 감소된 날이 속하는 사업연도의 사업보고서는 제출하여야 한다.

판 연 행 규 생 제168조(사업보고서의 기재사항 및 첨부서류)

① 법 제159조제2항제2호에서 "대통령령으로 정하는 것"이란 임원 모두에게 지급된 그 사업연도의 보수 총액을 말한다. 〈개정 2013. 8. 27.〉

② 법 제159조제2항제3호 및제3호의2에서 "대통령령으로 정하는 금액"이란 각각 5억원을 말한다. 〈신설 2013. 8. 27., 2016. 6. 28.〉

③ 법 제159조제2항제5호에서 "대통령령으로 정하는 사항"이란 다음 각 호의 사항을 말한다. 〈개정 2013. 8. 27.〉

1. 법 제159조제7항에 따른 대표이사와 제출업무를 담당하는 이사의 제169조 각 호의 사항에 대한 서명

2. 회사의 개요

3. 이사회 등 회사의 기관 및 계열회사에 관한 사항

4. 주주에 관한 사항

5. 임원 및 직원에 관한 사항

6. 회사의 대주주(그 특수관계인을 포함한다) 또는 임직원과의 거래내용

7. 재무에 관한 사항과 그 부속명세

8. 회계감사인의 감사의견

9. 그 밖에 투자자에게 알릴 필요가 있는 사항으로서 금융위원회가 정하여 고시하

는 사항

④ 사업보고서를 제출하여야 하는 법인 중 연결재무제표 작성대상법인의 경우에는 제3항제7호에 따른 재무에 관한 사항과 그 부속명세, 그 밖에 금융위원회가 정하여 고시하는 사항은 연결재무제표를 기준으로 기재하되 그 법인의 재무제표를 포함하여야 하며, 제3항제8호에 따른 회계감사인의 감사의견은 연결재무제표와 그 법인의 재무제표에 대한 감사의견을 기재하여야 한다. 〈개정 2010. 6. 11., 2013. 8. 27.〉

⑤ 제4항에도 불구하고 최근 사업연도말 현재의 자산총액이 2조원 미만인 법인 중 「주식회사 등의 외부감사에 관한 법률 시행령」 제7조제1항에 따라 한국회계기준원이 제정한 회계처리기준으로서 국제회계기준에 따라 채택한 기준(이하 "한국채택국제회계기준"이라 한다)을 적용하지 아니하는 법인은 그 법인의 재무제표를 기준으로 재무에 관한 사항과 그 부속명세, 그 밖에 금융위원회가 정하여 고시하는 사항을 기재하고, 그 법인의 재무제표에 대한 회계감사인의 감사의견을 기재한 사업보고서를 법 제159조제1항에 따른 제출기한까지 제출할 수 있다. 이 경우 그 사업연도의 종료 후 90일이 지난 날부터 30일 이내에 연결재무제표를 기준으로 한 재무에 관한 사항과 그 부속명세, 그 밖에 금융위원회가 정하여 고시하는 사항과 연결재무제표에 대한 회계감사인의 감사의견을 보완하여 제출하여야 한다. 〈개정 2018. 10. 30.〉

⑥ 사업보고서에는 법 제159조제2항에 따라 다음 각 호의 서류를 첨부하여야 한다. 다만, 제1호의 연결재무제표에 대한 감사보고서는 제5항에서 정한 기한 내에(제5항에 따라 사업보고서를 제출하는 법인만 해당한다) 제출할 수 있다. 〈개정 2013. 8. 27.〉

1. 회계감사인의 감사보고서(그 법인의 재무제표에 대한 감사보고서와 연결재무제표에 대한 감사보고서를 말한다)

2. 감사의 감사보고서(「상법」 제447조의4에 따른 감사보고서를 말한다)

3. 법인의 내부감시장치[이사회의 이사직무집행의 감독권과 감사(감사위원회가 설치된 경우에는 감사위원회를 말한다. 이하 이 호에서 같다)의 권한, 그 밖에 법인의 내부감시장치를 말한다]의 가동현황에 대한 감사의 평가의견서

4. 삭제 〈2013. 8. 27.〉

5. 그 밖에 금융위원회가 정하여 고시하는 서류

판 연 규 **제169조(사업보고서에 대한 대표이사 등의 확인·검토)**

법 제159조제7항에서 "대통령령으로 정하는 사항"이란 다음 각 호에 해당하는 사항을 말한다. 〈개정 2018. 10. 30.〉

1. 사업보고서의 기재사항 중 중요사항에 관하여 거짓의 기재 또는 표시가 없고, 중요사항의 기재 또는 표시를 빠뜨리고 있지 아니하다는 사실

2. 사업보고서의 기재 또는 표시 사항을 이용하는 자로 하여금 중대한 오해를 일으키는 내용이 기재 또는 표시되어 있지 아니하다는 사실

3. 사업보고서의 기재사항에 대하여 상당한 주의를 다하여 직접 확인·검토하였다는 사실

4. 「주식회사 등의 외부감사에 관한 법률」제4조에 따른 외부감사대상 법인인 경우에는 같은 법 제8조에 따라 내부회계관리제도가 운영되고 있다는 사실

판 연 규 생 **제170조(반기보고서·분기보고서의 기재사항 및 첨부서류)**

① 반기보고서와 분기보고서에 기재해야 할 사항에 관하여는 제168조제1항부터 제4항(제4항은 한국채택국제회계기준을 적용하는 연결재무제표 작성대상법인만 해당한다)까지의 규정을 준용한다. 〈개정 2013. 8. 27., 2021. 12. 9.〉

1. 반기보고서인 경우에는 다음 각 목의 회계감사인의 확인 및 의견표시로 갈음할 수 있다.

　가. 한국채택국제회계기준을 적용하는 연결재무제표 작성대상법인인 경우: 그 법인의 재무제표에 대한 회계감사인의 확인 및 의견표시와 연결재무제표에 대한 회계감사인의 확인 및 의견표시

　나. 가목 외의 법인: 그 법인의 재무제표에 대한 회계감사인의 확인 및 의견표시

2. 분기보고서인 경우에는 회계감사인의 감사의견을 생략할 수 있다. 다만, 금융기관(「금융위원회의 설치 등에 관한 법률」제38조에 따른 검사대상기관을 말한다) 또는 최근 사업연도말 현재의 자산총액이 5천억원 이상인 주권상장법인의 분기보고서는 제1호에 따른다.

② 제1항에 따라 제168조제3항을 준용하는 경우 같은 항 제7호 중 부속명세를 기재하지 않을 수 있고, 분기보고서에는 금융위원회가 정하여 고시하는 기준에 따라 같은 항 제2호부터 제7호까지에서 정한 사항을 기재하지 않을 수 있으며, 같은 항 제8호에 따른 회계감사인의 감사의견은 다음 각 호의 기준에 따른다. 〈신설 2021. 12. 9.〉

1. 반기보고서인 경우에는 다음 각 목의 회계감사인의 확인 및 의견표시로 갈음할

수 있다.

　　가. 한국채택국제회계기준을 적용하는 연결재무제표 작성대상법인인 경우: 그 법인의
　　　　재무제표에 대한 회계감사인의 확인 및 의견표시와 연결재무제표에 대한 회계감사
　　　　인의 확인 및 의견표시

　　나. 가목 외의 법인: 그 법인의 재무제표에 대한 회계감사인의 확인 및 의견표시

　2. 분기보고서인 경우에는 회계감사인의 감사의견을 생략할 수 있다. 다만, 금융기
관(「금융위원회의 설치 등에 관한 법률」 제38조에 따른 검사대상기관을 말한다) 또는
최근 사업연도말 현재의 자산총액이 5천억원 이상인 주권상장법인의 분기보고서는 제
1호에 따른다.

　③ 반기보고서와 분기보고서에는 다음 각 호의 서류를 첨부해야 한다. 〈개정 2021.
　　12. 9.〉

　1. 반기보고서인 경우에는 회계감사인의 반기감사보고서나 반기검토보고서. 다만,
한국채택국제회계기준을 적용하는 연결재무제표 작성대상법인인 경우에는 회계감사인
의 연결재무제표에 대한 반기감사보고서나 반기검토보고서를 함께 제출하여야 한다.

　2. 분기보고서인 경우에는 회계감사인의 분기감사보고서나 분기검토보고서(제2항
제2호 단서에 따른 법인만 해당한다). 다만, 한국채택국제회계기준을 적용하는 연결
재무제표 작성대상법인인 경우에는 회계감사인의 연결재무제표에 대한 분기감사보고
서나 분기검토보고서를 함께 제출해야 한다.

판 연 행 규 생 제171조 (주요사항보고서의 제출사유 등)

　① 법 제161조제1항제5호에서 "대통령령으로 정하는 경우에 해당하는 자본 또는 부
　　채의 변동"이란 다음 각 호의 어느 하나에 해당하는 경우를 말한다. 다만, 해당
　　자본 또는 부채의 변동이 증권의 모집 또는 매출에 따른 것으로서 법 제119조
　　제1항에 따라 증권신고서를 제출하는 경우와 주식매수선택권(「상법」 제340조의
　　2 또는 제542조의3에 따른 주식매수선택권을 말한다) 행사에 따른 자본의 변동
　　등 투자자 보호 및 건전한 거래질서를 해칠 염려가 없는 경우로서 금융위원회가
　　정하여 고시하는 경우는 제외한다. 〈신설 2013. 8. 27., 2016. 6. 28., 2017.
　　12. 29., 2021. 12. 9.〉

　1. 자본의 증가 또는 감소

　2. 다음 각 목의 증권 발행에 따른 부채의 증가

　　가. 조건부자본증권

　　나. 만기가 자동적으로 연장되거나 발행자가 만기를 연장할 수 있는 사채로서 금융위

원회가 정하여 고시하는 사채

② 법 제161조제1항제7호에서 "대통령령으로 정하는 중요한 영업 또는 자산을 양수하거나 양도할 것을 결의한 때"란 다음 각 호의 어느 하나에 해당하는 것을 결의한 때를 말한다. 〈개정 2010. 6. 11., 2013. 4. 5., 2013. 8. 27.〉

1. 양수·양도하려는 영업부문의 자산액(장부가액과 거래금액 중 큰 금액을 말한다)이 최근 사업연도말 현재 자산총액(한국채택국제회계기준을 적용하는 연결재무제표 작성대상법인인 경우에는 연결재무제표의 자산총액을 말한다)의 100분의 10 이상인 양수·양도

2. 양수·양도하려는 영업부문의 매출액이 최근 사업연도말 현재 매출액(한국채택국제회계기준을 적용하는 연결재무제표 작성대상법인인 경우에는 연결재무제표의 매출액을 말한다)의 100분의 10 이상인 양수·양도

3. 영업의 양수로 인하여 인수할 부채액이 최근 사업연도말 현재 부채총액(한국채택국제회계기준을 적용하는 연결재무제표 작성대상법인인 경우에는 연결재무제표의 부채총액을 말한다)의 100분의 10 이상인 양수

4. 삭제 〈2016. 6. 28.〉

5. 양수·양도하려는 자산액(장부가액과 거래금액 중 큰 금액을 말한다)이 최근 사업연도말 현재 자산총액(한국채택국제회계기준을 적용하는 연결재무제표 작성대상법인인 경우에는 연결재무제표의 자산총액을 말한다)의 100분의 10 이상인 양수·양도. 다만, 일상적인 영업활동으로서 상품·제품·원재료를 매매하는 행위 등 금융위원회가 정하여 고시하는 자산의 양수·양도는 제외한다.

③ 법 제161조제1항제10호에서 "대통령령으로 정하는 사실이 발생한 때"란 다음 각 호의 어느 하나에 해당하는 것을 말한다. 〈개정 2009. 7. 1., 2010. 6. 11., 2012. 6. 29., 2013. 8. 27., 2015. 3. 3., 2016. 4. 29., 2016. 6. 28., 2025. 4. 22.〉

1. 「기업구조조정 촉진법」 제5조제2항 각 호의 어느 하나에 해당하는 관리절차가 개시되거나 같은 법 제19조에 따라 공동관리절차가 중단된 때

2. 제167조제1항제2호 각 목의 어느 하나에 해당하는 증권에 관하여 중대한 영향을 미칠 소송이 제기된 때

3. 해외 증권시장에 주권의 상장 또는 상장폐지가 결정되거나, 상장 또는 상장폐지된 때 및 외국금융투자감독기관 또는 법 제406조제1항제2호에 따른 외국 거래소(이하 "외국 거래소"라 한다) 등으로부터 주권의 상장폐지, 매매거래정지, 그 밖의 조치를 받은 때

4. 삭제 〈2025. 4. 22.〉

5. 다른 법인의 지분증권이나 그 밖의 자산(이하 이 호에서 "지분증권등"이라 한다)을 양수하는 자에 대하여 미리 정한 가액으로 그 지분증권등을 양도(제2항제1호·제5호에 해당하는 양수·양도로 한정한다)할 수 있는 권리를 부여하는 계약 또는 이에 상당하는 계약 체결에 관한 결정이 있은 때

6. 조건부자본증권이 주식으로 전환되는 사유가 발생하거나 그 조건부자본증권의 상환과 이자지급 의무가 감면되는 사유가 발생하였을 때

7. 그 밖에 그 법인의 경영·재산 등에 관하여 중대한 영향을 미치는 사항으로서 금융위원회가 정하여 고시하는 사실이 발생한 때

④ 법 제161조제2항에서 "대통령령으로 정하는 서류"란 다음 각 호의 서류나 그 사본을 말한다. 〈개정 2009. 2. 3., 2013. 8. 27., 2025. 4. 22.〉

1. 법 제161조제1항제1호 중 어음이나 수표가 부도로 된 경우에는 은행의 부도 확인서 등 해당 사실을 증명할 수 있는 서류

2. 법 제161조제1항제1호 중 은행과의 당좌거래가 정지되거나 금지된 경우에는 은행의 당좌거래정지 확인서 등 해당 사실을 증명할 수 있는 서류

3. 법 제161조제1항제2호의 경우에는 이사회의사록, 행정기관의 영업정지 처분 명령서 등 영업정지 사실을 증명할 수 있는 서류

4. 법 제161조제1항제3호의 경우에는 법원에 제출한 회생절차개시신청서 등 해당 사실을 증명할 수 있는 서류

5. 법 제161조제1항제4호의 경우에는 이사회의사록, 파산결정문 등 해당 사유 발생 사실을 증명할 수 있는 서류

6. 법 제161조제1항제5호부터 제9호까지의 경우에는 이사회의사록 등 해당 사실을 증명할 수 있는 서류

7. 법 제161조제1항제10호의 경우에는 통지서·소장 등 해당 사실을 증명할 수 있는 서류

8. 그 밖에 투자자 보호를 위하여 필요하다고 금융위원회가 정하여 고시하는 서류

판 연 제172조 (정보제공요청 대상기관)

법 제161조제4항에 따라 다음 각 호의 기관에 정보의 제공을 요청하는 사유를 기재한 문서(전자문서를 포함한다) 또는 팩스의 방법으로 필요한 정보의 제공을 요청할 수 있다. 〈개정 2013. 8. 27., 2016. 4. 29., 2021. 1. 5.〉

1. 법 제161조제1항제1호의 사항에 관하여는 「어음법」 제38조 및 「수표법」 제31조에

따른 어음교환소로 지정된 기관

2. 법 제161조제1항제3호·제4호 및 제171조제3항제2호의 사항에 관하여는 관할 법원

3. 제171조제3항제1호의 사항에 관하여는 「기업구조조정 촉진법」 제2조제5호에 따른 주채권은행 또는 같은 법 제22조에 따른 금융채권자협의회

4. 그 밖의 사항에 관하여는 해당 정보를 소유하고 있는 행정기관, 그 밖의 관계 기관

판 규 생 제173조(배상책임을 지는 증권의 범위 등)

① 법 제162조제1항 각 호 외의 부분 본문에서 "대통령령으로 정하는 증권"이란 다음 각 호의 증권을 말한다.

1. 해당 증권(그 증권과 관련된 증권예탁증권을 포함한다. 이하 이 항에서 같다)과 교환을 청구할 수 있는 교환사채권

2. 해당 증권 및 제1호에 따른 교환사채권만을 기초자산으로 하는 파생결합증권

② 법 제162조제1항제3호에서 "대통령령으로 정하는 자"란 공인회계사, 감정인, 신용평가를 전문으로 하는 자, 변호사, 변리사 또는 세무사 등 공인된 자격을 가진 자(그 소속 단체를 포함한다)를 말한다.

판 연 제174조(사업보고서등의 공시 제외 사항)

법 제163조 후단에서 "대통령령으로 정하는 사항"이란 다음 각 호의 어느 하나에 해당하는 사항을 말한다. 〈개정 2010. 6. 11., 2018. 10. 30.〉

1. 「군사기밀보호법」 제2조에 따른 군사기밀에 해당하는 사항

2. 법 제159조제1항에 따른 사업보고서 제출대상법인(이하 "사업보고서 제출대상법인"이라 한다) 또는 그 종속회사(「주식회사 등의 외부감사에 관한 법률 시행령」 제3조제1항에 따른 종속회사를 말한다)의 업무나 영업에 관한 것으로서 금융위원회의 확인을 받은 사항

판 규 제175조(금융위원회의 조치)

법 제164조제2항 각 호 외의 부분 전단에서 "대통령령으로 정하는 조치"란 다음 각 호의 어느 하나에 해당하는 조치를 말한다.

1. 1년의 범위에서 증권의 발행 제한

2. 임원에 대한 해임권고

3. 법을 위반한 경우에는 고발 또는 수사기관에의 통보

4. 다른 법률을 위반한 경우에는 관련기관이나 수사기관에의 통보

5. 경고 또는 주의

판 연 행 규 **제176조 (사업보고서 등의 제출에 관한 특례)**

① 다음 각 호의 어느 하나에 해당하는 외국법인등에 대하여는 법 제159조부터 제161조까지의 규정을 적용하지 아니한다.

1. 외국 정부

2. 외국 지방자치단체

3. 외국의 법령에 따라 설립되어 공익사업을 영위하는 외국 공공단체로서 외국 정부 또는 외국 지방자치단체가 지분을 보유하고 있는 외국 공공단체

4. 「국제금융기구에의 가입조치에 관한 법률」 제2조제1항 각 호의 어느 하나에 해당하는 국제금융기구

② 외국법인등(제1항 각 호의 어느 하나에 해당하는 외국법인등은 제외한다. 이하 이 조에서 같다)은 사업보고서를 법 제159조제1항 본문에서 정하는 기간이 지난 후 30일 이내에 제출할 수 있고, 반기보고서 및 분기보고서를 법 제160조제1항 전단에서 정하는 기간이 지난 후 15일 이내에 제출할 수 있다. 〈개정 2025. 4. 22.〉

③ 제2항에도 불구하고 외국법인등이 법 제161조의2제1항에 따른 사업보고서등(이하 "사업보고서등"이라 한다)에 상당하는 서류를 해당 국가에 제출한 경우에는 그 날부터 10일(주요사항보고서의 경우에는 5일을 말한다) 이내에 사업보고서등을 제출하거나 해당 국가에서 제출한 사업보고서등에 상당하는 서류에 금융위원회가 정하여 고시하는 요약된 한글번역문을 첨부하여 제출할 수 있다. 〈개정 2025. 4. 22.〉

④ 제2항 또는 제3항에 따라 사업보고서 · 반기보고서 · 분기보고서를 제출하는 외국법인등은 금융위원회가 정하여 고시하는 사유에 해당하는 때에는 연결재무제표에 상당하는 서류를 제출한 경우 제168조 및 제170조에도 불구하고 그 외국법인등의 재무제표를 제출하지 아니할 수 있다. 이 경우 그 외국법인등은 사업보고서 · 반기보고서 · 분기보고서에 다음 각 호의 사항을 기재하지 아니할 수 있다.

1. 사업보고서의 경우에는 다음 각 목의 사항

가. 그 외국법인등의 재무제표를 기준으로 한 재무에 관한 사항과 그 부속명세

나. 그 외국법인등의 재무제표에 대한 회계감사인의 감사의견

2. 반기보고서 · 분기보고서의 경우에는 다음 각 목의 사항

가. 그 외국법인등의 재무제표를 기준으로 한 재무에 관한 사항과 그 부속명세

나. 그 외국법인등의 재무제표에 대한 회계감사인의 감사의견 또는 확인과 의견표시

⑤ 증권시장에 지분증권을 상장한 외국법인등은 법 제161조제1항 각 호의 어느 하나에 해당하는 경우 외에 다음 각 호의 어느 하나에 해당하는 경우[외국 지주회사(외국 법령에 따라 설립된 회사로서 지분증권의 소유를 통하여 다른 회사의 사업내용을 지배하는 것을 주된 사업으로 하는 회사를 말한다. 이하 같다)의 경우에는 그 외국 지주회사의 자회사(외국 지주회사가 채택하고 있는 회계처리기준에 따라 연결대상이 되는 회사를 말한다)가 다음 각 호의 어느 하나에 해당하는 경우를 포함한다]에도 금융위원회가 정하여 고시하는 날까지 주요사항보고서를 금융위원회에 제출하여야 한다.

1. 지분증권의 양도제한, 외국법인등의 국유화 등 외국법인등이나 그 출자자에게 중대한 영향을 미치는 외국 법령 등이 변경된 때

2. 외국법인등의 주식 등에 대하여 외국에서 공개매수 또는 안정조작·시장조성이 행하여지는 때

3. 외국금융투자감독기관 또는 외국 거래소로부터 관계법규 위반으로 조치를 받은 때

4. 외국 거래소로부터 매매거래 정지·해제, 상장폐지 조치를 받은 때

⑥ 증권시장에 지분증권을 상장한 외국법인등의 사업보고서·분기보고서·반기보고서에 기재하거나 첨부하는 재무제표 또는 연결재무제표는 다음 각 호의 어느 하나에 해당하는 회계처리기준에 따라 작성된 것이어야 한다. 〈신설 2010. 6. 11.〉

1. 한국채택국제회계기준

2. 국제회계기준위원회가 제정한 국제회계기준

3. 미국 내에서 일반적으로 인정되는 회계처리기준

⑦ 금융위원회는 외국법인등의 종류·성격, 외국 법령 등을 고려하여 외국법인등의 사업보고서등의 구체적인 기재내용, 첨부서류 및 서식 등을 달리 정하여 고시한다. 〈개정 2010. 6. 11.〉

⑧ 법 제165조제2항에서 "대통령령으로 정하는 증권시장"이란 코넥스시장을 말한다. 〈신설 2013. 11. 13.〉

⑨ 코넥스시장에 상장된 주권을 발행한 법인에 대해서는 법 제160조를 적용하지 아니한다. 〈신설 2013. 11. 13.〉

[제목개정 2013. 11. 13.]

제3장의2 주권상장법인에 대한 특례 〈신설 2009. 2. 3.〉

판 연 행 규 **제176조의2(자기주식의 취득·처분기준)**

① 주권상장법인이 법 제165조의3에 따라 자기주식을 취득 또는 처분하거나 신탁
계약을 체결 또는 해지하려는 경우 이사회는 다음 각 호의 사항을 결의하여야
한다. 다만, 주식매수선택권의 행사에 따라 자기주식을 교부하는 경우와 신탁
계약의 계약기간이 종료한 경우에는 그러하지 아니하다. 〈개정 2013. 7. 5.〉

1. 법 제165조의3제1항제1호에 따라 자기주식을 취득 또는 처분하려는 경우에는 취
득 또는 처분의 목적·금액 및 방법, 주식의 종류 및 수, 그 밖에 금융위원회가 정하
여 고시하는 사항

2. 법 제165조의3제1항제2호에 따른 신탁계약을 체결 또는 해지하려는 경우에는 체
결 또는 해지의 목적·금액, 계약기간, 그 밖에 금융위원회가 정하여 고시하는 사항

② 주권상장법인은 다음 각 호의 어느 하나에 해당하는 기간 동안에는 법 제165조의
3에 따른 자기주식의 취득 또는 처분 및 신탁계약의 체결 또는 해지를 할 수 없
다. 〈개정 2010. 12. 7., 2013. 7. 5., 2013. 8. 27., 2024. 1. 9.〉

1. 다른 법인과의 합병에 관한 이사회 결의일부터 과거 1개월간

2. 유상증자의 신주배정에 관한 기준일(일반공모증자의 경우에는 청약일) 1개월 전
부터 청약일까지의 기간

3. 준비금의 자본전입에 관한 이사회 결의일부터 신주배정기준일까지의 기간

4. 제205조제1항제5호에 따른 시장조성을 할 기간

5. 미공개중요정보가 있는 경우 그 정보가 공개되기 전까지의 기간

6. 처분(신탁계약의 해지를 포함한다) 후 3개월간 또는 취득(신탁계약의 체결을 포
함한다) 후 6개월간. 다만, 다음 각 목의 어느 하나에 해당하는 경우에는 그러하지 아
니하다.

가. 임직원에 대한 상여금으로 자기주식을 교부하는 경우

나. 주식매수선택권의 행사에 따라 자기주식을 교부하는 경우

다. 법 제165조의3제2항에 따른 한도를 초과하는 자기주식을 처분하는 경우

라. 임직원에 대한 퇴직금·공로금 또는 장려금 등으로 자기주식을 지급(「근로복지
기본법」에 따른 사내근로복지기금에 출연하는 경우를 포함한다)하는 경우

마. 「근로복지기본법」 제2조제4호에 따른 우리사주조합에 처분하는 경우

바. 법령 또는 채무이행 등에 따라 불가피하게 자기주식을 처분하는 경우

사. 「공기업의 경영구조개선 및 민영화에 관한 법률」의 적용을 받는 기업이 민영화를 위하여 그 기업의 주식과의 교환을 청구할 수 있는 교환사채권을 발행하는 경우

아. 국가 또는 「예금자보호법」에 따른 예금보험공사로부터 자기주식을 취득한 기업이 그 주식과 교환을 청구할 수 있는 교환사채권을 발행하는 경우(자목의 경우는 제외한다). 이 경우 교환의 대상이 되는 자기주식의 취득일부터 6개월이 지난 후에 교환을 청구할 수 있는 교환사채권만 해당한다.

자. 아목에 따른 기업이 교환사채권을 해외에서 발행하는 경우로서 자기주식을 갈음하여 발행하는 증권예탁증권과 교환을 청구할 수 있는 교환사채권을 발행하는 경우

차. 자기주식의 취득일부터 금융위원회가 정하여 고시하는 기간이 경과한 후 자기주식을 기초로 하는 증권예탁증권을 해외에서 발행하기 위하여 자기주식을 처분하는 경우

카. 법 제165조의3제1항제2호에 따라 자기주식을 취득하는 경우

③ 주권상장법인이 법 제165조의3제1항 및 제2항에 따라 자기주식을 취득하려는 경우에는 법 제391조에 따라 이사회 결의 사실이 공시된 날의 다음 날부터 3개월 이내에 금융위원회가 정하여 고시하는 방법에 따라 증권시장에서 자기주식을 취득하여야 한다. 〈개정 2009. 7. 1., 2013. 7. 5.〉

④ 이 조를 적용할 때 주권상장법인이 「상법」 제469조제2항제2호에 따라 소유하고 있는 상장증권 중 자기주식을 교환대상으로 하거나 자기주식으로 상환하는 사채권을 발행한 경우에는 그 사채권을 발행하는 때에 자기주식을 처분한 것으로 본다. 〈개정 2013. 8. 27., 2014. 12. 9.〉

⑤ 주권상장법인이 금전의 신탁계약에 따라 신탁업자에게 자기주식을 취득하게 한 경우 제2항제1호부터 제5호까지의 어느 하나에 해당하는 기간이 개시되는 때에는 지체 없이 그 신탁업자에게 그 기간이 개시된다는 사실을 통보하여야 한다. 〈신설 2012. 6. 29.〉

⑥ 주권상장법인은 최근 사업연도말일을 기준으로 발행주식총수의 100분의 5 이상의 자기주식을 보유한 경우에는 다음 각 호의 사항이 포함된 자기주식보고서를 작성하여 이사회의 승인을 받아야 한다. 〈신설 2024. 12. 31.〉

1. 자기주식 보유 현황
2. 자기주식 보유 목적
3. 자기주식 취득, 소각 및 처분 계획
4. 그 밖에 자기주식 취득, 보유 및 처분에 관한 사항으로서 금융위원회가 정하여

고시하는 사항 [본조신설 2009. 2. 3.]

판 제176조의3

제176조의3 삭제 〈2013. 7. 5.〉

판 제176조의4 〉

제176조의4 삭제 〈2013. 7. 5.〉

판 연 행 규 생 제176제176조의5(합병의 요건ㆍ방법 등)

① 주권상장법인(기업인수목적회사는 제외한다)이 그 계열회사(계열회사가 아닌 법인 중 합병을 위한 이사회 결의일부터 최근 1년 이내에 계열회사의 관계에 있었던 법인을 포함한다. 이하 이 조에서 같다)와 합병하려는 경우 또는 주권상장법인인 기업인수목적회사가 다른 법인과 합병하려는 경우에는 다음 각 호의 방법에 따라 산정한 합병가액에 따라야 한다. 이 경우 주권상장법인이 제1호 또는 제2호가목 본문에 따른 가격을 산정할 수 없는 경우에는 제2호나목에 따른 가격으로 하여야 한다. 〈개정 2009. 12. 21., 2012. 6. 29., 2013. 6. 21., 2013. 8. 27., 2014. 12. 9., 2024. 11. 26.〉

1. 주권상장법인 간 합병의 경우에는 합병을 위한 이사회 결의일과 합병계약을 체결한 날 중 앞서는 날의 전일을 기산일로 한 다음 각 목의 종가(증권시장에서 성립된 최종가격을 말한다. 이하 이 항에서 같다)를 산술평균한 가액(이하 이 조에서 "기준시가"라 한다)을 기준으로 100분의 10(주권상장법인인 기업인수목적회사가 다른 법인과 합병하는 경우에는 100분의 30)의 범위에서 할인 또는 할증한 가액. 이 경우 가목 및 나목의 평균종가는 종가를 거래량으로 가중산술평균하여 산정한다.

　가. 최근 1개월간 평균종가. 다만, 산정대상기간 중에 배당락 또는 권리락이 있는 경우로서 배당락 또는 권리락이 있은 날부터 기산일까지의 기간이 7일 이상인 경우에는 그 기간의 평균종가로 한다.

　나. 최근 1주일간 평균종가

　다. 최근일의 종가

2. 주권상장법인(코넥스시장에 주권이 상장된 법인은 제외한다. 이하 이 호 및 제4항에서 같다)과 주권비상장법인 간 합병의 경우에는 다음 각 목의 기준에 따른 가격

　가. 주권상장법인의 경우에는 제1호의 가격. 다만, 제1호의 가격이 자산가치에 미달하는 경우에는 자산가치로 할 수 있다.

나. 주권비상장법인의 경우에는 자산가치와 수익가치를 가중산술평균한 가액

② 제1항제2호나목에 따른 가격으로 산정하는 경우에는 금융위원회가 정하여 고시하는 방법에 따라 산정한 유사한 업종을 영위하는 법인의 가치(이하 이 항에서 "상대가치"라 한다)를 비교하여 공시하여야 하며, 같은 호 각 목에 따른 자산가치·수익가치 및 그 가중산술평균방법과 상대가치의 공시방법은 금융위원회가 정하여 고시한다. 〈개정 2013. 8. 27.〉

③ 제1항에도 불구하고 주권상장법인인 기업인수목적회사가 투자자 보호와 건전한 거래질서를 위하여 금융위원회가 정하여 고시하는 요건을 갖추어 그 사업목적에 따라 다른 법인과 합병하여 그 합병법인이 주권상장법인이 되려는 경우에는 다음 각 목의 기준에 따른 가액으로 합병가액을 산정할 수 있다. 〈신설 2012. 6. 29., 2013. 8. 27.〉

1. 주권상장법인인 기업인수목적회사의 경우: 제1항제1호에 따른 가액

2. 기업인수목적회사와 합병하는 다른 법인의 경우: 다음 각 목의 구분에 따른 가액
   가. 다른 법인이 주권상장법인인 경우: 제1항제1호에 따른 가격. 다만, 이를 산정할 수 없는 경우에는 제1항 각 호 외의 부분 후단을 준용한다.
   나. 다른 법인이 주권비상장법인인 경우: 기업인수목적회사와 협의하여 정하는 가액

④ 주권상장법인이 주권비상장법인과 합병하여 주권상장법인이 되는 경우에는 다음 각 호의 요건을 충족해야 한다. 〈개정 2010. 6. 11., 2012. 6. 29., 2021. 1. 5., 2025. 6. 2.〉

1. 삭제 〈2013. 8. 27.〉

2. 재무제표(법 제161조제1항에 따라 주요사항보고서를 제출하는 날이 속하는 사업연도의 직전 사업연도의 것을 말한다)를 기준으로 한 자산총액·자본금 및 매출액 중 두 가지 이상 또는 주요사항보고서에 따른 합병가액을 고려하여 금융위원회가 정하여 고시하는 방법에 따라 산정한 법인의 가치가 합병의 당사자가 되는 주권상장법인보다 주권비상장법인이 더 큰 경우에는 그 주권비상장법인이 다음 각 목의 요건을 충족할 것
   가. 법 제390조에 따른 증권상장규정(이하 이 호에서 "상장규정"이라 한다)에서 정하는 재무 등의 요건
   나. 감사의견, 소송 계류(繫留: 사건이 해결되지 않고 계속 중인 상태를 말한다. 이하 같다), 그 밖에 공정한 합병을 위하여 필요한 사항에 관하여 상장규정에서 정하는 요건

⑤ 특정 증권시장에 주권이 상장된 법인이 다른 증권시장에 주권이 상장된 법인과 합병하여 특정 증권시장에 상장된 법인 또는 다른 증권시장에 상장된 법인이 되

는 경우에는 제4항을 준용한다. 이 경우 "주권상장법인"은 "합병에도 불구하고 같은 증권시장에 상장되는 법인"으로, "주권비상장법인"은 "합병에 따라 다른 증권시장에 상장되는 법인"으로 본다. 〈개정 2012. 6. 29., 2013. 8. 27.〉

⑥ 주권상장법인이 다른 법인과 합병을 하려는 경우에는 합병에 관한 이사회 결의 이전에 다음 각 호의 사항에 관한 이사회 의견서를 작성해야 한다. 이 경우 이사회 의견서에 이사 전원이 기명날인 또는 서명해야 한다. 〈신설 2024. 11. 26.〉

1. 합병의 목적 및 기대효과

2. 합병가액의 적정성

3. 합병비율 등 거래조건의 적정성

4. 합병에 반대하는 이사가 있는 경우 합병에 반대하는 사유

5. 그 밖에 합병과 관련된 사항으로서 금융위원회가 정하여 고시하는 사항

⑦ 주권상장법인이 다른 법인과 합병을 하려는 경우에는 합병으로 존속되는 회사는 자신이 보유하는 합병으로 소멸되는 회사의 주식과 합병으로 소멸되는 회사의 자기주식에 대하여 신주를 배정하거나 자기주식을 이전해서는 아니 된다. 〈신설 2024. 12. 31.〉

⑧ 법 제165조의4제2항에 따라 주권상장법인이 다른 법인과 합병하는 경우 다음 각 호의 구분에 따라 합병가액의 적정성에 대하여 외부평가기관의 평가를 받아야 한다. 〈개정 2013. 8. 27., 2014. 12. 9., 2024. 11. 26., 2024. 12. 31.〉

1. 주권상장법인(기업인수목적회사는 제외한다. 이하 이 호, 제2호 및 제3호에서 같다)이 그 계열회사인 주권상장법인과 합병하는 경우로서 다음 각 목의 어느 하나에 해당하는 경우

　　가. 삭제 〈2024. 11. 26.〉

　　나. 주권상장법인이 제1항제2호나목에 따라 산정된 합병가액에 따르는 경우

　　다. 주권상장법인이 그 계열회사인 주권상장법인과 합병하여 주권비상장법인이 되는 경우. 다만, 제1항제1호에 따라 산정된 합병가액에 따르는 경우 또는 다른 회사의 발행주식 총수를 소유하고 있는 회사가 그 다른 회사를 합병하면서 신주를 발행하지 아니하는 경우는 제외한다.

2. 주권상장법인이 그 계열회사인 주권비상장법인과 합병하는 경우로서 다음 각 목의 어느 하나에 해당하는 경우

　　가. 주권상장법인이 제1항제2호나목에 따라 산정된 합병가액에 따르는 경우

　　나. 제4항에 따른 합병의 경우. 다만, 다른 회사의 발행주식 총수를 소유하고 있는 회사가 그 다른 회사를 합병하면서 신주를 발행하지 아니하는 경우는 제외한다.

다. 주권상장법인(코넥스시장에 주권이 상장된 법인은 제외한다)이 그 계열회사인 주권비상장법인과 합병하여 주권비상장법인이 되는 경우. 다만, 합병의 당사자가 모두 제1항제1호에 따라 산정된 합병가액에 따르는 경우 또는 다른 회사의 발행주식 총수를 소유하고 있는 회사가 그 다른 회사를 합병하면서 신주를 발행하지 아니하는 경우는 제외한다.

3. 주권상장법인이 그 계열회사 외의 법인과 합병하는 경우(코넥스시장에 주권이 상장된 법인이 그 계열회사 외의 법인과 합병하는 경우는 제외한다)

4. 기업인수목적회사가 다른 주권상장법인과 합병하는 경우로서 그 주권상장법인이 제1항제2호나목에 따라 산정된 합병가액에 따르는 경우

⑨ 외부평가기관은 다음 각 호의 어느 하나에 해당하는 자로 한다. 〈개정 2012. 6. 29., 2013. 6. 21., 2013. 8. 27., 2024. 12. 31.〉

1. 제68조제2항제1호 및 제2호의 업무를 인가받은 자

2. 신용평가회사

3. 「공인회계사법」에 따른 회계법인

⑩ 주권상장법인이 그 계열회사와 합병하는 경우에는 제9항에 따른 외부평가기관(이하 "외부평가기관"이라 한다)의 선정에 대하여 감사의 동의(감사위원회가 설치된 경우에는 감사위원회의 의결을 말한다)를 받아야 한다. 〈신설 2024. 11. 26., 2024. 12. 31.〉

⑪ 외부평가기관은 외부평가업무의 품질을 관리하기 위하여 금융위원회가 정하여 고시하는 바에 따라 외부평가의 절차, 이해상충 방지 등에 관한 사항을 정한 규정(이하 "외부평가업무품질관리규정"이라 한다)을 마련해야 한다. 〈신설 2024. 11. 26., 2024. 12. 31.〉

⑫ 외부평가기관이 다음 각 호의 어느 하나에 해당하는 경우에는 그 기간 동안 법 제165조의4제2항에 따른 평가 업무를 할 수 없다. 다만, 제4호의 경우에는 해당 특정회사에 대한 평가 업무만 할 수 없다. 〈개정 2012. 6. 29., 2013. 6. 21., 2013. 8. 27., 2018. 10. 30., 2024. 11. 26., 2024. 12. 31.〉

1. 제9항제1호의 자가 금융위원회로부터 주식의 인수업무 참여제한의 조치를 받은 경우에는 그 제한기간

2. 제9항제2호의 자가 신용평가업무와 관련하여 금융위원회로부터 신용평가업무의 정지처분을 받은 경우에는 그 업무정지기간

3. 제9항제3호의 자가 「주식회사 등의 외부감사에 관한 법률」에 따라 업무정지조치를 받은 경우에는 그 업무정지기간

4. 제9항제3호의 자가 「주식회사 등의 외부감사에 관한 법률」에 따라 특정회사에 대한 감사업무의 제한조치를 받은 경우에는 그 제한기간

⑬ 외부평가기관이 평가의 대상이 되는 회사와 금융위원회가 정하여 고시하는 특수관계에 있는 경우에는 합병에 대한 평가를 할 수 없다. 〈개정 2012. 6. 29., 2013. 6. 21., 2024. 11. 26., 2024. 12. 31.〉

⑭ 법 제165조의4제3항에서 "대통령령으로 정하는 경우"란 다음 각 호의 어느 하나에 해당하는 경우를 말한다. 〈개정 2013. 8. 27., 2024. 11. 26., 2024. 12. 31.〉

1. 외부평가기관이 제11항을 위반하여 외부평가업무품질관리규정을 마련하지 않은 경우

2. 외부평가기관이 제12항 또는 제13항을 위반한 경우

3. 외부평가기관의 임직원이 평가와 관련하여 알게 된 비밀을 누설하거나 업무 외의 목적으로 사용한 경우

4. 외부평가기관의 임직원이 합병 등에 관한 평가와 관련하여 금융위원회가 정하여 고시하는 기준을 위반하여 직접 또는 간접으로 재산상의 이익을 제공받은 경우

5. 그 밖에 투자자 보호와 외부평가기관의 평가의 공정성·독립성을 해칠 우려가 있는 경우로서 금융위원회가 정하여 고시하는 경우

⑮ 금융위원회는 법 제165조의4제3항에 따라 외부평가기관에 대하여 3년의 범위에서 일정한 기간을 정하여 같은 조 제2항에 따른 평가 업무의 전부 또는 일부를 제한할 수 있다. 〈신설 2013. 8. 27., 2016. 6. 28., 2024. 11. 26., 2024. 12. 31.〉

⑯ 법률의 규정에 따른 합병에 관하여는 제1항부터 제5항까지, 제8항, 제9항 및 제11항부터 제15항까지를 적용하지 아니한다. 다만, 합병의 당사자가 되는 법인이 계열회사의 관계에 있고 합병가액을 제1항제1호에 따라 산정하지 아니한 경우에는 합병가액의 적정성에 대하여 외부평가기관에 의한 평가를 받아야 한다. 〈개정 2012. 6. 29., 2013. 6. 21., 2013. 8. 27., 2024. 11. 26., 2024. 12. 31.〉
[본조신설 2009. 2. 3.]

판 연 행 규 생 **제176조의6(영업양수·양도 등의 요건·방법 등)**

① 법 제165조의4제1항제2호에서 "대통령령으로 정하는 중요한 영업 또는 자산의 양수 또는 양도"란 제171조제2항 각 호의 어느 하나에 해당하는 것을 말한다. 〈개정 2013. 8. 27.〉

② 법 제165조의4제1항제3호에 따른 주식의 포괄적 교환 또는 포괄적 이전과 같은 항 제4호에 따른 분할합병에 관하여는 제176조의5제1항(분할되는 법인의 합병 대상이 되는 부분의 합병가액 산정에 관하여는 같은 항 제2호나목)을 준용한다. 다만, 주식의 포괄적 이전으로서 그 주권상장법인이 단독으로 완전자회사가 되는 경우에는 그러하지 아니하다. 〈개정 2009. 12. 21., 2013. 8. 27.〉

③ 법 제165조의4제1항제4호에 따른 분할 또는 분할합병을 하려는 경우에는 단순 분할신설회사, 분할합병신설회사 또는 분할승계회사는 분할회사의 자기주식에 대하여 신주를 배정해서는 아니 되고, 분할회사는 자기주식을 단순분할신설회사, 분할합병신설회사 또는 분할승계회사에 이전해서는 아니 된다. 〈신설 2024. 12. 31.〉

④ 법 제165조의4제1항제2호에 따른 중요한 영업 또는 자산의 양수·양도, 같은 항 제3호에 따른 주식의 포괄적 교환, 포괄적 이전 또는 법 제165조의4제1항제4호에 따른 분할합병을 하려는 경우에는 각각 영업 또는 자산의 양수·양도 가액, 주식의 포괄적 교환 비율, 포괄적 이전 비율 또는 분할합병 비율의 적정성에 대하여 외부평가기관(제176조의5제12항·제13항에 따라 합병에 대한 평가를 할 수 없는 외부평가기관은 제외한다)의 평가를 받아야 한다. 다만, 다음 각 호의 어느 하나에 해당하는 경우에는 외부평가기관의 평가를 받지 아니할 수 있다. 〈개정 2009. 12. 21., 2012. 6. 29., 2013. 6. 21., 2013. 8. 27., 2024. 11. 26., 2024. 12. 31.〉

1. 중요한 자산의 양수·양도 중 증권시장을 통한 증권의 매매, 자산의 경매 등 외부평가기관의 평가 필요성이 적은 자산의 양수·양도로서 금융위원회가 정하여 고시하는 경우

2. 「상법」 제360조의2에 따른 완전자회사가 되는 주권상장법인이 완전모회사가 되는 주권상장법인의 계열회사인 경우

3. 「상법」 제360조의15에 따른 완전자회사가 되는 주권상장법인이 완전자회사가 되는 다른 주권상장법인의 계열회사인 경우로서 완전모회사가 되는 법인이 주권상장법인인 경우

4. 코넥스시장에 상장된 법인과 주권비상장법인 간의 중요한 영업 또는 자산의 양수·양도, 주식의 포괄적 교환 및 포괄적 이전 또는 분할합병의 경우

⑤ 법 제165조의4제1항제2호에 따른 중요한 영업 또는 자산의 양수·양도, 같은 항 제3호에 따른 주식의 포괄적 교환, 포괄적 이전 및 같은 항 제4호에 따른 분할·분할합병에 관하여는 제176조의5제6항, 제10항 및 제14항부터 제16항까지

를 준용한다. 〈개정 2010. 6. 11., 2012. 6. 29., 2013. 6. 21., 2013. 8. 27., 2024. 11. 26., 2024. 12. 31.〉

[본조신설 2009. 2. 3.]

판 연 규 제176조의7(주주의 주식매수청구권)

① 법 제165조의5제1항 및 같은 조 제5항 전단에서 "분할로서 대통령령으로 정하는 경우"란 각각 다음 각 호의 경우를 말한다. 〈개정 2022. 12. 27.〉

1. 「상법」제530조의12에 따른 물적 분할이 아닌 분할의 경우로서 분할에 의하여 설립되는 법인이 발행하는 주권이 증권시장에 상장되지 아니하는 경우(거래소의 상장예비심사결과 그 법인이 발행할 주권이 상장기준에 부적합하다는 확인을 받은 경우를 포함한다)

2. 「상법」제530조의12에 따른 물적 분할(분할합병은 제외한다)의 경우

② 법 제165조의5제1항에서 "대통령령으로 정하는 경우"란 이사회 결의 사실이 공시된 날의 다음 영업일까지 다음 각 호의 어느 하나에 해당하는 행위가 있는 경우를 말한다. 〈개정 2012. 6. 29., 2013. 8. 27.〉

1. 해당 주식에 관한 매매계약의 체결

2. 해당 주식의 소비대차계약의 해지

3. 그 밖에 해당 주식의 취득에 관한 법률행위

③ 법 제165조의5제3항 단서에서 "대통령령으로 정하는 방법에 따라 산정된 금액"이란 다음 각 호의 금액을 말한다. 〈개정 2013. 8. 27.〉

1. 증권시장에서 거래가 형성된 주식은 다음 각 목의 방법에 따라 산정된 가격의 산술평균가격

　가. 이사회 결의일 전일부터 과거 2개월(같은 기간 중 배당락 또는 권리락으로 인하여 매매기준가격의 조정이 있는 경우로서 배당락 또는 권리락이 있은 날부터 이사회 결의일 전일까지의 기간이 7일 이상인 경우에는 그 기간)간 공표된 매일의 증권시장에서 거래된 최종시세가격을 실물거래에 의한 거래량을 가중치로 하여 가중산술평균한 가격

　나. 이사회 결의일 전일부터 과거 1개월(같은 기간 중 배당락 또는 권리락으로 인하여 매매기준가격의 조정이 있는 경우로서 배당락 또는 권리락이 있은 날부터 이사회 결의일 전일까지의 기간이 7일 이상인 경우에는 그 기간)간 공표된 매일의 증권시장에서 거래된 최종시세가격을 실물거래에 의한 거래량을 가중치로 하여 가중산술평균한 가격

다. 이사회 결의일 전일부터 과거 1주일간 공표된 매일의 증권시장에서 거래된 최종시세가격을 실물거래에 의한 거래량을 가중치로 하여 가중산술평균한 가격

2. 증권시장에서 거래가 형성되지 아니한 주식은 제176조의5제1항제2호나목에 따른 가격

④ 법 제165조의5제4항에서 "대통령령으로 정하는 기간"이란 해당 주식을 매수한 날부터 5년을 말한다. 〈개정 2013. 8. 27., 2014. 12. 9.〉

[본조신설 2009. 2. 3.]

판 연 행 규 생 **제176조의8 (주식의 발행 및 배정에 관한 방법 등)**

① 법 제165조의6제2항제1호에서 "대통령령으로 정하는 특수한 관계"란 계열회사의 관계를 말한다.

② 법 제165조의6제2항제2호 후단에서 "대통령령으로 정하는 비율"이란 100분의 20을 말한다.

③ 법 제165조의6제2항제3호에서 "대통령령으로 정하는 경우"란 다음 각 호의 어느 하나에 해당하는 경우를 말한다. 〈개정 2018. 4. 10.〉

1. 법 제130조제1항에 따라 신고서를 제출하지 아니하는 모집·매출의 경우

2. 주권상장법인이 우리사주조합원(제176조의9제3항제1호에 따른 우리사주조합원을 말한다. 이하 이 호에서 같다)에 대하여 법 제165조의7 또는 「근로복지기본법」 제38조제2항에 따라 발행되는 신주를 배정하지 아니하는 경우로서 실권주(법 제165조의6제2항 각 호 외의 부분 본문에 따른 실권주를 말한다)를 우리사주조합원에게 배정하는 경우

④ 법 제165조의6제3항 후단에서 "대통령령으로 정하는 방법"이란 다음 각 호의 어느 하나에 해당하는 방법을 말한다.

1. 증권시장에 상장하는 방법

2. 둘 이상의 금융투자업자(주권상장법인과 계열회사의 관계에 있지 아니한 투자매매업자 또는 투자중개업자를 말한다)를 통하여 신주인수권증서의 매매 또는 그 중개·주선이나 대리업무가 이루어지도록 하는 방법. 이 경우 매매 또는 그 중개·주선이나 대리업무에 관하여 필요한 세부사항은 금융위원회가 정하여 고시한다.

⑤ 법 제165조의6제4항제4호에서 "수요예측 등 대통령령으로 정하는 합리적인 기준"이란 수요예측(발행되는 주식의 가격 및 수량 등에 대한 투자자의 수요와 주식의 보유기간 등 투자자의 투자성향을 금융위원회가 정하여 고시하는 방법에 따라 파악하는 것을 말한다)을 말한다.

[전문개정 2013. 8. 27.]

제176조의9(우리사주조합원에 대한 주식의 배정 등에 관 한 특례의 예외 등)

① 법 제165조의7제1항 각 호 외의 부분 본문에서 "대통령령으로 정하는 주권상장법인"이란 한국거래소가 법 제4조제2항 각 호의 증권의 매매를 위하여 개설한 증권시장으로서 금융위원회가 정하여 고시하는 증권시장(이하 "유가증권시장"이라 한다)에 주권이 상장된 법인을 말한다. 〈신설 2013. 8. 27.〉

② 법 제165조의7제1항 각 호 외의 부분 본문에서 "대통령령으로 정하는 증권시장"이란 유가증권시장을 말한다. 〈신설 2013. 8. 27.〉

③ 법 제165조의7제1항제2호에서 "대통령령으로 정하는 경우"란 다음 각 호의 어느 하나에 해당하는 경우를 말한다. 〈개정 2010. 12. 7., 2013. 8. 27., 2021. 6. 18.〉

1. 주권상장법인(유가증권시장에 주권이 상장된 법인을 말한다)이 주식을 모집 또는 매출하는 경우 우리사주조합원(「근로복지기본법」에 따른 우리사주조합의 조합원을 말한다. 이하 이 조에서 같다)의 청약액과 법 제165조의7제1항 각 호 외의 부분 본문에 따라 청약 직전 12개월간 취득한 해당 법인 주식의 취득가액(취득가액이 액면액에 미달하는 경우에는 액면액을 말한다. 이하 이 조에서 같다)을 합산한 금액이 그 법인으로부터 청약 직전 12개월간 지급받은 급여총액(소득세과세대상이 되는 급여액을 말한다)을 초과하는 경우

2. 다음 각 목의 요건을 모두 충족하는 경우

가. 주식의 모집·매출 규모 및 우리사주조합원의 주금납입능력, 그 밖에 금융위원회가 정하여 고시하는 사유에 비추어 주식총수의 100분의 20까지 우리사주조합원이 청약하기 어려운 경우일 것

나. 「근로복지기본법」에 따른 우리사주조합이 우리사주조합원총회의 의결에 따라 가목의 비율 미만으로 모집하거나 매출하는 주식을 배정받기를 원한다는 의사를 법 제165조의7제1항 각 호 외의 부분 본문에 따른 법인에게 서면으로 표시할 것

다. 법 제165조의7제1항 각 호 외의 부분 본문에 따른 법인이 이 호 나목에 따라 표시된 배정비율에 따라 주식을 배정하는 데 서면으로 동의할 것

④ 법 제165조의7제2항에 따른 우리사주조합원의 소유주식수는 법 제119조제1항에 따라 증권의 모집 또는 매출에 관한 신고서를 금융위원회에 제출한 날(법 제119조제2항 전단에 따른 일괄신고서를 제출하여 증권의 모집 또는 매출에 관한 신고서를 제출하지 아니하는 경우에는 주주총회 또는 이사회의 결의가 있은 날)의 직전일의 주주명부상 우리사주조합의 대표자 명의로 명의개서된 주식에 따라 산정

한다. 다만, 「근로복지기본법」 제43조제1항에 따른 수탁기관(이하 이 항에서 "수탁기관"이라 한다)을 통해서 전자등록(「주식·사채 등의 전자등록에 관한 법률」 제2조제2호에 따른 전자등록을 말한다. 이하 같다)된 주식의 경우에는 같은 법 제22조제2항에 따른 고객계좌부에 따라 산정하고, 수탁기관이 예탁결제원에 예탁한 주식의 경우에는 법 제310조제1항에 따른 투자자계좌부에 따라 산정한다. 〈개정 2010. 12. 7., 2013. 8. 27., 2019. 6. 25.〉

[본조신설 2009. 2. 3.]

[제목개정 2013. 7. 5.]

판 규 제176조의10(주식의 액면미달발행 시 최저발행가격

제176조의10(주식의 액면미달발행 시 최저발행가격) 법 제165조의8제2항 후단에서 "대통령령으로 정하는 방법에 따라 산정한 가격"이란 다음 각 호의 방법에 따라 산정된 가격 중 높은 가격의 100분의 70을 말한다.

1. 주식의 액면미달가액 발행을 위한 주주총회의 소집을 결정하는 이사회(이하 이 조에서 "주주총회소집을 위한 이사회"라 한다)의 결의일 전일부터 과거 1개월간 공표된 매일의 증권시장에서 거래된 최종시세가격의 평균액

2. 주주총회소집을 위한 이사회의 결의일 전일부터 과거 1주일간 공표된 매일의 증권시장에서 거래된 최종시세가격의 평균액

3. 주주총회소집을 위한 이사회의 결의일 전일의 증권시장에서 거래된 최종시세가격

[본조신설 2009. 2. 3.]

판 제176조의11 삭제 〈2013. 7. 5.〉

제176조의11 삭제 〈2013. 7. 5.〉

판 연 제176조의12(전환형 조건부자본증권의 발행 등)

① 법 제165조의11제1항에 따라 해당 사채의 발행 당시 객관적이고 합리적인 기준에 따라 미리 정하는 사유가 발생하는 경우 주식으로 전환되는 조건이 붙은 사채(이하 "전환형 조건부자본증권"이라 한다)를 발행하려는 주권상장법인은 정관에 다음 각 호의 사항을 규정하여야 한다.

1. 전환형 조건부자본증권을 발행할 수 있다는 뜻

2. 전환형 조건부자본증권의 총액

3. 전환의 조건

4. 전환으로 인하여 발행할 주식의 종류와 내용

5. 주주에게 전환형 조건부자본증권의 인수권을 준다는 뜻과 인수권의 목적인 전환형 조건부자본증권의 액

6. 주주 외의 자에게 전환형 조건부자본증권을 발행하는 것과 이에 대하여 발행할 전환형 조건부자본증권의 액

② 전환형 조건부자본증권을 발행하는 경우 그 조건부자본증권의 주식 전환사유는 적정한 방법에 의하여 산출 또는 관찰이 가능한 가격·지표·단위·지수로 표시되는 것이거나「금융산업의 구조개선에 관한 법률」제10조제1항에 따른 적기시정조치 등의 사건(이하 이 항에서 "사유등"이라 한다)으로서 다음 각 호의 기준을 모두 충족하는 것이어야 한다.

1. 발행인, 그 발행인의 주주 및 투자자 등 전환형 조건부자본증권의 발행과 관련하여 이해관계를 가지는 자의 통상적인 노력으로 변동되거나 발생할 가능성이 현저히 낮은 사유등으로서 금융위원회가 정하여 고시하는 요건에 부합할 것

2. 사유등이 금융위원회가 정하여 고시하는 기준과 방법에 따라 증권시장 등을 통하여 충분히 공시·공표될 수 있을 것

③ 주권상장법인이 전환형 조건부자본증권을 발행하는 경우 전자등록의 방법으로 발행하여야 한다. 〈개정 2019. 6. 25.〉

④ 전환형 조건부자본증권의 사채청약서 및 사채원부에는 다음 각 호의 사항을 적어야 한다.

1. 조건부자본증권을 주식으로 전환할 수 있다는 뜻

2. 전환사유 및 전환의 조건

3. 전환으로 인하여 발행할 주식의 종류와 내용

⑤ 전환형 조건부자본증권의 주식전환은 전환사유가 발생한 날부터 3영업일이 되는 날에 그 효력이 발생한다. 〈개정 2021. 10. 21.〉

⑥ 주권상장법인이 전환형 조건부자본증권을 발행한 경우에는「상법」제476조에 따른 납입이 완료된 날부터 2주일 이내에 본점 소재지에서 다음 각 호의 사항을 등기하여야 한다.

1. 전환형 조건부자본증권의 총액

2. 각 전환형 조건부자본증권의 금액

3. 각 전환형 조건부자본증권의 납입금액

4. 제4항 각 호에 따른 사항

⑦ 전환형 조건부자본증권의 발행에 관하여는「상법」제424조, 제424조의2 및 제

429조부터 제432조까지를 준용하며, 전환형 조건부자본증권의 주식으로의 전환에 관하여는 같은 법 제339조, 제346조제4항, 제348조 및 제350조제2항을 준용한다. 〈개정 2021. 10. 21.〉

⑧ 제1항부터 제7항까지에서 규정한 사항 외에 전환사유 발생에 따른 전환형 조건부자본증권의 주식으로의 전환가격, 그 밖에 전환형 조건부자본증권의 발행 및 유통 등에 관하여 필요한 세부사항은 금융위원회가 정하여 고시한다.

[전문개정 2013. 8. 27.]

판 연 제176조의13 (상각형 조건부자본증권의 발행 등)

① 법 제165조의11제1항에 따라 해당 사채의 발행 당시 객관적이고 합리적인 기준에 따라 미리 정하는 사유가 발생하는 경우 그 사채의 상환과 이자지급 의무가 감면된다는 조건이 붙은 사채[이하 "상각형(償却型) 조건부자본증권"이라 한다]를 발행하려는 주권상장법인은 정관에 다음 각 호의 사항을 규정하여야 한다.

1. 상각형 조건부자본증권을 발행할 수 있다는 뜻

2. 상각형 조건부자본증권의 총액

3. 사채의 상환과 이자지급 의무가 감면(이하 이 조에서 "채무재조정"이라 한다)되는 조건

4. 채무재조정으로 인하여 변경될 상각형 조건부자본증권의 내용

② 상각형 조건부자본증권의 사채청약서 및 사채원부에는 다음 각 호의 사항을 적어야 한다.

1. 상각형 조건부자본증권에 대한 채무재조정이 발생할 수 있다는 뜻

2. 채무재조정 사유 및 채무재조정의 조건

3. 채무재조정으로 인하여 변경될 상각형 조건부자본증권의 내용

③ 상각형 조건부자본증권의 채무재조정은 채무재조정 사유가 발생한 날부터 3영업일이 되는 날에 그 효력이 발생한다. 〈개정 2021. 10. 21.〉

④ 상각형 조건부자본증권의 채무재조정 사유에 관하여는 제176조의12제2항을 준용하며, 상각형 조건부자본증권의 발행에 관하여는 같은 조 제3항을 준용한다.

[전문개정 2013. 8. 27.]

판 **제176조의14(이익배당 관련 주주총회 보고사항 및 주식배당시 시가 산정방법)**

① 법 제165조의12제9항에서 "배당액의 산정근거 등 대통령령으로 정하는 사항"이란 다음 각 호의 사항을 말한다. 〈신설 2016. 6. 8.〉

1. 배당액의 산정근거

2. 직전 회계연도와 비교하여 당기순이익 대비 배당액의 비율이 현저히 변동한 경우 변동 내역 및 사유

3. 그 밖에 이익배당에 관한 주주의 권익을 보호하기 위한 것으로서 금융위원회가 정하여 고시하는 사항

② 법 제165조의13에 따라 주식으로 배당을 하는 경우 그 주식의 시가는 주식배당을 결의한 주주총회일의 직전일부터 소급하여 그 주주총회일이 속하는 사업연도의 개시일까지 사이에 공표된 매일의 증권시장에서 거래된 최종시세가격의 평균액과 그 주주총회일의 직전일의 증권시장에서 거래된 최종시세가격 중 낮은 가액으로 한다. 〈개정 2016. 6. 28.〉

[본조신설 2009. 2. 3.]

[제목개정 2016. 6. 28.]

판 **연** **제176조의15(공공적 법인의 배당 등의 특례)**

① 공공적 법인은 법 제165조의14제1항에 따른 이익이나 이자를 배당할 필요가 있는 경우에는 같은 항 각 호의 어느 하나에 해당하는 자가 정부(한국은행, 한국산업은행, 그 밖에 「공공기관의 운영에 관한 법률」에 따른 공공기관 중 금융위원회가 지정하는 기관이 그 소유하는 공공적 법인의 발행주식을 매각한 경우에는 그 기관을 포함한다. 이하 이 조에서 같다)로부터 직접 매수하여 계속 소유하는 주식 수에 따라 배당한다.

② 법 제165조의14제1항제2호에서 "대통령령으로 정하는 기준에 해당하는 자"란 다음 각 호의 어느 하나에 해당하는 자를 말한다.

1. 「한국주택금융공사법 시행령」 제2조제1항에 따른 근로자

2. 「농어가 목돈마련저축에 관한 법률 시행령」 제2조제1항에 따른 농어민

3. 연간소득금액이 720만원 이하인 자

③ 공공적 법인은 법 제165조의14제2항에 따른 주식의 발행이 필요한 경우에는 같은 조 제1항 각 호의 어느 하나에 해당하는 자가 정부로부터 직접 매수하여 계속 소유하는 주식 수에 따라 배정한다.

④ 법 제165조의14제2항에 따라 주식을 취득한 자는 금융위원회가 정하여 고시하는 바에

따라 취득일부터 5년간 그 주식을 보유해야 한다. 〈개정 2019. 6. 25.〉

[본조신설 2009. 2. 3.]

판 제176조의16(의결권 없는 주식 발행법인)

① 법 제165조의15제1항제1호에서 "대통령령으로 정하는 방법"이란 주권상장법인 과 주식을 신규로 상장하기 위하여 주식을 모집 또는 매출하는 법인이 금융위원 회가 정하여 고시하는 바에 따라 해외증권을 의결권 없는 주식으로 발행하는 것 을 말한다.

② 법 제165조의15제1항제2호에서 "대통령령으로 정하는 기준에 해당하는 법인"이 란 다음 각 호의 어느 하나에 해당하는 법인을 말한다.

1. 정부(한국은행·한국산업은행 및 「공공기관의 운영에 관한 법률」에 따른 공공기 관을 포함한다)가 주식 또는 지분의 100분의 15 이상을 소유하고 있는 법인

2. 다른 법률에 따라 주식취득 또는 지분참여가 제한되는 사업을 하고 있는 법인

③ 법 제165조의15제3항에 따라 의결권 없는 주식을 발행하는 방법은 다음 각 호 와 같다.

1. 주주 또는 사채권자에 의한 신주인수권·전환권 등의 권리행사

2. 준비금의 자본전입

3. 주식배당

4. 주식매수선택권의 행사

[본조신설 2009. 2. 3.]

판 제176조의17(주권상장법인의 재무관리기준 등)

① 법 제165조의16제1항제3호에서 "대통령령으로 정하는 해외증권"이란 주권상장 법인이 해외에서 발행하는 주권, 주권 관련 사채권, 이익참가부사채권, 증권예탁 증권, 그 밖에 이와 비슷한 증권을 말한다. 〈개정 2013. 8. 27.〉

② 법 제165조의16제1항제4호에서 "대통령령으로 정하는 사항"이란 다음 각 호의 사항을 말한다. 〈개정 2013. 8. 27.〉

1. 이익참가부사채권의 발행에 관한 사항

2. 결손금에 관한 사항

3. 계산서류 및 재무에 관한 사항의 신고 및 공시방법에 관한 사항

[본조신설 2009. 2. 3.]

판 제176조의18 (주식매수선택권 부여 신고 등)

① 주권상장법인이 「상법」 제340조의2제1항에 따라 주주총회 또는 이사회에서 주식매수선택권을 부여하기로 결의한 때에는 법 제165조의17제1항에 따라 그 내용을 금융위원회와 거래소에 지체 없이 신고하여야 한다. 이 경우 해당 주권상장법인은 그 신고서에 주주총회 의사록 또는 이사회 의사록을 첨부하여야 한다.
② 법 제165조의18 각 호 외의 부분 전단에서 "대통령령으로 정하는 조치"란 제138조제3호부터 제5호까지의 조치를 말한다.
[본조신설 2009. 2. 3.]

판 제176조의19 (사외이사 및 상근감사에 관한 특례)

법 제165조의19에서 "대통령령으로 정하는 증권시장"이란 코넥스시장을 말한다.
[본조신설 2013. 11. 13.]

제4장 장외거래 등

판 제177조 (장외거래 방법)

법 제166조에 따라 거래소시장 및 다자간매매체결회사 외에서 증권이나 장외파생상품을 매매하는 경우에는 제178조제1항 및 제179조에 따른 매매거래를 제외하고는 단일의 매도자와 매수자 간에 매매하는 방법으로 하여야 한다. 〈개정 2013. 8. 27.〉

판 제177조의2 (장외파생상품 심의대상에서 제외되는 경우)

법 제166조의2제1항제6호 각 목 외의 부분 단서에서 "대통령령으로 정하는 경우"란 다음 각 호의 어느 하나에 해당하는 경우를 말한다.

1. 법 제166조의2제1항제6호가목에 따른 장외파생상품의 기초자산이나 기초자산의 가격·이자율·지표·단위 또는 이를 기초로 하는 지수 등에 관한 정보가 증권시장·파생상품시장, 해외 증권시장·파생상품시장, 그 밖에 금융위원회가 정하여 고시하는 시장에서 충분히 제공되는 경우. 다만, 일반투자자를 대상으로 하는 장외파생상품은 제외한다.

2. 협회의 사전심의를 받은 장외파생상품과 같거나 비슷한 구조의 상품으로서 협회가 정하는 기준을 충족하는 경우

3. 제1호 및 제2호에 준하는 경우로서 금융위원회가 정하여 고시하는 경우

[본조신설 2010. 6. 11.]

판 연 제178조 (협회 등을 통한 장외거래)

① 협회 또는 종합금융투자사업자는 장외매매거래에 관한 업무를 수행하는 경우 다음 각 호의 구분에 따른 기준을 준수해야 한다. 〈개정 2019. 8. 20.〉

1. 불특정 다수인을 대상으로 협회가 법 제286조제1항제5호에 따라 증권시장에 상장되지 않은 주권의 장외매매거래에 관한 업무를 수행하거나 종합금융투자사업자가 제77조의6제1항제1호에 따라 증권시장에 상장되지 않은 주권의 장외매매거래에 관한 업무를 수행하는 경우: 다음 각 목의 기준에 따를 것

    가. 동시에 다수의 자를 각 당사자로 하여 당사자가 매매하기 위해 제시하는 주권의 종목, 매수하기 위해 제시하는 가격(이하 "매수호가"라 한다) 또는 매도하기 위해 제시하는 가격(이하 "매도호가"라 한다)과 그 수량을 공표할 것

    나. 주권의 종목별로 금융위원회가 정하여 고시하는 단일의 가격 또는 당사자 간의

매도호가와 매수호가가 일치하는 경우에는 그 가격으로 매매거래를 체결시킬 것

다. 매매거래대상 주권의 지정·해제 기준, 매매거래방법, 결제방법 등에 관한 업무기준을 정하여 금융위원회에 보고하고, 이를 일반인이 알 수 있도록 공표할 것

라. 금융위원회가 정하여 고시하는 바에 따라 재무상태·영업실적 또는 자본의 변동 등 발행인의 현황을 공시할 것

2. 제11조제2항 각 호의 어느 하나에 해당하는 자만을 대상으로 협회가 법 제286조제1항제5호 및 이 영 제307조제2항제5호의2에 따라 증권시장에 상장되지 않은 지분증권의 장외매매거래에 관한 업무를 수행하는 경우: 다음 각 목의 기준에 따를 것

가. 매매거래방법 등에 관한 업무기준을 정하여 비상장법인 및 제11조제2항 각 호의 어느 하나에 해당하는 자가 알 수 있도록 공표할 것

나. 그 밖에 금융위원회가 정하여 고시하는 방법으로 업무를 수행할 것

② 협회 또는 종합금융투자사업자 외의 자는 증권시장 및 다자간매매체결회사 외에서 제1항에 따른 방법으로 주권 매매의 중개업무를 하여서는 아니 된다. 〈개정 2013. 8. 27., 2017. 5. 8.〉
[제목개정 2017. 5. 8.]

판 제179조 (채권중개전문회사를 통한 장외거래)

법 제166조에 따라 별표 1 인가업무 단위 중 2i-11-2i의 인가를 받은 투자중개업자(이하 "채권중개전문회사"라 한다)가 증권시장 외에서 채무증권 매매의 중개업무를 하는 경우에는 다음 각 호의 기준을 준수하여야 한다. 〈개정 2013. 8. 27.〉

1. 채무증권 매매의 중개는 매매의 중개대상이 되는 채무증권에 관하여 다음 각 목의 어느 하나에 해당하는 자 간의 매매의 중개일 것

가. 제10조제2항제1호부터 제17호까지의 자 및 같은 조 제3항제1호부터 제13호까지의 자

나. 「우체국 예금·보험에 관한 법률」에 따른 체신관서

다. 그 밖에 금융위원회가 정하여 고시하는 자

2. 동시에 다수의 자를 각 당사자로 하여 당사자가 매매하고자 제시하는 채무증권의 종목(제181조에 따른 환매조건부매매의 중개업무를 하는 경우에는 그 매매의 대상인 여러 종목의 채무증권을 하나의 종목으로 볼 수 있다. 이하 이 조에서 같다), 매수호가 또는 매도호가와 그 수량을 공표할 것

3. 채무증권의 종목별로 당사자 간의 매도호가와 매수호가가 일치하는 가격으로 매매거래를 체결시킬 것

4. 업무방법 등이 금융위원회가 정하여 고시하는 기준을 충족할 것

판 제180조(채권전문자기매매업자를 통한 장외거래)

① 법 제166조에 따라 채권을 대상으로 하여 투자매매업을 하는 자가 소유하고 있는 채권에 대하여 매도호가 및 매수호가를 동시에 제시하는 방법으로 해당 채권의 거래를 원활하게 하는 역할을 수행하는 자로서 금융위원회가 지정하는 자(이하 이 조에서 "채권전문자기매매업자"라 한다)는 다음 각 호의 어느 하나에 해당하는 채권에 대하여 투자자의 매매에 관한 청약이 있는 경우에 해당 채권전문자기매매업자가 정한 투자자별 한도 이내에서 이에 응하여야 한다. 〈개정 2012. 6. 29.〉

1. 매도호가와 매수호가를 동시에 제시하는 채권

2. 해당 채권전문자기매매업자가 투자자에게 매도한 채권

② 채권전문자기매매업자의 지정과 지정취소의 기준, 채권전문자기매매업자의 의무사항, 채권전문자기매매업자에 대한 지원사항, 그 밖에 채권전문자기매매업자에 관하여 필요한 사항은 금융위원회가 정하여 고시한다.

판 연 제181조(환매조건부매매)

① 법 제166조에 따라 투자매매업자는 제7조제4항제3호 각 목의 어느 하나에 해당하지 아니하는 자(이하 이 조에서 "일반투자자등"이라 한다)와 환매조건부매매를 하는 경우에는 다음 각 호의 기준을 준수하여야 한다. 〈개정 2013. 8. 27.〉

1. 국채증권, 지방채증권, 특수채증권, 그 밖에 금융위원회가 정하여 고시하는 증권을 대상으로 할 것

2. 금융위원회가 정하여 고시하는 매매가격으로 매매할 것

3. 환매수 또는 환매도하는 날을 정할 것. 이 경우 환매조건부매수를 한 증권을 환매조건부매도하려는 경우에는 해당 환매조건부매도의 환매수를 하는 날은 환매조건부매수의 환매도를 하는 날 이전으로 하여야 한다.

4. 환매조건부매도를 한 증권의 보관·교체 등에 관하여 금융위원회가 정하여 고시하는 기준을 따를 것

② 별표 1의 인가업무 단위 중 11r-1r-1의 인가를 받은 겸영금융투자업자(금융위원회가 정하여 고시하는 자는 제외한다)는 일반투자자등을 상대로 환매조건부매수업무를 영위하여서는 아니 된다.

③ 제7조제4항제3호 각 목의 어느 하나에 해당하는 자가 상호간에 환매조건부매매

를 할 경우 다음 각 호의 사항을 준수해야 한다. 〈신설 2019. 12. 31.〉

1. 대상 증권의 매수자는 담보증권의 특성과 매도자의 신용위험을 반영한 최소증거금률(환매조건부매매가액 대비 그 증권의 시장가액의 비율을 말한다)을 설정·적용할 것

2. 대상 증권의 매도자는 금융위원회가 정하여 고시하는 바에 따라 현금성 자산을 보유할 것

④ 제7조제4항제3호 각 목의 어느 하나에 해당하는 자는 다음 각 호의 어느 하나에 해당하는 경우에는 금융위원회가 정하여 고시하는 방법에 따라 그 대상증권과 대금을 동시에 결제하여야 한다. 다만, 금융위원회가 정하여 고시하는 경우에는 그 대상증권과 대금을 동시에 결제하지 아니할 수 있다. 〈개정 2012. 6. 29., 2013. 8. 27., 2019. 12. 31.〉

1. 제7조제4항제3호 각 목의 어느 하나에 해당하는 자 상호 간에 투자중개업자를 통하여 환매조건부매매를 한 경우

2. 투자매매업자를 상대방으로 환매조건부매매를 한 경우(신탁업자가 신탁재산으로 환매조건부매매를 한 경우는 제외한다)

[판] [연] **제182조(증권의 대차거래)**

① 법 제166조에 따라 투자매매업자 또는 투자중개업자(별표 1의 인가업무 단위 중 21-1-1 또는 21-1-2의 인가를 받아 대차거래의 중개·주선 업무를 하는 투자중개업자는 제외한다)는 증권의 대차거래 또는 그 중개·주선이나 대리업무를 하는 경우에는 다음 각 호의 기준을 준수해야 한다. 〈개정 2009. 2. 3., 2025. 6. 2.〉

1. 금융위원회가 정하여 고시하는 방법에 따라 차입자로부터 담보를 받을 것. 다만, 증권의 대여자와 차입자가 합의하여 조건을 별도로 정하는 대차거래로서 투자매매업자 또는 투자중개업자가 필요하다고 인정하는 대차거래의 중개(제2항에 따른 대차중개는 제외한다)의 경우에는 담보를 받지 아니할 수 있다.

2. 금융위원회가 정하여 고시하는 방법에 따라 그 대상증권의 인도와 담보의 제공을 동시에 이행할 것. 다만, 외국인 간의 대차거래의 경우에는 그러하지 아니하다.

3. 증권의 대차거래 내역을 협회를 통하여 당일에 공시할 것

② 투자매매업자 또는 투자중개업자는 대차중개(금융위원회가 정하여 고시하는 대차거래 형식의 중개를 말한다)의 방법으로 대차거래의 중개를 할 수 있다.

③ 담보비율·관리, 대차거래의 공시방법 등에 관하여 필요한 사항은 금융위원회가

정하여 고시한다.

④ 투자매매업자 및 투자중개업자 외의 자로서 법에 따라 설립되거나 인가를 받은 자가 증권의 대차거래 또는 그 중개·주선 또는 대리업무를 하는 경우에는 제1항부터 제3항까지의 규정을 준용한다.

판 연 제183조(기업어음증권 등의 장외거래)

① 법 제166조에 따라 투자매매업자 또는 투자중개업자는 기업어음증권을 매매하거나 중개·주선 또는 대리하는 경우에는 다음 각 호의 기준을 준수하여야 한다. 〈개정 2009. 10. 1.〉

1. 둘 이상의 신용평가회사로부터 신용평가를 받은 기업어음증권일 것
2. 기업어음증권에 대하여 직접 또는 간접의 지급보증을 하지 아니할 것

② 기업어음증권의 매매 등의 방법, 신용평가 방법 등에 관하여 필요한 사항은 금융위원회가 정하여 고시한다.

③ 단기사채등의 장외거래에 관하여는 제1항 및 제2항을 준용한다. 〈신설 2013. 4. 5., 2019. 6. 25.〉

[제목개정 2013. 4. 5.]

판 연 제184조(해외시장 거래 등)

① 법 제166조에 따라 일반투자자(금융위원회가 정하여 고시하는 전문투자자를 포함한다)는 해외 증권시장이나 해외 파생상품시장에서 외화증권 및 장내파생상품의 매매거래(외국 다자간매매체결회사에서의 거래를 포함한다. 이하 이 조에서 같다)를 하려는 경우에는 투자중개업자를 통하여 매매거래를 해야 한다. 다만, 외화증권을 매도하려는 경우로서 다음 각 호의 요건을 모두 충족하는 경우에는 투자중개업자를 통하지 않고 매매거래를 할 수 있다. 〈개정 2013. 8. 27., 2021. 2. 9., 2024. 3. 5.〉

1. 투자매매업자를 상대방으로 하거나 투자중개업자를 통하여 취득한 외화증권이 아닐 것
2. 외화증권의 취득이 「외국환거래법」 제18조제1항 단서에 따라 신고의무가 면제되는 자본거래로서 금융위원회가 정하여 고시하는 거래에 해당할 것

② 투자중개업자가 제1항에 따른 일반투자자로부터 해외 증권시장 또는 해외 파생상품시장에서의 매매거래를 수탁하는 경우에는 외국 투자중개업자 등에 자기계산에 의한 매매거래 계좌와 별도의 매매거래 계좌를 개설하여야 한다.

③ 해외 증권시장과 해외 파생상품시장에서의 매매에 관한 청약이나 주문의 수탁, 결제, 체결결과 및 권리행사 등의 통지, 그 밖에 투자매매업자·투자중개업자의 외화증권 및 장내파생상품의 국내 거래에 관하여 필요한 사항은 금융위원회가 정하여 고시한다. 〈개정 2012. 6. 29.〉

판 연 제185조 (그 밖에 증권의 장외거래)

① 법 제166조에 따라 투자매매업자가 아닌 자는 보유하지 아니한 채권을 증권시장 및 다자간매매체결회사 외에서 매도할 수 없다. 다만, 외국 금융기관이 국채증권 또는 「한국은행법」 제69조에 따른 한국은행통화안정증권의 매수계약을 체결한 경우에는 그 매수계약을 체결한 수량에 한정하여 결제일 전에 투자매매업자를 상대로 증권시장 및 다자간매매체결회사 외에서 매도할 수 있다. 〈개정 2013. 8. 27., 2025. 6. 2.〉

② 투자매매업자는 투자자로부터 증권시장 및 다자간매매체결회사의 매매수량 단위 미만의 상장주권에 대하여 증권시장 및 다자간매매체결회사 외에서 매매에 관한 청약을 받은 경우에는 이에 응하여야 한다. 다만, 그 투자매매업자가 소유하지 아니한 상장주권에 대하여 매수에 관한 청약을 받은 경우에는 이에 응하지 아니할 수 있다. 〈개정 2012. 6. 29., 2013. 8. 27.〉

③ 제1항 및 제2항에서 규정한 사항 외에 증권시장 및 다자간매매체결회사 외에서의 증권 등의 매매와 결제방법, 그 밖에 필요한 사항은 증권 등의 종류와 매매, 그 밖의 거래의 형태 등에 따라 금융위원회가 정하여 고시하는 방법에 따른다. 〈개정 2013. 8. 27.〉

판 연 제186조

제186조 삭제 〈2009. 2. 3.〉

판 제186조의2 (위험회피목적 거래)

법 제166조의2제1항제1호 전단에서 "대통령령으로 정하는 위험회피 목적의 거래"란 위험회피를 하려는 자가 보유하고 있거나 보유하려는 자산·부채 또는 계약 등(이하 "위험회피대상"이라 한다)에 대하여 미래에 발생할 수 있는 경제적 손실을 부분적 또는 전체적으로 줄이기 위한 거래로서 계약체결 당시 다음 각 호의 요건을 충족하는 거래를 말한다.

1. 위험회피대상을 보유하고 있거나 보유할 예정일 것

2. 장외파생거래 계약기간 중 장외파생거래에서 발생할 수 있는 손익이 위험회피대상에서 발생할 수 있는 손익의 범위를 초과하지 아니할 것

[본조신설 2009. 2. 3.]

판 제186조의3(장외거래의 청산의무)

① 법 제166조의3에서 "대통령령으로 정하는 자"란 외국 금융투자업자를 말한다.

② 법 제166조의3에서 "대통령령으로 정하는 장외파생상품의 매매 및 그 밖의 장외거래"란 원화로 표시된 원본액에 대하여 일정한 기간 동안 고정이자와 변동이자를 장래의 특정 시점마다 원화로 교환할 것을 약정하는 거래로서 기초자산, 거래의 만기 등에 관하여 금융위원회가 정하여 고시하는 요건을 충족하는 장외파생상품거래를 말한다. 다만, 법 또는 법에 상응하는 외국의 법령 등에 따라 금융투자상품거래청산회사(법 제323조의3에 따라 금융투자상품거래청산업의 인가를 받은 자를 말한다. 이하 같다)를 통한 청산이 불가능한 경우로서 금융위원회가 정하여 고시하는 거래는 제외한다.

③ 법 제166조의3에서 "그 밖에 이에 준하는 자로서 대통령령으로 정하는 자"란 외국 법령에 따라 외국에서 금융투자상품거래청산업에 상당하는 업무를 하는 자(이하 "외국금융투자상품거래청산회사"라 한다)로서 다음 각 호의 요건을 모두 충족하는 자 중에서 금융위원회가 승인하는 자를 말한다.

1. 외국금융투자상품거래청산회사가 해당 금융투자상품거래청산업에 상당하는 업무를 하기 위하여 외국금융투자감독기관의 허가·인가 또는 승인 등을 받을 것

2. 외국금융투자상품거래청산회사가 외국금융투자감독기관으로부터 금융투자상품거래청산업에 상당하는 업무와 관련하여 적절한 감독을 받을 것

3. 금융위원회가 법 또는 법에 상응하는 외국의 법령을 위반한 외국금융투자상품거래청산회사의 행위에 대하여 법 또는 법에 상응하는 외국의 법령에서 정하는 방법에 따라 행하여진 조사 또는 검사자료를 상호주의의 원칙에 따라 외국금융투자감독기관으로부터 제공받을 수 있는 국가의 외국금융투자상품거래청산회사일 것

4. 금융위원회가 외국금융투자상품거래청산회사가 소재한 국가의 외국금융투자감독기관과 상호 정보교환 및 청산대상거래 등 금융위원회가 정하여 고시하는 사항에 관한 협력약정 등을 체결하고 있을 것

[본조신설 2013. 7. 5.]

① 법 제168조제1항에 따른 외국인(이하 이 장에서 "외국인"이라 한다) 또는 외국법인등은 금융위원회가 정하여 고시하는 경우를 제외하고는 누구의 명의로든지 자기의 계산으로 다음 각 호에서 정한 취득한도를 초과하여 공공적 법인이 발행한 지분증권을 취득할 수 없다. 이 경우 한도초과분의 처분, 취득한도의 계산기준·관리 등에 관하여 필요한 사항은 금융위원회가 정하여 고시한다.

1. 종목별 외국인 또는 외국법인등의 1인 취득한도: 해당 공공적 법인의 정관에서 정한 한도

2. 종목별 외국인 및 외국법인등의 전체 취득한도: 해당 종목의 지분증권 총수의 100분의 40

② 금융위원회는 증권시장(다자간매매체결회사에서의 거래를 포함한다) 및 파생상품시장의 안정과 투자자 보호를 위하여 필요하다고 인정하는 경우에는 제1항에 따른 취득한도 제한 외에 증권 또는 장내파생상품(파생상품시장에서 거래되는 것만 해당한다)에 대하여 업종별, 종류별 또는 종목별·품목별 취득한도를 정하여 고시할 수 있다. 〈개정 2013. 8. 27.〉

③ 법 제296조제5호에 따른 외국예탁결제기관(이하 "외국예탁결제기관"이라 한다)은 해외에서 증권예탁증권을 발행할 목적으로 국내법인이 발행한 지분증권을 취득하려는 경우에는 그 지분증권을 발행한 국내법인으로부터 미리 동의를 받아야 한다. 다만, 그 지분증권을 새로 발행하는 경우, 그 밖에 금융위원회가 정하여 고시하는 경우는 제외한다.

판 연 **제188조(외국인의 상장증권 등의 거래 시 준수사항)**

외국인 또는 외국법인등은 상장증권 또는 장내파생상품(파생상품시장에서 거래되는 것만 해당한다. 이하 이 조에서 같다)을 매매하거나 그 밖의 거래를 하려는 경우에는 법 제168조제4항에 따라 다음 각 호의 기준을 준수해야 한다.

1. 다음 각 목의 증권을 취득 또는 처분하기 위하여 투자매매업자 또는 투자중개업자에게 매매거래 계좌를 개설하는 경우에는 금융위원회가 정하여 고시하는 방법 및 절차에 따라 본인의 인적 사항 등의 확인을 거쳐 개설할 것

　가. 상장증권

　나. 증권시장에 상장하기 위하여 모집·매출하는 증권 등 상장이 예정된 증권

2. 상장증권을 매매하는 경우에는 다음 각 목의 기준을 준수할 것

　가. 금융위원회가 정하여 고시하는 경우를 제외하고는 증권시장(다자간매매체결

회사에서의 거래를 포함한다)을 통하여 매매할 것

　나. 매매거래 계좌의 개설, 매수증권의 보관, 국내 대리인의 선임, 매매내역의 보
　　고 등에 관하여 금융위원회가 정하여 고시하는 기준을 충족할 것

　3. 장내파생상품을 매매하는 경우에는 매매거래 계좌의 개설, 매매내역의 보고 등
에 관하여 금융위원회가 정하여 고시하는 기준을 충족할 것

　4. 상장증권을 매매 외의 방식으로 거래하는 경우에는 그 거래내역의 신고 등에 관
하여 금융위원회가 정하여 고시하는 기준을 충족할 것

　[전문개정 2023. 6. 13.]

판 연 제189조(회계감사인에 의한 감사증명)

　① 법 제169조제1항 본문에서 "대통령령으로 정하는 자"란 다음 각 호의 어느 하나
　　에 해당하는 자를 말한다. 〈개정 2018. 4. 10.〉

　1. 사업보고서 제출대상법인

　2. 제167조제1항제2호 각 목의 어느 하나에 해당하는 증권에 대하여 법 제130조제
1항에 따라 신고서를 제출하지 아니하고 모집 또는 매출을 한 법인

　② 법 제169조제1항 단서에서 "대통령령으로 정하는 사항"이란 다음 각 호의 사항
　　을 말한다.

　1. 재무에 관한 서류 중 제131조제5항 각 호의 어느 하나에 해당하는 사항이 기재
된 부분

　2. 반기보고서와 분기보고서 중 재무에 관한 서류. 다만, 반기보고서와 제170조제1
항제2호 단서에 해당하는 법인이 제출하는 분기보고서의 경우에는 회계감사인의 확인
과 의견표시가 있는 것만 해당한다.

판 제190조(외국법인등에 대한 회계감사의 특례)

　법 제169조제3항 전단에 따라 외국법인등이 다음 각 호의 어느 하나에 해당하는 경
우에는 같은 조 제1항 본문에 따른 회계감사를 받은 것으로 본다. 〈개정 2018. 10.
30.〉

　1. 제176조제1항 각 호의 어느 하나에 해당하는 외국법인등이 외국 법령이나 설립
의 근거가 되는 조약·정관·규정 등에 따라 감사를 받은 경우

　2. 외국 법령에 따라 설립된 외국 기업이 외국 법령에 따라 외부감사를 받은 경우.
다만, 외국 기업이 채택하고 있는 회계처리기준이 「주식회사 등의 외부감사에 관한 법
률」에 따른 회계처리기준과 다른 경우에는 금융위원회가 정하여 고시하는 사항을 기재

한 서류를 해당 감사보고서와 함께 제출하여야 한다.

판 제191조(배상책임을 지는 증권의 범위)

법 제170조제2항 각 호 외의 부분에서 "대통령령으로 정하는 증권"이란 다음 각 호의 증권을 말한다.

1. 회계감사인의 회계감사를 받는 법인이 발행한 증권(그 증권과 관련된 증권예탁증권을 포함한다. 이하 이 조에서 같다)과 교환을 청구할 수 있는 교환사채권
2. 회계감사인의 회계감사를 받는 법인이 발행한 증권과 제1호에 따른 교환사채권만을 기초자산으로 하는 파생결합증권

판 연 제192조(보증금 등의 대신 납부)

① 법 제171조제1항에서 "대통령령으로 정하는 보증금이나 공탁금"이란 다음 각 호의 보증금이나 공탁금을 말한다.
1. 입찰보증금
2. 계약보증금
3. 하자보수보증금
4. 법령에 따른 공탁금
② 법 제171조제1항에 따라 보증금이나 공탁금으로 대신 납부할 수 있는 상장증권은 다음 각 호와 같다.
1. 채무증권(기업어음증권은 제외한다)
2. 지분증권
③ 보증금이나 공탁금으로 대신 납부할 수 있는 상장증권의 대신 납부하는 가액은 거래소가 정하는 대용가격(代用價格)으로 평가한다.

판 연 제193조

제193조 삭제 〈2019. 6. 25.〉

제4편 불공정거래의 규제

판 연 제194조(단기매매차익 반환대상 직원의 범위)

법 제172조제1항 각 호 외의 부분 전단에서 "대통령령으로 정하는 자"란 다음 각 호의 어느 하나에 해당하는 자로서 증권선물위원회가 미공개중요정보를 알 수 있는 자로

인정하는 자를 말한다. 〈개정 2024. 1. 9.〉

1. 그 법인에서 법 제161조제1항 각 호의 어느 하나에 해당하는 사항의 수립·변경·추진·공시, 그 밖에 이에 관련된 업무에 종사하고 있는 직원

2. 그 법인의 재무·회계·기획·연구개발에 관련된 업무에 종사하고 있는 직원

판 연 제195조(단기매매차익의 산정방법 등)

① 법 제172조제1항에 따른 이익은 다음 각 호의 방법으로 계산한다.

1. 해당 매수[권리 행사의 상대방이 되는 경우로서 매수자의 지위를 가지게 되는 특정증권등(법 제172조제1항 전단에 따른 특정증권등을 말한다. 이하 같다)의 매도를 포함한다. 이하 이 조부터 제199조까지의 규정에서 같다] 또는 매도(권리를 행사할 수 있는 경우로서 매도자의 지위를 가지게 되는 특정증권등의 매수를 포함한다. 이하 이 조부터 제199조까지의 규정에서 같다) 후 6개월(초일을 산입한다. 이하 이 조에서 같다) 이내에 매도 또는 매수한 경우에는 매도단가에서 매수단가를 뺀 금액에 매수수량과 매도수량 중 적은 수량(이하 이 조에서 "매매일치수량"이라 한다)을 곱하여 계산한 금액에서 해당 매매일치수량분에 관한 매매거래수수료와 증권거래세액 및 농어촌특별세액을 공제한 금액을 이익으로 계산하는 방법. 이 경우 그 금액이 0원 이하인 경우에는 이익이 없는 것으로 본다.

2. 해당 매수 또는 매도 후 6개월 이내에 2회 이상 매도 또는 매수한 경우에는 가장 시기가 빠른 매수분과 가장 시기가 빠른 매도분을 대응하여 제1호에 따른 방법으로 계산한 금액을 이익으로 산정하고, 그 다음의 매수분과 매도분에 대하여는 대응할 매도분이나 매수분이 없어질 때까지 같은 방법으로 대응하여 제1호에 따른 방법으로 계산한 금액을 이익으로 산정하는 방법. 이 경우 대응된 매수분이나 매도분 중 매매일치수량을 초과하는 수량은 해당 매수 또는 매도와 별개의 매수 또는 매도로 보아 대응의 대상으로 한다.

② 제1항제1호 및 제2호에 따라 이익을 계산하는 경우 매수가격·매도가격은 특정증권등의 종류 및 종목에 따라 다음 각 호에서 정하는 가격으로 한다. 〈개정 2009. 2. 3.〉

1. 매수 특정증권등과 매도 특정증권등이 종류는 같으나 종목이 다른 경우: 매수 후 매도하여 이익을 얻은 경우에는 매도한 날의 매수 특정증권등의 최종가격을 매도 특정증권등의 매도가격으로 하고, 매도 후 매수하여 이익을 얻은 경우에는 매수한 날의 매도 특정증권등의 최종가격을 매수 특정증권등의 매수가격으로 한다.

2. 매수 특정증권등과 매도 특정증권등이 종류가 다른 경우: 지분증권 외의 특정증

권등의 가격은 증권선물위원회가 정하여 고시하는 방법에 따라 지분증권으로 환산하여 계산한 가격으로 한다.

③ 매수 특정증권등과 매도 특정증권등이 종류가 다른 경우 그 수량의 계산은 증권선물위원회가 정하여 고시하는 방법에 따라 계산된 수량으로 한다. 〈개정 2009. 2. 3.〉

④ 제1항부터 제3항까지의 규정에 따라 이익을 계산하는 경우에 매수 또는 매도 후 특정증권등의 권리락·배당락 또는 이자락, 그 밖에 이에 준하는 경우로서 증권선물위원회가 정하여 고시하는 사유가 있는 경우에는 이를 고려하여 환산한 가격 및 수량을 기준으로 이익을 계산한다. 〈개정 2009. 2. 3.〉

⑤ 삭제 〈2009. 2. 3.〉

⑥ 제1항부터 제4항까지에서 규정한 사항 외에 법 제172조제1항 전단에 따른 단기매매차익(이하 "단기매매차익"이라 한다) 계산의 구체적인 기준과 방법 등 필요한 세부사항은 증권선물위원회가 정하여 고시한다. 〈개정 2009. 2. 3.〉

판 제196조(단기매매차익 반환면제 증권)

법 제172조제1항제1호에서 "대통령령으로 정하는 증권"이란 다음 각 호의 증권을 말한다.

1. 채무증권. 다만, 다음 각 목의 어느 하나에 해당하는 증권은 제외한다.
   가. 전환사채권
   나. 신주인수권부사채권
   다. 이익참가부사채권
   라. 그 법인이 발행한 지분증권(이와 관련된 증권예탁증권을 포함한다) 또는 가목부터 다목까지의 증권(이와 관련된 증권예탁증권을 포함한다)과 교환을 청구할 수 있는 교환사채권
2. 수익증권
3. 파생결합증권(법 제172조제1항제4호에 해당하는 파생결합증권은 제외한다)

판 제196조(단기매매차익의 공시)

법 제172조제3항 후단에서 "대통령령으로 정하는 방법"이란 다음 각 호의 사항이 지체 없이 공시되도록 하는 것을 말한다.

1. 단기매매차익을 반환해야 할 자의 지위[임원(「상법」 제401조의2제1항 각 호의 자를 포함한다. 이하 이 조에서 같다), 직원 또는 주요주주를 말한다]

2. 단기매매차익 금액(임원별·직원별 또는 주요주주별로 합산한 금액을 말한다)

3. 증권선물위원회로부터 단기매매차익 발생사실을 통보받은 날

4. 해당 법인의 단기매매차익 반환 청구 계획

5. 해당 법인의 주주(주권 외의 지분증권이나 증권예탁증권을 소유한 자를 포함한다. 이하 이 호에서 같다)는 그 법인으로 하여금 단기매매차익을 얻은 자에게 단기매매차익의 반환청구를 하도록 요구할 수 있으며, 그 법인이 요구를 받은 날부터 2개월 이내에 그 청구를 하지 아니하는 경우에는 그 주주는 그 법인을 대위(代位)하여 청구를 할 수 있다는 뜻

판 연 제198조(단기매매차익 반환의 예외)

법 제172조제6항에서 "대통령령으로 정하는 경우"란 다음 각 호의 어느 하나에 해당하는 경우를 말한다. 〈개정 2010. 12. 7., 2013. 8. 27., 2019. 6. 25.〉

1. 법령에 따라 불가피하게 매수하거나 매도하는 경우

2. 정부의 허가·인가·승인 등이나 문서에 의한 지도·권고에 따라 매수하거나 매도하는 경우

3. 안정조작이나 시장조성을 위하여 매수·매도 또는 매도·매수하는 경우

4. 모집·사모·매출하는 특정증권등의 인수에 따라 취득하거나 인수한 특정증권등을 처분하는 경우

5. 주식매수선택권의 행사에 따라 주식을 취득하는 경우

6. 이미 소유하고 있는 지분증권, 신주인수권이 표시된 것, 전환사채권 또는 신주인수권부사채권의 권리행사에 따라 주식을 취득하는 경우

7. 법 제172조제1항제2호에 따른 증권예탁증권의 예탁계약 해지에 따라 법 제172조제1항제1호에 따른 증권을 취득하는 경우

8. 법 제172조제1항제1호에 따른 증권 중 제196조제1호라목에 따른 교환사채권 또는 법 제172조제1항제3호에 따른 교환사채권의 권리행사에 따라 증권을 취득하는 경우

9. 모집·매출하는 특정증권등의 청약에 따라 취득하는 경우

10. 「근로복지기본법」 제36조부터 제39조까지 또는 제44조에 따라 우리사주조합원이 우리사주조합을 통하여 회사의 주식을 취득하는 경우(그 취득한 주식을 같은 법 제43조에 따라 수탁기관을 통해서 보유하는 경우만 해당한다)

11. 주식매수청구권의 행사에 따라 주식을 처분하는 경우

12. 공개매수에 응모함에 따라 주식등을 처분하는 경우

13. 그 밖에 미공개중요정보를 이용할 염려가 없는 경우로서 증권선물위원회가 인정하는 경우

제199조(투자매매업자에 대한 준용기간)

법 제172조제7항에 규정된 내부자의 단기매매차익반환의 투자매매업자에 대한 준용규정은 투자매매업자가 인수계약을 체결한 날부터 3개월 이내에 매수 또는 매도하여 그 날부터 6개월 이내에 매도 또는 매수하는 경우(제198조제4호의 경우는 제외한다)에 준용한다. 다만, 투자매매업자가 안정조작이나 시장조성을 위하여 매매하는 경우에는 해당 안정조작이나 시장조성기간 내에 매수 또는 매도하여 그 날부터 6개월 이내에 매도 또는 매수하는 경우(제198조제3호의 경우는 제외한다)에 준용한다.

판 연 제200조(임원 등의 특정증권등 소유상황 보고)

① 법 제173조제1항 전단에서 "대통령령으로 정하는 날"이란 제153조제1항 각 호의 날을 말한다. 〈개정 2013. 8. 27.〉

② 주권상장법인의 임원(「상법」 제401조의2제1항 각 호의 자를 포함한다) 또는 주요주주는 법 제173조제1항에 따라 특정증권등의 소유상황과 그 변동의 보고를 하는 경우에는 보고서에 다음 각 호의 사항을 기재하여야 한다.

1. 보고자

2. 해당 주권상장법인

3. 특정증권등의 종류별 소유현황 및 그 변동에 관한 사항

③ 주권상장법인의 임원(「상법」 제401조의2제1항 각 호의 자를 포함한다) 또는 주요주주가 특정증권등의 소유상황을 보고하여야 하는 경우에 그 보고기간의 기준일은 다음 각 호와 같다.

1. 주권상장법인의 임원이 아니었던 자가 해당 주주총회에서 임원으로 선임된 경우: 그 선임일

2. 「상법」 제401조의2제1항 각 호의 자인 경우: 해당 지위를 갖게 된 날

3. 주권상장법인이 발행한 주식의 취득 등으로 해당 법인의 주요주주가 된 경우: 그 취득 등을 한 날

4. 주권비상장법인이 발행한 주권이 증권시장에 상장된 경우: 그 상장일

5. 주권비상장법인의 임원(「상법」 제401조의2제1항 각 호의 자를 포함한다. 이하 이 조에서 같다) 또는 주요주주가 합병, 분할합병 또는 주식의 포괄적 교환·이전으로 주권상장법인의 임원이나 주요주주가 된 경우: 그 합병, 분할합병 또는 주식의 포괄적 교환·이전으로 인하여 발행된 주식의 상장일

④ 주권상장법인의 임원이나 주요주주가 그 특정증권등의 소유상황의 변동을 보고하여야 하는 경우의 그 변동일은 다음 각 호와 같다. 〈개정 2013. 8. 27.〉

1. 증권시장(다자간매매체결회사에서의 거래를 포함한다. 이하 이 항에서 같다)이나 파생상품시장에서 특정증권등을 매매한 경우에는 그 결제일

2. 증권시장이나 파생상품시장 외에서 특정증권등을 매수한 경우에는 대금을 지급하는 날과 특정증권등을 인도받는 날 중 먼저 도래하는 날

3. 증권시장이나 파생상품시장 외에서 특정증권등을 매도한 경우에는 대금을 수령하는 날과 특정증권등을 인도하는 날 중 먼저 도래하는 날

4. 유상증자로 배정되는 신주를 취득하는 경우에는 주금납입일의 다음날

5. 특정증권등을 차입하는 경우에는 그 특정증권등을 인도받는 날, 상환하는 경우에는 그 특정증권등을 인도하는 날

6. 특정증권등을 증여받는 경우에는 그 특정증권등을 인도받는 날, 증여하는 경우에는 그 특정증권등을 인도하는 날

7. 상속으로 특정증권등을 취득하는 경우로서 상속인이 1인인 경우에는 단순승인이나 한정승인에 따라 상속이 확정되는 날, 상속인이 2인 이상인 경우에는 그 특정증권등과 관계되는 재산분할이 종료되는 날

8. 제1호부터 제7호까지 외의 경우에는 「민법」·「상법」 등 관련 법률에 따라 해당 법률행위 등의 효력이 발생하는 날

⑤ 법 제173조제1항 전단에서 "대통령령으로 정하는 경미한 소유상황의 변동"이란 증권선물위원회가 정하여 고시하는 바에 따라 산정된 특정증권등의 변동 수량이 1천주 미만이고, 그 취득 또는 처분금액이 1천만원 미만인 경우를 말한다. 다만, 직전 보고일 이후 증권선물위원회가 정하여 고시하는 바에 따라 산정된 특정증권등의 변동 수량의 합계가 1천주 이상이거나 그 취득 또는 처분금액의 합계액이 1천만원 이상인 경우는 제외한다. 〈신설 2013. 8. 27.〉

⑥ 법 제173조제1항 후단에서 "대통령령으로 정하는 부득이한 사유"란 다음 각 호의 어느 하나에 해당하는 사유를 말한다. 〈신설 2013. 8. 27.〉

1. 주식배당

2. 준비금의 자본전입

3. 주식의 분할 또는 병합

4. 자본의 감소

⑦ 법 제173조제1항 후단에서 "대통령령으로 정하는 자"란 다음 각 호의 어느 하나에 해당하는 자로서 특정증권등의 보유 목적이 해당 법인의 경영권에 영향을 주기 위한 것(제154조제1항에 따른 것을 말한다)이 아닌 자를 말한다. 〈신설 2013. 8. 27., 2016. 6. 28.〉

1. 제10조제1항제1호·제2호의 어느 하나에 해당하는 자

2. 제10조제3항제1호부터 제14호까지(제5호 및 제13호는 제외한다)의 어느 하나에 해당하는 자

⑧ 법 제173조제1항 후단에 따라 주권상장법인의 임원 또는 주요주주는 제6항에 따른 사유로 특정증권등의 소유상황에 변동이 있는 경우 그 변동이 있었던 달의 다음 달 10일까지 그 변동내용을 보고할 수 있다. 〈신설 2013. 8. 27.〉

⑨ 법 제173조제1항 후단에 따라 제7항에 해당하는 자는 특정증권등의 소유상황에 변동이 있는 경우 다음 각 호의 구분에 따른 날까지 그 변동내용을 보고할 수 있다. 〈신설 2013. 8. 27., 2020. 1. 29.〉

1. 단순투자 목적인 경우: 그 변동이 있었던 분기의 마지막 달의 다음 달 10일

2. 단순투자 목적이 아닌 경우: 그 변동이 있었던 달의 다음 달 10일

⑩ 제2항부터 제9항까지에서 규정한 사항 외에 제2항에 따른 보고서의 서식과 작성방법 등에 관하여 필요한 사항은 증권선물위원회가 정하여 고시한다. 〈개정 2009. 2. 3., 2013. 8. 27.〉

판 제200조의2 (장내파생상품의 대량보유 보고)

① 법 제173조의2제1항에서 "대통령령으로 정하는 것"이란 금융위원회가 정하여 고시하는 기준과 방법에 따른 주가지수를 말한다. 〈신설 2013. 8. 27.〉

② 법 제173조의2제1항에서 "대통령령으로 정하는 날"이란 제153조제1항 각 호의 날을 말한다. 〈개정 2013. 8. 27.〉

③ 법 제173조의2제1항에서 "대통령령으로 정하는 사항"이란 다음 각 호의 사항을 말한다. 〈개정 2013. 8. 27.〉

1. 대량보유자 및 그 위탁을 받은 금융투자업자에 관한 사항

2. 해당 장내파생상품거래의 품목 및 종목

3. 해당 장내파생상품을 보유하게 된 시점, 가격 및 수량

4. 제1호부터 제3호까지의 사항과 관련된 사항으로서 금융위원회가 정하여 고시하는 사항

④ 법 제173조의2제1항에 따라 금융위원회와 거래소에 보고하여야 할 자가 위탁자인 경우에는 금융투자업자로 하여금 대신하여 보고하게 할 수 있으며, 장내파생상품의 대량보유 상황이나 그 변동 내용을 보고하는 날 전날까지 새로 변동 내용을 보고하여야 할 사유가 발생한 경우에는 새로 보고하여야 하는 변동 내용은 당초의 대량보유 상황이나 그 변동 내용을 보고할 때 함께 보고하여야 한다. 〈

개정 2013. 8. 27.〉

⑤ 제1항부터 제4항까지에서 규정한 사항 외에 보고의 방법 및 절차 등에 관하여 필요한 사항은 금융위원회가 정하여 고시한다.〈개정 2013. 8. 27.〉

[본조신설 2009. 2. 3.]

판 연 제200조의3(임원 등의 특정증권등 거래계획 보고)

① 법 제173조의3제1항 본문에서 "대통령령으로 정하는 자"란 다음 각 호의 자를 말한다.

1. 제10조제1항제1호부터 제3호까지의 규정에 따른 자

2. 제10조제3항제1호부터 제14호까지의 규정에 따른 자

3. 법 제6조제5항제1호에서 정하는 바에 따라 금전등을 모아 운용·배분하는 자 및 그 금전등의 운용·배분을 수행하기 위하여 설정·설립한 기구(「벤처투자 촉진에 관한 법률」 제2조제8호에 따른 개인투자조합은 제외한다)

4. 법 제249조의13제1항에 따른 투자목적회사

5. 「중소기업진흥에 관한 법률」 제68조에 따른 중소벤처기업진흥공단

6. 제1호부터 제5호까지의 자에 준하는 외국인

② 법 제173조의3제1항 본문에서 "상속·주식배당 등 대통령령으로 정하는 부득이한 사유로 하는 매매, 그 밖의 거래"란 다음 각 호의 매매, 그 밖의 거래를 말한다.

1. 제198조제1호부터 제12호까지의 어느 하나에 해당하는 사유로 하는 매매, 그 밖의 거래

2. 상속 또는 주식배당에 따른 특정증권등의 취득

3. 새로 발행되는 특정증권등의 취득

4. 공개매수에 의한 특정증권등의 취득

5. 최대주주 변경을 수반하는 주식 양수·양도 계약(이하 이 호 및 제6호에서 "최대주주변경계약"이라 한다)에 따른 특정증권등의 양수·양도(최대주주변경계약과 관련한 권리행사 또는 의무이행으로 인한 특정증권등의 양수·양도를 포함한다)

6. 다음 각 목의 요건을 모두 충족하는 주식 양수·양도 계약에 따른 특정증권등의 양수·양도(해당 주식 양수·양도 계약과 관련한 권리행사 또는 의무이행으로 인한 특정증권등의 양수·양도를 포함한다)

　　가. 최대주주변경계약과 관련하여 이루어지는 계약일 것

　　나. 최대주주변경계약 양도인의 특별관계자와 최대주주변경계약 양수인 간에 체결되는 계약일 것

7. 채권자의 담보권 실행에 따른 특정증권등의 처분

8. 다음 각 목의 어느 하나에 해당하는 사유로 하는 특정증권등의 취득이나 이전 또는 처분

　　가. 합병

　　나. 분할 또는 분할합병

　　다. 주식의 포괄적 교환 또는 포괄적 이전

　　라. 제171조제2항 각 호의 어느 하나에 해당하는 양수·양도

9. 주요주주가 「상속세 및 증여세법」 제71조제1항에 따라 허가받은 연부연납 세액의 재원을 마련하기 위하여 하는 특정증권등의 매도

10. 그 밖에 미공개중요정보를 이용할 염려가 없는 경우로서 증권선물위원회가 정하여 고시하는 사유로 하는 매매, 그 밖의 거래

　③ 법 제173조의3제1항 본문에서 "거래목적, 거래가격, 거래수량, 거래기간 등 대통령령으로 정하는 사항"이란 다음 각 호의 사항을 말한다.

1. 거래목적

2. 거래가격

3. 거래수량

4. 거래기간(30일 이내로 한정한다)

5. 거래하려는 특정증권등의 종류 및 종목

6. 법 제173조의3제1항 본문에 따른 거래계획(이하 "거래계획"이라 한다)을 보고하는 자에 관한 사항

7. 그 밖에 투자자 보호와 시장 예측가능성 제고에 필요한 사항으로서 증권선물위원회가 정하여 고시하는 사항

　④ 법 제173조의3제1항 본문에서 "대통령령으로 정하는 기간"이란 30일을 말한다.

　⑤ 법 제173조의3제1항 단서에서 "대통령령으로 정하는 규모 미만인 경우"란 다음 각 호의 요건을 모두 충족하는 경우를 말한다. 이 경우 제1호의 거래수량 및 제2호의 거래금액 산정에 필요한 사항은 증권선물위원회가 정하여 고시한다.

1. 거래수량: 특정증권등 총수량의 100분의 1 미만

2. 거래금액: 50억원 미만

　⑥ 법 제173조의3제1항 본문에 따라 거래계획을 보고한 자(이하 이 조에서 "거래계획보고자"라 한다)는 같은 조 제3항 단서에 따라 거래금액의 100분의 30에 해당하는 금액의 범위에서 거래계획과 달리 같은 조 제1항 본문에 따른 거래등을 할 수 있다.

⑦ 법 제173조의3제4항에서 "사망, 파산, 시장변동성 확대로 과도한 손실이 예상되는 등 대통령령으로 정하는 부득이한 사유"란 다음 각 호의 사유를 말한다.

1. 거래계획보고자가 사망한 경우

2. 거래계획보고자에 대하여 「채무자 회생 및 파산에 관한 법률」에 따른 회생절차 또는 파산절차가 개시된 경우

3. 거래계획보고자에 대하여 「기업구조조정 촉진법」 제8조에 따른 공동관리절차 또는 같은 법 제21조에 따른 주채권은행 관리절차가 개시된 경우

4. 특정증권등의 가격이 거래계획 보고일 전 최종 종가를 기준으로 증권선물위원회가 정하여 고시하는 범위 이상으로 변동하는 경우

5. 그 밖에 거래계획보고자가 거래계획을 준수하기 어렵다고 인정되는 경우로서 증권선물위원회가 정하여 고시하는 경우

⑧ 거래계획보고자는 제7항제2호부터 제5호까지의 규정에 따른 사유로 법 제173조의3제4항에 따라 거래계획의 철회를 보고하려는 경우에는 해당 사유가 발생한 날의 다음 영업일(해당 사유가 발생한 날부터 거래기간 개시일까지의 기간이 5영업일 이상인 경우에는 해당 사유가 발생한 날부터 5영업일이 되는 날과 거래기간 개시일 전 3영업일이 되는 날 중 먼저 도래하는 날)까지 다음 각 호의 사항을 기재한 철회보고서를 증권선물위원회와 거래소에 각각 제출해야 한다.

1. 철회하려는 거래계획

2. 철회사유

3. 그 밖에 거래계획의 철회에 관련된 사항으로서 증권선물위원회가 정하여 고시하는 사항

⑨ 제1항부터 제8항까지에서 규정한 사항 외에 거래계획 보고 서식과 작성 방법 등에 관하여 필요한 사항은 증권선물위원회가 정하여 고시한다.

[본조신설 2024. 7. 16.]

판 연 제201조(정보의 공개 등)

① 법 제174조제1항 각 호 외의 부분에서 "대통령령으로 정하는 기업결합 방법"이란 다음 각 호의 어느 하나에 해당하는 경우로서 그 결과 비상장법인의 대주주 또는 그의 특수관계인(이하 이 조에서 "대주주등"이라 한다)이 상장법인의 최대주주가 되는 방법을 말한다. 〈신설 2013. 8. 27.〉

1. 상장법인이 비상장법인으로부터 법 제161조제1항제7호에 해당하는 중요한 영업을 양수하고, 그 대가로 해당 상장법인이 발행한 주식등을 교부하는 경우

2. 상장법인이 비상장법인의 대주주등으로부터 법 제161조제1항제7호에 해당하는 중요한 자산을 양수하고, 그 대가로 해당 상장법인이 발행한 주식등을 교부하는 경우

3. 비상장법인의 대주주등이 「상법」 제422조에 따라 상장법인에 현물출자를 하고, 그 대가로 해당 상장법인이 발행한 주식등을 교부받는 경우

② 법 제174조제1항 각 호 외의 부분에서 "대통령령으로 정하는 방법"이란 해당 법인(해당 법인으로부터 공개권한을 위임받은 자를 포함한다) 또는 그 법인의 자회사(「상법」 제342조의2제1항에 따른 자회사를 말하며, 그 자회사로부터 공개권한을 위임받은 자를 포함한다)가 다음 각 호의 어느 하나에 해당하는 방법으로 정보를 공개하고 해당 호에서 정한 기간이나 시간이 지나는 것을 말한다. 〈개정 2009. 7. 1., 2010. 1. 27., 2013. 8. 27.〉

1. 법령에 따라 금융위원회 또는 거래소에 신고되거나 보고된 서류에 기재되어 있는 정보: 그 내용이 기재되어 있는 서류가 금융위원회 또는 거래소가 정하는 바에 따라 비치된 날부터 1일

2. 금융위원회 또는 거래소가 설치ㆍ운영하는 전자전달매체를 통하여 그 내용이 공개된 정보: 공개된 때부터 3시간

3. 「신문 등의 진흥에 관한 법률」에 따른 일반일간신문 또는 경제분야의 특수일간신문 중 전국을 보급지역으로 하는 둘 이상의 신문에 그 내용이 게재된 정보: 게재된 날의 다음 날 0시부터 6시간. 다만, 해당 법률에 따른 전자간행물의 형태로 게재된 경우에는 게재된 때부터 6시간으로 한다.

4. 「방송법」에 따른 방송 중 전국에서 시청할 수 있는 지상파방송을 통하여 그 내용이 방송된 정보: 방송된 때부터 6시간

5. 「뉴스통신진흥에 관한 법률」에 따른 연합뉴스사를 통하여 그 내용이 제공된 정보: 제공된 때부터 6시간

③ 법 제174조제2항 각 호 외의 부분에서 "대통령령으로 정하는 방법"이란 공개매수자(그로부터 공개권한을 위임받은 자를 포함한다)가 제2항 각 호의 어느 하나에 해당하는 방법으로 정보를 공개하고 해당 호에서 정한 기간 또는 시간이 지나는 것을 말한다. 〈개정 2013. 8. 27.〉

④ 법 제174조제3항 각 호 외의 부분에서 "대통령령으로 정하는 취득ㆍ처분"이란 다음 각 호의 요건을 모두 충족하는 취득ㆍ처분을 말한다. 〈개정 2013. 8. 27.〉

1. 제154조제1항의 목적으로 할 것(취득의 경우만 해당한다)

2. 금융위원회가 정하여 고시하는 비율 이상의 대량취득ㆍ처분일 것

3. 그 취득ㆍ처분이 법 제147조제1항에 따른 보고대상에 해당할 것

⑤ 법 제174조제3항 각 호 외의 부분에서 "대통령령으로 정하는 방법"이란 대량취득·처분을 할 자(그로부터 공개권한을 위임받은 자를 포함한다)가 제2항 각 호의 어느 하나에 해당하는 방법으로 정보를 공개하고 해당 호에서 정한 기간 또는 시간이 지나는 것을 말한다. 〈개정 2013. 8. 27.〉

판 제202조(시세조종행위의 대상이 되는 시세)

법 제176조제2항제1호에서 "대통령령으로 정하는 시세"란 상장(금융위원회가 정하여 고시하는 상장을 포함한다)되는 증권에 대하여 증권시장에서 최초로 형성되는 시세를 말한다.

판 제203조(안정조작 및 시장조성을 할 수 있는 자)

법 제176조제3항제1호에서 "대통령령으로 정하는 자"란 다음 각 호의 어느 하나에 해당하는 자를 말한다.

1. 법 제119조제1항에 따른 신고서를 제출하는 경우에는 그 신고서에 안정조작이나 시장조성을 할 수 있다고 기재된 투자매매업자

2. 법 제119조제1항에 따른 신고서를 제출하지 아니하는 경우에는 인수계약의 내용에 안정조작이나 시장조성을 할 수 있다고 기재된 투자매매업자

판 제20조(안정조작의 방법 등)

① 제203조에 따른 투자매매업자는 법 제176조제3항제1호에 따라 그 증권의 투자설명서에 다음 각 호의 사항을 모두 기재한 경우만 안정조작을 할 수 있다. 다만, 제203조제2호의 경우에는 인수계약의 내용에 이를 기재하여야 한다.

1. 안정조작을 할 수 있다는 뜻
2. 안정조작을 할 수 있는 증권시장의 명칭

② 제203조에 따른 투자매매업자는 투자설명서나 인수계약의 내용에 기재된 증권시장 외에서는 안정조작을 하여서는 아니 된다.

③ 제203조에 따른 투자매매업자는 안정조작을 할 수 있는 기간(이하 "안정조작기간"이라 한다) 중에 최초의 안정조작을 한 경우에는 지체 없이 다음 각 호의 사항을 기재한 안정조작신고서(이하 "안정조작신고서"라 한다)를 금융위원회와 거래소에 제출하여야 한다.

1. 안정조작을 한 투자매매업자의 상호
2. 다른 투자매매업자와 공동으로 안정조작을 한 경우에는 그 다른 투자매매업자

의 상호

　3. 안정조작을 한 증권의 종목 및 매매가격

　4. 안정조작을 개시한 날과 시간

　5. 안정조작기간

　6. 안정조작에 의하여 그 모집 또는 매출을 원활하게 하려는 증권의 모집 또는 매출가격과 모집 또는 매출가액의 총액

　7. 안정조작을 한 증권시장의 명칭

　④ 제203조에 따른 투자매매업자는 다음 각 호에서 정하는 가격을 초과하여 안정조작의 대상이 되는 증권(이하 "안정조작증권"이라 한다)을 매수하여서는 아니 된다.

　1. 안정조작개시일의 경우

　　가. 최초로 안정조작을 하는 경우: 안정조작개시일 전에 증권시장에서 거래된 해당 증권의 직전 거래가격과 안정조작기간의 초일 전 20일간의 증권시장에서의 평균거래가격 중 낮은 가격. 이 경우 평균거래가격의 계산방법은 금융위원회가 정하여 고시한다.

　　나. 최초 안정조작 이후에 안정조작을 하는 경우: 그 투자매매업자의 안정조작 개시가격

　2. 안정조작개시일의 다음 날 이후의 경우: 안정조작 개시가격(같은 날에 안정조작을 한 투자매매업자가 둘 이상 있는 경우에는 이들 투자매매업자의 안정조작 개시가격 중 가장 낮은 가격)과 안정조작을 하는 날 이전에 증권시장에서 거래된 해당 증권의 직전거래가격 중 낮은 가격

　⑤ 제203조에 따른 투자매매업자는 안정조작을 한 증권시장마다 안정조작개시일부터 안정조작종료일까지의 기간 동안 안정조작증권의 매매거래에 대하여 해당 매매거래를 한 날의 다음 날까지 다음 각 호의 사항을 기재한 안정조작보고서(이하 "안정조작보고서"라 한다)를 작성하여 금융위원회와 거래소에 제출하여야 한다.

　1. 안정조작을 한 증권의 종목

　2. 매매거래의 내용

　3. 안정조작을 한 투자매매업자의 상호

　⑥ 금융위원회와 거래소는 안정조작신고서와 안정조작보고서를 다음 각 호에서 정하는 날부터 3년간 비치하고, 인터넷 홈페이지 등을 이용하여 공시하여야 한다.

　1. 안정조작신고서의 경우: 이를 접수한 날

　2. 안정조작보고서의 경우: 안정조작 종료일의 다음 날

⑦ 법 제176조제3항제1호에서 "대통령령으로 정하는 날"이란 모집되거나 매출되는 증권의 모집 또는 매출의 청약기간의 종료일 전 20일이 되는 날을 말한다. 다만, 20일이 되는 날과 청약일 사이의 기간에 모집가액 또는 매출가액이 확정되는 경우에는 그 확정되는 날의 다음 날을 말한다.

⑧ 제1항부터 제7항까지에서 규정한 사항 외에 안정조작신고서·안정조작보고서의 서식과 작성방법 등에 관하여 필요한 사항은 금융위원회가 정하여 고시한다.

판 제205조(시장조성의 방법 등)

① 제203조에 따른 투자매매업자는 법 제176조제3항제2호에 따라 시장조성을 하려는 경우에는 다음 각 호의 사항을 기재한 시장조성신고서를 미리 금융위원회와 거래소에 제출하여야 한다.

1. 시장조성을 할 투자매매업자의 상호

2. 다른 투자매매업자와 공동으로 시장조성을 할 경우에는 그 다른 투자매매업자의 상호

3. 시장조성을 할 증권의 종목

4. 시장조성을 개시할 날과 시간

5. 시장조성을 할 기간

6. 시장조성을 할 증권시장의 명칭

② 제203조에 따른 투자매매업자는 시장조성의 대상이 되는 증권의 모집 또는 매출가격을 초과하여 매수하거나 모집 또는 매출가격을 밑도는 가격으로 매도하여서는 아니 된다. 다만, 권리락·배당락 또는 이자락이 발생한 경우에는 이를 고려하여 계산한 가격을 기준으로 한다.

③ 시장조성에 관하여서는 제204조제1항·제2항·제5항 및 제6항을 준용한다. 이 경우 "안정조작"은 "시장조성"으로 본다.

④ 법 제176조제3항제2호에서 "대통령령으로 정하는 기간"이란 모집되거나 매출되는 증권이 상장된 날부터 1개월 이상 6개월 이하의 범위에서 인수계약으로 정하는 날까지의 기간을 말한다.

⑤ 제1항부터 제4항까지에서 규정한 사항 외에 시장조성신고서·시장조성보고서의 서식과 작성방법 등에 관하여 필요한 사항은 금융위원회가 정하여 고시한다.

판 연 제206조(안정조작을 위탁할 수 있는 자)

법 제176조제3항제3호에서 "발행인의 임원 등 대통령령으로 정하는 자"란 다음 각

호의 어느 하나에 해당하는 자를 말한다. 〈개정 2016. 7. 28.〉

1. 모집 또는 매출되는 증권의 발행인의 이사

2. 매출되는 증권의 소유자. 다만, 인수계약에 따라 증권이 양도된 경우에는 그 증권을 양도한 자를 소유자로 본다.

3. 모집 또는 매출되는 증권의 발행인이 다른 회사에 대하여 또는 다른 회사가 그 발행인에 대하여 다음 각 목의 어느 하나에 해당하는 관계가 있는 경우에는 그 회사 또는 그 회사의 이사

　가. 지분증권총수의 100분의 30을 초과하는 지분증권을 소유하고 있는 관계

　나. 지분증권총수의 100분의 10을 초과하는 지분증권을 소유하고 있는 관계로서 제2조제5호에 해당하는 관계

4. 모집 또는 매출되는 증권의 발행인 또는 소유자가 안정조작을 위탁할 수 있는 자로 지정하여 미리 금융위원회와 거래소에 통지한 자

판 제206조의2 (시세조종의 적용대상)

법 제176조제4항 각 호 외의 부분에서 "대통령령으로 정하는 경우"란 법 제377조제1항제6호에 따라 거래소가 그 파생상품을 장내파생상품으로 품목의 결정을 하는 경우를 말한다.

[본조신설 2013. 8. 27.]

판 제207조 (연계증권의 범위)

법 제176조제4항제3호에서 "대통령령으로 정하는 증권"이란 다음 각 호와 같다. 〈개정 2009. 12. 21.〉

1. 전환사채권이나 신주인수권부사채권의 매매에서 부당한 이익을 얻거나 제3자에게 부당한 이익을 얻게 할 목적인 경우에는 그 전환사채권이나 신주인수권부사채권과 연계된 다음 각 목의 어느 하나에 해당하는 증권

　가. 그 전환사채권이나 신주인수권부사채권과 교환을 청구할 수 있는 교환사채권

　나. 지분증권

　다. 그 전환사채권이나 신주인수권부사채권을 기초자산으로 하는 파생결합증권

　라. 그 전환사채권이나 신주인수권부사채권과 관련된 증권예탁증권

2. 교환사채권의 매매에서 부당한 이익을 얻거나 제3자에게 부당한 이익을 얻게 할 목적인 경우에는 그 교환사채권의 교환대상이 되는 다음 각 목의 어느 하나에 해당하는 증권

가. 전환사채권이나 신주인수권부사채권

나. 지분증권

다. 파생결합증권

라. 증권예탁증권

3. 지분증권의 매매에서 부당한 이익을 얻거나 제3자에게 부당한 이익을 얻게 할 목적인 경우에는 그 지분증권과 연계된 다음 각 목의 어느 하나에 해당하는 증권

가. 전환사채권이나 신주인수권부사채권

나. 그 지분증권과 교환을 청구할 수 있는 교환사채권

다. 그 지분증권을 기초자산으로 하는 파생결합증권

라. 그 지분증권과 관련된 증권예탁증권

마. 그 지분증권 외의 지분증권

4. 파생결합증권의 매매에서 부당한 이익을 얻거나 제3자에게 부당한 이익을 얻게 할 목적인 경우에는 그 파생결합증권의 기초자산으로 되는 다음 각 목의 어느 하나에 해당하는 증권

가. 전환사채권이나 신주인수권부사채권

나. 교환사채권(가목, 다목 또는 라목과 교환을 청구할 수 있는 것만 해당한다)

다. 지분증권

라. 증권예탁증권

5. 증권예탁증권의 매매에서 부당한 이익을 얻거나 제3자에게 부당한 이익을 얻게 할 목적인 경우에는 그 증권예탁증권의 기초로 되는 다음 각 목의 어느 하나에 해당하는 증권

가. 전환사채권이나 신주인수권부사채권

나. 교환사채권(가목, 다목 또는 라목과 교환을 청구할 수 있는 것만 해당한다)

다. 지분증권

라. 파생결합증권

판 연 제207조의2 (시장질서 교란행위의 금지에 대한 예외)

법 제178조의2제1항 각 호 외의 부분 단서에서 "대통령령으로 정하는 경우"란 다음 각 호의 어느 하나에 해당하는 경우를 말한다. 〈개정 2024. 1. 9.〉

1. 법 제178조의2제1항제1호가목에 해당하는 자가 미공개중요정보 또는 미공개정보(법 제174조제2항 각 호 외의 부분 본문 또는 같은 조 제3항 각 호 외의 부분 본문에 따른 각 미공개정보를 말한다. 이하 같다)를 알게 되기 전에 다음 각 목의 어느 하

나에 해당하는 행위를 함으로써 그에 따른 권리를 행사하거나 의무를 이행하기 위하여 지정 금융투자상품(법 제178조의2제1항 각 호 외의 부분 본문에 따른 지정 금융투자상품을 말한다. 이하 이 조에서 같다)의 매매, 그 밖의 거래(이하 이 조에서 "매매등"이라 한다)를 하는 경우

　　가. 지정 금융투자상품에 관한 계약을 체결하는 행위

　　나. 투자매매업자 또는 투자중개업자에게 지정 금융투자상품의 매매등에 관한 청약 또는 주문을 제출하는 행위

　　다. 가목 또는 나목에 준하는 행위로서 금융위원회가 정하여 고시하는 행위

　2. 법 제178조의2제1항제1호나목부터 라목까지의 규정에 해당하는 자가 법 제178조의2제1항제2호에 해당하는 정보를 생산하거나 그러한 정보를 알게 되기 전에 제1호 각 목에 해당하는 행위를 함으로써 그에 따른 권리를 행사하거나 의무를 이행하기 위하여 지정 금융투자상품의 매매등을 하는 경우

　3. 법령 또는 정부의 시정명령・중지명령 등에 따라 불가피하게 지정 금융투자상품의 매매등을 하는 경우

　4. 그 밖에 투자자 보호 및 건전한 거래질서를 저해할 우려가 없는 경우로서 금융위원회가 정하여 고시하는 경우

[본조신설 2015. 6. 30.]

판 연 **제208조 (공매도의 제한)**

① 법 제180조제1항 각 호 외의 부분 본문에서 "대통령령으로 정하는 증권"이란 다음 각 호의 어느 하나의 증권을 말한다.

1. 전환사채권, 신주인수권부사채권, 이익참가부사채권 또는 교환사채권

2. 지분증권

3. 수익증권

4. 파생결합증권

5. 증권예탁증권(제1호부터 제4호까지의 증권과 관련된 증권예탁증권만 해당한다)

② 법 제180조제1항 각 호 외의 부분 단서에서 "대통령령으로 정하는 방법"이란 같은 항 각 호 외의 부분 단서에 따른 공매도(이하 "차입공매도"라 한다)에 대하여 법 제393조제1항에 따른 증권시장업무규정(이하 "증권시장업무규정"이라 한다)에서 정하는 가격[다자간매매체결회사에서의 차입공매도의 경우에는 제78조제2항에 따른 다자간매매체결회사의 업무규정(이하 "다자간매매체결회사업무규정"이라 한다)에서 정하는 가격]으로 다음 각 호의 방법에 따라 하는 것을 말한

다. 〈개정 2009. 2. 3., 2012. 6. 29., 2013. 1. 16., 2013. 8. 27., 2016. 6. 28., 2025. 2. 25.〉

1. 투자자(거래소의 회원 또는 다자간매매체결회사의 거래참가자가 아닌 투자매매업자나 투자중개업자를 포함한다. 이하 이 호에서 같다)가 거래소의 회원 또는 다자간매매체결회사의 거래참가자인 투자중개업자에게 매도주문을 위탁하는 경우

　　가. 증권의 매도를 위탁하는 투자자는 그 매도가 공매도인지를 거래소의 회원 또는 다자간매매체결회사의 거래참가자인 투자중개업자에게 알릴 것. 이 경우 그 투자자가 해당 상장법인의 임직원인 경우에는 그 상장법인의 임직원임을 함께 알릴 것

　　나. 거래소의 회원 또는 다자간매매체결회사의 거래참가자인 투자중개업자는 투자자로부터 증권의 매도를 위탁받는 경우에는 증권시장업무규정(다자간매매체결회사의 거래참가자인 투자중개업자의 경우에는 다자간매매체결회사업무규정)으로 정하는 방법에 따라 그 매도가 공매도인지와 그 공매도에 따른 결제가 가능한지를 확인할 것

　　다. 거래소의 회원 또는 다자간매매체결회사의 거래참가자인 투자중개업자는 공매도에 따른 결제를 이행하지 아니할 염려가 있는 경우에는 공매도의 위탁을 받거나 증권시장(다자간매매체결회사에서의 증권의 매매거래를 포함한다. 이하 이 조 및 제208조의2에서 같다)에 공매도 주문을 하지 아니할 것

　　라. 거래소의 회원인 투자중개업자는 투자자로부터 공매도를 위탁받은 경우에는 그 매도가 공매도임을 거래소에 알릴 것

　　마. 다자간매매체결회사의 거래참가자인 투자중개업자는 다자간매매체결회사에서의 공매도를 위탁받은 경우에는 그 매도가 공매도임을 다자간매매체결회사에 알리고, 다자간매매체결회사는 해당 공매도의 내역을 거래소에 알릴 것

2. 거래소의 회원인 투자매매업자나 투자중개업자가 매도에 관한 청약이나 주문을 내는 경우에는 그 매도가 공매도임을 거래소에 알릴 것

3. 다자간매매체결회사의 거래참가자인 투자매매업자나 투자중개업자가 다자간매매체결회사에 매도에 관한 청약이나 주문을 내는 경우에는 그 매도가 공매도임을 다자간매매체결회사에 알리고, 다자간매매체결회사는 해당 공매도의 내역을 거래소에 알릴 것

③ 법 제180조제2항제3호에서 "대통령령으로 정하는 경우"란 다음 각 호의 어느 하나에 해당하는 매도로서 결제일까지 결제가 가능한 경우를 말한다. 〈개정 2009. 2. 3., 2021. 10. 21.〉

1. 매도주문을 위탁받는 투자중개업자 외의 다른 보관기관에 보관하고 있거나, 그

밖의 방법으로 소유하고 있는 사실이 확인된 상장증권의 매도

2. 상장된 집합투자증권의 추가발행에 따라 받게 될 집합투자증권의 매도

3. 상장지수집합투자기구의 집합투자증권의 환매청구에 따라 받게 될 상장증권의 매도

4. 증권예탁증권에 대한 예탁계약의 해지로 취득할 상장증권의 매도

5. 대여 중인 상장증권 중 반환이 확정된 증권의 매도

6. 증권시장 외에서의 매매에 의하여 인도받을 상장증권의 매도

7. 제1항제1호부터 제4호까지의 증권을 예탁하고 취득할 증권예탁증권의 매도

8. 그 밖에 계약, 약정 또는 권리 행사에 의하여 인도받을 상장증권을 매도하는 경우로서 증권시장업무규정으로 정하는 경우

④ 삭제 〈2021. 4. 6.〉

⑤ 제1항부터 제3항까지에서 규정한 사항 외에 공매도의 구체적인 범위와 판단기준 등에 관하여 필요한 사항은 금융위원회가 정하여 고시한다. 〈신설 2016. 6. 28., 2021. 4. 6.〉

판 제208조의2 (순보유잔고의 보고)

① 법 제180조의2제1항에서 "대통령령으로 정하는 거래"란 다음 각 호의 어느 하나에 해당하는 거래를 말한다.

1. 상장주권이 아닌 증권의 거래

2. 증권시장업무규정 및 법 제393조제2항에 따른 파생상품시장업무규정에서 정한 유동성 공급 및 시장조성을 위한 상장주권의 거래

3. 제2호에 따른 유동성공급 및 시장조성으로 인하여 미래에 발생할 수 있는 경제적 손실을 부분적 또는 전체적으로 줄이기 위한 상장주권의 거래

4. 그 밖에 증권시장의 원활한 운영을 위하여 불가피하고 증권시장에 미치는 영향이 경미한 경우로서 금융위원회가 정하여 고시하는 상장주권의 거래

② 법 제180조의2제3항에서 "대통령령으로 정하는 기간"이란 5년을 말한다.

③ 법 제180조의2제1항에 따른 순보유잔고(이하 "순보유잔고"라 한다)는 상장증권의 종목별로 제1호의 수량에서 제2호의 수량을 차감하여 산정한다.

1. 보유총잔고: 법 제180조의2제1항에 따른 매도자(이하 이 조에서 "매도자"라 한다)가 금융위원회가 정하여 고시하는 시점(이하 "기준시점"이라 한다)에 보유하고 있는 다음 각 목의 증권의 수량을 합한 수량

가. 누구의 명의이든 자기의 계산으로 소유하고 있는 증권(법률의 규정이나 금전의 신탁계약·투자일임계약, 그 밖의 계약 등에 따라 해당 증권의 취득이나

처분에 대한 권한을 타인이 행사하는 경우는 제외한다)의 수량

  나. 법률의 규정이나 계약에 따라 타인에게 대여 중인 증권의 수량

  다. 법률의 규정이나 금전의 신탁계약·투자일임계약, 그 밖의 계약 등에 따라 타인을 위하여 해당 증권의 취득이나 처분의 권한을 가지는 경우 그에 상응하는 증권의 수량

  라. 그 밖에 법률의 규정이나 계약 등에 따라 인도받을 증권의 수량

2. 차입총잔고: 매도자가 기준시점에 인도할 의무가 있는 다음 각 목의 증권의 수량을 합한 수량

  가. 기준시점 전에 차입하고 기준시점에 해당 차입증권을 상환하지 아니한 증권의 수량

  나. 그 밖에 법률의 규정이나 계약 등에 따라 인도할 의무가 있는 증권의 수량

④ 다음 각 호의 어느 하나에 해당하는 매도자는 순보유잔고에 관한 사항을 기재한 보고서를 금융위원회와 해당 증권이 상장된 거래소에 제출하여야 한다.

1. 해당 증권의 종목별 발행총수(기준시점에 증권시장에 상장되어 있는 수량으로 한정한다)에 대한 일별 순보유잔고의 비율(이하 "순보유잔고 비율"이라 한다)이 음수로서 그 절댓값이 1만분의 1 이상인 자. 다만, 금융위원회가 정하여 고시하는 방법에 따라 산정한 일별 순보유잔고의 평가액이 1억원 미만인 자는 제외한다.

2. 해당 증권의 순보유잔고 비율이 음수인 경우로서 금융위원회가 정하여 고시하는 방법에 따라 산정한 일별 순보유잔고의 평가액이 10억원 이상인 자

⑤ 그밖에 순보유잔고 보고의 시기, 보고의 절차 및 방법 등에 관하여 필요한 세부사항은 금융위원회가 정하여 고시한다.

  [본조신설 2016. 6. 28.]

판 연 제208조의3(순보유잔고의 공시)

① 법 제180조의3제1항에서 "대통령령으로 정하는 상장증권"이란 상장주권을 말한다.

② 법 제180조의3제1항에서 "대통령령으로 정하는 기준"이란 제208조의2제4항 각 호의 어느 하나에 해당하는 경우를 말한다. 〈개정 2024. 11. 12.〉

  [본조신설 2016. 6. 28.]

판 연 제208조의4(공매도 거래자의 모집 또는 매출 등에 따른 증권 취득 제한)

① 법 제180조의4제1항 본문에서 "대통령령으로 정하는 기간"이란 상장주식에 대한 모집 또는 매출 계획이 처음 공시된 날(법 제123조, 제129조, 제130조 및 제

391조에 따라 공시된 날 중 가장 빨리 공시된 날을 말한다)의 다음 날부터 해당 공시 또는 변경공시에 따른 모집가액 또는 매출가액이 결정되는 날까지의 기간을 말한다. 〈개정 2025. 2. 25.〉

② 법 제180조의4제1항 단서 및 같은 조 제2항 단서에서 "대통령령으로 정하는 경우"란 다음 각 호의 어느 하나에 해당하는 경우를 말한다. 〈개정 2025. 2. 25.〉

1. 제1항에 따른 기간(전환사채 또는 신주인수권부사채의 모집 또는 매출의 경우에는 제3항에 따른 기간) 이내에 전체 공매도 주문수량보다 많은 수량의 주식을 가격경쟁에 의한 거래 방식으로 매수[증권시장업무규정(다자간매매체결회사에서의 매수의 경우에는 다자간매매체결회사업무규정)에 따른 정규시장의 매매거래시간에 매수한 경우로 한정한다]한 경우. 이 경우 해당 매수 시점은 매매계약 체결일을 기준으로 한다.

2. 금융위원회가 정하여 고시하는 바에 따라 해당 주식에 대한 유동성을 공급하기 위해 공매도를 하거나 공매도 주문을 위탁한 경우

3. 그 밖에 제1호 또는 제2호에 준하는 경우로서 증권시장의 원활한 거래를 위해 금융위원회가 정하여 고시하는 사유에 해당하는 경우

③ 법 제180조의4제2항 본문에서 "대통령령으로 정하는 기간"이란 전환사채 또는 신주인수권부사채의 모집 또는 매출 계획이 처음 공시된 날(법 제123조, 제129조, 제130조 및 제391조에 따라 공시된 날 중 가장 빨리 공시된 날을 말한다)의 다음 날부터 전환사채 또는 신주인수권부사채가 발행되기 전의 날로서 해당 공시 또는 변경공시에 따른 전환가액 또는 신주인수권행사가액이 결정되는 날까지의 기간을 말한다. 〈신설 2025. 2. 25.〉

[본조신설 2021. 4. 6.]

[제목개정 2025. 2. 25.]

판 연 제208조의5(차입공매도 관련 대차거래정보 등)

① 법 제180조의5제1항에서 "계약체결 일시, 종목 및 수량 등 대통령령으로 정하는 대차거래정보"란 다음 각 호의 거래정보를 말한다.

1. 계약체결 일시

2. 계약상대방의 성명(법인인 경우 법인명을 말한다)

3. 계약종목 및 계약수량

4. 결제일

5. 상장증권의 대차기간 및 대차수수료율

6. 그 밖에 제1호부터 제5호까지의 거래정보에 준하는 것으로서 금융위원회가 정하

여 고시하는 거래정보

② 법 제180조의5제1항에서 "대통령령으로 정하는 방법"이란 다음 각 호의 요건을 모두 갖춘 방법을 말한다.

1. 정보통신처리장치를 통해 대차거래정보를 전자적으로 보관할 것

2. 대차거래정보의 위·변조 또는 훼손을 방지할 수 있는 설비 또는 시스템을 갖출 것

3. 대차거래정보의 불법 접근을 방지하기 위한 절차 및 기준을 마련할 것

4. 그 밖에 제1호부터 제3호까지의 요건에 준하는 것으로서 대차거래정보의 효율적 보관을 위해 금융위원회가 정하여 고시하는 요건을 갖출 것

[본조신설 2021. 4. 6.]

판 연 제208조의6 (차입공매도를 위한 대차거래의 상환기간 등)

① 법 제180조의5제3항에서 "대통령령으로 정하는 상장증권"이란 상장주권을 말한다.

② 법 제180조의5제3항에 따른 상환기간(이하 이 항에서 "상환기간"이라 한다)을 정할 때에는 다음 각 호의 기준에 따라 상환기간을 정해야 한다.

1. 상환기간은 90일의 범위에서 정하되, 그 기간을 연장하는 경우에도 총 상환기간은 12개월을 넘지 않을 것

2. 상환기간의 종료일에 상환해야 하는 상장주권이 매매거래가 정지되거나 상장이 폐지되어 증권시장에서 해당 상장주권을 매수할 수 없거나 계좌 간 대체를 할 수 없는 경우에는 제1호에도 불구하고 해당 사유가 종료되는 날부터 3영업일이 되는 날을 상환기간의 종료일로 할 것

[본조신설 2025. 2. 25.]

판 연 제208조의7 (무차입공매도 방지조치)

① 법 제180조의6제1항에서 "대통령령으로 정하는 상장증권"이란 상장주권을 말한다.

② 차입공매도를 하려는 법인은 법 제180조의6제1항에 따라 다음 각 호의 구분에 따른 조치를 해야 한다.

1. 차입공매도를 하려는 법인 중 법 제180조의2제1항에 따라 순보유잔고의 보고를 해야 하는 법인(이하 "순보유잔고보고법인"이라 한다) 및 제208조의2제1항제2호·제3호에 해당하는 거래를 하는 법인은 다음 각 목에 따른 조치를 해야 한다. 다

만, 차입공매도를 하기 전 또는 차입공매도를 위탁하기 전에 차입공매도를 하려는 상장주권을 계좌에 대체한 법인에 대해서는 가목4), 나목 및 라목을 적용하지 않는다.

가. 다음의 사항을 포함하여 임직원이 공매도 관련 직무를 수행할 때 준수해야 할 기준 및 절차를 마련할 것

1) 공매도 관련 직무를 수행하는 임직원의 역할과 책임에 관한 사항

2) 종목별 잔고의 관리에 관한 사항

3) 공매도 거래내역, 대차거래정보(제208조의5제1항 각 호의 거래정보를 말한다. 이하 이 조에서 같다) 및 그 밖에 금융위원회가 정하여 고시하는 사항의 기록 및 보관에 관한 사항. 이 경우 공매도 거래내역의 보관기간은 5년 이상으로 해야 한다.

4) 나목에 따른 전산설비의 구축·운영에 관한 사항

나. 종목별로 잔고를 관리하고 차입공매도에 해당하지 않는 공매도(이하 "무차입공매도"라 한다)를 차단할 수 있는 전산설비를 구축·운영할 것

다. 차입공매도를 위탁받은 투자중개업자가 제3항에 따른 확인을 위하여 요청한 경우 해당 자료를 제출할 것

라. 매 영업일의 종목별 잔고 정보, 대차거래정보 및 그 밖에 한국거래소가 요구하는 정보를 해당 영업일의 다음 2영업일까지 한국거래소에 제출할 것

마. 순보유잔고의 변동 등으로 순보유잔고보고법인에 해당하게 된 때에는 그 사실을 투자중개업자에게 알릴 것

2. 차입공매도를 하려는 법인 중 제1호 각 목 외의 부분 본문에 따른 법인에 해당하지 않는 법인은 제1호가목[같은 목 4)는 제외한다] 및 다목에 따른 조치를 해야 한다.

③ 법인으로부터 차입공매도의 위탁을 받은 투자중개업자는 법 제180조의6제2항에 따라 12개월마다 해당 법인이 제2항에 따른 조치를 하였는지 확인해야 하며, 이를 확인한 날부터 1개월 이내에 그 결과를 금융감독원장에게 제출해야 한다.

④ 제2항 및 제3항에 따른 무차입공매도를 방지하기 위한 조치의 내용, 방법 및 절차 등에 관한 세부사항은 금융위원회가 정하여 고시한다.

[본조신설 2025. 2. 25.]

2-1 금융투자

2-1 한국투자협회

2-2 한국예산결제원

제1장 총칙

판 연 제209조(집합투자기구의 등록요건)

법 제182조제2항제4호에서 "대통령령으로 정하는 요건"이란 다음 각 호의 요건을 말한다. 〈개정 2009. 12. 21., 2013. 8. 27., 2016. 7. 28., 2020. 5. 26., 2022. 8. 30.〉

1. 투자신탁의 경우: 다음 각 목의 요건. 다만, 건전한 거래질서 및 투자자 보호를 저해할 우려가 크지 않은 경우로서 금융위원회가 정하여 고시하는 경우에는 가목의 요건으로 한정한다.

    가. 등록하려는 집합투자기구의 집합투자증권에 대한 해당 집합투자업자(집합투자업자의 대주주와 계열회사, 투자설명서상 집합투자재산의 운용업무를 담당하는 자를 포함한다)의 매수 계획으로서 매수 규모·기간 등에 관하여 금융위원회가 정하여 고시하는 기준을 충족하는 계획을 수립할 것

    나. 해당 집합투자업자가 운용하는 다른 집합투자기구[존속하는 동안 투자금을 추가로 모집할 수 있는 집합투자기구(사모집합투자기구는 제외한다)로서 설정·설립 이후 1년이 지난 집합투자기구로 한정한다] 중 원본액이 50억원 미만인 집합투자기구로서 금융위원회가 정하여 고시하는 집합투자기구가 차지하는 비율이 100분의 5 이하일 것

1의2. 투자회사의 경우: 다음 각 목의 요건. 다만, 법 제279조에 따라 등록하는 외국 집합투자기구 중 같은 조 제2항제1호에 따라 등록하는 외국 집합투자기구의 경우에는 가목의 요건으로 한정한다.

    가. 감독이사가 「금융회사의 지배구조에 관한 법률」 제5조제1항 각 호의 어느 하나에 해당하지 아니할 것

    나. 등록 신청 당시의 자본금이 1억원 이상으로서 금융위원회가 정하여 고시하는 금액 이상일 것

다. 제1호의 요건. 이 경우 같은 호 가목 중 "집합투자기구의 집합투자증권"은 "
"집합투자기구"로, "매수"는 "출자"로 본다.집합투자기구"로, "매수"는 "출자"로 본
다.

2. 투자유한회사, 투자합자회사, 투자유한책임회사, 투자합자조합 및 투자익명조합
의 경우: 다음 각 목의 요건. 다만, 법 제279조에 따라 등록하는 외국 집합투자기구
중 같은 조 제2항제1호에 따라 등록하는 외국 집합투자기구는 그렇지 않다.

가. 등록 신청 당시의 자본금 또는 출자금이 1억원 이상의 범위에서 금융위원회가
정하여 고시하는 금액 이상일 것

나. 제1호의 요건. 이 경우 같은 호 가목 중 "집합투자기구의 집합투자증권"은 "
집합투자기구"로, "매수"는 "출자"로 본다.

판 제210조(변경등록의 적용 제외)

법 제182조제8항 전단에서 "대통령령으로 정하는 경우"란 다음 각 호의 어느 하나
에 해당하는 경우를 말한다.

1. 법 및 이 영의 개정이나 금융위원회의 명령에 따라 등록한 사항을 변경하는 경우
2. 등록한 사항의 단순한 자구수정 등 금융위원회가 정하여 고시하는 경미한 사항
을 변경하는 경우

판 연 제211조(등록의 방법 및 절차 등)

① 법 제182조제3항에 따른 등록신청서에는 다음 각 호의 사항을 기재하여야 한다.
1. 집합투자기구의 명칭
2. 투자목적·투자방침 및 투자전략에 관한 사항
3. 권리의 내용 및 투자위험요소에 관한 사항
4. 운용보수, 판매수수료·판매보수, 그 밖의 비용에 관한 사항
5. 출자금에 관한 사항(투자신탁인 경우는 제외한다)
6. 재무에 관한 사항
7. 집합투자업자(투자회사인 경우에는 발기인과 감독이사를 포함한다)에 관한 사항
8. 투자운용인력에 관한 사항
9. 집합투자재산의 운용에 관한 사항
10. 집합투자증권의 판매 및 환매에 관한 사항
11. 집합투자재산의 평가 및 공시 등에 관한 사항
12. 손익분배 및 과세에 관한 사항

13. 신탁업자 및 일반사무관리회사(일반사무관리회사가 있는 경우만 해당한다)에 관한 사항

14. 법 제42조에 따른 업무위탁에 관한 사항(그 업무위탁이 있는 경우만 해당한다)

15. 그 밖에 투자자를 보호하기 위하여 필요한 사항으로서 금융위원회가 정하여 고시하는 사항

② 제1항에 따른 등록신청서에는 다음 각 호의 서류를 첨부해야 한다. 이 경우 금융위원회는「전자정부법」제36조제1항에 따른 행정정보의 공동이용을 통하여 법인등기사항증명서를 확인해야 한다. 〈개정 2010. 5. 4., 2010. 6. 11., 2010. 11. 2., 2013. 8. 27., 2015. 10. 23., 2022. 8. 30.〉

1. 집합투자규약(부속서류를 포함한다)

2. 법인 등기사항증명서에 준하는 것으로서 법인 설립을 증명할 수 있는 서류(법인 등기사항증명서로 확인할 수 없는 경우로 한정하며, 투자신탁, 투자합자조합 및 투자익명조합의 경우는 제외한다)

3. 출자금의 납입을 증명할 수 있는 서류(투자신탁인 경우는 제외한다)

4. 다음 각 목의 자와 체결한 업무위탁계약서(부속서류를 포함한다. 이하 이 호에서 같다)의 사본. 다만, 나목 또는 다목의 자와 체결한 업무위탁계약서 사본의 경우에는 해당 사업연도에 같은 내용의 업무위탁계약서 사본을 이미 첨부하여 제출하였으면 그 업무위탁계약서 사본으로 갈음할 수 있다.

　　가. 집합투자업자(투자신탁 및 투자익명조합인 경우는 제외한다)

　　나. 신탁업자

　　다. 일반사무관리회사(그 일반사무관리회사와 업무위탁계약을 체결한 경우만 해당한다)

　　라. 법 제42조에 따른 업무수탁자(그 업무수탁자와 업무위탁계약을 체결한 경우만 해당한다)

5. 제209조제1호가목, 같은 조 제1호의2다목 또는 같은 조 제2호나목에 따른 계획서

6. 그 밖에 투자자를 보호하기 위하여 필요한 서류로서 금융위원회가 정하여 고시하는 서류

③ 법 제182조제8항에 따른 변경등록의 신청서에는 금융위원회가 정하여 고시하는 방법에 따라 변경사유 및 변경내용을 기재하여야 하며, 변경결의를 한 집합투자자총회나 이사회의사록 사본, 집합투자규약, 등기부 등본, 주요계약서 사본 등 변경내용을 증명할 수 있는 서류를 첨부하여야 한다.

④ 금융위원회는 법 제182조제1항에 따른 등록 및 같은 조 제8항에 따른 변경등록의 신청내용에 관한 사실 여부를 확인하고, 그 신청내용이 같은 조 제2항(같은 조 제8항에서 준용하는 경우를 포함한다)의 등록요건 및 변경등록요건을 충족하는지를 검토하여야 한다.

⑤ 투자신탁이나 투자익명조합의 집합투자업자 또는 투자회사등이 법 제182조제3항에 따른 등록신청서를 증권신고서와 함께 제출하는 경우에는 그 증권신고의 효력이 발생하는 때에 해당 집합투자기구가 등록된 것으로 본다.

⑥ 투자신탁이나 투자익명조합의 집합투자업자 또는 투자회사등이 법 제122조제1항에 따른 정정신고서를 제출한 경우에는 법 제182조제8항에 따른 변경등록의 신청서를 제출한 것으로 본다. 이 경우 그 정정신고의 효력이 발생하는 때에 해당 집합투자기구가 변경등록된 것으로 본다.

⑦ 삭제 〈2015. 10. 23.〉

⑧ 제1항부터 제6항까지에서 규정한 사항 외에 등록의 신청과 검토, 신청서의 서식과 작성방법 등에 관하여 필요한 사항은 금융위원회가 정하여 고시한다. 〈개정 2015. 10. 23.〉

판 제211조의2 (교차판매협약 등)

① 법 제182조의2제1항에서 "대통령령으로 정하는 집합투자기구 교차판매에 관한 협약 등"이란 대한민국 정부와 외국 정부 사이에 집합투자기구의 집합투자증권 교차판매에 공통으로 적용되는 기준을 마련하기 위해 체결한 양해각서로서 금융위원회가 정하여 고시하는 양해각서를 말한다.

② 법 제182조의2제2항제2호에서 "자기자본, 임원 및 운용인력 등 대통령령으로 정하는 적격 요건"이란 다음 각 호의 적격 요건을 말한다.

1. 미화 100만달러 이상으로서 금융위원회가 정하여 고시하는 금액 이상의 자기자본을 갖출 것

2. 임원 및 운용인력의 수와 경력에 관하여 다음 각 목의 기준 범위에서 금융위원회가 정하여 고시하는 기준을 충족하는 인력을 보유할 것

　　가. 해당 투자신탁이나 투자익명조합의 집합투자업자 또는 투자회사등의 대표이사, 사내이사 또는 이에 준하는 임원이 금융서비스 관련 분야의 경력이 있을 것

　　나. 금융서비스 관련 분야의 경력이 있는 1명 이상의 임원 또는 운용인력을 법 제182조의2제1항에 따른 교차판매 집합투자기구(이하 "교차판매 집합투자기

구"라 한다)에 대한 투자의사결정 권한이 있는 자 또는 감독 책임이 있는 자로 지정할 것

3. 직전 사업연도말 현재 운용자산규모(금융위원회가 정하여 고시하는 방법에 따라 계산한 것을 말한다)가 미화 5억달러 이상일 것

4. 제1호부터 제3호까지의 요건 외에 교차판매 집합투자기구의 설정·설립 및 운용과 관련된 조직 등에 관하여 제1항에 따른 집합투자기구 교차판매에 관한 협약 등(이하 "교차판매협약등"이라 한다)의 내용을 고려하여 금융위원회가 정하여 고시하는 기준을 충족할 것

③ 법 제182조의2제2항제3호에서 "대통령령으로 정하는 요건"이란 다음 각 호의 요건을 말한다.

1. 집합투자재산을 다음 각 목의 어느 하나에 해당하는 자산에 운용하거나 파생상품 매매 또는 증권 대여의 방법으로 운용할 것

　가. 통화

　나. 예금

　다. 증권

　라. 금 예탁증서(대한민국 또는 외국에서 은행업을 경영하는 법인이 증서 보유자의 지시에 따라 일정한 양의 금을 제공할 의무가 있음을 문서화한 증서를 말한다)

　마. 금융위원회가 정하여 고시하는 단기금융상품

　바. 그 밖에 교차판매협약등을 고려하여 금융위원회가 정하여 고시하는 금융상품

2. 교차판매 집합투자기구의 재산을 보관·관리하는 자는 금융위원회가 정하여 고시하는 적격 요건을 갖출 것

3. 그 밖에 투자자를 보호하기 위해 필요한 사항으로서 집합투자재산 운용의 방법 및 제한 등 교차판매협약등을 고려하여 금융위원회가 정하여 고시하는 요건을 충족할 것

④ 법 제182조의2제3항에서 "대통령령으로 정하는 경우"란 제210조 각 호의 어느 하나에 해당하는 경우를 말한다.

⑤ 법 제182조의2제4항 후단에 따른 등록신청서 및 변경등록신청서의 기재사항, 첨부서류 등 신청의 방법 및 절차에 관하여는 제211조를 준용한다.

⑥ 금융위원회는 법 제182조의2제1항에 따라 교차판매 집합투자기구로 등록할 때 그 집합투자기구에 대하여 고유등록번호를 부여해야 한다.

[본조신설 2020. 5. 26.]

법 제184조제6항제5호에서 "대통령령으로 정하는 업무"란 다음 각 호의 업무를 말한다.

1. 법 제238조제8항에 따라 위탁받은 업무
2. 투자회사의 운영에 관한 업무

판 연 **제213조 (투자회사등의 자기집합투자증권의 처분)**

투자회사등은 법 제186조제1항제1호 전단에 따라 취득한 자기집합투자증권을 취득일부터 1개월 이내에 다음 각 호의 어느 하나에 해당하는 방법으로 처분하여야 한다.

1. 소각
2. 투자매매업자 또는 투자중개업자를 통한 매도

판 연 **제214조 (투자회사등의 자료의 기록 · 유지)**

① 투자회사등은 법 제187조제1항에 따라 다음 각 호의 자료를 다음 각 호의 기간 동안 기록 · 유지하여야 한다. 다만, 금융위원회는 그 기간을 단축하여 고시할 수 있다.

1. 집합투자재산 명세서: 10년
2. 집합투자증권 기준가격대장: 10년
3. 집합투자재산 운용내역서: 10년
4. 집합투자자총회 의사록 및 이사회 의사록: 10년
5. 그 밖에 법령에서 작성 · 비치하도록 되어 있는 장부 · 서류: 해당 법령에서 정하는 기간(해당 법령에서 정한 기간이 없는 경우에는 제1호부터 제4호까지의 보존기간을 고려하여 금융위원회가 정하여 고시하는 기간으로 한다)

② 제1항에 따른 자료의 종류 · 구분 등에 관한 구체적인 기준은 금융위원회가 정하여 고시한다.

제2장 집합투자기구의 구성 등

제1절 투자신탁

판 **연** **제215조 (신탁계약서의 기재사항)**

법 제188조제1항제8호에서 "대통령령으로 정하는 사항"이란 다음 각 호의 사항을 말한다. 〈개정 2012. 6. 29., 2020. 3. 10.〉

1. 투자신탁의 종류(법 제229조의 구분에 따른 종류를 말한다)
2. 투자신탁의 명칭
3. 투자대상자산(법 제229조제4호에 따른 혼합자산집합투자기구인 경우를 제외하고는 주된 투자대상자산을 따로 기재하여야 한다)
4. 집합투자업자와 신탁업자의 업무에 관한 사항
5. 수익증권의 추가발행과 소각에 관한 사항
6. 신탁계약기간을 정한 경우에는 그 기간
7. 투자신탁재산의 평가와 기준가격의 계산에 관한 사항
8. 이익 외의 자산 등의 분배에 관한 사항
9. 집합투자업자와 신탁업자의 변경에 관한 사항(변경사유, 변경절차, 손실보상, 손해배상 등에 관한 사항을 포함한다)
10. 신탁계약의 변경과 해지에 관한 사항
11. 투자신탁의 회계기간
12. 그 밖에 수익자를 보호하기 위하여 필요한 사항으로서 금융위원회가 정하여 고시하는 사항

판 **연** **제216조 (수익자총회의 면제사유)**

법 제188조제2항제2호에서 "대통령령으로 정하는 사유"란 다음 각 호의 어느 하나에 해당하는 경우를 말한다. 〈개정 2012. 6. 29.〉

1. 영업양도 등으로 신탁계약의 전부가 이전되는 경우
2. 법 제184조제4항, 법 제246조제1항 등 관련 법령의 준수를 위하여 불가피하게 신탁계약의 일부가 이전되는 경우
3. 법 제420조제3항제1호 및 제2호에 따른 금융위원회의 조치에 따라 신탁업자가 변경되는 경우

4. 「금융산업의 구조개선에 관한 법률」 제10조제1항제6호부터 제8호까지의 규정에 따른 금융위원회의 명령에 따라 신탁업자가 변경되는 경우

5. 제245조제5항에 따라 둘 이상의 집합투자기구의 자산을 다른 모집합투자기구로 이전함에 따라 그 집합투자기구의 신탁업자가 변경되는 경우

판 연 제217조(수익자총회의 결의사항)

법 제188조제2항제4호에서 "대통령령으로 정하는 사항"이란 다음 각 호의 사항을 말한다. 다만, 수익자 보호 및 투자신탁재산의 안정적인 운용을 해칠 우려가 없는 경우로서 금융위원회가 정하여 고시하는 경우에는 제3호, 제5호 및 제6호의 사항만 해당한다. 〈개정 2015. 4. 7., 2022. 8. 30.〉

1. 투자신탁의 종류(법 제229조의 구분에 따른 종류를 말한다)의 변경. 다만, 투자신탁을 설정할 때부터 다른 종류의 투자신탁으로 전환하는 것이 예정되어 있고, 그 내용이 신탁계약서에 표시되어 있는 경우에는 제외한다.

2. 주된 투자대상자산의 변경

2의2. 투자대상자산에 대한 투자한도의 변경(제80조제1항제3호의2 각 목 외의 부분에 따른 투자행위로 인한 경우만 해당한다)

3. 집합투자업자의 변경. 다만, 다음 각 목의 어느 하나에 해당하는 경우는 제외한다.

　　가. 합병·분할·분할합병

　　나. 법 제420조제3항제1호 및 제2호에 따른 금융위원회의 조치에 따라 집합투자업자가 변경되는 경우

　　다. 「금융산업의 구조개선에 관한 법률」 제10조제1항제6호부터 제8호까지의 규정에 따른 금융위원회의 명령에 따라 집합투자업자가 변경되는 경우

4. 환매금지형투자신탁(존속기간을 정한 투자신탁으로서 수익증권의 환매를 청구할 수 없는 투자신탁을 말한다. 이하 같다)이 아닌 투자신탁의 환매금지형투자신탁으로의 변경

5. 환매대금 지급일의 연장

6. 그 밖에 수익자를 보호하기 위하여 필요한 사항으로서 금융위원회가 정하여 고시하는 사항

판 연 제218조(수익증권 발행 내역의 확인 방법과 절차)

법 제189조제5항 각 호 외의 부분 후단에 따라 투자신탁을 설정한 집합투자업자 및

그 투자신탁재산을 보관·관리하는 신탁업자의 대표이사(집행임원 설치회사의 경우 대표집행임원을 말한다)는 전자등록기관에 전자등록 또는 기록된 같은 항 각 호의 사항이 실제 수익증권 발행 내역과 일치하는지 여부를 확인한 후 그 결과를 전자등록기관을 통해서 투자신탁을 설정한 집합투자업자에게 통보해야 한다.

[전문개정 2019. 6. 25.]

판 제219조(정보제공 금지의 예외)

제219조(정보제공 금지의 예외) 법 제189조제8항 단서에서 "대통령령으로 정하는 경우"란 「금융실명거래 및 비밀보장에 관한 법률」 제4조제1항 단서에 따라 제공하는 경우를 말한다.

판 연 제220조(수익자총회의 소집 등)

① 집합투자업자(법 제190조제3항 후단에 따라 수익자총회를 소집하는 신탁업자 또는 발행된 수익증권의 총좌수의 100분의 5 이상을 소유한 수익자를 포함한다. 이하 이 조에서 같다)는 수익자총회의 소집통지를 전자등록기관에 위탁하여야 한다. 〈개정 2019. 6. 25.〉

② 전자등록기관은 제1항에 따라 수익자총회의 소집을 통지하거나 수익자의 청구가 있을 때에는 법 제190조제6항 각 호 외의 부분 본문에 따른 의결권 행사를 위한 서면을 보내야 한다. 〈개정 2013. 8. 27., 2019. 6. 25.〉

③ 전자등록기관은 제2항에 따라 의결권 행사를 위한 서면을 보내는 때에는 가부 등의 표시로 그 수익자의 의사가 명확히 표시될 수 있도록 하여야 하며, 총리령으로 정하는 바에 따라 의결권 행사에 참고할 수 있는 자료를 집합투자업자로부터 제출받아 보내야 한다. 〈개정 2019. 6. 25.〉

④ 집합투자업자는 법 제190조제7항에 따른 연기수익자총회(이하 이 항에서 "연기수익자총회"라 한다)를 소집하려는 경우에는 연기수익자총회일 1주 전까지 법 제190조제8항에 따른 내용을 명시하여 제1항에 따라 연기수익자총회의 소집을 통지하여야 한다. 〈개정 2013. 8. 27.〉

판 제221조(서면에 의한 의결권 행사 등)

① 법 제190조제6항 각 호 외의 부분 본문에 따라 서면에 의하여 의결권을 행사하려는 수익자는 제220조제2항에 따른 서면에 의결권 행사의 내용을 기재하여 수익자총회일 전날까지 집합투자업자(법 제190조제3항 후단에 따라 수익자총회를 소집하는

신탁업자 또는 발행된 수익증권의 총좌수의 100분의 5 이상을 소유한 수익자를 포함한다)에 제출하여야 한다. 〈개정 2013. 8. 27.〉

② 법 제190조제6항 각 호 외의 부분 본문에 따라 서면에 의하여 행사한 의결권의 수는 수익자총회에 출석하여 행사한 의결권의 수에 합산한다. 〈개정 2013. 8. 27.〉

③ 집합투자업자는 제1항에 따라 수익자로부터 제출된 의결권 행사를 위한 서면과 의결권행사에 참고할 수 있는 자료를 수익자총회일부터 6개월간 본점에 비치하여야 한다.

④ 수익자는 집합투자업자의 영업시간 중에 언제든지 제3항에 따른 서면 및 자료의 열람과 복사를 청구할 수 있다.

⑤ 수익자총회의 의장은 수익자 중에서 총회에서 선출한다.

⑥ 법 제190조제6항제1호에서 "대통령령으로 정하는 방법"이란 같은 항 제2호에 따라 집합투자규약에 적힌 내용을 알리는 서면, 전화·전신·팩스, 전자우편 또는 이와 비슷한 전자통신의 방법을 말한다. 〈신설 2013. 8. 27.〉

⑦ 법 제190조제6항제4호에서 "대통령령으로 정하는 방법 및 절차"란 수익자의 이익 보호와 수익자총회 결의의 공정성 등을 위하여 같은 항 각 호 외의 부분 단서에 따른 간주의결권행사의 결과를 금융위원회가 정하여 고시하는 바에 따라 수익자에게 제공하는 것을 말한다. 〈신설 2013. 8. 27.〉

판 제222조(반대수익자 수익증권의 매수방법)

① 법 제191조제1항제2호에서 "대통령령으로 정하는 방법"이란 집합투자업자가 제225조의2제2항에 따른 통지를 한 날부터 20일 이내에 그 집합투자업자에게 서면으로 합병에 반대하는 의사를 통지하는 것을 말한다.

② 집합투자업자는 법 제191조제3항 본문에 따라 투자신탁재산으로 수익증권을 매수하는 경우에는 매수청구기간의 종료일에 환매청구한 것으로 보아 신탁계약에서 정하는 바에 따라 매수하여야 한다.

[전문개정 2013. 8. 27.]

판 연 제223조(승인이 면제되는 해지사유)

법 제192조제1항 단서에서 "대통령령으로 정하는 경우"란 다음 각 호의 어느 하나에 해당하는 경우를 말한다. 이 경우 금융위원회가 정하여 고시하는 기준을 충족해야 한다. 〈개정 2010. 6. 11., 2022. 8. 30.〉

1. 수익자 전원이 동의한 경우

2. 해당 투자신탁의 수익증권 전부에 대한 환매의 청구를 받아 신탁계약을 해지하려는 경우

3. 사모집합투자기구가 아닌 투자신탁(존속하는 동안 투자금을 추가로 모집할 수 있는 투자신탁으로 한정한다. 이하 이 조에서 같다)으로서 설정한 후 1년(제81조제3항제1호의 집합투자기구의 경우에는 설정 이후 2년)이 되는 날에 원본액이 50억원 미만인 경우

4. 사모집합투자기구가 아닌 투자신탁을 설정하고 1년(제81조제3항제1호의 집합투자기구의 경우에는 설정 이후 2년)이 지난 후 1개월간 계속하여 투자신탁의 원본액이 50억원 미만인 경우

판 제224조(해지승인의 방법 및 절차 등)

① 법 제192조제1항에 따라 투자신탁의 해지 승인을 신청하려는 자는 다음 각 호의 사항을 기재한 해지승인신청서를 금융위원회에 제출하여야 한다.

1. 해지대상 투자신탁에 관한 사항

2. 투자신탁의 해지사유

3. 해지대상 투자신탁의 집합투자업자, 신탁업자, 투자매매업자 및 투자중개업자에 관한 사항

4. 수익자에 관한 사항

5. 그 밖에 수익자를 보호하기 위하여 필요한 사항으로서 금융위원회가 정하여 고시하는 사항

② 제1항에 따른 신청서에는 다음 각 호의 서류를 첨부하여야 한다.

1. 집합투자업자의 해지결정을 증명할 수 있는 서류

2. 승인신청일 전날의 집합투자재산명세서

3. 그 밖에 해지승인의 심사에 필요한 서류로서 금융위원회가 정하여 고시하는 서류

③ 집합투자업자는 법 제192조제1항 또는 제2항에 따라 투자신탁을 해지하는 경우에 미수금 채권이 있는 때에는 금융위원회가 정하여 고시하는 공정가액으로 투자신탁을 해지하는 날에 그 미수금 채권을 양수하여야 한다. 다만, 그 미수금 채권을 제87조제1항제3호에 따라 거래하는 경우에는 그 거래에 의할 수 있다.

④ 집합투자업자는 법 제192조제1항 또는 제2항에 따라 투자신탁을 해지하는 경우에 미지급금 채무가 있는 때에는 금융위원회가 정하여 고시하는 공정가액으로 투자신탁을 해지하는 날에 그 미지급금 채무를 양수하여야 한다. 다만, 그 미지급

금 채무가 확정된 경우로서 제87조제1항제3호에 따라 거래하는 경우에는 그 거래에 의할 수 있다.

⑤ 제1항부터 제4항까지에서 규정한 사항 외에 투자신탁 해지 승인신청서의 서식과 작성방법 등 투자신탁 해지에 관하여 필요한 사항은 금융위원회가 정하여 고시한다.

판 판 제224조의2 (의무해지가 면제되는 사유)

법 제192조제2항제5호 단서에서 "대통령령으로 정하는 경우"란 다음 각 호의 어느 하나에 해당하는 경우를 말한다. 〈개정 2015. 10. 23., 2016. 6. 28., 2016. 10. 25., 2018. 9. 28.〉

1. 수익자가 법 제6조제6항 각 호의 어느 하나에 해당하는 자인 경우

1의2. 수익자가 다음 각 목의 어느 하나에 해당하는 자로서 자금의 효율적이고 투명한 운용을 위하여 투자구조, 관리주체 등에 관하여 금융위원회가 정하여 고시하는 기준에 따라 설정된 투자신탁에 투자하는 경우

　　가. 「사립학교법」 제2조제2호에 따른 학교법인

　　나. 「공익법인 설립·운영에 관한 법률」 제2조에 따른 공익법인

　　다. 「근로복지기본법」 제52조제2항에 따른 사내근로복지기금법인

　　라. 제10조제3항제13호에 해당하는 자

　　마. 그 밖에 자금 운용의 공공성 등을 고려하여 금융위원회가 정하여 고시하는 자

1의3. 수익자가 제1호의2에 따른 투자신탁인 경우

1의4. 수익자가 제231조의2제1호의2에 따라 설립된 투자회사인 경우

2. 삭제 〈2018. 9. 28.〉

3. 투자신탁이 최초 설정일부터 1개월이 지나지 아니한 경우

4. 투자신탁의 수익자 총수가 1인이 된 날부터 1개월이 지나지 아니한 경우
　　[본조신설 2013. 8. 27.]

판 제225조 (일부해지사유)

법 제192조제5항에서 "대통령령으로 정하는 경우"란 다음 각 호의 어느 하나에 해당하는 경우를 말한다.

1. 발행한 수익증권이 판매되지 아니한 경우

2. 수익자가 수익증권의 환매를 청구한 경우

3. 법 제191조제1항에 따라 수익자가 수익증권의 매수를 청구한 경우

① 투자신탁을 설정한 집합투자업자는 법 제193조제2항 각 호 외의 부분 단서에 따라 합병하려는 투자신탁이 다음 각 호의 요건을 모두 충족하는 경우에는 같은 항 각 호 외의 부분 본문에 따른 합병계획서의 작성 및 수익자총회의 결의를 거치지 아니할 수 있다. 이 경우 합병하려는 투자신탁 중 하나 이상이 제223조제3호 또는 제4호에 해당하지 아니하는 경우에는 합병비율의 적정성, 그 밖에 투자자 보호와 건전한 거래질서의 유지를 위하여 필요한 사항으로서 금융위원회가 정하여 고시하는 사항에 대하여 합병 전까지 금융위원회의 확인을 받아야 한다. 〈개정 2015. 10. 23.〉

1. 합병하려는 투자신탁 중 하나 이상이 제223조제3호 또는 제4호에 해당할 것

2. 그 투자신탁 간에 법 제229조에 따른 집합투자기구의 종류가 동일할 것

3. 그 투자신탁 간에 집합투자규약에 따른 투자대상자산 등이 유사할 것

② 법 제193조제2항 각 호 외의 부분 단서에 따라 합병을 하는 경우 집합투자업자는 합병하는 날의 20일 전까지 다음 각 호의 사항을 수익자에게 서면으로 통지하여야 한다. 다만, 발행된 수익증권의 총좌수의 100분의 1 이하를 소유한 수익자에게는 합병하는 날의 20일 전에 다음 각 호에서 정한 사항을 법 제89조제2항 각 호의 방법으로 공시한 경우에는 그 통지를 한 것으로 본다. 〈개정 2015. 10. 23.〉

1. 법 제193조제2항 각 호(제4호는 제외한다)의 사항

2. 법 제191조제1항제2호에 따른 수익증권매수청구권에 관한 사항

③ 집합투자업자는 제2항에 따라 수익자에게 통지하는 경우에는 그 통지업무를 전자등록기관에 위탁하여야 한다. 〈개정 2019. 6. 25.〉

[본조신설 2013. 8. 27.]

판 연 **제226조 (투자신탁의 합병)**

① 법 제193조제2항제7호에서 "대통령령으로 정하는 사항"이란 다음 각 호의 사항을 말한다.

1. 투자신탁의 합병으로 인하여 이익금을 분배할 경우에는 그 한도액

2. 투자신탁의 합병으로 인하여 투자신탁의 계약기간 또는 투자신탁의 회계기간을 변경하는 경우에는 그 내용

3. 보수 또는 환매수수료 등을 변경하는 경우에는 그 내용

4. 수익증권의 합병가액을 계산하기 위한 투자신탁재산의 평가에 관한 사항

5. 합병으로 인하여 수익증권을 발행하는 경우에는 1좌에 미달하는 단수의 처리에 관한 사항

② 투자신탁을 합병하는 경우에는 법 제193조제8항에 따른 수익증권의 합병가액은 투자신탁을 합병하는 날의 전날의 재무상태표상에 계상된 자산총액에서 부채총 액을 뺀 금액을 기준으로 계산한다. 〈개정 2021. 10. 21.〉

③ 수익자총회의 소집통지서에는 합병계획서의 주요내용이 기재되어야 한다.

④ 집합투자업자는 법 제193조제2항제1호부터 제6호까지의 사항 및 이 조 제1항 각 호의 사항에 관하여 수익자총회의 승인을 받은 경우에는 그 내용을 수익자에게 지체 없이 통지하여야 한다.

⑤ 집합투자업자는 제4항에 따라 수익자에게 통지하는 경우에는 그 통지업무를 전 자등록기관에 위탁하여야 한다. 〈개정 2019. 6. 25.〉

⑥ 제1항부터 제5항까지에서 규정한 사항 외에 투자신탁의 합병계획서의 서식과 기 재방법 등 투자신탁 합병에 관하여 필요한 사항은 금융위원회가 정하여 고시한 다.

제2절 회사 형태의 집합투자기구

판 연 제227조(정관 기재사항 등)

① 법 제194조제2항제11호에서 "대통령령으로 정하는 사항"이란 다음 각 호의 사항 을 말한다. 〈개정 2012. 6. 29., 2020. 3. 10.〉

1. 투자회사의 종류(법 제229조의 구분에 따른 종류를 말한다)

2. 투자대상자산(법 제229조제4호에 따른 혼합자산집합투자기구인 경우를 제외하 고는 주된 투자대상자산을 따로 기재하여야 한다)

3. 주식의 추가발행과 소각에 관한 사항

4. 존속기간이나 해산사유를 정한 경우에는 그 내용

5. 투자회사재산의 평가와 기준가격의 계산에 관한 사항

6. 이익 외의 자산등의 분배에 관한 사항

7. 집합투자업자·신탁업자 및 일반사무관리회사와 체결할 업무위탁계약의 개요(보 수, 그 밖의 수수료의 계산방법, 지급방법 및 시기에 관한 사항을 포함한다)

8. 집합투자업자와 신탁업자의 변경에 관한 사항(변경사유, 변경절차, 손실보상, 손 해배상 등에 관한 사항을 포함한다)

9. 정관의 변경에 관한 사항

10. 감독이사의 보수에 관한 기준

11. 투자회사의 회계기간

12. 정관 작성연월일

13. 그 밖에 주주를 보호하기 위하여 필요한 사항으로서 금융위원회가 정하여 고시하는 사항

② 삭제 〈2015. 10. 23.〉

판 제228조(설립등기의 첨부서류)

법 제194조제10항 각 호 외의 부분에서 "대통령령으로 정하는 서류"란 다음 각 호의 서류를 말한다.

1. 정관

2. 주식의 인수(「상법」 제293조에 따른 인수를 말한다)를 증명하는 서면

3. 이사의 조사보고서

4. 이사의 취임 승낙을 증명하는 서면

5. 명의개서사무의 위탁을 증명하는 서면

6. 주식대금의 납부를 맡은 은행, 그 밖의 금융기관의 주식대금의 납부·보관에 관한 증명서

판 연 제229조(정관의 변경)

① 법 제195조제1항제4호에서 "대통령령으로 정하는 사항"이란 다음 각 호의 사항을 말한다. 다만, 수익자 보호 및 투자회사재산의 안정적인 운용을 해칠 우려가 없는 경우로서 금융위원회가 정하여 고시하는 경우에는 제4호 및 제5호의 사항만 해당한다. 〈개정 2015. 4. 7., 2022. 8. 30.〉

1. 투자회사의 종류(법 제229조의 구분에 따른 종류를 말한다)의 변경. 다만, 투자회사를 설립할 때부터 다른 종류의 투자회사로 전환하는 것이 예정되어 있고 그 내용이 정관에 표시되어 있는 경우는 제외한다.

2. 주된 투자대상자산의 변경

2의2. 투자대상자산에 대한 투자한도의 변경(제80조제1항제3호의2 각 목 외의 부분에 따른 투자행위로 인한 경우만 해당한다)

3. 법 제196조제4항에 따른 개방형투자회사(이하 "개방형투자회사"라 한다)의 환매금지형투자회사(존속기간을 정한 투자회사로서 주식의 환매를 청구할 수 없는 투자회

사를 말한다. 이하 같다)로의 변경

4. 환매대금 지급일의 연장

5. 그 밖에 주주 보호를 위하여 필요한 사항으로서 금융위원회가 정하여 고시하는 사항

② 법 제195조제2항에서 "대통령령으로 정하는 사유"란 다음 각 호의 어느 하나에 해당하는 경우를 말한다.

1. 집합투자업자의 경우에는 다음 각 목의 어느 하나에 해당하는 경우

가. 법 제420조제3항제1호 및 제2호에 따른 금융위원회의 조치에 따라 집합투자업자가 변경되는 경우

나. 「금융산업의 구조개선에 관한 법률」 제10조제1항제6호부터 제8호까지의 규정에 따른 금융위원회의 명령에 따라 집합투자업자가 변경되는 경우

2. 신탁업자의 경우에는 다음 각 목의 어느 하나에 해당하는 경우

가. 영업양도 등으로 투자회사재산의 보관·관리계약의 전부가 이전되는 경우

나. 법 제184조제4항, 법 제246조제1항 등 관련 법령을 준수하기 위하여 불가피하게 투자회사재산의 보관·관리계약의 일부가 이전되는 경우

다. 법 제420조제3항제1호 및 제2호에 따른 금융위원회의 조치에 따라 신탁업자가 변경되는 경우

라. 「금융산업의 구조개선에 관한 법률」 제10조제1항제6호부터 제8호까지의 규정에 따른 금융위원회의 명령에 따라 신탁업자가 변경되는 경우

판 제230조(신주의 발행조건)

법 제196조제5항 후단에서 "대통령령으로 정하는 방법"이란 법 제238조제6항에 따른 기준가격(이하 "기준가격"이라 한다)의 계산방법을 말한다. 다만, 환매금지형투자회사는 기준가격의 계산방법에 따라 산정된 금액과 증권시장에서 거래되는 가격을 고려하여 신주의 발행가액을 정할 수 있다.

판 제231조(감독이사의 결격사유)

법 제199조제4항제7호에서 "대통령령으로 정하는 자"란 다음 각 호의 어느 하나에 해당하는 자를 말한다.

1. 해당 투자회사의 일반사무관리회사의 임직원

2. 해당 투자회사를 평가하는 집합투자기구평가회사의 임직원

3. 해당 투자회사의 투자회사재산의 가격을 평가하는 채권평가회사의 임직원

4. 해당 투자회사의 주식을 판매하는 투자매매업자 또는 투자중개업자의 직원

5. 해당 투자회사의 회계감사인(회계감사인이 법인인 경우에는 그 법인에 속한 공인회계사를 말한다)

판 연 제231조의2 (의무해산이 면제되는 사유)

법 제202조제1항제7호 단서에서 "대통령령으로 정하는 경우"란 다음 각 호의 어느 하나에 해당하는 경우를 말한다. 〈개정 2015. 10. 23., 2016. 6. 28., 2016. 10. 25., 2018. 9. 28.〉

1. 주주가 법 제6조제6항 각 호의 어느 하나에 해당하는 자인 경우

1의2. 주주가 다음 각 목의 어느 하나에 해당하는 자로서 자금의 효율적이고 투명한 운용을 위하여 투자구조, 관리주체 등에 관하여 금융위원회가 정하여 고시하는 기준에 따라 설립된 투자회사에 투자하는 경우

　　가. 「사립학교법」 제2조제2호에 따른 학교법인

　　나. 「공익법인 설립·운영에 관한 법률」 제2조에 따른 공익법인

　　다. 「근로복지기본법」 제52조제2항에 따른 사내근로복지기금법인

　　라. 제10조제3항제13호에 해당하는 자

　　마. 그 밖에 자금 운용의 공공성 등을 고려하여 금융위원회가 정하여 고시하는 자

1의3. 주주가 제1호의2에 따른 투자회사인 경우

1의4. 주주가 제224조의2제1호의2에 따라 설정된 투자신탁인 경우

2. 삭제 〈2018. 9. 28.〉

3. 투자회사의 최초 설립일부터 1개월이 지나지 아니한 경우

4. 투자회사의 주주 총수가 1인이 된 날부터 1개월이 경과하지 않은 경우

　　[본조신설 2013. 8. 27.]

판 연 제232조 (청산인 등의 등기)

① 법 제202조제2항 각 호 외의 부분에서 "대통령령으로 정하는 서류"란 다음 각 호의 서류를 말한다.

1. 법인이사가 청산인이 된 경우: 정관

2. 정관에서 정한 자가 청산인이 된 경우: 정관

3. 주주총회에서 청산인을 선임한 경우: 주주총회 의사록 사본과 취임승낙을 증명하는 서면

4. 금융위원회가 청산인을 선임한 경우: 그 선임을 증명하는 서면

② 법 제202조제3항에서 "대통령령으로 정하는 서류"란 다음 각 호의 서류를 말한다.

1. 감독이사가 청산감독인이 된 경우: 정관

2. 정관에서 정한 자가 청산감독인이 된 경우: 정관

3. 주주총회에서 청산감독인을 선임한 경우: 주주총회 의사록 사본 및 취임승낙을 증명하는 서면

4. 금융위원회가 청산감독인을 선임한 경우: 그 선임을 증명하는 서면

판 제233조 (채권자에 대한 최고절차의 생략)

① 투자회사는 법 제203조제4항 본문에 따라 채권자에 대한 최고절차를 생략하려는 경우에는 그 뜻과 채무내용·채무이행방법 등 채무와 관련된 사항을 2회 이상 전국을 보급지역으로 하는 일간신문에 공고하여야 하며, 이를 금융위원회에 지체 없이 보고하여야 한다.

② 법 제203조제4항 단서에서 "대통령령으로 정하는 경우"란 다음 각 호의 어느 하나에 해당하는 경우를 말한다.

1. 장내파생상품 또는 장외파생상품의 매매에 따른 계약이행책임이 있는 경우

2. 투자회사재산에 중대한 영향을 미칠 수 있는 소송이 계류 중인 경우

3. 법 제83조제1항 단서에 따른 금전차입 등으로 인하여 잔존채무가 있는 경우

판 제233조의2 (소규모 투자회사의 합병 특례)

① 법 제204조제1항에 따른 합병을 하려는 투자회사가 다음 각 호의 요건을 모두 충족하는 경우에는 같은 조 제2항 단서에 따라 주주총회의 결의를 거치치 아니할 수 있다. 이 경우 합병하려는 투자회사 중 하나 이상이 제1호 각 목의 어느 하나에 해당하지 아니하는 경우에는 합병비율의 적정성, 그 밖에 투자자 보호와 건전한 거래질서의 유지를 위하여 필요한 사항으로서 금융위원회가 정하여 고시하는 사항에 대하여 합병 전까지 금융위원회의 확인을 받아야 한다. 〈개정 2015. 10. 23.〉

1. 합병하려는 투자회사 중 하나 이상이 다음 각 목의 어느 하나에 해당할 것

   가. 사모집합투자기구가 아닌 투자회사(존속하는 동안 투자금을 추가로 모집할 수 있는 투자회사로 한정한다. 이하 이 호에서 같다)로서 설립한 후 1년이 되는 날에 주금(株金)의 잔액이 50억원 미만인 경우

   나. 사모집합투자기구가 아닌 투자회사를 설립하고 1년이 지난 후 1개월간 계속

하여 투자회사의 주금의 잔액이 50억원 미만인 경우

2. 그 투자회사 간에 법 제229조에 따른 집합투자기구의 종류가 동일할 것

3. 그 투자회사 간에 집합투자규약에 따른 투자대상자산 등이 유사할 것

② 법 제204조제2항 단서에 따른 합병에 관하여는 제225조의2제2항 및 제3항을 준용한다. 이 경우 "집합투자업자"는 각각 "투자회사"로, "수익자"는 각각 "주주"로, "발행된 수익증권의 총좌수"는 "발행주식총수"로, "수익증권매수청구권"은 "주식매수청구권"으로 본다. 〈개정 2015. 10. 23.〉

[본조신설 2013. 8. 27.]하여 투자회사의 주금의 잔액이 50억원 미만인 경우

2. 그 투자회사 간에 법 제229조에 따른 집합투자기구의 종류가 동일할 것

3. 그 투자회사 간에 집합투자규약에 따른 투자대상자산 등이 유사할 것

② 법 제204조제2항 단서에 따른 합병에 관하여는 제225조의2제2항 및 제3항을 준용한다. 이 경우 "집합투자업자"는 각각 "투자회사"로, "수익자"는 각각 "주주"로, "발행된 수익증권의 총좌수"는 "발행주식총수"로, "수익증권매수청구권"은 "주식매수청구권"으로 본다. 〈개정 2015. 10. 23.〉

[본조신설 2013. 8. 27.]

판 연 제234조(정관의 기재사항 등)

① 법 제207조제1항제8호에서 "대통령령으로 정하는 사항"이란 다음 각 호의 사항을 말한다. 〈개정 2012. 6. 29., 2020. 3. 10.〉

1. 투자유한회사의 종류(법 제229조의 구분에 따른 종류를 말한다)

2. 투자대상자산(법 제229조제4호에 따른 혼합자산집합투자기구인 경우를 제외하고는 주된 투자대상자산을 따로 기재하여야 한다)

3. 지분증권의 추가발행과 소각에 관한 사항

4. 존속기간이나 해산사유를 정한 경우에는 그 내용

5. 투자유한회사재산의 평가와 기준가격의 계산에 관한 사항

6. 이익 외의 자산등의 분배에 관한 사항

7. 집합투자업자·신탁업자 및 일반사무관리회사와 체결할 업무위탁계약의 개요(보수, 그 밖의 수수료의 계산방법, 지급방법 및 시기에 관한 사항을 포함한다)

8. 집합투자업자 및 신탁업자의 변경에 관한 사항(변경사유, 변경절차, 손실보상, 손해배상 등에 관한 사항을 포함한다)

9. 정관의 변경에 관한 사항

10. 투자유한회사의 회계기간

11. 정관 작성연월일

12. 그 밖에 사원을 보호하기 위하여 필요한 사항으로서 금융위원회가 정하여 고시하는 사항

② 법 제207조제3항 각 호 외의 부분에서 "대통령령으로 정하는 서류"란 다음 각 호의 서류를 말한다.

1. 정관

2. 출자금의 납부를 맡은 은행, 그 밖의 금융기관의 출자금의 납부·보관에 관한 증명서

판 제235조(지분증권)

법 제208조제2항제5호에서 "대통령령으로 정하는 사항"이란 다음 각 호의 사항을 말한다.

1. 기호 및 번호

2. 이익 등의 분배의 시기

3. 지분증권의 환매조건(환매를 청구할 수 없는 지분증권인 경우에는 환매를 청구할 수 없다는 뜻)

4. 존속기간을 정하는 경우에는 그 기간

5. 그 지분증권을 판매한 투자매매업자 또는 투자중개업자의 명칭

판 연 제236조(정관의 기재사항 등)

① 법 제213조제1항제8호에서 "대통령령으로 정하는 사항"이란 다음 각 호의 사항을 말한다. 〈개정 2012. 6. 29., 2020. 3. 10.〉

1. 투자합자회사의 종류(법 제229조의 구분에 따른 종류를 말한다)

2. 투자대상자산(법 제229조제4호에 따른 혼합자산집합투자기구인 경우를 제외하고는 주된 투자대상자산을 따로 기재하여야 한다)

3. 지분증권의 발행과 소각에 관한 사항

4. 존속기간이나 해산사유를 정한 경우에는 그 내용

5. 투자합자회사재산의 평가와 기준가격의 계산에 관한 사항

6. 이익 외의 자산등의 분배에 관한 사항

7. 집합투자업자·신탁업자 및 일반사무관리회사와 체결할 업무위탁계약의 개요(보수, 그 밖의 수수료의 계산방법, 지급방법 및 시기에 관한 사항을 포함한다)

8. 집합투자업자 및 신탁업자의 변경에 관한 사항(변경사유, 변경절차, 손실보상,

손해배상 등에 관한 사항을 포함한다)

9. 정관의 변경에 관한 사항

10. 투자합자회사의 회계기간

11. 정관 작성연월일

12. 그 밖에 사원을 보호하기 위하여 필요한 사항으로서 금융위원회가 정하여 고시하는 사항

② 법 제213조제3항 각 호 외의 부분에서 "대통령령으로 정하는 서류"란 다음 각 호의 서류를 말한다.

1. 정관

2. 출자금의 납부를 맡은 은행, 그 밖의 금융기관의 출자금의 납부·보관에 관한 증명서

판 연 제236조의2 (정관의 기재사항 등)

① 법 제217조의2제1항제8호에서 "대통령령으로 정하는 사항"이란 다음 각 호의 사항을 말한다. 〈개정 2020. 3. 10.〉

1. 투자유한책임회사의 종류(법 제229조의 구분에 따른 종류를 말한다)

2. 투자대상자산(법 제229조제4호에 따른 혼합자산집합투자기구인 경우를 제외하고는 주된 투자대상자산을 따로 적어야 한다)

3. 지분증권의 추가발행과 소각에 관한 사항

4. 존속기간이나 해산사유를 정한 경우에는 그 내용

5. 투자유한책임회사재산의 평가와 기준가격의 계산에 관한 사항

6. 이익 외의 자산등의 분배에 관한 사항

7. 집합투자업자·신탁업자 및 일반사무관리회사와 체결할 업무위탁계약의 개요(보수 및 그 밖의 수수료의 계산방법, 지급방법 및 지급시기에 관한 사항을 포함한다)

8. 집합투자업자 및 신탁업자의 변경에 관한 사항(변경사유, 변경절차, 손실보상, 손해배상 등에 관한 사항을 포함한다)

9. 정관의 변경에 관한 사항

10. 투자유한책임회사의 회계기간

11. 정관 작성연월일

12. 그 밖에 사원을 보호하기 위하여 필요한 사항으로서 금융위원회가 정하여 고시하는 사항

② 법 제217조의2제3항 각 호 외의 부분에서 "대통령령으로 정하는 서류"란 다음

각 호의 서류를 말한다.

1. 정관

2. 출자금의 납부를 맡은 은행, 그 밖의 금융기관의 출자금의 납부·보관에 관한 증명서

③ 법 제217조의3제2항제5호에서 "대통령령으로 정하는 사항"이란 다음 각 호의 사항을 말한다.

1. 기호 및 번호

2. 이익 등의 분배의 시기

3. 지분증권의 환매조건(환매를 청구할 수 없는 지분증권인 경우에는 환매를 청구할 수 없다는 뜻)

4. 존속기간을 정하는 경우에는 그 기간

5. 그 지분증권을 판매한 투자매매업자 또는 투자중개업자의 명칭

[본조신설 2013. 8. 27.]

제3절 조합 형태의 집합투자기구

판 연 제237조 (조합계약의 기재사항)

① 법 제218조제1항제9호에서 "대통령령으로 정하는 사항"이란 다음 각 호의 사항을 말한다. 〈개정 2012. 6. 29., 2013. 8. 27., 2020. 3. 10.〉

1. 투자합자조합의 종류(법 제229조의 구분에 따른 종류를 말한다)

2. 투자대상자산(법 제229조제4호에 따른 혼합자산집합투자기구인 경우를 제외하고는 주된 투자대상자산을 따로 기재하여야 한다)

3. 지분증권의 추가발행과 소각에 관한 사항

4. 투자합자조합재산의 평가와 기준가격의 계산에 관한 사항

5. 이익 외의 자산등의 분배에 관한 사항

6. 집합투자업자·신탁업자 및 일반사무관리회사와 체결할 업무위탁계약의 개요(보수, 그 밖의 수수료의 계산방법, 지급방법 및 시기에 관한 사항을 포함한다)

7. 집합투자업자 및 신탁업자의 변경에 관한 사항(변경사유, 변경절차, 손실보상, 손해배상 등에 관한 사항을 포함한다)

8. 조합계약의 변경에 관한 사항

9. 투자합자조합의 회계기간

10. 조합계약 작성연월일

11. 그 밖에 조합원을 보호하기 위하여 필요한 사항으로서 금융위원회가 정하여 고시하는 사항

② 법 제218조제4항 각 호 외의 부분에서 "대통령령으로 정하는 서류"란 다음 각 호의 서류를 말한다. 〈신설 2013. 8. 27.〉

1. 조합계약

2. 출자금의 납부를 맡은 은행, 그 밖의 금융기관의 출자금의 납부·보관에 관한 증명서

판 연 **제238조(해산의 보고 등)**

① 청산인은 법 제221조제1항 후단에 따라 다음 각 호의 사항을 해산일부터 30일 이내에 금융위원회에 보고하여야 한다. 〈개정 2013. 8. 27.〉

1. 해산의 사유와 연월일

2. 청산인의 성명·주민등록번호(청산인이 법인인 경우에는 명칭·사업자등록번호)

② 법 제221조제1항제4호 단서에서 "대통령령으로 정하는 경우"란 다음 각 호의 어느 하나에 해당하는 경우를 말한다. 〈신설 2013. 8. 27., 2015. 10. 23., 2016. 10. 25., 2022. 3. 22.〉

1. 유한책임조합원이 다음 각 목의 어느 하나에 해당하는 자인 경우

가. 「국가재정법」 제9조제4항에 따른 기금관리주체(이에 준하는 자로서 제13조제2항 각 호의 어느 하나에 해당하는 자를 포함한다)

나. 「농업협동조합법」에 따른 농업협동조합중앙회

다. 「수산업협동조합법」에 따른 수산업협동조합중앙회

라. 「신용협동조합법」에 따른 신용협동조합중앙회

마. 「상호저축은행법」에 따른 상호저축은행중앙회

바. 「새마을금고법」에 따른 새마을금고중앙회

사. 「우체국예금·보험에 관한 법률」에 따른 체신관서

아. 법률에 따라 설립된 법인 또는 단체로서 다음의 어느 하나에 해당하는 자 중에서 금융위원회가 정하여 고시하는 자

1) 공제조합

2) 공제회

3) 그 밖에 이와 비슷한 법인 또는 단체로서 같은 직장·직종에 종사하거나 같은 지역에 거주하는 구성원의 상호부조, 복리증진 등을 목적으로 구성되어 공제사업을 하는 법인 또는 단체

2. 유한책임조합원이 법 제251조제1항에 따라 보험회사가 설정한 투자신탁인 경우

3. 투자합자조합의 최초 설립일부터 1개월이 지나지 아니한 경우

4. 투자합자조합의 유한책임조합원 총수가 1인이 된 날부터 1개월이 지나지 아니한 경우

[제목개정 2013. 8. 27.]

판 연 **제239조(익명조합계약의 기재사항)**

법 제224조제1항제9호에서 "대통령령으로 정하는 사항"이란 다음 각 호의 사항을 말한다. 〈개정 2013. 8. 27., 2020. 3. 10.〉

1. 투자익명조합의 종류(법 제229조의 구분에 따른 종류를 말한다)

2. 투자대상자산(법 제229조제4호에 따른 혼합자산집합투자기구인 경우를 제외하고는 주된 투자대상자산을 따로 적어야 한다)

3. 지분증권의 추가발행과 소각에 관한 사항

4. 투자익명조합재산의 평가와 기준가격의 계산에 관한 사항

5. 이익 외의 자산등의 분배에 관한 사항

6. 집합투자업자·신탁업자 및 일반사무관리회사와 체결할 업무위탁계약의 개요(보수, 그 밖의 수수료의 계산방법, 지급방법 및 시기에 관한 사항을 포함한다)

7. 집합투자업자 및 신탁업자의 변경에 관한 사항(변경사유, 변경절차, 손실보상, 손해배상 등에 관한 사항을 포함한다)

8. 익명조합계약의 변경에 관한 사항

9. 투자익명조합의 회계기간

10. 익명조합계약 작성연월일

11. 그 밖에 익명조합원을 보호하기 위하여 필요한 사항으로서 금융위원회가 정하여 고시하는 사항

제3장 집합투자기구의 종류 등

제1절 집합투자기구의 종류

판 연 **제240조 (집합투자기구의 종류별 최소투자비율 등)**

① 법 제229조제1호에서 "대통령령으로 정하는 비율"이란 100분의 50을 말한다.

② 법 제229조제1호에서 "대통령령으로 정하는 증권"이란 각각 다음 각 호의 어느 하나에 해당하는 증권을 말한다. 〈개정 2009. 7. 1., 2013. 8. 27., 2015. 10. 23., 2016. 4. 29., 2017. 5. 8.〉

1. 다음 각 목의 어느 하나에 해당하는 자산이 신탁재산, 집합투자재산 또는 유동화자산의 100분의 50 이상을 차지하는 경우에는 그 수익증권, 집합투자증권 또는 유동화증권

    가. 부동산

    나. 지상권·지역권·전세권·임차권·분양권 등 부동산 관련 권리

    다. 「기업구조조정 촉진법」 제2조제3호에 따른 채권금융기관(이에 준하는 외국 금융기관과 「금융산업의 구조개선에 관한 법률」에 따른 금융기관이었던 자로서 청산절차 또는 「채무자 회생 및 파산에 관한 법률」에 따른 파산절차가 진행 중인 법인을 포함한다. 이하 이 조에서 같다)이 채권자인 금전채권(부동산을 담보로 한 경우만 해당한다)

    라. 특별자산

2. 「부동산투자회사법」에 따른 부동산투자회사가 발행한 주식

3. 「선박투자회사법」에 따른 선박투자회사가 발행한 주식

4. 「사회기반시설에 대한 민간투자법」에 따른 사회기반시설사업의 시행을 목적으로 하는 법인이 발행한 주식과 채권

5. 「사회기반시설에 대한 민간투자법」에 따른 하나의 사회기반시설사업의 시행을 목적으로 하는 법인이 발행한 주식과 채권을 취득하거나 그 법인에 대한 대출채권을 취득하는 방식으로 투자하는 것을 목적으로 하는 법인(같은 법에 따른 사회기반시설투융자회사는 제외한다)의 지분증권

6. 제80조제1항제1호라목부터 사목까지의 증권

7. 「해외자원개발 사업법」 제14조의2제1항제2호에 따른 해외자원개발 전담회사와 특별자산에 대한 투자만을 목적으로 하는 법인(외국법인을 포함한다)이 발행한 지분

증권 · 채무증권

③ 법 제229조제2호에서 "대통령령으로 정하는 비율"이란 100분의 50을 말한다.

④ 법 제229조제2호에서 "대통령령으로 정하는 방법"이란 다음 각 호의 어느 하나에 해당하는 방법을 말한다. 〈개정 2015. 10. 23., 2016. 4. 29., 2017. 5. 8.〉

1. 부동산의 개발

2. 부동산의 관리 및 개량

3. 부동산의 임대 및 운영

4. 지상권 · 지역권 · 전세권 · 임차권 · 분양권 등 부동산 관련 권리의 취득

5. 「기업구조조정 촉진법」 제2조제3호에 따른 채권금융기관이 채권자인 금전채권(부동산을 담보로 한 경우만 해당한다)의 취득

6. 제1호부터 제5호까지의 어느 하나에 해당하는 방법과 관련된 금전의 지급

⑤ 법 제229조제2호에서 "대통령령으로 정하는 부동산과 관련된 증권"이란 다음 각 호의 어느 하나에 해당하는 증권을 말한다.

1. 제2항제1호(라목은 제외한다)에 따른 증권

2. 제2항제2호에 따른 주식

3. 제2항제6호에 따른 증권

⑥ 법 제229조제3호에서 "대통령령으로 정하는 비율"이란 100분의 50을 말한다.

판 연 제241조 (단기금융집합투자기구)

① 법 제229조제5호에서 "대통령령으로 정하는 단기금융상품"이란 다음 각 호의 금융상품을 말한다. 〈개정 2022. 8. 30.〉

1. 원화로 표시된 다음 각 목의 금융상품

가. 남은 만기가 6개월 이내인 양도성 예금증서

나. 남은 만기가 5년 이내인 국채증권, 남은 만기가 1년 이내인 지방채증권 · 특수채증권 · 사채권(주권 관련 사채권 및 사모의 방법으로 발행된 사채권은 제외한다) · 기업어음증권. 다만, 환매조건부매수의 경우에는 남은 만기의 제한을 받지 않는다.

다. 남은 만기가 1년 이내인 제79조제2항제5호에 따른 어음(기업어음증권은 제외한다)

라. 법 제83조제4항에 따른 단기대출

마. 만기가 6개월 이내인 제79조제2항제5호 각 목의 금융기관 또는 「우체국예금 · 보험에 관한 법률」에 따른 체신관서에의 예치

바. 다른 단기금융집합투자기구의 집합투자증권

　　사. 단기사채등

2. 외화[제301조제1항제2호가목에 따른 국가(홍콩을 포함한다)의 통화로 한정한다. 이하 이 조에서 같다]로 표시된 다음 각 목의 금융상품

　　가. 제1호가목부터 사목까지의 금융상품

　　나. 제1호가목부터 사목까지의 금융상품에 준하는 것으로서 금융위원회가 정하여 고시하는 금융상품

② 법 제229조제5호에서 "대통령령으로 정하는 방법"이란 다음 각 호의 방법을 말한다. 〈개정 2009. 7. 1., 2020. 3. 10., 2022. 8. 30.〉

1. 증권을 대여하거나 차입하는 방법으로 운용하지 아니할 것

1의2. 남은 만기가 1년 이상인 국채증권에 집합투자재산의 100분의 5 이내에서 금융위원회가 정하여 고시하는 범위에서 운용할 것

2. 환매조건부매도는 금융위원회가 정하여 고시하는 범위 이내일 것

3. 각 단기금융집합투자기구 집합투자재산의 남은 만기의 가중평균된 기간이 금융위원회가 정하여 고시하는 범위 이내일 것

4. 각 단기금융집합투자기구(법 제76조제2항에 따라 판매가 제한되거나 법 제237조에 따라 환매가 연기된 단기금융집합투자기구는 제외한다)의 집합투자재산이 다음 각 목의 구분에 따른 기준을 충족하지 못하는 경우에는 다른 단기금융집합투자기구를 설정·설립하거나 다른 단기금융집합투자기구로부터 그 운용업무의 위탁을 받지 않을 것. 다만, 「국가재정법」 제81조에 따른 여유자금을 통합하여 운용하는 단기금융집합투자기구 및 그 단기금융집합투자기구가 투자하는 단기금융집합투자기구를 설정·설립하거나 그 운용업무의 위탁을 받는 경우에는 다음 각 목의 구분에 따른 기준을 적용하지 않으며, 다목 및 라목의 단기금융집합투자기구에 대해서는 금융위원회가 법 제238조제1항 단서의 집합투자 재산 평가방법에 따라 그 기준을 달리 정할 수 있다.

　　가. 투자자가 개인으로만 이루어진 단기금융집합투자기구 중 제1항제1호의 금융상품에만 투자하는 단기금융집합투자기구의 경우: 3천억원 이상

　　나. 투자자가 개인으로만 이루어진 단기금융집합투자기구 중 제1항제2호의 금융상품에만 투자하는 단기금융집합투자기구의 경우: 1천5백억원 이상

　　다. 투자자가 법인으로만 이루어진 단기금융집합투자기구 중 제1항제1호의 금융상품에만 투자하는 단기금융집합투자기구의 경우: 5천억원 이상

　　라. 투자자가 법인으로만 이루어진 단기금융집합투자기구 중 제1항제2호의 금융상품에만 투자하는 단기금융집합투자기구의 경우: 2천5백억원 이상

4의2. 다음 각 목의 금융상품 중 하나의 금융상품에만 투자할 것

　　가. 제1항제1호의 금융상품

　　나. 외화 중 하나의 통화로 표시된 제1항제2호의 금융상품

5. 투자대상자산의 신용등급 및 신용등급별 투자한도, 남은 만기의 가중평균 계산방법, 그 밖에 자산운용의 안정성 유지에 관하여 금융위원회가 정하여 고시하는 내용을 준수할 것

제2절 특수한 형태의 집합투자기구

판 연 제242조(환매금지형집합투자기구)

① 법 제230조제2항에서 "대통령령으로 정하는 때"란 다음 각 호의 어느 하나에 해당하는 경우로서 기준가격을 고려하여 산정한 가격(법 제230조제3항에 따라 집합투자증권이 증권시장에 상장된 경우에는 증권시장의 거래가격을 고려하여 산정한 가격을 말한다)으로 발행하는 때를 말한다. 〈개정 2017. 5. 8., 2022. 8. 30.〉

1. 법 제230조에 따른 환매금지형집합투자기구(이하 "환매금지형집합투자기구"라 한다)로부터 받은 이익분배금의 범위에서 그 집합투자기구의 집합투자증권을 추가로 발행하는 경우

2. 기존 투자자의 이익을 해칠 염려가 없다고 신탁업자로부터 확인을 받은 경우

3. 기존 투자자 전원의 동의를 받은 경우

4. 기존 투자자에게 집합투자증권의 보유비율에 따라 추가로 발행되는 집합투자증권의 우선 매수기회를 부여하는 경우

5. 그 밖에 기존 투자자의 이익을 침해할 우려가 없는 경우로서 금융위원회가 정하여 고시하는 경우

② 법 제230조제5항에서 "대통령령으로 정하는 경우"란 다음 각 호의 어느 하나에 해당하는 경우(일반투자자를 대상으로 하는 일반사모집합투자기구는 제5호의 경우로 한정한다)를 말한다. 다만, 제1호부터 제3호까지의 경우 금융위원회가 정하여 고시하는 시장성 없는 자산에 투자하지 아니하는 집합투자기구를 설정 또는 설립하는 경우는 제외한다. 〈개정 2009. 2. 3., 2021. 10. 21.〉

1. 부동산집합투자기구를 설정 또는 설립하는 경우

2. 특별자산집합투자기구를 설정 또는 설립하는 경우

3. 법 제229조제4호에 따른 혼합자산집합투자기구를 설정 또는 설립하는 경우

4. 각 집합투자기구 자산총액의 100분의 20의 범위에서 금융위원회가 정하여 고시하는 비율을 초과하여 금융위원회가 정하여 고시하는 시장성 없는 자산에 투자할 수 있는 집합투자기구를 설정 또는 설립하는 경우

5. 일반투자자를 대상으로 하는 집합투자기구(단기금융집합투자기구 및 상장지수집합투자기구는 제외한다)로서 자산총액의 100분의 50의 범위에서 금융위원회가 정하여 고시하는 비율을 초과하여 금융위원회가 정하여 고시하는 자산에 투자하는 집합투자기구를 설정 또는 설립하는 경우

판 연 제243조(종류형집합투자기구)

① 투자신탁이나 투자익명조합의 집합투자업자 또는 투자회사등은 법 제231조제1항에 따른 종류형집합투자기구(이하 "종류형집합투자기구"라 한다)가 설정 또는 설립된 경우에는 제211조제1항에 따른 등록신청서에 다음 각 호의 사항을 포함하여야 한다.

1. 여러 종류의 집합투자증권별 판매수수료와 판매보수에 관한 사항

2. 여러 종류의 집합투자증권 간에 전환할 수 있는 권리를 투자자에게 주는 경우 그 전환에 관한 사항

3. 각 종류의 집합투자재산이 부담하는 비용에 관한 사항

4. 그 밖에 투자자를 보호하기 위하여 필요한 사항으로서 금융위원회가 정하여 고시하는 사항

② 제1항제2호에 따라 전환하는 경우에는 그 전환가격은 각 종류의 집합투자증권의 기준가격으로 하여야 한다. 이 경우 투자신탁이나 투자익명조합의 집합투자업자 또는 투자회사등은 전환을 청구한 투자자에게 환매수수료를 부과하여서는 아니 된다.

③ 투자매매업자 또는 투자중개업자는 종류형집합투자기구의 집합투자증권을 판매하는 경우에는 판매수수료나 판매보수가 다른 여러 종류의 집합투자증권이 있다는 사실과 각 종류별 집합투자증권의 차이(투자자의 예상투자기간 등을 고려한 예상 판매 수수료·보수와 수수료·보수별 차이점을 포함한다)를 설명해야 한다. 〈개정 2022. 8. 30.〉

④ 투자신탁이나 투자익명조합의 집합투자업자 또는 투자회사등은 종류형집합투자기구로 변경하려는 경우에는 제211조제3항에 따라 제1항 각 호의 사항을 포함하여 변경등록하여야 한다.

⑤ 제1항부터 제4항까지에서 규정한 사항 외에 종류형집합투자기구에 관하여 투자

자 보호를 위하여 필요한 사항은 금융위원회가 정하여 고시한다.

판 제244조 (전환형집합투자기구)

① 투자신탁이나 투자익명조합의 집합투자업자 또는 투자회사등은 법 제232조제1항에 따른 전환형집합투자기구(이하 "전환형집합투자기구"라 한다)가 설정 또는 설립된 경우에는 제211조제1항에 따른 등록신청서에 전환이 가능한 집합투자기구에 관한 사항을 기재하여야 한다.

② 법 제232조제1항에 따라 전환형집합투자기구의 집합투자증권을 다른 집합투자기구의 집합투자증권으로 전환하는 경우에 그 전환가격은 각 집합투자기구의 집합투자증권의 기준가격으로 하여야 한다. 이 경우 투자신탁이나 투자익명조합의 집합투자업자 또는 투자회사등은 전환을 청구한 투자자에게 환매수수료를 부과하여서는 아니 된다.

③ 투자신탁이나 투자익명조합의 집합투자업자 또는 투자회사등은 전환형집합투자기구로 변경하려는 경우에는 제211조제3항에 따라 제1항에 따른 전환이 가능한 집합투자기구에 관한 사항을 기재하여 변경등록하여야 한다.

④ 제1항부터 제3항까지에서 규정한 사항 외에 전환형집합투자기구에 관하여 투자자를 보호하기 위하여 필요한 사항은 금융위원회가 정하여 고시한다.

판 제244조 (전환형집합투자기구)

① 투자신탁이나 투자익명조합의 집합투자업자 또는 투자회사등은 법 제233조제3항에 따른 모자형집합투자기구(이하 "모자형집합투자기구"라 한다)가 설정·설립된 경우에는 제211조제1항에 따른 등록신청서에 법 제233조제1항에 따른 자집합투자기구(이하 "자집합투자기구"라 한다)가 취득하는 법 제233조제1항에 따른 모집합투자기구(이하 "모집합투자기구"라 한다)의 집합투자증권 등에 관한 사항을 포함하여야 한다.

② 투자매매업자 또는 투자중개업자는 모집합투자기구의 집합투자증권을 투자자에게 판매하여서는 아니 된다.

③ 투자신탁이나 투자익명조합의 집합투자업자 또는 투자회사등은 모자형집합투자기구로 변경하려는 경우에는 제211조제3항에 따라 자집합투자기구가 취득하는 모집합투자기구의 집합투자증권 등에 관한 사항을 포함하여 변경등록하여야 한다.

④ 제3항에 따라 변경을 하려는 투자신탁이나 투자익명조합의 집합투자업자 또는 투

자회사등은 집합투자기구의 집합투자재산 전부를 새로 설정 또는 설립되는 모집합투자기구에 이전하고, 이전한 집합투자재산의 금액에 상당하는 모집합투자기구의 집합투자증권을 변경되는 자집합투자기구에 교부하여야 한다. 이 경우 둘 이상의 집합투자기구의 집합투자재산을 합하여 하나의 모집합투자기구에 이전하거나 하나의 집합투자기구의 집합투자재산을 분리하여 둘 이상의 모집합투자기구로 이전하여서는 아니 된다. 〈개정 2015. 10. 23.〉

⑤ 제4항에도 불구하고 사모집합투자기구가 아닌 집합투자기구(존속하는 동안 투자금을 추가로 모집할 수 있는 집합투자기구로 한정한다. 이하 이 항에서 같다)로서 원본액, 주금의 잔액 또는 그 밖의 지분증권 대금의 잔액이 50억원 미만일 경우에는 투자대상자산 등을 고려하여 금융위원회가 정하여 고시하는 기준에 따라 다음 각 호의 어느 하나에 해당하는 방법으로 그 집합투자기구의 집합투자재산을 이전할 수 있다. 〈개정 2015. 10. 23.〉

1. 투자대상자산 등이 유사한 둘 이상의 집합투자기구의 각 집합투자재산 전부를 새로 설정·설립된 하나의 모집합투자기구에 이전하는 방법

2. 각 집합투자기구의 집합투자재산 전부를 이전하여 이미 설정·설립된 모집합투자기구(각 집합투자기구와 투자대상자산 등이 유사한 모집합투자기구로 한정한다)에 이전하는 방법

⑥ 제1항부터 제5항까지에서 규정한 사항 외에 모자형집합투자기구에 관하여 투자자를 보호하기 위하여 필요한 사항은 금융위원회가 정하여 고시한다. 〈개정 2010. 6. 11.〉

판 제246조(상장지수집합투자기구의 요건)

법 제234조제1항제1호 후단에서 "대통령령으로 정하는 요건"이란 다음 각 호의 요건을 모두 갖춘 경우를 말한다. 〈개정 2009. 2. 3.〉

1. 거래소, 외국 거래소 또는 금융위원회가 정하여 고시하는 시장에서 거래되는 종목의 가격 또는 다수 종목의 가격수준을 종합적으로 표시하는 지수일 것

2. 제1호의 가격 또는 지수가 같은 호의 시장을 통하여 투자자에게 적절하게 공표될 수 있을 것

3. 기초자산의 가격의 요건, 지수의 구성종목 및 지수를 구성하는 종목별 비중, 가격 및 지수의 변화에 연동하기 위하여 필요한 운용방법 등에 관하여 금융위원회가 정하여 고시하는 요건을 충족할 것

판 판 제247조(지정참가회사)

법 제234조제2항에서 "대통령령으로 정하는 자"란 증권을 대상으로 하여 투자매매업(인수업은 제외한다) 및 투자중개업(위탁매매업만 해당한다)을 함께 하는 자로서 다음 각 호의 업무를 담당하도록 하기 위하여 집합투자업자가 지정하는 자(이하 "지정참가회사"라 한다)를 말한다. 〈개정 2009. 2. 3., 2025. 6. 2.〉

1. 상장지수집합투자기구의 설정·추가설정 또는 설립·신주발행을 집합투자업자에 요청하는 업무

2. 상장지수집합투자기구의 해지·일부해지 또는 해산·주식의 일부 소각을 집합투자업자에 요청하는 업무

3. 투자자로가 납부한 금전 또는 증권(이하 이 절에서 "납부금등"이라 한다)을 금융위원회가 정하여 고시하는 일정 단위(이하 "설정단위"라 한다)에 상당하는 자산으로 변경하기 위한 증권의 매매나 위탁매매업무

4. 상장지수집합투자기구의 집합투자증권이 증권시장 또는 다자간매매체결회사에서 원활하게 거래되도록 하고, 그 가격이 그 집합투자증권의 좌수 또는 주수당의 순자산가치에 수렴되도록 하는 업무(금융위원회가 정하여 고시하는 지정참가회사만 해당한다)

판 제248조(설정 또는 설립 등)

① 집합투자업자는 지정참가회사로부터 상장지수집합투자기구의 설정·추가설정 또는 설립·신주발행의 요청이 있는 경우에는 신탁계약이나 투자회사의 정관에서 정하는 바에 따라 상장지수집합투자기구의 설정·추가설정 또는 설립·신주발행을 할 수 있다.

② 지정참가회사는 제247조제1호에 따라 상장지수집합투자기구의 설정·추가설정 또는 설립·신주발행을 요청하려는 경우에는 투자자가 직접 납부하거나 투자매매업자 또는 투자중개업자를 통하여 투자자가 납부한 납부금등을 설정단위에 상당하는 자산으로 변경하여야 한다. 다만, 자산으로 변경이 곤란한 경우로서 금융위원회가 정하여 고시하는 경우는 제외한다.

③ 제1항 및 제2항에서 규정한 사항 외에 납부금등의 납부방법, 상장지수집합투자기구의 설정·추가설정 또는 설립·신주발행 등에 관하여 필요한 사항은 금융위원회가 정하여 고시한다.

판 제249조 (상장지수집합투자기구의 집합투자증권의 환매)

① 상장지수집합투자기구의 투자자는 그 집합투자증권을 판매하는 투자매매업자 또는 투자중개업자(지정참가회사는 제외한다. 이하 이 조에서 같다) 또는 그 집합투자증권의 지정참가회사(그 집합투자증권을 판매한 투자매매업자 또는 투자중개업자가 지정참가회사인 경우만 해당한다)에 대하여 설정단위별로 집합투자증권의 환매를 청구할 수 있다. 다만, 그 집합투자증권을 판매하는 투자매매업자 또는 투자중개업자가 해산·인가취소·업무정지, 그 밖에 금융위원회가 정하여 고시하는 사유(이하 이 장에서 "해산등"이라 한다)로 인하여 환매에 응할 수 없는 경우에는 지정참가회사에 대하여 환매를 청구할 수 있다.

② 제1항 본문에 따라 상장지수집합투자기구 집합투자증권의 환매청구를 받은 투자매매업자 또는 투자중개업자는 지정참가회사에 대하여 그 집합투자증권의 환매에 응할 것을 요구하여야 한다. 다만, 지정참가회사가 해산등으로 인하여 그 집합투자증권의 환매와 관련한 업무를 할 수 없는 경우에는 투자매매업자 또는 투자중개업자는 집합투자업자에 대하여 직접 집합투자증권의 환매에 응할 것을 요구할 수 있다.

③ 상장지수집합투자기구의 투자자는 제1항 단서에 따라 상장지수집합투자기구 집합투자증권의 환매를 청구하려는 지정참가회사가 해산등으로 인하여 그 집합투자증권의 환매와 관련한 업무를 수행할 수 없는 경우에는 집합투자업자에 대하여 직접 집합투자증권의 환매를 청구할 수 있다.

④ 제1항 및 제2항 본문에 따라 상장지수집합투자기구 집합투자증권의 환매를 청구받거나 요구받은 지정참가회사는 상장지수투자신탁의 집합투자업자나 상장지수투자회사에 대하여 지체 없이 환매에 응할 것을 요구하여야 한다.

⑤ 제2항 단서, 제3항 또는 제4항(상장지수투자신탁의 집합투자업자에 대하여 환매에 응할 것을 요구하는 경우만 해당한다)에 따라 상장지수집합투자기구 집합투자증권의 투자자·투자매매업자·투자중개업자 또는 지정참가회사가 환매를 청구하거나 요구하는 경우에 환매에 응하여야 하는 집합투자업자가 해산등으로 인하여 환매에 응할 수 없는 때에는 신탁업자에 이를 직접 청구할 수 있다.

⑥ 제2항 단서 또는 제3항부터 제5항까지의 규정에 따라 환매에 응할 것을 요구받은 상장지수투자신탁의 집합투자업자와 신탁업자는 지체 없이 환매에 응하여야 하며, 상장지수투자회사의 집합투자업자와 신탁업자는 상장지수투자회사에 대하여 지체 없이 환매에 응할 것을 요구하여야 한다.

⑦ 제2항 단서 또는 제3항부터 제6항까지의 규정에 따라 환매에 응하여야 하는 집

합투자업자, 신탁업자 또는 상장지수투자회사는 환매청구를 받은 날의 집합투자재산의 운용이 종료된 후 그 상장지수집합투자기구의 집합투자재산을 기준으로 상장지수투자신탁의 일부해지 또는 상장지수투자회사 주식의 일부소각에 의하여 설정단위에 해당하는 자산(금융위원회가 정하여 고시하는 경우는 제외한다)으로 환매에 응하여야 한다.

⑧ 제1항부터 제6항까지의 규정에 따라 환매를 청구받거나 요구받은 투자매매업자 또는 투자중개업자, 지정참가회사, 집합투자업자 또는 신탁업자가 해산등으로 인하여 집합투자규약으로 정하는 날까지 집합투자증권을 환매할 수 없게 된 경우에는 법 제237조에 따라 환매를 연기하고 그 사실을 지체 없이 투자자에게 통지하여야 한다.

판 연 제250조(상장지수집합투자기구의 상장 및 상장폐지 등)

① 상장지수집합투자증권의 상장 및 상장폐지는 법 제390조제1항에 따른 증권상장규정에서 정하는 바에 따른다. 〈개정 2012. 6. 29.〉

② 삭제 〈2012. 6. 29.〉

③ 상장지수투자신탁의 집합투자업자와 상장지수투자회사는 제2항에 따라 상장지수집합투자기구의 집합투자증권의 상장이 폐지된 경우에는 상장폐지일부터 총리령으로 정하는 기간 이내에 상장지수집합투자기구를 해지하거나 해산하여야 한다. 이 경우 상장지수투자신탁에 대하여는 법 제192조제1항을 적용하지 아니한다.

④ 집합투자업자는 제3항에 따라 상장지수집합투자기구가 해지 또는 해산된 경우에는 그 해지일이나 해산일부터 7일 이내에 금융위원회에 이를 보고하여야 한다.

판 연 제251조(소유재산 등의 공고)

① 상장지수투자신탁의 집합투자업자 또는 상장지수투자회사는 공고일 전날의 상장지수집합투자기구의 납부자산구성내역(신규설정·추가설정 또는 신규설립·신주발행을 위한 설정단위의 자산구성내역을 포함한다)을 증권시장을 통하여 매일 공고하여야 한다.

② 거래소는 상장지수집합투자기구의 순자산가치와 추적오차율(일정 기간 동안 상장지수집합투자기구의 집합투자증권의 1좌당 또는 1주당 순자산가치의 변동률과 상장지수집합투자기구가 목표로 하는 지수의 변동률을 비교하는 지표로서 금융위원회가 정하여 고시하는 기준에 따라 산출한 비율을 말한다)을 매일 1회 이상

공고하여야 한다. 〈개정 2009. 2. 3., 2012. 6. 29.〉

판 연 제252조(운용특례)

① 집합투자업자는 제80조제4항 및 제86조제1항에도 불구하고 법 제81조제1항 단서 및 제234조제4항에 따라 상장지수집합투자기구(투자자 보호 등을 고려하여 금융위원회가 정하여 고시하는 상장지수집합투자기구에 한정한다)의 집합투자재산을 다음 각 호의 방법으로 운용할 수 있다. 〈개정 2017. 5. 8., 2020. 3. 10.〉

1. 각 상장지수집합투자기구 자산총액의 100분의 30까지 동일 종목의 증권에 운용하는 행위. 이 경우 동일법인 등이 발행한 증권 중 지분증권(그 법인 등이 발행한 지분증권과 관련된 증권예탁증권을 포함한다. 이하 이 항에서 같다)과 지분증권을 제외한 증권은 각각 동일 종목으로 본다. 다만, 금융위원회가 정하여 고시하는 지수에 연동하여 운용하는 상장집합투자기구의 경우 동일종목이 차지하는 비중이 100분의 30을 초과하는 경우에는 해당 종목이 지수에서 차지하는 비중까지 동일종목의 증권에 투자할 수 있다.

2. 각 상장지수집합투자기구 자산총액으로 동일법인 등이 발행한 지분증권 총수의 100분의 20까지 운용하는 행위

② 집합투자업자는 법 제84조제1항 본문에도 불구하고 상장지수집합투자기구의 설정·추가설정 또는 설립·신주의 발행을 위한 목적으로 이해관계인(법 제84조제1항에 따른 이해관계인을 말한다)과 증권의 매매, 그 밖의 거래를 할 수 있다.

판 제252조의2

제252조의2 삭제 〈2013. 11. 13.〉

제4장 집합투자증권의 환매

판 제253조 (환매청구에 응할 수 없는 사유)

법 제235조제2항 단서에서 "대통령령으로 정하는 사유"란 천재지변 등으로 인한 전산장애, 그 밖에 이에 준하는 사유로 인하여 집합투자증권을 판매한 투자매매업자·투자중개업자가 정상적으로 업무를 하는 것이 곤란하다고 금융위원회가 인정한 경우를 말한다.

판 연 제254조 (환매방법의 예외)

① 법 제235조제4항에서 "대통령령으로 정하는 경우"란 다음 각 호의 어느 하나에 해당하는 경우로서 집합투자규약에서 환매청구를 받은 날부터 15일을 초과하여 환매일을 정한 경우를 말한다. 〈개정 2017. 5. 8.〉

1. 각 집합투자기구 자산총액의 100분의 10의 범위에서 금융위원회가 정하여 고시하는 비율을 초과하여 금융위원회가 정하여 고시하는 시장성 없는 자산에 투자하는 경우

2. 각 집합투자기구 자산총액의 100분의 50을 초과하여 외화자산에 투자하는 경우

3. 사모투자재간접집합투자기구인 경우

4. 부동산·특별자산투자재간접집합투자기구인 경우

② 법 제235조제6항 단서에서 "대통령령으로 정하는 경우"란 다음 각 호의 어느 하나에 해당하는 경우를 말한다.

1. 단기금융집합투자기구의 집합투자증권을 판매한 투자매매업자 또는 투자중개업자가 그 단기금융집합투자기구별 집합투자증권 판매규모의 100분의 5에 상당하는 금액 또는 금융위원회가 정하여 고시하는 금액 중 큰 금액의 범위에서 개인투자자로부터 환매청구일에 공고되는 기준가격으로 환매청구일에 그 집합투자증권을 매수하는 경우

2. 투자자가 금액을 기준으로 집합투자증권(단기금융집합투자기구의 집합투자증권은 제외한다)의 환매를 청구함에 따라 그 집합투자증권을 판매한 투자매매업자 또는 투자중개업자가 해당 집합투자기구의 집합투자규약에서 정한 환매가격으로 그 집합투자규약에서 정한 환매일에 그 집합투자증권의 일부를 불가피하게 매수하는 경우

판 연 제255조 (환매가격 및 수수료)

① 법 제236조제1항 단서에서 "대통령령으로 정하는 경우"란 다음 각 호의 어느

하나에 해당하는 경우로서 환매청구일에 공고되는 기준가격으로 환매청구일에 환매한다는 내용을 집합투자규약에 정한 경우를 말한다. 〈개정 2009. 7. 1., 2016. 6. 28., 2022. 8. 30.〉

1. 투자매매업자 또는 투자중개업자가 단기금융집합투자기구의 집합투자증권을 판매한 경우로서 다음 각 목의 어느 하나에 해당하는 경우

　가. 투자자가 금융투자상품 등의 매수에 따른 결제대금을 지급하기 위하여 단기금융집합투자기구의 집합투자증권을 환매하기로 그 투자매매업자 또는 투자중개업자와 미리 약정한 경우

　나. 투자자가 공과금 납부 등 정기적으로 발생하는 채무를 이행하기 위하여 단기금융집합투자기구의 집합투자증권을 환매하기로 그 투자매매업자 또는 투자중개업자와 미리 약정한 경우

　다. 제77조제1항제2호다목에 해당하는 단기금융집합투자기구의 집합투자증권을 환매하는 경우

2. 투자매매업자 또는 투자중개업자가 다음 각 목의 어느 하나에 해당하는 자에게 단기금융집합투자기구의 집합투자증권을 판매한 경우로서 그 집합투자증권을 환매하는 경우

　가. 「외국환거래법」 제13조에 따른 외국환평형기금

　나. 「국가재정법」 제81조에 따른 여유자금을 통합하여 운용하는 단기금융집합투자기구 및 증권집합투자기구

3. 제77조제1항제6호에 따른 집합투자기구의 집합투자증권을 환매하는 경우로서 환매대금을 다음 각 목의 방법으로 마련하여 지급하는 경우

　가. 제77조제1항제6호나목1) 및 2) 외의 부분 후단에 따른 단기금융집합투자기구의 집합투자증권 환매

　나. 예금 인출

② 집합투자증권의 환매수수료는 법 제236조제2항에 따라 집합투자규약에서 정하는 기간 이내에 환매하는 경우에 부과한다. 이 경우 환매수수료는 환매금액 또는 이익금 등을 기준으로 부과할 수 있다.

③ 법 제236조제1항 본문의 환매청구일 후에 산정되는 기준가격은 환매청구일부터 기산하여 2영업일(투자자가 집합투자규약에서 정한 집합투자증권의 환매청구일을 구분하기 위한 기준시점을 지나서 환매청구를 하는 경우에는 3영업일을 말한다) 이후에 산정(사모집합투자기구의 집합투자증권만 해당한다)되거나 공고되는 기준가격으로서 해당 집합투자기구의 집합투자규약에서 정한 기준가격으로 한

다. 〈개정 2021. 10. 21.〉

④ 제3항에도 불구하고 투자자가 집합투자기구를 변경하지 아니하고 그 집합투자기구의 집합투자증권을 판매한 투자매매업자 또는 투자중개업자를 변경할 목적으로 집합투자증권을 환매하는 경우에는 집합투자증권의 환매를 청구한 후 15일 이내에 집합투자규약에서 정하는 투자매매업자 또는 투자중개업자 변경의 효력이 발생하는 날에 산정(사모집합투자기구의 집합투자증권만 해당한다)되거나 공고되는 기준가격을 적용한다. 〈신설 2009. 12. 21., 2021. 10. 21.〉

⑤ 제2항부터 제4항까지와 관련하여 투자자를 보호하기 위하여 필요한 사항은 금융위원회가 정하여 고시한다. 〈개정 2009. 12. 21.〉

판 연 제256조(환매연기 사유)

법 제237조제1항 전단에서 "대통령령으로 정하는 사유"란 다음 각 호의 어느 하나에 해당하는 경우를 말한다. 〈개정 2020. 5. 26.〉

1. 집합투자재산의 처분이 불가능하여 사실상 환매에 응할 수 없는 경우로서 다음 각 목의 어느 하나에 해당하는 경우

　가. 뚜렷한 거래부진 등의 사유로 집합투자재산을 처분할 수 없는 경우

　나. 증권시장이나 해외 증권시장의 폐쇄·휴장 또는 거래정지, 그 밖에 이에 준하는 사유로 집합투자재산을 처분할 수 없는 경우

　다. 천재지변, 그 밖에 이에 준하는 사유가 발생한 경우

2. 투자자 간의 형평성을 해칠 염려가 있는 경우로서 다음 각 목의 어느 하나에 해당하는 경우

　가. 부도발생 등으로 인하여 집합투자재산을 처분하여 환매에 응하는 경우에 다른 투자자의 이익을 해칠 염려가 있는 경우

　나. 집합투자재산에 속하는 자산의 시가가 없어서 환매청구에 응하는 경우에 다른 투자자의 이익을 해칠 염려가 있는 경우

　다. 대량의 환매청구에 응하는 것이 투자자 간의 형평성을 해칠 염려가 있는 경우

3. 환매를 청구받거나 요구받은 투자매매업자 또는 투자중개업자·집합투자업자·신탁업자·투자회사등이 해산등으로 인하여 집합투자증권을 환매할 수 없는 경우

3의2. 교차판매 집합투자기구의 집합투자증권에 대한 투자자의 환매청구 금액이 환매청구일 현재 해당 교차판매 집합투자기구의 집합투자재산 순자산가치의 100분의 10을 초과하는 경우

4. 그 밖에 제1호부터 제3호까지 및 제3호의2의 경우에 준하는 경우로서 금융위원

회가 환매연기가 필요하다고 인정한 경우

판 연 제257조 (환매연기총회 의결사항 등)

① 법 제237조제1항 후단에서 "대통령령으로 정하는 사항"이란 다음 각 호의 사항을 말한다. 〈개정 2020. 5. 26.〉

1. 환매를 재개하려는 경우에는 환매대금의 지급시기와 지급방법. 다만, 제256조제3호의2에 따라 환매를 연기한 집합투자증권의 환매대금 지급시기와 지급방법은 제외한다.

2. 환매연기를 계속하려는 경우에는 환매연기기간과 환매를 재개할 때의 환매대금의 지급시기 및 지급방법

3. 법 제237조제5항에 따라 일부환매를 하는 경우에는 환매연기의 원인이 되는 자산의 처리방법

② 법 제237조제3항제1호나목에서 "대통령령으로 정하는 사항"이란 다음 각 호의 사항을 말한다.

1. 환매가격

2. 일부환매의 경우에는 그 뜻과 일부환매의 규모

③ 법 제237조제3항제2호라목에서 "대통령령으로 정하는 사항"이란 다음 각 호의 사항을 말한다.

1. 환매를 재개하는 경우에 환매가격 및 환매대금의 지급시기

2. 일부환매의 경우에 그 뜻과 일부환매의 규모

판 연 제258조 (환매재개 시 환매방법 등)

① 투자신탁이나 투자익명조합의 집합투자업자 또는 투자회사등은 환매연기를 위한 집합투자자총회일 이후에 환매연기사유의 전부나 일부가 해소된 경우에는 법 제237조제4항에 따라 그 집합투자자총회에서 결의한 내용에 따라 환매하여야 한다. 다만, 투자신탁이나 투자익명조합의 집합투자업자나 투자회사등은 환매연기를 위한 집합투자자총회의 개최 전에 환매연기사유가 해소된 경우에는 집합투자자총회를 개최하지 아니하고 환매할 수 있다. 〈개정 2020. 5. 26.〉

② 제256조제3호의2에 따라 환매를 연기한 집합투자증권의 환매대금 지급시기 및 지급방법 등은 교차판매협약등을 고려하여 금융위원회가 정하여 고시하는 바에 따른다. 〈신설 2020. 5. 26.〉
[제목개정 2020. 5. 26.]

판 제259조(일부환매)

① 투자신탁이나 투자익명조합의 집합투자업자 또는 투자회사등은 집합투자증권을 일부환매하거나 환매연기를 위한 집합투자자총회에서 일부환매를 결의한 경우에는 법 제237조제7항에 따라 일부환매를 결정한 날 전날을 기준으로 환매연기의 원인이 되는 자산을 나머지 자산(이하 "정상자산"이라 한다)으로부터 분리하여야 한다.

② 투자신탁이나 투자익명조합의 집합투자업자 또는 투자회사등은 정상자산에 대하여는 집합투자규약에서 정한 방법으로 그 정상자산에 대한 기준가격을 계산하여 투자자가 소유하고 있는 집합투자증권의 지분에 따라 환매대금을 지급하여야 한다.

③ 투자신탁이나 투자익명조합의 집합투자업자 또는 투자회사등은 법 제237조제6항에 따라 별도의 집합투자기구를 설정 또는 설립한 경우에는 정상자산으로 구성된 집합투자기구의 집합투자증권을 계속하여 발행·판매 및 환매할 수 있다.

④ 제1항부터 제3항까지에서 규정한 사항 외에 일부환매의 방법 및 절차 등에 관한 필요한 사항은 금융위원회가 정하여 고시한다.

제5장 평가 및 회계

판 연 **제260조 (집합투자재산의 평가방법)**

① 법 제238조제1항 본문에서 "대통령령으로 정하는 방법"이란 증권시장(해외 증권
시장을 포함한다)에서 거래된 최종시가(해외 증권의 경우 전날의 최종시가) 또는
장내파생상품이 거래되는 파생상품시장(해외 파생상품시장을 포함한다)에서 공
표하는 가격(해외 파생상품의 경우 전날의 가격)을 말한다. 다만, 다음 각 호의
경우에는 해당 호에서 정하는 가격으로 평가할 수 있다. 〈개정 2015. 10. 23.,
2020. 3. 10., 2021. 10. 21.〉

1. 기관전용사모집합투자기구가 법 제249조의12제1항에 따라 준용되는 법 제249조
의7제5항에 따라 지분증권에 투자하는 경우에는 그 지분증권의 취득가격

2. 평가기준일이 속하는 달의 직전 3개월간 계속하여 매월 10일 이상 증권시장에서
시세가 형성된 채무증권의 경우에는 평가기준일에 증권시장에서 거래된 최종시가를
기준으로 둘 이상의 채권평가회사가 제공하는 가격정보를 기초로 한 가격

3. 해외 증권시장에서 시세가 형성된 채무증권의 경우에는 둘 이상의 채권평가회사
가 제공하는 가격정보를 기초로 한 가격

② 법 제238조제1항 본문에서 "대통령령으로 정하는 공정가액"이란 집합투자재산
에 속한 자산의 종류별로 다음 각 호의 사항을 고려하여 집합투자재산평가위원
회(기관전용사모집합투자기구의 경우는 업무집행사원을 말한다. 이하 이 항에서
같다)가 법 제79조제2항에 따른 충실의무를 준수하고 평가의 일관성을 유지하여
평가한 가격을 말한다. 이 경우 집합투자재산평가위원회는 집합투자재산에 속한
자산으로서 부도채권 등 부실화된 자산에 대해서는 금융위원회가 정하여 고시하
는 기준에 따라 평가해야 한다. 〈개정 2009. 10. 1., 2015. 10. 23., 2016. 8.
31., 2021. 10. 21.〉

1. 투자대상자산의 취득가격

2. 투자대상자산의 거래가격

3. 투자대상자산에 대하여 다음 각 목의 자가 제공한 가격

　가. 채권평가회사

　나. 「공인회계사법」에 따른 회계법인

　다. 신용평가회사

라. 「감정평가 및 감정평가사에 관한 법률」에 따른 감정평가법인등

마. 인수업을 영위하는 투자매매업자

바. 가목부터 마목까지의 자에 준하는 자로서 관련 법령에 따라 허가·인가·등록 등을 받은 자

사. 가목부터 바목까지의 자에 준하는 외국인

4. 환율

5. 집합투자증권의 기준가격

③ 법 제238조제1항 단서에서 "대통령령으로 정하는 경우"란 집합투자재산의 가격 변동의 위험이 크지 않은 경우로서 금융위원회가 정하여 고시하는 단기금융집합 투자기구의 집합투자재산의 경우를, "대통령령으로 정하는 가액"이란 금융위원회가 정하여 고시하는 장부가격(이하 이 항에서 "장부가격"이라 한다)을 말한다. 이 경우 집합투자업자는 장부가격에 따라 평가한 기준가격과 제1항 및 제2항에 따라 평가한 기준가격의 차이를 수시로 확인하여야 하며, 그 차이가 금융위원회가 정하여 고시하는 비율을 초과하거나 초과할 염려가 있는 경우에는 집합투자 규약에서 정하는 바에 따라 필요한 조치를 취하여야 한다. 〈개정 2020. 3. 10.〉

④ 그 밖에 집합투자재산 평가에 관하여 필요한 세부적인 사항은 금융위원회가 정하여 고시한다. 〈신설 2020. 3. 10.〉

판 제261조 (집합투자재산평가위원회 등)

① 집합투자업자는 집합투자재산평가위원회를 구성할 때에는 다음 각 호의 자를 포함하여야 한다. 〈개정 2012. 6. 29.〉

1. 집합투자재산의 평가업무 담당 임원

2. 집합투자재산의 운용업무 담당 임원

3. 준법감시인

4. 그 밖에 집합투자재산의 공정한 평가를 위하여 필요하다고 금융위원회가 인정한 자

② 집합투자재산평가위원회는 법 제238조제3항에 따른 집합투자재산평가기준(이하 "집합투자재산평가기준"이라 한다)의 적용 여부 등 집합투자재산평가에 관한 사항을 반기마다 집합투자업자의 이사회(법 제250조제1항에 따른 집합투자업겸 영은행의 경우에는 같은 조 제2항에 따른 집합투자재산운용위원회를 말한다)에 보고하여야 한다.

③ 법 제238조제3항제4호에서 "대통령령으로 정하는 사항"이란 다음 각 호의 사항

을 말한다.

1. 금융위원회가 정하여 고시하는 부도채권 등 부실화된 자산 등의 분류 및 평가와 관련하여 적용할 세부기준에 관한 사항

2. 집합투자재산 평가오류의 수정에 관한 사항

3. 집합투자재산에 속한 자산의 종류별 평가기준에 관한 사항

4. 법 제192조제4항에 따른 미수금 및 미지급금 등의 평가방법에 관한 사항

판 연 **제262조(기준가격의 계산과 공고)**

① 법 제238조제6항에서 "대통령령으로 정하는 방법"이란 법 제238조제7항에 따른 기준가격의 공고·게시일(사모집합투자기구의 집합투자증권의 경우에는 기준가격의 산정일로 한다. 이하 이 항에서 같다) 전날의 재무상태표상에 계상된 자산총액(법 제238조제1항에 따른 평가방법으로 계산한 것을 말한다)에서 부채총액을 뺀 금액을 그 공고·게시일 전날의 집합투자증권 총수로 나누어 계산하는 방법을 말한다. 이 경우 투자신탁이나 투자익명조합의 집합투자업자 또는 투자회사 등은 제261조제3항제2호에 따른 평가오류의 수정에 따라 산정하거나 공고·게시한 기준가격이 잘못 계산된 경우에는 기준가격을 지체 없이 변경해야 하며, 해당 투자신탁이나 투자익명조합의 집합투자업자 또는 투자회사등(사모집합투자기구는 제외한다)은 그 변경된 기준가격을 다시 공고·게시(처음에 공고·게시한 기준가격과 변경된 기준가격의 차이가 처음에 공고·게시한 기준가격을 기준으로 다음 각 호의 한도를 초과하지 않는 경우는 제외한다)해야 한다. 〈개정 2009. 12. 21., 2016. 6. 28., 2021. 10. 21.〉

1. 법 제229조제1호에 따른 집합투자기구로서 국내 증권시장에서 거래되는 지분증권에 투자하는 경우: 1천분의 2

2. 법 제229조제1호에 따른 집합투자기구로서 다음 각 목의 어느 하나에 해당하는 증권에 투자하는 경우: 1천분의 3

가. 해외 증권시장에서 거래되는 지분증권

나. 해외 증권시장에서 거래되는 지분증권에 투자하는 집합투자기구의 집합투자증권

3. 법 제229조제5호에 따른 단기금융집합투자기구의 경우: 1만분의 5

4. 제1호부터 제3호까지의 집합투자기구 외의 집합투자기구의 경우: 1천분의 1

② 투자신탁이나 투자익명조합의 집합투자업자 또는 투자회사등은 제1항 후단에 따라 기준가격을 변경하려는 때에는 집합투자업자의 준법감시인과 신탁업자의 확인을 받아야 한다.

③ 투자신탁이나 투자익명조합의 집합투자업자 또는 투자회사등은 제1항 후단에 따라, 기준가격을 변경한 때에는 금융위원회가 정하여 고시하는 바에 따라 그 사실을 금융위원회에 보고하여야 한다.

④ 기준가격의 변경에 관한 절차, 변경사실의 보고 등에 필요한 세부적인 사항은 금융위원회가 정하여 고시한다.

⑤ 법 제238조제7항 단서에서 "대통령령으로 정하는 경우"란 다음 각 호의 어느 하나에 해당하는 경우로서 기준가격을 매일 공고·게시하는 것이 곤란한 경우를 말한다. 〈개정 2017. 5. 8.〉

1. 집합투자재산을 외화자산에 투자하는 경우

2. 사모투자재간접집합투자기구인 경우

3. 부동산·특별자산투자재간접집합투자기구인 경우

판 제263조(회계처리기준 제정의 위탁)

법 제240조제2항 전단에서 "대통령령으로 정하는 자"란 한국회계기준원을 말한다.

판 연 제264조(회계감사 적용면제)

법 제240조제3항 각 호 외의 부분 단서에서 "대통령령으로 정하는 경우"란 회계기간의 말일과 같은 항 각 호의 어느 하나에 해당하는 날을 기준으로 다음 각 호의 어느 하나에 해당하는 경우를 말한다. 〈개정 2013. 8. 27., 2020. 5. 26.〉

1. 집합투자기구(교차판매 집합투자기구는 제외한다. 이하 제2호에서 같다)의 자산총액이 300억원 이하인 경우

2. 집합투자기구의 자산총액이 300억원 초과 500억원 이하인 경우로서 회계기간의 말일과 법 제240조제3항 각 호의 어느 하나에 해당하는 날 이전 6개월간 집합투자증권을 추가로 발행하지 아니한 경우

판 연 제265조(회계감사인의 선임 등)

① 법 제240조제4항에 따라 투자신탁이나 투자익명조합의 집합투자업자 또는 투자회사등(투자회사는 제외한다)이 집합투자기구의 회계감사인을 선임하거나 교체하려는 경우에는 그 집합투자기구의 집합투자재산을 운용하는 집합투자업자의 감사의 동의(감사위원회가 설치된 경우에는 감사위원회의 의결을 말한다)를 받아야 하며, 투자회사가 회계감사인을 선임하거나 교체하려는 경우에는 감독이사의 동의를 받아야 한다.

② 집합투자재산에 대한 회계감사기준은 금융위원회가 증권선물위원회의 심의를 거쳐 정하여 고시한다.

③ 집합투자재산에 대한 회계감사와 관련하여 회계감사인의 권한은 법 및 「주식회사 등의 외부감사에 관한 법률」 제21조에서 정하는 바에 따른다. 〈개정 2018. 10. 30.〉

④ 회계감사인은 집합투자재산에 대한 회계감사를 마친 때에는 다음 각 호의 사항이 기재된 회계감사보고서를 작성하여 투자신탁이나 투자익명조합의 집합투자업자 또는 투자회사등에게 이를 지체 없이 제출해야 한다. 〈개정 2021. 10. 21.〉

1. 집합투자재산의 재무상태표
2. 집합투자재산의 손익계산서
3. 집합투자재산의 기준가격계산서
4. 집합투자업자 및 그 이해관계인(법 제84조제1항에 따른 이해관계인을 말한다)과의 거래내역

⑤ 투자신탁이나 투자익명조합의 집합투자업자 또는 투자회사등은 회계감사인으로부터 회계감사보고서를 제출받은 경우에는 금융위원회, 협회, 그 집합투자증권을 판매하는 투자매매업자·투자중개업자 및 그 집합투자재산을 보관·관리하는 신탁업자에게 이를 지체 없이 제출하여야 한다.

⑥ 투자신탁이나 투자익명조합의 집합투자업자 또는 투자회사등은 금융위원회가 정하여 고시하는 방법에 따라 해당 투자자가 회계감사보고서를 열람할 수 있도록 하여야 한다.

⑦ 회계감사에 따른 비용은 그 회계감사의 대상인 집합투자기구가 부담한다.

판 제265조의2 (회계감사인 등의 손해배상책임)

법 제241조제3항에 따라 회계감사인과 집합투자업자의 이사·감사 또는 투자회사의 감독이사가 연대하여 손해를 배상할 책임이 있는 경우는 손해배상을 청구하는 자의 그 손해배상 청구일이 속하는 달의 직전 12개월간의 소득인정액 합산금액이 1억5천만원 이하인 경우로 한다.

[본조신설 2015. 3. 3.]

판 연 제266조 (이익금의 분배 등)

① 법 제242조제1항 단서에서 "대통령령으로 정하는 집합투자기구"란 집합투자기구 (제241조에 따른 단기금융집합투자기구는 제외한다)를 말한다. 〈개정 2009.

    2. 3.〉

② 법 제242조제1항에 따른 이익금의 분배방법 및 시기는 집합투자규약에서 정하는 바에 따른다.

③ 투자회사는 이익금 전액을 새로 발행하는 주식으로 분배하려는 경우에는 정관에서 정하는 바에 따라 발행할 주식의 수, 발행시기 등 주식발행에 필요한 사항에 관하여 이사회의 결의를 거쳐야 한다.

④ 투자신탁 또는 투자익명조합의 집합투자업자와 투자회사등은 이익금을 초과하여 금전으로 분배하려는 경우에는 집합투자규약에 그 뜻을 기재하고 이익금의 분배방법 및 시기, 그 밖에 필요한 사항을 미리 정하여야 한다.

판 제267조

제267조 삭제 〈2015. 10. 23.〉

제6장 집합투자재산의 보관 및 관리

판 연 제268조 (증권의 예탁 등)

① 법 제246조제3항 본문에서 "대통령령으로 정하는 것"이란 다음 각 호의 것을 말한다. 〈개정 2013. 8. 27.〉

1. 삭제 〈2019. 6. 25.〉

2. 그 밖에 금융위원회가 정하여 고시하는 것

② 법 제246조제3항 단서에서 "대통령령으로 정하는 경우"란 제63조제2항 각 호의 어느 하나에 해당하는 경우를 말한다. 〈신설 2013. 8. 27.〉

③ 신탁업자는 집합투자업자로부터 증권(제1항 각 호의 것을 포함한다. 이하 이 항에서 같다)의 취득·처분 등의 지시 또는 보관·관리 등의 지시를 받은 경우에는 법 제246조제4항에 따라 증권의 인수·인도와 대금의 지급·수령을 동시에 결제하는 방법으로 이를 이행하여야 한다. 〈개정 2013. 8. 27.〉

④ 법 제246조제5항 단서에서 "대통령령으로 정하는 경우"란 다음 각 호의 어느 하나에 해당하는 경우를 말한다. 다만, 제2호 및 제3호의 경우에는 집합투자재산 중 금융기관에 예치한 총금액 또는 단기대출한 총금액의 100분의 10을 초과할 수 없다. 〈신설 2009. 2. 3., 2011. 9. 30., 2012. 6. 29., 2013. 8. 27., 2015.

10. 23., 2018. 9. 28., 2021. 10. 21.〉

1. 집합투자업자가 집합투자재산을 투자대상자산에 운용하고 남은 현금을 집합투자규약에서 정하는 바에 따라 신탁업자가 자신의 고유재산과 거래하는 경우

2. 금융기관에의 예치

3. 단기대출

4. 「외국환거래법」에 따라 외국통화를 매입하거나 매도하는 경우(환위험을 회피하기 위한 선물환거래를 포함한다)

4의2. 환위험을 회피하기 위한 장외파생상품의 매매로서 법 제5조제1항제3호에 따른 계약의 체결을 하는 경우(그 기초자산이 외국통화인 경우로 한정한다)

5. 전담중개업무를 제공하는 자가 일반사모집합투자기구등과 전담중개업무로서 하는 거래

6. 법 제83조제1항 단서에 따른 금전차입 거래. 이 경우 신탁업자의 고유재산과의 거래로 한정한다.

7. 제85조제5호의3에서 정하는 거래

판 연 제269조(신탁업자 등의 감시의무 등)

① 신탁업자는 법 제247조제1항 및 제2항에 따라 자산의 취득·처분 등의 지시나 보관·관리 등의 지시를 이행한 후 그 지시 내용이 다음 각 호의 사항을 포함하여 금융위원회가 정하여 고시하는 기준을 위반하는지를 확인하여야 한다.

1. 법 제80조부터 제85조까지에서 규정한 사항. 다만, 집합투자업자가 운용하는 전체 집합투자기구의 집합투자재산을 보관·관리하는 신탁업자가 둘 이상이어서 특정 신탁업자가 보관·관리하는 집합투자재산에 관한 정보만으로는 그 위반 여부를 확인할 수 없는 사항은 제외한다.

2. 집합투자규약에서 정한 투자대상자산별 투자한도

3. 그 밖에 자산운용행위를 감시하기 위하여 필요한 사항으로서 금융위원회가 정하여 고시하는 사항

② 집합투자재산(투자회사재산은 제외한다)을 보관·관리하는 신탁업자나 투자회사의 감독이사는 법 제247조제3항 본문에 따라 다음 각 호의 사항을 그 집합투자증권을 판매하는 투자매매업자·투자중개업자의 본점과 지점, 그 밖의 영업소에 게시하여 투자자가 열람할 수 있도록 하거나, 인터넷 홈페이지 등을 이용하여 공시하여야 한다.

1. 집합투자업자의 지시내용

2. 집합투자업자의 지시내용 중 법령·집합투자규약·투자설명서 등을 위반한 사항

3. 집합투자업자가 법 제247조제4항에 따라 금융위원회에 대하여 이의신청을 한 경우에는 그 내용과 이에 대한 금융위원회의 결정내용

③ 법 제247조제4항 후단에서 "대통령령으로 정하는 기준"이란 다음 각 호의 기준을 말한다.

1. 집합투자업자가 금융위원회에 이의신청을 한 날부터 30일 이내에 그 지시내용이 법령·집합투자규약 또는 투자설명서 등을 위반하였는지를 결정할 것. 다만, 부득이한 사정으로 그 기간 이내에 결정할 수 없는 경우에는 이의신청을 한 날부터 60일 이내에 결정할 것

2. 위반사항을 시정하기 위한 방법과 시기 등을 결정하여 집합투자업자에게 통지할 것

④ 법 제247조제5항제7호에서 "대통령령으로 정하는 사항"이란 다음 각 호의 사항을 말한다. 〈개정 2021. 10. 21.〉

1. 제95조제2항제1호에 따른 집합투자재산 명세서와 신탁업자가 보관·관리 중인 집합투자재산의 내역이 일치하는지 여부

2. 제242조제1항제2호에 따른 집합투자증권의 추가발행 시 기존 투자자의 이익을 해칠 염려가 없는지 여부

판 연 제270조(자산보관·관리보고서)

① 법 제248조제1항 각 호 외의 부분 단서에서 "대통령령으로 정하는 경우"란 다음 각 호의 어느 하나에 해당하는 경우를 말한다. 〈개정 2009. 2. 3.〉

1. 투자자가 자산보관·관리보고서를 받기를 거부한다는 의사를 서면으로 표시한 경우

2. 신탁업자가 금융위원회가 정하여 고시하는 방법에 따라 다음 각 목의 어느 하나에 해당하는 집합투자기구의 자산보관·관리보고서를 공시하는 경우

가. 단기금융집합투자기구

나. 환매금지형집합투자기구(법 제230조제3항에 따라 그 집합투자증권이 상장된 경우만 해당한다)

다. 상장지수집합투자기구

3. 투자자가 소유하고 있는 집합투자증권의 평가금액이 10만원 이하인 경우로서 집합투자규약에서 자산보관·관리보고서를 교부하지 아니한다고 정하고 있는 경우

② 법 제248조제1항제5호에서 "대통령령으로 정하는 사항"이란 다음 각 호의 사항

을 말한다.

1. 법 제84조제1항에 따른 이해관계인과의 거래의 적격 여부를 확인한 경우에는 그 내용

2. 회계감사인의 선임, 교체 및 해임에 관한 사항

3. 그 밖에 투자자를 보호하기 위하여 필요한 사항으로서 금융위원회가 정하여 고시하는 사항

③ 신탁업자는 투자자에게 자산보관·관리보고서를 교부하는 경우에는 집합투자증권을 판매한 투자매매업자·투자중개업자 또는 전자등록기관을 통하여 직접 또는 전자우편의 방법으로 교부하여야 한다. 다만, 투자자에게 전자우편 주소가 없는 등의 경우에는 법 제89조제2항제1호 및 제3호의 방법에 따라 공시하는 것으로 갈음할 수 있으며, 투자자가 우편발송을 원하는 경우에는 그에 따라야 한다. 〈개정 2009. 12. 21., 2012. 6. 29., 2019. 6. 25.〉

④ 자산보관·관리보고서를 작성·교부하는 데에 드는 비용은 신탁업자가 부담한다. 〈개정 2009. 2. 3.〉

⑤ 자산보관·관리보고서의 서식과 작성방법, 그 밖에 필요한 사항은 금융위원회가 정하여 고시한다.

제7장 사모집합투자기구 등에 대한 특례

제1절 일반사모집합투자기구 〈개정 2021. 10. 21.〉

판 연 제271조 (일반사모집합투자기구의 투자자)

① 법 제249조의2제1호에서 "대통령령으로 정하는 투자자"란 다음 각 호의 어느 하나에 해당하는 자를 말한다.

1. 국가

2. 한국은행

3. 제10조제2항 각 호의 어느 하나에 해당하는 자

4. 주권상장법인

5. 제10조제3항제1호부터 제8호까지 및 제13호부터 제18호까지의 어느 하나에 해

당하는 자

② 법 제249조의2제2호에서 "대통령령으로 정하는 금액"이란 다음 각 호의 구분에 따른 금액을 말한다. 〈개정 2021. 2. 9., 2021. 10. 21.〉

1. 법 제249조의7제1항 각 호의 금액을 합산한 금액이 일반사모집합투자기구의 자산총액에서 부채총액을 뺀 가액의 100분의 200을 초과하지 않는 일반사모집합투자기구에 투자하는 경우: 3억원

2. 제1호 외의 일반사모집합투자기구에 투자하는 경우: 5억원

[전문개정 2015. 10. 23.]

[제목개정 2021. 10. 21.]

판 연 제271조의2 (등록의 요건 등)

① 법 제249조의3제2항제1호가목에서 "대통령령으로 정하는 금융회사"란 다음 각 호의 금융회사를 말한다. 〈개정 2021. 10. 21.〉

1. 「한국산업은행법」에 따른 한국산업은행

2. 「중소기업은행법」에 따른 중소기업은행

3. 「한국수출입은행법」에 따른 한국수출입은행

4. 「수산업협동조합법」에 따른 수협은행

5. 「농업협동조합법」에 따른 농협은행

6. 그 밖에 투자자 보호 및 건전한 거래질서를 해칠 염려가 없는 경우로서 금융위원회가 정하여 고시하는 금융회사

② 외국 집합투자업자는 다음 각 호의 요건에 적합해야 한다. 〈개정 2021. 10. 21.〉

1. 별표 2 제4호가목·라목 및 마목에 따른 요건. 이 경우 같은 호 가목 중 "인가신청일"은 "등록신청일"로, "인가 받으려는"은 "등록하려는"으로 본다.

2. 최근 5년간 법 제20조의2에 따른 일반 사모집합투자업 등록이 직권말소된 사실이 없을 것

3. 제2호에 해당하는 자의 임원 또는 대주주가 아닐 것

③ 법 제249조의3제2항제2호에서 "대통령령으로 정하는 금액"이란 10억원을 말한다. 〈개정 2019. 1. 15.〉

④ 법 제249조의3제2항제3호에 따른 인력과 전산설비, 그 밖의 물적 설비는 다음 각 호의 요건에 적합해야 한다. 〈개정 2021. 10. 21.〉

1. 상근 임직원인 투자운용인력을 3명 이상 갖출 것

2. 다음 각 목의 전산설비 등의 물적 설비를 모두 갖출 것

가. 일반 사모집합투자업을 수행하기에 필요한 전산설비와 통신수단

나. 사무실 등 충분한 업무공간과 사무장비

다. 전산설비 등의 물적 설비를 안전하게 보호할 수 있는 보안설비

라. 정전·화재 등의 사고가 발생할 경우에 업무의 연속성을 유지하기 위하여 필요한 보완설비

⑤ 대주주(법 제12조제2항제6호가목에 따른 대주주를 말한다. 이하 이 장에서 같다)는 다음 각 호의 요건에 적합해야 한다. 〈개정 2021. 10. 21.〉

1. 대주주가 별표 2 제1호부터 제3호까지 또는 제5호(라목은 제외한다)에 해당하는 자인 경우에는 같은 표 제1호라목 및 마목의 요건을 갖출 것

2. 대주주가 별표 2 제4호 또는 제5호라목에 해당하는 자인 경우에는 같은 표 제4호가목·라목 및 마목의 요건을 갖출 것. 이 경우 같은 호 가목 중 "인가신청일"은 "등록신청일"로, "인가 받으려는"은 "등록하려는"으로 본다.

3. 대주주가 다음 각 목의 어느 하나에 해당하는 자가 아닐 것

가. 최근 5년간 법 제20조의2에 따른 일반 사모집합투자업 등록이 직권말소된 자

나. 가목에 해당하는 자의 임원 또는 대주주

⑥ 제5항에도 불구하고 금융위원회는 다음 각 호의 어느 하나에 해당하는 경우 제5항 각 호의 요건을 완화하여 고시할 수 있다. 〈개정 2016. 7. 28., 2021. 10. 21.〉

1. 법 제8조제9항 각 호의 어느 하나에 해당하는 자가 일반 사모집합투자업을 등록하려는 경우

2. 일반 사모집합투자업자가 다른 회사와 합병·분할하거나 분할합병하는 경우

⑦ 법 제249조의3제2항제6호에서 "경영건전성기준 등 대통령령으로 정하는 건전한 재무상태"란 제16조제8항제1호에 따른 사항을 말한다.

⑧ 법 제249조의3제2항제6호에서 "법령 위반사실이 없는 등 대통령령으로 정하는 건전한 사회적 신용"이란 다음 각 호의 요건을 말한다. 〈개정 2021. 10. 21.〉

1. 제2항제2호 및 제3호의 요건

2. 제16조제8항제2호의 요건

⑨ 법 제249조의3제2항제7호에 따른 이해상충을 방지하기 위한 체계는 다음 각 호의 기준에 적합해야 한다. 〈개정 2021. 5. 18.〉

1. 법 제44조에 따라 이해상충이 발생할 가능성을 파악·평가·관리할 수 있는 적절한 내부통제기준을 갖출 것

2. 법 제45조제1항 및 제2항에 따라 정보의 교류를 차단할 수 있는 적절한 체계를

갖출 것

⑩ 외국 집합투자업자가 일반 사모집합투자업을 경영하기 위하여 국내에 지점, 그 밖의 영업소(이하 이 항에서 "지점등"이라 한다)를 두는 경우에는 해당 지점등 전부를 하나의 일반 사모집합투자업자로 본다. 이 경우 외국 집합투자업자는 일반 사모집합투자업을 경영하기 위하여 국내에 지점등을 추가로 두려는 때에는 금융위원회가 정하여 고시하는 방법에 따라 금융위원회에 관련 자료를 제출해야 한다. 〈개정 2021. 10. 21.〉

⑪ 제4항부터 제10항까지의 규정에 따른 등록요건에 관하여 필요한 구체적인 기준은 금융위원회가 정하여 고시한다.

[전문개정 2015. 10. 23.]

판 연 제271조의3(등록유지요건의 완화 등)

법 제249조의3제8항에서 "대통령령으로 정하는 완화된 요건"이란 다음 각 호의 구분에 따른 요건을 말한다. 〈개정 2017. 5. 8., 2019. 1. 15., 2021. 10. 21.〉

1. 법 제249조의3제2항제2호의 경우: 별표 3의 해당 등록업무 단위 최저자기자본의 100분의 70 이상을 유지할 것. 이 경우 유지요건은 매 월말을 기준으로 적용하며, 특정 월말을 기준으로 유지요건에 미달한 일반 사모집합투자업자는 해당 월말부터 6개월이 경과한 날까지는 그 유지요건에 적합한 것으로 본다.

2. 법 제249조의3제2항제5호의 경우: 다음 각 목의 구분에 따른 요건을 유지할 것

가. 대주주가 별표 2 제1호부터 제3호까지 또는 제5호(라목은 제외한다)에 해당하는 자인 경우에는 같은 표 제1호마목1) 및 3)에 한정하여 그 요건을 유지할 것. 이 경우 같은 표 제1호마목1) 중 "최근 5년간"은 "최대주주가 최근 5년간"으로, "벌금형"은 "5억원의 벌금형"으로 본다.

나. 대주주가 별표 2 제4호 또는 제5호라목에 해당하는 자인 경우에는 같은 표 제1호마목1)·3) 및 제4호라목에 한정하여 그 요건을 유지할 것. 이 경우 같은 표 제1호마목1) 중 "최근 5년간"은 "최대주주가 최근 5년간"으로, "벌금형"은 "5억원의 벌금형"으로 보고, 제4호라목 중 "최근 3년간"은 "최대주주가 최근 3년간"으로, "벌금형 이상에 상당하는 형사처벌을 받은 사실"은 "5억원의 벌금형 이상에 상당하는 형사처벌을 받은 사실"로 본다.

다. 법 제249조의3제2항제5호에 따른 외국 집합투자업자인 경우에는 이 호 나목의 요건에 한정하여 그 요건을 유지할 것. 이 경우에 "최대주주"는 각각 "외국 집합투자업자"로 본다.

[본조신설 2015. 10. 23.]

판 연 **제271조의4(등록의 방법 및 절차 등)**

① 법 제249조의3제3항에 따라 금융위원회에 제출하는 등록신청서에는 다음 각 호의 사항을 기재하여야 한다.

1. 상호

2. 본점과 지점, 그 밖의 영업소의 소재지

3. 임원에 관한 사항

4. 경영하려는 등록업무 단위에 관한 사항

5. 자기자본 등 재무에 관한 사항

6. 인력과 전산설비 등의 물적설비에 관한 사항

7. 대주주나 외국 집합투자업자에 관한 사항

8. 이해상충방지체계에 관한 사항

9. 그 밖에 등록의 검토에 필요한 사항으로서 금융위원회가 정하여 고시하는 사항

② 제1항에 따른 등록신청서에는 다음 각 호의 서류를 첨부하여야 한다.

1. 정관(이에 준하는 것을 포함한다)

2. 본점의 위치와 명칭을 기재한 서류

3. 임원의 이력서와 경력증명서

4. 등록업무 단위의 종류와 업무방법을 기재한 서류

5. 최근 3개 사업연도의 재무제표와 그 부속명세서(설립 중인 법인은 제외하며, 설립일부터 3개 사업연도가 지나지 아니한 법인의 경우에는 설립일부터 최근 사업연도까지의 재무제표와 그 부속명세서를 말한다)

6. 인력, 물적 설비 등의 현황을 확인할 수 있는 서류

7. 등록신청일(등록업무 단위를 추가하기 위한 등록신청이나 겸영금융투자업자의 등록신청인 경우에는 최근 사업연도말) 현재 발행주식총수의 100분의 1 이상을 소유한 주주의 성명 또는 명칭과 그 소유주식수를 기재한 서류

8. 대주주나 외국 집합투자업자가 법 제249조의3제2항제5호 각 목의 요건을 갖추었음을 확인할 수 있는 서류

9. 이해상충방지체계를 갖추었는지를 확인할 수 있는 서류

10. 그 밖에 등록의 검토에 필요한 서류로서 금융위원회가 정하여 고시하는 서류

③ 제1항에 따른 등록신청서를 제출받은 금융위원회는 「전자정부법」 제36조제1항에 따른 행정정보의 공동이용을 통하여 법인 등기사항증명서를 확인하여야 한다.

④ 제1항에 따른 등록신청서를 제출받은 금융위원회는 일반 사모집합투자업 등록의

신청내용에 관한 사실 여부를 확인하고, 그 신청내용이 법 제249조의3제2항에 따른 등록요건을 충족하는지를 검토해야 한다. 〈개정 2021. 10. 21.〉

⑤ 제1항부터 제4항까지에서 규정한 사항 외에 일반 사모집합투자업 등록의 신청과 검토, 등록신청서의 서식과 작성방법 등에 관하여 필요한 사항은 금융위원회가 정하여 고시한다. 〈개정 2021. 10. 21.〉

[본조신설 2015. 10. 23.]

판 연 제271조의5(일반사모집합투자기구의 투자권유 등)

① 법 제249조의4제2항 전단에서 "대통령령으로 정하는 사항"이란 다음 각 호의 사항을 말한다.

1. 집합투자기구, 집합투자업자, 신탁업자 및 일반사무관리회사의 명칭

2. 투자목적, 투자전략, 투자방침 및 투자대상자산

3. 집합투자재산의 운용에 따른 위험도 및 위험요소

4. 집합투자증권의 환매

5. 그 밖에 제1호부터 제4호까지의 사항에 준하는 것으로서 투자자 보호를 위해 금융위원회가 정하여 고시하는 사항

② 법 제249조의4제2항 후단에서 "대통령령으로 정하는 경우"란 다음 각 호의 경우를 말한다.

1. 착오·오기 또는 누락임이 명백한 사항을 변경하는 경우

2. 단순한 자구수정이나 명칭을 변경하는 경우

3. 법령의 제정·개정에 따라 변경하는 경우

4. 그 밖에 제1호부터 제3호까지의 경우에 준하는 것으로서 금융위원회가 정하여 고시하는 사항을 변경하는 경우

③ 법 제249조의4제3항에서 "핵심상품설명서가 그 일반 사모집합투자기구의 집합투자규약과 부합하는지 여부 등 대통령령으로 정하는 사항"이란 다음 각 호의 사항을 말한다.

1. 법 제249조의4제2항 전단에 따른 핵심상품설명서(이하 "핵심상품설명서"라 한다)의 내용이 집합투자규약에 부합하는지 여부

2. 핵심상품설명서에 투자에 따르는 위험이 객관적이고 적정하게 평가·기재되어 있는지 여부

3. 핵심상품설명서에 집합투자재산의 운용방법에 관한 사항이 투자자가 이해할 수 있도록 설명되어 있는지 여부

4. 그 밖에 제1호부터 제3호까지의 사항에 준하는 것으로서 핵심상품설명서의 검증을 위해 금융위원회가 정하여 고시하는 사항

④ 법 제249조의4제4항 본문에서 "대통령령으로 정하는 자"란 제132조 각 호의 어느 하나에 해당하는 자를 말한다.

⑤ 법 제249조의4제4항 본문에서 "대통령령으로 정하는 방법"이란 다음 각 호의 방법을 말한다.

1. 서면 교부

2. 우편(전자우편을 포함한다)

3. 휴대전화 문자메시지나 이에 준하는 전자적 의사표시

⑥ 법 제249조의4제4항 단서에서 "대통령령으로 정하는 중요한 사항"이란 다음 각 호의 사항을 말한다.

1. 제1항제1호의 사항

2. 제1항제2호의 사항 중 집합투자기구의 투자전략 및 투자대상자산에 관한 사항

3. 제1항제3호의 사항

4. 그 밖에 투자자의 투자판단에 영향을 미칠 수 있는 중요한 사항으로서 금융위원회가 정하여 고시하는 사항

⑦ 법 제249조의4제5항에 따라 일반투자자를 대상으로 일반사모집합투자기구의 집합투자증권을 판매한 자는 자산운용보고서에 대한 분석·평가를 통해 해당 집합투자증권을 발행한 집합투자업자의 운용행위가 핵심상품설명서에 부합하는지 여부를 확인해야 한다. 이 경우 집합투자증권을 발행한 집합투자업자는 해당 집합투자증권을 판매한 자로부터 법 제249조의4제5항에 따른 확인을 위해 자산운용보고서의 교부 요청이 있는 경우에는 이에 응해야 한다.

⑧ 일반사모집합투자기구의 집합투자증권을 판매한 자는 법 제249조의4제6항에 따른 집합투자업자의 이행기간이 지난 날부터 3영업일 이내에 서면으로 다음 각 호의 사항을 금융위원회에 보고하고, 투자자에게 통보해야 한다. 다만, 투자자에게는 제5항제2호 및 제3호의 방법으로 통보할 수 있다.

1. 집합투자업자의 운용행위 중 핵심상품설명서에 부합하지 않는 사항과 그 이유

2. 집합투자업자에 대해 그 운용행위의 철회·변경 또는 시정을 요구한 일시·기간과 그 내용

3. 집합투자증권을 판매한 자의 철회·변경 또는 시정 요구에 대한 집합투자업자의 처리 결과

⑨ 법 제249조의4제7항 후단에서 "대통령령으로 정한 기준"이란 다음 각 호의 기

준을 말한다.

1. 집합투자업자의 운용행위가 핵심상품설명서에 부합하는지 여부

2. 집합투자증권을 판매한 자가 집합투자업자에게 통지한 운용행위의 철회·변경 또는 시정 요구가 관련 절차 및 요건을 갖추었는지 여부

3. 집합투자업자의 운용행위가 금융관계법령에 위반되는지 여부

⑩ 제1항부터 제9항까지에서 규정한 사항 외에 핵심상품설명서의 작성·검증, 집합투자업자의 운용행위 확인·조치 및 이의신청의 절차·방법 등에 관하여 필요한 세부사항은 금융위원회가 정하여 고시한다.

[본조신설 2021. 10. 21.]

판 연 제271조의6 (일반사모집합투자기구의 투자광고)

법 제249조의5제1항에서 "대통령령으로 정하는 금액"이란 다음 각 호의 구분에 따른 금액을 말한다.

1. 법 제249조의7제1항 각 호의 금액을 합산한 금액이 일반사모집합투자기구의 자산총액에서 부채총액을 뺀 가액의 100분의 200을 초과하지 않는 일반사모집합투자기구의 투자광고를 하는 경우: 3억원

2. 제1호 외의 일반사모집합투자기구의 투자광고를 하는 경우: 5억원

[전문개정 2021. 10. 21.]

판 연 제271조의7 (일반사모집합투자기구의 설정·설립 요건)

법 제249조의6제1항제4호에서 "대통령령으로 정하는 요건"이란 다음 각 호의 구분에 따른 요건을 말한다. 〈개정 2016. 7. 28.〉

1. 투자회사의 경우: 다음 각 목의 요건을 모두 갖출 것

가. 감독이사가 「금융회사의 지배구조에 관한 법률」 제5조제1항 각 호의 어느 하나에 해당하지 아니할 것(감독이사를 선임하는 경우로 한정한다)

나. 설립 당시의 자본금이 1억원 이상으로서 금융위원회가 정하여 고시하는 금액 이상일 것

2. 투자유한회사, 투자합자회사, 투자유한책임회사, 투자합자조합 및 투자익명조합의 경우: 설립 당시의 자본금 또는 출자금이 1억원 이상으로서 금융위원회가 정하여 고시하는 금액 이상일 것

[본조신설 2015. 10. 23.]

[제목개정 2021. 10. 21.]

판 제271조8(변경보고의 적용 제외

제249조의6제4항에서 "대통령령으로 정하는 경우"란 다음 각 호의 어느 하나에 해당하는 경우를 말한다.

1. 법 및 이 영의 개정이나 금융위원회의 명령에 따라 보고한 사항을 변경하는 경우
2. 보고한 사항의 단순한 자구수정 등 금융위원회가 정하여 고시하는 경미한 사항을 변경하는 경우

[본조신설 2015. 10. 23.]

판 연 제271조의9(보고의 방법 및 절차 등)

① 법 제249조의6제2항에 따라 일반사모집합투자기구의 집합투자업자는 다음 각 호의 사항을 기재한 보고서를 금융위원회에 제출해야 한다. 〈개정 2021. 10. 21.〉

1. 집합투자기구의 명칭
2. 투자목적·투자방침 및 투자전략에 관한 사항
3. 투자위험요소에 관한 사항
4. 집합투자업자[투자회사인 경우에는 발기인과 감독이사(감독이사를 선임하는 경우로 한정한다)를 포함한다]에 관한 사항
5. 집합투자재산의 운용에 관한 사항
6. 신탁업자에 관한 사항
7. 종합금융투자사업자(일반사모집합투자기구가 그 종합금융투자사업자로부터 전담중개업무를 제공받는 경우로 한정한다)에 관한 사항
8. 그 밖에 투자자를 보호하기 위하여 필요한 사항으로서 금융위원회가 정하여 고시하는 사항

② 법 제249조의6제2항 단서에서 "대통령령으로 정하는 경우"란 다음 각 호의 어느 하나에 해당하는 경우(법 제249조의7제5항 각 호의 방법으로 집합투자재산을 운용하는 일반사모집합투자기구로 한정한다)를 말한다. 〈신설 2021. 10. 21., 2021. 12. 28.〉

1. 같은 상호출자제한기업집단(「독점규제 및 공정거래에 관한 법률」 제19조제1항 각 호 외의 부분에 따른 상호출자제한기업집단을 말한다. 이하 같다)에 속하는 계열회사가 일반사모집합투자기구의 집합투자증권 총수의 100분의 30 이상으로서 금융위원회가 정하는 비율 이상을 투자하는 경우

2. 일반사모집합투자기구를 설정·설립한 집합투자업자 또는 투자회사등이 상호출자제한기업집단의 계열회사인 경우

3. 일반사모집합투자기구를 설정·설립한 집합투자업자 또는 투자회사등의 특수관계인이 일반사모집합투자기구의 집합투자증권 총수의 100분의 30 이상으로서 금융위원회가 정하는 비율 이상을 투자하는 경우

4. 다음 각 목의 자가 일반사모집합투자기구의 집합투자증권 총수의 100분의 30 이상으로서 금융위원회가 정하여 고시하는 비율 이상을 투자하는 경우(제1호부터 제3호까지의 규정에 해당하는 자가 다음 각 목의 자가 운용하는 집합투자재산 또는 신탁재산에 금융위원회가 정하여 고시하는 금액 이상을 투자하는 경우로 한정한다)

가. 투자신탁 또는 투자익명조합의 집합투자업자

나. 투자회사등

다. 신탁업자

③ 제1항에 따른 보고서에는 다음 각 호의 서류를 첨부해야 한다. 이 경우 금융위원회는 「전자정부법」 제36조제1항에 따른 행정정보의 공동이용을 통하여 법인 등기사항증명서를 확인해야 한다. 〈개정 2021. 10. 21.〉

1. 집합투자규약(부속서류를 포함한다)

2. 법인 등기사항증명서에 준하는 것으로서 법인 설립을 증명할 수 있는 서류(법인 등기사항증명서로 확인할 수 없는 경우로 한정하며, 투자신탁, 투자합자조합 및 투자익명조합의 경우는 제외한다)

3. 출자금의 납입을 증명할 수 있는 서류(투자신탁인 경우는 제외한다)

4. 다음 각 목의 자와 체결한 업무위탁계약서(부속서류를 포함한다. 이하 이 호에서 같다)의 사본. 다만, 나목 또는 다목의 자와 체결한 업무위탁계약서 사본의 경우에는 해당 사업연도에 같은 내용의 업무위탁계약서 사본을 이미 첨부하여 제출하였으면 그 업무위탁계약서 사본으로 갈음할 수 있다.

가. 집합투자업자(투자신탁 및 투자익명조합인 경우는 제외한다)

나. 신탁업자

다. 종합금융투자사업자(일반사모집합투자기구가 그 종합금융투자사업자로부터 전담중개업무를 제공받는 경우로 한정한다)

5. 그 밖에 투자자를 보호하기 위하여 필요한 서류로서 금융위원회가 정하여 고시하는 서류

④ 법 제249조의6제4항에 따른 변경보고의 보고서에는 금융위원회가 정하여 고시하는 방법에 따라 변경사유 및 변경내용을 기재하여야 하며, 집합투자규약, 등기

부 등본, 주요계약서 사본 등 변경내용을 증명할 수 있는 서류를 첨부하여야 한다. 〈개정 2021. 10. 21.〉

⑤ 금융위원회는 법 제249조의6제2항에 따른 보고 및 같은 조 제4항에 따른 변경보고의 내용에 관한 사실 여부를 확인하여야 한다. 〈개정 2021. 10. 21.〉

⑥ 제1항부터 제5항까지에서 규정한 사항 외에 보고서의 서식과 작성방법 등에 관하여 필요한 사항은 금융위원회가 정하여 고시한다. 〈개정 2021. 10. 21.〉
[본조신설 2015. 10. 23.]

판 연 **제271조의10(일반사모집합투자기구의 집합투자재산 운용방법 등)**

① 법 제249조의7제1항 각 호 외의 부분 본문에서 "대통령령으로 정하는 비율"이란 100분의 400을 말한다.

② 법 제249조의7제1항제4호에 따른 실질적인 차입금의 총액은 다음 각 호의 금액을 합산한 금액으로 한다. 〈신설 2021. 10. 21.〉

1. 증권을 환매조건부매도하는 경우 그 매도금액
2. 증권을 차입하여 매도하는 경우 그 매도금액

③ 법 제249조의7제2항제1호 본문에서 "대통령령으로 정하는 부동산"이란 국내있는 부동산을 말한다. 〈개정 2021. 10. 21.〉에 있는 부동산을 말한다. 〈개정 2021. 10. 21.〉

④ 법 제249조의7제2항제1호 본문에서 "대통령령으로 정하는 기간"이란 1년을 말한다. 다만, 집합투자기구가 미분양주택(「주택법」 제54조에 따른 사업주체가 같은 조에 따라 공급하는 주택으로서 입주자모집공고에 따른 입주자의 계약일이 지난 주택단지에서 분양계약이 체결되지 아니하여 선착순의 방법으로 공급하는 주택을 말한다)을 취득하는 경우에는 집합투자규약에서 정하는 기간으로 한다. 〈개정 2016. 8. 11., 2021. 10. 21.〉

⑤ 법 제249조의7제2항제1호 단서에서 "대통령령으로 정하는 경우"란 일반사모집합투자기구가 합병·해지 또는 해산되는 경우를 말한다. 〈개정 2021. 10. 21.〉

⑥ 법 제249조의7제2항제2호 단서에서 "대통령령으로 정하는 경우"란 부동산개발사업을 하기 위하여 토지를 취득한 후 관련 법령의 제정·개정 또는 폐지 등으로 인하여 사업성이 뚜렷하게 떨어져서 부동산개발사업을 수행하는 것이 곤란하다고 객관적으로 증명되어 그 토지의 처분이 불가피한 경우를 말한다. 〈개정 2021. 10. 21.〉

⑦ 법 제249조의7제2항제3호에서 "그 밖에 대통령령으로 정하는 자"란 「중소기업

창업 지원법 시행령」 제4조 각 호의 업종을 영위하는 자를 말한다. 〈신설 2021.
10. 21.〉

⑧ 법 제249조의7제2항제3호에서 "「대부업 등의 등록 및 금융이용자 보호에 관한
법률」 제3조에 따라 등록한 대부업자 등 대통령령으로 정하는 자"란 다음 각 호
의 자를 말한다. 〈신설 2021. 10. 21.〉

1. 「대부업 등의 등록 및 금융이용자 보호에 관한 법률」에 따른 대부업자

2. 「온라인투자연계금융업 및 이용자 보호에 관한 법률」에 따른 온라인투자연계금
융업자

⑨ 법 제249조의7제2항제4호다목에서 "대통령령으로 정하는 자"란 다음 각 호의 자
를 말한다. 〈신설 2021. 10. 21.〉

1. 제10조제2항 각 호에 해당하는 자

2. 제10조제3항제1호부터 제6호까지, 제6호의2, 제7호부터 제14호까지 또는 제18
호에 해당하는 자

3. 다음 각 목의 기준을 모두 충족하는 주권상장법인(코넥스시장에 상장된 법인은
제외하며, 기관전용사모집합투자기구의 집합투자증권을 발행하는 경우로 한정한다)

　　가. 금융위원회에 나목의 기준을 충족하고 있음을 증명하는 자료를 제출할 것

　　나. 가목에 따라 자료를 제출한 날의 전날의 금융투자상품 잔고가 100억원(「주식회사
　　　 등의 외부감사에 관한 법률」에 따라 외부감사를 받는 주식회사는 50억원) 이상일
　　　 것

　　다. 가목에 따라 자료를 제출한 날부터 2년이 지나지 않을 것

⑩ 법 제249조의7제2항제4호 각 목 외의 부분 단서에서 "대통령령으로 정하는 경
우"란 다음 각 호의 어느 하나에 해당하는 경우를 말한다. 〈신설 2021. 10. 21.〉

1. 국내외 부동산의 취득·개발·임대·운영·관리·개량 및 이에 준하는 사업을 하
거나 해당 사업에 투자하는 경우

2. 제80조제1항제5호다목에 따른 특별자산(이와 유사한 외국자산을 포함한다)의
취득·신설·증설·개량·운영 및 이에 준하는 사업을 하거나 해당 사업에 투자하는
경우

⑪ 법 제249조의7제2항제5호 단서에서 "외국 투자대상자산의 취득을 목적으로 설
립된 외국법인 등 대통령령으로 정하는 법인"이란 외국 투자대상자산의 취득을
목적으로 설립된 외국법인(「주식회사 등의 외부감사에 관한 법률 시행령」 제3조
제1항에 따른 종속회사에 상당하는 외국회사를 포함한다)으로서 국내에 투자하
거나 소유하고 있는 자산을 합한 금액이 총자산의 100분의 30 미만인 외국법인

을 말한다. 〈신설 2021. 10. 21.〉

⑫ 일반 사모집합투자업자는 법 제249조의7제3항에 따라 매분기의 말일부터 1개월 이내에 일반사모집합투자기구별로 같은 항 각 호의 사항을 금융위원회가 정하여 고시하는 서식 및 절차에 따라 보고해야 한다. 〈개정 2021. 3. 16., 2021. 10. 21.〉

1. 삭제 〈2021. 10. 21.〉

1의2. 삭제 〈2021. 10. 21.〉

2. 삭제 〈2021. 10. 21.〉

3. 삭제 〈2021. 10. 21.〉

4. 삭제 〈2021. 10. 21.〉

⑬ 법 제249조의7제3항제4호에서 "대통령령으로 정하는 사항"이란 다음 각 호의 사항을 말한다. 〈개정 2021. 10. 21.〉

1. 제2항 각 호의 실질적인 차입금 현황

2. 법 제249조의7제1항에 따라 산정한 비율 현황

3. 금전대여 현황

4. 그 밖에 집합투자재산의 운용과 관련된 위험요인 및 관리방안 중 금융위원회가 정하여 고시하는 사항

⑭ 법 제249조의7제4항에서 "대통령령으로 정한 사유가 발생한 경우"란 다음 각 호의 어느 하나에 해당하는 경우를 말한다. 〈개정 2021. 10. 21.〉

1. 법 제249조의7제1항 각 호 외의 부분 본문의 한도를 초과한 경우

2. 법 제89조제1항제3호에 따른 부실자산이 발생한 경우

3. 환매연기 또는 환매재개의 결정이 있는 경우

4. 환매금지형 집합투자기구의 경우에는 만기 변경이나 만기상환 거부 결정이 있는 경우

⑮ 법 제249조의7제5항 각 호 외의 부분에서 "대통령령으로 정하는 회사"란 다음 각 호의 회사를 말한다. 〈개정 2021. 10. 21.〉

1. 「자산유동화에 관한 법률」에 따른 유동화전문회사

2. 「부동산투자회사법」에 따른 부동산투자회사

3. 「선박투자회사법」에 따른 선박투자회사

4. 「문화산업진흥 기본법」에 따른 문화산업전문회사

5. 제11항에 따른 외국법인

6. 그 밖에 제1호부터 제5호까지의 회사에 준하는 것으로서 금융위원회가 정하여

고시하는 회사

⑯ 법 제249조의7제5항 각 호 외의 부분에서 "대통령령으로 정하는 방법"이란 다음 각 호의 방법을 말한다. 〈신설 2021. 10. 21.〉

1. 지분증권 또는 주권 관련 사채권의 공동 취득·처분

2. 지분증권 또는 주권 관련 사채권의 상호 양도·양수

3. 집합투자재산의 운용에 대한 의결권(의결권의 행사를 지시할 수 있는 권한을 포함한다)의 공동 행사

⑰ 법 제249조의7제5항제2호에서 "대통령령으로 정하는 투자"란 다음 각 호의 투자를 말한다. 〈신설 2021. 10. 21.〉

1. 투자계약을 통해 임원의 임면, 조직변경 또는 신규투자 등 주요 경영사항에 대해 권한을 행사할 수 있는 투자

2. 투자를 통해 투자대상회사의 최대주주가 되는 투자(의결권 있는 발행주식총수 또는 출자총액의 100분의 10 미만을 보유하는 경우로 한정한다)

⑱ 제1항부터 제17항까지에서 규정한 사항 외에 일반사모집합투자기구 집합투자재산의 운용 및 금융위원회 보고의 절차·방법 등에 관하여 필요한 세부사항은 금융위원회가 정하여 고시한다. 〈신설 2021. 10. 21.〉

[본조신설 2015. 10. 23.]

[제목개정 2021. 10. 21.]

판 연 제271조조의11 (일반사모집합투자기구에 대한 특례)

① 법 제249조의8제2항 각 호 외의 부분 단서에서 "다른 사모집합투자기구에 투자하는 집합투자기구로서 일반투자자를 대상으로 하는 일반사모집합투자기구 등 대통령령으로 정하는 집합투자기구"란 다음 각 호의 집합투자기구를 말한다. 〈신설 2021. 10. 21.〉

1. 다른 사모집합투자기구에 투자하는 집합투자기구로서 사모집합투자기구에 해당하지 않는 집합투자기구

2. 다른 사모집합투자기구에 투자하는 집합투자기구로서 일반투자자를 대상으로 하는 일반사모집합투자기구

② 법 제249조의8제4항에서 "대통령령으로 정하는 방법"이란 다음 각 호의 요건을 모두 충족하는 것을 말한다. 〈개정 2021. 10. 21.〉

1. 다른 투자자 전원의 동의를 받을 것. 다만, 「공직자윤리법」에 따라 주식백지신탁 계약을 체결할 목적으로 설정된 투자신탁의 경우는 제외한다.

2. 법 제238조제1항에서 정한 가격에 기초하여 집합투자재산평가위원회가 정한 가격으로 납부할 것

③ 법 제249조의8제9항 전단에서 "대통령령으로 정하는 것"이란 다음 각 호의 어느 하나에 해당하는 것을 말한다. 〈개정 2021. 10. 21.〉

1. 제68조제5항제3호 또는 제10호에 따른 행위

2. 제68조제5항제13호에 따른 행위. 다만, 종합금융투자사업자에게 집합투자증권을 판매하는 경우로서 그 종합금융투자사업자가 제6조의3제3항제7호에 따른 출자를 함으로써 그 집합투자증권을 매수하는 경우에는 그러하지 아니하다.

3. 제68조제5항제14호에 따른 금융위원회가 정하여 고시하는 행위 중 금융위원회가 정하여 고시하는 것

[본조신설 2015. 10. 23.]

[제목개정 2021. 10. 21.]

판 연 제271조조의12 (일반사모집합투자기구에 대한 조치)

① 법 제249조의9제1항제4호에서 "대통령령으로 정하는 법령"이란 제373조제2항 각 호의 법령을 말한다.

② 법 제249조의9제1항제4호에서 "사회적 신용을 훼손하는 등 대통령령으로 정하는 경우"란 제373조제3항 각 호의 어느 하나에 해당하는 경우를 말한다.

③ 법 제249조의9제1항제6호에서 "대통령령으로 정하는 경우"란 다음 각 호의 어느 하나에 해당하는 경우를 말한다.

1. 업무와 관련하여 부정한 방법으로 타인으로부터 금전등을 받거나 타인에게 줄 금전등을 취득한 경우

2. 법 제253조제2항제1호에 따른 업무정지의 조치를 받은 날부터 1개월(업무정지의 조치를 하면서 1개월을 초과하는 보정기간을 정한 경우에는 그 기간) 이내에 해당 조건을 보정하지 아니하거나, 업무정지의 기간 중에 업무를 한 경우

3. 같거나 비슷한 위법행위를 계속하거나 반복하는 경우

④ 법 제249조의9제2항제7호에서 "대통령령으로 정하는 조치"란 다음 각 호의 어느 하나에 해당하는 조치를 말한다.

1. 경영이나 업무방법의 개선요구나 개선권고

2. 변상 요구

3. 법을 위반한 경우에는 고발 또는 수사기관에의 통보

4. 다른 법률을 위반한 경우에는 관련 기관이나 수사기관에의 통보

5. 그 밖에 금융위원회가 법 및 이 영, 그 밖의 관련 법령에 따라 취할 수 있는 조치

⑤ 법 제249조의9제3항 각 호 외의 부분에서 "대통령령으로 정하는 조치"란 제4항 제3호부터 제5호까지의 조치를 말한다.

⑥ 법 제249조의9제3항제2호에서 "대통령령으로 정하는 경우"란 별표 6 제1호부터 제9호까지, 제13호, 제16호 또는 제20호의 어느 하나에 해당하는 경우를 말한다.

[본조신설 2015. 10. 23.]

[제목개정 2021. 10. 21.]

제2절 기관전용사모집합투자기구 등 〈개정 2021. 10. 21.〉

판 연 제271조의13 (기관전용사모집합투자기구 설립 보고 등)

제271조의13(기관전용사모집합투자기구 설립 보고 등) ① 기관전용사모집합투자기구는 법 제249조의10제4항에 따라 다음 각 호의 사항을 기재한 보고서를 금융위원회에 제출해야 한다. 〈개정 2021. 10. 21.〉

1. 법 제249조의10제2항에 따른 등기사항

2. 업무집행사원에 관한 사항

3. 기관전용사모집합투자기구 집합투자재산의 운용에 관한 사항

4. 종합금융투자사업자(기관전용사모집합투자기구가 그 종합금융투자사업자로부터 전담중개업무를 제공받는 경우로 한정한다)에 관한 사항

5. 그 밖에 금융시장의 안정 또는 건전한 거래질서 유지를 위해 필요한 사항으로서 금융위원회가 정하여 고시하는 사항

② 제1항에 따른 보고서에는 다음 각 호의 서류를 첨부해야 한다. 〈개정 2021. 10. 21.〉

1. 정관(법 제249조의10제1항제4호, 제7호 및 제8호는 제외한다)

2. 업무집행사원에 관한 다음 각 목의 서류

   가. 최근 사업연도말 재무제표

   나. 대주주의 성명·주민등록번호(대주주가 법인인 경우에는 상호 또는 명칭, 법인등록번호 또는 사업자등록번호) 및 소유주식수 등 대주주의 내역

3. 기관전용사모집합투자기구의 업무를 제3자에게 위탁한 경우에는 그 제3자와 체결한 업무위탁계약서의 사본. 다만, 해당 사업연도에 같은 내용의 업무위탁계약서 사본을 이미 첨부하여 제출했으면 그 업무위탁계약서 사본으로 갈음할 수 있다.

4. 그 밖에 금융시장의 안정 또는 건전한 거래질서 유지를 위해 필요한 서류로서 금융위원회가 정하여 고시하는 서류

③ 제1항에 따른 보고서를 제출받은 금융위원회는 「전자정부법」 제36조제1항에 따른 행정정보의 공동이용을 통하여 해당 기관전용사모집합투자기구와 그 업무집행사원의 법인 등기사항증명서를 확인해야 한다. 〈개정 2021. 10. 21.〉

④ 제1항에 따른 보고서를 제출받은 금융위원회는 법 제249조의10제4항에 따른 보고의 내용에 관한 사실여부를 확인하여야 한다.

⑤ 법 제249조의10제4항 단서에서 "대통령령으로 정하는 경우"란 다음 각 호의 어느 하나에 해당하는 경우(법 제249조의7제5항 각 호의 방법으로 집합투자재산을 운용하는 기관전용사모집합투자기구로 한정한다)를 말한다. 〈개정 2021. 10. 21.〉

1. 같은 상호출자제한기업집단에 속하는 계열회사가 출자한 지분의 합계가 기관전용사모집합투자기구 출자총액의 100분의 30 이상으로서 금융위원회가 정하는 비율 이상인 경우

2. 상호출자제한기업집단의 계열회사가 업무집행사원인 경우

3. 업무집행사원의 특수관계인이 기관전용사모집합투자기구 출자총액의 100분의 30 이상으로서 금융위원회가 정하는 비율 이상을 출자한 경우

4. 제1호부터 제3호까지의 규정에 준하는 경우로서 금융위원회가 정하여 고시하는 경우

5. 다음 각 목의 어느 하나에 해당하는 자가 사원으로서 출자한 지분의 합계가 기관전용사모집합투자기구 출자총액의 100분의 30 이상으로서 금융위원회가 정하여 고시하는 비율 이상인 경우. 이 경우 제1호부터 제4호까지의 규정에 해당하는 자가 다음 각 목의 자가 운용하는 집합투자재산 또는 신탁재산에 금융위원회가 정하여 고시하는 금액 이상으로 투자한 경우로 한정한다.

가. 투자신탁, 투자익명조합의 집합투자업자

나. 투자회사등

다. 신탁재산을 운용하는 신탁업자

⑥ 법 제249조의10제6항 전단에서 "대통령령으로 정하는 경우"란 다음 각 호의 어느 하나에 해당하는 사항이 변경된 경우를 말한다. 〈개정 2021. 10. 21.〉

1. 법 제249조의10제1항제3호의 사항

2. 제2항제2호 또는 제3호의 사항

3. 그 밖에 기관전용사모집합투자기구의 업무집행사원에 관한 사항 등으로서 금융

위원회가 정하여 고시하는 사항

⑦ 기관전용사모집합투자기구는 제6항 각 호의 사항이 변경된 경우에는 그 변경이 있었던 분기의 다음 달 10일 이내에 금융위원회에 보고해야 한다. 다만, 제2항제2호가목에 해당하는 사항의 경우에는 그 변경이 있었던 해당 사업연도말일부터 1개월 이내에 금융위원회에 보고해야 한다. 〈개정 2021. 10. 21.〉

⑧ 제1항부터 제7항까지에서 규정한 사항 외에 기관전용사모집합투자기구의 보고서 서식과 작성방법 등에 관하여 필요한 사항은 금융위원회가 정하여 고시한다. 〈개정 2021. 10. 21.〉

[본조신설 2015. 10. 23.]

[제목개정 2021. 10. 21.]

판 연 제271조의14 (사원 및 출자)

① 법 제249조의11제2항에서 "다른 집합투자기구가 그 기관전용 사모집합투자기구의 지분을 100분의 10 이상 취득하는 경우 등 대통령령으로 정하는 경우"란 다른 사모집합투자기구가 그 기관전용사모집합투자기구의 집합투자증권 발행총수의 100분의 10 이상을 취득하는 경우를 말한다. 이 경우 그 기관전용사모집합투자기구를 운용하는 업무집행사원이 둘 이상의 다른 기관전용사모집합투자기구를 함께 운용하는 경우로서 해당 둘 이상의 다른 기관전용사모집합투자기구가 그 기관전용사모집합투자기구의 집합투자증권 발행총수의 100분의 30 이상을 취득(여유자금의 효율적 운용을 위한 취득으로서 금융위원회가 정하여 고시하는 경우의 취득은 제외한다)하는 경우에는 그 기관전용사모집합투자기구의 집합투자증권 발행총수의 100분의 10 미만을 취득하는 경우를 포함한다. 〈신설 2021. 10. 21.〉

② 법 제249조의11제3항에서 "대통령령으로 정하는 자"란 다음 각 호의 어느 하나에 해당하는 자를 말한다. 〈개정 2021. 10. 21.〉

1. 제10조제1항 각 호의 어느 하나에 해당하는 자

2. 제10조제3항제12호 또는 제13호에 해당하는 자 중 금융위원회가 정하여 고시하는 자

③ 법 제249조의11제4항에서 "대통령령으로 정하는 업무집행사원의 업무"란 제271조의20제4항제6호 각 목의 업무를 말한다. 〈개정 2021. 10. 21.〉

④ 법 제249조의11제6항제1호에서 "대통령령으로 정하는 투자자"란 다음 각 호의 자를 말한다. 〈개정 2021. 10. 21.〉

1. 국가

2. 한국은행

3. 다음 각 목의 기준을 모두 충족하는 주권상장법인(코넥스시장에 상장된 법인은 제외한다)

　　가. 금융위원회에 나목의 기준을 충족하고 있음을 증명하는 자료를 제출할 것

　　나. 가목에 따라 자료를 제출한 날의 전날의 금융투자상품 잔고가 100억원(「주식회사 등의 외부감사에 관한 법률」에 따라 외부감사를 받는 주식회사는 50억원) 이상일 것

　　다. 가목에 따라 자료를 제출한 날부터 2년이 지나지 않을 것

4. 제10조제2항 각 호의 자

5. 제10조제3항제1호부터 제6호까지, 제6호의2, 제7호부터 제14호까지 또는 같은 항 제18호 각 목의 자. 이 경우 같은 항 제9호의 경우에는 다음 각 목의 집합투자기구로 한정한다.

　　가. 기관전용사모집합투자기구

　　나. 기관전용사모집합투자기구의 유한책임사원이 집합투자증권 전부를 보유하는 일반사모집합투자기구

⑤ 법 제249조의11제6항제2호에서 "대통령령으로 정하는 투자자"란 다음 각 호의 투자자를 말한다. 〈개정 2021. 10. 21.〉

1. 기관전용사모집합투자기구의 업무집행사원과 관련된 다음 각 목의 자(그 업무집행사원이 운용하는 기관전용사모집합투자기구에 1억원 이상 투자하는 경우로 한정한다)

　　가. 기관전용사모집합투자기구의 업무집행사원의 임원이나 법 제249조의15제1항제3호에 따른 투자운용전문인력(이하 "투자운용전문인력"이라 한다)

　　나. 기관전용사모집합투자기구의 업무집행사원의 모회사(「상법」 제342조의2제1항에 따른 모회사를 말한다)

　　다. 기관전용사모집합투자기구의 업무집행사원의 임원이나 투자운용전문인력이 발행주식 또는 출자지분 전부를 보유하고 각각 1억원 이상을 출자한 법인 또는 단체

2. 기관전용사모집합투자기구의 유한책임사원이 출자지분 전부를 보유하는 「여신전문금융업법」에 따른 신기술사업투자조합

3. 다음 각 목의 기준을 모두 충족하는 재단법인

　　가. 금융위원회에 나목의 기준을 충족하고 있음을 증명하는 자료를 제출할 것

나. 가목에 따라 자료를 제출한 날의 전날을 기준으로 제10조제2항 각 호의 자나 같은 조 제3항제1호부터 제6호까지, 제6호의2, 제7호, 제8호, 제10호 또는 제11호의 자가 전체 출연금액의 100분의 90 이상을 출연한 재단법인일 것

다. 가목에 따라 자료를 제출한 날부터 2년이 지나지 않을 것

4. 다음 각 목의 기준을 모두 충족하는 법인

가. 금융위원회에 나목 및 다목의 기준을 충족하고 있음을 증명하는 자료를 제출할 것

나. 업무 및 사업 수행에 필요한 인적·물적 요건을 갖출 것

다. 가목에 따라 자료를 제출한 날의 전날을 기준으로 최근 1년 이상의 기간 동안 계속해서 금융투자상품을 월말 평균잔고 기준으로 500억원 이상 보유하고 있을 것

라. 가목에 따라 자료를 제출한 날부터 2년이 지나지 않을

5. 내국인의 출자지분이 없는 외국법인(기관전용사모집합투자기구에 100억원 이상을 투자하는 경우로 한정한다)

6. 그 밖에 다른 법률에 따라 설립된 기관 또는 단체로서 기관전용사모집합투자기구 투자에 필요한 전문성 및 위험관리능력을 갖추고 있다고 금융위원회가 인정하여 고시하는 기관 또는 단체

⑥ 법 제249조의11제8항에서 "대통령령으로 정하는 비율"이란 100분의 30 이상으로서 금융위원회가 정하여 고시하는 비율을 말한다. 〈개정 2021. 10. 21.〉

⑦ 법 제249조의11제8항에서 "해당 유한책임사원 관련 정보 및 기관전용사모집합투자기구의 투자 구조 등 대통령령으로 정하는 사항"이란 다음 각 호의 사항을 말한다. 〈개정 2021. 10. 21.〉

1. 사원의 연혁·목적·영업실태 등 사원의 개황(槪況), 대표자 및 임원에 관한 사항(사원이 법인인 경우로 한정한다) 및 재무제표(연결재무제표를 작성하는 기업의 경우에는 연결재무제표를 포함한다)

2. 사원별 출자 금액

3. 제271조의20제4항제6호 각 목의 업무에 따른 투자 구조

4. 기관전용사모집합투자기구의 투자대상기업의 개황[기업의 연혁·목적·영업실태, 대표자 및 임원에 관한 사항 및 재무제표(연결재무제표를 작성하는 기업의 경우에는 연결재무제표를 포함한다)]

5. 그 밖에 금융시장의 안정 또는 건전한 거래질서를 유지하기 위하여 필요한 것으로서 금융위원회가 정하여 고시하는 사항

⑧ 법 제249조의11제8항에서 "대통령령으로 정하는 기간"이란 기관전용사모집합투자기구의 업무집행사원의 특수관계인인 유한책임사원의 출자지분이 그 기관전용

사모집합투자기구의 전체 출자지분 중 제6항에 따른 비율에 해당하게 된 날부터 3영업일을 말한다. 〈개정 2021. 10. 21.〉

⑨ 같은 상호출자제한기업집단에 속하는 금융회사는 기관전용사모집합투자기구에 출자하는 경우 기관전용사모집합투자기구 출자총액의 100분의 30을 초과해서는 아니 된다. 〈개정 2021. 10. 21.〉

⑩ 제9항에도 불구하고 기관전용사모집합투자기구의 투자대상기업이 오로지 외국 법령에 따라 설립된 회사(설립 중인 회사를 포함한다)인 경우에는 그 기관전용사모집합투자기구 출자총액의 100분의 30을 초과하여 출자할 수 있다. 〈개정 2021. 10. 21.〉

⑪ 사원은 업무집행사원이 출자의 이행을 요구하는 때에 출자하기로 약정하는 방식으로 출자할 수 있다. 〈개정 2021. 10. 21.〉

⑫ 제1항부터 제11항까지에서 규정한 사항 외에 사원의 출자 방법과 절차에 관하여 필요한 사항은 금융위원회가 정하여 고시한다. 〈개정 2021. 10. 21.〉

[본조신설 2015. 10. 23.]

판 연 제271조의15 삭제 〈2021. 10. 21.〉

제271조의15 삭제 〈2021. 10. 21.〉

판 연 제271조의16 (기관전용사모집합투자기구 집합투자재산의 운용방법 등)

① 법 제249조의12제2항에 따라 기관전용사모집합투자기구는 다음 각 호의 구분에 따른 날을 보고의 기준일로 하여 금융위원회에 보고해야 한다.

1. 집합투자재산 총액이 100억원 이상인 기관전용사모집합투자기구: 매년 6월 30일 및 12월 31일

2. 집합투자재산 총액이 100억원 미만인 기관전용사모집합투자기구: 매년 12월 31일

② 기관전용사모집합투자기구는 제1항 각 호의 기준일부터 1개월 이내에 법 제249조의12제2항 각 호의 사항을 금융위원회에 보고해야 한다.

③ 법 제249조의12제2항제4호에서 "대통령령으로 정하는 사항"이란 다음 각 호의 사항을 말한다.

1. 제271조의10제2항 각 호에 따른 실질적인 차입금 현황

2. 법 제249조의7제1항에 따라 산정한 비율 현황

3. 금전대여 현황

4. 그 밖에 집합투자재산의 운용과 관련된 위험요인 및 관리방안 중 금융위원회가 정하여 고시하는 사항

④ 제1항부터 제3항까지에서 규정한 사항 외에 기관전용사모집합투자기구의 보고 방법 및 절차에 관하여 필요한 세부사항은 금융위원회가 정하여 고시한다.

[전문개정 2021. 10. 21.]

판 연 제271조의17

제271조의17 삭제 〈2021. 10. 21.〉

판 연 제271조의18

제271조의18 삭제 〈2021. 10. 21.〉

판 연 제271조의19(투자목적회사)

① 법 제249조의13제1항제3호 각 목 외의 부분에서 "대통령령으로 정하는 비율"이 란 100분의 50을 말한다.

② 법 제249조의13제1항제3호다목에서 "대통령령으로 정하는 자"란 다음 각 호의 어느 하나에 해당하는 자를 말한다. 〈개정 2021. 10. 21.〉

1. 투자목적회사에 대하여 신용공여(법 제34조제2항에 따른 신용공여를 말한다)를 한 금융기관(「금융위원회의 설치 등에 관한 법률」제38조에 따른 검사대상기관을 말한 다)으로서 출자전환 등을 한 자

2. 다음 각 목의 요건을 모두 충족하는 자

　가. 다음의 어느 하나에 해당하는 자가 아닐 것

　　　1) 국가

　　　2) 한국은행

　　　3) 제10조제2항제1호부터 제17호까지의 규정에 해당하는 자

　　　4) 제10조제3항제1호부터 제14호까지의 규정에 해당하는 자

　　　5) 제10조제3항제18호가목부터 다목까지의 규정에 해당하는 자

　　　6) 3) 및 4)에 따른 자에 준하는 외국인

　　　7) 1)부터 6)까지의 어느 하나에 해당하는 자 또는 같은 상호출자제한기업집 단에 속하는 금융회사가 설립하였거나 사실상 지배하는 회사 또는 법인

　나. 국내에서 직접 임직원, 영업소, 그 밖에 사업을 하기 위하여 통상적으로 필요한 인 적·물적 설비를 갖추고 「통계법」에 따라 통계청장이 고시하는 한국표준산업분류

에 따른 제조업 등의 사업을 하는 자일 것

　다. 투자목적회사에 투자한 기관전용사모집합투자기구의 업무집행사원 또는 일반사모집합투자기구의 집합투자업자와의 합의 또는 계약 등에 따라 해당 투자목적회사가 투자하는 기업의 경영에 공동으로 참여할 것

　라. 그 밖에 투자자 보호와 금융시장의 안정 또는 건전한 거래질서 유지를 위하여 필요한 사항으로서 금융위원회가 정하여 고시하는 요건

③ 삭제 〈2021. 10. 21.〉

④ 삭제 〈2021. 10. 21.〉

⑤ 투자목적회사는 그 회사의 주주나 사원인 기관전용사모집합투자기구의 업무집행사원 또는 일반사모집합투자기구의 집합투자업자에게 그 회사의 재산의 운용을 위탁해야 한다. 〈개정 2021. 10. 21.〉

⑥ 투자목적회사는 법 제249조의7제1항ㆍ제2항 및 제4항부터 제7항까지의 방법(기관전용사모집합투자기구가 주주 또는 사원인 투자목적회사의 경우 같은 조 제6항의 방법은 제외한다)으로 투자목적회사의 재산을 운용해야 한다. 〈개정 2021. 10. 21.〉

⑦ 투자목적회사는 법 제238조제1항에 따라 그 재산을 평가해야 한다. 다만, 기관전용사모집합투자기구가 주주 또는 사원인 투자목적회사가 법 제249조의7제5항 각 호의 방법으로 지분증권에 투자하는 경우 그 지분증권에 대한 평가는 제260조제1항제1호에 따른 방법으로 할 수 있다. 〈개정 2021. 10. 21.〉

⑧ 삭제 〈2021. 10. 21.〉
[본조신설 2015. 10. 23.]

판 연 제271조의20 (업무집행사원 등)

① 법 제249조의14제2항 전단에서 "대통령령으로 정하는 법령"이란 법, 이 영과 다음 각 호에 해당하는 법령을 말한다. 〈개정 2016. 5. 31., 2020. 8. 11., 2021. 10. 21.〉

1. 「은행법」
2. 「한국산업은행법」
3. 「중소기업은행법」
4. 「한국수출입은행법」
5. 「보험업법」
6. 「상호저축은행법」

7. 「여신전문금융업법」

8. 「신용보증기금법」

9. 「기술보증기금법」

10. 「신용협동조합법」

11. 「새마을금고법」

12. 「신용정보의 이용 및 보호에 관한 법률」

13. 「한국자산관리공사 설립 등에 관한 법률」

14. 「한국주택금융공사법」

15. 「부동산투자회사법」

16. 「선박투자회사법」

17. 「산업발전법」

18. 「벤처투자 촉진에 관한 법률」

② 제1항제1호부터 제14호까지에 따른 법률에서 규정하고 있는 업무를 영위하는 업무집행사원(「여신전문금융업법」에 따른 신기술사업금융업자는 제외한다)은 다음 각 호의 방법으로 기관전용사모집합투자기구의 집합투자재산을 운용해야 한다. 〈신설 2021. 10. 21.〉

1. 집합투자재산을 다음 각 목의 투자에 운용할 것

　가. 법 제249조의7제5항 각 호의 방법으로 하는 투자

　나. 다른 회사의 의결권 있는 발행주식과 주권 관련 사채권의 전환권·신주인수권 등의 행사로 취득할 수 있는 의결권 있는 발행주식(금융위원회가 정하여 고시하는 기준 및 방법에 따라 산정한 발행주식을 말한다)의 합계가 그 회사의 의결권 있는 발행주식 총수의 100분의 10 이상이 되는 투자

　다. 장내파생상품 또는 장외파생상품에 대한 투자로서 다음의 어느 하나에 해당하는 투자

　　1) 투자대상기업(기관전용사모집합투자기구 또는 기관전용사모집합투자기구가 주주 또는 사원인 투자목적회사가 가목 또는 나목의 방법으로 투자한 기업을 말한다. 이하 이 조에서 같다)이 발행한 증권에 대한 투자위험을 회피하기 위한 투자

　　2) 환율 변동에 따른 위험을 회피하기 위한 투자

　라. 「사회기반시설에 대한 민간투자법」에 따른 사회기반시설투융자회사가 발행한 증권에 대한 투자

　마. 투자목적회사의 지분증권에 대한 투자

바. 그 밖에 가목부터 마목까지의 투자에 준하는 것으로서 금융위원회가 정하
　　　　여 고시하는 투자
　2. 제1호의 방법으로 운용하고 남은 집합투자재산을 다음 각 목의 방법으로 운용
할 것
　　가. 법 제83조제4항에 따른 단기대출
　　나. 다음의 금융회사에의 예치
　　　　1) 제79조제2항제5호 각 목의 금융회사(이에 준하는 외국 금융회사를 포함
한다)
　　　　2) 「우체국예금·보험에 관한 법률」에 따른 체신관서
　　다. 기관전용사모집합투자기구의 자산총액에서 부채총액을 뺀 가액의 100분의 30 이
　　　　내에서 법 제4조제1항 각 호의 증권을 제외한 증권에의 투자
　　라. 그 밖에 가목부터 다목까지의 방법에 준하는 것으로서 금융위원회가 정하여 고시
　　　　하는 방법
　3. 기관전용사모집합투자기구의 사원이 출자한 날부터 2년 이내에 출자한 금액의
100분의 50 이상을 제1호가목·나목·라목 또는 마목(투자목적회사가 가목·나목 또
는 라목에 따른 투자를 목적으로 하는 경우로 한정한다)의 방법으로 운용할 것
　4. 제1호가목 또는 나목의 투자를 하는 경우 투자대상기업이 발행한 지분증권 또는
주권 관련 사채권을 취득한 날부터 6개월 이상 소유할 것
　5. 다른 회사의 지분증권등을 최초로 취득한 날부터 6개월이 경과할 때까지 제1호
가목 또는 나목에 부합하지 않는 경우에는 이미 취득한 그 다른 회사의 지분증권등 전
부를 다른 자(그 기관전용사모집합투자기구와 출자관계를 가지고 있거나 같은 자로부
터 출자에 의한 지배를 받는 자는 제외한다)에게 6개월 이내에 처분하고 금융위원회
에 지체 없이 보고할 것
　③ 제2항에도 불구하고 제1항제2호·제3호 또는 제13호의 법률에서 규정하고 있는
　　업무를 영위하는 경우로서 다음 각 호의 기준을 모두 충족하는 업무집행사원과
　　제1항제7호(「여신전문금융업법」에 따른 신기술사업금융업자로 한정한다) 및 제
　　15호부터 제18호까지에 따른 법률에서 규정하고 있는 업무를 영위하는 업무집행
　　사원은 법 제249조의12제1항에 따른 방법으로 기관전용사모집합투자기구의 집
　　합투자재산을 운용할 수 있다. 〈신설 2021. 10. 21., 2022. 8. 30.〉
　1. 집합투자재산을 법 제249조의7제5항 각 호의 방법(정책 목적을 달성하기 위하여
같은 항 각 호의 방법과 다른 방법으로 운용할 필요가 있는 경우로서 금융위원회의 확
인을 받은 경우에는 경영권 참여를 하지 않는 방법으로서 금융위원회가 정하여 고시하

는 방법을 포함한다)으로 운용할 것

2. 투자목적, 투자전략, 운용방법 및 투자대상자산의 종류에 관하여 금융위원회가 정하여 고시하는 요건을 갖출 것

④ 법 제249조의14제6항제4호에서 "대통령령으로 정하는 행위"란 다음 각 호의 어느 하나에 해당하는 행위를 말한다. 〈개정 2021. 10. 21., 2023. 6. 13.〉

1. 정관을 위반하여 기관전용사모집합투자기구의 집합투자재산을 운용하는 행위

2. 기관전용사모집합투자기구의 집합투자재산을 운용할 때 정당한 이유 없이 일반적인 거래조건을 벗어나는 불공정한 조건으로 거래하는 행위

3. 기관전용사모집합투자기구의 집합투자재산에 관한 정보를 업무집행사원의 고유재산 운용에 이용하는 행위

4. 특정 기관전용사모집합투자기구나 투자목적회사의 이익을 해치면서 자기 또는 제3자의 이익을 도모하는 행위

5. 법 제249조의11부터 제249조의18까지의 규정에 따른 금지나 제한을 회피할 목적으로 하는 행위로서 장외파생상품거래, 신탁계약, 연계거래 등을 이용하는 행위

6. 다음 각 목의 어느 하나에 해당하는 업무를 제3자에게 위탁하는 행위

가. 투자대상기업의 선정이나 투자목적회사의 설립 또는 선정 업무

나. 투자대상기업이나 투자목적회사의 지분증권을 매매하는 경우에는 그 가격·시기·방법 등을 결정하는 업무

다. 기관전용사모집합투자기구 집합투자재산이나 투자목적회사 재산에 속하는 지분증권에 대한 의결권의 행사 업무

라. 그 밖에 금융시장의 안정 또는 건전한 거래질서의 유지를 위해 필요한 업무로서 금융위원회가 정하여 고시하는 업무

7. 기관전용사모집합투자기구의 집합투자재산의 운용을 담당하는 직원과 해당 운용에 관한 의사를 집행하는 직원을 구분하지 않는 행위. 다만, 다음 각 호의 어느 하나에 해당하는 경우는 제외한다.

가. 법 제249조의7제5항 각 호의 방법으로 집합투자재산을 운용하는 경우

나. 기관전용사모집합투자기구별로 계좌를 개설하고, 계좌별로 이루어지는 매매거래의 경우

다. 장내파생상품 거래의 경우

라. 그 밖에 집합투자재산의 공정한 운용을 저해하지 않는 경우로서 금융위원회가 정하여 고시하는 경우

8. 투자운용전문인력이 아닌 자가 기관전용사모집합투자기구의 운용업무를 하도록

하는 행위

9. 그 밖에 투자자의 보호나 건전한 거래질서를 해칠 염려가 있는 행위로서 금융위원회가 정하여 고시하는 행위

⑤ 법 제249조의14제8항에서 "대통령령으로 정하는 기간"이란 6개월을 말한다. 〈개정 2021. 10. 21.〉

⑥ 제1항부터 제5항까지에서 규정한 사항 외에 업무집행사원의 집합투자재산 운용 및 업무수행의 절차·방법에 관하여 필요한 세부사항은 금융위원회가 정하여 고시한다. 〈신설 2021. 10. 21.〉
[본조신설 2015. 10. 23.]

판 연 제271조의21(등록의 요건 등)

① 법 제249조의15제1항제1호에서 "대통령령으로 정하는 금액"이란 1억원을 말한다. 이 경우 자기자본을 산정하는 기준일은 등록 신청일로 한다.

② 법 제249조의15제1항제2호에서 "합자회사의 업무집행사원 등 대통령령으로 정하는 자"란 다음 각 호의 어느 하나에 해당하는 자를 말한다.

1. 합자회사의 업무집행사원

2. 유한책임회사의 업무집행자

3. 유한회사의 이사 또는 합명회사의 업무집행사원

③ 법 제249조의15제1항제3호에서 "대통령령으로 정하는 투자운용전문인력"이란 다음 각 호의 어느 하나에 해당하는 사람을 말한다. 〈신설 2021. 10. 21.〉

1. 금융기관 또는 금융위원회가 정하여 고시하는 기관에서 집합투자재산의 운용 업무에 2년 이상의 범위에서 금융위원회가 정하여 고시하는 기간 이상 종사한 경력이 있는 사람

2. 금융기관 또는 금융위원회가 정하여 고시하는 기관에서 2년 이상의 범위에서 금융위원회가 정하여 고시하는 기간 이상 종사한 경력이 있는 사람으로서 금융위원회가 인정하는 교육을 이수한 사람

3. 그 밖에 기관전용사모집합투자기구의 집합투자재산 운용업무에 관한 전문성을 갖춘 것으로 인정되는 사람으로서 금융위원회가 정하여 고시하는 사람

④ 법 제249조의15제1항제3호에서 "대통령령으로 정하는 수"란 2명을 말한다. 〈개정 2021. 10. 21.〉

⑤ 법 제249조의15제1항제5호에서 "대통령령으로 정하는 건전한 재무상태와 사회적 신용"이란 다음 각 호의 구분에 따른 사항을 말한다. 〈개정 2016. 7. 28., 2021.

1. 건전한 재무상태: 재무건전성에 관한 기준으로서 금융위원회가 정하여 고시하는 기준을 충족할 것(「금융위원회의 설치 등에 관한 법률」 제38조에 따른 검사대상기관의 경우만 해당한다)

2. 사회적 신용: 다음 각 목의 모든 요건에 적합할 것. 다만, 그 위반 등의 정도가 경미하다고 인정되는 경우는 제외한다.

    가. 최근 3년간 금융관련법령, 「독점규제 및 공정거래에 관한 법률」 및 「조세범 처벌법」을 위반하여 5억원의 벌금형 이상에 상당하는 형사처벌을 받은 사실이 없을 것. 다만, 법 제448조, 그 밖에 해당 법률의 양벌 규정에 따라 처벌을 받은 경우는 제외한다.

    나. 최근 3년간 「금융산업의 구조개선에 관한 법률」에 따라 부실금융기관으로 지정되었거나 법 또는 금융관련법령에 따라 영업의 허가·인가·등록 등이 취소된 자가 아닐 것

⑥ 법 제249조의15제7항제5호에서 "대통령령으로 정하는 경우"란 다음 각 호의 어느 하나에 해당하는 경우를 말한다. 〈개정 2021. 10. 21.〉

1. 법 제249조의21제3항제1호나목에 따른 직무정지의 조치를 받은 날부터 1개월(직무정지의 조치를 하면서 1개월을 초과하는 보정기간을 정한 경우에는 그 기간) 이내에 해당 조건을 보정하지 아니한 경우

2. 업무와 관련하여 부정한 방법으로 타인으로부터 금전등을 받거나 타인에게 줄 금전등을 취득한 경우

3. 같거나 비슷한 위법행위를 계속하거나 반복하는 경우

⑦ 업무집행사원의 등록신청서의 기재사항에 관하여는 제22조제1항(제4호 및 제7호는 제외한다)을 준용하고, 등록신청서의 첨부서류에 관하여는 같은 조 제2항(제4호 및 제8호는 제외한다)을 준용하며, 등록검토의 방법·절차에 관하여는 같은 조 제3항 및 제4항을 준용한다. 이 경우 "투자권유자문인력 또는 투자운용인력"은 "투자운용전문인력"으로, "재무제표와 그 부속명세서"는 "재무제표"로 본다. 〈개정 2021. 10. 21.〉

⑧ 법 제249조의15제1항에 따라 등록한 업무집행사원은 운용 중인 기관전용사모집합투자기구가 없는 경우 금융위원회가 정하여 고시하는 절차에 따라 그 등록의 취소를 신청할 수 있다. 〈개정 2021. 10. 21.〉

⑨ 법 제249조의15제8항 전단에서 "대통령령으로 정하는 경미한 사항"이란 투자운용전문인력의 소속, 직위 및 담당업무를 말한다. 〈신설 2021. 10. 21.〉

⑩ 법 제249조의15제9항에서 "대통령령으로 정하는 기간"이란 45일을 말한다. 〈신설 2021. 10. 21.〉

⑪ 법 제249조의15제10항에서 "대통령령으로 정하는 사항"이란 제271조의13제1항 제2호·제5호(업무집행사원에 관한 것에 한정한다) 및 같은 조 제2항제2호가목 의 사항을 말한다. 〈신설 2021. 10. 21.〉

⑫ 제1항부터 제11항까지에서 규정한 사항 외에 업무집행사원등록의 신청과 검토, 등록신청서의 서식과 작성방법 등에 관하여 필요한 사항은 금융위원회가 정하여 고시한다. 〈개정 2021. 10. 21.〉
[본조신설 2015. 10. 23.]

판 연 **제271조의22 (이해관계인과의 거래 제한 등)**

① 법 제249조의16제1항 각 호 외의 부분 본문에서 "대통령령으로 정하는 이해관 계인"이란 다음 각 호의 어느 하나에 해당하는 자를 말한다. 〈개정 2021. 10. 21., 2021. 12. 9.〉

1. 업무집행사원의 임직원과 그 배우자

2. 업무집행사원의 대주주와 그 배우자

3. 업무집행사원의 계열회사로서 다음 각 목의 회사를 제외한 계열회사

　가. 해당 업무집행사원이 그 집합투자재산을 운용하는 기관전용사모집합투자기구가 투자한 투자대상기업 또는 투자목적회사

　나. 가목의 투자대상기업이나 투자목적회사에 제271조의10제16항 각 호의 방법으로 공동 운용함으로써 그 투자대상기업이나 투자목적회사에 투자한 다른 기관전용사 모집합투자기구와 그 업무집행사원

　다. 그 밖에 금융시장의 안정 또는 건전한 거래질서를 해칠 우려가 없는 회사로서 금융 위원회가 정하여 고시하는 회사

② 법 제249조의16제1항제3호에서 "대통령령으로 정하는 거래"란 다음 각 호의 어 느 하나에 해당하는 거래를 말한다. 〈개정 2021. 10. 21.〉

1. 제85조 각 호의 어느 하나에 해당하는 거래

2. 그 기관전용사모집합투자기구 사원 전원이 동의한 거래

3. 그 밖에 금융시장의 안정 또는 건전한 거래질서를 해칠 우려가 없는 거래로서 금 융위원회가 정하여 고시하는 거래

③ 법 제249조의16제4항 각 호 외의 부분 전단에서 "대통령령으로 정하는 비율"이 란 100분의 5를 말한다.

④ 법 제249조의16제4항 각 호 외의 부분 전단에서 "대통령으로 정하는 투자대상 자산"이란 제86조제3항 각 호의 어느 하나에 해당하는 투자대상자산을 말한다.

⑤ 법 제249조의16제4항 각 호 외의 부분 후단에 따라 기관전용사모집합투자기구의 집합투자재산으로 취득하는 증권에 대한 시가평가를 하는 경우 제260조제1항 및 제2항에 따른다. 〈개정 2021. 10. 21.〉

⑥ 법 제249조의16제4항제2호에서 "대통령령으로 정하는 자"란 그 기관전용사모집합투자기구 출자총액의 100분의 30 이상의 출자지분을 보유한 유한책임사원을 말한다. 〈개정 2021. 10. 21.〉

[본조신설 2015. 10. 23.]

판 연 제271조의23(상호출자제한기업집단 계열 기관전용사모집합투자기구 등에 대한 제한)

① 법 제249조의18제2항 각 호 외의 부분 본문에서 "대통령령으로 정하는 비율"이란 100분의 75를 말한다.

② 법 제249조의18제2항 각 호 외의 부분 단서에서 "대통령령으로 정하는 방법"이란 다음 각 호의 어느 하나에 해당하는 처분기한 연장사유를 기재한 서면으로서 금융위원회가 정하여 고시하는 승인신청서를 제출하는 방법을 말한다. 〈개정 2021. 10. 21.〉

1. 지분증권 가격의 급격한 변동 등 경제여건의 변화

2. 투자대상기업이 하는 사업의 현저한 손실

3. 제1호 및 제2호에 준하는 사유로서 해당 기관전용사모집합투자기구가 투자대상기업의 지분증권을 처분하는 것이 곤란한 사유

[본조신설 2015. 10. 23.]

[제목개정 2021. 10. 21.]

판 연 제271조의24(지주회사 규제의 특례)

① 법 제249조의19제2항에서 "대통령으로 정하는 방법"이란 금융위원회가 정하여 고시하는 서식에 따라 관련 증거자료를 첨부하는 방법을 말한다.

② 법 제249조의19제3항 단서에서 "대통령으로 정하는 1개 이상의 금융기관"이란 「금융지주회사법」 제2조제1항제1호에 따른 1개 이상의 금융기관을 말한다. 다만, 「금융지주회사법」 제45조의2부터 제45조의4까지의 규정은 사모집합투자기구(기관전용사모집합투자기구의 무한책임사원 또는 일반사모집합투자기구의 집

합투자업자 중 상호출자제한기업집단 계열회사 또는 금융지주회사가 아닌 자를 포함한다)나 투자목적회사가 「은행법」에 따른 은행이 아닌 금융기관만을 지배하는 경우에는 이를 준용하지 아니한다. 〈개정 2021. 10. 21.〉

[본조신설 2015. 10. 23.]

판 연 제271조의25(기관전용사모집합투자기구에 대한 특례)

① 법 제249조의20제4항에서 "대통령령으로 정하는 사항"이란 다음 각 호의 사항을 말한다. 〈개정 2021. 10. 21., 2021. 12. 28.〉

1. 기관전용사모집합투자기구의 유한책임사원[그 기관전용사모집합투자기구와 같은 공시대상기업집단(「독점규제 및 공정거래에 관한 법률」 제26조제1항 각 호 외의 부분에 따른 공시대상기업집단을 말한다. 이하 같다)에 속하지 않는 유한책임사원으로 한정한다]의 기관전용사모집합투자기구에 대한 출자지분 현황

2. 제1호의 보유 출자지분비율이 해당 기관전용사모집합투자기구 출자총액의 100분의 1이상 변동이 있는 때에는 그 변동 사항

3. 제1호의 유한책임사원의 명칭, 사업내용, 재무현황, 그 밖에 금융위원회가 정하여 고시하는 일반현황

4. 그 밖에 유한책임사원의 현황과 관련된 것으로서 금융위원회가 정하여 고시하는 사항

② 법 제249조의20제4항에서 "대통령령으로 정하는 기관전용 사모집합투자기구"란 공시대상기업집단의 계열회사 전체(법 제249조의18제2항 각 호의 자는 제외한다)의 자산총액(금융업 또는 보험업을 영위하는 회사의 경우 자본총액 또는 자본금 중 큰 금액으로 한다)에 대한 금융업 또는 보험업을 영위하는 회사의 자본총액 또는 자본금 중 큰 금액의 합계액의 비율이 100분의 75 이상인 기관전용사모집합투자기구를 말한다. 〈신설 2021. 10. 21.〉

[본조신설 2015. 10. 23.]

[제목개정 2021. 10. 21.]

판 연 제271조의26(기관전용사모집합투자기구에 대한 조치)

① 법 제249조의21제1항제4호에서 "대통령령으로 정하는 경우"란 다음 각 호의 어느 하나에 해당하는 경우를 말한다.

1. 별표 10 제3호에 해당하는 경우로서 법 제174조에 따른 미공개중요정보 이용행위 금지 의무를 위반한 경우

2. 별표 10 제4호에 해당하는 경우로서 법 제176조에 따른 시세조종행위 등의 금지 의무를 위반한 경우

3. 별표 10 제5호에 해당하는 경우로서 법 제178조에 따른 부정거래행위 등의 금지 의무를 위반한 경우

② 법 제249조의21제1항제5호에서 "대통령령으로 정하는 법령"이란 제373조제2항 각 호의 법령을 말한다.

③ 법 제249조의21제1항제5호에서 "사회적 신용을 훼손하는 등 대통령령으로 정하는 경우"란 제373조제3항 각 호의 어느 하나에 해당하는 경우를 말한다.

④ 법 제249조의21제1항제7호에서 "대통령령으로 정하는 경우"란 다음 각 호의 어느 하나에 해당하는 경우를 말한다. 〈개정 2021. 10. 21.〉

1. 업무와 관련하여 부정한 방법으로 타인으로부터 금전등을 받거나 타인에게 줄 금전등을 취득한 경우

2. 법 제249조의21제2항제1호에 따른 업무정지의 조치를 받은 날부터 1개월(업무정지의 조치를 하면서 1개월을 초과하는 보정기간을 정한 경우에는 그 기간) 이내에 해당 조건을 보정하지 아니하거나, 업무정지의 기간 중에 업무를 한 경우

3. 법, 이 영 또는 관련 법령에 따라 기관전용사모집합투자기구가 준수해야 하는 의무로서 같거나 비슷한 의무를 계속적·반복적으로 위반하는 경우

4. 법 제249조의15제7항에 따라 업무집행사원의 등록이 취소된 경우

⑤ 법 제249조의21제2항제7호에서 "대통령령으로 정하는 조치"란 다음 각 호의 어느 하나에 해당하는 조치를 말한다.

1. 업무방법의 개선요구나 개선권고

2. 변상 요구

3. 법을 위반한 경우에는 고발 또는 수사기관에의 통보

4. 다른 법률을 위반한 경우에는 관련 기관이나 수사기관에의 통보

5. 그 밖에 금융위원회가 법 및 이 영, 그 밖의 관련 법령에 따라 취할 수 있는 조치

⑥ 법 제249조의21제3항제1호마목에서 "대통령령으로 정하는 조치"란 제5항 각 호의 어느 하나에 해당하는 조치를 말한다.

⑦ 법 제249조의21제3항제2호마목에서 "대통령령으로 정하는 조치"란 다음 각 호의 어느 하나에 해당하는 조치를 말한다.

1. 주의

2. 제5항제3호부터 제5호까지의 규정에 따른 조치

⑧ 법 제249조의21제3항제3호바목에서 "대통령령으로 정하는 조치"란 다음 각 호

의 어느 하나에 해당하는 조치를 말한다.

1. 경고

2. 제5항제3호부터 제5호까지의 규정에 따른 조치

⑨ 법 별표 6 제27호에서 "대통령령으로 정하는 경우"란 이 영 별표 10 각 호의 어느 하나에 해당하는 경우를 말한다.

[본조신설 2015. 10. 23.]

[제목개정 2021. 10. 21.]

판 연 제271조의27(기업재무안정 사모집합투자기구 등에 대한 특례)

① 법 제249조의22제1항제4호에서 "대통령령으로 정하는 금융기관"이란 제10조제2항의 금융기관(같은 항 제9호, 제11호 및 제12호의 금융기관은 제외한다) 및 다음 각 호의 어느 하나에 해당하는 금융기관을 말한다. 〈개정 2016. 3. 11., 2016. 5. 31., 2021. 10. 21.〉

1. 투자회사, 사모집합투자기구 및 투자목적회사

2. 「한국자산관리공사 설립 등에 관한 법률」에 따른 한국자산관리공사

3. 「기술보증기금법」에 따른 기술보증기금

4. 「무역보험법」에 따라 설립된 한국무역보험공사

5. 「신용보증기금법」에 따른 신용보증기금

6. 「예금자보호법」에 따른 예금보험공사 및 정리금융회사

7. 「자산유동화에 관한 법률」에 따른 유동화전문회사

8. 제1호부터 제7호까지에 준하는 외국 금융기관

② 법 제249조의22제1항제4호에서 "대통령령으로 정하는 재무구조개선을 위한 약정"이란 채권금융기관의 총 채권액 중 100분의 50 이상을 차지하는 채권금융기관이 개별적으로 또는 공동으로 해당기업에 재무구조 개선을 위하여 체결한 약정을 말한다.

③ 법 제249조의22제1항제5호에서 "법인(그 계열회사를 포함한다)의 합병·전환·정리 등 대통령령으로 정하는 바에 따라 구조조정 또는 재무구조개선 등을 하려는 기업"이란 합병, 분할, 분할합병, 주식교환, 주식이전, 영업양수도(일부 양수도를 포함한다), 자산매각, 지분양도 등의 방법으로 구조조정 또는 재무구조개선 등을 하려는 기업으로서 다음 각 호의 어느 하나에 해당하는 기업을 말한다. 〈개정 2018. 10. 30.〉

1. 「주식회사 등의 외부감사에 관한 법률」제2조제2호에 따른 재무제표[같은 법 제

2조제7호에 따른 감사인이 작성한 감사보고서에서 한정의견(감사인의 감사 결과 적정의견을 표명할 수는 없지만 부적정의견이나 의견표명을 거절할 정도에 이르지 아니하는 경우에 표명하는 감사의견을 말한다) 이상의 감사의견을 받은 것만 해당한다. 이하 이 조에서 같다]상의 자본금의 총계가 납입자본금보다 적은 기업

2. 재무제표상의 자본총계에 대한 부채총계의 비율(이하 "부채비율"이라 한다)이 업종별 평균 부채비율[한국은행이 발표하는 기업경영분석에 따른 해당 업종(한국표준산업분류의 중분류에 따른 업종을 말한다. 이하 같다)의 부채비율을 말하되, 기업경영분석에 해당 업종의 부채비율이 없는 경우에는 전체 업종의 평균 부채비율로 한다]의 1.5배를 초과하는 기업

3. 다음 각 목의 사유로 인한 손실액이 직전 사업연도 매출액의 100분의 5 이상인 기업

　　가. 어음의 부도

　　나. 외상매출금 또는 수출대금의 미회수

　　다. 보증채무의 이행

4. 6개월 이내에 둘 이상의 신용평가회사로부터 회사채 투자부적격 등급을 받은 기업

5. 사업연도 말 재무제표에 따른 영업 손실이 최근 2년간 연속하여 발생한 기업

6. 제1호부터 제5호까지의 어느 하나에 해당하는 기업의 계열회사

④ 법 제249조의22제2항 각 호 외의 부분에서 "대통령령으로 정하는 기간"이란 2년을 말한다.

⑤ 법 제249조의22제2항 각 호 외의 부분에서 "대통령령으로 정하는 비율"이란 100분의 50을 말한다.

⑥ 기업재무안정 사모집합투자기구는 법 제249조의22제2항 각 호 외의 부분에 따라 다음 각 호의 어느 하나에 해당하는 방법으로 남은 재산을 운용할 수 있다. 〈개정 2021. 10. 21.〉

1. 증권에 대한 투자

2. 증권에 대한 투자위험을 회피하기 위한 장내파생상품 또는 장외파생상품에 대한 투자

3. 재무구조개선기업의 인수·합병에 드는 자금의 대여 또는 지급의 보증

4. 법 제83조제4항에 따른 단기대출

5. 제79조제2항제5호 각 목의 어느 하나에 해당하는 금융회사(이에 상당하는 외국 금융회사를 포함한다)에의 예치

6. 원화로 표시된 양도성 예금증서에 대한 투자

7. 제79조제2항제5호에 따른 어음(기업어음증권은 제외한다)에 대한 투자

⑦ 법 제249조의22제3항에서 "대통령령으로 정하는 비율"이란 100분의 50을 말한다. 〈개정 2021. 10. 21.〉

⑧ 법 제249조의22제3항에서 "대통령령으로 정하는 방법"이란 다음 각 호의 방법을 말한다. 〈개정 2021. 10. 21.〉

1. 제6항 각 호의 방법

2. 다른 투자목적회사의 지분증권에 대한 투자. 이 경우 해당 투자를 하는 투자목적회사는 법 제249조의22제3항에 따른 출자비율이 100분의 50 이상이어야 한다.

⑨ 법 제249조의22제5항 전단에서 "대통령령으로 정하는 비율"이란 100분의 10을 말한다.

⑩ 법 제249조의22제6항 단서에서 "대통령령으로 정하는 경우"란 다음 각 호의 어느 하나에 해당하는 경우를 말한다. 〈개정 2021. 10. 21.〉

1. 투자대상기업의 영업이 정지된 경우

2. 투자대상기업이 3개월 이상 조업을 중단한 경우

3. 투자대상기업의 주식에 대한 공개매수에 응하는 경우

4. 기업재무안정 사모집합투자기구의 존립기간 만료 등 해산사유가 발생한 경우

5. 투자대상기업의 합병 등으로 인하여 투자자 보호, 금융시장의 안정 또는 건전한 거래질서를 해칠 우려가 있는 경우

[본조신설 2015. 10. 23.]

[제목개정 2021. 10. 21.]

판 연 제271조의28(창업·벤처전문 사모집합투자기구 등에 대한 특례)

① 법 제249조의23제1항제6호에서 "대통령령으로 정하는 기업"이란 「사회적기업 육성법」제2조제1호에 따른 사회적기업을 말한다. 〈신설 2018. 4. 10.〉

② 법 제249조의23제2항 각 호 외의 부분에서 "대통령령으로 정하는 기간"이란 2년을 말한다. 다만, 투자회수 또는 투자대상기업 선정 곤란의 사유로 2년 이내에 제2항에 따른 비율을 달성하기 어려운 경우 미리 금융위원회의 승인을 받아 1년의 범위에서 그 기간을 연장할 수 있다. 〈개정 2018. 4. 10.〉

③ 법 제249조의23제2항 각 호 외의 부분에서 "대통령령으로 정하는 비율"이란 100분의 50을 말한다. 〈개정 2018. 4. 10.〉

④ 법 제249조의23제2항제3호에서 "대통령령으로 정하는 방법"이란 다음 각 호의 어느 하나에 해당하는 방법을 말한다. 〈개정 2018. 4. 10.〉

1. 법 제249조의23제1항에 따른 창업·벤처기업등(이하 이 조에서 "창업·벤처기

업등"이라 한다)이 채무자인 대출채권 등 채권, 이에 수반되는 담보권 및 그 밖의 권리의 매매

2. 창업·벤처기업등이 개발 또는 제작하며, 다른 사업과 회계의 독립성을 유지하는 방식으로 운영되는 사업에 대한 투자

3. 창업·벤처기업등으로부터 「지식재산 기본법」 제3조제3호에 따른 지식재산권 및 이의 사용·실시를 위한 권리의 매입

⑤ 법 제249조의23제1항에 따른 창업·벤처전문 사모집합투자기구(이하 "창업·벤처전문사모집합투자기구"라 한다)는 같은 조 제2항 각 호 외의 부분에 따라 남은 재산을 다음 각 호의 어느 하나에 해당하는 방법으로 운용할 수 있다. 〈개정 2018. 4. 10., 2021. 10. 21.〉

1. 증권에 대한 투자

2. 법 제83조제4항에 따른 단기대출

3. 제79조제2항제5호 각 목의 어느 하나에 해당하는 금융기관(이에 상당하는 외국 금융기관을 포함한다)에의 예치

4. 원화로 표시된 양도성 예금증서에 대한 투자

5. 제79조제2항제5호에 따른 어음(기업어음증권은 제외한다)에 대한 투자

6. 투자대상인 창업·벤처기업등에 대한 금전의 대여

⑥ 법 제249조의23제3항에서 "대통령령으로 정하는 비율"이란 100분의 50을 말한다. 〈개정 2018. 4. 10., 2021. 10. 21.〉

⑦ 법 제249조의23제3항에서 "대통령령으로 정하는 방법"이란 다음 각 호의 방법을 말한다. 〈개정 2018. 4. 10., 2021. 10. 21.〉

1. 제5항 각 호의 방법

2. 다른 투자목적회사의 지분증권에 대한 투자. 이 경우 해당 투자를 하는 투자목적 회사는 법 제249조의23제3항에 따른 출자비율이 100분의 50 이상이어야 한다.

⑧ 법 제249조의23제5항에서 "대통령령으로 정하는 사항"이란 다음 각 호의 사항을 말한다. 〈개정 2018. 4. 10., 2021. 10. 21.〉

1. 창업·벤처전문 사모집합투자기구에 대한 출자 관련 사항

2. 그 밖에 투자자 보호, 금융시장의 안정 또는 건전한 거래질서의 유지를 위하여 필요한 사항으로서 금융위원회가 정하여 고시하는 사항

[본조신설 2017. 2. 13.]

[제목개정 2021. 10. 21.]

제3절 은행 및 보험회사에 대한 특칙 〈신설 2015. 10. 23.〉

판 연 **제272조(은행에 대한 특칙)**

① 법 제250조제2항 전단에 따른 집합투자재산운용위원회는 다음 각 호의 업무를 수행한다. 다만, 제1호부터 제3호까지의 사항 외의 집합투자재산운용위원회의 운영 등에 관하여는 금융위원회가 정하여 고시한다.

1. 집합투자업에 관한 사업계획과 예산의 수립

2. 투자신탁재산의 운용에 관한 전략의 수립

3. 다음 각 목의 사항에 관한 심의

   가. 환매연기의 결정

   나. 수익자총회의 소집(법 제190조제3항의 경우는 제외한다)과 연기

   다. 수익증권매수청구권에 의한 수익증권 매수의 결정

   라. 집합투자재산평가위원회 위원의 선임과 해임

   마. 집합투자재산평가기준의 제정과 변경

   바. 투자신탁의 합병

② 법 제250조제7항 각 호 외의 부분 본문에서 "대통령령으로 정하는 자"란 「상법」 제401조의2제1항 각 호의 어느 하나에 해당하는 자를 말한다.

③ 은행은 법 제250조제7항 본문에 따라 다음 각 호의 사항을 포함한 이해상충방지 체계를 갖추어야 한다. 〈개정 2009. 7. 1., 2013. 8. 27., 2016. 6. 28.〉

1. 독립된 부서로 구분되어 업무처리와 보고가 독립적으로 이루어질 것

2. 법 제250조제7항 각 호의 업무 담당자 간에 업무에 관한 회의나 통신을 한 경우에는 내부통제기준이 정하는 방법 및 절차에 따라 그 회의 또는 통신에 관한 사항을 기록·유지하고 준법감시인(「은행법」에 따른 준법감시인을 말한다)의 확인을 받을 것

3. 법 제250조제7항 각 호의 업무 간에 직원을 파견하지 아니할 것

4. 집합투자증권의 판매업무를 담당하는 직원이 법 제250조제7항제2호부터 제4호까지(제3호의 경우 집합투자재산의 보관·관리업무만 해당한다)의 어느 하나에 해당하는 업무를 겸직하지 아니할 것

5. 출입문을 달리하는 등 정보공유를 막을 수 있을 정도로 사무실이 공간적으로 분리될 것

6. 법 제250조제7항 각 호의 업무에 관한 전산자료가 공유될 수 없도록 독립되어 저장·관리·열람될 것

7. 그 밖에 이해상충을 방지하기 위하여 필요한 사항으로서 금융위원회가 정하여

고시하는 사항

④ 법 제250조제7항 각 호 외의 부분 단서에서 "대통령령으로 정하는 업무"란 다음 각 호의 어느 하나에 해당하는 업무를 말한다. 〈개정 2010. 11. 15., 2013. 8. 27., 2016. 6. 28.〉

1. 「은행법」 제27조제2항제3호에 따른 업무

2. 「은행법」 제27조의2에 따른 부수업무 및 같은 법 제28조제1항제2호에 따른 업무 중 법 제250조제7항제2호부터 제4호까지의 업무와 직접적으로 관련이 없는 업무로서 금융위원회가 정하여 고시하는 업무

3. 「은행법 시행령」 제18조의2제2항제16호에 따른 업무

4. 「은행법 시행령」 제18조의2제2항제12호, 제14호 및 제19호, 같은 조 제4항제10호에 따른 업무(이 조 제5항제8호에 따른 업무는 제외한다) 중 법 제250조제7항제2호부터 제4호까지의 업무와 직접적으로 관련이 없는 업무로서 금융위원회가 정하여 고시하는 업무

⑤ 법 제250조제7항제1호에서 "대통령령으로 정하는 업무"란 다음 각 호의 어느 하나에 해당하는 업무를 말한다. 다만, 제1호부터 제3호까지의 업무(이하 이 항에서 "투자자문업등"이라 한다)는 신탁업(집합투자재산의 보관·관리업무는 제외한다)을 함께 영위하는 경우로서 투자자문업등·신탁업(집합투자재산의 보관·관리업무는 제외한다)과 법 제250조제7항제2호부터 제4호까지(제3호의 경우 집합투자재산의 보관·관리업무만 해당한다)의 업무 간에 임직원의 겸직 및 전산설비의 공동사용 금지 등 금융위원회가 정하여 고시하는 이해상충방지체계를 갖춘 경우로 한정한다. 〈신설 2013. 8. 27., 2016. 6. 28.〉

1. 「은행법 시행령」 제18조의2제2항제7호·제18호에 따른 투자자문업 또는 투자일임업

2. 「은행법 시행령」 제18조의2제2항제9호·제10호에 따른 집합투자증권에 대한 투자매매업 또는 투자중개업

3. 「은행법 시행령」 제18조의2제2항제13호에 따른 환매조건부매도 및 환매조건부매수의 업무

4. 「은행법 시행령」 제18조의2제2항제15호에 따른 퇴직연금사업자의 업무

5. 「은행법 시행령」 제18조의2제2항제17호에 따른 담보부사채에 관한 신탁업

6. 「은행법 시행령」 제18조의2제4항제1호에 따른 유동화전문회사의 유동화자산 관리의 수탁업무 및 채권추심 업무의 수탁업무

7. 삭제 〈2023. 5. 16.〉

8. 「은행법 시행령」 제18조의2제4항제10호에 따른 업무로서 이해상충이 발생할 가능성 등을 고려하여 금융위원회가 정하여 고시하는 업무

판 연 제273조 (보험회사에 대한 특칙)

① 법 제251조제3항 각 호 외의 부분 본문에서 "대통령령으로 정하는 방법"이란 보험회사가 투자신탁재산을 다음 각 호의 어느 하나에 해당하는 방법으로 운용하는 것을 말한다.

1. 운용과 운용지시업무 전체를 다른 집합투자업자에게 위탁하는 방법

2. 투자신탁재산 전체를 투자일임으로 운용하는 방법

3. 투자신탁재산 전체를 다른 집합투자증권에 운용하는 방법

② 법 제251조제3항 각 호 외의 부분 본문에서 "대통령령으로 정하는 자"란 「상법」 제401조의2제1항 각 호의 어느 하나에 해당하는 자를 말한다.

③ 보험회사는 법 제251조제3항 본문에 따라 다음 각 호의 사항을 포함한 이해상충 방지체계를 갖추어야 한다. 〈개정 2009. 7. 1., 2013. 8. 27., 2016. 6. 28.〉

1. 독립된 부서로 구분되어 업무처리와 보고가 독립적으로 이루어질 것

2. 법 제251조제3항 각 호의 업무 담당자 간에 업무에 관한 회의나 통신을 한 경우에는 내부통제기준이 정하는 방법 및 절차에 따라 그 회의 또는 통신에 관한 사항을 기록·유지하고 준법감시인(「보험업법」에 따른 준법감시인을 말한다)의 확인을 받을 것

3. 법 제251조제3항 각 호의 업무 간에 직원을 파견하지 아니할 것

4. 집합투자증권의 판매업무를 담당하는 직원이 법 제251조제3항제2호부터 제4호까지(제3호의 경우 집합투자재산의 보관·관리업무만 해당한다)의 어느 하나에 해당하는 업무를 겸직하지 아니할 것

5. 출입문을 달리하는 등 정보공유를 막을 수 있을 정도로 사무실이 공간적으로 분리될 것

6. 법 제251조제3항 각 호의 업무에 관한 전산자료가 공유될 수 없도록 독립되어 저장·관리·열람될 것

7. 그 밖에 이해상충을 방지하기 위하여 필요한 사항으로서 금융위원회가 정하여 고시하는 사항

④ 법 제251조제3항 각 호 외의 부분 단서에서 "대통령령으로 정하는 업무"란 다음 각 호의 어느 하나에 해당하는 업무를 말한다. 〈개정 2011. 1. 24., 2013. 8. 27.〉

1. 「보험업법 시행령」 제16조제1항제4호, 같은 조 제2항제7호, 같은 조 제3항에 따

른 업무 및 같은 영 제16조의2제1항에 따른 부수업무

2. 제1호에 따른 업무 외에 법 제251조제3항제2호부터 제4호까지의 업무와 직접적으로 관련되지 아니한 업무

⑤ 법 제251조제5항에서 "대통령령으로 정하는 방법"이란 제1항 각 호의 어느 하나에 해당하는 방법을 말한다.

⑥ 법 제251조제3항제1호에서 "대통령령으로 정하는 업무"란 다음 각 호의 어느 하나에 해당하는 업무를 말한다. 다만, 제4호부터 제6호까지의 업무(이하 이 항에서 "투자자문업등"이라 한다)는 신탁업(집합투자재산의 보관·관리업무는 제외한다)을 함께 영위하는 경우로서 투자자문업등, 신탁업(집합투자재산의 보관·관리업무는 제외한다)과 법 제251조제3항제2호부터 제4호까지(제3호의 경우 집합투자재산의 보관·관리업무만 해당한다)의 업무 간에 임직원의 겸직 및 전산설비의 공동사용 금지 등 금융위원회가 정하여 고시하는 이해상충방지체계를 갖춘 경우로 한정한다. 〈신설 2013. 8. 27.〉

1. 「보험업법 시행령」 제16조제1항제1호에 따른 유동화자산의 관리업무

2. 「보험업법 시행령」 제16조제1항제2호에 따른 유동화자산의 관리업무

3. 「보험업법 시행령」 제16조제1항제3호에 따른 채권유동화자산의 관리업무

4. 「보험업법 시행령」 제16조제2항제2호에 따른 투자자문업

5. 「보험업법 시행령」 제16조제2항제3호에 따른 투자일임업

6. 「보험업법 시행령」 제16조제2항제5호·제6호에 따른 집합투자증권에 대한 투자매매업 또는 투자중개업

7. 「보험업법 시행령」 제16조제2항제8호에 따른 퇴직연금사업자의 업무

제8장 감독·검사

판 제274조 (투자회사등에 대한 감독)

법 제252조제1항제3호에서 "대통령령으로 정하는 사항"이란 다음 각 호의 사항을 말한다.

1. 집합투자증권의 환매에 관한 사항
2. 집합투자재산의 평가와 회계에 관한 사항
3. 집합투자기구의 해산과 합병에 관한 사항
4. 법 제184조제6항 각 호의 업무에 관한 사항

판 제275조 (투자회사등에 대한 조치)

① 법 제253조제1항제7호에서 "대통령령으로 정하는 경우"란 다음 각 호의 어느 하나에 해당하는 경우를 말한다. 〈개정 2013. 8. 27.〉

1. 법 별표 2 제2호에 해당하는 경우로서 법 제81조제1항 또는 법 제84조제1항을 위반하여 집합투자재산을 운용한 경우
2. 법 별표 2 제4호에 해당하는 경우로서 법 제85조(제8호는 제외한다)를 위반하여 같은 조 각 호의 어느 하나에 해당하는 행위를 한 경우
3. 법 별표 2 제6호에 해당하는 경우로서 법 제87조제2항부터 제5항(법 제186조제2항에서 준용하는 경우를 포함한다)까지의 규정을 위반하여 의결권을 행사한 경우
4. 별표 6 제3호에 해당하는 경우로서 법 제174조에 따른 미공개중요정보 이용행위 금지 의무를 위반한 경우
5. 별표 6 제4호에 해당하는 경우로서 법 제176조에 따른 시세조종행위 등의 금지 의무를 위반한 경우
6. 별표 6 제5호에 해당하는 경우로서 법 제178조에 따른 부정거래행위 등의 금지 의무를 위반한 경우

② 법 제253조제1항제8호에서 "대통령령으로 정하는 금융관련 법령 등"이란 제373조제2항 각 호의 법령을 말한다.

③ 법 제253조제1항제8호에서 "대통령령으로 정하는 경우"란 제373조제3항 각 호의 어느 하나에 해당하는 경우를 말한다.

④ 법 제253조제1항제9호에서 "대통령령으로 정하는 경우"란 다음 각 호의 어느 하나에 해당하는 경우를 말한다.

1. 등록을 한 날부터 6개월 이내에 집합투자재산의 운용을 시작하지 아니한 경우

2. 업무와 관련하여 부정한 방법으로 타인으로부터 금전등을 받거나 타인에게 줄 금전등을 취득한 경우

3. 법 제253조제2항제1호에 따른 업무정지의 조치를 받은 날부터 1개월(업무정지의 조치를 하면서 1개월을 초과하는 보정기간을 정한 경우에는 그 기간) 이내에 해당 조건을 보정하지 아니하거나, 업무정지의 기간 중에 업무를 한 경우

4. 같거나 비슷한 위법행위를 계속하거나 반복하는 경우

⑤ 법 제253조제2항제7호에서 "대통령령으로 정하는 조치"란 다음 각 호의 어느 하나에 해당하는 조치를 말한다.

1. 경영이나 업무방법의 개선요구나 개선권고

2. 변상 요구

3. 법을 위반한 경우에는 고발 또는 수사기관에의 통보

4. 다른 법률을 위반한 경우에는 관련 기관이나 수사기관에의 통보

5. 그 밖에 금융위원회가 법 및 이 영, 그 밖의 관련 법령에 따라 취할 수 있는 조치

⑥ 법 제253조제3항 각 호 외의 부분 본문에서 "대통령령으로 정하는 조치"란 제5항제3호부터 제5호까지의 조치를 말한다.

⑦ 법 제253조제3항제5호에서 "대통령령으로 정하는 경우"란 별표 6 각 호의 어느 하나에 해당하는 경우를 말한다.

⑧ 법 별표 2 제89호에서 "대통령령으로 정하는 경우"란 이 영 별표 6 각 호의 어느 하나에 해당하는 경우를 말한다.

판 제275조의2(교차판매 집합투자기구에 대한 등록취소 등)

① 법 제253조제4항제5호에서 "대통령령으로 정하는 경우"란 교차판매 집합투자기구로 등록된 이후 투자한 투자자(해당 교차판매 집합투자기구를 운용하는 투자신탁이나 투자익명조합의 집합투자업자 또는 투자회사등과 그 특수관계인은 제외한다)가 없는 경우로서 해당 투자신탁이나 투자익명조합의 집합투자업자 또는 투자회사등이 교차판매 집합투자기구의 등록취소를 신청한 경우를 말한다.

② 금융위원회는 법 제253조제4항에 따라 교차판매 집합투자기구의 등록을 취소한 경우 해당 교차판매 집합투자기구의 집합투자증권이 판매되는 외국 정부에 지체 없이 등록취소 사실을 통지해야 한다.
[본조신설 2020. 5. 26.]

제9장 집합투자기구의 관계회사

판 연 **제276조(일반사무관리회사의 등록 요건 등)**

① 법 제254조제1항에서 "대통령령으로 정하는 업무"란 법 제238조제6항에 따른 기준가격의 산정을 위한 집합투자재산의 계산 업무를 말한다. 〈신설 2021. 12. 9.〉

② 법 제254조제2항제1호다목에서 "대통령령으로 정하는 금융기관"이란 제16조제1항제1호부터 제5호까지의 금융기관을 말한다. 〈개정 2021. 12. 9.〉

③ 법 제254조제2항제2호에서 "대통령령으로 정하는 금액"이란 20억원을 말한다. 〈개정 2021. 12. 9.〉

④ 법 제254조제2항제3호에서 "대통령령으로 정하는 기준의 전문인력"이란 다음 각 호의 기관에서 증권 등 자산가치의 계산에 관련된 업무나 집합투자재산의 보관·관리업무에 2년 이상 근무한 경력이 있는 2인 이상의 집합투자재산의 계산 전문인력을 말한다. 〈개정 2021. 12. 9., 2022. 3. 22.〉

1. 「금융위원회의 설치 등에 관한 법률」 제38조에 따른 검사대상기관

2. 외국 금융투자업자

3. 「국가재정법」 제9조제4항에 따른 기금관리주체가 같은 법 제77조제1항에 따라 설치한 자산운용을 전담하는 부서나 같은 법 별표 2에 따른 기금설치 근거 법률에 따라 기금의 관리·운용을 위탁받은 연금관리공단 등

4. 일반사무관리회사

⑤ 법 제254조제2항제4호에서 "대통령령으로 정하는 물적 설비"란 다음 각 호의 것을 말한다. 〈개정 2021. 12. 9.〉

1. 일반사무관리회사의 업무를 하는 데에 필요한 전산설비, 업무공간 및 사무장비

2. 정전·화재 등의 사고가 발생할 경우에 업무의 연속성을 유지하기 위하여 필요한 보완설비

⑥ 법 제254조제2항제6호에서 "대통령령으로 정하는 이해상충방지체계"란 다음 각 호의 것을 말한다. 〈개정 2021. 12. 9.〉

1. 일반사무관리회사의 업무와 그 외의 업무 간에 독립된 부서로 구분되어 업무처리와 보고가 독립적으로 이루어질 것

2. 일반사무관리회사의 업무와 그 외의 업무 간에 직원의 겸직이나 파견을 금지할 것

3. 일반사무관리회사의 업무와 그 외의 업무를 하는 사무실이 정보공유를 막을 수 있을 정도로 공간적으로 분리될 것

4. 일반사무관리회사의 업무와 그 외의 업무에 관한 전산자료가 공유될 수 없도록 독립되어 저장·관리·열람될 것

⑦ 법 제254조제2항제6호에서 "대통령령으로 정하는 금융업"이란 다음 각 호의 금융업을 말한다. 〈개정 2021. 12. 9.〉

1. 「은행법」에 따른 은행업

2. 「보험업법」에 따른 보험업

3. 금융투자업

4. 종합금융회사 업무

⑧ 법 제254조제8항에서 "대통령령으로 정하는 완화된 요건"이란 최저자기자본의 100분의 70 이상을 말한다. 이 경우에 유지요건은 매 회계연도말을 기준으로 적용하며, 특정 회계연도말을 기준으로 유지요건에 미달한 일반사무관리회사는 다음 회계연도말까지는 그 유지요건에 적합한 것으로 본다. 〈개정 2021. 12. 9.〉

판 연 제277조(등록의 방법 및 절차 등)

① 법 제254조제3항에 따른 등록신청서에는 다음 각 호의 사항을 기재해야 한다. 〈개정 2021. 12. 9.〉

1. 상호

2. 본점의 소재지

3. 자기자본 등 재무에 관한 사항

4. 임원에 관한 사항

5. 제276조제4항에 따른 전문인력에 관한 사항

6. 제276조제5항에 따른 물적 설비에 관한 사항

7. 제276조제6항에 따른 이해상충방지체계에 관한 사항

8. 그 밖에 투자자를 보호하기 위하여 필요한 사항으로서 금융위원회가 정하여 고시하는 사항

② 제1항에 따른 등록신청서에는 다음 각 호의 서류를 첨부해야 한다. 〈개정 2021. 12. 9.〉

1. 정관

2. 주주의 성명 또는 명칭과 그 소유주식수를 기재한 서류

3. 최근 3개 사업연도의 재무제표와 그 부속명세서(설립 중인 법인은 제외하며, 설

립일부터 3개 사업연도가 지나지 아니한 법인의 경우에는 설립일부터 최근 사업연도까지의 재무제표와 그 부속명세서를 말한다)

4. 임원의 이력서와 경력증명서

5. 전문인력과 물적 설비 등의 현황을 확인할 수 있는 서류

6. 제276조제6항에 따른 이해상충방지체계를 갖추었는지를 확인할 수 있는 서류

7. 그 밖에 등록의 검토에 필요한 서류로서 금융위원회가 정하여 고시하는 서류

③ 제1항에 따른 신청서를 제출받은 금융위원회는 「전자정부법」 제36조제1항에 따른 행정정보의 공동이용을 통하여 법인 등기사항증명서를 확인하여야 한다. 〈개정 2010. 11. 2.〉

④ 제1항에 따른 신청서를 제출받은 금융위원회는 법 제254조제1항에 따른 등록의 신청내용에 관한 사실 여부를 확인하고, 같은 조 제2항에 따른 등록요건을 충족하는지를 검토하여야 한다.

⑤ 제1항부터 제4항까지에서 규정한 사항 외에 일반사무관리회사 등록의 신청과 검토, 신청서의 서식과 작성방법 등에 관하여 필요한 사항은 금융위원회가 정하여 고시한다.

판 제278조 (일반사무관리회사에 대한 감독)

법 제256조제1항제4호에서 "대통령령으로 정하는 사항"이란 다음 각 호의 사항을 말한다.

1. 이해상충방지에 관한 사항

2. 업무수탁에 관한 사항

3. 협회에 가입하지 아니한 일반사무관리회사에 대하여 협회가 건전한 영업질서의 유지와 투자자를 보호하기 위하여 행하는 자율규제에 준하는 내부기준을 제정하도록 하는 것에 관한 사항

판 제279조 (일반사무관리회사에 대한 조치)

① 법 제257조제2항제7호에서 "대통령령으로 정하는 조치"란 다음 각 호의 어느 하나에 해당하는 조치를 말한다.

1. 지점, 그 밖의 영업소의 폐쇄 또는 그 업무의 전부나 일부의 정지

2. 경영이나 업무방법의 개선요구 또는 개선권고

3. 변상 요구

4. 법을 위반한 경우에는 고발 또는 수사기관에의 통보

5. 다른 법률을 위반한 경우에는 관련 기관이나 수사기관에의 통보

6. 그 밖에 금융위원회가 법 및 이 영, 그 밖의 관련 법령에 따라 취할 수 있는 조치

② 법 제257조제3항제6호 및 같은 조 제4항제7호에서 "대통령령으로 정하는 조치"란 각각 제1항제4호부터 제6호까지의 조치를 말한다.

③ 법 별표 3 제19호에서 "대통령령으로 정하는 경우"란 이 영 별표 7 각 호의 어느 하나에 해당하는 경우를 말한다.

판 연 제280조(집합투자기구평가회사의 등록 요건 등)

① 법 제258조제2항제3호에서 "대통령령으로 정하는 금액"이란 5억원을 말한다.

② 법 제258조제2항제4호에서 "대통령령으로 정하는 기준의 전문 인력"이란 제276조제4항제1호부터 제3호까지의 기관 또는 집합투자기구평가회사에서 증권·집합투자기구 등의 평가·분석업무나 기업금융업무에 2년 이상 종사한 경력이 있는 3명 이상의 집합투자기구 평가전문인력을 말한다. 〈개정 2021. 5. 18., 2021. 12. 9.〉

③ 법 제258조제2항제5호에서 "대통령령으로 정하는 물적 설비"란 다음 각 호의 것을 말한다.

1. 집합투자기구평가회사의 업무를 하기에 필요한 전산설비, 업무공간 및 사무장비

2. 정전·화재 등의 사고가 발생할 경우 업무의 연속성을 유지하기 위하여 필요한 보완설비

④ 법 제258조제2항제7호에서 "대통령령으로 정하는 집합투자기구평가체계"란 다음 각 호의 사항에 대한 집합투자기구평가체계를 말한다.

1. 평가대상 집합투자기구에 관한 사항

2. 집합투자기구의 유형 분류 기준 및 유형별 기준지표에 관한 사항

3. 수익률과 위험지표의 계산에 관한 사항

4. 집합투자기구의 등급 결정에 관한 사항

5. 자료제공과 공시 등에 관한 사항

⑤ 법 제258조제1항제8호에서 "대통령령으로 정하는 이해상충방지체계"란 다음 각 호의 것을 말한다.

1. 집합투자기구평가회사의 업무와 그 외의 업무 간에 독립된 부서로 구분되어 업무처리와 보고가 독립적으로 이루어질 것

2. 집합투자기구평가회사의 업무와 그 외의 업무 간에 직원의 겸직과 파견을 금지할 것

3. 집합투자기구평가회사의 업무와 그 외의 업무를 하는 사무실이 정보공유를 막을 수 있을 정도로 공간적으로 분리될 것

4. 집합투자기구평가회사의 업무와 그 외의 업무에 관한 전산자료가 공유될 수 없도록 독립되어 저장·관리·열람될 것

⑥ 법 제258조제2항제8호에서 "대통령령으로 정하는 금융업"이란 다음 각 호의 금융업을 말한다.

1. 「은행법」에 따른 은행업

2. 「보험업법」에 따른 보험업

3. 금융투자업

4. 종합금융회사 업무

⑦ 법 제258조제8항에서 "대통령령으로 정하는 완화된 요건"이란 최저자기자본의 100분의 70 이상을 말한다. 이 경우에 유지요건은 매 회계연도말을 기준으로 적용하며, 특정 회계연도말을 기준으로 유지요건에 미달한 집합투자기구평가회사는 다음 회계연도말까지는 그 유지요건에 적합한 것으로 본다.

판 제281조(등록의 방법 및 절차 등)

① 법 제258조제3항에 따른 등록신청서에는 다음 각 호의 사항을 기재하여야 한다.

1. 상호

2. 본점의 소재지

3. 자기자본 등 재무에 관한 사항

4. 임원에 관한 사항

5. 제280조제2항에 따른 전문인력에 관한 사항

6. 제280조제3항에 따른 물적 설비에 관한 사항

7. 제280조제5항에 따른 이해상충방지체계에 관한 사항

8. 집합투자기구평가체계에 관한 사항

9. 그 밖에 투자자를 보호하기 위하여 필요한 사항으로서 금융위원회가 정하여 고시하는 사항

② 제1항에 따른 등록신청서에는 다음 각 호의 서류를 첨부하여야 한다.

1. 정관

2. 주주의 성명 또는 명칭과 그 소유주식수를 기재한 서류

3. 최근 3개 사업연도의 재무제표와 그 부속명세서(설립 중인 법인은 제외하며, 설립일부터 3개 사업연도가 지나지 아니한 법인의 경우에는 설립일부터 최근 사업연도

까지의 재무제표와 그 부속명세서를 말한다)

　4. 임원의 이력서와 경력증명서

　5. 전문인력과 물적 설비의 현황을 확인할 수 있는 서류

　6. 제280조제5항에 따른 이해상충방지체계를 갖추었는지를 확인할 수 있는 서류

　7. 집합투자기구평가체계에 관하여 확인할 수 있는 서류

　8. 그 밖에 등록의 검토에 필요한 서류로서 금융위원회가 정하여 고시하는 서류

　③ 제1항에 따른 신청서를 제출받은 금융위원회는「전자정부법」제36조제1항에 따른 행정정보의 공동이용을 통하여 법인 등기사항증명서를 확인하여야 한다.〈개정 2010. 5. 4., 2010. 11. 2.〉

　④ 제1항에 따른 신청서를 제출받은 금융위원회는 법 제258조제1항에 따른 등록의 신청내용에 관한 사실여부를 확인하고, 같은 조 제2항에 따른 등록요건을 충족하는지를 검토하여야 한다.

　⑤ 제1항부터 제4항까지에서 규정한 사항 외에 집합투자기구평가회사 등록의 신청과 검토, 신청서의 서식과 작성방법 등에 관하여 필요한 사항은 금융위원회가 정하여 고시한다.

판 제282조 (영업행위준칙 등)

　① 법 제259조제1항에서 "대통령령으로 정하는 사항"이란 다음 각 호의 사항을 말한다.

　1. 보편타당하고 공정한 기준에 따라 집합투자기구평가업무의 일관성이 유지되도록 하기 위한 사항

　2. 미공개정보의 이용을 금지하기 위한 사항

　3. 집합투자기구 평가를 위하여 얻은 정보를 다른 업무를 하는 데에 이용하지 아니하도록 하기 위한 사항

　② 집합투자업자는 법 제259조제2항에 따라 집합투자기구 평가를 위하여 필요한 범위에서 직접 또는 협회를 통하여 집합투자재산의 명세를 집합투자기구평가회사에 제공할 수 있다.

　③ 집합투자기구평가회사는 집합투자기구에 관한 평가기준을 협회와 그 회사가 운영하는 인터넷 홈페이지 등을 이용하여 공시하여야 한다.

　④ 집합투자기구평가회사는 집합투자기구 간, 집합투자업자 간, 집합투자증권을 판매하는 투자매매업자·투자중개업자 간 운용성과를 비교하여 공시하거나 제공하는 경우에는 그 비교기준을 함께 공시하거나 제공하여야 한다.

집합투자기구평가회사는 제3항 또는 제4항에 따라 공시하거나 제공한 내용을 수정한 경우에는 그 수정내용을 지체 없이 공시하거나 제공하여야 한다.

판 제283조 (집합투자기구평가회사에 대한 조치)

법 제261조제1항제4호에서 "대통령령으로 정하는 사항"이란 다음 각 호의 사항을 말한다.

1. 이해상충방지에 관한 사항
2. 협회에 가입하지 아니한 집합투자기구평가회사에 대하여 협회가 건전한 영업질서의 유지와 투자자를 보호하기 위하여 행하는 자율규제에 준하는 내부기준을 제정하도록 하는 것에 관한 사항

판 연 제284조 (채권평가회사의 등록 요건 등)

① 법 제262조제2항제7호에서 "대통령령으로 정하는 조치"란 다음 각 호의 어느 하나에 해당하는 조치를 말한다.
1. 지점, 그 밖의 영업소의 폐쇄 또는 그 업무의 전부나 일부의 정지
2. 경영이나 업무방법의 개선요구나 개선권고
3. 변상 요구
4. 법을 위반한 경우에는 고발 또는 수사기관에의 통보
5. 다른 법률을 위반한 경우에는 관련기관이나 수사기관에의 통보
6. 그 밖에 금융위원회가 법 및 이 영, 그 밖의 관련 법령에 따라 취할 수 있는 조치
② 법 제262조제3항제6호 및 같은 조 제4항제7호에서 "대통령령으로 정하는 조치"란 각각 제1항제4호부터 제6호까지의 조치를 말한다.
③ 법 별표 4 제18호에서 "대통령령으로 정하는 경우"란 이 영 별표 8 각 호의 어느 하나에 해당하는 경우를 말한다.

판 연 제285조 (채권평가회사의 등록 요건 등)

① 법 제263조제2항제2호에서 "대통령령으로 정하는 금액"이란 30억원을 말한다.
② 법 제263조제2항제3호에서 "대통령령으로 정하는 금융기관"이란 다음 각 호의 금융기관을 말한다. 〈개정 2016. 5. 31.〉
1. 은행
2. 「한국산업은행법」에 따른 한국산업은행
3. 「중소기업은행법」에 따른 중소기업은행

4. 「신용보증기금법」에 따른 신용보증기금

5. 「기술보증기금법」에 따른 기술보증기금

6. 보험회사

7. 금융투자업자

8. 종합금융회사

③ 법 제263조제2항제4호에서 "대통령령으로 정하는 기준의 전문인력"이란 다음 각 호의 어느 하나에 해당하는 사람 3명 이상을 포함하여 금융투자상품의 평가·분석업무에 상근하는 10명 이상의 집합투자재산 평가전문인력을 말한다. 〈개정 2015. 10. 23., 2021. 12. 9.〉

1. 금융투자상품을 분석하는 능력을 검증하기 위하여 협회에서 시행하는 시험에 합격한 자

2. 제276조제4항제1호부터 제3호까지의 기관이나 채권평가회사에서 금융투자상품의 평가·분석업무에 3년 이상 종사한 자

④ 법 제263조제2항제5호에서 "대통령령으로 정하는 물적 설비"란 다음 각 호의 것을 말한다.

1. 채권평가회사의 업무를 하기에 필요한 전산설비, 업무공간 및 사무장비

2. 정전·화재 등의 사고가 발생할 경우 업무의 연속성을 유지하기 위하여 필요한 보완설비

⑤ 법 제263조제2항제7호에서 "대통령령으로 정하는 채권 등의 가격평가체계"란 다음 각 호의 사항에 대한 가격평가체계를 말한다.

1. 평가대상 채권 등에 관한 사항

2. 채권 등의 분류기준에 관한 사항

3. 수익률 계산방법

4. 자료제공과 공시 등에 관한 사항

⑥ 법 제263조제2항제8호에서 "대통령령으로 정하는 이해상충방지체계"란 다음 각 호의 것을 한다.

1. 채권평가회사의 업무와 그 외의 업무 간에 독립된 부서로 구분되어 업무처리와 보고가 독립적으로 이루어질 것

2. 채권평가회사의 업무와 그 외의 업무 간에 직원의 겸직과 파견을 금지할 것

3. 채권평가회사의 업무와 그 외의 업무를 하는 사무실이 정보공유를 막을 수 있을 정도로 공간적으로 분리될 것

4. 채권평가회사의 업무와 그 외의 업무에 관한 전산자료가 공유될 수 없도록 독립

되어 저장·관리·열람될 것

⑦ 법 제263조제2항제8호에서 "대통령령으로 정하는 금융업"이란 다음 각 호의 금융업을 말한다.

1. 「은행법」에 따른 은행업

2. 「보험업법」에 따른 보험업

3. 금융투자업

4. 종합금융회사 업무

⑧ 법 제263조제8항에서 "대통령령으로 정하는 완화된 요건"이란 최저자기자본의 100분의 70 이상을 말한다. 이 경우 유지요건은 매 회계연도말을 기준으로 적용하며, 특정 회계연도말을 기준으로 유지요건에 미달한 채권평가회사는 다음 회계연도말까지는 그 유지요건에 적합한 것으로 본다.

판 제286조(등록의 방법 및 절차 등)

① 법 제263조제3항에 따른 등록신청서에는 다음 각 호의 사항을 기재하여야 한다.

1. 상호

2. 본점의 소재지

3. 자기자본 등 재무에 관한 사항

4. 임원에 관한 사항

5. 제285조제3항에 따른 전문인력에 관한 사항

6. 제285조제4항에 따른 물적 설비에 관한 사항

7. 제285조제6항에 따른 이해상충방지체계에 관한 사항

8. 채권 등의 가격평가체계에 관한 사항

9. 그 밖에 투자자를 보호하기 위하여 필요한 사항으로서 금융위원회가 정하여 고시하는 사항

② 제1항에 따른 등록신청서에는 다음 각 호의 서류를 첨부하여야 한다.

1. 정관

2. 주주의 성명 또는 명칭과 그 소유주식수를 기재한 서류

3. 최근 3개 사업연도의 재무제표와 그 부속명세서(설립 중인 법인은 제외하며, 설립일부터 3개 사업연도가 지나지 아니한 법인의 경우에는 설립일부터 최근 사업연도까지의 재무제표와 그 부속명세서를 말한다)

4. 임원의 이력서와 경력증명서

5. 전문인력과 물적 설비 등의 현황을 확인할 수 있는 서류

6. 제285조제6항에 따른 이해상충방지체계를 갖추었는지를 확인할 수 있는 서류

7. 채권 등의 가격평가체계를 확인할 수 있는 서류

8. 그 밖에 등록의 검토에 필요한 서류로서 금융위원회가 정하여 고시하는 서류

③ 제1항에 따른 신청서를 제출받은 금융위원회는「전자정부법」제36조제1항에 따른 행정정보의 공동이용을 통하여 법인 등기사항증명서를 확인하여야 한다.〈개정 2010. 5. 4., 2010. 11. 2.〉

④ 제1항에 따른 신청서를 제출받은 금융위원회는 법 제263조제1항에 따른 등록의 신청내용에 관한 사실여부를 확인하고, 같은 조 제2항에 따른 등록요건을 충족하는지를 검토하여야 한다.

⑤ 제1항부터 제4항까지에서 규정한 사항 외에 등록의 신청과 검토, 신청서의 서식과 작성방법 등에 관하여 필요한 사항은 금융위원회가 정하여 고시한다.

판 제287조 (업무준칙 등)

① 법 제264조제1항에서 "대통령령으로 정하는 사항"이란 다음 각 호의 사항을 말한다.

1. 보편타당하고 공정한 기준에 따라 채권 등 자산의 가격평가업무를 일관성이 유지되도록 하기 위한 사항

2. 미공개정보의 이용을 금지하기 위한 사항

3. 채권 등 자산의 가격평가업무를 위하여 얻은 정보를 다른 업무를 하는 데에 이용하지 아니하도록 하기 위한 사항

② 법 제264조제2항에 따라 채권평가회사는 평가기준을 협회와 그 회사가 운영하는 인터넷 홈페이지 등을 이용하여 공시하여야 한다.

③ 채권평가회사는 제2항에 따라 공시한 내용을 수정한 경우에는 그 수정내용을 지체 없이 공시하여야 한다.

④ 집합투자업자는 집합투자재산 평가를 위하여 필요한 범위에서 직접 또는 협회를 통하여 집합투자재산의 명세를 채권평가회사에 제공할 수 있다.

판 제288조 (채권평가회사에 대한 감독)

법 제266조제1항제4호에서 "대통령령으로 정하는 사항"이란 다음 각 호의 사항을 말한다.

1. 이해상충방지에 관한 사항

2. 협회에 가입하지 아니한 채권평가회사에 대하여 협회가 건전한 영업질서의 유지

와 투자자를 보호하기 위하여 행하는 자율규제에 준하는 내부기준을 제정하도록 하는 것에 관한 사항

판 제289조 (채권평가회사에 대한 조치)

① 법 제267조제2항제7호에서 "대통령령으로 정하는 조치"란 다음 각 호의 어느 하나에 해당하는 조치를 말한다.

1. 지점, 그 밖의 영업소의 폐쇄 또는 그 업무의 전부나 일부의 정지
2. 경영이나 업무방법의 개선요구나 개선권고
3. 변상 요구
4. 법을 위반한 경우에는 고발 또는 수사기관에의 통보
5. 다른 법률을 위반한 경우에는 관련 기관이나 수사기관에의 통보
6. 그 밖에 금융위원회가 법 및 이 영, 그 밖의 관련 법령에 따라 취할 수 있는 조치

② 법 제267조제3항제6호 및 같은 조 제4항제7호에서 "대통령령으로 정하는 조치"란 각각 제1항제4호부터 제6호까지의 조치를 말한다.

③ 법 별표 5 제19호에서 "대통령령으로 정하는 경우"란 이 영 별표 9 각 호의 어느 하나에 해당하는 경우를 말한다.

제10장 삭제 〈2015. 10. 23.〉

판 제290조

제290조 삭제 〈2015. 10. 23.〉

판 제291조

제291조 삭제 〈2015. 10. 23.〉

판 제292조

제292조 삭제 〈2015. 10. 23.〉

판 제293조

제293조 삭제 〈2015. 10. 23.〉

제294조 삭제 〈2015. 10. 23.〉

제295조 삭제 〈2015. 10. 23.〉

제296조 삭제 〈2015. 10. 23.〉

제297조 삭제 〈2015. 10. 23.〉

제297조의2 삭제 〈2015. 10. 23.〉

제298조 삭제 〈2014. 12. 9.〉

제299조 삭제 〈2015. 10. 23.〉

제300조 삭제 〈2015. 10. 23.〉

제300조의2 삭제 〈2015. 10. 23.〉

제11장 외국 집합투자증권에 대한 특례

제301조(외국 집합투자업자의 적격 요건 등)

① 법 제279조제2항 각 호 외의 부분 전단에서 "대통령령으로 정하는 외국 집합투자업자 적격 요건 및 외국 집합투자증권 판매적격 요건"은 다음 각 호와 같다. 〈개정 2012. 6. 29., 2020. 5. 26.〉

1. 외국 집합투자업자 적격 요건

　가. 최근 사업연도말 현재 운용자산규모(금융위원회가 정하여 고시하는 방법에 따라 계산한 것을 말한다)가 1조원 이상일 것. 이 경우 외국 집합투자업자가 그 운용자산의 운용업무 전부를 다른 외국 집합투자업자에 위탁한 경우에는 위탁받은 외국 집합투자업자의 운용자산규모가 1조원 이상이어야 한다.

　나. 국내에서 판매하려는 외국 집합투자기구의 종류(법 제229조에 따른 종류를 말한다)에 따라 별표 1에 따른 집합투자업 인가업무 단위별 최저자기자본 이상일 것

　다. 최근 3년간 금융업에 상당하는 영업과 관련하여 본국이나 국내의 감독기관으로부터 업무정지 이상에 해당하는 행정처분을 받거나 벌금형 이상에 상당하는 형사처벌을 받은 사실이 없을 것

　라. 투자자를 보호하기 위하여 금융위원회가 정하여 고시하는 요건에 해당하는 연락책임자를 국내에 둘 것

2. 외국 집합투자증권 판매적격 요건

　가. 경제협력개발기구에 가입되어 있는 국가(속령은 제외한다), 홍콩·싱가포르 또는 투자자 보호 등을 고려하여 총리령으로 정하는 국가의 법률에 따라 발행되었거나 발행이 예정되어 있을 것

　나. 보수·수수료 등 투자자가 부담하는 비용에 관한 사항이 명확히 규정되어 있고, 국제관례에 비추어 지나치게 높은 금액으로 설정되어 있지 아니할 것

　다. 투자자의 요구에 따라 직접적·간접적으로 환매 등의 방법으로 투자금액의 회수가 가능할 것

　라. 그 밖에 투자자를 보호하기 위하여 필요한 요건으로서 금융위원회가 정하여 고시하는 요건을 충족할 것

② 법 제279조제2항제1호에서 "대통령령으로 정하는 자"란 다음 각 호의 어느 하나에 해당하는 전문투자자를 말한다. 〈개정 2017. 5. 8., 2020. 5. 26.〉

1. 국가

2. 한국은행

2의2. 주권상장법인

3. 제10조제2항제1호부터 제17호까지의 어느 하나에 해당하는 자

4. 제10조제3항제1호부터 제17호까지의 어느 하나에 해당하는 자

③ 제2항의 자만을 대상으로 외국 집합투자증권을 판매하려는 경우에는 다음 각 호의 요건을 갖추어야 한다. 〈개정 2009. 7. 1.〉

1. 외국집합투자업자의 경우 최근 3년간 금융업에 상당하는 영업과 관련하여 국내의 감독기관으로부터 업무정지 이상에 해당하는 행정처분을 받거나 벌금형 이상에 상당하는 형사처벌을 받은 사실이 없을 것

2. 외국집합투자증권의 경우 보수·수수료 등 투자자가 부담하는 비용에 관한 사항이 명확히 규정되어 있을 것

④ 법 제279조제2항제1호에 따라 제7조제4항제6호의2에 따른 외국 집합투자증권을 국내에서 판매하는 경우에 대해서는 법 제280조제1항을 적용하지 않는다. 〈신설 2015. 10. 23., 2020. 5. 26.〉

⑤ 법 제279조제1항에 따른 외국 투자신탁이나 외국 투자익명조합의 외국 집합투자업자 또는 외국 투자회사등이 같은 조 제2항제2호에 따라 교차판매협약등을 체결한 외국에서 교차판매협약등에 따라 설정·설립된 것으로 인정되는 외국 교차판매 집합투자기구의 집합투자증권을 국내에서 판매하려는 경우에는 다음 각 호의 요건을 모두 갖추어야 한다. 〈신설 2020. 5. 26.〉

1. 제211조의2제2항 각 호 및 같은 조 제3항 각 호의 요건을 갖출 것. 이 경우 외국 집합투자기구가 교차판매협약등을 체결한 외국에서 교차판매협약등에 따른 교차판매 집합투자기구로 등록된 사실을 금융위원회가 확인한 경우에는 해당 요건을 충족한 것으로 본다.

2. 제1항제1호라목의 요건을 갖출 것

3. 교차판매협약등을 체결한 외국 정부가 부여한 교차판매 집합투자기구 고유등록번호를 제출할 것

⑥ 금융위원회는 제5항에도 불구하고 다음 각 호의 어느 하나에 해당하는 경우에는 법 제279조제2항제2호에 따른 외국 집합투자기구를 운용하는 외국 투자신탁이나 외국 투자익명조합의 외국 집합투자업자 또는 외국 투자회사등에 대하여 제1항 각 호에 따른 외국 집합투자업자 적격 요건 및 외국 집합투자증권 판매적격 요건을 적용할 수 있다. 〈신설 2020. 5. 26.〉

1. 교차판매협약등을 체결한 외국 정부가 교차판매협약등을 이행하지 않거나 이행하지 않을 것이 객관적으로 명백한 경우

2. 교차판매협약등을 체결한 외국 정부가 법 제182조의2제1항에 따라 금융위원회에 등록된 교차판매 집합투자기구의 전부 또는 일부에 대하여 정당한 사유없이 자국(

自國)에서 등록을 거부하거나 집합투자증권의 판매를 제한한 경우 또는 이에 준하는 조치를 한 경우

[제목개정 2020. 5. 26.]

판 제302조(장부·서류의 열람 등)

① 법 제280조제3항에서 "대통령령으로 정하는 장부·서류"란 다음 각 호의 장부·서류를 말한다.
1. 집합투자재산 명세서에 상당하는 서류
2. 집합투자증권 기준가격대장에 상당하는 서류
3. 재무제표와 그 부속명세서
4. 집합투자재산 운용내역서에 상당하는 서류

② 법 제280조제3항에서 "대통령령으로 정하는 정당한 사유"란 다음 각 호의 어느 하나에 해당하는 경우를 말한다. 이 경우 외국 투자신탁이나 외국 투자익명조합의 외국 집합투자업자, 외국 투자회사등 또는 외국 집합투자증권을 판매한 투자매매업자 또는 투자중개업자는 열람이나 교부가 불가능하다는 뜻과 그 사유가 기재된 서면을 투자자에게 교부하여야 한다. 〈개정 2015. 10. 23.〉

1. 외국 집합투자기구의 집합투자재산의 매매주문내역 등이 포함된 장부·서류를 제공함으로써 제공받은 자가 그 정보를 거래 또는 업무에 이용하거나 타인에게 제공할 것이 뚜렷하게 염려되는 경우

2. 외국 집합투자기구의 집합투자재산의 매매주문내역 등이 포함된 장부·서류를 제공함으로써 다른 투자자에게 손해를 입힐 것이 명백히 인정되는 경우

3. 해지·해산된 외국 집합투자기구에 관한 장부·서류로서 법 제239조제4항에 따른 보존기한이 지나는 등의 사유로 인하여 투자자의 열람제공 요청에 응하는 것이 불가능한 경우

③ 법 제280조제4항 단서에서 "대통령령으로 정하는 경우"란 다음 각 호의 어느 하나에 해당하는 경우를 말한다.
1. 외화자산에 투자하는 경우로서 기준가격을 매일 공고·게시하기 곤란한 경우
2. 환매금지형집합투자기구에 상당하는 외국 환매금지형집합투자기구의 경우
3. 외국집합투자기구가 설정·설립된 국가의 법령에 따라 기준가격을 매일 공고·게시하지 아니할 수 있도록 허용되어 있는 경우

판 연 제303조(외국 집합투자증권의 판매방법 등)

① 외국 투자신탁이나 외국 투자익명조합의 외국 집합투자업자, 외국 투자회사등 또는 외국 집합투자증권을 판매한 투자매매업자 또는 투자중개업자는 외국 집합투자기구가 법 제279조제1항에 따라 등록되기 전에는 해당 외국집합투자증권을 국내에서 판매하거나 판매를 위한 광고를 하여서는 아니 된다.

② 삭제 〈2021. 3. 23.〉

③ 외국 집합투자증권 및 외국 집합투자업자에 대하여서는 제87조제4항제3호·제4호 및 「금융소비자 보호에 관한 법률」 제22조제4항제2호나목을 준용한다. 이 경우 제87조제4항제3호 중 "집합투자업자"는 "외국 집합투자업자"로, "집합투자기구"는 "외국 집합투자기구"로, "집합투자증권"은 "외국 집합투자증권"으로 보며, 「금융소비자 보호에 관한 법률」 제4항제2호나목 중 "대통령령으로 정하는 투자성 상품" 및 "해당 투자성 상품"은 각각 "외국 집합투자증권"으로 본다. 〈개정 2021. 3. 23.〉

④ 외국 집합투자업자는 법 제280조제2항에 따라 자산운용보고서를 작성·제공할 때에는 법 제88조에도 불구하고 그 외국 집합투자규약(집합투자규약에 상당하는 것을 말한다. 이하 같다)에서 정하여진 바에 따라 자산운용보고서를 작성·제공할 수 있다.

⑤ 투자매매업자 또는 투자중개업자가 외국 집합투자증권을 판매하는 경우에는 다음 각 호의 방법에 따라야 한다. 다만, 투자매매업자 또는 투자중개업자가 판매하는 외국 집합투자증권이 법 제279조제2항제1호에 따라 등록한 외국 집합투자기구의 집합투자증권인 경우에는 집합투자규약에서 달리 정할 수 있다. 〈개정 2009. 12. 21., 2020. 5. 26.〉

1. 판매한 외국 집합투자증권의 기준가격이 그 외국 집합투자증권의 외국 집합투자규약에서 정하는 바에 따라 그 투자매매업자 또는 투자중개업자의 본점과 지점, 그 밖의 영업소에 공고·게시될 것

2. 투자자의 투자판단에 필요하다고 인정되는 자산운용보고서 등 모든 서류가 투자매매업자 또는 투자중개업자의 본점과 지점, 그 밖의 영업소에 비치될 것

3. 제2호에 따른 모든 서류가 한글로 작성되어 투자자에게 제공될 것. 다만, 상장지수집합투자기구와 비슷한 것으로서 증권시장에 외국 집합투자증권이 상장된 외국 상장지수집합투자기구의 경우에는 외국 집합투자업자가 그 납입자산 구성내역 등을 증권시장을 통하여 매일 공고하는 방법으로 자산운용보고서의 제공을 갈음할 수 있다.

⑥ 외국 집합투자증권의 투자권유에 관한 사항, 외국 집합투자증권의 국내판매 현황에 대한 보고에 관한 사항, 그 밖에 투자자를 보호하기 위하여 필요한 사항은

금융위원회가 정하여 고시한다.

판 연 제304조 (외국 집합투자기구의 등록취소)

법 제282조제1항제7호에서 "대통령령으로 정하는 경우"란 다음 각 호의 경우를 말한다. 〈개정 2015. 3. 3., 2022. 8. 30.〉

1. 외국 집합투자기구가 해지되거나 해산한 경우

2. 법 제281조제2항에서 준용하는 법 제419조제1항에 따른 검사를 거부·방해 또는 기피한 경우

3. 다음 각 목의 경우로서 외국 집합투자업자 또는 외국 투자회사등이 금융위원회가 정하여 고시하는 바에 따라 외국 집합투자기구의 등록취소를 신청한 경우

　가. 외국 집합투자증권의 국내판매를 중지하려는 경우

　나. 제301조제2항 각 호의 전문투자자만을 대상으로 판매하던 외국 집합투자증권의 국내판매 대상을 다른 전문투자자나 일반투자자에게도 판매할 수 있도록 전환하려는 경우

제2편 금융투자업관계기관

2-1 한국금융투자협회

<table><tr><td>판</td></tr></table> **제304조(설립등기)**

① 법 제283조제3항에 따라 협회의 설립등기에는 다음 각 호의 사항을 기재하여야 한다.

1. 목적
2. 명칭
3. 본회와 지회의 소재지
4. 임원의 성명과 주소
5. 공고의 방법

② 제1항에 따른 설립등기에 있어서는 그 신청서에 다음 각 호의 서류를 첨부하여야 한다.

1. 정관
2. 법 부칙 제3조에 따른 정관승인서의 사본
3. 법 부칙 제3조에 따른 합병승인서의 사본
4. 법 부칙 제3조에 따른 합병계약서
5. 법 부칙 제3조에 따른 합병 전 합병대상협회(법 부칙 제3조제1항에 따른 합병대상협회를 말한다. 이하 이 항에서 같다)의 합병승인을 받은 회원총회의 의사록
6. 법 부칙 제3조제6항에 따른 공고 및 최고를 하였다는 사실, 이의를 제출한 채권자가 있을 때에는 그 자에 대하여 변제, 담보의 제공 또는 신탁을 하였다는 사실 또는 그 자가 합병으로 인하여 손해를 입을 염려가 없다는 것을 증명하는 서면
7. 합병 전 합병대상협회에 현존하는 순자산액을 증명하는 서면
8. 협회의 임원이 취임을 승낙하였다는 서면

<table><tr><td>판</td></tr></table> **제306조(회원)**

법 제285조제1항에서 "대통령령으로 정하는 자"란 다음 각 호의 어느 하나에 해당하는 자를 말한다. 〈개정 2013. 8. 27.〉

1. 일반사무관리회사
2. 집합투자기구평가회사
3. 채권평가회사

3의2. 신용평가회사

4. 그 밖에 협회 정관에서 회원으로 정하는 자

판 연 제307조(업무 등)

① 법 제286조제1항제3호라목에서 "대통령령으로 정하는 주요직무 종사자"란 다음 각 호의 자를 말한다. 〈개정 2013. 8. 27., 2015. 10. 23., 2021. 12. 9.〉

1. 투자권유자문 관리인력(투자권유자문인력 관리업무를 수행하는 자를 말한다)

2. 제276조제4항에 따른 집합투자재산 계산전문인력

3. 제280조제2항에 따른 집합투자기구 평가전문인력

4. 제285조제3항에 따른 집합투자재산 평가전문인력

5. 제324조의3제4항제1호에 따른 신용평가전문인력

6. 그 밖에 투자자를 보호하거나 건전한 거래질서를 위하여 등록 및 관리가 필요하다고 금융위원회가 정하여 고시하는 자

② 법 제286조제1항제10호에서 "대통령령으로 정하는 업무"란 다음 각 호의 업무를 말한다. 〈개정 2009. 2. 3., 2010. 6. 11., 2013. 8. 27., 2019. 8. 20.〉

1. 금융투자업자의 임직원 및 제1항에 따른 주요직무 종사자의 징계기록 유지와 관리에 관한 업무

2. 금융투자업자의 법 제30조제1항에 따른 영업용순자본(이하 "영업용순자본"이라 한다) 및 같은 항에 따른 총위험액의 비교공시에 관한 업무

3. 채무증권의 매매거래(증권시장 밖에서의 매매거래만 해당한다)에 대한 정보 관리 및 공시에 관한 업무

4. 금융투자업자 임직원의 직무 및 윤리 교육에 관한 업무

5. 투자광고의 자율심의에 관한 업무

5의2. 증권시장에 상장되지 않은 지분증권(주권을 제외한 지분증권을 말한다)의 장외매매거래에 관한 업무

6. 그 밖에 정관에서 정하는 업무

판 제308조(조직 및 정관 등)

① 협회의 조직은 법 제287조제1항제3호 후단에 따라 다음 각 호의 기준에 따라 구분·운영되어야 한다.

1. 금융투자업의 종류에 따른 다음 각 목의 구분을 준수할 것

   가. 투자매매업·투자중개업

나. 집합투자업·투자자문업·투자일임업·신탁업

2. 제1호가목에 따른 투자매매업·투자중개업의 경우에는 금융투자상품의 범위에 따른 다음 각 목의 구분을 준수할 것

　　가. 증권(집합투자증권은 제외한다)

　　나. 집합투자증권

　　다. 파생상품

② 법 제287조제1항제10호에서 "대통령령으로 정하는 사항"이란 다음 각 호의 사항을 말한다.

1. 자산에 관한 사항

2. 임원에 관한 사항

3. 총회와 이사회에 관한 사항

4. 회계에 관한 사항

5. 업무위탁에 관한 사항(법 제103조제1항제4호부터 제6호까지의 재산만을 수탁받는 신탁업자와 관련된 업무의 위탁을 포함한다)

③ 법 제287조제2항에서 "대통령령으로 정하는 사항"이란 법 제287조제1항제1호·제2호, 제5호부터 제8호까지 및 제2항제2호·제3호·제5호의 사항을 말한다. 다만, 변경되는 내용이 법령의 개정에 따른 것이거나 단순한 자구수정 등 경미한 내용인 경우는 제외한다.

판 제309조(협회에 대한 조치)

① 법 제293조제1항제7호에서 "대통령령으로 정하는 조치"란 다음 각 호의 어느 하나에 해당하는 조치를 말한다.

1. 경영이나 업무방법의 개선요구나 개선권고

2. 변상 요구

3. 법을 위반한 경우에는 고발 또는 수사기관에의 통보

4. 다른 법률을 위반한 경우에는 관련기관이나 수사기관에의 통보

5. 그 밖에 금융위원회가 법 및 이 영, 그 밖의 관련 법령에 따라 취할 수 있는 조치

② 법 제293조제2항제6호 및 같은 조 제3항제7호에서 "대통령령으로 정하는 조치"란 각각 제1항제3호부터 제5호까지의 조치를 말한다.

③ 법 별표 7 제22호에서 "대통령령으로 정하는 경우"란 이 영 별표 11의 각 호의 어느 하나에 해당하는 경우를 말한다.

제2장 한국예탁결제원

판 제310조(예탁대상증권등) 법

법 제294조제1항에서 "대통령령으로 정하는 것"이란 다음 각 호의 어느 하나에 해당하는 것을 말한다.

1. 원화로 표시된 양도성 예금증서
2. 그 밖에 금융위원회가 정하여 고시하는 것

판 제311조(설립등기)

① 법 제294조제3항에 따라 예탁결제원의 설립등기에는 다음 각 호의 사항을 기재하여야 한다.

1. 목적
2. 명칭
3. 주된 사무소와 지원의 소재지
4. 자본금
5. 임원의 성명과 주소
6. 공고의 방법

② 제1항에 따른 설립등기에 있어서는 그 신청서에 다음 각 호의 서류를 첨부하여야 한다.

1. 정관
2. 정관인가서의 사본

판 제312조(특별한 이해관계)

법 제301조제5항에서 "대통령령으로 정하는 특별한 이해관계"란 다음 각 호의 어느 하나에 해당하는 것을 말한다.

1. 채무보증
2. 담보제공
3. 정상적인 거래활동(거래 상대방의 사업내용과 관련되거나 사업목적 달성에 수반되는 행위로서 거래조건 등에 비추어 사회통념상 일반적인 거래활동으로 인정될 수 있는 경우를 말한다)을 수행하는 과정에서 필요한 행위에 해당하는 것으로 볼 수 없는 이해관계

판 제313조 (예탁결제원에 대한 조치)

① 법 제307조제1항제7호에서 "대통령령으로 정하는 조치"란 다음 각 호의 어느 하나에 해당하는 조치를 말한다.

1. 경영이나 업무방법의 개선요구나 개선권고
2. 변상 요구
3. 법을 위반한 경우에는 고발 또는 수사기관에의 통보
4. 다른 법률을 위반한 경우에는 관련 기관이나 수사기관에의 통보
5. 그 밖에 금융위원회가 법 및 이 영, 그 밖의 관련 법령에 따라 취할 수 있는 조치

② 법 제307조제2항제6호 및 같은 조 제3항제7호에서 "대통령령으로 정하는 조치"란 각각 제1항제3호부터 제5호까지의 조치를 말한다.

③ 법 별표 8 제29호에서 "대통령령으로 정하는 경우"란 이 영 별표 12의 각 호의 어느 하나에 해당하는 경우를 말한다.

판 제314조 (투자자예탁 증권등의 반환제한)

법 제312조제3항에서 "대통령령으로 정하는 사유"란 다음 각 호의 어느 하나에 해당하는 사유를 말한다.

1. 예탁자에 대한 인가·허가·등록 등의 취소 또는 업무의 정지
2. 예탁자의 파산·해산 또는 제1호에 준하는 경우

판 연 제315조 (예탁증권등 부족에 대한 보전)

① 삭제 〈2009. 2. 3.〉

② 법 제313조제1항에 따라 예탁결제원 및 예탁자는 연대하여 법 제309조제3항제2호에 따른 예탁증권등(이하 "예탁증권등"이라 한다)의 부족분을 보전하여야 한다. 〈개정 2009. 2. 3., 2019. 6. 25.〉

판 제316조 (발행인의 통지사항)

법 제314조제6항에서 "대통령령으로 정하는 사항"이란 다음 각 호의 사항을 말한다. 〈개정 2013. 8. 27.〉

1. 법 제294조제1항에 따른 증권등(이하 이 조에서 "증권등"이라 한다)의 종류 및 발행 회차
2. 증권등의 권리의 종류·발생사유·내용 및 그 행사일정
3. 증권등의 발행조건이 변경된 경우에는 그 내역

4. 법 제316조제3항에 따라 주식수를 합산하는 경우에는 신주인수권 등 권리의 배정명세

5. 원리금 지급일의 변경, 그 밖에 증권등의 권리행사와 관련하여 예탁결제원이 필요하다고 인정하여 요청하는 사항

판 제317조

제317조 삭제 〈2013. 8. 27.〉

판 연 제317조의2(예탁결제원 명의의 주권에 대한 관리)

예탁결제원은 예탁자를 통하여 투자자에게 반환된 후 투자자의 명의로 명의개서가 되지 않은 예탁결제원 명의의 주권의 권리행사에 따라 발행인으로부터 주권을 수령한 경우 그 주권 중 수령일부터 1년이 지난 주권은 법 제286조제1항제5호에 따른 협회를 통한 장외매매거래의 방법으로 매각하여 현금으로 관리할 수 있다. 다만, 협회를 통한 주권의 장외매매거래가 불가능한 경우 등 금융위원회가 정하여 고시하는 경우에는 그 주식의 수령일부터 1년이 지나지 않은 경우에도 증권시장 등을 통하여 이를 매각할 수 있다.

[전문개정 2019. 6. 25.]

판 제318조

제318조 삭제 〈2019. 6. 25.〉

제2장의2 금융투자상품거래청산회사 〈신설 2013. 7. 5.〉

조문체계도버튼

제318조의2(청산업 인가업무 단위) 법 제323조의3제1항에서 "대통령령으로 정하는 업무 단위"란 청산대상업자를 대상으로 한 제14조의2제2항 각 호의 구분에 따른 업무 단위를 말한다.

[본조신설 2013. 7. 5.]

제318조의2(청산업 인가업무 단위)

① 법 제323조의3제2항제2호에서 "대통령령으로 정하는 금액"이란 다음 각 호의 구분에 따른 금액을 말한다.

1. 제14조의2제2항제1호의 거래를 업무 단위로 하는 경우: 1천억원

2. 제14조의2제2항제2호 각 목의 거래를 업무 단위로 하는 경우: 2백억원

3. 제14조의2제2항제3호의 거래를 업무 단위로 하는 경우: 2백억원

② 법 제323조의3제2항제3호에 따른 사업계획은 다음 각 호의 요건에 적합하여야 한다.

1. 금융투자상품거래청산업의 안정적인 영위가 가능할 것

2. 위험관리와 금융사고 예방 등을 위한 적절한 내부통제장치가 마련되어 있을 것

3. 투자자 보호에 적절한 업무방법을 갖출 것

4. 법령을 위반하지 아니하고 건전한 금융거래질서를 해칠 우려가 없을 것

③ 법 제323조의3제2항제4호에 따른 인력과 전산설비, 그 밖의 물적 설비는 다음 각 호의 요건에 적합하여야 한다.

1. 경영하려는 금융투자상품거래청산업에 관한 전문성과 건전성을 갖춘 인력과 업무를 수행하기 위한 전산요원 등 필요한 인력을 적절하게 갖출 것

2. 다음 각 목의 전산설비 등의 물적 설비를 갖출 것

　가. 경영하려는 금융투자상품거래청산업을 수행하기에 필요한 전산설비와 통신수단

　나. 사무실 등 충분한 업무공간과 사무장비

　다. 전산설비 등의 물적 설비를 안전하게 보호할 수 있는 보안설비

　라. 정전·화재 등의 사고가 발생할 경우에 업무의 연속성을 유지하기 위하여 필요한 보완설비

④ 법 제323조의3제2항제7호에 따른 대주주의 요건에 관하여는 별표 2를 준용한다. 다만, 법 제323조의10제2항제2호에 해당하는 자의 경우에는 금융위원회가 그 요건을 완화하여 고시할 수 있다.

⑤ 법 제323조의3제2항제8호에서 "대통령령으로 정하는 사회적 신용"이란 제16조제8항제2호의 요건을 말한다.

⑥ 법 제323조의3제2항제9호에 따른 이해상충방지체계는 금융투자상품거래청산업의 영위와 관련하여 금융투자상품거래청산회사와 청산대상업자 간의 이해상충이 발생할 가능성을 파악·평가하고, 금융투자상품거래청산회사의 내부통제기준으로 정하는 방법 및 절차에 따라 이를 적절히 관리하는 체계이어야 한다.

⑦ 제2항부터 제6항까지의 규정에 따른 인가요건에 관하여 필요한 구체적인 기준은 금융위원회가 정하여 고시한다.

[본조신설 2013. 7. 5.]

판 제318조의3(금융투자상품거래청산업인가 요건 등)

① 법 제323조의4제1항에 따라 금융위원회에 제출하는 인가신청서에는 다음 각 호의 사항을 적어야 한다.

1. 상호

2. 본점과 지점, 그 밖의 영업소의 소재지

3. 임원에 관한 사항

4. 경영하려는 인가업무 단위(제318조의2에 따른 금융투자상품거래청산업 인가업무 단위를 말한다)에 관한 사항

5. 자기자본 등 재무에 관한 사항

6. 사업계획에 관한 사항

7. 인력과 전산설비 등의 물적 설비에 관한 사항

8. 대주주에 관한 사항

9. 이해상충방지체계에 관한 사항

10. 그 밖에 인가요건의 심사에 필요한 사항으로서 금융위원회가 정하여 고시하는 사항

② 제1항에 따른 인가신청서에는 다음 각 호의 서류를 첨부하여야 한다.

1. 정관

2. 청산업무규정안

3. 발기인총회, 창립주주총회 또는 이사회의 의사록 등 설립이나 인가신청의 의사결정을 증명하는 서류

4. 본점과 지점, 그 밖의 영업소의 위치와 명칭을 적은 서류

5. 임원의 이력서와 경력증명서

6. 인가업무 단위의 종류

7. 최근 3개 사업연도의 재무제표와 그 부속명세서(설립 중인 법인은 제외하며, 설립일부터 3개 사업연도가 지나지 아니한 법인의 경우에는 설립일부터 최근 사업연도까지의 재무제표와 그 부속명세서를 말한다)

8. 업무개시 후 3개 사업연도의 사업계획서

9. 인력, 조직, 물적 설비 등의 현황을 확인할 수 있는 서류

10. 인가신청일(인가업무 단위를 추가하기 위한 인가신청 또는 법 제323조의10제2항제2호에 해당하는 자의 인가신청인 경우에는 최근 사업연도말) 현재 발행주식총수의 100분의 1 이상을 소유한 주주의 성명 또는 명칭과 그 소유주식수를 적은 서류

11. 대주주가 법 제323조의3제2항제7호의 요건을 갖추었음을 확인할 수 있는 서류

12. 이해상충방지체계를 갖추었는지를 확인할 수 있는 서류

13. 그 밖에 인가요건의 심사에 필요한 서류로서 금융위원회가 정하여 고시하는 서류

③ 금융투자상품거래청산업인가를 받으려는 자는 법 제323조의5에 따른 예비인가를 신청한 경우로서 예비인가 신청 시에 제출한 예비인가신청서 및 첨부서류의 내용이 변경되지 아니한 경우에는 그 부분을 구체적으로 제시하여 이를 참조하라는 뜻을 적는 방법으로 제1항의 인가신청서의 기재사항 중 일부를 적지 아니하거나 제2항의 첨부서류 중 그 첨부서류의 제출을 생략할 수 있다.

④ 제1항에 따른 인가신청서를 제출받은 금융위원회는 「전자정부법」 제36조제1항에 따른 행정정보의 공동이용을 통하여 법인 등기사항증명서를 확인하여야 한다.

⑤ 제1항에 따른 인가신청서를 제출받은 금융위원회는 금융투자상품거래청산업인가의 신청내용에 관한 사실 여부를 확인하고, 이해관계자 등으로부터 수렴된 의견을 고려하여 신청내용이 법 제323조의3제2항에 따른 인가요건을 충족하는지를 심사하여야 한다.

⑥ 금융위원회는 제5항에 따라 금융투자상품거래청산업인가의 신청내용을 확인하기 위하여 필요한 경우에는 이해관계자, 발기인 또는 임원과의 면담 등의 방법으로 실지조사를 할 수 있다.

⑦ 금융위원회는 금융투자상품거래청산업인가가 금융시장에 중대한 영향을 미칠 우려가 있는 경우 등 필요하다고 인정되는 경우에는 공청회를 개최할 수 있다.

⑧ 법 제323조의4제2항에 따라 금융투자상품거래청산업인가를 받은 자는 그 인가를 받은 날부터 6개월 이내에 영업을 시작하여야 한다. 다만, 금융위원회가 그 기한을 따로 정하거나 금융투자상품거래청산업인가를 받은 자의 신청을 받아 그 기한을 연장한 경우에는 그 기한 이내에 그 인가받은 영업을 시작할 수 있다.

⑨ 금융위원회는 금융투자상품거래청산업인가에 조건을 붙인 경우에는 그 이행 여부를 확인하여야 한다.

⑩ 제1항부터 제9항까지에서 규정한 사항 외에 금융투자상품거래청산업인가의 신청과 심사, 인가신청서의 서식과 작성방법 등에 관하여 필요한 사항은 금융위원회가 정하여 고시한다.

[본조신설 2013. 7. 5.]

판 **제318조의4 (금융투자상품거래청산업인가의 방법 및 절차 등)**

① 법 제323조의5제1항에 따라 예비인가를 신청하려는 자는 제318조의4제1항 각 호의 사항을 적은 예비인가신청서를 금융위원회에 제출하여야 한다.

② 제1항에 따른 예비인가신청서에는 다음 각 호의 서류를 첨부하여야 한다.

1. 정관이나 정관안

2. 청산업무규정안

3. 발기인총회, 창립주주총회 또는 이사회의 의사록 등 설립이나 인가신청의 의사 결정을 증명하는 서류

4. 임원(임원으로 선임이 예정된 자를 포함한다)의 이력서와 경력증명서

5. 인가업무 단위의 종류

6. 최근 3개 사업연도의 재무제표와 그 부속명세서(설립 중인 법인은 제외하며, 설립일부터 3개 사업연도가 지나지 아니한 법인의 경우에는 설립일부터 최근 사업연도까지의 재무제표와 그 부속명세서를 말한다)

7. 업무개시 후 3개 사업연도의 사업계획서

8. 인력, 물적 설비 등(채용, 구매 등이 예정된 인력, 물적 설비 등을 포함한다)의 현황을 확인할 수 있는 서류

9. 예비인가신청일(인가업무 단위를 추가하기 위한 예비인가신청 또는 법 제323조의10제2항제2호에 해당하는 자의 예비인가신청인 경우에는 최근 사업연도말) 현재 발행주식총수의 100분의 1 이상을 소유한 주주의 성명이나 명칭과 그 소유주식수를 적은 서류

10. 대주주가 법 제323조의3제2항제7호의 요건을 갖추었음을 확인할 수 있는 서류

11. 이해상충방지체계를 갖추었거나 갖출 수 있는지를 확인할 수 있는 서류

12. 그 밖에 예비인가요건의 심사에 필요한 서류로서 금융위원회가 정하여 고시하는 서류

③ 법 제323조의5제1항에 따라 신청된 예비인가의 심사 방법 및 절차에 관하여는 제318조의4제4항부터 제7항까지의 규정을 준용한다. 이 경우 "금융투자상품거래청산업인가"는 "예비인가"로 본다.

④ 법 제323조의5제2항에 따라 예비인가를 받은 자는 예비인가를 받은 날부터 6개월 이내에 예비인가의 내용 및 조건을 이행한 후 법 제323조의3에 따른 금융투자상품거래청산업인가(이하 이 항에서 "본인가"라 한다)를 신청하여야 한다. 다만, 금융위원회가 예비인가 당시 본인가 신청기한을 따로 정하였거나, 예비인가 후 예비인가를 받은 자의 신청을 받아 본인가 신청기한을 연장한 경우에는 그 기

한 이내에 본인가를 신청할 수 있다.

⑤ 제1항부터 제4항까지에서 규정한 사항 외에 예비인가의 신청과 심사, 예비인가 신청서의 서식과 작성방법 등에 관하여 필요한 사항은 금융위원회가 정하여 고시한다. [본조신설 2013. 7. 5.]

판 제318조의6(예비인가)

법 제323조의9제3항에서 "대통령령으로 정하는 특별한이해관계"란 다음 각 호의 어느 하나에 해당하는 것을 말한다.

1. 채무보증

2. 담보제공

3. 정상적인 거래활동(거래 상대방의 사업내용과 관련되거나 사업목적 달성에 수반되는 행위로서 거래조건 등에 비추어 사회통념상 일반적인 거래활동으로 인정될 수 있는 경우를 말한다)을 수행하는 과정에서 필요한 행위에 해당하는 것으로 볼 수 없는 이해관계

[본조신설 2013. 7. 5.]

판 제318조의7(금융투자업관계기관)

법 제323조의10제2항제2호에서 "대통령령으로 정하는 금융투자업관계기관"이란 예탁결제원 및 증권금융회사를 말한다.

[본조신설 2013. 7. 5.]

판 연 제318조의8(손해배상공동기금의 적립 및 운용 등)

① 법 제323조의14제1항에 따른 손해배상공동기금(이하 "손해배상공동기금"이라 한다)의 총적립규모, 청산대상업자별 적립률 및 적립방법 등은 청산대상거래별 결제위험, 청산대상업자별 결제위험, 그 밖의 상황을 고려하여 청산업무규정(법 제323조의11에 따른 청산업무규정을 말한다. 이하 같다)으로 정한다.

② 금융투자상품거래청산회사는 법 제323조의14제1항에 따라 그 재산과 손해배상 공동기금으로 다음 각 호의 순서와 방법에 따라 청산대상거래에 따른 채무의 불이행으로 인하여 발생하는 손해를 배상한다. 〈개정 2015. 10. 23.〉

1. 채무를 불이행한 청산대상업자가 적립한 손해배상공동기금을 우선하여 사용할 것

2. 제1호에 따라 손해를 배상하고 나서 부족분이 있으면 금융투자상품거래청산회사의 재산 중 청산업무규정으로 정하는 금액을 우선하여 사용할 것

3. 제1호 및 제2호에 따라 손해를 배상하고 나서 부족분이 있으면 청산업무규정에서 정하는 순서와 방법에 따라 채무를 불이행한 청산대상업자 외의 청산대상업자가 적립한 손해배상공동기금과 금융투자상품거래청산회사의 재산을 사용할 것

③ 금융투자상품거래청산회사는 법 제323조의14제4항에 따라 손해를 끼친 청산대상업자에 대하여 구상권을 행사한 경우 다음 각 호의 순서와 방법에 따라 그 구상권 행사로 추심된 금액을 손해배상공동기금과 금융투자상품거래청산회사의 재산에 배분한다. 다만, 채무를 불이행한 청산대상업자 외의 청산대상업자가 청산업무규정에 따라 자기의 재산으로 제2항 각 호의 순서와 방법과 다르게 청산대상거래에 따른 채무의 불이행으로 인하여 발생하는 손해를 배상한 때에는 그 구상권 행사로 추심된 금액을 그 청산대상업자의 재산에 우선하여 배분한다. 〈개정 2015. 10. 23.〉

1. 제2항제3호에 따라 사용된 금액이 있으면 청산업무규정에서 정하는 순서와 방법에 따라 손해를 끼친 청산대상업자 외의 청산대상업자가 적립한 손해배상공동기금과 금융투자상품거래청산회사의 재산에 우선하여 배분할 것

2. 제2항제2호에 따라 사용된 금액이 있으면 제1호에 따라 배분하고 남은 금액을 금융투자상품거래청산회사의 재산에 배분할 것

3. 제1호 및 제2호에 따라 배분하고 남은 것이 있으면 제2항제1호에 따라 사용된 금액 및 손해배상 등에 소요된 비용에 대하여 청산업무규정에서 정하는 바에 따라 배분할 것

④ 손해배상공동기금의 관리, 환급, 운용 및 그 밖에 구상권 행사에 관하여는 제362조제3항부터 제8항까지 및 제363조제1항을 준용한다. 이 경우 "회원"은 "청산대상업자"로, "회원관리규정"은 "청산업무규정"으로 본다.
[본조신설 2013. 7. 5.]

판 제318조의9 (보관 · 관리대상 거래정보 등)

① 법 제323조의16제1항에서 "대통령령으로 정하는 거래정보"란 법 제9조제25항에 따른 청산대상거래(법 제166조의3에 따른 청산의무거래는 제외한다)에 관한 정보를 말한다.

② 금융투자상품거래청산회사는 법 제323조의16제1항에 따른 거래정보를 10년 동안 보관 · 관리하여야 한다.

③ 법 제323조의16제3항에 따라 금융투자상품거래청산회사는 다음 각 호의 사항을 매월 금융위원회가 정하여 고시하는 서식 및 절차에 따라 금융위원회에 보고

하여야 한다.

1. 법 제9조제25항에 따른 청산대상거래 및 그 거래대상이 되는 금융투자상품에 관한 사항

2. 청산대상업자의 채무의 이행 등에 관한 사항

3. 청산증거금 및 손해배상공동기금의 관리·운용 현황

4. 그 밖에 국제적으로 인정되는 감독기준 등을 고려하여 총리령으로 정하는 사항

④ 제3항에도 불구하고 법 제323조의16제3항에 따라 금융투자상품거래청산회사는 손해배상공동기금으로 손해를 보전하거나 그 밖에 청산대상업자의 결제위험과 관련된 사항으로서 총리령으로 정하는 사항이 발생한 경우에는 지체 없이 금융위원회에 보고하여야 한다.

⑤ 제3항 및 제4항에 따른 보고의 방법과 절차, 그 밖에 필요한 세부사항은 금융위원회가 정하여 고시한다.

[본조신설 2013. 7. 5.]

판 제318조의10 (주식소유의 제한)

법 제323조의18제2호에 따라 다음 각 호의 어느 하나에 해당하는 경우에는 금융위원회의 승인을 받아 금융투자상품거래청산회사의 의결권 있는 발행주식총수의 100분의 20을 초과하여 금융투자상품거래청산회사가 발행한 주식을 소유할 수 있다.

1. 집합투자기구가 소유하는 경우(사모집합투자기구가 소유하는 경우는 제외한다)

2. 외국 금융투자상품거래청산회사가 금융투자상품거래청산회사와의 제휴를 위하여 소유하는 경우

3. 거래소가 소유하는 경우

4. 금융투자상품거래청산회사의 공정한 운영을 해칠 우려가 없는 경우로서 총리령으로 정하는 금융기관 또는 금융투자업관계기관이 소유하는 경우

5. 제4호에 따른 금융기관이 공동으로 주식을 소유하는 경우로서 다음 각 목의 어느 하나에 해당하는 자의 금융투자상품거래청산회사에 대한 주식보유비율을 초과하여 주식을 소유하는 경우

　가. 「외국인투자 촉진법」 제2조제1항제1호에 따른 외국인

　나. 비금융회사(금융위원회가 정하여 고시하는 금융업이 아닌 업종을 영위하는 회사를 말한다)

[본조신설 2013. 7. 5.]

판 제318조의11 (금융투자상품거래청산회사에 대한 조치)

① 법 제323조의20제1항제6호에서 "대통령령으로 정하는 경우"란 법 별표 8의2 제5호에 해당하는 경우를 말한다.

② 법 제323조의20제1항제7호에서 "대통령령으로 정하는 금융 관련 법령 등"이란 제373조제2항 각 호의 법령을 말한다.

③ 법 제323조의20제1항제7호에서 "대통령령으로 정하는 경우"란 제373조제3항 각 호의 어느 하나에 해당하는 경우를 말한다.

④법 제323조의20제1항제8호에서 "대통령령으로 정하는 경우"란 다음 각 호의 어느 하나에 해당하는 경우를 말한다.

1. 인가를 받은 날부터 6개월 이내에 영업을 시작하지 아니하거나 영업을 시작한 후 정당한 사유 없이 인가받은 업무를 6개월 이상 계속해서 하지 아니한 경우

2. 업무와 관련하여 부정한 방법으로 타인으로부터 금전등을 받거나 타인에게 줄 금전등을 취득한 경우

3. 법 제323조의20제2항제1호에 따른 업무정지의 조치를 받은 날부터 1개월(업무정지의 조치를 하면서 1개월을 초과하는 보정기간을 정한 경우에는 그 기간) 이내에 해당 조건을 보정하지 아니한 경우

4. 같거나 비슷한 위법행위를 계속하거나 반복하는 경우

⑤ 법 제323조의20제2항제7호에서 "대통령령으로 정하는 조치"란 다음 각 호의 어느 하나에 해당하는 조치를 말한다.

1. 지점, 그 밖의 영업소의 폐쇄나 그 업무의 전부 또는 일부의 정지

2. 경영이나 업무방법의 개선요구나 개선권고

3. 변상 요구

4. 법을 위반한 경우에는 고발 또는 수사기관에의 통보

5. 다른 법률을 위반한 경우에는 관련 기관 또는 수사기관에의 통보

6. 그 밖에 금융위원회가 법 및 이 영, 그 밖의 관련 법령에 따라 취할 수 있는 조치

⑥ 법 제323조의20제3항제6호 및 제4항제7호에서 "대통령령으로 정하는 조치"란 각각 다음 각 호의 어느 하나에 해당하는 조치를 말한다.

1. 법을 위반한 경우에는 고발 또는 수사기관에의 통보

2. 다른 법률을 위반한 경우에는 관련 기관 또는 수사기관에의 통보

3. 그 밖에 금융위원회가 법 및 이 영, 그 밖의 관련 법령에 따라 취할 수 있는 조치
[본조신설 2013. 7. 5.]

제3장 증권금융회사

판 제318조의12 (무인가 증권금융업무 금지의 예외)

법 제323조의21 단서에서 "대통령령으로 정하는 경우"란 금융관련법령에 따라 법 제326조제1항제1호 또는 제3호에 해당하는 업무를 영위하는 경우를 말한다. 〈개정 2016. 7. 28.〉

[본조신설 2013. 8. 27.]

판 제319조 (인가)

① 법 제324조제2항제2호에서 "대통령령으로 정하는 금액"이란 500억원을 말한다.

② 법 제324조제9항에서 "대통령령으로 정하는 완화된 요건"이란 다음 각 호의 요건을 말한다.

1. 법 제324조제2항제2호에 따른 요건을 적용할 때 제1항에 따른 최저자기자본의 100분의 70 이상을 유지할 것. 이 경우 유지요건은 매 회계연도말을 기준으로 적용하며, 특정 회계연도말을 기준으로 유지요건에 미달한 증권금융회사는 다음 회계연도말까지는 그 유지요건에 적합한 것으로 본다.

2. 법 제324조제2항제6호에 따른 요건을 적용할 때 제19조제1항제2호가목부터 다목까지의 요건을 유지할 것

③ 증권금융회사의 인가요건에 관하여서는 제16조제4항·제5항·제6항(제1호는 제외한다)·제9항제1호·제11항 및 제17조(제1항제4호·제2항제5호 및 제3항은 제외한다)를 준용한다. 〈개정 2010. 6. 11.〉

판 제320조 (업무)

법 제326조제2항제1호가목에서 "대통령령으로 정하는 업무"란 다음 각 호의 업무를 말한다. 〈개정 2013. 8. 27.〉

1. 환매조건부매매
2. 환매조건부매매의 중개·주선 또는 대리업무
3. 집합투자증권을 대상으로 하는 투자매매업·투자중개업

판 제321조 (특별한 이해관계)

법 제327조제3항에서 "대통령령으로 정하는 특별한 이해관계"란 다음 각 호의 어느 하나에 해당하는 것을 말한다.

1. 채무보증

2. 담보제공

3. 정상적인 거래활동(거래 상대방의 사업내용과 관련되거나 사업목적 달성에 수
반되는 행위로서 거래조건 등에 비추어 사회통념상 일반적인 거래활동으로 인정될 수
있는 경우를 말한다)을 하는 과정에서 필요한 행위에 해당하는 것으로 볼 수 없는 이
해관계

판 제321조(사채의 발행)

① 증권금융회사가 사채를 발행하는 경우에는 응모총액이 사채청약서나 증권신고서
에 기재된 사채의 총액에 미달하는 경우에도 그 사채를 발행한다는 뜻을 사채청
약서나 증권신고서에 기재한 때에는 그 응모총액을 사채의 발행총액으로 한다.

② 증권금융회사는 매출기간을 미리 정하여 매출의 방법으로 사채를 발행할 수 있
으며, 이 경우에는 사채청약서를 작성하지 아니할 수 있다.

③ 증권금융회사는 매출의 방법으로 발행하는 사채에는 다음 각 호의 사항을 기재
하여야 한다.

1. 회사의 상호

2. 사채의 액면금액

3. 사채의 이자율

4. 이자지급의 방법 및 기한

5. 사채상환의 방법 및 기한

6. 사채의 번호

④ 증권금융회사가 사채를 발행하는 경우에는 할인의 방법에 의할 수 있다.

⑤ 증권금융회사는 만기 5년 이상의 사채를 할인의 방법으로 발행하는 경우에는 법
제329조에 따른 사채발행액을 적용할 때 할인발행차금을 포함하지 아니할 수 있다.

판 제323조(업무 폐지 등의 승인)

법 제332조제1항에 따른 증권금융회사의 업무폐지 또는 해산에 대한 금융위원회의
승인에 관하여서는 제370조제2항부터 제6항까지의 규정을 준용한다.

판 제324조(증권금융회사에 대한 조치)

① 법 제335조제1항제6호에서 "대통령령으로 정하는 경우"란 다음 각 호의 어느 하
나에 해당하는 경우를 말한다.

1. 별표 13 제3호에 해당하는 경우로서 법 제174조에 따른 미공개중요정보 이용행위 금지 의무를 위반한 경우

2. 별표 13 제4호에 해당하는 경우로서 법 제176조에 따른 시세조종행위 등의 금지 의무를 위반한 경우

3. 별표 13 제5호에 해당하는 경우로서 법 제178조에 따른 부정거래행위 등의 금지 의무를 위반한 경우

② 법 제335조제1항제7호에서 "대통령령으로 정하는 금융관련 법령 등"이란 제373조제2항 각 호의 법령을 말한다.

③ 법 제335조제1항제7호에서 "대통령령으로 정하는 경우"란 제373조제3항 각 호의 어느 하나에 해당하는 경우를 말한다.

④ 법 제335조제1항제8호에서 "대통령령으로 정하는 경우"란 다음 각 호의 어느 하나에 해당하는 경우를 말한다.

1. 인가를 받은 날부터 6개월 이내에 영업을 시작하지 아니하거나 영업을 시작한 후 정당한 사유 없이 인가 받은 업무를 6개월 이상 계속해서 하지 아니한 경우

2. 업무와 관련하여 부정한 방법으로 타인으로부터 금전등을 받거나 타인에게 줄 금전등을 취득한 경우

3. 법 제335조제2항제1호에 따른 업무정지의 조치를 받은 날부터 1개월(업무정지의 조치를 하면서 1개월을 초과하는 보정기간을 정한 경우에는 그 기간) 이내에 해당 조건을 보정하지 아니한 경우

4. 같거나 비슷한 위법행위를 계속하거나 반복하는 경우

⑤ 법 제335조제2항제7호에서 "대통령령으로 정하는 조치"란 다음 각 호의 어느 하나에 해당하는 조치를 말한다.

1. 지점, 그 밖의 영업소의 폐쇄나 그 업무의 전부 또는 일부의 정지

2. 경영이나 업무방법의 개선요구나 개선권고

3. 변상 요구

4. 법을 위반한 경우에는 고발 또는 수사기관에의 통보

5. 다른 법률을 위반한 경우에는 관련기관 또는 수사기관에의 통보

6. 그 밖에 금융위원회가 법 및 이 영, 그 밖의 관련법령에 따라 취할 수 있는 조치

⑥ 법 제335조제3항제6호 및 같은 조 제4항제7호에서 "대통령령으로 정하는 조치"란 각각 제5항제4호부터 제6호까지의 조치를 말한다.

⑦ 법 별표 9 제26호에서 "대통령령으로 정하는 경우"란 이 영 별표 13 각 호의 어느 하나에 해당하는 경우를 말한다.

제3장의2 신용평가회사 〈신설 2013. 8. 27.〉

판 연 **제324조의2 (무인가 신용평가 금지의 예외)**

법 제335조의2 단서에서 "대통령령으로 정하는 경우"란 「신용정보의 이용 및 보호에 관한 법률」에 따른 기업신용조회회사가 영위하는 기업 및 법인에 대한 기업신용등급제공업무 및 기술신용평가업무로서 다음 각 호의 요건을 모두 충족하는 경우를 말한다. 〈개정 2020. 8. 4.〉

1. 기업에 대한 신용정보를 신용정보주체 또는 그 신용정보주체의 상거래의 상대방 등 이해관계를 가지는 자에게만 제공할 것

2. 제1호에 따라 신용정보를 제공할 때 기업신용등급제공업무 및 기술신용평가업무임을 알릴 것

3. 기업신용등급제공업무 및 기술신용평가업무를 하는 기업신용조회회사의 신용정보를 만들어 내는 부서와 영업부서(법 제335조의8제2항제1호에 따른 영업조직에 준하는 부서를 말한다)의 분리에 관하여 내부통제기준을 마련할 것

[본조신설 2013. 8. 27.]

판 연 **제324조의3 (인가요건 등)**

① 법 제335조의3제2항제1호나목에서 "대통령령으로 정하는 금융기관"이란 다음 각 호의 어느 하나에 해당하는 금융기관을 말한다. 〈개정 2015. 3. 3., 2016. 3. 11., 2016. 5. 31., 2016. 10. 25., 2020. 8. 4.〉

1. 투자매매업자·투자중개업자·신탁업자·집합투자업자·증권금융회사·종합금융회사·자금중개회사 및 명의개서대행회사

2. 은행

3. 「금융지주회사법」에 따른 금융지주회사

4. 「한국산업은행법」에 따른 한국산업은행

5. 「한국수출입은행법」에 따른 한국수출입은행

6. 삭제 〈2014. 12. 30.〉

7. 「중소기업은행법」에 따른 중소기업은행

8. 「한국주택금융공사법」에 따른 한국주택금융공사

9. 「상호저축은행법」에 따른 상호저축은행과 그 중앙회

10. 「농업협동조합법」에 따른 농업협동조합과 그 중앙회

11. 「수산업협동조합법」에 따른 수산업협동조합과 그 중앙회

12. 「산림조합법」에 따른 산림조합과 그 중앙회

13. 「신용협동조합법」에 따른 신용협동조합과 그 중앙회

14. 「새마을금고법」에 따른 새마을금고와 그 중앙회

15. 「보험업법」에 따른 보험회사

16. 「여신전문금융업법」에 따른 여신전문금융회사(같은 법 제3조제3항제1호에 따라 허가를 받거나 등록을 한 자를 포함한다)

17. 「기술보증기금법」에 따른 기술보증기금

18. 「신용보증기금법」에 따른 신용보증기금

19. 「지역신용보증재단법」에 따른 신용보증재단과 그 중앙회

20. 「무역보험법」에 따른 한국무역보험공사

21. 「예금자보호법」에 따른 예금보험공사 및 정리금융회사

22. 외국에서 제1호부터 제20호까지의 금융기관과 유사한 금융업을 경영하는 금융기관

23. 외국 법령에 따라 설립되어 외국에서 「신용정보의 이용 및 보호에 관한 법률」에 따른 신용정보업 및 채권추심업 중 어느 하나에 해당하는 업무를 수행하는 자

② 법 제335조의3제2항제2호에서 "대통령령으로 정하는 금액"이란 50억원을 말한다.

③ 법 제335조의3제2항제3호에 따른 사업계획은 다음 각 호의 요건에 적합하여야 한다.

1. 수지전망이 타당하고, 실현 가능성이 있을 것

2. 사업계획에 따른 조직구조 및 관리·운용체계가 이해상충 및 불공정행위의 방지 등에 적합할 것

3. 법령을 위반하지 아니하고, 건전한 신용평가업무의 영위를 해칠 염려가 없을 것

④ 법 제335조의3제2항제4호에 따른 인력 및 전산설비, 그 밖의 물적설비는 다음 각 호의 요건에 적합하여야 한다.

1. 공인회계사 5명 이상과 금융위원회가 정하여 고시하는 요건을 갖춘 증권 분석·평가업무 경력자 5명 이상을 포함하여 20명 이상의 상시고용 신용평가 전문인력을 갖출 것. 다만, 분석·평가하려는 증권(「자산유동화에 관한 법률」 제2조제4호에 따른 유동화증권이 아닌 증권을 말한다)의 발행인들이 경영하고 있는 업종(「통계법」 제22조제1항에 따라 통계청장이 고시하는 한국표준산업분류의 대분류에 해당되는 업종을 말한다)이 3개 이하이거나 「자산유동화에 관한 법률」 제2조제4호에 따른 유동화증

권만을 평가하는 경우에는 공인회계사 5명 이상과 증권 분석·평가업무 경력자 5명 이상의 상시고용 신용평가 전문인력을 갖추어야 한다.

2. 법 제335조의11제2항에 따른 신용평가를 하는 데 필요하다고 금융위원회가 정하여 고시하는 전산설비 및 자료관리체제를 갖출 것

⑤ 법 제335조의3제2항제6호에 따른 대주주(이하 이 장에서 "대주주"라 한다)는 별표 13의2의 요건에 적합하여야 한다.

⑥ 법 제335조의3제2항제7호에 따른 이해상충을 방지하기 위한 체계는 신용평가업의 영위와 관련하여 신용평가회사와 투자자·발행인 사이에 이해상충이 발생할 가능성을 파악·평가하고, 신용평가회사의 내부통제기준으로 정하는 방법 및 절차에 따라 이를 적절히 관리하는 체계이어야 한다.

⑦ 제3항부터 제6항까지의 규정에 따른 인가요건에 관하여 필요한 구체적인 기준은 금융위원회가 정하여 고시한다.

[본조신설 2013. 8. 27.]

판 제324조의4(신용평가회사 인가의 방법 및 절차 등)

① 법 제335조의4제1항에 따라 금융위원회에 제출하는 인가신청서에는 다음 각 호의 사항을 적어야 한다.

1. 상호

2. 본점과 지점, 그 밖의 영업소의 소재지

3. 임원에 관한 사항

4. 자기자본 등 재무에 관한 사항

5. 사업계획에 관한 사항

6. 인력과 전산설비 등의 물적 설비에 관한 사항

7. 대주주에 관한 사항

8. 이해상충방지체계에 관한 사항

9. 그 밖에 인가요건의 심사에 필요한 사항으로서 금융위원회가 정하여 고시하는 사항

② 제1항에 따른 인가신청서에는 다음 각 호의 서류를 첨부하여야 한다.

1. 정관

2. 발기인총회, 창립주주총회 또는 이사회의 의사록 등 설립이나 인가신청의 의사결정을 증명하는 서류

3. 본점과 지점, 그 밖의 영업소의 위치와 명칭을 적은 서류

4. 임원의 이력서와 경력증명서

5. 최근 3개 사업연도의 재무제표와 그 부속명세서(설립 중인 법인은 제외하며, 설립일부터 3개 사업연도가 지나지 아니한 법인의 경우에는 설립일부터 최근 사업연도까지의 재무제표와 그 부속명세서를 말한다)

6. 업무개시 후 3개 사업연도의 사업계획서(추정재무제표를 포함한다) 및 예상수지계산서

7. 인력 및 물적 설비 등의 현황을 확인할 수 있는 서류

8. 인가신청일 현재 발행주식총수의 100분의 1 이상을 소유한 주주의 성명 또는 명칭과 그 소유주식수를 적은 서류

9. 대주주가 법 제335조의3제2항제6호의 요건을 갖추었음을 확인할 수 있는 서류

10. 이해상충방지체계를 갖추었는지를 확인할 수 있는 서류

11. 그 밖에 인가요건의 심사에 필요한 서류로서 금융위원회가 정하여 고시하는 서류

③ 신용평가업인가를 받으려는 자는 법 제335조의5에 따른 예비인가를 신청한 경우로서 예비인가 신청 시에 제출한 예비인가신청서 및 첨부서류의 내용이 변경되지 아니한 경우에는 그 부분을 구체적으로 제시하여 이를 참조하라는 뜻을 적는 방법으로 제1항의 인가신청서의 기재사항 중 일부를 적지 아니하거나 제2항의 첨부서류 중 그 첨부서류의 제출을 생략할 수 있다.

④ 제1항에 따른 인가신청서를 제출받은 금융위원회는 「전자정부법」 제36조제1항에 따른 행정정보의 공동이용을 통하여 법인 등기사항증명서를 확인하여야 한다.

⑤ 제1항에 따른 인가신청서를 제출받은 금융위원회는 신용평가업인가의 신청내용에 관한 사실 여부를 확인하고, 이해관계자 등으로부터 수렴된 의견을 고려하여 신청내용이 법 제335조의3제2항에 따른 인가요건을 충족하는지를 심사하여야 한다.

⑥ 금융위원회는 제5항에 따라 신용평가업인가의 신청내용을 확인하기 위하여 필요한 경우에는 이해관계자, 발기인 또는 임원과의 면담 등의 방법으로 실지조사를 할 수 있다.

⑦ 금융위원회는 제5항에 따라 신용평가업인가의 신청내용에 관한 이해관계자 등의 의견을 수렴하기 위하여 신청인, 신청일자, 신청내용, 의견제시의 방법 및 기간 등을 인터넷 홈페이지 등에 공고하여야 한다.

⑧ 금융위원회는 제7항에 따라 접수된 의견 중 신용평가업인가의 신청인에게 불리하다고 인정되는 의견을 신용평가업인가의 신청인에게 통보하고, 기한을 정하여 소명하도록 할 수 있다.

⑨ 금융위원회는 신용평가업인가가 금융시장에 중대한 영향을 미칠 염려가 있는 경우 등 필요하다고 인정되는 경우에는 공청회를 개최할 수 있다.

⑩ 법 제335조의4제2항에 따라 신용평가업인가를 받은 자는 그 인가를 받은 날부터 6개월 이내에 영업을 시작하여야 한다. 다만, 금융위원회가 그 기한을 따로 정하거나 신용평가업인가를 받은 자의 신청을 받아 그 기한을 연장한 경우에는 그 기한 이내에 그 인가받은 영업을 시작할 수 있다.

⑪ 금융위원회는 신용평가업인가에 조건을 붙인 경우에는 그 이행 여부를 확인하여야 한다.

⑫ 제1항부터 제11항까지에서 규정한 사항 외에 신용평가업인가의 신청과 심사, 인가신청서의 서식과 작성방법 등에 관하여 필요한 사항은 금융위원회가 정하여 고시한다.

[본조신설 2013. 8. 27.]

판 제324조의5 (예비인가)

① 법 제335조의5제1항에 따라 예비인가를 신청하려는 자는 제324조의4제1항 각 호의 사항을 적은 예비인가신청서를 금융위원회에 제출하여야 한다.

② 제1항에 따른 예비인가신청서에는 다음 각 호의 서류를 첨부하여야 한다.

1. 정관이나 정관안(이에 준하는 것을 포함한다)

2. 발기인총회, 창립주주총회 또는 이사회의 의사록 등 설립이나 인가신청의 의사결정을 증명하는 서류

3. 임원(임원으로 선임이 예정된 자를 포함한다)의 이력서와 경력증명서

4. 최근 3개 사업연도의 재무제표와 그 부속명세서(설립 중인 법인은 제외하며, 설립일부터 3개 사업연도가 지나지 아니한 법인의 경우에는 설립일부터 최근 사업연도까지의 재무제표와 그 부속명세서를 말한다)

5. 업무개시 후 3개 사업연도의 사업계획서(추정재무제표를 포함한다) 및 예상수지계산서

6. 인력 및 물적 설비 등(채용, 구매 등이 예정된 인력 및 물적 설비 등을 포함한다)의 현황을 확인할 수 있는 서류

7. 예비인가신청일 현재 발행주식총수의 100분의 1 이상을 소유한 주주의 성명이나 명칭과 그 소유주식수를 적은 서류

8. 대주주가 법 제335조의3제2항제6호의 요건을 갖추었음을 확인할 수 있는 서류

9. 이해상충방지체계를 갖추었거나 갖출 수 있는지를 확인할 수 있는 서류

10. 그 밖에 예비인가요건의 심사에 필요한 서류로서 금융위원회가 정하여 고시하는 서류

③ 법 제335조의5제1항에 따라 신청된 예비인가의 심사 방법 및 절차에 관하여는 제324조의4제4항부터 제9항까지를 준용한다. 이 경우 "신용평가업인가"는 "예비인가"로 본다.

④ 법 제335조의5제2항에 따라 예비인가를 받은 자는 예비인가를 받은 날부터 6개월 이내에 예비인가의 내용 및 조건을 이행한 후 법 제335조의3에 따른 신용평가업인가(이하 이 항에서 "본인가"라 한다)를 신청하여야 한다. 다만, 금융위원회가 예비인가 당시 본인가 신청기한을 따로 정하였거나, 예비인가 후 예비인가를 받은 자의 신청을 받아 본인가 신청기한을 연장한 경우에는 그 기한 이내에 본인가를 신청할 수 있다.

⑤ 제1항부터 제4항까지에서 규정한 사항 외에 예비인가의 신청과 심사, 예비인가 신청서의 서식과 작성방법 등에 관하여 필요한 사항은 금융위원회가 정하여 고시한다.

[본조신설 2013. 8. 27.]

판 제324조의6(신용평가내부통제기준 등)

① 법 제335조의8제2항제5호에서 "대통령령으로 정하는 사항"이란 다음 각 호의 사항을 말한다.

1. 신용평가 관련 자료의 기록 및 보관에 관한 사항

2. 신용평가의 적정성을 검토하기 위한 내부절차 마련에 관한 사항

3. 임직원의 신용평가내부통제기준(법 제335조의8제2항에 따른 신용평가내부통제기준을 말한다. 이하 같다)의 준수 여부 점검에 관한 사항

4. 그 밖에 신용평가내부통제기준에 관하여 필요한 사항으로서 금융위원회가 정하여 고시하는 사항

② 신용평가회사는 신용평가내부통제기준을 제정하거나 변경하려는 경우에는 이사회의 결의를 거쳐야 한다.

③ 금융위원회는 금융감독원장의 검사결과 법령을 위반한 사실이 드러난 신용평가회사에 대하여 법령 위반행위의 재발방지를 위하여 신용평가내부통제기준의 변경을 권고할 수 있다.

④ 법 제335조의8제3항에서 "대통령령으로 정하는 법인"이란 최근 사업연도말을 기준으로 자산총액이 100억원 미만인 법인을 말한다.

[본조신설 2013. 8. 27.]

판 제324조의7(부수업무)

① 법 제335조의10제2항제1호 및 제2호에서 "대통령령으로 정하는 금융기관"이란 각각 제10조제2항 각 호의 어느 하나에 해당하는 금융기관을 말한다.

② 법 제335조의10제2항제3호에서 "대통령령으로 정하는 업무"란 다음 각 호의 어느 하나에 해당하는 업무를 말한다.

1. 사업성 평가, 가치평가 및 기업진단 업무

2. 신용평가모형과 위험관리모형의 개발 및 제공 업무

3. 그 밖에 금융위원회가 정하여 고시하는 업무
   [본조신설 2013. 8. 27.]

판 제324조의8(신용평가회사의 행위규칙 등)

① 법 제335조의11제3항제3호에서 "대통령령으로 정하는 자"란 제3항 각 호의 어느 하나에 해당하는 자를 말한다.

② 법 제335조의11제5항제4호에서 "대통령령으로 정하는 사항"이란 다음 각 호를 말한다.

1. 신용평가의 실시를 위한 계약서류 및 신용평가와 관련하여 수취한 수수료의 내역

2. 신용등급을 변경한 경우 그 변경내역 및 사유

3. 신용평가를 위하여 요청인 또는 그의 이해관계자에게 제공하거나 요청인 또는 이해관계자로부터 제출받은 자료

③ 법 제335조의11제7항제1호에서 "대통령령으로 정하는 자"란 다음 각 호의 어느 하나에 해당하는 자를 말한다.

1. 해당 신용평가회사에 100분의 5 이상 출자한 법인

2. 해당 신용평가회사가 100분의 5 이상 출자한 법인

3. 해당 신용평가회사와 계열회사의 관계에 있는 법인

4. 해당 신용평가회사와 제1호부터 제3호까지의 관계에 있는 법인이 100분의 40 이상 출자한 법인

5. 그 밖에 신용평가업무와 관련하여 이해상충의 소지가 있는 자로서 금융위원회가 정하여 고시하는 자

④ 법 제335조의11제7항제3호에서 "대통령령으로 정하는 행위"란 다음 각 호의 어느 하나에 해당하는 행위를 말한다. 〈개정 2017. 12. 29.〉

1. 신용평가 과정에서 다른 신용평가회사와 면담, 협의 또는 자료의 제공 등의 방법을 통하여 신용평가대상의 신용등급에 영향을 미치는 정보를 교환하는 행위

2. 신용평가와 관련하여 금융위원회가 정하여 고시하는 기준을 위반하여 신용평가의 요청인 및 그의 이해관계자에게 재산상의 이익을 제공하거나 이들로부터 재산상의 이익을 제공받는 행위

3. 법 제335조의11제7항제1호 또는 제2호에 따른 금지 또는 제한을 회피할 목적으로 하는 행위로서 다음 각 목의 어느 하나에 해당하는 행위

    가. 신용평가회사와 제3항 각 호의 관계에 있는 자에 대하여 신용평가회사 간에 교차하여 신용평가를 하는 행위

    나. 신용평가회사의 계열회사의 상품이나 서비스의 구매와 관련하여 연계거래를 하는 행위

4. 신용평가계약을 체결하기 전에 특정 신용등급이 부여될 가능성 또는 예상되는 신용등급(신용등급의 범위를 포함한다)에 대한 정보를 요청인 또는 그의 이해관계자에게 제공하는 행위

5. 신용평가계약의 체결을 유인하기 위하여 신용등급을 이용하는 행위

6. 그 밖에 투자자 보호나 신용평가의 독립성·공정성을 해칠 염려가 있는 행위로서 금융위원회가 정하여 고시하는 행위

[본조신설 2013. 8. 27.]

판 제324조의9(신용평가서의 제출·공시 등)

① 법 제335조의12제2항제3호에서 "대통령령으로 정하는 경우"란 같은 항 제1호 또는 제2호에 따라 제출한 신용평가서의 신용등급이 변동되는 경우를 말한다.

② 법 제335조의12제4항에서 "대통령령으로 정하는 서류"란 다음 각 호의 서류를 말한다.

1. 법 제335조의12제1항에 따른 신용평가방법에 관한 서류

2. 법 제335조의12제2항에 따른 신용평가서

3. 법 제335조의12제3항에 따른 서류 중 금융위원회가 정하여 고시하는 서류

③ 제2항에 따른 서류의 제출시기는 다음 각 호와 같다.

1. 제2항제1호의 서류: 제정 또는 개정일부터 10일 이내

2. 제2항제2호의 서류: 신용평가의 종료일부터 10일 이내

3. 제2항제3호의 서류: 서류별로 금융위원회가 정하여 고시하는 기간 이내

    [본조신설 2013. 8. 27.]

판 제324조의10 (신용평가회사에 대한 조치)

① 법 제335조의15제1항제6호에서 "대통령령으로 정하는 경우"란 다음 각 호의 어느 하나에 해당하는 경우를 말한다.

1. 법 별표 9의2 제5호에 해당하는 경우로서 법 제335조의11제1항을 위반하여 신용평가를 한 경우

2. 법 별표 9의2 제6호에 해당하는 경우로서 법 제335조의11제3항을 위반하여 신용평가서를 작성하지 아니한 경우

3. 법 별표 9의2 제9호에 해당하는 경우로서 법 제335조의11제7항제1호를 위반하여 신용평가회사와 특수한 관계에 있는 자와 관련된 신용평가를 한 경우

4. 법 별표 9의2 제12호에 해당하는 경우로서 법 제335조의12제2항을 위반하여 신용평가서를 제출하지 아니하거나 거짓으로 작성하여 제출한 경우

② 법 제335조의15제1항제7호에서 "대통령령으로 정하는 금융관련 법령 등"이란 다음 각 호의 법령을 말한다.

1. 「형법」

2. 「특정경제범죄 가중처벌 등에 관한 법률」

③ 법 제335조의15제1항제7호에서 "대통령령으로 정하는 경우"란 다음 각 호의 어느 하나에 해당하는 경우를 말한다.

1. 별표 21 제2호가목에 해당하는 경우로서 「형법」 제214조부터 제217조까지를 위반한 경우

2. 별표 21 제2호나목에 해당하는 경우로서 「형법」 제223조(같은 법 제214조부터 제217조까지를 위반한 경우만 해당한다)를 위반한 경우

3. 별표 21 제2호라목에 해당하는 경우로서 「형법」 제355조, 제356조 또는 제357조제1항을 위반한 경우

4. 별표 21 제2호바목에 해당하는 경우로서 「형법」 제359조(같은 법 제355조, 제356조 또는 제357조제1항을 위반한 경우만 해당한다)를 위반한 경우

5. 별표 21 제3호가목에 해당하는 경우로서 「특정경제범죄 가중처벌 등에 관한 법률」 제3조제1항(「형법」 제355조 또는 제356조와 관련된 경우만 해당한다)을 위반한 경우

6. 별표 21 제3호나목에 해당하는 경우로서 「특정경제범죄 가중처벌 등에 관한 법률」 제5조제1항부터 제3항까지를 위반한 경우

7. 별표 21 제3호다목에 해당하는 경우로서 「특정경제범죄 가중처벌 등에 관한 법률」 제7조를 위반한 경우

8. 별표 21 제3호라목에 해당하는 경우로서 「특정경제범죄 가중처벌 등에 관한 법률」 제8조를 위반한 경우

9. 별표 21 제3호마목에 해당하는 경우로서 「특정경제범죄 가중처벌 등에 관한 법률」 제9조제3항을 위반한 경우

④ 법 제335조의15제1항제8호에서 "대통령령으로 정하는 경우"란 다음 각 호의 어느 하나에 해당하는 경우를 말한다. 〈개정 2017. 12. 29.〉

1. 인가를 받은 날부터 6개월 이내에 영업을 시작하지 아니하거나 영업을 시작한 후 정당한 사유 없이 인가받은 업무를 6개월 이상 계속해서 하지 아니한 경우

2. 법 제335조의15제2항제1호에 따른 업무정지의 조치를 받은 날부터 1개월(업무정지의 조치를 하면서 1개월을 초과하는 보정기간을 정한 경우에는 그 기간) 이내에 해당 조건을 보정하지 아니한 경우

2의2. 제324조의8제4항 각 호(제6호는 제외한다)의 어느 하나에 해당하는 행위를 한 경우

3. 업무와 관련하여 부정한 방법으로 타인으로부터 금전등을 받거나 타인에게 줄 금전등을 취득한 경우

4. 신용평가의 과정에서 계약을 위반하거나 이행하지 아니하여 시장 질서를 어지럽힌 경우

5. 같거나 비슷한 위법행위를 계속하거나 반복하는 경우

⑤ 법 제335조의15제2항제7호에서 "대통령령으로 정하는 조치"란 다음 각 호의 어느 하나에 해당하는 조치를 말한다.

1. 지점, 그 밖의 영업소의 폐쇄 또는 그 업무의 전부나 일부의 정지

2. 경영이나 업무방법의 개선요구나 개선권고

3. 변상 요구

4. 법을 위반한 경우에는 고발 또는 수사기관에의 통보

5. 다른 법률을 위반한 경우에는 관련 기관이나 수사기관에의 통보

6. 그 밖에 금융위원회가 법 및 이 영, 그 밖의 관련 법령에 따라 취할 수 있는 조치

⑥ 법 제335조의15제3항제6호 및 같은 조 제4항제7호에서 "대통령령으로 정하는 조치"란 각각 다음 각 호의 어느 하나에 해당하는 조치를 말한다.

1. 법을 위반한 경우에는 고발 또는 수사기관에의 통보

2. 다른 법률을 위반한 경우에는 관련 기관이나 수사기관에의 통보

3. 그 밖에 금융위원회가 법 및 이 영, 그 밖의 관련 법령에 따라 취할 수 있는 조치

⑦ 법 별표 9의2 제14호에서 "대통령령으로 정하는 경우"란 이 영 별표 13의3 각 호

의 어느 하나에 해당하는 경우를 말한다.

[본조신설 2013. 8. 27.]

제4장 종합금융회사

판 연 제325조 (종합금융회사의 업무 등)

① 법 제336조제1항제1호에서 "대통령령으로 정하는 기간"이란 1년을 말한다.

② 법 제336조제1항제8호에서 "대통령령으로 정하는 업무"란 다음 각 호와 같다.

1. 어음관리계좌(고객으로부터 예탁받은 자금을 통합하여 법 제336조제1항제1호에 따른 어음 등에 투자하여 운용하고, 그 결과 발생한 수익을 고객에게 지급하는 것을 목적으로 종합금융회사가 개설하는 계좌를 말한다. 이하 이 장에서 같다) 업무

2. 팩토링 업무(기업의 판매대금채권의 매수·회수 및 이와 관련된 업무를 말한다)

3. 파생상품시장에서 거래되는 장내파생상품 중 그 기초자산이 주가지수인 것을 대상으로 하는 투자매매업·투자중개업

4. 양도성 예금증서의 매매 및 그 중개·주선 또는 대리

5. 「한국은행법」 제68조에 따른 공개시장 조작의 대상이 되는 증권(이하 이 장에서 "공개시장조작대상증권"이라 한다)의 매매 및 그 중개·주선 또는 대리

6. 해당 종합금융회사가 발행한 어음을 담보로 하는 대출이나 해당 종합금융회사의 어음관리계좌에 채권을 가지고 있는 개인에 대한 대출로서 그 채권을 담보로 하는 대출

7. 선적전 무역어음 업무(선적전 무역어음의 할인·매매·중개·인수 및 보증과 선적전 무역어음을 결제하기 위한 수출환어음 등의 매입과 추심의뢰 업무를 말한다)

8. 법 제347조제4항에 따른 업무용 부동산의 임대 업무

③ 법 제336조제2항제6호에서 "대통령령으로 정하는 업무"란 다음 각 호의 업무를 말한다. 〈개정 2020. 8. 4.〉

1. 장내파생상품을 대상으로 하는 투자매매업 또는 투자중개업(제2항제3호에 해당되는 것은 제외한다)

2. 「신용정보의 이용 및 보호에 관한 법률」에 따른 신용정보 업무

3. 「자산유동화에 관한 법률」에 따른 유동화자산관리 업무

4. 삭제 〈2023. 5. 16.〉

5. 투자자문업

6. 「전자금융거래법」에 따른 전자자금이체업무(같은 법 제2조제6호에 따른 결제중

계시스템의 참가기관이 되거나 같은 법 시행령 제15조제2항제2호에 따른 대표참가기관을 경유하는 방식의 전자자금이체업무는 제외한다)

7. 「신용정보의 이용 및 보호에 관한 법률」에 따른 본인신용정보관리업

판 연 제326조(표지어음의 발행)

① 법 제336조제3항에 따라 종합금융회사는 할인·매수하여 소유하고 있는 팩토링어음·채권(팩토링업무와 관련된 어음 및 채권을 말한다. 이하 이 장에서 같다) 또는 무역어음(이하 이 장에서 "원어음등"이라 한다)을 통합하거나 분할하여 새로운 어음(이하 이 장에서 "표지어음"이라 한다)을 발행할 수 있다.

② 종합금융회사는 제1항에 따라 표지어음을 발행하는 경우에는 원어음등의 소유잔액과 최종만기일 범위에서 발행하여야 하며, 표지어음의 발행근거가 되는 원어음등을 매도, 담보제공 또는 어음관리계좌에 편입하여서는 아니 된다.

판 연 제327조(적격업체의 선정 등)

① 종합금융회사는 기업을 대상으로 어음의 할인·매매·중개·인수 또는 보증을 하기 위하여는 적격업체를 선정하여야 한다. 다만, 다른 금융기관(「금융위원회의 설치 등에 관한 법률」 제38조에 따른 검사대상기관 중 어음업무를 하는 검사대상기관을 말한다)이 보증한 어음을 할인·매매·중개·인수 또는 보증하는 경우에는 적격업체를 선정하지 아니할 수 있다.

② 제1항에 따른 적격업체의 선정방법, 적격업체별 어음의 할인한도, 그 밖에 적격업체에 관하여 필요한 사항은 금융위원회가 정하여 고시한다.

판 연 제328조(무담보어음 등의 취급)

① 종합금융회사는 무담보어음을 매도하는 경우에는 자기나 타인이 직접 또는 간접으로 그 지급을 보증하는 행위를 하여서는 아니 된다. 다만, 「중소기업기본법」 제2조에 따른 중소기업이 은행, 「신용보증기금법」에 따른 신용보증기금, 「기술보증기금법」에 따른 기술보증기금이나 다른 종합금융회사의 지급보증을 받아 발행한 어음을 매도하는 경우에는 그 지급의 보증을 할 수 있다. 〈개정 2016. 5. 31.〉

② 종합금융회사가 무담보어음을 매도하는 경우에는 그 무담보어음은 다음 각 호의 요건을 모두 충족하여야 한다. 〈개정 2009. 10. 1.〉

1. 둘 이상의 신용평가회사로부터 신용평가를 받은 것일 것. 다만, 직전 신용평가등급이 모두 금융위원회가 정하여 고시하는 평가등급인 경우에는 하나 이상의 신용평가

회사로부터 신용평가를 받았을 것

2. 신용평가회사가 평가한 신용평가등급 중 최저의 신용평가등급이 금융위원회가 정하여 고시하는 평가등급 이상일 것. 다만, 제1항 단서에 따른 어음과 금융위원회가 정하여 고시하는 기업이 발행한 어음인 경우에는 신용평가등급요건을 적용하지 아니할 수 있다.

③ 종합금융회사는 신용평가회사가 평가하는 신용평가등급 중 최저의 신용평가등급이 금융위원회가 정하여 고시하는 평가등급 이상인 무보증어음에 한하여 매매의 중개·주선 또는 대리를 할 수 있다. 다만, 금융위원회가 정하여 고시하는 기업이 발행한 어음인 경우에는 신용평가등급요건을 적용하지 아니할 수 있다. 〈개정 2009. 10. 1.〉

④ 신용평가회사의 신용평가기준, 신용평가등급의 적용기간, 신용평가등급의 공시, 그 밖에 무담보어음의 신용평가에 관하여 필요한 사항은 금융위원회가 정하여 고시한다. 〈개정 2009. 10. 1.〉

판 연 제329조 (어음관리계좌)

① 종합금융회사는 어음관리계좌의 수탁기간을 1년 이내로 하여야 한다.

② 종합금융회사는 어음관리계좌 수탁금을 법 제346조에 따른 지급준비자산을 제외하고는 다음 각 호의 자산에 한정하여 운용할 수 있다.

1. 해당 종합금융회사가 거래하는 기업이 발행한 할인어음

2. 선적전 무역어음

3. 팩토링어음·채권

4. 금융기관(「금융위원회의 설치 등에 관한 법률」 제38조에 따른 검사대상기관 중 어음업무를 하는 검사대상기관을 말한다)이 발행한 표지어음

5. 국채증권, 지방채증권 또는 특수채증권

6. 국가가 원리금의 지급을 보증한 채권

7. 금융기관(「금융위원회의 설치 등에 관한 법률」 제38조에 따른 검사대상기관을 말한다)이 발행한 채권

8. 증권시장에 상장된 채권

9. 양도성 예금증서

③ 종합금융회사는 어음관리계좌의 수탁금의 총운용자산의 100분의 50 이상을 제2항제1호부터 제3호까지의 자산으로 편입·운용하여야 한다. 다만, 일시에 대량으로 자금을 수탁하는 등 불가피한 사유로 어음관리계좌의 수탁금 운용 기준을

충족하지 못한 경우에는 그 다음 날까지는 그 기준을 충족한 것으로 본다.

④ 종합금융회사는 어음관리계좌 수탁금의 운용자산을 그 고유자산과 구분하여 관리하여야 한다.

⑤ 어음관리계좌의 거래방법, 그 수탁금의 운용방법, 그 밖에 어음관리계좌에 관하여 필요한 사항은 금융위원회가 정하여 고시한다.

판 연 제330조(그 밖의 영업행위 규칙)

① 종합금융회사는 직접 또는 간접으로 해당 종합금융회사가 발행한 주식을 취득시키기 위한 대출을 하여서는 아니 된다.

② 종합금융회사는 후순위채권, 후순위차입 등 부채성 자본조달수단의 자금공여자에 대하여서는 직접 또는 간접으로 대출, 지급보증서의 발급 등을 통하여 관련자금을 지원하여서는 아니 된다.

③ 삭제 〈2021. 3. 23.〉

④ 종합금융회사의 기업(「공공기관의 운영에 관한 법률」에 따른 공공기관과 영리를 목적으로 하지 아니하는 단체는 제외한다)에 대한 어음 소유액, 팩토링금융, 어음지급보증 및 중장기대출 합계액의 100분의 25 이상은 중소기업을 대상으로 한 것이어야 한다.

⑤ 그 밖에 고객의 보호나 건전한 거래질서를 위하여 필요한 사항은 금융위원회가 정하여 고시할 수 있다.

판 제331조(지점등의 인가)

① 금융위원회는 법 제337조에 따라 지점등(법 제337조에 따른 지점등을 말한다. 이하 이 조에서 같다)의 설치인가를 하려는 경우에는 다음 각 호의 요건을 심사하여야 한다.

1. 법 제350조에서 준용하는 법 제31조에 따른 경영건전성기준을 충족하였을 것

2. 최근 2개 사업연도 중 1개 사업연도 이상 당기순이익이 발생하였을 것

3. 지점등의 설치인가 신청일부터 최근 2년 동안 금융위원회로부터 기관경고 이상에 해당하는 조치를 받지 아니하였을 것

② 제1항제2호 및 제3호는 종합금융회사의 본점과 지점이 없는 광역시나 도에 소재하는 지점등의 설치인가를 받으려는 종합금융회사에 대하여는 적용하지 아니한다.

③ 제1항 및 제2항에서 규정한 사항 외에 지점등의 인가의 신청과 심사, 서식과 작

성방법 등에 관하여 필요한 구체적인 사항은 금융위원회가 정하여 고시한다.

판 제332조(채권의 발행)

① 종합금융회사가 채권을 발행하는 경우에는 응모총액이 채권청약서 또는 증권신고서에 기재된 채권의 총액에 미달하는 경우에도 그 채권을 발행한다는 뜻을 채권청약서 또는 증권신고서에 기재한 때에는 그 응모총액을 채권의 발행총액으로 한다.

② 종합금융회사는 법 제340조제2항에 따라 한도를 초과하여 채권을 발행한 경우에는 발행 후 1개월 이내에 같은 조 제1항에 따른 한도에 적합하도록 하여야 한다.

③ 종합금융회사는 매출기간을 미리 정하여 매출의 방법으로 채권을 발행할 수 있으며, 이 경우에는 채권청약서를 작성하지 아니할 수 있다.

④ 종합금융회사는 매출의 방법으로 발행하는 채권에는 다음 각 호의 사항을 기재하여야 한다.

1. 회사의 상호

2. 채권의 액면금액

3. 채권의 이자율

4. 이자지급의 방법 및 기한

5. 채권상환의 방법 및 기한

6. 채권의 번호

⑤ 종합금융회사가 채권을 발행하는 경우에는 할인의 방법에 의할 수 있다.

⑥ 종합금융회사가 만기 5년 이상의 채권을 할인의 방법으로 발행하는 경우에는 법 제340조에 따른 채권발행액을 적용할 때 할인발행차금을 포함하지 아니할 수 있다.

판 제333조(집합투자업에 대한 특례)

① 법 제341조제2항 각 호 외의 부분 본문에서 "대통령령으로 정하는 자"란 「상법」 제401조의2제1항 각 호의 어느 하나에 해당하는 자를 말한다.

② 종합금융회사는 법 제341조제2항 본문에 따라 다음 각 호의 사항을 포함한 이해상충방지체계를 갖추어야 한다.

1. 독립된 부서로 구분되어 업무처리와 보고가 독립적으로 이루어질 것

2. 법 제341조제2항 각 호의 업무 담당자 간에 업무에 관한 회의나 통신을 한 경우에는 그 기록을 유지하고 매월 1회 이상 그 사항에 대하여 준법감시인의 확인을 받을 것

3. 법 제341조제2항 각 호의 업무 간에 직원을 파견하거나, 금융위원회가 정하여 고시하는 기간 이내에 법 제341조제2항제2호에 따른 업무에서 다른 업무로 전보하지 아니할 것

4. 집합투자증권의 판매업무를 담당하는 직원이 법 제341조제2항제2호에 따른 업무를 겸직하지 아니할 것

5. 출입문을 달리하는 등 정보공유를 막을 수 있을 정도로 사무실이 공간적으로 분리될 것

6. 법 제341조제2항 각 호의 업무에 관한 전산자료를 공유할 수 없도록 독립되어 저장·관리·열람될 것

7. 그 밖에 이해상충을 방지하기 위하여 필요한 사항으로서 금융위원회가 정하여 고시하는 사항

③ 법 제341조제2항 각 호 외의 부분 단서에서 "대통령령으로 정하는 업무"란 다음 각 호의 어느 하나에 해당하는 업무를 말한다.

1. 법 제336조제1항제8호에 따른 업무 중 법 제341조제2항제2호에 따른 업무와 직접적으로 관련이 없는 업무로서 금융위원회가 정하여 고시하는 업무

2. 법 제336조제2항제1호에 따른 업무

3. 법 제336조제2항제5호에 따른 업무

4. 법 제336조제2항제6호에 따른 업무 중 법 제341조제2항제2호에 따른 업무와 직접적으로 관련이 없는 업무로서 금융위원회가 정하여 고시하는 업무

판 연 제334조(동일차주 등에 대한 신용공여한도 등)

① 법 제342조제2항에서 "대통령령으로 정하는 한도"란 종합금융회사의 자기자본의 100분의 15를 말한다.

② 법 제342조제5항 각 호 외의 부분에서 "대통령령으로 정하는 경우"란 다음 각 호의 어느 하나에 해당하는 경우를 말한다. 〈개정 2016. 4. 29.〉

1. 법 제342조제5항제1호에 해당하는 경우로서 다음 각 목의 어느 하나에 해당하는 경우

가. 국가·지방자치단체 또는 법률에 따라 직접 설립된 법인등으로서 금융위원회가 정하여 고시하는 법인등에 대하여 법 제342조제1항에 따른 신용공여(이하 이 장에서 "신용공여"라 한다)를 하는 경우

나. 종합금융회사가 영업상 여유자금을 자금중개회사를 통하여 다른 금융기관에게 3

영업일 이내의 기간을 정하여 대출하는 경우

　다. 「채무자 회생 및 파산에 관한 법률」에 따른 회생절차가 진행 중이거나 「기업구조조정 촉진법」에 따른 금융채권자협의회에 의한 공동관리절차가 진행 중인 회사에 대하여 추가로 신용공여를 하는 경우

　라. 다목에 해당하는 회사를 양수한 자에 대하여 양수계약서에서 정하는 바에 따라 추가로 신용공여를 하는 경우

2. 법 제342조제5항제2호에 해당하는 경우로서 다음 각 목의 어느 하나에 해당하는 경우

　가. 해당 종합금융회사의 자기자본이 감소된 경우

　나. 신용공여를 받은 기업 간의 합병이나 영업의 양도·양수 등으로 동일차주 구성에 변동이 있는 경우

　다. 환율변동에 따른 원화환산액이 증가한 경우

　라. 그 밖에 급격한 경제여건의 변화 등 불가피한 사유로 인하여 해당 종합금융회사의 귀책사유 없이 신용공여한도를 초과하였다고 금융위원회가 인정하는 경우

③ 종합금융회사는 제2항제1호에서 정하는 사유로 인하여 법 제342조제1항부터 제4항까지의 규정에 따른 신용공여한도를 초과하려는 경우에는 금융위원회로부터 제2항제1호에서 정하는 사유에 해당한다는 확인을 받아야 한다. 이 경우 종합금융회사는 취급예정일부터 7일 이전에 금융위원회에 확인신청을 하여야 한다.

④ 종합금융회사는 제2항제2호에 따른 사유로 신용공여의 한도를 초과한 경우에는 그 사유가 발생한 날부터 1개월 이내에 그 시정에 필요한 계획을 금융위원회에 제출하여야 한다.

⑤ 법 제342조제6항 단서에서 "대통령령으로 정하는 부득이한 사유"란 다음 각 호의 어느 하나에 해당하는 경우로서 한도초과 상태의 해소가 해당 종합금융회사의 자산건전성을 해치는 경우를 말한다.

1. 이미 제공한 신용공여의 기한이 도래하지 아니하여 기간 이내에 회수가 곤란한 경우

2. 해당 신용공여를 회수하면 신용공여를 받은 자의 경영안정을 크게 해칠 염려가 있는 경우

⑥ 제1항부터 제5항까지에 규정한 사항 외에 신용공여한도초과의 확인신청과 확인, 신청서 서식과 작성방법 등에 필요한 사항은 금융위원회가 정하여 고시한다.

판 제335조 (자기자본의 범위)

법 제342조제1항에 따른 자기자본은 기본자본과 보완자본으로 구분하며, 다음 각 호의 기준에 따라 금융위원회가 정하여 고시한다.

1. 기본자본은 자본금·적립금 등 종합금융회사의 실질순자산으로서 영구적 성격을 지닌 것으로 할 것

2. 보완자본은 후순위채권 등 제1호에 준하는 성격의 자본으로서 종합금융회사의 영업활동에서 발생하는 손실을 보전할 수 있는 것으로 할 것

3. 해당 종합금융회사가 소유하고 있는 자기주식 등 실질적으로 자본충실에 기여하지 아니하는 것은 기본자본 및 보완자본에 포함시키지 아니할 것

판 연 제336조(신용공여의 범위)

법 제342조제1항에 따른 신용공여는 다음 각 호의 것으로 하되, 그 구체적인 범위는 금융위원회가 정하여 고시한다. 〈개정 2016. 6. 28.〉

1. 대출
2. 어음의 할인
3. 지급보증
4. 자금지원적 성격의 증권의 매입
5. 어음의 매입
6. 지급보증에 따른 대지급금(代支給金)의 지급
7. 시설대여
8. 그 밖에 거래상대방의 지급불능시 이로 인하여 종합금융회사에 손실을 초래할 수 있는 거래
9. 종합금융회사가 직접적으로 제1호부터 제7호까지의 규정에 해당하는 거래를 한 것은 아니나, 실질적으로 그에 해당하는 결과를 가져올 수 있는 거래

판 연 제337조(동일차주 및 관계인의 범위)

① 법 제342조제1항에 따른 동일차주의 구체적 범위는 같은 개인·법인과 다음 각 호의 관계에 있는 자로 한다. 〈개정 2021. 12. 28., 2022. 12. 27.〉

1. 「독점규제 및 공정거래에 관한 법률 시행령」 제4조제1항 각 호의 어느 하나에 해당하는 관계가 있는 자

2. 개인이나 법인이 지급불능에 이를 경우에 특별한 사정이 없는 한 이로 인하여 지급불능에 이르게 될 것이 명백하다고 인정되는 다른 개인이나 법인

② 법 제342조제2항에 따른 관계인의 구체적 범위는 다음 각 호의 자로 한다.

1. 해당 종합금융회사의 임원

2. 해당 종합금융회사의 자회사(그 종합금융회사가 의결권 있는 발행주식의 100분의 15 이상을 소유한 회사를 말한다. 이하 이 장에서 같다)

3. 해당 종합금융회사의 임원의 특수관계인

4. 해당 종합금융회사의 자회사와 제1항 각 호의 어느 하나의 관계에 있는 자

판 연 제338조(대주주와의 거래 등의 제한)

① 법 제343조제1항에서 "대통령령으로 정하는 한도"란 자기자본의 100분의 15에 해당하는 금액과 해당 대주주(그 특수관계인을 포함한다. 이하 이 조에서 같다)가 소유하는 해당 종합금융회사의 의결권 있는 주식 수를 해당 종합금융회사의 의결권 있는 발행주식 총수로 나눈 비율에 해당 종합금융회사의 자기자본을 곱한 금액 중 적은 금액을 말한다.

② 법 제343조제2항 전단 및 제3항에서 "대통령령으로 정하는 금액"이란 각각 금융위원회가 정하여 고시하는 단일거래금액이 자기자본의 1만분의 10에 해당하는 금액이나 10억원 중 적은 금액을 말한다. 다만, 해당 종합금융회사의 일상적인 거래분야의 거래로서 「약관의 규제에 관한 법률」 제2조에 따른 약관에 의한 거래금액은 단일거래 금액에서 제외한다.

③ 법 제343조제2항 전단에서 "대통령령으로 정하는 거래"란 모집 또는 매출의 방법에 따라 대주주가 발행하는 사채권을 취득하는 거래를 말한다.

④ 법 제343조제4항에서 "대통령령으로 정하는 사항"이란 다음 각 호의 구분에 따른 사항을 말한다.

1. 법 제343조제3항에 따라 신용공여를 한 경우에는 다음 각 목의 사항

　가. 분기 말 현재 신용공여의 규모

　나. 분기 중 신용공여의 증감 금액

　다. 신용공여의 거래조건

　라. 그 밖에 금융위원회가 정하여 고시하는 사항

2. 법 제343조제3항에 따라 대주주가 발행한 주식을 취득한 경우에는 다음 각 목의 사항

　가. 분기 말 현재 취득 규모

　나. 분기 중 증감 내역

　다. 취득가격 또는 처분가격

　라. 그 밖에 금융위원회가 정하여 고시하는 사항

⑤ 법 제343조제5항에서 "대통령령으로 정하는 기간"이란 1년을 말한다.

⑥ 법 제343조제9항 각 호 외의 부분에서 "대통령령으로 정하는 경우"란 대주주가 다음 각 호의 어느 하나에 해당되는 경우를 말한다. 〈개정 2009. 10. 1.〉

1. 대주주(회사만 해당하며, 회사인 특수관계인을 포함한다. 이하 이 조에서 같다)의 부채가 자산을 초과하는 경우

2. 대주주가 둘 이상의 신용평가회사에 의하여 투자부적격 등급으로 평가받은 경우

⑦ 법 제343조제9항제3호에서 "대통령령으로 정하는 조치"란 다음 각 호의 어느 하나에 해당하는 금융투자상품의 신규취득 금지를 말한다.

1. 대주주가 발행한 증권과 관련된 증권예탁증권

2. 대주주 외의 자가 발행한 것으로서 대주주가 발행한 증권이나 제1호에 따른 증권과 교환을 청구할 수 있는 교환사채권

3. 대주주가 발행한 증권, 제1호 또는 제2호에 따른 증권만을 기초자산으로 하는 금융투자상품(권리의 행사로 그 기초자산을 취득할 수 있는 경우만 해당한다)

판 제339조(증권의 투자한도)

① 법 제344조제1항 전단에서 "대통령령으로 정하는 경우"란 다음 각 호의 어느 하나에 해당하는 경우를 말한다.

1. 법 제336조제1항제1호ㆍ제3호, 같은 조 제2항제2호ㆍ제3호에 따른 업무와 집합투자증권을 대상으로 하는 투자매매업ㆍ투자중개업을 함에 따라 증권을 소유하는 경우

2. 국가가 원리금의 지급을 보증한 채권을 소유하는 경우

3. 주주권ㆍ담보권 등의 행사로 증권을 소유하는 경우(소유기간이 1년을 초과하는 경우는 제외한다)

4. 남은 만기 3년 이내의 사채권을 소유하는 경우

5. 금융위원회가 정하여 고시하는 바에 따라 기존의 신용공여액을 출자로 전환함으로써 취득하게 된 주식(전환사채권을 포함한다)을 소유하는 경우

6. 「자산유동화에 관한 법률」에 따라 해당 종합금융회사가 소유한 자산을 기초로 하여 발행된 유동화증권을 소유하는 경우

7. 집합투자증권 중 금융위원회가 정하여 고시하는 집합투자증권을 소유하는 경우

② 법 제344조제2항에서 "대통령령으로 정하는 방법"이란 다음 각 호의 증권에 대하여 따로 투자한도를 정하는 방법을 말한다.

1. 같은 회사의 발행주식(그 주식과 관련된 증권예탁증권을 포함한다)

2. 종합금융회사의 대주주와 그 특수관계인이 발행한 주식(그 주식과 관련된 증권예탁증권을 포함한다)

3. 종합금융회사의 대주주와 그 특수관계인이 매도하는 비상장증권(그 증권과 관련된 증권예탁증권을 포함한다)

4. 파생결합증권, 그 밖에 금융위원회가 정하여 고시하는 증권

판 제340조(자금지원 관련 금지행위)

법 제345조제1항제3호에서 "대통령령으로 정하는 행위"란 법 제342조부터 제344조까지의 규정에 따른 한도를 회피하기 위한 목적으로 장외파생상품거래, 신탁계약, 연계거래 등을 이용하는 행위를 말한다.

판 제341조(지급준비자산의 보유)

① 종합금융회사는 법 제346조에 따라 다음 각 호에 규정된 금액의 합계액의 100분의 5에 상당하는 금액 이상을 지급준비자산으로 보유하여야 한다.

1. 발행어음(투자자의 요청에 따라 해당 종합금융회사가 그 종합금융회사를 발행인과 지급인으로 하여 발행한 어음을 말한다)과 채무증서의 발행금액

2. 어음관리계좌의 수탁금액

3. 담보책임을 지면서 매도한 기업어음의 액면금액

② 제1항에 따른 지급준비자산은 다음 각 호의 자산으로서 타인을 위하여 담보로 제공되지 아니한 것이어야 한다.

1. 현금

2. 국채증권·지방채증권 또는 특수채증권

3. 국가가 원리금의 지급을 보증한 채권

③ 지급준비자산의 계산방법에 관한 사항은 금융위원회가 정하여 고시한다.

판 연 제342조(부동산의 취득제한 등)

① 종합금융회사는 법 제347조제3항에 따라 업무용 부동산이 아닌 부동산과 법 제347조제1항 단서에 따라 취득한 부동산을 취득한 날부터 1년 이내에 처분하거나, 「한국자산관리공사 설립 등에 관한 법률」에 따른 한국자산관리공사에 매각을 의뢰하여야 한다. 다만, 처분이나 매각의뢰를 할 수 없는 불가피한 사유가 있는 경우로서 금융위원회가 정하여 고시하는 사유가 있는 경우에는 처분이나 매각의뢰를 하지 아니할 수 있다. 〈개정 2014. 3. 24., 2022. 2. 17.〉

② 법 제347조제1항에 따른 업무용 부동산의 범위는「법인세법 시행령」제49조제1항제1호에 따른 부동산 외의 부동산으로 한다.

판 연 제343조

제343조 삭제 〈2016. 7. 28.〉

판 제344조(종합금융회사에 대한 조치)

① 법 제354조제1항제4호에서 "대통령령으로 정하는 경우"란 다음 각 호의 어느 하나에 해당하는 경우를 말한다.

1. 법 별표 10 제10호에 해당하는 경우로서 법 제343조제1항을 위반하여 대주주에게 신용공여를 한 경우

2. 법 별표 10 제21호에 해당하는 경우로서 법 제350조에서 준용하는 법 제35조를 위반하여 같은 조 각 호의 어느 하나에 해당하는 행위를 한 경우

3. 별표 14 제3호에 해당하는 경우로서 법 제174조에 따른 미공개중요정보 이용행위 금지 의무를 위반한 경우

4. 별표 14 제4호에 해당하는 경우로서 법 제176조에 따른 시세조종행위 등의 금지 의무를 위반한 경우

5. 별표 14 제5호에 해당하는 경우로서 법 제178조에 따른 부정거래행위 등의 금지 의무를 위반한 경우

② 법 제354조제1항제5호에서 "대통령령으로 정하는 금융관련 법령 등"이란 제373조제2항 각 호의 법령을 말한다.

③ 법 제354조제1항제5호에서 "대통령령으로 정하는 경우"란 제373조제3항 각 호의 어느 하나에 해당하는 경우를 말한다.

④ 법 제354조제1항제6호에서 "대통령령으로 정하는 경우"란 다음 각 호의 어느 하나에 해당하는 경우를 말한다.

1. 정당한 사유 없이 인가 받은 업무를 6개월 이상 계속해서 하지 아니한 경우

2. 업무와 관련하여 부정한 방법으로 타인으로부터 금전등을 받거나 타인에게 줄 금전등을 취득한 경우

3. 법 제354조제2항제1호에 따른 업무정지의 조치를 받은 날부터 1개월(업무정지의 조치를 하면서 1개월을 초과하는 보정기간을 정한 경우에는 그 기간) 이내에 해당 조건을 보정하지 아니한 경우

4. 같거나 비슷한 위법행위를 계속하거나 반복하는 경우

⑤ 법 제354조제2항제7호에서 "대통령령으로 정하는 조치"란 다음 각 호의 어느 하나에 해당하는 조치를 말한다.

1. 지점, 그 밖의 영업소의 폐쇄 또는 그 업무의 전부나 일부의 정지

2. 경영이나 업무방법의 개선요구나 개선권고

3. 변상 요구

4. 법을 위반한 경우에는 고발 또는 수사기관에의 통보

5. 다른 법률을 위반한 경우에는 관련 기관이나 수사기관에의 통보

6. 그 밖에 금융위원회가 법 및 이 영, 그 밖의 관련 법령에 따라 취할 수 있는 조치

⑥ 법 제354조제3항제6호 및 같은 조 제4항제7호에서 "대통령령으로 정하는 조치"란 각각 제5항제4호부터 제6호까지의 조치를 말한다.

⑦ 법 별표 10 제32호에서 "대통령령으로 정하는 경우"란 이 영 별표 14 각 호의 어느 하나에 해당하는 경우를 말한다.

제5장 자금중개회사

판 제345조 (자금중개회사의 인가)

① 법 제355조제1항에서 "대통령령으로 정하는 금융기관 등"이란 다음 각 호와 같다. 〈개정 2009. 12. 21.〉

1. 제10조제2항제1호부터 제7호까지, 제9호부터 제11호까지, 제13호 · 제14호 · 제16호 및 제17호의 자

2. 제10조제3항제2호 및 제4호의2의 자

3. 그 밖에 제1호 및 제2호에 준하는 자로서 금융위원회가 정하여 고시하는 자

② 법 제355조제2항제2호에서 "대통령령으로 정하는 금액"이란 20억원을 말한다.

③ 법 제355조제9항에서 "대통령령으로 정하는 완화된 요건"이란 다음 각 호의 요건을 말한다.

1. 법 제355조제2항제2호에 따른 요건을 적용할 때 제2항에 따른 최저자기자본의 100분의 70 이상을 유지할 것. 이 경우 유지요건은 매 회계연도말을 기준으로 적용하며, 특정 회계연도말을 기준으로 유지요건에 미달한 자금중개회사는 다음 회계연도말까지는 그 유지요건에 적합한 것으로 본다.

2. 법 제355조제2항제6호에 따른 요건을 적용할 때 제19조제1항제2호가목부터 다

목까지의 요건을 유지할 것

④ 자금중개회사의 인가요건에 관하여서는 제16조제4항·제5항·제6항(제1호는 제외한다)·제11항 및 제17조(제1항제4호·제9호, 제2항제5호·제11호 및 제3항은 제외한다)를 준용한다. 〈개정 2010. 6. 11.〉

판 연 제346조(자금중개회사의 행위규제 등)

① 법 제357조제1항에서 "대통령령으로 정하는 금융투자업"이란 다음 각 호의 어느 하나에 해당하는 것을 말한다.

1. 외화로 표시된 양도성 예금증서의 중개·주선 또는 대리

2. 환매조건부매매의 중개·주선 또는 대리

3. 기업어음증권의 중개·주선 또는 대리

4. 외국통화·이자율을 기초자산으로 하는 장외파생상품의 중개·주선 또는 대리

5. 별표 1의 인가업무 단위 중 2i-11-2i의 투자중개업

② 자금중개회사는 다음 각 호의 어느 하나에 해당하지 아니하는 자에 대하여 콜거래(90일 이내의 금융기관 등 간의 단기자금거래를 말한다. 이하 이 장에서 같다)의 중개·주선 또는 대리를 해서는 아니 된다. 〈개정 2015. 3. 3.〉

1. 은행

2. 「한국산업은행법」에 따른 한국산업은행

3. 「중소기업은행법」에 따른 중소기업은행

4. 「한국수출입은행법」에 따른 한국수출입은행

5. 그 밖에 금융기관 등 간의 원활한 자금거래를 위하여 필요하다고 인정하여 금융위원회가 정하여 고시하는 자

③ 자금중개회사는 자금중개를 할 경우에는 단순중개(자금중개회사가 일정한 수수료만 받고 자금대여자와 자금차입자 간의 거래를 연결해 주는 것을 말한다)를 하여야 한다. 다만, 콜거래중개의 경우에는 원활한 거래를 위하여 금융위원회가 정하여 고시하는 최소한의 범위에서 매매중개(금융위원회가 정하여 고시하는 매매거래 형식의 중개를 말한다)를 할 수 있다.

④ 자금중개회사는 매월의 중개업무내역을 금융위원회가 정하여 고시하는 방법에 따라 금융위원회에 보고하여야 한다.

⑤ 법 제357조제4항에서 "대통령령으로 정하는 다른 영리법인"이란 제345조제1항 각 호의 어느 하나에 해당하는 자를 말한다. 〈신설 2016. 7. 28.〉

⑥ 법 제357조제4항에 따른 승인의 심사 기준 및 그 절차는 「금융회사의 지배구

조에 관한 법률 시행령」제11조제4항부터 제6항까지의 규정을 준용한다. 〈신설 2016. 7. 28.〉

판 제347조(자금중개회사에 대한 조치)

① 법 제359조제1항제6호에서 "대통령령으로 정하는 경우"란 다음 각 호의 어느 하나에 해당하는 경우를 말한다.

1. 법 별표 11 제1호에 해당하는 경우로서 법 제357조제1항을 위반하여 금융투자업을 한 경우

2. 별표 15 제3호에 해당하는 경우로서 법 제174조에 따른 미공개중요정보 이용행위 금지 의무를 위반한 경우

3. 별표 15 제4호에 해당하는 경우로서 법 제176조에 따른 시세조종행위 등의 금지 의무를 위반한 경우

4. 별표 15 제5호에 해당하는 경우로서 법 제178조에 따른 부정거래행위 등의 금지 의무를 위반한 경우

② 법 제359조제1항제7호에서 "대통령령으로 정하는 금융관련 법령 등"이란 제373조제2항 각 호의 법령을 말한다.

③ 법 제359조제1항제7호에서 "대통령령으로 정하는 경우"란 제373조제3항 각 호의 어느 하나에 해당하는 경우를 말한다.

④ 법 제359조제1항제8호에서 "대통령령으로 정하는 경우"란 다음 각 호의 어느 하나에 해당하는 경우를 말한다.

1. 인가를 받은 날부터 6개월 이내에 영업을 시작하지 아니하거나 영업을 시작한 후 정당한 사유 없이 인가 받은 업무를 6개월 이상 계속해서 하지 아니한 경우

2. 업무와 관련하여 부정한 방법으로 타인으로부터 금전등을 받거나 타인에게 줄 금전등을 취득한 경우

3. 법 제359조제2항제1호에 따른 업무정지의 조치를 받은 날부터 1개월(업무정지의 조치를 하면서 1개월을 초과하는 보정기간을 정한 경우에는 그 기간) 이내에 해당 조건을 보정하지 아니한 경우

4. 같거나 비슷한 위법행위를 계속하거나 반복하는 경우

⑤ 법 제359조제2항제7호에서 "대통령령으로 정하는 조치"란 다음 각 호의 어느 하나에 해당하는 조치를 말한다.

1. 지점, 그 밖의 영업소의 폐쇄 또는 그 업무의 전부나 일부의 정지

2. 경영이나 업무방법의 개선요구나 개선권고

3. 변상 요구

4. 법을 위반한 경우에는 고발 또는 수사기관에의 통보

5. 다른 법률을 위반한 경우에는 관련 기관이나 수사기관에의 통보

6. 그 밖에 금융위원회가 법 및 이 영, 그 밖의 관련 법령에 따라 취할 수 있는 조치

⑥ 법 제359조제3항제6호 및 같은 조 제4항제7호에서 "대통령령으로 정하는 조치"란 각각 제5항제4호부터 제6호까지의 조치를 말한다.

⑦ 법 별표 11 제22호에서 "대통령령으로 정하는 경우"란 이 영 별표 15 각 호의 어느 하나에 해당하는 경우를 말한다.

제6장 단기금융회사

판 연 제348조(단기금융회사의 업무 등)

① 법 제360조제1항에서 "대통령령으로 정하는 기간"이란 1년을 말한다.

② 법 제360조제1항에서 "대통령령으로 정하는 업무"란 어음을 담보로 한 대출업무를 말한다.

③ 법 제360조제2항제1호에서 "대통령령으로 정하는 금융기관"이란 다음 각 호의 금융기관을 말한다. 〈개정 2017. 5. 8.〉

1.「중소기업은행법」에 따른 중소기업은행

2.「금융산업의 구조개선에 관한 법률」 제2조제1호에 따른 금융기관 중 종합금융회사를 흡수합병하는 금융기관

3.「금융산업의 구조개선에 관한 법률」 제3조에 따라 종합금융회사가 다른 금융기관으로 전환하는 경우에는 그 금융기관

4. 종합금융투자사업자

④ 법 제360조제2항제2호에서 "대통령령으로 정하는 금액"이란 300억원을 말한다.

⑤ 법 제360조제2항제6호에서 "대통령령으로 정하는 건전한 재무상태와 사회적 신용"이란 제16조제8항 각 호에 따른 사항을 말한다. 다만, 다음 각 호의 금융기관의 건전한 재무상태에 대해서는 해당 호에서 정한 기준에 따른다. 〈신설 2021. 12. 9.〉

1.「은행법」에 따른 인가를 받은 은행이나 「중소기업은행법」에 따른 중소기업은행:

「은행법」 제34조에 따른 경영지도기준

2. 제3항제2호 및 제3호에 따른 금융기관: 해당 금융기관의 소관 법령에서 정하는 경영건전성 기준

⑥ 법 제360조제9항에서 "대통령령으로 정하는 완화된 요건"이란 다음 각 호의 요건을 말한다. 〈개정 2021. 12. 9.〉

1. 법 제360조제2항제2호에 따른 요건을 적용할 때 제4항에 따른 자기자본의 100분의 70 이상을 유지할 것. 이 경우 유지요건은 매 회계연도말을 기준으로 적용하며, 특정 회계연도말을 기준으로 유지요건에 미달한 단기금융회사는 다음 회계연도말까지는 그 유지요건에 적합한 것으로 본다.

2. 법 제360조제2항제5호에 따른 요건을 적용할 때 제19조제1항제2호가목부터 다목까지의 요건을 유지할 것. 이 경우 제19조제2항을 준용한다.

⑦ 단기금융회사의 인가요건에 관하여서는 제16조제4항·제5항·제6항·제11항 및 제17조(제1항제4호·제9호, 제2항제5호·제11호 및 제3항은 제외한다)를 준용한다. 〈개정 2010. 6. 11., 2021. 12. 9.〉

판 제349조 (단기금융회사에 대한 조치)

① 법 제364조제1항제6호에서 "대통령령으로 정하는 경우"란 다음 각 호의 어느 하나에 해당하는 경우를 말한다.

1. 별표 16 제3호에 해당하는 경우로서 법 제174조에 따른 미공개중요정보 이용행위 금지 의무를 위반한 경우

2. 별표 16 제4호에 해당하는 경우로서 법 제176조에 따른 시세조종행위 등의 금지 의무를 위반한 경우

3. 별표 16 제5호에 해당하는 경우로서 법 제178조에 따른 부정거래행위 등의 금지 의무를 위반한 경우

② 법 제364조제1항제7호에서 "대통령령으로 정하는 금융관련 법령 등"이란 제373조제2항 각 호의 법령을 말한다.

③ 법 제364조제1항제7호에서 "대통령령으로 정하는 경우"란 제373조제3항 각 호의 어느 하나에 해당하는 경우를 말한다.

④ 법 제364조제1항제8호에서 "대통령령으로 정하는 경우"란 다음 각 호의 어느 하나에 해당하는 경우를 말한다.

1. 인가를 받은 날부터 6개월 이내에 영업을 시작하지 아니하거나 영업을 시작한 후 정당한 사유 없이 인가 받은 업무를 6개월 이상 계속해서 하지 아니한 경우

2. 업무와 관련하여 부정한 방법으로 타인으로부터 금전등을 받거나 타인에게 줄 금전등을 취득한 경우

3. 법 제364조제2항제1호에 따른 업무정지의 조치를 받은 날부터 1개월(업무정지의 조치를 하면서 1개월을 초과하는 보정기간을 정한 경우에는 그 기간) 이내에 해당 조건을 보정하지 아니한 경우

4. 같거나 비슷한 위법행위를 계속하거나 반복하는 경우

⑤ 법 제364조제2항제7호에서 "대통령령으로 정하는 조치"란 다음 각 호의 어느 하나에 해당하는 조치를 말한다.

1. 지점, 그 밖의 영업소의 폐쇄 또는 그 업무의 전부나 일부의 정지

2. 경영이나 업무방법의 개선요구나 개선권고

3. 변상 요구

4. 법을 위반한 경우에는 고발 또는 수사기관에의 통보

5. 다른 법률을 위반한 경우에는 관련 기관이나 수사기관에의 통보

6. 그 밖에 금융위원회가 법 및 이 영, 그 밖의 관련 법령에 따라 취할 수 있는 조치

⑥ 법 제364조제3항제6호 및 같은 조 제4항제7호에서 "대통령령으로 정하는 조치"란 각각 제5항제4호부터 제6호까지의 조치를 말한다.

⑦ 법 별표 12 제19호에서 "대통령령으로 정하는 경우"란 이 영 별표 16 각 호의 어느 하나에 해당하는 경우를 말한다.

제7장 명의개서대행회사

판 연 **제350조(등록요건)**

① 법 제365조제2항제2호에서 "대통령령으로 정하는 물적 설비"란 다음 각 호의 것을 말한다.

1. 증권의 명의개서를 대행하는 업무를 하기에 필요한 전산설비, 업무공간 및 사무장비

2. 정전·화재 등의 사고가 발생할 경우 업무의 연속성을 유지하기 위하여 필요한 보완설비

② 법 제365조제2항제3호에서 "대통령령으로 정하는 이해상충방지체계"란 다음 각

호의 것을 말한다. 〈개정 2009. 7. 1.〉

1. 증권의 명의개서를 대행하는 업무와 그 외의 업무 간에 독립된 부서로 구분되어 업무처리와 보고가 독립적으로 이루어질 것

2. 증권의 명의개서를 대행하는 업무와 그 외의 업무를 하는 사무실이 정보공유를 막을 수 있을 정도로 공간적으로 분리될 것

3. 증권의 명의개서를 대행하는 업무와 그 외의 업무에 관한 전산자료가 공유될 수 없도록 독립되어 열람될 것

판 제351조(등록절차 등)

① 법 제365조제3항에 따른 등록신청서에는 다음 각 호의 사항을 기재하여야 한다.

1. 회사의 상호와 소재지

2. 자본금에 관한 사항

3. 임원에 관한 사항

4. 업무 수행의 방법

5. 제350조제1항에 따른 물적 설비에 관한 사항

6. 제350조제2항에 따른 이해상충방지체계에 관한 사항

7. 그 밖에 등록의 검토에 필요한 사항으로서 금융위원회가 정하여 고시하는 사항

② 제1항에 따른 신청서에는 다음 각 호의 서류를 첨부하여야 한다. 이 경우 금융위원회는 「전자정부법」 제36조제1항에 따른 행정정보의 공동이용을 통하여 법인 등기사항증명서를 확인하여야 한다. 〈개정 2010. 5. 4., 2010. 11. 2.〉

1. 정관

2. 주주의 성명 또는 명칭과 그 소유주식수를 기재한 서류

3. 최근 3개 사업연도의 재무제표와 그 부속명세서(설립일부터 3개 사업연도가 지나지 아니한 법인의 경우에는 설립일부터 최근 사업연도까지의 재무제표와 그 부속명세서를 말한다)

4. 물적 설비의 현황을 확인할 수 있는 서류

5. 제350조제2항에 따른 이해상충방지체계를 갖추었는지를 확인할 수 있는 서류

6. 그 밖에 등록의 검토에 필요한 서류로서 금융위원회가 정하여 고시하는 서류

③ 제1항에 따른 신청서를 제출받은 금융위원회는 법 제365조제3항에 따른 등록의 신청내용에 관한 사실 여부를 확인하고, 법 제365조제2항에 따른 등록요건을 충족하는지를 검토하여야 한다.

④ 제1항부터 제3항까지에서 규정한 사항 외에 명의개서대행회사 등록의 신청과 검

토, 신청서의 서식과 작성방법 등에 관하여 필요한 사항은 금융위원회가 정하여 고시한다.

판 연 제352조(명의개서대행회사에 대한 조치)

① 법 제369조제1항제5호에서 "대통령령으로 정하는 경우"란 다음 각 호의 어느 하나에 해당하는 경우를 말한다.

1. 별표 17 제3호에 해당하는 경우로서 법 제174조에 따른 미공개중요정보 이용행위 금지 의무를 위반한 경우

2. 별표 17 제4호에 해당하는 경우로서 법 제176조에 따른 시세조종행위 등의 금지 의무를 위반한 경우

3. 별표 17 제5호에 해당하는 경우로서 법 제178조에 따른 부정거래행위 등의 금지 의무를 위반한 경우

② 법 제369조제1항제6호에서 "대통령령으로 정하는 금융관련 법령 등"이란 제373조제2항 각 호의 법령을 말한다.

③ 법 제369조제1항제6호에서 "대통령령으로 정하는 경우"란 제373조제3항 각 호의 어느 하나에 해당하는 경우를 말한다.

④ 법 제369조제1항제7호에서 "대통령령으로 정하는 경우"란 다음 각 호의 어느 하나에 해당하는 경우를 말한다.

1. 등록을 한 날부터 6개월 이내에 영업을 시작하지 아니하거나 영업을 시작한 후 정당한 사유 없이 등록한 업무를 6개월 이상 계속해서 하지 아니한 경우

2. 업무와 관련하여 부정한 방법으로 타인으로부터 금전등을 받거나 타인에게 줄 금전등을 취득한 경우

3. 법 제369조제2항제1호에 따른 업무정지의 조치를 받은 날부터 1개월(업무정지의 조치를 하면서 1개월을 초과하는 보정기간을 정한 경우에는 그 기간) 이내에 해당 조건을 보정하지 아니한 경우

4. 같거나 비슷한 위법행위를 계속하거나 반복하는 경우

⑤ 법 제369조제2항제7호에서 "대통령령으로 정하는 조치"란 다음 각 호의 어느 하나에 해당하는 경우를 말한다.

1. 지점, 그 밖의 영업소의 폐쇄 또는 그 업무의 전부나 일부의 정지

2. 경영이나 업무방법의 개선요구나 개선권고

3. 변상 요구

4. 법을 위반한 경우에는 고발 또는 수사기관에의 통보

5. 다른 법률을 위반한 경우에는 관련 기관이나 수사기관에의 통보

6. 그 밖에 금융위원회가 법 및 이 영, 그 밖의 관련 법령에 따라 취할 수 있는 조치

⑥ 법 제369조제3항제6호 및 같은 조 제4항제7호에서 "대통령령으로 정하는 조치"란 각각 제5항제4호부터 제6호까지의 조치를 말한다.

⑦ 법 별표 13 제18호에서 "대통령령으로 정하는 경우"란 이 영 별표 17 각 호의 어느 하나에 해당하는 경우를 말한다.

제8장 금융투자 관계 단체

제353조(금융투자 관계 단체의 설립) ① 법 제370조제1항에서 "대통령령으로 정하는 자"란 다음 각 호의 어느 하나에 해당하는 자를 말한다.

1. 투자권유대행인

2. 주요직무 종사자

② 금융투자 관계 단체 설립의 허가를 받으려는 자는 법 제370조제3항에 따라 다음 각 호의 사항을 기재한 신청서를 금융위원회에 제출하여야 한다.

1. 명칭

2. 설립목적

3. 사무소의 소재지

4. 재산상황과 수지 전망에 관한 사항

5. 발기인과 임원에 관한 사항

③ 제2항에 따른 신청서에는 다음 각 호의 서류를 첨부하여야 한다. 이 경우 금융위원회는 「전자정부법」 제36조제1항 또는 제2항에 따른 행정정보의 공동이용을 통하여 발기인의 주민등록번호를 포함한 주민등록표 초본을 확인하여야 하며, 신청인이 확인에 동의하지 아니하는 경우에는 이를 첨부하도록 하여야 한다. 〈개정 2010. 5. 4., 2017. 12. 29.〉

1. 정관이나 규약

2. 2년간의 사업계획서와 예상수지계산서

3. 발기인의 이력서와 신원증명서

4. 업무의 종류와 방법을 기재한 서류

제354조(금융투자 관계 단체에 대한 조치) 법 제372조제1항제4호에서 "대통령령으

로 정하는 경우"란 다음 각 호의 어느 하나에 해당하는 경우를 말한다.

  1. 법 제174조에 따른 미공개중요정보 이용행위 금지 의무를 위반한 경우

  2. 법 제176조에 따른 시세조종행위 등의 금지 의무를 위반한 경우

  3. 법 제178조에 따른 부정거래행위 등의 금지 의무를 위반한 경우

  4. 법 제371조에서 준용하는 법 제419조제1항에 따른 검사를 거부·방해 또는 기피한 경우

  5. 법 제371조에서 준용하는 법 제419조제5항에 따른 보고 등의 요구에 불응한 경우

제7편 거래소〈개정 2013. 8. 27.〉

조문체계도버튼

제354조의2(무허가 시장개설행위 금지의 예외) 법 제373조제3호에서 "대통령령으로 정하는 경우"란 다음 각 호의 어느 하나에 해당하는 경우를 말한다. 〈개정 2016. 6. 28., 2017. 5. 8., 2019. 8. 20.〉

1. 제176조의8제4항제2호에 따라 투자매매업자 또는 투자중개업자가 신주인수권증서를 매매 또는 그 중개·주선이나 대리업무를 하는 경우

2. 제179조에 따라 채권중개전문회사가 증권시장 외에서 채무증권 매매의 중개업무를 하는 경우

3. 종합금융투자사업자가 제77조의6제1항제1호에 따라 금융투자상품의 장외매매 또는 그 중개·주선이나 대리 업무를 하는 경우

4. 협회가 제307조제2항제5호의2에 따라 지분증권(주권을 제외한 지분증권을 말한다)의 장외매매거래에 관한 업무를 하는 경우

[본조신설 2013. 8. 27.]

조문체계도버튼

제354조의3(거래소허가의 요건 등) ① 법 제373조의2제1항 각 호 외의 부분에서 "대통령령으로 정하는 시장개설 단위"란 별표 17의2에 따른 시장개설 단위를 말한다.

② 법 제373조의2제1항제1호에서 "대통령령으로 정하는 것"이란 다음 각 호의 증권을 말한다.

1. 채무증권
2. 지분증권(주권을 제외한 지분증권을 말한다)
3. 수익증권
4. 파생결합증권
5. 증권예탁증권

③ 제373조의2제2항제2호에서 "대통령령으로 정하는 금액"이란 별표 17의2에 따른 시장개설 단위별 최저자기자본 금액을 말한다.

④ 법 제373조의2제2항제3호에 따른 사업계획은 다음 각 호의 요건에 적합하여야 한다.

1. 금융투자상품의 공정한 가격 형성 및 그 거래의 안정성·효율성을 도모하기에 적합할 것
2. 위험관리와 금융사고 예방 등을 위한 적절한 내부통제장치가 마련되어 있을 것
3. 투자자 보호에 적절한 업무방법을 갖출 것
4. 법령을 위반하지 아니하고, 건전한 금융거래질서를 해칠 염려가 없을 것
5. 영위하려는 업무나 영업소의 소재지 등이 「금융중심지의 조성과 발전에 관한 법률」 제5조제1항에 따른 금융중심지의 조성과 발전에 관한 기본계획에 부합할 것

⑤ 법 제373조의2제2항제4호에 따른 인력과 전산설비, 그 밖의 물적 설비는 다음 각 호의 요건에 적합하여야 한다.

1. 영위하려는 거래소업무에 관한 전문성 및 건전성을 갖춘 인력과 업무를 수행하기 위한 전산요원 등 필요한 인력을 적절하게 갖출 것
2. 다음 각 목의 전산설비 등 물적 설비를 갖출 것
가. 영위하려는 거래소업무를 수행하기에 필요한 전산설비와 통신수단
나. 사무실 등 충분한 업무공간과 사무장비
다. 전산설비 등의 물적 설비를 안전하게 보호할 수 있는 보안설비
라. 정전·화재 등의 사고가 발생할 경우에 업무의 연속성을 유지하기 위하여 필요한 보완설비

⑥ 법 제373조의2제2항제7호에 따른 대주주(이하 이 편에서 "대주주"라 한다)의 요

건에 관하여는 별표 2를 준용한다.

⑦ 법 제373조의2제2항제8호에서 "대통령령으로 정하는 사회적 신용"이란 제16조
제8항제2호의 요건을 말한다.

⑧ 법 제373조의2제2항제9호에 따른 이해상충방지체계는 다음 각 호에 적합하여
야 한다.

1. 거래소와 거래소의 회원 간, 거래소가 영위하는 업무 간의 이해상충을 방지하기
위하여 이해상충이 발생할 가능성을 파악·평가하고, 이를 적절히 관리할 수 있는 내
부통제기준을 마련할 것

2. 다음 각 목의 업무 간에 정보의 제공, 임원의 겸직 및 전산설비의 이용 등에 관
하여 금융위원회가 정하여 고시하는 기준과 방법에 따른 정보교류의 차단을 위한 체
계를 갖출 것

　　가. 법 제402조제1항제1호부터 제3호까지의 업무(지정거래소가 법 제78조제3
　　　　항·제4항에 따른 업무를 수행하는 경우를 포함한다)

　　나. 법 제378조제1항의 업무

　　다. 그 밖에 거래소시장의 매매체결 관련 업무

⑨ 제4항부터 제8항까지의 규정에 따른 허가요건에 관하여 필요한 구체적인 기준은
금융위원회가 정하여 고시한다.

[본조신설 2013. 8. 27.]

조문체계도버튼

　제354조의4(거래소허가의 방법 및 절차 등) ① 법 제373조의3제1항에 따라 금융
위원회에 제출하는 허가신청서에는 다음 각 호의 사항을 적어야 한다.

1. 상호

2. 본점과 지점, 그 밖의 영업소의 소재지

3. 임원에 관한 사항

4. 영위하려는 시장개설 단위(법 제373조의2제1항에 따른 시장개설 단위를 말한다.
이하 같다)에 관한 사항

5. 자기자본 등 재무에 관한 사항

6. 사업계획에 관한 사항

7. 인력과 전산설비 등의 물적 설비에 관한 사항

8. 대주주에 관한 사항

9. 이해상충방지체계에 관한 사항

10. 그 밖에 허가요건의 심사에 필요한 사항으로서 금융위원회가 정하여 고시하는 사항

② 제1항에 따른 허가신청서에는 다음 각 호의 서류를 첨부하여야 한다.

1. 정관

2. 발기인총회, 창립주주총회 또는 이사회의 의사록 등 설립이나 허가신청의 의사결정을 증명하는 서류

3. 본점과 지점, 그 밖의 영업소의 위치와 명칭을 기재한 서류

4. 임원의 이력서와 경력증명서

5. 시장개설 단위의 종류와 업무방법을 적은 서류

6. 최근 3개 사업연도의 재무제표와 그 부속명세서(설립 중인 법인은 제외하며, 설립일부터 3개 사업연도가 지나지 아니한 법인의 경우에는 설립일부터 최근 사업연도까지의 재무제표와 그 부속명세서를 말한다)

7. 업무개시 후 3개 사업연도의 사업계획서(추정재무제표를 포함한다)

8. 인력, 물적 설비 등의 현황을 확인할 수 있는 서류

9. 허가신청일(시장개설 단위를 추가하기 위한 허가신청인 경우에는 최근 사업연도 말) 현재 발행주식총수의 100분의 1 이상을 소유한 주주의 성명 또는 명칭과 그 소유주식수를 적은 서류

10. 대주주가 법 제373조의2제2항제7호의 요건을 갖추었음을 확인할 수 있는 서류

11. 이해상충방지체계를 갖추었는지를 확인할 수 있는 서류

12. 그 밖에 허가요건의 심사에 필요한 서류로서 금융위원회가 정하여 고시하는 서류

③ 거래소허가를 받으려는 자는 법 제373조의4에 따른 예비허가를 신청한 경우로서 예비허가 신청 시에 제출한 예비허가신청서 및 첨부서류의 내용이 변경되지 아니한 경우에는 그 부분을 구체적으로 제시하여 이를 참조하라는 뜻을 적는 방법으로 제1항의 허가신청서의 기재사항 중 일부를 적지 아니하거나 제2항의 첨부서류 중 그 첨부서류의 제출을 생략할 수 있다.

④ 제1항에 따른 허가신청서를 제출받은 금융위원회는 「전자정부법」 제36조제1항에 따른 행정정보의 공동이용을 통하여 법인 등기사항증명서를 확인하여야 한다.

⑤ 제1항에 따른 허가신청서를 제출받은 금융위원회는 거래소허가의 신청내용에 관한 사실 여부를 확인하고, 이해관계자 등으로부터 수렴된 의견을 고려하여 신청내용이 법 제373조의2제2항에 따른 허가요건을 충족하는지를 심사하여야 한다.

⑥ 금융위원회는 제5항에 따라 거래소허가의 신청내용을 확인하기 위하여 필요한 경

우에는 이해관계자, 발기인 또는 임원과의 면담 등의 방법으로 실지조사를 할 수 있다.

⑦ 금융위원회는 제5항에 따라 거래소허가의 신청내용에 관한 이해관계자 등의 의견을 수렴하기 위하여 신청인, 신청일자, 신청내용, 의견제시의 방법 및 기간 등을 인터넷 홈페이지 등에 공고하여야 한다.

⑧ 금융위원회는 제7항에 따라 접수된 의견 중 거래소허가의 신청인에게 불리하다고 인정되는 의견을 거래소허가의 신청인에게 통보하고, 기한을 정하여 소명하도록 할 수 있다.

⑨ 금융위원회는 거래소허가의 심사에 필요하다고 인정되는 경우에는 공청회를 개최할 수 있다.

⑩ 법 제373조의3제2항에 따라 거래소허가를 받은 자는 그 허가를 받은 날부터 6개월 이내에 영업을 시작하여야 한다. 다만, 금융위원회가 그 기한을 따로 정하거나 거래소허가를 받은 자의 신청을 받아 그 기한을 연장한 경우에는 그 기한 이내에 그 허가받은 영업을 시작할 수 있다.

⑪ 금융위원회는 거래소허가에 조건을 붙인 경우에는 그 이행 여부를 확인하여야 한다.

⑫ 제1항부터 제11항까지에서 규정한 사항 외에 거래소허가의 신청과 심사, 허가신청서의 서식과 작성방법 등에 관하여 필요한 사항은 금융위원회가 정하여 고시한다.
[본조신설 2013. 8. 27.]

조문체계도버튼
제354조의5(예비허가) ① 법 제373조의4제1항에 따라 예비허가를 신청하려는 자는 제354조의4제1항 각 호의 사항을 적은 예비허가신청서를 금융위원회에 제출하여야 한다.

② 제1항에 따른 예비허가신청서에는 다음 각 호의 서류를 첨부하여야 한다.

1. 정관이나 정관안

2. 발기인총회, 창립주주총회 또는 이사회의 의사록 등 설립이나 허가신청의 의사결정을 증명하는 서류

3. 임원(임원으로 선임이 예정된 자를 포함한다)의 이력서와 경력증명서

4. 시장개설 단위의 종류와 업무방법을 적은 서류

5. 최근 3개 사업연도의 재무제표와 그 부속명세서(설립 중인 법인은 제외하며, 설립일부터 3개 사업연도가 지나지 아니한 법인의 경우에는 설립일부터 최근 사업연도까지의 재무제표와 그 부속명세서를 말한다)

6. 업무개시 후 3개 사업연도의 사업계획서(추정재무제표를 포함한다)

7. 인력, 물적 설비 등(채용, 구매 등이 예정된 인력, 물적 설비 등을 포함한다)의 현황을 확인할 수 있는 서류

8. 예비허가신청일(시장개설 단위를 추가하기 위한 예비허가신청인 경우에는 최근 사업연도말) 현재 발행주식총수의 100분의 1 이상을 소유한 주주의 성명이나 명칭과 그 소유주식수를 적은 서류

9. 대주주가 법 제373조의2제2항제7호의 요건을 갖추었음을 확인할 수 있는 서류

10. 이해상충방지체계를 갖추었거나 갖출 수 있는지를 확인할 수 있는 서류

11. 그 밖에 예비허가요건의 심사에 필요한 서류로서 금융위원회가 정하여 고시하는 서류

③ 법 제373조의4제1항에 따라 신청된 예비허가의 심사 방법 및 절차에 관하여는 제354조의4제4항부터 제9항까지를 준용한다. 이 경우 "거래소허가"는 "예비허가"로 본다.

④ 법 제373조의4제2항에 따라 예비허가를 받은 자는 예비허가를 받은 날부터 6개월 이내에 예비허가의 내용 및 조건을 이행한 후 법 제373조의2에 따른 거래소허가(이하 이 항에서 "본허가"라 한다)를 신청하여야 한다. 다만, 금융위원회가 예비허가 당시 본허가 신청기한을 따로 정하였거나, 예비허가 후 예비허가를 받은 자의 신청을 받아 본허가 신청기한을 연장한 경우에는 그 기한 이내에 본허가를 신청할 수 있다.

⑤ 제1항부터 제4항까지에서 규정한 사항 외에 예비허가의 신청과 심사, 예비허가 신청서의 서식과 작성방법 등에 관하여 필요한 사항은 금융위원회가 정하여 고시한다.

[본조신설 2013. 8. 27.]

조문체계도버튼

제354조의6(거래소의 책무) 법 제373조의7제3호에서 "대통령령으로 정하는 업무"란 법 제377조제1항제7호에 따른 상장법인의 신고·공시에 관한 업무를 말한다.

[본조신설 2013. 8. 27.]

조문체계도버튼연혁

제355조(이상거래) 법 제377조제1항제8호에서 "대통령령으로 정하는 이상거래"란 증권시장(다자간매매체결회사에서의 증권의 매매거래를 포함한다. 이하 이 조에서 같다)이나 파생상품시장에서 법 제174조·제176조·제178조·제178조의2 또는 제180조를 위반할 염려가 있는 거래 또는 행위로서 다음 각 호의 어느 하나에 해당하는 경

우를 말한다. 이 경우 법 제404조에 따른 이상거래의 심리 또는 감리 중 발견된 법 제147조·제172조·제173조 또는 제173조의2제2항을 위반할 염려가 있는 거래 또는 행위는 이상거래로 본다. 〈개정 2009. 2. 3., 2013. 8. 27., 2015. 6. 30.〉

1. 증권 또는 장내파생상품 매매품목의 가격이나 거래량에 뚜렷한 변동이 있는 경우

2. 증권 또는 장내파생상품 매매품목의 가격 등에 영향을 미칠 수 있는 공시·풍문 또는 보도 등이 있는 경우

3. 그 밖에 증권시장 또는 파생상품시장에서의 공정한 거래질서를 해칠 염려가 있는 경우

조문체계도버튼

제356조(임원의 자격) ① 법 제380조제3항에서 "대통령령으로 정하는 금융에 관한 경험과 지식을 갖추고 거래소의 건전한 경영과 공정한 거래질서를 해할 우려가 없는 자"란 다음 각 호의 어느 하나에 해당하는 요건을 갖춘 자를 말한다.

1. 한국은행 또는 「금융위원회의 설치 등에 관한 법률」 제38조에 따른 검사대상기관(이에 상당하는 외국 금융기관을 포함한다)에서 합산하여 15년 이상 근무한 경력이 있는 자

2. 금융·경제 관련 분야에서 고위공무원단에 속하였거나 2급 이상의 공무원의 직에 있었던 자

3. 국내·국외의 대학이나 연구기관의 금융·경제 관련 분야에서 부교수 이상 또는 이에 상당하는 직에 합산하여 15년 이상 있었던 자

4. 그 밖에 제1호부터 제3호까지의 자에 준하는 경험과 지식을 갖추고 있다고 인정되는 자

② 법 제380조제4항 전단에서 "대통령령으로 정하는 경우"란 직무수행능력·전문성·경력 등을 종합적으로 고려하여 적격성을 검토한 결과 그 직무를 수행하는 데에 부적합하다고 인정되는 경우를 말한다.

③ 법 제380조제5항 후단에서 "대통령령으로 정하는 자"란 다음 각 호의 자를 말한다.

1. 최대주주 또는 그 특수관계인의 계산으로 주식을 소유하는 자(최대주주 또는 그 특수관계인의 계산으로 소유하는 주식만 해당한다)

2. 최대주주 또는 그 특수관계인에게 의결권(의결권의 행사를 지시할 수 있는 권한을 포함한다)을 위임한 자(해당 위임분만 해당한다)

조문체계도버튼

제357조(특별한 이해관계) 법 제383조제2항에서 "대통령령으로 정하는 특별한 이해관계"란 다음 각 호의 어느 하나에 해당하는 것을 말한다.

1. 채무보증
2. 담보제공
3. 정상적인 거래활동(거래 상대방의 사업내용과 관련되거나 사업목적 달성에 수반되는 행위로서 거래조건 등에 비추어 사회통념상 일반적인 거래활동으로 인정될 수 있는 경우를 말한다)을 수행하는 과정에서 필요한 행위에 해당하는 것으로 볼 수 없는 이해관계

조문체계도버튼

제357조의2(감사위원회) ① 법 제384조제2항제2호에서 "대통령령으로 정하는 회계 또는 재무전문가"란「금융회사의 지배구조에 관한 법률 시행령」제16조제1항 각 호의 어느 하나에 해당하는 사람을 말한다.

② 법 제384조제3항제3호에서 "대통령령으로 정하는 사람"이란「금융회사의 지배구조에 관한 법률」제6조제1항에 따른 사람을 말한다.

[본조신설 2016. 7. 28.]

조문체계도버튼

제358조(이사후보추천위원회 위원) 법 제385조제2항제3호에서 "대통령령으로 정하는 주권상장법인"이란 거래소가 개설·운영하는 증권시장 중 금융위원회가 정하여 고시하는 증권시장별로 주권상장법인을 구성원으로 하여 각각 설립된 단체의 추천을 받은 주권상장법인을 말한다.

[전문개정 2013. 8. 27.]

조문체계도버튼

제359조(회원의 구분) 법 제387조제2항제3호에서 "대통령령으로 정하는 회원"이란 다음 각 호의 어느 하나에 해당하는 회원을 말한다.

1. 증권회원
2. 파생상품회원
3. 증권시장 내의 일부 시장이나 일부 종목에 대하여 결제나 매매에 참가하는 회원
4. 파생상품시장 내의 일부 시장이나 일부 품목에 대하여 결제 또는 매매에 참가하는 회원

5. 그 밖에 법 제387조제1항에 따른 회원관리규정(이하 "회원관리규정"이라 한다)으로 정하는 회원

조문체계도버튼
제360조(공시규정의 적용대상) 법 제391조제1항 전단에서 "그 밖에 대통령령으로 정하는 증권"이란 다음 각 호의 어느 하나에 해당하는 증권 말한다.
1. 사채권
2. 파생결합증권
3. 증권예탁증권
4. 그 밖에 법 제391조제1항에 따른 공시규정으로 정하는 증권

조문체계도버튼연혁
제361조(정보제공 등의 요청) 거래소는 법 제392조제2항에 따라 행정기관, 그 밖의 관계기관에 대하여 다음 각 호의 기준에 따라 문서(전자문서를 포함한다) 또는 팩스의 방법으로 필요한 정보의 제공을 요청할 수 있다. 이 경우 그 요청서에는 정보의 제공을 요청하는 사유를 기재해야 한다. 〈개정 2021. 1. 5.〉
1. 어음·수표의 부도나 당좌거래의 정지·금지에 관하여는 「어음법」 제38조 및 「수표법」 제31조에 따른 어음교환소로 지정된 기관
2. 「채무자 회생 및 파산에 관한 법률」에 따른 회생절차의 신청·결정, 상장증권에 중대한 영향을 미칠 수 있는 소송의 제기나 해산사유의 발생에 관하여는 관할법원
3. 거래은행에 의한 해당 법인의 관리 개시에 관하여는 거래은행
4. 그 밖에 법 제391조제2항제1호 또는 제3호에 따른 신고 또는 확인 요구사항에 관하여는 해당 정보를 소유하고 있는 행정기관, 그 밖의 관계 기관

조문체계도버튼연혁
제362조(손해배상공동기금의 적립 및 운용 등) ① 법 제394조제1항에 따른 손해배상공동기금(이하 "공동기금"이라 한다)의 총적립규모, 회원별 적립률 및 적립방법은 증권시장·파생상품시장별 결제위험, 회원별 결제위험, 그 밖의 상황을 고려하여 회원관리규정으로 정한다.
② 거래소는 법 제399조제2항에 따라 그 재산과 공동기금으로 다음 각 호의 순서와 방법에 따라 증권시장 또는 파생상품시장에서의 매매거래의 위약으로 인하여 발생하는 손해를 배상한다. 〈개정 2015. 10. 23.〉

1. 위약한 회원이 적립한 공동기금을 우선하여 사용할 것

2. 제1호에 따라 손해를 배상하고 나서 부족분이 있으면 거래소의 재산 중 회원관리규정으로 정하는 금액을 우선하여 사용할 것

3. 제1호 및 제2호에 따라 손해를 배상하고 나서 부족분이 있으면 회원관리규정에서 정하는 순서와 방법에 따라 위약한 회원 외의 회원이 적립한 공동기금과 거래소의 재산을 사용할 것

③ 거래소는 공동기금을 적립한 회원별로 구분할 수 있도록 관리하되, 다른 재산과 구분하여 회계처리하여야 한다. 〈개정 2016. 6. 28.〉

④ 거래소는 탈퇴하는 회원에 대하여 회원관리규정으로 정하는 바에 따라 그 회원의 공동기금을 환급하여야 한다.

⑤ 거래소는 다음 각 호의 어느 하나에 해당하는 방법으로 공동기금을 운용하여야 한다.

1. 국채증권·지방채증권 또는 「한국은행법」 제69조에 따른 한국은행통화안정증권의 매수

2. 보증사채권의 매수

3. 증권금융회사에의 대여·예탁 또는 증권금융회사가 발행한 사채의 매수

4. 은행에의 예치

⑥ 거래소는 제5항에 따라 공동기금을 운용함으로써 발생한 과실을 회원관리규정으로 정하는 바에 따라 공동기금의 원본에 산입하여야 한다.

⑦ 제1항부터 제6항까지에서 규정한 사항 외에 공동기금의 적립·관리 및 운용 등에 관하여 필요한 사항은 회원관리규정으로 정한다.

⑧ 제5항제2호에서 "보증사채권"이란 다음 각 호의 어느 하나에 해당하는 금융기관 등이 원리금의 지급을 보증한 사채권을 말한다. 〈개정 2016. 5. 31.〉

1. 은행

2. 「한국산업은행법」에 따른 한국산업은행

3. 「중소기업은행법」에 따른 중소기업은행

4. 보험회사

5. 투자매매업자

6. 증권금융회사

7. 종합금융회사

8. 「신용보증기금법」에 따른 신용보증기금(신용보증기금이 지급을 보증한 보증사채권에는 「사회기반시설에 대한 민간투자법」에 따라 산업기반신용보증기금의 부담으로

보증한 것을 포함한다)

9. 「기술보증기금법」에 따른 기술보증기금

조문체계도버튼연혁

제363조(구상권의 행사 등) ① 거래소는 법 제399조제1항에 따라 손해를 배상하는 경우에는 이를 금융위원회에 보고하여야 하며, 공동기금을 속히 보전할 수 있는 방법으로 위약한 회원에 대하여 구상권을 행사하여야 한다.

② 거래소는 법 제399조제3항에 따라 위약한 회원에 대하여 구상권을 행사한 경우 다음 각 호의 순서와 방법에 따라 그 구상권 행사로 추심된 금액을 손해배상공동기금과 거래소의 재산에 배분한다. 〈개정 2015. 10. 23.〉

1. 제362조제2항제3호에 따라 사용된 금액이 있으면 회원관리규정에서 정하는 순서와 방법에 따라 위약한 회원 외의 회원이 적립한 공동기금과 거래소의 재산에 우선하여 배분할 것

2. 제362조제2항제2호에 따라 사용된 금액이 있으면 제1호에 따라 배분하고 남은 금액을 거래소의 재산에 배분할 것

3. 제1호 및 제2호에 따라 배분하고 남은 금액이 있으면 제362조제2항제1호에 따라 사용된 금액 및 손해배상 등에 소요된 비용에 대하여 회원관리규정에서 정하는 바에 따라 배분할 것

조문체계도버튼

제364조(시세의 공표 등) ① 법 제401조 각 호 외의 부분에서 "대통령령으로 정하는 방법"이란 전산설비에 의하거나 증권 및 장내파생상품의 시세 등 증권시장과 파생상품시장의 정보를 주로 취급하는 간행물에 게재하는 방법을 말한다.

② 거래소는 법 제401조에 따른 시세의 공표와 그 정보의 효율적 관리를 위하여 필요한 세부사항을 정할 수 있다.

③ 법 제401조제3호에서 "대통령령으로 정하는 시세"란 제192조제3항에 따른 대용가격을 말한다.

조문체계도버튼연혁

제365조(시장감시위원장의 자격 등) ① 법 제402조제4항에서 "대통령령으로 정하는 금융에 관한 경험과 지식을 갖추고 거래소의 건전한 경영과 공정한 거래질서를 해할 우려가 없는 자"란 다음 각 호의 어느 하나에 해당하는 요건을 갖춘 자를 말한다.

1. 한국은행이나 「금융위원회의 설치 등에 관한 법률」 제38조에 따른 검사대상기관(이에 상당하는 외국 금융기관을 포함한다)에서 합산하여 15년 이상 근무한 경력이 있는 자

2. 금융·경제 관련 분야에서 고위공무원단에 속하였거나 2급 이상의 공무원의 직에 있었던 자

3. 국내·국외의 대학이나 연구기관의 금융·경제 관련 분야에서 부교수 이상 또는 이에 상당하는 직에 합산하여 15년 이상 있었던 자

4. 그 밖에 제1호부터 제3호까지의 자에 준하는 경험과 지식을 갖추고 있다고 인정되는 자

② 법 제402조제5항 전단에서 "대통령령으로 정하는 경우"란 직무수행능력·전문성·경력 등을 종합적으로 고려하여 적격성을 검토한 결과 그 직무를 수행하는 데에 부적합하다고 인정되는 경우를 말한다.

③ 법 제402조제8항제2호에서 "대통령령으로 정하는 경우"란 다음 각 호의 어느 하나에 해당하는 경우를 말한다. 〈개정 2009. 2. 3.〉

1. 법 별표 14 제23호에 해당하는 경우로서 법 제426조제1항에 따른 보고 또는 자료의 제출명령을 위반하거나 조사를 거부·방해 또는 기피한 경우

2. 법 별표 14 제24호에 해당하는 경우로서 법 제426조제2항에 따른 요구에 따르지 아니한 경우

3. 법 별표 14 제25호에 해당하는 경우로서 법 제426조제3항에 따른 조치에 따르지 아니한 경우

4. 법 별표 14 제26호에 해당하는 경우로서 법 제426조제4항에 따른 자료제출요구에 따르지 아니한 경우

5. 법 별표 14 제28호에 해당하는 경우로서 법 제427조제1항에 따른 심문이나 압수·수색에 따르지 아니한 경우

6. 별표 18 제5호에 해당하는 경우로서 법 제167조제1항을 위반하여 주식을 소유한 경우

7. 별표 18 제6호에 해당하는 경우로서 법 제167조제3항을 위반하여 의결권을 행사하거나, 같은 항에 따른 시정명령을 위반한 경우

8. 별표 18 제8호에 해당하는 경우로서 법 제174조에 따른 미공개중요정보 이용행위 금지 의무를 위반한 경우

9. 별표 18 제9호에 해당하는 경우로서 법 제176조에 따른 시세조종행위 등의 금

지 의무를 위반한 경우

10. 별표 18 제10호에 해당하는 경우로서 법 제178조에 따른 부정거래행위 등의 금지 의무를 위반한 경우

11. 별표 18 제11호에 해당하는 경우로서 법 제180조를 위반하여 공매도를 하거나 그 위탁 또는 수탁을 한 경우

12. 별표 18 제13호에 해당하는 경우로서 법 제406조제1항을 위반하여 거래소 주식을 소유한 경우

13. 별표 18 제14호에 해당하는 경우로서 법 제406조제3항을 위반하여 의결권을 행사한 경우

14. 별표 18 제15호에 해당하는 경우로서 법 제406조제4항에 따른 처분명령을 위반한 경우

15. 별표 18 제17호에 해당하는 경우로서 법 제412조제1항에 따른 회원관리규정·증권시장업무규정·파생상품시장업무규정·상장규정·공시규정·시장감시규정·분쟁조정규정, 그 밖의 업무에 관한 규정을 위반한 경우

16. 별표 18 제23호에 해당하는 경우로서 제384조제7항 본문에 따른 요구에 따르지 아니한 경우

17. 별표 18 제24호에 해당하는 경우로서 업무와 관련하여 부정한 방법으로 타인으로부터 금전등을 받거나 타인에게 줄 금전등을 취득한 경우

18. 별표 18 제25호에 해당하는 경우로서 별표 21 제1호부터 제3호까지의 규정 각 호의 어느 하나에 해당하는 경우

조문체계도버튼연혁

제366조(주식소유의 제한) ① 법 제406조제1항제4호에서 "대통령령으로 정하는 경우"란 거래소 주주인 법인이 거래소 주주인 다른 법인을 합병하거나 합병할 목적으로 인수하는 경우로서 거래소 발행주식총수의 100분의 5를 초과한 주식에 대하여 의결권을 행사하지 아니할 것을 조건으로 금융위원회가인정하는 경우를 말한다. 〈신설 2017. 5. 8.〉

② 법 제406조제2항제2호에서 "대통령령으로 정하는 특수관계에 있는 자"란 특수관계인 및 제141조제2항에 따른 공동보유자를 말한다. 이 경우 특수관계인인지에 관하여는 제141조제3항을 준용한다. 〈개정 2017. 5. 8.〉

③ 법 제406조제2항제3호에서 "대통령령으로 정하는 경우"란 제142조 각 호(제3호

는 제외한다)의 어느 하나에 해당하는 경우를 말한다. 〈개정 2017. 5. 8.〉

④ 제1항에 따른 인정의 절차 등에 관하여 필요한 사항은 금융위원회가 정하여 고시한다. 〈신설 2017. 5. 8.〉

조문체계도버튼

제367조(거래소에 대한 조치) ① 법 제411조제1항제6호에서 "대통령령으로 정하는 경우"란 다음 각 호의 어느 하나에 해당하는 경우를 말한다.

1. 법 별표 14 제1호의2에 해당하는 경우로서 법 제376조제2항에 따른 승인을 받지 아니하고 정관을 변경한 경우

2. 법 별표 14 제12호에 해당하는 경우로서 법 제394조제2항을 위반하여 공동기금을 구분하여 적립하지 아니한 경우

3. 법 별표 14 제21호에 해당하는 경우로서 법 제413조에 따른 조치를 이행하지 아니한 경우

4. 법 별표 14 제30호에 해당하는 경우 중 이 영 별표 18 제8호에 해당하는 경우로서 법 제174조에 따른 미공개중요정보 이용행위 금지 의무를 위반한 경우

5. 법 별표 14 제30호에 해당하는 경우 중 이 영 별표 18 제9호에 해당하는 경우로서 법 제176조에 따른 시세조종행위 등의 금지 의무를 위반한 경우

6. 법 별표 14 제30호에 해당하는 경우 중 이 영 별표 18 제10호에 해당하는 경우로서 법 제178조에 따른 부정거래행위 등의 금지 의무를 위반한 경우

② 법 제411조제1항제7호에서 "대통령령으로 정하는 금융관련 법령 등"이란 제373조제2항 각 호의 법령을 말한다.

③ 법 제411조제1항제7호에서 "대통령령으로 정하는 경우"란 제373조제3항 각 호의 어느 하나에 해당하는 경우를 말한다.

④ 법 제411조제1항제8호에서 "대통령령으로 정하는 경우"란 다음 각 호의 어느 하나에 해당하는 경우를 말한다.

1. 허가를 받은 날부터 6개월 이내에 영업을 시작하지 아니하거나 업무를 시작한 후 정당한 사유 없이 허가 받은 업무를 중단하는 경우

2. 법 제411조제2항제1호에 따른 업무정지의 조치를 받은 날부터 1개월(업무정지의 조치를 하면서 1개월을 초과하는 보정기간을 정한 경우에는 그 기간) 이내에 해당 조건을 보정하지 아니한 경우

3. 업무와 관련하여 부정한 방법으로 타인으로부터 금전등을 받거나 타인에게 줄 금전등을 취득한 경우

4. 같거나 비슷한 위법행위를 계속하거나 반복하는 경우

⑤ 법 제411조제2항제7호에서 "대통령령으로 정하는 조치"란 다음 각 호의 어느 하나에 해당하는 조치를 말한다.

1. 경영이나 업무방법의 개선요구나 개선권고

2. 변상 요구

3. 법을 위반한 경우에는 고발 또는 수사기관에의 통보

4. 다른 법률을 위반한 경우에는 관련 기관이나 수사기관에의 통보

5. 그 밖에 금융위원회가 법 및 이 영, 그 밖의 관련 법령에 따라 취할 수 있는 조치

⑥ 법 제411조제3항제6호 및 같은 조 제4항제7호에서 "대통령령으로 정하는 조치"란 각각 다음 각 호의 어느 하나에 해당하는 조치를 말한다.

1. 법을 위반한 경우에는 고발 또는 수사기관에의 통보

2. 다른 법률을 위반한 경우에는 관련 기관이나 수사기관에의 통보

3. 그 밖에 금융위원회가 법 및 이 영, 그 밖의 관련 법령에 따라 취할 수 있는 조치

⑦ 법 별표 14 제30호에서 "대통령령으로 정하는 경우"란 별표 18 각 호의 어느 하나에 해당하는 경우를 말한다.

[전문개정 2013. 8. 27.]

조문체계도버튼연혁

제368조(시장효율화위원회) ① 법 제414조제2항에서 "대통령령으로 정하는 기관"이란 다음 각 호의 기관을 말한다. 〈개정 2013. 8. 27., 2019. 6. 25., 2025. 6. 2.〉

1. 한국거래소

2. 증권시장 또는 파생상품시장을 운영하기 위한 전산시스템의 개발·운영 등을 한국거래소로부터 위탁받은 법인으로서 한국거래소가 출자한 법인

3. 전자등록기관

4. 다자간매매체결회사

② 법 제414조제2항에서 "대통령령으로 정하는 금액 이상으로 전산에 대한 투자를 하고자 하는 경우"란 시장의 운영이나 시장하부구조를 개선하기 위하여 소프트웨어, 하드웨어 등 전산시스템과 그 부대설비의 개발에 소요되는 비용이 100억원 이상인 투자를 하고자 하는 경우를 말한다.

③ 법 제414조제1항에 따른 시장효율화위원회(이하 이 조에서 "위원회"라 한다)는 금융·법률·회계 및 전산 분야의 민간전문가로서 금융위원회 위원장이 위촉하는 7인 이내의 위원으로 구성한다.

④ 위원회의 위원장은 위원 간에 호선으로 선출한다.

⑤ 제3항 및 제4항에서 규정한 사항 외에 위원회의 운영과 심의 등에 관하여 필요한 사항은 위원회의 의결을 거쳐 위원회의 위원장이 정한다.

제8편 감독 및 처분

제1장 명령 및 승인 등

조문체계도버튼연혁

제369조(금융투자업자에 대한 조치명령) ① 법 제416조제1항제8호에서 "대통령령으로 정하는 사항"이란 다음 각 호의 사항을 말한다. 〈개정 2010. 6. 11., 2011. 11. 4., 2021. 5. 18., 2023. 9. 19.〉

1. 16조제9항 및 제21조제8항에 따른 이해상충방지체계에 관한 사항

2. 금융투자업자가 외국에서 금융투자업에 상당하는 업을 하는 경우에 감독상 필요한 신고·보고 등에 관한 사항

3. 외국 금융투자업자가 법 제12조제2항제1호나목 또는 법 제18조제2항제1호나목 및 다목에 따라 국내에서 금융투자업을 하는 경우에 감독상 필요한 신고·보고 등에 관한 사항

4. 법 제40조제1항 각 호에 따른 금융업무에 관한 사항

5. 기업어음증권의 매매나 중개업무에 관한 사항

6. 금융투자업자가 취급하는 상품의 운영에 관한 사항

7. 금융투자업자의 영업, 재무 및 위험에 관한 사항

8. 금융투자업자의 업무내용의 보고에 관한 사항

9. 협회에 가입하지 아니한 금융투자업자에 대하여 협회가 건전한 영업질서의 유지와 투자자를 보호하기 위하여 행하는 자율규제에 준하는 내부기준을 제정하도록 하는 것에 관한 사항

10. 파생상품을 취급하는 금융투자업자에 대한 일정 수준 이상의 파생상품을 거래한 자 또는 미결제약정을 보유한 자에 관한 정보의 제출에 관한 사항

11. 집합투자기구(투자신탁은 제외한다)의 청산업무와 관련한 재산의 공탁, 그 밖에 필요한 사항

② 법 제416조제1항부터 제3항까지에 따른 조치명령은 다음 각 호의 기준을 모두 충족해야 한다. 〈개정 2023. 9. 19.〉

1. 다른 수단으로는 투자자를 보호하고 건전한 거래질서를 유지하기 어려운 경우에만 할 것

2. 조치명령의 내용이 투자자를 보호하고 건전한 거래질서를 유지하는 데 필요한 최소한의 것일 것

3. 조치명령의 내용이 명확하고 구체적이며 그 이행 여부를 확인할 수 있는 것일 것

③ 금융위원회는 법 제416조제1항에 따라 조치명령을 하는 경우에는 1년 이내의 범위에서 그 목적 달성에 필요한 최소한의 기간으로 유효기간을 설정해야 한다. 〈신설 2023. 9. 19.〉

④ 금융위원회는 투자자 피해와 거래질서 혼란이 지속되어 제3항에 따라 설정한 유효기간의 연장이 불가피하다고 인정되는 경우에는 1년 이내의 범위에서 그 기간을 연장할 수 있다. 〈신설 2023. 9. 19.〉

⑤ 제1항부터 제4항까지에서 규정한 사항 외에 법 제416조제1항부터 제3항까지에 따른 조치명령의 세부 기준 및 절차에 관하여 필요한 사항은 금융위원회가 정하여 고시한다. 〈신설 2023. 9. 19.〉

조문체계도버튼연혁

제370조(승인사항 등) ① 법 제417조제1항제8호에서 "대통령령으로 정하는 행위"란 주식 금액 또는 주식 수의 감소에 따른 자본금의 실질적 감소를 말한다. 〈개정 2019. 12. 31.〉

② 금융위원회는 법 제417조제1항에 따른 승인을 하려는 경우에는 다음 각 호의 기준에 적합한지를 심사하여야 한다. 〈개정 2016. 7. 28.〉

1. 법 제30조에 따른 재무건전성과 법 제31조에 따른 경영건전성에 관한 기준을 충족할 것(법 제417조제1항제3호·제6호 및 제7호의 경우는 제외한다)

2. 투자자의 보호에 지장을 초래하지 아니할 것

3. 금융시장의 안전성을 해치지 아니할 것

4. 건전한 금융거래질서를 해치지 아니할 것

5. 내용과 절차가 금융관련법령, 「상법」 및 「독점규제 및 공정거래에 관한 법률」에 비추어 흠이 없을 것

6. 그 밖에 법 제417조제1항 각 호의 행위별로 투자자의 보호 등을 위하여 금융위원회가 정하여 고시하는 기준을 충족할 것

③ 금융투자업자는 법 제417조제1항에 따른 승인을 받으려는 경우에는 다음 각 호의 사항을 기재한 승인신청서를 금융위원회에 제출하여야 한다.

1. 상호

2. 본점의 소재지

3. 임원에 관한 사항

4. 승인을 신청하는 사유, 내용 및 시기 등에 관한 사항

5. 그 밖에 승인 심사에 필요한 사항으로서 금융위원회가 정하여 고시하는 사항

④ 제3항에 따른 승인신청서에는 다음 각 호의 서류를 첨부하여야 한다.

1. 정관

2. 승인을 신청하는 사유에 관하여 이사회나 주주총회의 의결이 있는 경우에는 그 의사록

3. 승인을 신청하는 사유와 관련된 계약서가 있는 경우에는 그 사본

4. 그 밖에 승인 심사에 필요한 서류로서 금융위원회가 정하여 고시하는 서류

⑤ 금융위원회는 제3항 및 제4항에 따른 승인신청서와 첨부서류를 접수한 경우에는 그 내용을 심사하여 2개월 이내에 승인 여부를 결정하고, 그 결과와 이유를 지체 없이 신청인에게 문서로 통지하여야 한다. 이 경우 승인신청서에 흠이 있는 때에는 보완을 요구할 수 있다.

⑥ 제5항에 따른 심사기간을 계산할 때 승인신청서 흠결의 보완기간 등 금융위원회가 정하여 고시하는 기간은 심사기간에 산입하지 아니한다.

⑦ 금융위원회는 제5항에 따라 승인을 하는 경우에는 경영의 건전성 확보와 투자자의 보호에 필요한 조건을 붙일 수 있다.

⑧ 제1항부터 제7항까지에서 규정한 사항 외에 승인의 신청과 심사, 신청서의 서식과 작성방법 등에 관하여 필요한 사항은 금융위원회가 정하여 고시한다.

조문체계도버튼연혁

제371조(보고사항 등) ① 금융투자업자는 법 제418조 각 호의 어느 하나에 해당하는 때에는 그 사실을 금융위원회에 지체 없이 보고하여야 한다. 다만, 금융위원회는 그 사실의 중요도에 따라 보고기한을 달리 정하여 고시할 수 있다.

② 법 제418조제2호에서 "대통령령으로 정하는 중요한 사항"이란 다음 각 호의 어느 하나에 해당하는 사항을 말한다.

1. 사업목적에 관한 사항

2. 주주총회, 이사회, 그 밖에 회사의 지배구조에 관한 사항

3. 회사가 발행하는 주식에 관한 사항

4. 그 밖에 투자자의 보호와 관련된 것으로 금융위원회가 정하여 고시하는 사항

③ 법 제418조제13호에서 "대통령령으로 정하는 경우"란 다음 각 호의 어느 하나에 해당하는 경우를 말한다. 〈개정 2013. 8. 27., 2016. 6. 28.〉

1. 자본금이 증가한 경우

2. 법 제10편(제443조부터 제448조까지)에 따라 처벌을 받은 경우

3. 해당 금융투자업자의 업무에 중대한 영향을 미칠 소송의 당사자로 된 경우

4. 해당 금융투자업자에 관하여 파산의 신청이 있거나 해산 사유가 발생한 경우

5. 「채무자 회생 및 파산에 관한 법률」에 따른 회생절차 개시신청을 한 경우, 회생절차 개시결정을 한 경우 또는 회생절차 개시결정의 효력이 상실된 경우

6. 조세체납처분을 받은 경우 또는 조세에 관한 법령을 위반하여 처벌을 받은 경우

7. 「외국환거래법」에 따른 해외직접투자를 하거나 해외영업소, 그 밖의 사무소를 설치한 경우

8. 국내 사무소를 신설하거나 폐지한 경우(외국 금융투자업자의 국내 사무소의 경우만 해당한다)

9. 발행한 어음이나 수표가 부도로 되거나, 은행과의 당좌거래가 정지되거나 금지된 경우

10. 금융투자업자의 해외현지법인, 해외지점 및 해외사무소 등에 금융위원회가 정하여 고시하는 사유가 발생한 경우

11. 외국 금융투자업자(국내 지점, 그 밖의 영업소를 설치한 외국 금융투자업자의 경우만 해당한다)의 본점에 금융위원회가 정하여 고시하는 사유가 발생한 경우

12. 삭제 〈2016. 7. 28.〉

13. 그 밖에 금융투자업자의 경영·재산 등에 중대한 영향을 미칠 사항으로서 금융위원회가 정하여 고시하는 사유가 발생한 경우

제2장 검사 및 조치

조문체계도버튼

제372조(검사업무의 위탁) ① 금융감독원장이 법 제419조제8항에 따라 협회에 위탁할 수 있는 검사업무는 다음 각 호의 사항에 대한 검사업무에 한정한다

1. 주요직무 종사자와 투자권유대행인의 영업행위에 관한 사항

2. 증권의 인수업무에 관한 사항(법 제286조제1항제1호의 업무와 관련된 사항만 해당한다)

3. 약관의 준수 여부에 관한 사항

② 협회는 제1항에 따라 위탁받은 검사업무를 수행하는 경우에는 검사업무의 방법 및 절차 등에 관하여 금융감독원장이 정하는 기준을 준수하여야 하며, 검사를 완료한 때에는 지체 없이 그 결과를 금융감독원장에게 보고하여야 한다.

③ 「행정권한의 위임 및 위탁에 관한 규정」 제10조부터 제16조까지의 규정은 금융 감독원장의 협회에 대한 검사업무위탁에 관하여 이를 준용한다. 〈개정 2010. 1. 6.〉

조문체계도버튼연혁

제373조(금융투자업자에 대한 조치) ① 법 제420조제1항제6호에서 "대통령령으로 정하는 경우"란 다음 각 호의 어느 하나에 해당하는 경우를 말한다. 〈개정 2013. 8. 27., 2021. 10. 21.〉

1. 법 별표 1 제1호에 해당하는 경우로서 법 제11조를 위반하여 금융투자업인가(변경인가를 포함한다)를 받지 아니하고 금융투자업을 한 경우

1의2. 법 별표 1 제15호에 해당하는 경우로서 법 제31조제4항에 따른 명령(같은 조 제1항의 경영건전성기준 위반에 따른 명령으로 한정한다)을 위반한 경우

2. 법 별표 1 제21호에 해당하는 경우로서 법 제34조제1항(제3호는 제외한다) 또는 제2항을 위반하여 대주주와의 거래 등의 제한과 관련된 의무를 이행하지 아니한 경우

3. 법 별표 1 제23호에 해당하는 경우로서 법 제35조를 위반하여 같은 조 각 호의 어느 하나에 해당하는 행위를 한 경우

4. 법 별표 1 제78호에 해당하는 경우로서 법 제70조를 위반하여 투자자로부터 예탁받은 재산으로 금융투자상품의 매매를 한 경우

5. 법 별표 1 제79호에 해당하는 경우로서 법 제71조(제7호는 제외한다)를 위반하여 같은 조 각 호의 어느 하나에 해당하는 행위를 한 경우

5의2. 법 별표 1 제87호에 해당하는 경우로서 법 제78조제1항에 따른 업무기준을 준수하지 아니한 경우

5의3. 법 별표 1 제88호의5에 해당하는 경우로서 법 제78조제7항을 위반하여 조치를 하지 아니한 경우

6. 법 별표 1 제90호에 해당하는 경우로서 법 제81조제1항 또는 법 제84조제1항을 위반하여 집합투자재산을 운용한 경우

7. 법 별표 1 제92호에 해당하는 경우로서 법 제85조(제8호는 제외한다)를 위반하여 같은 조 각 호의 어느 하나에 해당하는 행위를 한 경우

8. 법 별표 1 제94호에 해당하는 경우로서 법 제87조제2항부터 제5항까지의 규정을 위반하여 의결권을 행사한 경우

9. 법 별표 1 제113호에 해당하는 경우로서 법 제98조제1항(법 제101조제4항에서 준용하는 경우를 포함한다)을 위반하여 같은 항 각 호의 어느 하나에 해당하는 행위를 한 경우

10. 법 별표 1 제114호에 해당하는 경우로서 법 제98조제2항(제10호는 제외한다)을 위반하여 같은 항 각 호의 어느 하나에 해당하는 행위를 한 경우

11. 법 별표 1 제125호에 해당하는 경우로서 법 제108조(제9호는 제외한다)를 위반하여 같은 조 각 호의 어느 하나에 해당하는 행위를 한 경우

12. 법 별표 1 제130호에 해당하는 경우로서 법 제112조제2항부터 제5항까지의 규정을 위반하여 의결권을 행사한 경우

13. 법 별표 1 제139호에 해당하는 경우로서 같은 호 각 목(라목 및 아목은 제외한다)의 어느 하나에 해당하는 공고나 서류 중 중요사항에 관하여 거짓의 기재 또는 표시가 있거나 중요사항이 기재 또는 표시되지 아니한 경우

14. 법 별표 1 제140호에 해당하는 경우로서 같은 호 각 목(가목·나목 및 마목만 해당한다)의 어느 하나에 해당하는 서류를 제출하지 아니한 경우

15. 법 별표 1 제141호에 해당하는 경우로서 법 제119조제3항·제4항 및 제7항을 위반하여 증권을 모집하거나 매출한 경우

16. 법 별표 1 제153호에 해당하는 경우로서 법 제134조제1항 또는 법 제136조제5항을 위반하여 공고를 하지 아니한 경우

17. 법 별표 1 제163호에 해당하는 경우로서 법 제147조에 따른 보고서류 또는 법 제151조제2항에 따른 정정보고서 중 제157조 각 호의 어느 하나에 해당하는 사항(이하 이 호에서 "중요한 사항"이라 한다)에 관하여 거짓의 기재 또는 표시가 있거나 중요한 사항이 기재 또는 표시되지 아니한 경우

18. 법 별표 1 제166호에 해당하는 경우로서 법 제154조에 따른 위임장 용지와 참고서류 또는 법 제156조에 따른 정정서류 중 의결권피권유자의 의결권 위임 여부 판단에 중대한 영향을 미칠 수 있는 사항(이하 이 호에서 "의결권 위임 관련 중요사항"이라 한다)에 관하여 거짓의 기재 또는 표시가 있거나 의결권 위임 관련 중요사항이 기재 또는 표시되지 아니한 경우

19. 법 별표 1 제174호에 해당하는 경우로서 법 제174조에 따른 미공개중요정보 이

용행위 금지 의무를 위반한 경우

　20. 법 별표 1 제175호에 해당하는 경우로서 법 제176조에 따른 시세조종행위 등의 금지 의무를 위반한 경우

　21. 법 별표 1 제176호에 해당하는 경우로서 법 제178조에 따른 부정거래행위 등의 금지 의무를 위반한 경우

　22. 법 별표 1 제261호에 해당하는 경우로서 법 제250조제1항 또는 법 제251조제1항을 위반하여 집합투자업을 한 경우

　23. 법 별표 1 제273호에 해당하는 경우로서 법 제280조제1항을 위반하여 투자매매업자 또는 투자중개업자를 통하지 아니하고 외국 집합투자증권을 국내에서 판매한 경우

　23의2. 법 별표 1 제292호의2에 해당하는 경우로서 법 제373조를 위반하여 거래소 허가를 받지 아니하고 금융투자상품시장을 개설하거나 운영한 경우

　24. 법 별표 1 제293호에 해당하는 경우로서 법 제324조제1항, 법 제355조제1항 또는 법 제360조제1항을 위반하여 인가를 받지 아니하고 해당 업무를 한 경우

　25. 삭제 〈2013. 8. 27.〉

　② 법 제420조제1항제7호에서 "대통령령으로 정하는 금융관련 법령 등"이란 다음 각 호의 법령을 말한다.

　1.「금융실명거래 및 비밀보장에 관한 법률」

　2.「형법」

　3.「특정경제범죄 가중처벌 등에 관한 법률」

　③ 법 제420조제1항제7호에서 "대통령령으로 정하는 경우"란 다음 각 호의 어느 하나에 해당하는 경우를 말한다.

　1. 별표 21 제1호나목에 해당하는 경우로서「금융실명거래 및 비밀보장에 관한 법률」제4조제1항 본문을 위반하여 거래정보등을 제공·누설하거나 요구한 경우

　2. 별표 21 제1호다목에 해당하는 경우로서「금융실명거래 및 비밀보장에 관한 법률」제4조제3항을 위반하여 거래정보등의 제공 요구를 거부하지 아니한 경우

　3. 별표 21 제1호라목에 해당하는 경우로서「금융실명거래 및 비밀보장에 관한 법률」제4조제4항 본문을 위반하여 알게 된 거래정보등을 타인에게 제공·누설하거나 그 목적 외의 용도로 이용한 경우 또는 그 거래정보등을 요구한 경우

　4. 별표 21 제1호마목에 해당하는 경우로서「금융실명거래 및 비밀보장에 관한 법률」제4조제5항을 위반하여 거래정보등을 타인에게 제공·누설한 경우

　5. 별표 21 제2호가목에 해당하는 경우로서「형법」제214조부터 제217조까지의 규

정을 위반한 경우

6. 별표 21 제2호나목에 해당하는 경우로서 「형법」제223조(같은 법 제214부터 제217조까지의 규정을 위반한 경우만 해당한다)를 위반한 경우

7. 별표 21 제2호라목에 해당하는 경우로서 「형법」제355조, 제356조 또는 제357조제1항을 위반한 경우

8. 별표 21 제2호바목에 해당하는 경우로서 「형법」제359조(같은 법 제355조, 제356조 또는 제357조제1항을 위반한 경우만 해당한다)를 위반한 경우

9. 별표 21 제3호가목에 해당하는 경우로서 「특정경제범죄 가중처벌 등에 관한 법률」제3조제1항(「형법」제355조 또는 제356조와 관련된 경우만 해당한다)을 위반한 경우

10. 별표 21 제3호나목에 해당하는 경우로서 「특정경제범죄 가중처벌 등에 관한 법률」제5조제1항부터 제3항까지의 규정을 위반한 경우

11. 별표 21 제3호다목에 해당하는 경우로서 「특정경제범죄 가중처벌 등에 관한 법률」제7조를 위반한 경우

12. 별표 21 제3호라목에 해당하는 경우로서 「특정경제범죄 가중처벌 등에 관한 법률」제8조를 위반한 경우

13. 별표 21 제3호마목에 해당하는 경우로서 「특정경제범죄 가중처벌 등에 관한 법률」제9조제3항을 위반한 경우

④ 법 제420조제1항제9호에서 "대통령령으로 정하는 경우"란 다음 각 호의 어느 하나에 해당하는 경우를 말한다. 〈개정 2013. 8. 27., 2015. 10. 23., 2021. 10. 21.〉

1. 인가를 받거나 등록을 한 날로부터 6개월(별표 1의 3-12-1 및 3-13-1의 집합투자업 인가를 받은 자, 같은 표의 4-121-1 및 4-121-2의 신탁업 인가를 받은 자 또는 별표 3의 3-14-1의 일반 사모집합투자업 등록을 한 자의 경우에는 1년을 말한다. 이하 이 호에서 같다) 이내에 정당한 사유 없이 영업을 시작하지 아니하거나 영업을 시작한 후 정당한 사유 없이 인가 받거나 등록한 업무를 6개월 이상 계속해서 하지 아니한 경우. 이 경우 금융투자업별로 영업으로 보는 행위는 다음 각 목의 구분에 따른다.

가. 투자매매업자 또는 투자중개업자: 다음의 어느 하나에 해당하는 행위에 관한 계약을 체결하는 행위 또는 그 행위에 관한 청약의 권유, 청약이나 청약의 승낙을 하는 행위

1) 증권의 발행

2) 증권의 인수

3) 금융투자상품의 매도 또는 매수

나. 집합투자업자: 집합투자재산을 운용하는 행위

다. 투자자문업자(겸영금융투자업자, 투자일임업 외의 금융투자업을 경영하는 투자자문업자 및 역외투자자문업자는 제외한다): 투자자문계약을 체결한 후 투자자문에 응하는 행위

라. 투자일임업자(겸영금융투자업자, 투자자문업 외의 금융투자업을 경영하는 투자일임업자 및 역외투자일임업자는 제외한다): 투자일임계약을 체결한 후 투자일임재산을 운용하는 행위

마. 신탁업자(겸영금융투자업자 및 다른 금융투자업을 경영하는 신탁업자는 제외한다): 신탁계약을 체결한 후 신탁재산의 관리·처분·운용·개발 등을 하는 행위

2. 업무와 관련하여 부정한 방법으로 타인으로부터 금전등을 받거나 타인에게 줄 금전등을 취득한 경우

3. 법 제420조제3항제1호에 따른 업무정지의 조치를 받은 날부터 1개월(업무정지의 조치를 하면서 1개월을 초과하는 보정기간을 정한 경우에는 그 기간) 이내에 해당 조건을 보정하지 아니한 경우

4. 증권시장(다자간매매체결회사에서의 거래를 포함한다) 및 파생상품시장에서의 매매, 그 밖의 거래에 관하여 계약을 위반하거나 결제를 이행하지 아니한 경우(거래소의 회원 또는 다자간매매체결회사의 거래참가자인 투자매매업자 및 투자중개업자의 경우만 해당한다)

5. 같거나 비슷한 위법행위를 계속하거나 반복하는 경우

⑤ 법 제420조제3항제7호에서 "대통령령으로 정하는 조치"란 다음 각 호의 어느 하나에 해당하는 조치를 말한다.

1. 지점, 그 밖의 영업소의 폐쇄 또는 그 업무의 전부나 일부의 정지

2. 경영이나 업무방법의 개선요구나 개선권고

3. 변상 요구

4. 법을 위반한 경우에는 고발 또는 수사기관에의 통보

5. 다른 법률을 위반한 경우에는 관련 기관이나 수사기관에의 통보

6. 그 밖에 금융위원회가 법 및 이 영, 그 밖의 관련 법령에 따라 취할 수 있는 조치

⑥ 법 별표 1 제312호에서 "대통령령으로 정하는 경우"란 이 영 별표 5의 각 호의 어느 하나에 해당하는 경우를 말한다.

조문체계도버튼

제374조(임직원에 대한 조치) ① 법 제422조제1항·제2항에 따른 법 별표 1 제

312호에서 "대통령령으로 정하는 경우"란 이 영 별표 5의 각 호의 어느 하나에 해당하는 경우를 말한다.

② 법 제422조제1항제6호 및 같은 조 제2항제7호에서 "대통령령으로 정하는 조치"란 각각 다음 각 호의 어느 하나에 해당하는 조치를 말한다.

1. 법을 위반한 경우에는 고발 또는 수사기관에의 통보
2. 다른 법률을 위반한 경우에는 관련 기관이나 수사기관에의 통보
3. 그 밖에 금융위원회가 법 및 이 영, 그 밖의 관련 법령에 따라 취할 수 있는 조치

제3장 조사 등

조문체계도버튼연혁

제375조(금융투자업자 등에 대한 자료제출 요구) 금융위원회(법 제172조부터 제174조까지, 제176조, 제178조, 제178조의2, 제180조 및 제180조의2부터 제180조의6까지의 규정을 위반한 사항인 경우에는 증권선물위원회를 말한다. 이하 제376조 및 제377조에서 같다)가 금융투자업자, 금융투자업관계기관 또는 거래소에 대하여 자료의 제출을 요구하는 경우에는 법 제426조제4항에 따라 그 사용목적과 조사대상 금융투자상품의 종류, 종목·품목, 거래유형 및 거래기간 등을 기재한 서면으로 하여야 한다. 〈개정 2015. 6. 30., 2021. 4. 6., 2025. 4. 22.〉

조문체계도버튼

제376조(조사결과에 따른 조치) ① 법 제426조제5항에서 "대통령령으로 정하는 조치"란 다음 각 호의 조치를 말한다. 〈개정 2013. 8. 27.〉

1. 금융투자업자의 경우: 법 제420조제1항·제3항 또는 법 제422조제1항·제2항에 따른 조치
2. 거래소의 경우: 법 제411조제1항부터 제4항까지의 규정에 따른 조치
3. 협회의 경우: 법 제293조제1항부터 제3항까지의 규정에 따른 조치
4. 예탁결제원의 경우: 법 제307조제1항부터 제3항까지의 규정에 따른 조치
5. 증권금융회사의 경우: 법 제335조제1항부터 제4항까지의 규정에 따른 조치
6. 종합금융회사의 경우: 법 제354조제1항부터 제4항까지의 규정에 따른 조치
7. 자금중개회사의 경우: 법 제359조제1항부터 제4항까지의 규정에 따른 조치
8. 단기금융회사의 경우: 법 제364조제1항부터 제4항까지의 규정에 따른 조치
9. 명의개서대행회사(법 제365조제1항에 따라 등록을 한 자를 말한다)의 경우: 법 제369조제1항부터 제4항까지의 규정에 따른 조치

10. 금융투자 관계 단체의 경우: 법 제372조제1항에 따른 조치

11. 제1호부터 제10호까지의 규정이 적용되지 아니하는 자의 경우: 다음 각 목의 어느 하나에 해당하는 조치

가. 경고

나. 주의

다. 법을 위반한 경우에는 고발 또는 수사기관에의 통보

라. 다른 법률을 위반한 경우에는 관련 기관이나 수사기관에의 통보

마. 그 밖에 금융위원회가 법 및 이 영, 그 밖의 관련 법령에 따라 취할 수 있는 조치

② 법 제426조제5항에 따른 법 별표 15 제13호에서 "대통령령으로 정하는 경우"란 이 영 별표 19 각 호의 어느 하나에 해당하는 경우를 말한다.

조문체계도버튼

제377조(조사실적·처리결과 등의 공표) 금융위원회는 법 제426조제8항에 따라 위법행위를 예방하는 데에 필요한 다음 각 호의 정보와 자료를 신문·방송 또는 인터넷 홈페이지 등을 이용하여 공표할 수 있다. 다만, 관계자에 대하여 고발 또는 수사기관에 통보가 된 경우 등 금융위원회가 정하여 고시하는 경우에는 공표하지 아니하거나 일부를 제외하고 공표할 수 있다.

1. 관계자의 소속 및 인적 사항

2. 위법행위의 내용 및 조치사항

3. 그 밖에 관계자의 위법행위를 예방하는 데에 필요하다고 금융위원회가 정하여 고시하는 사항

조문체계도버튼연혁

제377조의2(지급정지) ① 금융위원회는 법 제426조의2제1항에 따른 지급정지의 요구를 한 경우에는 그 사실을 수사기관에 통보할 수 있다.

② 법 제426조의2제1항에 따른 금융회사(이하 이 조에서 "금융회사"라 한다)는 법 제426조의2제4항 본문에 따라 금융위원회로부터 요구받은 계좌에 대하여 지급정지 조치를 하는 경우에는 해당 계좌의 전산 원장(元帳)에 그 사실을 기재해야 한다.

③ 금융회사가 법 제426조의2제4항 본문에 따라 해당 계좌의 명의인에게 통지해야 하는 사항과 같은 항 단서에 따라 공개해야 하는 사항은 다음 각 호와 같다. 이 경우 같은 항 단서에 따른 공개는 14일 이상 해야 한다.

1. 지급정지의 기간, 사유 및 금액 등에 관한 사항

2. 지급정지된 계좌의 종류 등 지급정지된 계좌에 관한 사항

3. 제6항 및 제7항에 따른 지급정지 해제 신청의 기간 및 방법

④ 법 제426조의2제7항제5호에서 "대통령령으로 정하는 경우"란 다음 각 호의 어느 하나에 해당하는 경우를 말한다.

1. 법 제426조의2제2항에 따라 지급정지 요구 조치를 요청한 수사기관이 그 요청을 철회하는 경우

2. 법 제426조의2제4항 본문에 따른 지급정지 조치를 하기 전에 해당 계좌가 다음 각 목의 어느 하나에 해당되는 경우

가. 「민사집행법」에 따른 압류·가압류 또는 가처분의 명령이 집행된 경우

나. 「국세징수법」에 따른 체납절차가 개시된 경우

다. 질권이 설정된 경우

3. 「민사집행법」 제246조제1항 각 호의 어느 하나에 해당하는 압류금지채권의 금원이 지급정지된 계좌에 이체된 경우

4. 그 밖에 제1호부터 제3호까지에 준하는 경우로서 지급정지 조치를 유지할 필요성이 없다고 금융위원회가 인정하는 경우

⑤ 금융위원회는 법 제426조의2제7항에 따라 지급정지의 일부나 전부를 해제하는 경우 해당 계좌의 명의인에게 그 사실을 통지하고 지급정지 조치를 한 금융회사에 그 해제를 요구해야 한다. 이 경우 지급정지 조치의 해제를 요구받은 금융회사는 해당 계좌에 대하여 지체 없이 지급정지 조치의 일부나 전부를 해제해야 한다.

⑥ 법 제426조의2제4항 본문에 따라 지급정지 조치된 계좌의 명의인(법인인 경우에는 법인의 대표자를 말한다), 압류채권자, 가압류채권자, 가처분채권자, 질권자 또는 이해관계인은 지급정지 조치가 있음을 안 날부터 60일 이내에 금융위원회에 법 제426조의2제7항에 따른 지급정지의 일부 또는 전부의 해제를 신청할 수 있다.

⑦ 제6항에 따른 지급정지의 일부 또는 전부의 해제를 신청하려는 자는 다음 각 호의 사항이 포함된 신청서에 신청인의 주민등록증 사본(법인인 경우에는 법인등기부 등본 및 법인인감증명서를 말한다)을 첨부하여 금융위원회에 제출해야 한다. 이 경우 필요하면 법 제426조의2제7항에 따른 지급정지의 해제 사유를 증명하는 서류를 첨부할 수 있다.

1. 신청인에 관한 사항

2. 지급정지 해제 신청 계좌에 관한 사항

3. 지급정지 해제 사유 및 범위에 관한 사항

⑧ 제6항에 따른 신청을 받은 금융위원회는 그 신청을 받은 날부터 60일 이내에 지

급정지 해제의 신청에 대한 결과를 신청인에게 통지해야 한다. 다만, 부득이한 사정으로 60일 이내에 통지할 수 없는 경우에는 그 기간 만료일의 다음 날부터 30일의 범위에서 한 차례 연장할 수 있으며, 연장 사유 및 기간을 신청인에게 통지해야 한다.

⑨ 제1항부터 제8항까지에서 규정한 사항 외에 지급정지의 절차, 통지 등에 필요한 사항은 금융위원회가 정하여 고시한다.

[본조신설 2025. 4. 22.]

조문체계도버튼연혁

제377조의3(불공정거래행위자에 대한 거래 및 임원선임 제한) ① 법 제426조의3제1항제1호 단서에서 "대통령령으로 정하는 경우"란 법 제426조의3제1항제1호 본문에 따른 거래가 제한되는 자(이하 "거래제한대상자"라 한다)의 거래가 다음 각 호의 어느 하나에 해당하는 경우를 말한다. 이 경우 거래제한대상자는 거래제한대상자의 주민등록증 사본(법인인 경우에는 법인등기부등본 및 법인인감증명서를 말한다) 및 해당 거래가 다음 각 호의 어느 하나에 해당함을 증명하는 자료를 금융투자업자에게 제출해야 한다.

1. 다음 각 목의 요건을 모두 갖춘 금융투자상품을 처분하거나 이에 관한 권리를 행사하는 경우

가. 법 제426조의3제1항제1호에 따른 거래의 제한명령 이전에 보유(법 제133조제3항에 따른 보유를 말한다)하고 있을 것

나. 해당 제한명령의 사유가 된 법 제426조의2제1항에 따른 특정 불공정거래 행위(이하 "특정 불공정거래 행위"라 한다)와 관련이 없을 것

2. 제198조제1호ㆍ제2호 및 제7호의 어느 하나에 해당하는 경우

3. 상속 또는 주식배당에 따라 금융투자상품을 취득하는 경우

4. 다음 각 목의 어느 하나에 해당하는 사유로 금융투자상품을 취득하거나 이전 또는 처분하는 경우

가. 합병

나. 분할 또는 분할합병

다. 주식의 포괄적 교환 또는 포괄적 이전

라. 제171조제2항 각 호의 어느 하나에 해당하는 양수ㆍ양도

5. 「상속세 및 증여세법」 제71조제1항에 따라 허가받은 연부연납 세액의 재원을 마련하기 위하여 금융투자상품을 매도하는 경우

6. 사모집합투자기구 외의 집합투자기구가 발행한 집합투자증권을 매수ㆍ매도하는

경우

7. 다음 각 목의 채무증권 외의 채무증권을 매수·매도하는 경우

가. 전환사채권

나. 신주인수권부사채권

다. 이익참가부사채권

라. 지분증권(이와 관련된 증권예탁증권을 포함한다) 또는 가목부터 다목까지의 증권(이와 관련된 증권예탁증권을 포함한다)과 교환을 청구할 수 있는 교환사채권

8. 그 밖에 특정 불공정거래 행위와 관련성이 없는 거래로서 금융위원회가 정하여 고시하는 거래에 해당하는 경우

② 법 제426조의3제1항제2호에서 "대통령령으로 정하는 법인"이란 「금융회사의 지배구조에 관한 법률」 제2조제1호에 따른 금융회사를 말한다.

③ 금융위원회는 법 제426조의3제1항에 따른 제한명령(이하 이 조에서 "제한명령"이라 한다)을 하는 경우에는 다음 각 호의 기준에 따라야 한다.

1. 위반행위가 다음 각 목의 어느 하나에 해당하는 경우에는 해당 목의 기준에 따라 제한명령의 내용 및 법 제426조의3제1항 각 호 외의 부분에 따른 제한기간(이하 이 조에서 "제한기간"이라 한다)을 정할 것

가. 법 제173조의2제2항, 제174조, 제176조, 제178조 및 제178조의2를 위반한 경우: 위반 정도에 대해서는 제379조제2항제1호다목1)부터 4)까지의 사항을 종합적으로 고려하여 판단할 것

나. 법 제180조를 위반한 경우: 위반 정도에 대해서는 제379조제2항제1호라목1) 및 2)의 사항을 종합적으로 고려하여 판단할 것

다. 법 제180조의4를 위반한 경우: 위반 정도에 대해서는 제379조제2항제1호마목1)부터 4)까지의 사항을 종합적으로 고려하여 판단할 것

2. 위반행위가 다음 각 목의 어느 하나에 해당하는 경우에는 제한기간을 감면할 것

가. 위반행위의 내용이 중요하지 않다고 인정되는 경우

나. 위반행위에 대하여 지체 없이 시정한 경우

다. 위반행위로 인한 투자자의 피해를 배상한 경우

라. 위반행위가 투자자 보호, 건전한 거래 질서 유지 등에 영향을 미칠 우려가 적거나 없다고 인정되는 경우

④ 금융위원회는 법 제426조의3제1항에 따라 제한명령을 하는 경우에는 제한명령의 내용 및 제한기간을 명시하여 제한명령의 대상자에게 서면으로 통지해야 한다. 이 경우 법 제173조의2제2항, 제174조, 제176조, 제178조 및 제180조를 위반한 특정 불

공정거래 행위에 대한 제한명령은 다음 각 호의 경우를 제외하고는 검찰총장에게 특정 불공정거래 행위에 대한 수사·처분결과를 확인한 후 통지해야 한다.

1. 금융위원회가 제376조제1항제11호다목에 따라 검찰총장에게 통보한 후 제한명령을 하는 것으로 협의한 경우

2. 금융위원회가 제376조제1항제11호다목에 따라 검찰총장에게 통보한 후 1년이 경과하여도 수사·처분결과를 확인하지 못한 경우. 다만, 다음 각 목의 사유로 검찰총장이 수사·처분결과를 확인한 후 제한명령을 할 것을 요청하는 경우는 제외한다.

가. 기소중지 등 수사·처분결과 확인이 지연되는 합리적 사유가 있는 경우

나. 수사·처분결과를 확인하지 않고 제한명령을 부과하는 것이 수사·처분결과와 배치될 우려가 있는 경우

⑤ 금융위원회는 제4항에 따른 통지를 할 때 법 제426조의3제1항제2호에 따른 임원으로서의 선임·재임(在任)이 제한되는 자(이하 "임원선임·재임제한대상자"라 한다)가 법 제426조의3제1항제2호에 따른 주권상장법인등(이하 이 조 및 제387조의2에서 "주권상장법인등"이라 한다)의 임원으로 재임 중인 경우에는 해당 주권상장법인등에게 다음 각 호의 사항을 통지해야 한다.

1. 임원선임·재임제한대상자의 인적 사항

2. 임원선임·재임제한대상자에 대한 제한명령의 사유, 내용 및 제한기간

⑥ 법 제426조의3제3항에 따라 거래제한 조치에 필요한 정보를 통보받은 금융투자업관계기관은 금융투자업자가 법 제426조의3제4항을 위반한 혐의를 알게 된 경우 제7항 각 호의 사항을 금융위원회에 통보할 수 있다.

⑦ 거래소는 법 제426조의3제5항에 따라 같은 조 제4항을 위반한 혐의가 있는 금융투자업자에 관한 사항을 금융위원회에 통보하는 경우 다음 각 호의 사항을 통보해야 한다.

1. 거래제한대상자 및 금융투자업자의 성명과 주민등록번호(법인인 경우에는 상호 또는 명칭, 법인등록번호 또는 사업자등록번호를 말한다)

2. 거래제한대상자가 요청한 거래의 종류, 내용 및 해당 거래와 관련된 계좌에 관한 사항

3. 거래제한대상자의 거래 요청에 대한 처리 결과에 관한 사항

⑧ 금융위원회는 법 제426조의3제7항에 따른 조치를 하는 경우 다음 각 호의 구분에 따른 통지를 해야 한다.

1. 법 제426조의3제7항제1호에 따른 처분명령을 하는 경우: 거래제한대상자에게 다음 각 목의 사항을 통지

가. 제한명령을 위반하여 취득한 금융투자상품 및 그 처분기간에 관한 사항

나. 그 밖에 금융위원회가 정하여 고시하는 사항

2. 법 제426조의3제7항제2호에 따른 임원선임·재임제한대상자의 해임 요구를 하는 경우: 주권상장법인등에게 다음 각 목의 사항을 통지

가. 제5항 각 호의 사항

나. 그 밖에 금융위원회가 정하여 고시하는 사항

⑨ 금융위원회는 임원선임·재임제한대상자에 관한 정보를 조회할 수 있는 전산시스템을 구축·운영할 수 있다.

⑩ 제1항부터 제9항까지에서 규정한 사항 외에 제한명령의 절차·기준, 거래제한대상자 통보 방법·절차 등에 관하여 필요한 세부사항은 금융위원회가 정하여 고시한다.

[본조신설 2025. 4. 22.]

조문체계도버튼

제378조(조사공무원) 법 제427조제1항에서 "대통령령으로 정하는 자"란 금융위원회 소속 공무원 중에서 증권선물위원회 위원장의 제청에 의하여 검찰총장이 지명하는 자를 말한다.

제4장 과징금

조문체계도버튼연혁

제379조(과징금의 부과기준) ① 법 제428조제1항 및 제2항에 따른 과징금의 부과기준(법 제349조제3항에서 준용하는 경우를 포함한다)은 별표 19의2와 같다. 〈신설 2017. 10. 17.〉

② 금융위원회는 법 제428조제3항·제4항, 제429조, 제429조의2 및 제429조의3에 따라 과징금을 부과하는 경우에는 다음 각 호의 기준을 따라야 한다. 〈개정 2015. 6. 30., 2017. 10. 17., 2021. 4. 6., 2021. 5. 18., 2024. 1. 9.〉

1. 위반행위가 다음 각 목의 어느 하나에 해당하는 경우에는 해당 각 목의 구분에 따른 기준을 따를 것

가. 법 제428조제4항에 규정된 위반행위의 경우: 위반 정도에 대해서는 다음의 사항을 종합적으로 고려하여 판단할 것

1) 위반행위와 관련된 거래로 얻은 이익(미실현 이익을 포함한다) 또는 이로 인하여 회피한 손실액

2) 제50조제1항에 따른 교류차단대상정보를 이용하게 된 경위

3) 위반행위가 제2호가목에 해당하는지 여부

나. 법 제429조에 규정된 위반행위의 경우: 위반 내용에 대해서는 계량적 위반 사항과 비계량적 위반 사항으로 구분하며, 위반 정도에 대해서는 다음의 사항을 종합적으로 고려하여 판단할 것

1) 위반행위가 당기순이익 또는 자기자본 등에 미치는 영향

2) 위반행위가 제2호 각 목의 어느 하나에 해당하는지 여부

다. 법 제429조의2에 규정된 위반행위의 경우: 위반 정도에 대해서는 다음의 사항을 종합적으로 고려하여 판단할 것

1) 위반행위와 관련된 거래로 얻은 이익(미실현 이익을 포함한다) 또는 이로 인하여 회피한 손실액

2) 법 제173조의2제2항에 따른 파생상품시장에서의 시세에 영향을 미칠 수 있는 정보, 미공개중요정보, 미공개정보 또는 법 제178조의2제1항제2호에 해당하는 정보를 생산하거나 알게 된 경위(법 제176조 및 제178조의2제2항의 위반행위는 제외한다)

3) 위반행위가 시세 또는 가격에 미치는 영향

4) 위반행위가 제2호가목에 해당하는지 여부

라. 법 제429조의3제1항에 규정된 위반행위의 경우: 위반 정도에 대해서는 다음의 사항을 종합적으로 고려하여 판단할 것

1) 공매도 주문금액

2) 위반행위가 제2호가목에 해당하는지 여부

마. 법 제429조의3제2항에 규정된 위반행위의 경우: 위반 정도에 대해서는 다음의 사항을 종합적으로 고려하여 판단할 것

1) 공매도 주문금액

2) 위반행위와 관련된 거래로 얻은 이익(미실현이익을 포함한다) 또는 이로 인하여 회피한 손실액

3) 위반행위가 주식의 모집가액 또는 매출가액에 미치는 영향

4) 위반행위가 제2호가목에 해당하는지 여부

1의2. 삭제 〈2021. 4. 6.〉

2. 위반행위가 다음 각 목의 어느 하나에 해당하는 경우에는 법정최고액의 100분의 50 이상을 과징금으로 부과할 것. 다만, 제3호 각 목의 어느 하나에 해당하는 경우에는 과징금을 감경할 수 있다.

가. 위반행위가 1년 이상 지속되거나 3회 이상 반복적으로 이루어진 경우

나. 위반행위로 인하여 취득한 이익의 규모가 1억원 이상인 경우(법 제428조제3항 및 제429조에 따라 과징금을 부과하는 경우만 해당한다)

다. 위반행위가 내부자거래 및 시세조종 등 법 제4편에 따른 불공정거래행위(이하 "불공정거래행위"라 한다)와 관련이 있는 경우(법 제428조제3항, 제429조 및 제429조의3에 따라 과징금을 부과하는 경우만 해당한다)

3. 위반행위가 다음 각 목의 어느 하나에 해당하는 경우에는 과징금을 감면할 것

가. 위반행위의 내용이 중요하지 아니하다고 인정되는 경우

나. 위반자가 제출한 다른 공시서류가 있는 경우로서 그 다른 공시서류에 의하여 투자자가 진실한 내용을 알 수 있는 경우

다. 위반행위에 대하여 지체 없이 시정한 경우

라. 위반행위로 인한 투자자의 피해를 배상한 경우

③ 법 제429조에 따라 과징금을 부과하는 경우에 제2항제2호에 따른 법정최고액을 계산하여 결정함에 있어서 법 제119조 및 법 제134조에 따른 신고서를 제출하지 아니한 경우에는 실제로 이루어진 모집·매출가액이나 공개매수총액을 기준으로 한다. 〈개정 2015. 6. 30., 2017. 10. 17.〉

④ 법 제429조제4항 각 호 외의 부분에서 "대통령령으로 정하는 방법에 따라 산정된 금액"이란 다음 각 호에 따라 산정된 금액을 말한다. 이 경우 산정된 금액이 1천억원 미만인 경우에는 1천억원으로 한다. 〈신설 2013. 8. 27., 2017. 10. 17., 2021. 12. 9.〉

1. 법 제429조제4항제1호의 경우: 보고기한의 다음 영업일에 증권시장에서 형성된 해당 법인 주식의 최종가격(그 최종가격이 없을 때에는 그 날 이후 증권시장에서 최초로 형성된 해당 법인 주식의 최종가격을 말한다. 이하 이 항에서 같다)에 발행주식총수를 곱하여 산출한 금액

2. 법 제429조제4항제2호의 경우: 보고일의 다음 영업일에 증권시장에서 형성된 해당 법인 주식의 최종가격에 발행주식총수를 곱하여 산출한 금액

⑤ 법 제429조제4항제2호에서 "대통령령으로 정하는 중요한 사항"이란 제157조 각 호의 어느 하나에 해당하는 사항을 말한다. 〈신설 2013. 8. 27., 2017. 10. 17.〉

⑥ 법 제429조제5항 각 호 외의 부분에서 "대통령령으로 정하는 방법에 따라 산정된 금액"이란 다음 각 호의 구분에 따른 날에 증권시장에서 형성된 해당 주권상장법인 주식의 최종가격(그 최종가격이 없을 때에는 그 날의 다음 날 이후 증권시장에서 최초로 형성된 해당 주권상장법인 주식의 최종가격을 말한다)에 발행주식총수를 곱하여 산정된 금액을 말한다. 다만, 산정된 금액이 1천억원 미만인 경우 해당 주권상장법인이

발행한 주식의 시가총액은 1천억원으로 한다. 〈신설 2024. 7. 16.〉

1. 법 제429조제5항제1호·제3호 및 제4호의 경우: 거래계획 보고일의 다음 영업일

2. 법 제429조제5항제2호의 경우: 거래기간 개시일 전 30일이 되는 날의 다음 영업일

3. 법 제429조제5항제5호의 경우: 다음 각 목의 구분에 따른 날

가. 제200조의3제7항제2호부터 제5호까지의 규정에 따른 사유가 있는 경우: 같은 조 제8항 각 호 외의 부분에 따른 철회보고서 보고기간 종료일의 다음 영업일

나. 제200조의3제7항 각 호에 따른 사유가 없는 경우: 거래계획 보고일의 다음 영업일

⑦ 법 제429조제5항제1호에서 "대통령령으로 정하는 중요한 사항"이란 제200조의3제3항제1호부터 제6호까지의 규정에 따른 사항을 말한다. 〈신설 2024. 7. 16.〉

⑧ 이 영에 규정한 사항 외에 과징금의 부과 등에 필요한 세부사항은 금융위원회가 정하여 고시한다. 〈개정 2013. 8. 27., 2017. 10. 17., 2024. 7. 16.〉

조문체계도버튼연혁

제379조의2(과징금 감면 대상자의 범위 등) ① 법 제448조의2제2항에 따른 과징금이 감경 또는 면제되는 자의 범위와 그 기준·정도는 다음 각 호와 같다.

1. 법 제429조의2제1항에 따른 과징금을 부과받은 자가 다음 각 목의 요건에 모두 해당하는 경우에는 과징금을 감경하거나 면제할 수 있다.

가. 수사기관 또는 증권선물위원회가 법 제173조의2제2항, 제174조, 제176조 또는 제178조를 위반한 행위(이하 이 조 및 제380조에서 "미공개중요정보 이용행위등"이라 한다)에 대한 정보를 입수하지 못했거나 미공개중요정보 이용행위등임을 입증하는 증거를 충분히 확보하지 못한 상태에서 수사기관에 자수(증권선물위원회에 자진신고한 경우를 포함한다. 이하 이 조에서 같다)하거나 수사·재판절차(증권선물위원회의 조사·심의·의결절차를 포함한다. 이하 이 조에서 같다)에서 해당 사건에 관한 다른 사람의 범죄를 규명하는 진술 또는 증언이나, 그 밖의 자료제출행위 또는 범인검거를 위한 제보(이하 "자진신고등"이라 한다)를 했을 것

나. 미공개중요정보 이용행위등과 관련된 사실을 모두 진술하고 관련 자료를 제출하는 등 수사·재판절차가 끝날 때까지 성실하게 협조했을 것

다. 미공개중요정보 이용행위등을 입증한다고 볼 수 있는 새로운 증거를 제공한 최초의 자일 것(미공개중요정보 이용행위등에 참여한 자가 둘 이상인 경우로 한정한다)

2. 자진신고등을 한 자가 제1호 각 목의 어느 하나에 해당하는 경우에는 100분의 50

의 범위에서 과징금을 감경할 수 있다.

② 미공개중요정보 이용행위등으로 과징금 부과의 대상이 된 자가 그 미공개중요정보 이용행위등 외에 그 자가 관련되어 있는 다른 미공개중요정보 이용행위등에 대해 제1항제1호 각 목의 요건을 모두 충족하는 경우에는 그 미공개중요정보 이용행위등에 대해 다시 과징금을 감경하거나 면제할 수 있다.

③ 제1항제1호 또는 제2호의 어느 하나에 해당하는 자가 다음 각 호의 어느 하나에 해당하는 경우에는 과징금을 감경하거나 면제하지 않는다.

1. 다른 자에게 그 의사에 반하여 해당 미공개중요정보 이용행위등에 참여하도록 강요하거나 이를 중단하지 못하도록 강요한 사실이 있는 경우

2. 미공개중요정보 이용행위등을 하여 법 제429조의2제1항에 따른 과징금부과처분을 받거나 법 제443조 또는 제445조제22호의2에 따른 처벌을 받은 자가 과징금부과처분 또는 벌금 이상의 형을 선고받고 그 형이 확정된 날부터 5년 이내에 다시 미공개중요정보 이용행위등을 한 경우

④ 금융위원회는 미공개중요정보 이용행위등을 한 자가 증권선물위원회에 자진신고한 경우에는 법 제448조의2제1항에 따른 형의 감면을 위하여 제376조제1항제11호 다목에 따라 검찰총장에게 통보를 할 때 해당 자진신고 내용을 검찰총장에게 통보해야 한다.

⑤ 제1항부터 제4항까지에서 규정한 사항 외에 과징금의 감경 또는 면제의 기준·정도와 그 방법 및 절차 등에 관하여 필요한 세부사항은 금융위원회가 정하여 고시한다.
[본조신설 2024. 1. 9.]

조문체계도버튼연혁

제380조(과징금의 부과절차) ① 금융위원회는 과징금을 부과하는 경우에는 금융위원회가 정하여 고시하는 방법에 따라 그 위반행위의 종별과 해당 과징금의 금액을 명시하여 이를 납부할 것을 서면으로 통지해야 한다. 이 경우 법 제429조의2제1항에 따른 과징금은 다음 각 호의 경우를 제외하고는 검찰총장에게 미공개중요정보 이용행위등에 대한 수사·처분결과를 확인한 후 통지해야 한다. 〈개정 2024. 1. 9.〉

1. 금융위원회가 제376조제1항제11호다목에 따라 검찰총장에게 통보한 후 과징금을 부과하는 것으로 협의한 경

2. 금융위원회가 제376조제1항제11호다목에 따라 검찰총장에게 통보한 후 1년이 경과하여도 수사·처분결과를 확인하지 못한 경우. 다만, 다음 각 목의 사유로 검찰총장이 수사·처분결과를 확인한 후 과징금을 부과할 것을 요청하는 경우는 제외한다.

가. 기소중지 등 수사·처분결과 확인이 지연되는 합리적 사유가 있는 경우

나. 수사·처분결과를 확인하지 않고 과징금을 부과하는 것이 수사·처분결과와 배치될 우려가 있는 경우

② 제1항에 따라 통지를 받은 자는 통지를 받은 날부터 60일 이내에 금융위원회가 정하여 고시하는 수납기관에 과징금을 납부하여야 한다.

조문체계도버튼연혁

제381조(과징금의 납부기한 연기 및 분할 납부) ① 금융위원회가 「행정기본법」 제29조 단서에 따라 법 제433조제1항에 따른 과징금의 납부기한을 연기하는 경우에는 그 납부기한의 다음 날부터 1년을 초과할 수 없다.

② 금융위원회가 「행정기본법」 제29조 단서에 따라 법 제433조제1항에 따른 과징금을 분할 납부하게 하는 경우 각 분할된 납부기한 간의 간격은 6개월 이내로 하며, 분할 납부의 횟수는 3회 이내로 한다.

③ 제1항 및 제2항에서 규정한 사항 외에 납부기한의 연기 또는 분할 납부의 신청서 등에 관하여 필요한 사항은 금융위원회가 정하여 고시한다.

[전문개정 2023. 12. 12.]

조문체계도버튼

제382조(가산금) 법 제434조제1항에서 "대통령령으로 정하는 가산금"이란 체납된 과징금액에 연 100분의 6을 적용하여 계산한 금액을 말한다. 이 경우 가산금을 징수하는 기간은 60개월을 초과하지 못한다. 〈개정 2011. 3. 22.〉

조문체계도버튼

제383조(체납처분의 위탁) ① 금융위원회는 법 제434조제3항에 따라 체납처분에 관한 업무를 국세청장에게 위탁하는 경우에는 다음 각 호의 서류를 첨부한 서면으로 하여야 한다.

1. 금융위원회의 의결서

2. 세입징수결의서 및 고지서

3. 납부독촉장

② 국세청장은 제1항에 따라 체납처분 업무를 위탁받은 경우에는 다음 각 호의 어느 하나에 해당하는 사유가 발생한 날부터 30일 이내에 다음 각 호의 어느 하나에 해당하는 사항을 금융위원회에 서면으로 통보하여야 한다.

1. 체납처분에 관한 업무가 끝난 경우: 그 업무종료의 일시, 그 밖에 필요한 사항

2. 금융위원회로부터 진행상황에 대한 통보요청이 있는 경우: 그 진행상황

조문체계도버튼

제383조의2(환급가산금의 이율) 법 제434조의3에서 "대통령령으로 정하는 가산금 이율"이란 금융기관의 정기예금 이자율을 고려하여 금융위원회가 정하여 고시하는 이율을 말한다.

[본조신설 2009. 2. 3.]

조문체계도버튼

제383조의3(결손처분) 법 제434조의4제6호에서 "대통령령으로 정하는 사유"란 다음 각 호의 어느 하나에 해당하는 경우를 말한다.

1.「채무자 회생 및 파산에 관한 법률」제251조에 따라 면책된 경우

2. 불가피한 사유로 환수가 불가능하다고 인정되는 경우로서 금융위원회가 정하여 고시하는 경우

[본조신설 2009. 2. 3.]

제9편 보칙

조문체계도버튼연혁

제384조(위법행위의 신고 등) ① 법 제435조제1항에 따라 불공정거래행위 등 법의 위반행위 또는 위반행위의 강요나 제의를 받은 사실(이하 이 조에서 "불공정거래행위등"이라 한다)을 금융위원회(법 제172조부터 제174조까지, 제176조, 제178조, 제178조의2, 제180조 및 제180조의2부터 제180조의6까지의 규정을 위반한 사항인 경우에는 증권선물위원회를 말한다. 이하 이 조에서 같다)에 신고하거나 제보하려는 경우에는 다음 각 호의 기준에 따라야 한다. 〈개정 2009. 2. 3., 2015. 6. 30., 2021. 4. 6., 2025. 4. 22.〉

1. 신고 또는 제보하는 내용이 특정인의 불공정거래행위등과 관련이 있을 것

2. 위반행위자, 일시, 장소 등 불공정거래행위등의 구체적인 위반사실을 적시하고 그 증거 등을 함께 제시할 것

3. 삭제 〈2024. 2. 6.〉

② 금융위원회는 접수된 신고 또는 제보 사항에 대하여 신고자 또는 제보자(이하 이 조에서 "신고자등"이라 한다)를 상대로 인적 사항, 신고 또는 제보의 경위 및 취지, 그 밖에 신고 또는 제보한 내용을 특정하는 데에 필요한 사항 등을 확인할 수 있다. 〈개정 2024. 2. 6.〉

③ 금융위원회는 접수된 신고 또는 제보 사항에 대한 진위 여부를 확인하는 데 필요한 범위에서 신고자등에게 필요한 자료의 제출을 요구할 수 있다.

④ 금융위원회는 접수된 신고 또는 제보를 그 접수일부터 60일 이내에 처리하여야 한다. 이 경우 자료의 제출, 의견의 청취 등을 위하여 필요하다고 인정되는 경우 그 기간을 30일 이내에서 연장할 수 있다.

⑤ 금융위원회는 신고 또는 제보에 대한 처리결과를 신고자등에게 문서로 통지하여야 한다. 다만, 금융위원회가 정하여 고시하는 경우에는 구술 또는 정보통신망 등으로 통지할 수 있으며, 이 경우에도 신고자등의 요청이 있으면 지체 없이 처리결과에 관한 문서를 교부하여야 한다. 〈신설 2009. 2. 3.〉

⑥ 신고자등은 신고 또는 제보와 관련하여 그 소속기관으로부터 불리한 대우를 받은 경우에는 원상회복 등 필요한 조치를 금융위원회에 요구할 수 있다. 〈개정 2009. 2. 3.〉

⑦ 금융위원회는 제6항에 따른 신고자등의 요구가 타당하다고 인정되는 경우에는 신고자등의 소속기관의 장에게 원상회복 등 적절한 조치를 취할 것을 요구할 수 있다. 다만, 신고자등의 소속기관이 「금융위원회의 설치 등에 관한 법률」 제38조에 따른 검사대상기관이 아닌 경우에는 소속기관의 장 또는 관계기관의 장에게 적절한 조치를 취할 것을 권고할 수 있다. 〈개정 2009. 2. 3.〉

⑧ 금융위원회는 접수된 신고 또는 제보가 불공정거래행위등의 적발이나 그에 따른 조치에 도움이 되었다고 인정하는 경우에는 30억원의 범위에서 금융위원회가 정하여 고시하는 기준에 따라 신고자등에게 예산의 범위에서 포상금을 지급할 수 있다. 〈개정 2009. 2. 3., 2013. 8. 27., 2024. 2. 6.〉

⑨ 제1항부터 제8항까지에서 규정한 사항 외에 불공정거래행위등의 신고 또는 제보의 접수방법 및 처리절차, 포상금 지급 등에 관하여 필요한 사항은 금융위원회가 정하여 고시한다. 〈개정 2009. 2. 3.〉

조문체계도버튼
제385조(전자문서에 의한 신고 등) ① 법 및 이 영, 그 밖의 다른 법령에 따라 금융

위원회, 증권선물위원회, 금융감독원장, 거래소, 협회 또는 예탁결제원에 신고서·보고서, 그 밖의 서류 또는 자료 등(이하 "신고서등"이라 한다)을 제출하는 자는「정보통신망 이용촉진 및 정보보호 등에 관한 법률」에 따른 정보통신망을 이용한 전자문서(컴퓨터 등 정보처리능력을 가진 장치에 의하여 전자적인 형태로 작성되어 송·수신 또는 저장된 문서형식의 자료로서 표준화된 것을 말한다. 이하 같다)의 방법에 의할 수 있다.

② 전자문서의 방법에 의하여 신고서등을 제출할 때 필요한 표준서식·방법·절차 등은 금융위원회가 정하여 고시한다. 이 경우 금융위원회는 해당 신고서등이 거래소, 협회 또는 예탁결제원에 함께 제출되는 것일 때에는 그 표준서식·방법·절차 등을 정하거나 변경함에 있어서 미리 해당 기관의 의견을 들을 수 있다.

③ 거래소, 협회 또는 예탁결제원의 업무 관련 규정에 따라 제출하는 신고서등의 경우에는 제2항 전단에도 불구하고 해당 기관이 이를 정할 수 있다.

④ 신고서등을 제출하는 자가 전자문서의 방법에 의하는 경우에 그 전자문서의 효력과 도달시기 등 전자문서에 관한 사항은「정보통신망 이용촉진 및 정보보호 등에 관한 법률」에서 정하는 바에 따른다.

조문체계도버튼연혁
제386조(협의를 요하지 아니하는 정보교환) 법 제437조제4항 단서에서 "대통령령으로 정하는 경우"란 다음 각 호의 어느 하나에 해당하는 경우를 말한다. 〈개정 2009. 2. 3.〉

1. 증권시장·파생상품시장의 제도와 현황 등에 관한 일상적인 정보를 교환하는 경우

2. 거래소가 법 및 이 영, 그 밖의 관련 법령이나 규정 등에 따라 취득한 기록, 그 밖의 정보 등으로서 그 공시가 의무화되어 있는 경우

3. 거래소가 법 및 이 영, 그 밖의 관련 법령이나 규정 등에 따라 취한 조치결과에 관한 정보를 교환하는 경우

4. 법 제437조제4항 후단에 따라 미리 금융위원회와 협의하여 교환한 정보와 같거나 비슷한 정보를 교환하는 경우

조문체계도버튼연혁
제387조(권한의 위임 또는 업무의 위탁) ① 금융위원회는 법 제438조제2항에 따라 다음 각 호의 권한을 증권선물위원회에 위임한다. 〈개정 2015. 6. 30., 2021. 4. 6.〉

1. 법 제3편을 위반한 행위에 대한 조사 권한

2. 제1호의 위반행위에 대한 법 또는 이 영에 의한 조치 권한. 다만, 다음 각 목에 해당하는 조치는 제외한다.

가. 부과금액이 5억원을 초과하는 과징금의 부과

나. 1개월 이상의 업무의 전부 정지

다. 지점, 그 밖의 영업소의 폐쇄

3. 법 제429조의2 및 제429조의3에 따른 과징금의 부과

② 금융위원회는 법 제438조제3항에 따라 다음 각 호의 업무를 거래소 또는 협회에 위탁한다. 〈개정 2009. 7. 1., 2019. 12. 31., 2021. 10. 21., 2021. 12. 9., 2023. 9. 19.〉

1. 거래소의 경우에는 다음 각 목의 업무

가. 법 제416조제1항제7호의 사항 중 장내파생상품 거래규모의 제한에 관한 업무

나. 그 밖에 가목에 준하는 권한으로서 금융위원회가 정하여 고시하는 업무

2. 협회의 경우 다음 각 목의 업무

가. 법 제56조제1항 본문에 따른 보고의 접수, 같은 항 단서에 따른 신고의 수리 및 약관이 같은 조 제7항에 해당하는지에 대한 검토

나. 제10조제3항제16호·제17호(이에 준하는 외국인을 포함한다)에 따른 관련 자료 제출의 접수

다. 제271조의10제9항제3호가목에 따른 자료의 접수

라. 제271조의14제4항제3호가목, 같은 조 제5항제3호가목 및 같은 항 제4호가목에 따른 자료의 접수

마. 그 밖에 가목부터 라목까지의 규정에 준하는 업무로서 금융위원회가 정하여 고시하는 업무

③ 금융위원회 또는 증권선물위원회는 법 제438조제4항에 따라 별표 20 각 호에 따른 권한을 금융감독원장에게 위탁한다.

④ 거래소, 협회 및 금융감독원장은 제2항 및 제3항에 따라 위탁받은 업무의 처리내용을 6개월마다 금융위원회 또는 증권선물위원회에 보고하여야 한다. 다만, 금융위원회는 금융위원회가 정하여 고시하는 업무에 대해서는 보고 주기를 달리 정할 수 있다.

[제목개정 2021. 10. 21.]

제387조의2(민감정보 및 개인식별번호의 처리) ① 금융위원회(제57조, 제387조 제1항부터 제3항까지 및 별표 20에 따라 금융위원회의 사무를 위탁받은 자를 포함한다) 또는 증권선물위원회(제387조제3항 및 별표 20에 따라 증권선물위원회의 사무를 위탁받은 자를 포함한다)는 다음 각 호의 사무를 수행하기 위하여 불가피한 경우「개인정보 보호법 시행령」제18조제2호에 따른 범죄경력자료에 해당하는 정보,「신용정보의 이용 및 보호에 관한 법률」제2조제1호의2가목2)의 정보(이하 "개인식별번호"라 한다)가 포함된 자료를 처리할 수 있다. 다만, 제21호의2 및 제40호의5의 사무의 경우에는「개인정보 보호법 시행령」제18조제2호에 따른 범죄경력자료에 해당하는 정보는 제외한다. 〈개정 2013. 1. 16., 2013. 7. 5., 2013. 8. 27., 2014. 8. 6., 2015. 6. 30., 2015. 10. 23., 2016. 1. 12., 2016. 6. 28., 2019. 8. 20., 2020. 8. 4., 2021. 10. 21., 2022. 12. 20., 2023. 6. 13., 2025. 4. 22.〉

1. 법 제13조, 제14조, 제19조, 제117조의4 및 제249조의3에 따른 금융투자업의 인가, 예비인가 및 등록에 관한 사무

2. 삭제 〈2016. 7. 28.〉

3. 삭제 〈2016. 7. 28.〉

4. 법 제28조의2에 따른 파생상품업무책임자의 지정 및 변경 통보에 관한 사무

5. 법 제33조에 따른 업무보고서 및 공시서류 등의 제출에 관한 사무

6. 법 제34조 및 제36조에 따른 자료제출 명령에 관한 사무

7. 법 제43조, 제53조, 제253조, 제257조, 제262조, 제267조, 제282조, 제293조, 제307조, 제323조의20, 제335조, 제354조, 제359조, 제364조, 제369조 및 제372조에 따른 조치 및 처분에 관한 사무

8. 법 제51조에 따른 투자권유대행인의 등록에 관한 사무

8의2. 법 제77조의2에 따른 종합금융투자사업자의 지정에 관한 사무

9. 법 제90조에 따른 집합투자재산에 관한 보고에 관한 사무

10. 법 제101조에 따른 유사투자자문업의 신고 등에 관한 사무

11. 법 제119조 및 제122조에 따른 증권신고서 및 정정신고서의 제출에 관한 사무

12. 법 제131조 및 제132조에 따른 자료제출 요구, 조사 및 조치에 관한 사무

13. 법 제134조, 제136조부터 제139조까지 및 제143조에 따른 공개매수신고서, 정정신고서, 공개매수설명서, 공개매수에 관한 의견표명 문서, 철회신고서 및 공개매수결과보고서의 제출에 관한 사무

13의2. 법 제145조에 따른 주식등 처분명령에 관한 사무

14. 법 제146조에 따른 자료제출 및 조사 등에 관한 사무

15. 법 제147조, 제150조 및 제151조에 따른 주식등의 대량보유 등의 보고, 위반 주식등의 처분명령, 조사 및 정정 보고에 관한 사무

16. 법 제153조 및 제155조에 따른 위임장 용지, 참고서류 및 의견표명 서면의 제출에 관한 사무

17. 법 제156조, 제158조 및 제164조에 따른 정정요구, 자료제출 요구, 조사 및 조치에 관한 사무

18. 법 제159조, 제160조 및 제161조에 따른 사업보고서, 반기보고서, 분기보고서 및 주요사항보고서의 제출에 관한 사무

19. 법 제165조의17에 따른 주식매수선택권 부여 등의 신고에 관한 사무

20. 법 제167조에 따른 공공적 법인이 발행한 주식의 소유한도 초과 승인 및 시정에 관한 사무

21. 법 제169조에 따른 자료제출, 보고 및 조치에 관한 사무

21의2. 법 제172조제3항에 따른 단기매매차익 발생사실의 통보에 관한 사무

22. 법 제173조에 따른 임원 등의 특정증권등 소유상황 보고에 관한 사무

23. 법 제173조의2에 따른 장내파생상품의 대량보유 보고 등에 관한 사무

23의2. 법 제180조의2 또는 제180조의3에 따른 공매도 순보유잔고에 관한 사무

23의3. 법 제182조에 따른 투자회사의 등록에 관한 사무

24. 법 제202조에 따른 투자회사의 해산 보고에 관한 사무

25. 법 제221조에 따른 투자합자조합의 해산 보고에 관한 사무

25의2. 법 제249조의10에 따른 기관전용사모집합투자기구의 보고에 관한 사무

25의3. 법 제249조의15에 따른 기관전용사모집합투자기구의 업무집행사원의 등록에 관한 사무

26. 법 제254조에 따른 일반사무관리회사의 등록에 관한 사무

27. 법 제258조에 따른 집합투자기구평가회사의 등록에 관한 사무

28. 법 제263조에 따른 채권평가회사의 등록에 관한 사무

29. 삭제 〈2015. 10. 23.〉

29의2. 삭제 〈2015. 10. 23.〉

29의3. 법 제323조의4 및 제323조의5에 따른 금융투자상품거래청산업의 인가 및 예비인가에 관한 사무

29의4. 법 제323조의16에 따른 거래정보의 보고에 관한 사무

30. 법 제324조에 따른 증권금융업무의 인가에 관한 사무

30의2. 법 제335조의4 및 제335조의5에 따른 신용평가회사의 인가 및 예비인가에 관한 사무

31. 법 제343조에 따른 보고, 자료제출 명령 등에 관한 사무

32. 법 제349조, 제428조, 제429조 및 제429조의2에 따른 과징금 부과에 관한 사무

33. 법 제355조에 따른 자금중개회사의 인가에 관한 사무

34. 법 제360조에 따른 단기금융업무의 인가에 관한 사무

35. 법 제365조에 따른 명의개서대행회사의 등록에 관한 사무

35의2. 법 제373조의3 및 제373조의4에 따른 거래소의 허가 및 예비허가에 관한 사무

36. 법 제410조 및 제411조에 따른 거래소에 대한 보고, 검사 및 조치에 관한 사무

37. 법 제417조에 따른 금융투자업자에 대한 승인에 관한 사무

38. 법 제418조에 따른 금융투자업자의 보고에 관한 사무

39. 법 제420조 및 제422조에 따른 조치에 관한 사무

40. 법 제426조에 따른 자료제출 요구, 조사, 조치 및 공표에 관한 사무

40의2. 법 제426조의2에 따른 지급정지에 관한 사무

40의3. 법 제426조의3에 따른 제한명령에 관한 사무

40의4. 법 제435조에 따른 위법행위 신고·제보의 접수·처리·통지 등에 관한 사무

40의5. 법 제441조제1호 및 제2호에 따른 위원 및 소속 공무원의 금융투자상품의 매매명세 확인에 관한 사무

40의6. 제10조제3항제16호(같은 호에 준하는 외국인을 포함한다)에 따라 제출되는 관련 자료의 접수에 관한 사무

41. 제188조에 따른 외국인의 매매거래 계좌의 개설, 매매내역의 보고 등 업무에 관한 사무

② 금융감독원장(제372조에 따라 금융감독원장의 사무를 위탁받은 자를 포함한다)은 다음 각 호의 사무를 수행하기 위하여 불가피한 경우 제1항 각 호 외의 부분에 따른 개인정보가 포함된 자료를 처리할 수 있다. 〈개정 2014. 8. 6.〉

1. 법 제131조에 따른 자료제출 요구 및 조사에 관한 사무

2. 법 제146조에 따른 자료제출 및 조사 등에 관한 사무

3. 법 제158조 및 제164조에 따른 자료제출 요구, 조사 및 조치에 관한 사무

4. 법 제410조에 따른 거래소에 대한 보고 및 검사 등에 관한 사무

5. 법 제419조(법 제43조, 제53조, 제252조, 제256조, 제261조, 제266조, 제281조, 제292조, 제306조, 제334조, 제353조, 제358조, 제363조, 제368조 및 제371조에서 준용하는 경우를 포함한다)에 따른 검사에 관한 사무

6. 법 제426조에 따른 조사 등에 관한 사무

7. 법 제441조제3호에 따른 원장·부원장·부원장보·감사 및 소속 직원의 금융투자상품의 매매명세 확인에 관한 사무

③ 협회는 다음 각 호의 사무를 수행하기 위하여 불가피한 경우 제1항 각 호 외의 부분에 따른 개인정보가 포함된 자료를 처리할 수 있다. 〈개정 2014. 8. 6., 2016. 1. 12.〉

1. 법 제51조에 따른 투자권유대행인의 등록에 관한 사무

2. 법 제90조에 따른 집합투자재산에 관한 보고에 관한 사무

3. 법 제286조제1항제3호, 제7호, 제8호 및 제10호에 따른 업무

4. 법 제286조제1항제4호 및 제288조의2에 따른 사전심의업무 등에 관한 사무

5. 법 제288조에 따른 분쟁의 자율조정에 관한 사무

6. 법 제289조에 따른 임직원의 금융투자상품의 매매명세 확인에 관한 사무

7. 제118조의21제1항 각 호 외의 부분 후단에 따른 중앙기록관리기관에 대한 자료제공에 필요한 사무

④ 거래소 또는 법 제402조에 따른 시장감시위원회(제7호의2, 제8호부터 제10호까지의 사무만 해당한다)는 다음 각 호의 사무를 수행하기 위하여 불가피한 경우 제1항 각 호 외의 부분에 따른 개인정보가 포함된 자료를 처리할 수 있다. 〈개정 2014. 8. 6., 2025. 4. 22.〉

1. 법 제134조에 따른 공개매수신고서 제출에 관한 사무

2. 법 제147조에 따른 주식등의 대량보유 등의 보고 등에 관한 사무

3. 법 제153조에 따른 위임장 용지 및 참고서류 제출에 관한 사무

4. 법 제159조, 제160조 및 제161조에 따른 사업보고서, 반기보고서, 분기보고서 및 주요사항보고서의 제출에 관한 사무

5. 법 제165조의17에 따른 주식매수선택권 부여 등의 신고에 관한 사무

6. 법 제173조에 따른 임원 등의 특정증권등 소유상황 보고에 관한 사무

7. 법 제173조의2에 따른 장내파생상품의 대량보유 보고 등에 관한 사무

7의2. 법 제377조제1항제13호에 따른 업무 중 이상거래의 심리 및 회원의 조사·감리에 관한 사무

7의3. 법 제383조제3항에 따른 임직원의 금융투자상품의 매매명세 확인에 관한 사무

8. 법 제404조에 따른 이상거래의 심리 또는 회원의 감리에 관한 사무

9. 법 제405조에 따른 분쟁의 자율조정에 관한 사무

10. 법 제426조의3제3항부터 제5항까지에 따른 거래제한 조치 관련 통보에 관한 사무

⑤ 예탁결제원은 다음 각 호의 사무를 수행하기 위하여 불가피한 경우 개인식별번호가 포함된 자료를 처리할 수 있다. 〈신설 2013. 1. 16., 2014. 8. 6., 2016. 1. 12., 2020. 8. 4.〉

1. 삭제 〈2019. 6. 25.〉

1의2. 삭제 〈2019. 6. 25.〉

1의3. 법 제296조제1항제2호에 따른 계좌 간 대체에 관한 사무

2. 삭제 〈2019. 6. 25.〉

2의2. 법 제304조에 따른 임직원의 금융투자상품의 매매명세 확인에 관한 사무

2의3. 법 제309조에 따른 예탁결제원에의 예탁 등에 관한 사무

3. 법 제314조에 따른 예탁증권등의 권리 행사에 관한 사무

4. 법 제315조에 따른 실질주주의 권리 행사에 관한 사무

5. 법 제316조에 따른 실질주주명부의 작성 등에 관한 사무

6. 법 제318조에 따른 실질주주증명서 발행에 관한 사무

7. 삭제 〈2019. 6. 25.〉

⑥ 금융투자상품거래청산회사는 다음 각 호의 사무를 수행하기 위하여 불가피한 경우 개인식별번호가 포함된 자료를 처리할 수 있다. 〈신설 2013. 7. 5., 2014. 8. 6., 2016. 1. 12., 2020. 8. 4.〉

1. 법 제323조의16에 따른 거래정보의 보관·관리·보고에 관한 사무

2. 법 제323조의17에 따른 임직원의 금융투자상품의 매매명세 확인에 관한 사무

⑦ 증권금융회사는 다음 각 호의 사무를 수행하기 위하여 불가피한 경우 개인식별번호가 포함된 자료를 처리할 수 있다. 〈신설 2014. 8. 6., 2016. 1. 12., 2020. 8. 4., 2021. 6. 18., 2021. 12. 9.〉

1. 법 제328조에 따른 임직원의 금융투자상품의 매매명세 확인에 관한 사무

2. 제68조제5항제4호의2가목에 따른 중복청약 여부의 확인에 관한 사무

3. 법 제74조제5항에 따른 투자자예탁금 지급에 관한 사무

⑧ 신용평가회사는 다음 각 호의 사무를 수행하기 위하여 불가피한 경우 개인식별번

호가 포함된 자료를 처리할 수 있다. 〈신설 2014. 8. 6., 2016. 1. 12., 2020. 8. 4.〉

1. 법 제335조의14제1항에 따른 임직원의 금융투자상품의 매매명세 확인에 관한 사무

2. 제324조의8제4항제2호에 따른 재산상의 이익 제공·수령 행위의 확인에 관한 사무

⑨ 명의개서대행회사는 법 제367조에 따른 임직원의 금융투자상품의 매매명세 확인에 관한 사무를 수행하기 위하여 불가피한 경우 개인식별번호가 포함된 자료를 처리할 수 있다. 〈신설 2014. 8. 6., 2016. 1. 12., 2020. 8. 4.〉

⑩ 금융투자업자는 다음 각 호의 사무를 수행하기 위하여 불가피한 경우 개인식별번호가 포함된 자료를 처리할 수 있다. 〈개정 2025. 4. 22.〉

1. 법 제63조제3항에 따른 임직원의 금융투자상품의 매매명세 확인에 관한 사무

2. 법 제74조제5항에 따른 투자자예탁금 지급에 관한 사무

3. 법 제426조의3제3항 및 제4항에 따른 거래제한 조치 관련 통보에 관한 사무

4. 제68조제5항제3호, 제87조제4항제3호, 제99조제4항제4호 또는 제109조제3항제4호에 따른 재산상의 이익 제공·수령 행위의 확인에 관한 사무

5. 제68조제5항제4호의2가목에 따른 중복청약 여부의 확인에 관한 사무

6. 제307조제2항제1호에 따른 임직원의 징계기록 유지와 관리에 필요한 사무

7. 제377조의3제1항에 따른 거래제한의 예외 사유에 관한 자료의 접수 및 확인에 관한 사무

⑪ 신탁업자는 법 제103조제1항 각 호의 재산에 대한 「신탁법」 제2조에 따른 관리·처분·운용·개발, 그 밖의 신탁 목적의 달성을 위한 사무를 수행하기 위하여 불가피한 경우 개인식별번호가 포함된 자료를 처리할 수 있다. 〈신설 2014. 8. 6., 2016. 1. 12., 2020. 8. 4.〉

⑫ 법 제286조제1항제3호에 따른 주요직무 종사자가 소속된 자는 다음 각 호의 사무를 수행하기 위하여 불가피한 경우 개인식별번호가 포함된 자료를 처리할 수 있다. 〈신설 2014. 8. 6., 2016. 1. 12., 2020. 8. 4.〉

1. 법 제286조제1항제3호에 따른 주요직무 종사자의 등록에 필요한 사무

2. 제307조제2항제1호에 따른 주요직무 종사자의 징계기록 유지와 관리에 필요한 사무

⑬ 법 제387조제2항에 따른 회원은 법 제403조에 따른 시장감시규정의 준수에 관한 사무로서 이 영 제355조에 따른 이상거래를 방지·관리하기 위한 사무를 수행하기

위하여 불가피한 경우 개인식별번호가 포함된 자료를 처리할 수 있다. 〈신설 2014.
8. 6., 2016. 1. 12., 2020. 8. 4.〉

⑭ 온라인소액투자중개업자는 다음 각 호의 사무를 수행하기 위하여 불가피한 경우
개인식별번호가 포함된 자료를 처리할 수 있다. 〈신설 2016. 1. 12., 2020. 8. 4.〉

1. 법 제117조의7제9항에 따라 증권의 발행한도와 투자자의 투자한도가 준수될 수
있도록 하는 조치에 관한 사무

2. 법 제117조의13제1항에 따른 중앙기록관리기관에 대한 자료제공에 관한 사무

⑮ 중앙기록관리기관은 다음 각 호의 사무를 수행하기 위하여 불가피한 경우 개인식
별번호가 포함된 자료를 처리할 수 있다. 〈신설 2016. 1. 12., 2020. 8. 4.〉

1. 법 제117조의13제1항에 따른 온라인소액증권발행인과 투자자에 관한 자료의 취
득 사무

2. 법 제117조의13제2항에 따른 증권의 발행한도와 투자자의 투자한도의 관리에 관
한 사무

3. 법 제117조의13제3항에 따른 온라인소액증권발행인과 투자자에 관한 자료의 보
관·관리에 관한 사무

4. 법 제117조의13제4항에 따른 자료제공에 관한 사무

⑯ 청약증거금 관리기관은 다음 각 호의 사무를 수행하기 위하여 불가피한 경우 개
인식별번호가 포함된 자료를 처리할 수 있다. 〈신설 2016. 1. 12., 2020. 8. 4.〉

1. 제118조의13제2항에 따른 청약증거금의 우선 지급에 관한 사무

2. 제118조의14제3항에 따른 청약증거금의 반환에 관한 사무

⑰ 전자등록기관은 다음 각 호의 사무를 수행하기 위해 불가피한 경우 개인식별번호
가 포함된 자료를 처리할 수 있다. 〈신설 2019. 6. 25., 2020. 8. 4.〉

1. 법 제189조제7항에 따른 수익자명부의 작성에 관한 사무

2. 법 제298조제2항에 따른 증권예탁증권의 발행 및 관리에 관한 사무

⑱ 「전기통신금융사기 피해 방지 및 피해금 환급에 관한 특별법」 제2조제1호에 따른
금융회사는 다음 각 호의 사무를 수행하기 위하여 불가피한 경우 개인식별번호가 포함

된 자료를 처리할 수 있다. 〈신설 2025. 4. 22.〉

1. 법 제426조의2제4항 및 제5항에 따른 지급정지 조치 및 통지·공개에 관한 사무

2. 제377조의2제2항에 따른 계좌의 전산 원장에의 지급정지 조치 사실의 기재에 관한 사무

3. 제377조의2제5항에 따른 지급정지 조치의 해제에 관한 사무

⑲ 금융투자업관계기관은 법 제426조의3제3항 및 이 영 제377조의3제6항에 따른 거래제한 조치 관련 통보에 관한 사무를 수행하기 위하여 불가피한 경우 개인식별번호가 포함된 자료를 처리할 수 있다. 〈신설 2025. 4. 22.〉

⑳ 주권상장법인등은 법 제426조의3제6항 및 같은 조 제7항제2호에 따른 임원선임·재임제한대상자의 선임 제한 또는 해임에 관한 사무를 수행하기 위하여 불가피한 경우 개인식별번호가 포함된 자료를 처리할 수 있다. 〈신설 2025. 4. 22.〉

[본조신설 2012. 1. 6.]
[제목개정 2022. 12. 20.]

조문체계도버튼
제388조(분담금의 분담요율·한도 등) ① 법 제442조제1항에 따른 분담금의 분담요율은 다음 각 호에서 정하는 비율의 범위에서 금융위원회가 정하여 고시하는 비율로 한다. 이 경우 증권신고서 수리 후에 발행가액총액이 변경되는 때에는 그 변경된 발행가액총액을 기준으로 한다.

1. 주권을 발행하는 경우에는 발행가액총액의 1만분의 2

2. 제1호 외의 증권을 발행하는 경우에는 발행가액총액의 1천분의 1(일괄신고서를 통하여 증권을 발행하는 경우에는 발행가액총액의 1만분의 4)

② 법 제442조제1항에 따른 분담금의 한도 및 한도를 초과하여 징수한 분담금의 반

환에 관하여는 「금융위원회의 설치 등에 관한 법률 시행령」 제12조제3항 및 제4항에서 정하는 바에 따른다.

③ 제1항 및 제2항에서 정한 사항 외에 분담금의 징수 방법 및 반환 등에 관하여 필요한 사항은 금융위원회가 정하여 고시한다.

조문체계도버튼연혁
제388조의2(부당이득액의 산정) 법 제442조의2에 따라 법 제429조의2 및 제429조의3에 따른 위반행위와 관련된 거래로 얻은 이익 또는 이로 인하여 회피한 손실액 및 법 제443조에 따른 위반행위로 얻은 이익 또는 회피한 손실액으로서 그 위반행위를 통하여 이루어진 거래로 발생한 총수입에서 그 거래를 위한 총비용을 공제한 차액(이하 "부당이득액"이라 한다)의 구체적인 산정방식은 별표 20의2와 같다.

[본조신설 2024. 1. 9.]
[종전 제388조의2는 제388조의3으로 이동 〈2024. 1. 9.〉]

조문체계도버튼연혁
제388조의3(규제의 재검토) ①금융위원회는 다음 각 호의 사항에 대하여 다음 각 호의 기준일을 기준으로 3년마다(매 3년이 되는 해의 1월 1일 전까지를 말한다) 그 타당성을 검토하여 개선 등의 조치를 해야 한다. 〈개정 2014. 12. 9., 2015. 10. 23., 2015. 12. 30., 2020. 3. 3., 2021. 10. 21., 2024. 11. 26., 2024. 12. 31., 2025. 3. 18.〉

1. 삭제 〈2016. 7. 28.〉

2. 삭제 〈2020. 3. 3.〉

3. 제80조에 따른 집합투자업자의 집합투자재산 자산운용한도 제한의 예외 등: 2014년 1월 1일

4. 삭제 〈2020. 3. 3.〉

5. 제84조부터 제86조까지의 규정에 따른 집합투자업자의 거래행위 제한의 대상이 되는 이해관계인의 범위, 거래제한의 예외 및 계열회사 증권의 취득제한 등: 2014년 1월 1일

6. 제88조에 따른 집합투자업자가 성과보수를 받을 수 있는 요건 등: 2014년 1월 1일

7. 제104조에 따른 신탁업자의 신탁업무 방법 등: 2014년 1월 1일

8. 제106조제5항제1호라목에 따른 신탁업자의 자기주식 취득·처분 제한: 2014년 1월 1일

9. 제107조에 따른 신탁업자의 여유자금 운용 등: 2014년 1월 1일

10. 삭제 〈2020. 3. 3.〉

11. 제130조에 따른 증권신고서 기재사항의 정정 등: 2014년 1월 1일

12. 제153조부터 제155조까지의 규정에 따른 주식등의 대량보유 등의 보고, 대량보유 등의 보고에 대한 특례 및 중요한 사항의 변경보고: 2014년 1월 1일

13. 제176조의5제6항에 따른 합병에 대한 이사회 의견서 작성 의무 등: 2024년 1월 1일

13의2. 제176조의5제7항에 따른 자기주식에 대한 신주배정 등 제한: 2025년 1월 1일

13의3. 제176조의6제3항에 따른 자기주식에 대한 신주배정 등 제한: 2025년 1월 1일

14. 제189조에 따른 회계감사의 대상법인 등: 2014년 1월 1일

15. 제201조에 따른 정보의 공개 등: 2014년 1월 1일

16. 제241조에 따른 단기금융집합투자기구의 투자대상 상품 및 운용방법: 2014년 1월 1일

17. 제255조에 따른 집합투자증권의 환매가격 및 수수료: 2014년 1월 1일

18. 삭제 〈2021. 10. 21.〉

19. 제301조에 따른 외국 집합투자업자의 적격 요건 및 외국 집합투자증권의 판매 적격 요건 등: 2014년 1월 1일

20. 제320조에 따른 증권금융회사의 업무범위: 2014년 1월 1일

21. 제330조에 따른 종합금융회사의 영업행위 규칙: 2016년 1월 1일

22. 제332조에 따른 종합금융회사의 채권 발행방법: 2016년 1월 1일

23. 제334조에 따른 종합금융회사의 동일차주 등에 대한 신용공여한도 등: 2016년 1월 1일

24. 제339조에 따른 종합금융회사의 증권에 대한 투자한도: 2016년 1월 1일

25. 제370조에 따른 금융투자업자에 대한 금융위원회의 승인사항 및 승인절차 등: 2014년 1월 1일

② 금융위원회는 다음 각 호의 사항에 대하여 다음 각 호의 기준일을 기준으로 2년마다(매 2년이 되는 해의 1월 1일 전까지를 말한다) 그 타당성을 검토하여 개선 등의 조치를 해야 한다. 〈신설 2014. 12. 9., 2015. 10. 23., 2021. 3. 2., 2021. 10. 21., 2025. 3. 18.〉

1. 제15조에 따른 금융투자업의 인가업무 단위: 2015년 1월 1일

2. 제20조에 따른 투자자문업 또는 투자일임업의 등록업무 단위: 2015년 1월 1일

3. 삭제 〈2021. 10. 21.〉

4. 제50조에 따른 금융투자업자의 정보교류의 차단: 2015년 1월 1일

5. 삭제 〈2021. 3. 2.〉

6. 제77조에 따른 판매수수료 및 판매보수에 관한 사항: 2015년 1월 1일

7. 제91조에 따른 의결권 행사의 공시: 2015년 1월 1일

8. 삭제 〈2021. 3. 2.〉

9. 삭제 〈2021. 3. 2.〉

10. 제179조에 따른 채권중개전문회사를 통한 장외거래: 2015년 1월 1일

11. 제209조에 따른 집합투자기구의 등록요건: 2015년 1월 1일

12. 제223조에 따른 승인이 면제되는 투자신탁의 해지사유: 2015년 1월 1일

13. 삭제 〈2021. 3. 2.〉

14. 삭제 〈2025. 3. 18.〉

15. 삭제 〈2021. 3. 2.〉

16. 제271조에 따른 일반사모집합투자기구의 적격투자자 범위: 2015년 1월 1일

16의2. 제271조의13에 따른 기관전용사모집합투자기구 보고서의 기재사항 및 첨부

서류: 2015년 1월 1일

　16의3. 제271조의14제5항제4호에 따른 기관전용사모집합투자기구의 유한책임사원의 기준: 2022년 1월 1일

　16의4. 제271조의21제6항에 따른 기관전용사모집합투자기구 업무집행사원의 등록 취소 요건: 2015년 1월 1일

　17. 삭제 〈2021. 3. 2.〉

　18. 제276조에 따른 일반사무관리회사의 등록 요건: 2015년 1월 1일

　19. 제280조에 따른 집합투자기구평가회사의 등록 요건 등: 2015년 1월 1일

　20. 제285조에 따른 채권평가회사의 등록 요건: 2015년 1월 1일

　21. 삭제 〈2015. 10. 23.〉

　22. 삭제 〈2015. 10. 23.〉

　23. 삭제 〈2015. 10. 23.〉

　24. 삭제 〈2021. 10. 21.〉

　25. 삭제 〈2021. 3. 2.〉

　26. 삭제 〈2021. 3. 2.〉

　27. 제326조에 따른 종합금융회사의 표지어음 발행: 2015년 1월 1일

　28. 제327조에 따른 종합금융회사의 적격업체 선정: 2015년 1월 1일

29. 제328조에 따른 종합금융회사의 무담보어음 등의 취급: 2015년 1월 1일

30. 제329조에 따른 종합금융회사의 어음관리계좌 수탁에 관한 사항: 2015년 1월 1일

31. 제341조에 따른 종합금융회사의 지급준비자산 보유: 2015년 1월 1일

32. 제346조에 따른 자금중개회사의 행위규제: 2015년 1월 1일

33. 삭제 〈2021. 3. 2.〉

[전문개정 2013. 12. 30.]
[제388조의2에서 이동 〈2024. 1. 9.〉]

　　　　　제10편 벌칙

조문체계도버튼
　제389조(중요한 사항) 법 제444조제18호에서 "대통령령으로 정하는 중요한 사항"이란 제157조 각 호의 어느 하나에 해당하는 사항을 말한다.

조문체계도버튼
　제390조(과태료의 부과기준) 법 제449조제1항부터 제3항까지의 규정에 따른 과태료의 부과기준은 별표 22와 같다. 〈개정 2017. 10. 17.〉

[본조신설 2015. 3. 3.]

　부칙 〈대통령령 제20947호, 2008. 7. 29.〉조문목록 접기　부　　칙 〈대통령령 제20947호, 2008. 7. 29.〉 부칙 〈대통령령 제20947호, 2008. 7. 29.〉보기

　제1조(시행일) 이 영은 2009년 2월 4일부터 시행한다. 다만, 부칙 제4조는 2008년 8월 4일부터 시행한다.

제2조(다른 법령의 폐지) 다음 각 호의 법령을 각각 폐지한다.

1. 「증권거래법 시행령」

2. 「선물거래법 시행령」

3. 「간접투자자산 운용업법 시행령」

4. 「신탁업법 시행령」

5. 「종합금융회사에 관한 법률 시행령」

6. 「한국증권선물거래소법 시행령」

제3조 삭제 〈2009. 2. 3.〉

제4조(한국금융투자협회의 설립에 관한 사항) ① 법 부칙 제3조제2항에 따른 한국금융투자협회설립위원회(이하 "설립위원회"라 한다)는 법 부칙 제3조제3항에 따라 금융위원회 위원장이 위촉하는 다음 각 호의 자로 구성한다.

1. 금융위원회 위원장이 추천하는 2인

2. 종전의 「증권거래법」 제162조에 따라 설립된 한국증권업협회, 종전의 「선물거래법」 제75조에 따라 허가를 받아 설립된 선물협회 및 종전의 「간접투자자산 운용업법」 제160조제3항에 따라 허가를 받아 설립된 자산운용협회(이하 "합병대상협회"라 한다)가 추천하는 각 1인

② 설립위원회는 설립위원회 위원장의 선임에 관한 사항, 의결방법과 의결절차 등 설립위원회의 운영에 관하여 필요한 사항을 정할 수 있다.

③ 법 부칙 제3조제5항에 따른 합병계약서에는 다음 각 호의 사항을 기재하여야 한

다.

1. 협회의 명칭·목적, 본회의 소재지

2. 각 합병대상협회가 협회에 이전할 재산과 그 가액

3. 합병의 승인결의를 할 회원총회일

4. 합병을 할 날

5. 그 밖에 합병에 관하여 필요한 사항

④ 법 부칙 제3조제5항에 따른 합병의 승인결의는 법 공포 후 1년이 경과한 날부터 3개월 이내에 완료하여야 한다.

⑤ 합병대상협회는 법 부칙 제3조제19항에 따라 합병의 승인결의를 위한 회원총회일의 1주 전부터 6개월간 다음 각 호의 서류를 주된 사무소에 비치하여야 한다.

1. 합병계약서

2. 합병대상협회의 최종 대차대조표

⑥ 합병대상협회는 합병계약서의 승인결의를 위한 회원총회를 소집할 때에는 회원총회일의 1주 전까지 회의의 목적사항과 합병계약서의 개요를 회원에게 서면으로 통지하여야 한다.

⑦ 제4항에 따른 기간 이내에 합병의 결의가 이루어지지 아니한 경우에는 금융위원회가 합병계약서의 내용을 조정할 수 있다.

⑧ 법 부칙 제3조제8항에 따른 창립총회에 관하여서는 「상법」 제363조제1항·제2항, 제364조, 제368조제3항·제4항, 제371조제2항 및 제373조를 준용한다. 이 경우 같은 법 제363조제1항 중 "주주"는 각각 "회원"으로, "회사"는 "설립위원회"로 보고,

같은 법 제364조 중 "본점소재지"는 "본회의 소재지"로 보며, 같은 법 제368조제3항 중 "주주는"은 "회원은"으로 보고, 같은 법 제371조제2항 중 "주주"는 "회원"으로 보며, 같은 법 제373조제2항 중 "의장과 출석한 이사가"는 "설립위원회 위원장과 출석한 설립위원회 위원은"으로 본다.

⑨ 합병대상협회는 합병을 한 때에는 법 부칙 제3조제10항에 따른 금융위원회의 승인을 받은 후 지체 없이 합병대상협회의 해산등기를 하여야 한다.

⑩ 법 부칙 제3조제12항에 따라 설립등기를 한 때에는 종전의 「증권거래법 시행령」 제84조의28제5항에 따라 성립된 주권의 매매거래로서 결제가 종결되지 아니한 것은 제178조에 따라 같은 조건으로 거래가 성립된 것으로 본다.

제5조(주식등의 대량보유 등의 보고대상 중요계약) 법 부칙 제21조제2항에서 "주요 계약내용 등 대통령령으로 정하는 중요한 사항"이란 제155조 각 호의 어느 하나에 해당하는 사항을 말한다.

제6조(판매제한의 예외) ① 법 부칙 제30조제1항 단서에서 "대통령령으로 정하는 경우"란 법 부칙 제29조에 따라 법에 따른 집합투자기구로 금융위원회에 등록한 경우로서 법 제119조제1항 또는 제2항에 따라 증권신고서를 금융위원회에 제출한 경우를 말한다.

② 법 부칙 제30조제2항 단서에서 "대통령령으로 정하는 경우"란 다음 각 호의 어느 하나에 해당하는 경우를 말한다.

1. 「조세특례제한법」에 따라 세제상 혜택이 부여되는 증권투자신탁 또는 증권투자회사로서 수익증권을 추가로 발행하거나 증권투자회사 주식을 신규로 발행하는 것이 불가피한 경우

2. 법률 제6987호 간접투자자산운용업법 시행 당시의 「근로기준법」 제34조에 따른 퇴직일시금신탁에 해당하는 증권투자신탁의 수익증권을 추가로 발행하는 경우

3. 종전의 「증권투자회사법」 제79조에 따라 설립된 증권투자회사로서 같은 법에 따

른 자산운용회사가 아닌 자에게 그 증권투자회사의 자산운용을 위탁한 경우

③ 법 부칙 제30조제3항 단서에서 "대통령령으로 정하는 경우"란 다음 각 호의 어느 하나에 해당하는 경우를 말한다.

1. 「신탁업법」에 따라 설정한 금전의 신탁 중 종전 신탁계약에 따라 신탁의 종료시까지 추가신탁이 가능하도록 정하고 있는 신탁으로서 법률 제6987호 간접투자자산운용업법 시행 당시 그 신탁의 위탁자인 자가 그 신탁에서 정한 기간까지 추가신탁을 요청한 경우

2. 「보험업법」에 따라 설정한 특별계정 중 보험계약에 따라 납입기일의 종료시까지 보험료의 추가납입이 가능하도록 정하고 있는 특별계정으로서 법률 제6987호 간접투자자자산운용업법 시행 당시 보험계약자가 그 보험계약에서 정한 기간까지 추가납입을 요청한 경우

제7조(금융투자업자의 인가·등록유지요건에 관한 적용례) 제19조제1항제2호 각 목 및 제23조제2호 각 목의 규정에 따른 별표 2 제1호마목1)의 요건과 같은 표 제4호라목의 요건은 이 영 시행 후 최초로 위법행위를 한 경우부터 적용한다.

제8조(임원에 관한 적용례) 제27조제3항 각 호의 요건은 이 영 시행 후 최초로 위법행위를 한 경우부터 적용한다.

제9조(증권금융회사의 인가유지요건에 관한 적용례) 제319조제2항제2호의 규정에 따른 별표 2 제1호마목1)의 요건과 같은 표 제4호라목의 요건은 이 영 시행 후 최초로 위법행위를 한 경우부터 적용한다.

제10조(자금중개회사의 인가유지요건에 관한 적용례) 제345조제3항제2호의 규정에 따른 별표 2 제1호마목1)의 요건과 같은 표 제4호라목의 요건은 이 영 시행 후 최초로 위법행위를 한 경우부터 적용한다.

제11조(단기금융회사의 인가유지요건에 관한 적용례) 제348조제5항제2호의 규정에 따른 별표 2 제1호마목1)의 요건과 같은 표 제4호라목의 요건은 이 영 시행 후 최초로

위법행위를 한 경우부터 적용한다.

제12조(외국 금융투자업자 등의 인가유지요건에 관한 특례) 제19조제1항제1호의 요건을 적용할 때 외국 금융투자업자, 「은행법」에 따른 외국금융기관 또는 「보험업법」에 따른 외국보험회사(이하 이 조에서 "외국 금융투자업자등"이라 한다)의 지점, 그 밖의 영업소(이하 이 조에서 "지점등"이라 한다)가 법 공포 후 1년이 경과한 날 당시 투자매매업에 상당하는 업을 하고 있는 경우에 그 투자매매업에 상당하는 업에 대하여는 "100분의 70"을 "100분의 50"으로 본다. 다만, 다음 각 호의 어느 하나에 해당하는 경우는 제외한다. 〈개정 2009. 2. 3.〉

1. 외국 금융투자업자등의 지점등이 법 제16조에 따라 인가업무 단위를 추가하여 변경인가를 받거나 법 제18조제1항에 따라 금융투자업등록을 하거나 법 제21조에 따라 변경등록을 하는 경우

2. 외국 금융투자업자등의 지점등이 법 부칙 제6조제1항에 따라 인가업무 단위 또는 등록업무 단위를 새로 추가하여 금융투자업인가 또는 금융투자업등록을 받는 경우

3. 외국 금융투자업자등이 제16조제9항 후단에 따라 지점등을 추가로 두는 경우

제13조(자산운용한도 제한에 관한 특례) 제80조제1항제2호다목을 적용할 때 2011년 2월 3일까지 같은 항 제2호 중 "100분의 30"을 "100분의 100"으로 본다.

제14조(금전신탁에 관한 특례) 법률 제6987호 간접투자자산운용업법 부칙 제14조제2항에 따른 금전의 신탁에 대하여는 제109조제3항제5호를 적용하지 아니한다.

제15조(일반적 경과조치) ① 이 영 시행 당시 종전의 「증권거래법 시행령」, 종전의 「선물거래법 시행령」, 종전의 「간접투자자산 운용업법 시행령」, 종전의 「신탁업법 시행령」, 종전의 「종합금융회사에 관한 법률 시행령」 또는 종전의 「한국증권선물거래소법 시행령」에 따라 금융위원회, 증권선물위원회 또는 금융감독원장이 행한 승인·등록·명령·처분, 그 밖의 행위는 이 영에 따라 금융위원회, 증권선물위원회 또는 금융감독원장이 행한 행위로 본다.

② 이 영 시행 당시 종전의 「증권거래법 시행령」, 종전의 「선물거래법 시행령」, 종전의 「간접투자자산 운용업법 시행령」, 종전의 「신탁업법 시행령」, 종전의 「종합금융회사에 관한 법률 시행령」 또는 종전의 「한국증권선물거래소법 시행령」에 따라 금융위원회, 증권선물위원회 또는 금융감독원장에 대하여 행한 신고·신청·보고, 그 밖의 행위는 이 영에 따라 금융위원회, 증권선물위원회 또는 금융감독원장에 대하여 행한 행위로 본다.

제16조(기업어음증권에 관한 경과조치) 이 영 시행 전에 종전의 「증권거래법 시행령」 제2조의3제1항제4호에 따라 발행된 어음에 관하여는 제4조에 따른 요건을 충족한 것으로 본다.

제17조(사외이사 선임 및 이사회 구성에 관한 경과조치) 제28조제1항제1호에 따라 새로 사외이사를 선임하여야 하는 자(법 부칙 제9조 각 호의 어느 하나에 해당하는 자는 제외한다)는 이 영 시행 후 최초로 소집되는 정기주주총회일까지 법 제25조에 따라 사외이사를 선임하여야 한다. 이 경우 주주총회에서 사외이사로 선임된 자는 법 제25조제2항 및 제4항에 따라 사외이사후보추천위원회의 추천을 받은 것으로 본다.

제18조(감사위원회 설치에 관한 경과조치) 제29조제1항에 따라 새로 감사위원회를 설치하여야 하는 자(법 부칙 제10조 각 호의 어느 하나에 해당하는 자는 제외한다)는 이 영 시행 후 최초로 소집되는 정기주주총회일까지 법 제26조에 따라 감사위원회를 설치하여야 한다.

제18조의2(상근감사의 자격에 관한 경과조치) 2009년 2월 4일 당시 법 제27조에 따라 새로 상근감사를 선임하여야 하는 금융투자업자에 재임 중인 상근감사에 대하여는 그 임기가 만료할 때까지 제29조제3항을 적용하지 아니한다.

[본조신설 2009. 7. 1.]

제19조(영업용순자본 관련 보고 등에 관한 경과조치) ① 이 영 시행 전에 종전의 「증권거래법」 제54조의2제2항에 따라 자기자본규제비율에 관한 보고의무가 발생한 경우에는 제34조제2항에도 불구하고 종전의 「증권거래법」에 따른다.

② 이 영 시행 전에 종전의「증권거래법」제47조에 따라 영업보고서 제출의무가 발생한 경우에는 제36조제1항에도 불구하고 종전의「증권거래법」에 따른다.

제20조(외국어 상호 사용 제한에 관한 경과조치) 이 영 시행 당시 제42조를 위반하여 상호를 사용하고 있는 자는 이 영 시행일부터 6개월까지는 그 상호를 사용할 수 있다.

제21조(업무위탁에 관한 경과조치) 이 영 시행 당시 위탁한 업무에 관하여는 제45조에도 불구하고 해당 업무위탁 계약기간이 만료될 때까지는 법 및 이 영에 따라 업무를 위탁한 것으로 본다.

제22조(투자권유대행인의 자격에 관한 경과조치) ① 이 영 시행 당시 종전의 합병대상협회에서 시행하는 시험에 합격한 자로서 협회가 정하는 요건을 갖춘 자에 대하여는 제56조제1호가목 및 나목에 따라 협회에서 시행하는 시험에 합격한 자로 본다.

② 이 영 시행 당시 종전의 합병대상협회가 정하는 교육을 마친 자로서 협회가 정하는 요건을 갖춘 자에 대하여는 제56조제2호에 따라 협회가 정하여 금융위원회의 확인을 받은 교육을 마친 자로 본다.

제23조(증권신고서·반기보고서·분기보고서의 기재사항 및 첨부서류에 관한 경과조치) 제125조제3항, 제170조제1항 및 제2항에도 불구하고 최근 사업연도말 현재의 자산총액이 2조원 미만인 연결재무제표 작성대상법인(2010년 1월 1일 이후 최초로 시작되는 사업연도말 현재의 자산총액이 2조원 미만인 회사가 2011년 1월 1일 이후 최초로 시작되는 사업연도말 현재의 자산총액이 2조원 이상이 된 경우를 포함한다)이 한국채택국제회계기준을 2011년 1월 1일 이후 최초로 시작되는 사업연도부터 적용하는 경우에는 2012년 1월 1일 이후 최초로 시작되는 사업연도까지 증권신고서·반기보고서·분기보고서의 기재사항 중 제168조제2항제7호에 따른 재무에 관한 사항과 그 부속명세(증권신고서의 경우에는 제125조제1항제3호다목에 따른 재무에 관한 사항, 그 밖에 금융위원회가 정하여 고시하는 사항을 말한다), 그 밖에 금융위원회가 정하여 고시하는 사항을 그 법인의 재무제표를 기준으로 기재할 수 있고, 그 법인의 재무제표에 대한 회계감사인의 감사의견(확인 및 의견표시로 갈음하는 경우를 포함한다)을 기재할 수 있으며, 증권신고서·반기보고서 또는 분기보고서에 그 법인의 재무제표에 대한 회

계감사인의 반기감사보고서·반기검토보고서 또는 분기감사보고서·분기검토보고서만을 첨부하여 제출할 수 있다. 〈개정 2009. 7. 1., 2010. 6. 11.〉

[제목개정 2010. 6. 11.]

제24조(시장효율화위원회 위원에 대한 경과조치) 이 법 시행 당시 종전의 「한국증권선물거래소법 시행령」 제13조제1항제6호에 따라 위촉된 위원은 제368조제3항에 따라 시장효율화위원회 위원으로 위촉된 것으로 본다.

제25조(간접투자기구 등에 관한 경과조치) ① 이 영 시행 당시 종전의 「간접투자자산 운용업법」에 따라 설정 또는 설립된 투자신탁(보험회사가 설정한 특별계정은 제외한다) 및 투자회사에 대하여는 종전의 「간접투자자산 운용업법 시행령」에 따른다.

② 이 영 시행 당시 종전의 「간접투자자산 운용업법」에 따라 금융위원회에 신고된 외국간접투자증권에 관하여는 종전의 「간접투자자산 운용업법 시행령」에 따른다.

③ 대통령령 제18325호 간접투자자산운용업법시행령 부칙 제3조 단서에 따른 증권투자신탁 및 증권투자회사에 대하여는 종전의 「증권투자신탁업법 시행령」 또는 종전의 「증권투자회사법 시행령」에 따른다.

제26조(다른 법령의 개정) ① 가맹사업거래의 공정화에 관한 법률 시행령 일부를 다음과 같이 개정한다.

제5조의6제4호를 다음과 같이 한다.

4. 「자본시장과 금융투자업에 관한 법률」에 따른 신탁업자

② 건설산업기본법 시행령 일부를 다음과 같이 개정한다.

제56조의2제4호 중 "「간접투자자산 운용업법」에 따른 자산운용회사 및 간접투자기구"를 "「자본시장과 금융투자업에 관한 법률」에 따른 집합투자업자 및 집합투자기구"로 한다.

③ 건축물의 분양에 관한 법률 시행령 일부를 다음과 같이 개정한다.

제3조제1항 각 호 외의 부분 중 "「신탁업법」에 의한 신탁회사"를 "「자본시장과 금융투자업에 관한 법률」에 따른 신탁업자"로, "신탁회사"를 "신탁업자"로 하고, 같은 조 제2항 각 호 외의 부분, 같은 항 제2호, 같은 조 제3항 및 제4항 중 "신탁회사"를 각각 "신탁업자"로 한다.

제8조제1항제8호 중 "신탁회사"를 "신탁업자"로 한다.

제9조제1항제5호 중 "신탁회사"를 "신탁업자"로 한다.

④ 건축법 시행령 일부를 다음과 같이 개정한다.

제10조의2제1항제4호를 다음과 같이 한다.

4. 「자본시장과 금융투자업에 관한 법률 시행령」 제192조에 따른 증권

⑤ 고용보험법 시행령 일부를 다음과 같이 개정한다.

제105조제1항 중 "「증권거래법」 제2조제1항에 따른 유가증권"을 "「자본시장과 금융투자업에 관한 법률」 제4조에 따른 증권"으로 한다.

⑥ 공공기관의 개인정보보호에 관한 법률 시행령 일부를 다음과 같이 개정한다.

제16조제2호 중 "증권거래법에 의한"을 "「자본시장과 금융투자업에 관한 법률」에 따른"으로 한다.

⑦ 공공기관의 운영에 관한 법률 시행령 일부를 다음과 같이 개정한다.

제11조제2항제3호 중 "「증권거래법」 제2조제13항제3호 및 같은 조 제15항에 따른 주권상장법인·코스닥상장법인"을 "「자본시장과 금융투자업에 관한 법률」 제9조제15

항제3호에 따른 주권상장법인"으로 한다.

⑧ 공기업의경영구조개선및민영화에관한법률시행령 일부를 다음과 같이 개정한다.

제9조제5호를 다음과 같이 한다.

5. 「자본시장과 금융투자업에 관한 법률」에 따른 투자매매업자·투자중개업자

⑨ 공무원연금법 시행령 일부를 다음과 같이 개정한다.

제74조제1항제2호를 다음과 같이 하고, 같은 항 제2호의2 중 "「간접투자자산 운용업법」 제2조제8호 및 제9호"를 "「자본시장과 금융투자업에 관한 법률」 제5조제2항 및 제3항"으로 한다.

2. 「자본시장과 금융투자업에 관한 법률」 제4조에 따른 증권의 취득 및 대여사업

⑩ 공사채등록법 시행령 일부를 다음과 같이 개정한다.

제1조의2제1항제1호 및 제2호를 각각 다음과 같이 하고, 같은 조 제3항제3호 중 "증권거래법에 의한"을 "「자본시장과 금융투자업에 관한 법률」에 따른"으로 한다.

1. 「자본시장과 금융투자업에 관한 법률」 제294조에 따른 한국예탁결제원

2. 「자본시장과 금융투자업에 관한 법률 시행령」 제10조제2항제1호부터 제3호까지의 규정에 따른 금융기관

⑪ 공유재산 및 물품관리법 시행령 일부를 다음과 같이 개정한다.

제24조의 제목 및 같은 조 제2항 중 "유가증권"을 각각 "증권"으로 한다.

제38조제1항제11호 중 "증권업자"를 "투자매매업자·투자중개업자"로 한다.

제48조제1항 전단 중 "신탁회사"를 "신탁업자"로 하고, 같은 항 후단 중 "부동산신탁회사"를 "부동산신탁업자"로 하며, 같은 조 제3항, 같은 조 제4항 각 호 외의 부분, 같은 조 제5항 각 호 외의 부분, 같은 항 제2호 및 제3호 중 "신탁회사"를 각각 "신탁업자"로 한다.

⑫ 공인중개사의 업무 및 부동산거래신고에 관한 법률 시행령 일부를 다음과 같이 개정한다.

제27조제1항제3호를 다음과 같이 한다.

3. 「자본시장과 금융투자업에 관한 법률」에 따른 신탁업자

⑬ 공인회계사법 시행령 일부를 다음과 같이 개정한다.

제4조제1항제2호를 다음과 같이 하고, 같은 조 제2항제2호 중 "주권상장법인"을 "유가증권시장주권상장법인"으로 하며, 같은 조 제4항제2호 중 "주권상장법인 또는 「증권거래법」에 의하여 금융위원회에 등록된 법인(이하 "등록법인"이라 한다)"을 "「자본시장과 금융투자업에 관한 법률」에 따른 주권상장법인(이하 "주권상장법인"이라 한다)"으로 한다.

2. 「자본시장과 금융투자업에 관한 법률」에 따른 유가증권시장에 상장된 주권을 발행한 법인(이하 "유가증권시장주권상장법인"이라 한다)

제12조제1항제3호 중 "주권상장법인 또는 등록법인"을 "주권상장법인"으로 한다.

⑭ 공증인법시행령 일부를 다음과 같이 개정한다.

별표 1 제150호를 다음과 같이 한다.

150. 한국거래소

⑮ 공직자윤리법 시행령 일부를 다음과 같이 개정한다.

제5조의2제1항제1호 중 "한국증권거래소"를 "한국거래소"로 하고, 같은 항 제2호를 삭제하며, 같은 항 제3호 중 「증권거래법」 제194조의 규정에 의하여"를 "「자본시장과 금융투자업에 관한 법률」 제166조에 따라"로 한다.

제27조의5 중 「신탁업법」 및 「간접투자자산 운용업법」"을 "「자본시장과 금융투자업에 관한 법률」"로 한다.

별표 1 제5호의 기관·단체란 중 제153호를 다음과 같이 한다.

153. 한국예탁결제원

⑯ 과학기술기본법 시행령 일부를 다음과 같이 개정한다.

제35조제3호 중 「증권거래법」 제2조제1항의 규정에 따른 유가증권"을 "「자본시장과 금융투자업에 관한 법률」 제4조에 따른 증권"으로 한다.

⑰ 국가를 당사자로 하는 계약에 관한 법률 시행령 일부를 다음과 같이 개정한다.

제37조제2항제2호를 다음과 같이 하고, 같은 항 제6호 중 「신탁업법」에 의하여 신탁회사"를 "「자본시장과 금융투자업에 관한 법률」에 따라 신탁업자"로 하며, 같은 항 제7호 중 「간접투자자산 운용업법」에 의하여 위탁회사가"를 "「자본시장과 금융투자업에 관한 법률」에 따라 집합투자업자가"로 한다.

2. 「자본시장과 금융투자업에 관한 법률 시행령」 제192조에 따른 증권

제50조제8항 중 「증권거래법 시행령」 제84조의16에 규정된 유가증권"을 "「자본시장과 금융투자업에 관한 법률 시행령」 제192조에 따른 증권"으로 한다.

⑱ 국가재정법 시행령 일부를 다음과 같이 개정한다.

제35조제2항제1호 중 「간접투자자산 운용업법」 제154조에 따른 간접투자기구평가

회사"를 「자본시장과 금융투자업에 관한 법률」 제258조에 따른 집합투자기구평가회사"로 하고, 같은 항 제2호 중 「증권거래법」 제2조제13항 및 제15항에 따른 국내 주권상장법인 및 코스닥상장법인"을 「자본시장과 금융투자업에 관한 법률」 제9조제15항에 따른 주권상장법인"으로 한다.

⑲ 국가채권관리법시행령 일부를 다음과 같이 개정한다.

제17조제2항제1호 본문 중 "상장유가증권"을 "상장증권"으로, "한국증권거래소"를 "한국거래소"로 하고, 같은 호 단서 중 "한국증권거래소"를 "한국거래소"로 한다.

⑳ 국고금관리법 시행령 일부를 다음과 같이 개정한다.

제53조제2항제1호를 다음과 같이 하고, 같은 항 제2호를 삭제한다.

1. 「자본시장과 금융투자업에 관한 법률」에 따른 투자매매업자·투자중개업자·증권금융회사 및 종합금융회사

제71조제2항 중 「증권거래법」 제2조제9항의 규정에 따른 증권회사 및 동법 제145조의 규정에 따른 증권금융회사"를 「자본시장과 금융투자업에 관한 법률」에 따른 투자매매업자·투자중개업자 및 증권금융회사"로 한다.

제72조제1항 각 호 외의 부분 및 같은 항 제2호 중 "한국증권선물거래소"를 각각 "한국거래소"로 한다.

제74조 중 "상장유가증권"을 "상장증권"으로 한다.

□ 국민건강보험법 시행령 일부를 다음과 같이 개정한다.

제11조제4호 중 「신탁업법」에 의한 신탁회사"를 「자본시장과 금융투자업에 관한 법률」에 따른 신탁업자"로, "「간접투자자산운용업법」에 의한 자산운용회사"를 "같은 법에 따른 집합투자업자"로 한다.

□ 국민기초생활 보장법 시행령 일부를 다음과 같이 개정한다.

제21조의3제1호 중 "「증권거래법」"을 "「자본시장과 금융투자업에 관한 법률」"로 한다.

□ 국민연금법 시행령 일부를 다음과 같이 개정한다.

제74조제1항제2호를 다음과 같이 하고, 같은 항 제3호부터 제5호까지를 각각 삭제하며, 같은 조 제3항제3호 중 "「간접투자자산 운용업법」 제2조제8호 및 제9호에 따른 장내파생상품과 장외파생상품"을 "「자본시장과 금융투자업에 관한 법률」 제5조제2항 및 제3항에 따른 장내파생상품과 장외파생상품"으로 하고, 같은 항 제5호 중 "「간접투자자산 운용업법」 제2조제2호에 따른 간접투자기구등"을 "「자본시장과 금융투자업에 관한 법률」 제9조제18항에 따른 집합투자기구"로 하며, 같은 조 제4항 각 호 외의 부분 중 "「증권거래법」 제194조에 따른 유가증권시장 및 코스닥시장"을 "「자본시장과 금융투자업에 관한 법률」 제166조에 따른 증권시장"으로 한다.

2. 「자본시장과 금융투자업에 관한 법률」에 따른 투자매매업자ㆍ투자중개업자ㆍ신탁업자ㆍ집합투자업자ㆍ투자자문업자 및 종합금융회사

□ 국유재산법 시행령 일부를 다음과 같이 개정한다.

제17조제3항 중 "「증권거래법」 제173조의 규정에 의하여 설립된 증권예탁결제원"을 "「자본시장과 금융투자업에 관한 법률」 제294조에 따라 설립된 한국예탁결제원"으로 한다.

제23조제2항 중 "유가증권"을 "증권"으로 한다.

제33조제3항제9호를 다음과 같이 하고, 같은 항 제10호를 삭제한다.

9. 「자본시장과 금융투자업에 관한 법률」에 따른 집합투자업자ㆍ투자매매업자 및 투자중개업자

제35조제5호 중 "금융기관·증권회사·보험회사 또는 「간접투자자산 운용업법」에 의한 자산운용회사"를 "금융기관·보험회사 또는 「자본시장과 금융투자업에 관한 법률」에 따른 투자중개업자·투자매매업자 및 집합투자업자"로 한다.

제36조제1항제7호 중 "증권거래소"를 "한국거래소"로 하고, 같은 항 제8호 중 "금융기관·증권회사·보험회사 또는 「간접투자자산 운용업법」에 의한 자산운용회사"를 "금융기관·보험회사 또는 「자본시장과 금융투자업에 관한 법률」에 따른 투자중개업자·투자매매업자 및 집합투자업자"로 한다.

제38조의 제목 및 같은 조 제1항 각 호 외의 부분 본문 중 "유가증권"을 각각 "증권"으로 하고, 같은 항 제1호 단서 중 "한국증권거래소(이하 "증권거래소"라 한다)의 유가증권시장이나 한국증권업협회가 설치한 협회중개시장외의"를 "한국거래소가 개설한 증권시장 외의"로 하며, 같은 항 제2호 본문 중 "상장주식 또는 협회등록주식"을 "상장주식"으로, "증권거래소"를 각각 "한국거래소"로, "최종시세가액(협회등록주식의 경우 한국증권업협회에서 공표하는 기준가격을 말한다. 이하 이 호에서 같다)"을 "최종시세가액"으로 하고, 같은 호 단서 중 "「증권거래법」제2조제4항의 규정에 의한 유가증권매출"을 "「자본시장과 금융투자업에 관한 법률」제9조제9항에 따른 매출"로, "증권거래소"를 "한국거래소"로 하며, 같은 항 제3호 중 "상장유가증권"을 "상장증권"으로, "증권거래소"를 "한국거래소"로 하고, 같은 항 제4호 중 "비상장유가증권"을 "비상장증권"으로 하며, 같은 조 제2항 중 "유가증권"을 "증권"으로, "증권거래소의 유가증권시장이나 한국증권업협회가 설치한 협회중개시장"을 "한국거래소가 개설한 증권시장"으로 하고, 같은 조 제3항제2호 중 "「증권거래법」제94조제2항제1호의 규정에 의하여 증권거래소가"를 "「자본시장과 금융투자업에 관한 법률」제393조제1항제1호에 따라 한국거래소가"로 하며, 같은 조 제5항 중 "증권회사"를 "투자매매업자·투자중개업자"로 하고, 같은 조 제6항제2호 중 "유가증권분석업무"를 "증권분석업무"로 하며, 같은 조 제7항 중 "유가증권"을 "증권"으로 한다.

제38조의2제1항제2호 중 "유가증권"을 "증권"으로 한다.

제48조의4제1항 및 제2항 각 호 외의 부분 중 "신탁회사"를 각각 "신탁업자"로 한다.

□ 군인복지기금법시행령 일부를 다음과 같이 개정한다.

제12조제1항제2호를 다음과 같이 하고, 같은 항 제3호를 삭제하며, 같은 항 제5호 중 "증권거래법 제2조제1항의 규정에 의한 유가증권"을 "「자본시장과 금융투자업에 관한 법률」 제4조에 따른 증권"으로 하고, 같은 항 제6호를 다음과 같이 한다.

2. 「자본시장과 금융투자업에 관한 법률」에 따른 집합투자업자·신탁업자 및 종합금융회사에의 예탁

6. 「자본시장과 금융투자업에 관한 법률」 제5조제2항에 따른 장내파생상품의 거래

□ 군인연금법 시행령 일부를 다음과 같이 개정한다.

제75조의5제2호 중 "「증권거래법」 제2조제1항 각 호에 따른 유가증권"을 "「자본시장과 금융투자업에 관한 법률」 제4조에 따른 증권"으로 하고, 같은 조 제3호를 다음과 같이 한다.

3. 「자본시장과 금융투자업에 관한 법률」 제5조제2항에 따른 장내파생상품의 거래 사업

□ 근로자복지기본법 시행령 일부를 다음과 같이 개정한다.

제6조제6호를 다음과 같이 한다.

6. 「자본시장과 금융투자업에 관한 법률」에 따른 증권금융회사

제12조제2항제2호 중 "「증권거래법」 제54조의5제4항제2호의 규정에 의한"을 "「자본시장과 금융투자업에 관한 법률」 제9조제1항제1호에 따른"으로 하고, 같은 항 제3호 중 "「증권거래법 시행령」 제10조의3제2항제1호가목 내지 자목의 규정에 의한"을 "「자본시장과 금융투자업에 관한 법률 시행령」 제8조제1호가목부터 자목까지의 규정에 따른"으로 한다.

제17조의3제1항제3호 중 「「증권거래법」에 의한"을 「「자본시장과 금융투자업에 관한 법률」에 따른"으로 한다.

제24조제1항 중 「「증권거래법」 제145조의 규정에 의하여 설립된"을 「「자본시장과 금융투자업에 관한 법률」 제324조에 따라 인가를 받은"으로 한다.

제25조제1항제1호 중 "주권상장법인 또는 코스닥상장법인"을 "주권상장법인"으로, "유가증권시장 또는 코스닥시장"을 "증권시장"으로 한다.

□ 근로자퇴직급여 보장법 시행령 일부를 다음과 같이 개정한다.

제13조제3항 중 「「신탁업법」에 의하여"를 「「자본시장과 금융투자업에 관한 법률」에 따라"로 한다.

제15조 각 호 외의 부분 중 「「신탁업법 시행령」 제3조제2항제1호의 규정에 의한"을 「「자본시장과 금융투자업에 관한 법률 시행령」 제103조제1호에 따른"으로 한다.

제17조제1항제1호다목 중 「「신탁업법 시행령」 제3조제2항제1호의 규정에 의한"을 「「자본시장과 금융투자업에 관한 법률 시행령」 제103조제1호에 따른"으로 하고, 같은 호 라목 전단 중 「「증권거래법」에 의한"을 「「자본시장과 금융투자업에 관한 법률」에 따른"으로, "유가증권"을 각각 "증권"으로 하며, 같은 목 후단 중 "유가증권"을 "증권"으로, 「「간접투자자산 운용업법」에 의한 간접투자증권"을 "같은 법에 따른 집합투자증권"으로 하고, 같은 항 제2호 가목 후단 중 「「간접투자자산 운용업법」 제2조제1호의 규정에 의한"을 「「자본시장과 금융투자업에 관한 법률」 제6조제5항에 따른"으로, "간접투자"를 각각 "집합투자"로 하며, 같은 호 나목 전단 중 "간접투자"를 "집합투자"로 한다.

□ 금융기관부실자산 등의 효율적 처리 및 한국자산관리공사의 설립에 관한 법률 시행령 일부를 다음과 같이 개정한다.

제2조제8호를 다음과 같이 하고, 같은 조 제10호 및 제17호를 각각 삭제한다.

8.「자본시장과 금융투자업에 관한 법률」에 따른 종합금융회사, 투자매매업자・투자중개업자, 집합투자업자 및 사모투자전문회사

제18조의3제1호 중 "간접투자기구"를 "집합투자기구"로 하고, 같은 조 제2호 중 "「간접투자자산 운용업법」 제144조의2 규정"을 "「자본시장과 금융투자업에 관한 법률」 제9조제18항제7호"로 한다.

□ 금융산업의 구조개선에 관한 법률 시행령 일부를 다음과 같이 개정한다.

제2조제2호를 삭제한다.

제5조의3제1항제1호 중 "「종합금융회사에 관한 법률」에 의한"을 "「자본시장과 금융투자업에 관한 법률」에 따른"으로, "「종합금융회사에 관한 법률」 제7조제1항제1호의 업무 및 동항제8호의 규정에 의한 부대업무중"을 "「자본시장과 금융투자업에 관한 법률」 제336조제1항제1호의 업무 및 같은 항 제8호에 따른 부수업무 중"으로 하고, 같은 항 제2호 및 3호를 각각 다음과 같이 한다.

2.「자본시장과 금융투자업에 관한 법률」에 따른 투자매매업자・투자중개업자(이하 "투자매매업자・투자중개업자"라 한다)와 종합금융회사가 합병하여 투자매매업자・투자중개업자가 되는 경우 또는 종합금융회사가 투자매매업자・투자중개업자로 전환되는 경우:「자본시장과 금융투자업에 관한 법률」 제336조제1항제1호・제2호・제4호・제7호의 업무와 그 부수업무 및 같은 조 제2항제1호부터 제3호까지 및 제5호의 업무

3. 은행과 투자매매업자・투자중개업자가 합병하여 은행이 되는 경우:「자본시장과 금융투자업에 관한 법률」에 따른 투자매매업무(증권의 모집・사모・매출의 중개・주선 또는 대리업무를 포함한다)

제6조제3항제4호 중 "증권회사가 「증권거래법」 제2조제8항제5호에 따른 유가증권의"를 "투자매매업자・투자중개업자가 「자본시장과 금융투자업에 관한 법률」 제9조제11항에 따른 증권의"로 한다.

□ 금융실명거래 및 비밀보장에 관한 법률 시행령 일부를 다음과 같이 개정한다.

제2조제9호를 삭제하고, 같은 항 제10호를 다음과 같이 한다.

10.「자본시장과 금융투자업에 관한 법률」에 따른 한국거래소(「자본시장과 금융투자업에 관한 법률」 제392조제2항에 따라 같은 법 제391조제2항제1호의 신고사항과 같은 항 제3호에 따른 신고 또는 확인 요구사항에 대하여 정보의 제공을 요청하는 경우만 해당한다)

□ 금융위원회와 그 소속기관 직제 일부를 다음과 같이 개정한다.

제13조제3항제31호 중 "증권업"을 "투자매매업·투자중개업"으로 하고, 같은 항 제32호 중 "유가증권"을 "증권"으로 하며, 같은 항 제34호 중 "증권업·선물업"을 "투자매매업·투자중개업"으로 하고, 같은 항 제37호 중 "유가증권"을 "증권"으로 하며, 같은 항 제41호 중 "한국증권선물거래소"를 "한국거래소"로, "증권예탁결제원"을 "한국예탁결제원"으로, "한국증권업협회"를 "한국금융투자협회"로, "증권유관기관"을 "금융투자업유관기관"으로 하고, 같은 항 제43호 중 "자산운용업"을 "집합투자업"으로 하며, 같은 항 제44호 중 "간접투자상품"을 "집합투자증권"으로 하고, 같은 항 제49호 중 "자산운용업"을 "집합투자업"으로 하며, 같은 항 제50호를 삭제하고, 같은 항 제52호 중 "유가증권"을 "증권"으로 하며, 같은 항 제55호 중 "선물"을 "파생상품"으로 하고, 같은 항 제57호 중 "선물시장"을 "파생상품시장"으로 한다.

□ 금융위원회의 설치 등에 관한 법률 시행령 일부를 다음과 같이 개정한다.

제12조제1항제1호 중 "제5호부터 제9호까지"를 "제6호, 제7호, 제9호"로 하고, 같은 항 제2호 중 "법 제38조제2호·제3호 및 제10호"를 "법 제38조제2호"로 하며, 같은 조 제3항 각 호 외의 부분 및 같은 항 제3호 중 "증권거래법" 제206조의8제1항제1호 및 같은 항 제2호"를 각각 "「자본시장과 금융투자업에 관한 법률」 제442조제1항"으로 하고, 같은 조 제4항 산식 외의 부분 본문 및 같은 항 산식 중 "「증권거래법」 제206조의8제1항제1호 및 제2호"를 각각 "「자본시장과 금융투자업에 관한 법률」 제442조제1항"으로 한다.

제23조제4호 중 "증권·선물시장"을 "증권시장·파생상품시장"으로 한다.

□ 금융중심지의 조성과 발전에 관한 법률 시행령 일부를 다음과 같이 개정한다.

제10조제3항제5호 중 "「한국증권선물거래소법」에 따른 한국증권선물거래소"를 "「자본시장과 금융투자업에 관한 법률」에 따른 한국거래소"로 하고, 같은 항 제7호 중 "「증권거래법」에 따른 한국증권업협회"를 "「자본시장과 금융투자업에 관한 법률」에 따른 한국금융투자협회"로 하며, 같은 항 제10호를 삭제한다.

□ 금융지주회사법 시행령 일부를 다음과 같이 개정한다.

제2조제3항 각 호 외의 부분 본문 중 "「간접투자자산 운용업법」"을 "「자본시장과 금융투자업에 관한 법률」"로 한다.

제5조제1항제4호 각 목 외의 부분 본문 중 "「증권거래법」에 따른 주권상장법인(이하 "주권상장법인"이라 한다)이거나 코스닥상장법인(이하 "코스닥상장법인"이라 한다)"을 "「자본시장과 금융투자업에 관한 법률」에 따른 주권상장법인(이하 "주권상장법인"이라 한다)"으로, "상장·등록"을 "상장"으로 하고, 같은 조 제5항 각 호 외의 부분 본문 중 "주권상장법인 또는 코스닥상장법인"을 "주권상장법인"으로 하며, 같은 항 제1호 중 "주권상장법인간, 코스닥상장법인간 또는 주권상장법인과 코스닥상장법인간"을 "주권상장법인 간"으로 하고, 같은 항 제2호 각 목 외의 부분 중 "주권상장법인 또는 코스닥상장법인과 주권상장법인 및 코스닥상장법인이 아닌 법인간"을 "주권상장법인과 주권상장법인이 아닌 법인 간"으로 하며, 같은 호 가목 중 "주권상장법인 또는 코스닥상장법인"을 "주권상장법인"으로 하고, 같은 호 나목 및 같은 항 제3호 중 "주권상장법인 및 코스닥상장법인"을 각각 "주권상장법인"으로 하며, 같은 조 제6항 단서 중 "코스닥상장법인"을 "코스닥상장법인(「자본시장과 금융투자업에 관한 법률」에 따른 코스닥시장에 상장된 주권을 발행한 법인을 말한다)"으로 한다.

제5조의2제1항제5호 중 "「증권거래법」 제2조제8항제5호에 따른 유가증권의"를 "「자본시장과 금융투자업에 관한 법률」 제9조제11항에 따른 증권의"로 한다.

제5조의5제1항 각 호 외의 부분 중 "「간접투자자산 운용업법」"을 "「자본시장과 금융

투자업에 관한 법률」로 한다.

제5조의8제1항제3호 중 "「증권거래법」 제2조제8항제5호에 따른 유가증권의"를 "「자본시장과 금융투자업에 관한 법률」 제9조제11항에 따른 증권의"로 한다.

제14조제1항 각 호 외의 부분 단서 중 "주권상장법인 또는 코스닥상장법인"을 "주권상장법인"으로 한다.

제15조제1항제3호 각 목 외의 부분 중 "「종합금융회사에 관한 법률」에 의한"을 "「자본시장과 금융투자업에 관한 법률」에 따른"으로, "「증권거래법」에 의한 증권회사(이하 "증권회사"라 한다)"를 "「자본시장과 금융투자업에 관한 법률」에 따른 투자매매업자·투자중개업자(이하 "투자매매업자·투자중개업자"라 한다)"로 하고, 같은 호 가목 중 "「신탁업법」에 의한 신탁회사, 「선물거래법」에 의한 선물업자(이하 "선물업자"라 한다), 「간접투자자산 운용업법」에 의한 투자자문회사(이하 "투자자문회사"라 한다) 및 자산운용회사(이하 "자산운용회사"라 한다)"를 "「자본시장과 금융투자업에 관한 법률」에 따른 신탁업자, 투자매매업자·투자중개업자, 투자자문업자(이하 "투자자문업자"라 한다), 투자일임업자(이하 "투자일임업자"라 한다) 및 집합투자업자(이하 "집합투자업자"라 한다)"로 하며, 같은 호 나목을 다음과 같이 하고, 같은 호 다목 중 "자산운용회사"를 "집합투자업자"로 한다.

나. 자회사가 투자매매업자·투자중개업자인 경우 : 집합투자업자, 투자자문업자, 투자일임업자 및 투자매매업자·투자중개업자

제17조제1항제7호를 다음과 같이 하고, 같은 항 제9호부터 제11호까지 및 제23호를 각각 삭제한다.

7. 「자본시장과 금융투자업에 관한 법률」

제19조제4항제1호 중 "주권상장법인 또는 코스닥상장법인"을 "주권상장법인"으로 하고, 같은 항 제3호 중 "「증권거래법」 제21조제1항"을 "「자본시장과 금융투자업에 관한 법률」 제133조제3항"으로 한다.

제19조의2제3호 중 "주권상장법인 또는 코스닥상장법인"을 "주권상장법인"으로 하고, 같은 조 제4호 중 「한국증권선물거래소법」에 따른 한국증권선물거래소 또는 「증권거래법」 제2조제17항에 따른 증권관계기관"을 "「자본시장과 금융투자업에 관한 법률」에 따른 한국거래소 또는 같은 법 제9조제17항에 따른 금융투자업관계기관(금융투자 관계 단체는 제외한다)"으로 한다.

제21조의 제목, 같은 조 제1항제1호·제2호 및 같은 조 제2항 중 "유가증권"을 각각 "증권"으로 한다.

제24조제1항제3호 중 "증권회사"를 "투자매매업자·투자중개업자"로 하고, 같은 조 제2항제2호 중 "「종합금융회사에 관한 법률」 제2조제4호의 규정에 의한"을 "「자본시장과 금융투자업에 관한 법률」 제342조제1항에 따른"으로 하며, 같은 항 제3호 중 "증권회사"를 "투자매매업자·투자중개업자"로 하고, 같은 조 제3항제2호 중 "「종합금융회사에 관한 법률」 제2조제3호의 규정에 의한"을 "「자본시장과 금융투자업에 관한 법률」 제342조제1항에 따른"으로 하며, 같은 항 제3호 중 "증권회사"를 "투자매매업자·투자중개업자"로 한다.

제24조의2제4항 중 "「증권거래법」 제2조제3항 및 제4항의 규정에 의한"을 "「자본시장과 금융투자업에 관한 법률」 제9조제7항 및 제9항에 따른"으로 한다.

제24조의3제4항 중 "「한국증권선물거래소법」에 의한 유가증권시장·코스닥시장"을 "「자본시장과 금융투자업에 관한 법률」에 따른 증권시장"으로 한다.

별표 2 제1호의 구분란 중 "증권투자회사법에 의한 증권투자회사를"을 "「자본시장과 금융투자업에 관한 법률」에 따른 투자회사·투자유한회사·투자합자회사 및 투자조합은"으로 하고, 같은 표 제2호의 구분란 중 "증권투자회사법에 의한 증권투자회사"를 "「자본시장과 금융투자업에 관한 법률」에 따른 투자회사·투자유한회사·투자합자회사 및 투자조합"으로 하며, 같은 호의 요건란의 가목 중 "자산운용회사(증권투자회사법 제2조제2호의 규정에 의한 자산운용회사를 말한다)에"를 "집합투자업자(「자본시장과 금융투자업에 관한 법률」 제8조제4항에 따른 집합투자업자를 말한다)에게"로 하고, 같은 표 제5호의 요건란의 가목 중 "증권업"을 "금융투자업"으로 하며, 같은 표 제6호의 구분란 및 요건란의 나목 중 "간접투자자산운용업법"을 각각 "자본시장과 금융

492

투자업에 관한 법률」"로 한다.

□ 기술신용보증기금법시행령 일부를 다음과 같이 개정한다.

제4조제1항제1호 중 "증권거래법 제8조의 규정에 의하여"를 "「자본시장과 금융투자업에 관한 법률」 제119조에 따라"로 한다.

□ 기업구조조정 촉진법 시행령 일부를 다음과 같이 개정한다.

제2조제4호 중 "「간접투자자산 운용업법」"을 "「자본시장과 금융투자업에 관한 법률」"로 한다.

제6조제1호 중 "「간접투자자산 운용업법」에 따라 설립된 자산운용협회 회장"을 "「자본시장과 금융투자업에 관한 법률」에 따라 설립된 한국금융투자협회 회장"으로 한다.

□ 기업구조조정투자회사법시행령 일부를 다음과 같이 개정한다.

제3조제7호 중 "종합금융회사에관한법률에 의한"을 "「자본시장과 금융투자업에 관한 법률」에 따른"으로 하고, 같은 조 제9호 중 "증권거래법에 의한 증권회사"를 "「자본시장과 금융투자업에 관한 법률」에 따른 투자매매업자·투자중개업자"로 한다.

제5조제1항제7호를 다음과 같이 하고, 같은 항 제9호부터 제12호까지 및 제21호를 각각 삭제한다.

7. 「자본시장과 금융투자업에 관한 법률」

제11조 중 "종합금융회사에관한법률 제9조의 규정에 의한"을 "「자본시장과 금융투자업에 관한 법률」 제355조에 따른"으로 한다.

제20조제2항제6호 중 "증권거래법 제2조제17항의 규정에 의한 증권관계기관"을 "「자본시장과 금융투자업에 관한 법률」 제9조제17항에 따른 금융투자업관계기관(금융투자 관계 단체는 제외한다)"으로 한다.

제22조 중 "증권거래법 제173조의7의 규정에 의하여 예탁대상유가증권으로 지정된 유가증권"을 "「자본시장과 금융투자업에 관한 법률」 제308조에 따라 예탁대상증권등으로 지정된 증권등"으로, "증권예탁원"을 "한국예탁결제원"으로 한다.

□ 농업협동조합법 시행령 일부를 다음과 같이 개정한다.

제9조제1항제2호를 다음과 같이 하고, 같은 항 제3호부터 제5호까지를 각각 삭제한다.

2. 「자본시장과 금융투자업에 관한 법률」에 따른 집합투자업자·신탁업자·종합금융회사·투자매매업자 및 투자중개업자

제9조제2항제1호를 다음과 같이 하고, 같은 항 제2호를 삭제하며, 같은 항 제3호를 다음과 같이 하고, 같은 항 제4호 및 제5호를 각각 삭제한다.

1. 「자본시장과 금융투자업에 관한 법률」 제4조제3항에 따른 국채증권·지방채증권·특수채증권·사채권 및 기업어음증권

3. 「자본시장과 금융투자업에 관한 법률」에 따른 신탁업자·집합투자업자 및 종합금융회사가 발행하는 수익증권

제15조제1항제5호 중 "「증권거래법」 제2조제1항의 규정에 의한 유가증권"을 "「자본시장과 금융투자업에 관한 법률」 제4조에 따른 증권"으로 한다.

제15조의2제6호 중 "「증권거래법」 제2조제1항의 규정에 의한 유가증권"을 "「자본시장과 금융투자업에 관한 법률」 제4조에 따른 증권"으로 하고, 같은 조 제8호 중 "유가증권"을 "증권"으로 한다.

□ 농작물재해보험법 시행령 일부를 다음과 같이 개정한다.

제12조의6제2호 중 "「증권거래법」 제2조제1항의 규정에 의한 유가증권"을 "「자본시

494

장과 금융투자업에 관한 법률」제4조에 따른 증권"으로 한다.

☐ 대외무역법 시행령 일부를 다음과 같이 개정한다.

제13조제1항 각 호 외의 부분 중 "「증권거래법」제2조제13항에 따른 상장법인(上場法人)"을 "「자본시장과 금융투자업에 관한 법률」제9조제15항에 따른 상장법인(코스닥시장에 증권이 상장된 법인은 제외한다)"으로 한다.

☐ 대한주택공사법 시행령 일부를 다음과 같이 개정한다.

제14조제2항제2호를 다음과 같이 한다.

2. 「자본시장과 금융투자업에 관한 법률」제9조제18항에 따른 집합투자기구

☐ 도시개발법 시행령 일부를 다음과 같이 개정한다.

제14조제5항제2호 중 "「신탁업법」에 의한 신탁회사중"을 "「자본시장과 금융투자업에 관한 법률」에 따른 신탁업자 중"으로 한다.

제16조제1항 중 "신탁회사"를 "신탁업자"로 한다.

제22조제3항 중 "신탁회사"를 "신탁업자"로 한다.

제44조제1항제2호다목(1), (2) 외의 부분 본문 중 "유가증권"을 "증권"으로 한다.

제73조제4항 중 "「증권거래법」제173조의 규정에 의하여 설립된 증권예탁원"을 "「자본시장과 금융투자업에 관한 법률」제294조에 따라 설립된 한국예탁결제원"으로 한다.

☐ 도시 및 주거환경정비법 시행령 일부를 다음과 같이 개정한다.

제14조제1항 중 "「신탁업법」에 의한 신탁회사"를 "「자본시장과 금융투자업에 관한

코스피200지수100만포인트데몬헌터스투자전략

초판인쇄   2025년 9월28일
출판사 글로벌
발행인 김정수
주소   서울 강남구 선능로 704 청담빌딩 1130호
500페이지 매주특강시 300페이지 배부함

전화 01089612867
팩스 0504-017-2867

isbn 979-11-93186-59-6
정가 49,800원

저자약력
국립대 경제학과
국내국가기간전상망구축
국내이동통신사업자선정
억만장자선물옵션저자